# ヴェルヌの『八十日間世界一周』に挑む

## 4万5千キロを競ったふたりの女性記者

マシュー・グッドマン　金原瑞人・井上里 訳

柏書房

**Eighty Days**

Nellie Bly and Elizabeth Bisland's history-making race around the world



Japanese translation rights arranged with
Ballantine Books, an imprint of
The Random House Publishing Group,
a division of Random House, Inc.
through Japan UNI Agency, Inc., Tokyo

有名な旅装に身を包んだネリー・ブライ。

ネリー・ブライ（1890年 撮影）

1890年代のパーク・ロウ。写真左がワールド社。金色のドームがみえる。
写真中央はトリビューン社。写真右がニューヨーク・タイムズ社。

ネリー・ブライ

世界一周の旅に出発する頃のエリザベス・ビズランド。

マウント・リポウズ

エリザベス・ビズランドが住んでいた頃のフレンチ・クォーター、ロイヤル通り。

ジョン・ブリズベン・ウォーカー

ジョゼフ・ピュリツァー
（1888年、41歳）

ジュール・ヴェルヌ（1888年 撮影）

ネリー・ブライが大西洋を横断した蒸気船、アウグスタ・ヴィクトリア号。

ニューヨーク・グランドセントラル駅

乗船する、エリザベス・ビズランド。

サンフランシスコ、パレスホテルの中庭。床は大理石でできている。

香港の海岸沿いの建物。

ポートサイドに停泊中の外洋船に運ばれる、食肉用の牛。

蒸気船に石炭を積みこむ様子。

セイロン島、コロンボの街頭風景。

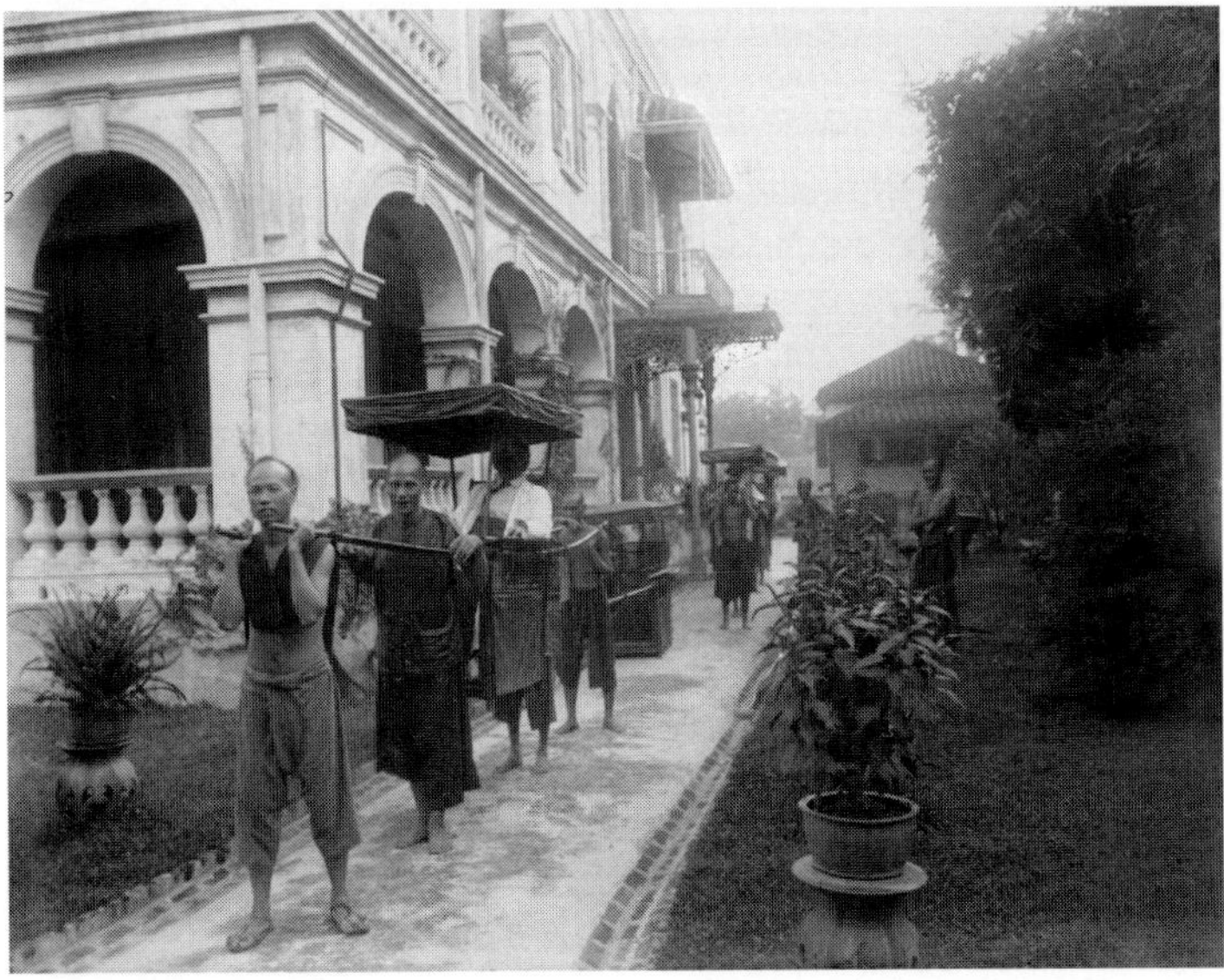

椅子かごに乗り、沙面島から広州へ。

*chronometer watch to the fraction of a second. If she arrives by the New York Central time will be taken the instant her foot touches the station platform. If she reaches New York City by ferry-boat on the North River, time will be taken the instant she passes from the gang-plank to the ferry dock. No guesses received at "The World" office after Nellie Bly's arrival at Chicago on her trans-continental trip can compete. The guessing match is of course based upon the assumption and contingent upon the fact that Miss Bly completes her tour.*

*The Free Trip to Europe will include first-class transatlantic passages, railroad fares and hotel bills for about a week in London, another week in Paris, and possibly a run down to Rome. The trip can be modified somewhat to meet the wishes of the successful guesser. It can be taken any time during the season of 1890. Further details will be duly published.*

*Every guess sent in will be carefully filed. All guesses must be inclosed in envelope and addressed to European Trip Editor "The World," New York.*

*Any point that may arise not covered in these simple conditions will be determined in these columns.*

## NELLIE BLY'S ITINERARY.

**Left New York on steamer Augusta Victoria Nov. 14, 1889, at 9.40.30 A. M.**
**Arrived at Southampton 2 A. M., Nov. 22.**
**Arrived at London 5 A. M., Nov. 22.**
**Amiens, Nov. 23.**
**Arrived at Brindisi, A. M., Nov. 25.**
Due at Aden Dec. 3.
Due at Colombo (Ceylon) Dec. 10.
Due at Penang Dec. 16.
Due at Singapore Dec. 18.
Due at Hong Kong Dec. 25.
To leave Hong Kong for Yokohama, Japan, Dec. 28.
To leave Yokohama via Pacific Mail Jan. 9, 1890.
Due at San Francisco Jan. 22.
Due at New York Jan. 27.

## HINTS FOR THE GUESSERS.

When will Nellie Bly actually arrive in New York?

How many days and hours and minutes and seconds between the time she left New York and the moment of the return of her feet to the soil of the metropolis?

Here are data of the most explicit quality: Miss Bly left New York at 9.40.30 A. M. Thursday, Nov. 14. If she is successful in all her connections—the "if" is a big one—she will be on board the Pacific Mail steamship Oceanic, which leaves Hong Kong on Dec. 28. On the same vessel she will sail from Yokohama Jan. 7. The Oceanic is due at San Francisco Jan. 22. If she makes the connection—another classic "if"—Miss Bly will leave San Francisco at 8 P. M. Jan. 22, via the Central Pacific, Union Pacific, Chicago and Northwestern and probably the Pennsylvania roads for New York City. If the road is clear and neither broken bridges, nor snow, nor other accident of any kind bar the progress of the trains—there are a number of sizeable "ifs" here—she will be safely landed in the Jersey City depot of the Pennsylvania line a few minutes before 7 P. M. Jan. 27, and if the ferry moves in perfect rhythm with the rest of the trip the female Phineas Fogg will step ashore at Cortlandt street at about 7 o'clock.

The time-table of the overland journey is as follows:

THE OVERLAND TIME-TABLE.

| | |
|---|---|
| Leave San Francisco (Cal.)........ | 8.00 P. M., Jan. 22 |
| Leave Ogden (Utah)................. | 7.30 A. M., Jan. 24 |
| Leave Cheyenne (Wyo. T.)......... | 2.10 A. M., Jan. 25 |
| Leave Council Bluffs (Ia.).......... | 4.30 P. M., Jan. 25 |
| Arrive Chicago (Ill.)................. | 8.30 A. M., Jan. 26 |
| Leave Chicago........................ | 5.00 P. M., Jan. 26 |
| Arrive New York City................ | 7.00 P. M., Jan. 27 |

Of course, if Miss Bly doesn't reach San Francisco in time for the Jan. 22 train East she will take some other train, but the route will virtually be the same, and probably the time-table will apply as well to her arrival here Jan. 25, 26, 28 or 29, as it does to Jan. 27. The problem, then, is an easy one, but with very wide possibilities.

If a perfect schedule is maintained Miss Bly will arrive here exactly on the dot, Jan. 27, which would make the time, as it has passed over New York City, exactly seventy-four days nine hours nineteen minutes and thirty seconds, this being the difference in time between 9.40.30 A. M. Nov. 14 and 7 P. M. Jan. 27.

This is the schedule. Any intelligent reader knows quite as well as THE WORLD whether it will be maintained. There are a great many big "ifs" in the way all along the line to delay the progress of THE WORLD's globe-trotter. On the other hand, it may be remembered that Miss Bly has a habit of breaking records, and she may arrive in this town in advance even of the scheduled time. Indeed, the range of the possibilities is very wide. The range of even the probabilities may well be said to include a margin of two days each way.

These are the facts, and everybody knows as much about the result as THE WORLD.

Therefore let the guessing proceed, always bearing in mind that all guesses must be made on the accompanying blank, with the date of the guessing and the name and address of the guesser.

There's a fine trip to Europe in store for the best guesser in THE WORLD's wide circle of readers.

## NELLIE BLY ON THE WING.

Nellie Bly to-day is probably on the Red Sea. Last Thursday she gave thanks in the land of the Pyramids with the shadows of fifty centuries of the world's history falling across her path. Her schedule to-day places her on the treacherous waters that swallowed up Pharoah's hosts when they attempted to follow the delivered Israelites.

With varying winds blowing from the Egyptian and African coasts, and the waves of the narrow sea lashed into fury for days at a time, no certainty can attend any statement concerning this part of her flying trip. If she is on time, she should arrive at Aden Wednesday, but at exactly what hour is not known. Luck has a great deal to do with those things at this season of the year, but perhaps Miss Bly's talismanic thumb ring will still the waters and abate the winds and bear her gallant ship towards the verdureless Arabian rock on schedule time. Her itinerary from this point is given above.

This looks very nice and smooth on paper, but will Miss Bly find the weather and the winds and the waves always to her liking? It is to be hoped that she will. Her thousands of friends and admirers, and the hundreds of thousands of people who are following her around the world with straining eyes and anxious hearts pray daily that the elements will be constant and that they will yield to brave young womanhood the tribute of unswerving loyalty. The fear, though, is that the typhoons and mon[illegible] and all the other dreadful [illegible] of t[illegible] [illegible]aters have no respect even for dashing and daring American girlhood, and that they will follow their own wild caprices, no matter who flies in their face and tries to subdue them.

PERHAPS AHEAD OF TIME AT ADEN.

When Miss Bly arrives at Aden, granting that she reaches there next Wednesday, she will have exhausted nineteen days of her time and passed over nearly seven thousand miles of her journey. Taking the round figure, 25,000 miles, as the distance she will travel to girdle the globe, and the other round figure, 7,000 miles, as the distance from New York to Aden, Miss Bly will have accomplished 7-25ths of her journey in 19-75ths of the time allowed her; plainly she will then be 2-75ths of her time ahead of the itinerary and will have two whole days to her credit at Aden.

Much speculation might be indulged concerning the possible delays with which the fair traveller may meet, but it will be only necessary to point to the important fact that Miss Bly will have to reach Yokohama by Jan. 7 in time for the Pacific Mail steamship scheduled to leave the Japanese port that day in order to stand any show of accomplishing her great feat. This would give her fifteen days to cross the Pacific Ocean and five days to traverse the width of the American continent. Although January will not be the best part of the year for a trans-Pacific voyage from East to West, still it is not at all unlikely that San Francisco can be reached on Jan. 22.

DANGER OF A SNOW BLOCKADE.

A large probability of annoyance and obstruction will be encountered in the 3,500 miles stretching from San Francisco to New York. A snow blockade may disturb the tourist's plans at any point between Cheyenne and Omaha, and east of the Nebraska capital all the way to New York City. Winter influences may prevail, to the complete disarrangement of the railroad schedules. Often the Western mails are twenty-four to forty-eight hours late, and sometimes the delay is much longer. If deep snow falls anywhere along the line, or the mountain passes are blockaded, the time lost will be measured by painful heart-throbs, and Miss Bly will not be the only person who will experience the cardiacal sensations—her friends and the whole American public, that wants to be proud of her, will suffer from the suspense.

## THE COUPON.

## BRIEF RULES OF THE CONTEST.

*Cut out this coupon. Make your guess upon it, with date of guess. Give your name and address. Send the coupon, filled out, to European Trip Editor, THE WORLD, New York. All guesses must be made on this coupon. Only one guess allowed to a single coupon. But by securing extra copies you CAN*

**GUESS EARLY AND OFTEN.**

*To the European Trip Editor:*

MY GUESS AS TO THE EXACT TIME OF NELLIE BLY'S TOUR OF THE WORLD IS AS FOLLOWS:

| DAYS. | HOURS. | MINUTES. | SECONDS. |
|---|---|---|---|
| | | | |

NAME OF GUESSER—

..........................................................

RESIDENCE OF GUESSER—

..........................................................

DATE OF GUESS—

..........................................................

**GUESS EARLY AND OFTEN!**

「ワールド」紙の紙面。「ネリー・ブライ・レース」の応募用紙が見える。

424 FRANK LESLIE'S ILLUSTRATED NEWSPAPER. [JANUARY 18, 1890.

NELLIE BLY. MISS ELIZABETH BISLAND.

THE ATTEMPT TO MAKE THE CIRCUIT OF THE GLOBE IN SEVENTY-TWO DAYS—PORTRAITS OF THE RIVAL TOURISTS.

THE "GLOBE-TROTTERS."

THE interest which is felt in the attempt now making by two adventurous American women to complete the circuit of the world in seventy-two days justifies the publication of the portraits given on this page. Nellie Bly, representing the New York World, who started from New York on November 14th, was last heard of at Yokohama, and expected to reach San Francisco by January 20th, two days in advance of schedule time. Should this expectation be realized, she might reach New York, January 24th, and accomplish the tour of the globe in less than seventy-two days.

Miss Elizabeth Bisland, who represents the *Cosmopolitan Magazine* in her round-the-world expedition, comes of an old Louisiana family, and is a woman of cultivation and great energy of character. She has made her way by sheer self-assertion, and if energy and dash can assure her success in her present tour she will certainly win it.

「フランク・レズリーズ・イラストレイテッド・ニュースペーパー」

（1890年1月）に掲載された「旅のライバルたち」の肖像。

ジャージー・シティで大喝采をあびる、ネリー・ブライ。

NELLIE BLY, BYE AND BYE.
"O bye and bye," dreams Nellie Bly,
"Along a strand of light I'll hie,
And stars and gleams will follow too,
But they must hustle if they do."
USE India Packing Co's
CHEMICALLY PURE CREAM TARTAR AND SODA
Purest, strongest and most wholesome leavener now sold.
27% Stronger than Royal Baking Powder
58% " " Process " "

ネリー・ブライが使われた、酒石英と重曹の広告。

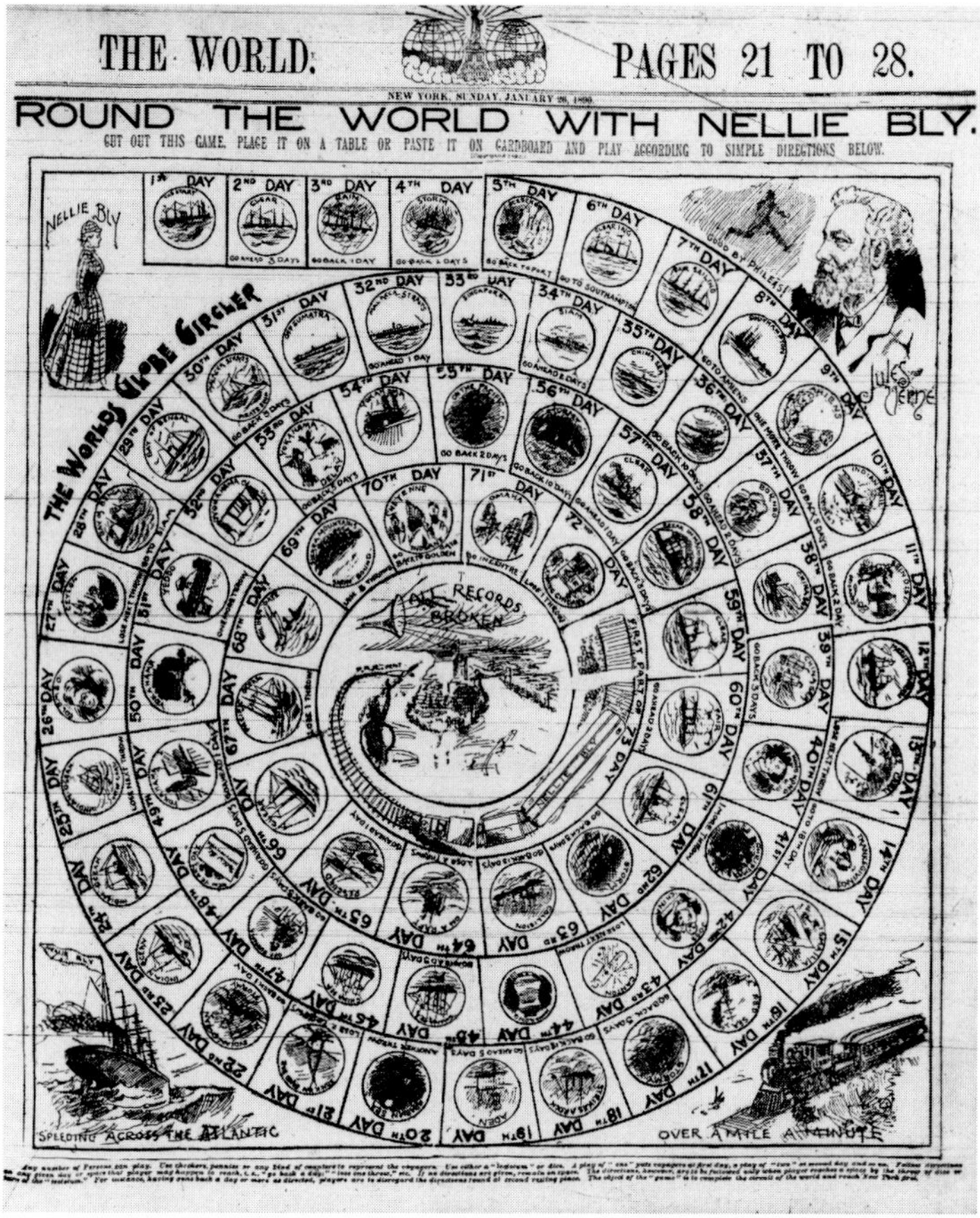

人気を博したボードゲーム「ネリー・ブライと世界一周」。まず「ワールド」紙に掲載された。

ネリー・ブライ（1921年、57歳頃）

家族が撮影した、後年のエリザベス・ビズランド（撮影年は不明）。

# ヴェルヌの『八十日間世界一周』に挑む
## 4万5千キロを競ったふたりの女性記者

目次

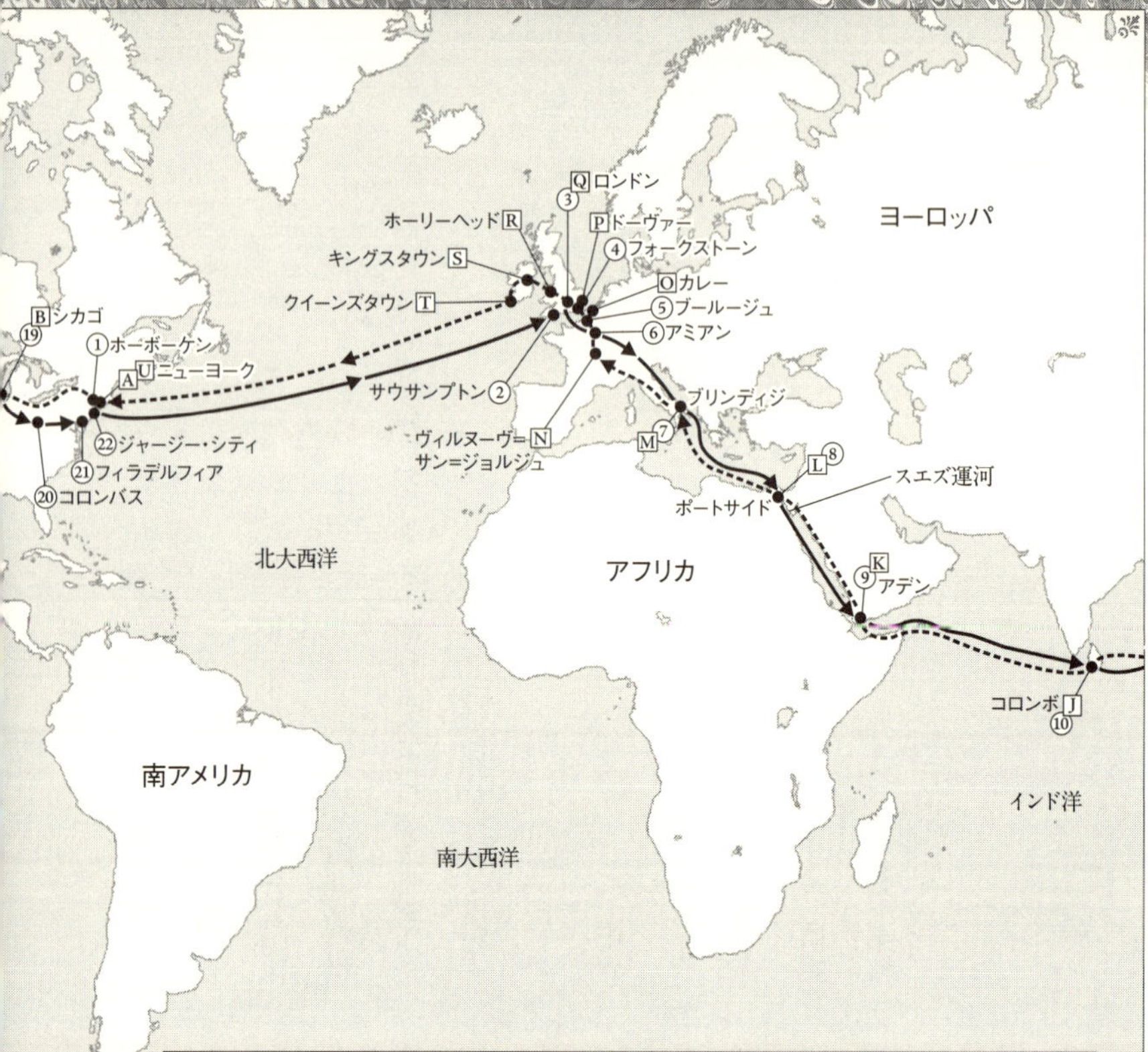


## 東回りルート（ネリー・ブライ）

**蒸気船：**ニュージャージー州ホーボーケン①を出発、大西洋を渡り、イングランド・サウサンプトン②。

**鉄道：**北東へ進み、ロンドン③。南東へ、イングランド・フォークストーン④。

**フェリー：**イギリス海峡を渡り、フランス・ブールージュ⑤。

**鉄道：**南東へ、フランス・アミアン⑥。その後、さらに南東へ、イタリア・ブリンディジ⑦。

**蒸気船：**地中海を南東へ、エジプト・ポートサイド⑧。スエズ運河を南下し、アデン⑨。アラビア海を南東へ、セイロン〔現スリランカ〕・コロンボ⑩。ベンガル湾を東に渡り、ペナン⑪。南シナ海を南東へ、シンガポール⑫。南シナ海を北東へ、香港⑬。東シナ海を北東へ、日本・横浜⑭。太平洋を渡り、サンフランシスコ⑮。

**鉄道：**南へ進み、カリフォルニア州モハーヴェ⑯。アリゾナ中央部を東へ、ニューメキシコ州アルバカーキ⑰。北東へ、コロラド州ラフンタ⑱。北東へ進み、カンザス州、ミズーリ州、アイオワ州南東部、イリノイ州北部を通り、シカゴ⑲。南東へ、オハイオ州コロンバス⑳。東へ、ペンシルヴェニア州フィラデルフィア㉑。北東へ、ニュージャージー州ジャージー・シティ㉒。

# ネリー・ブライと エリザベス・ビズランドの行程

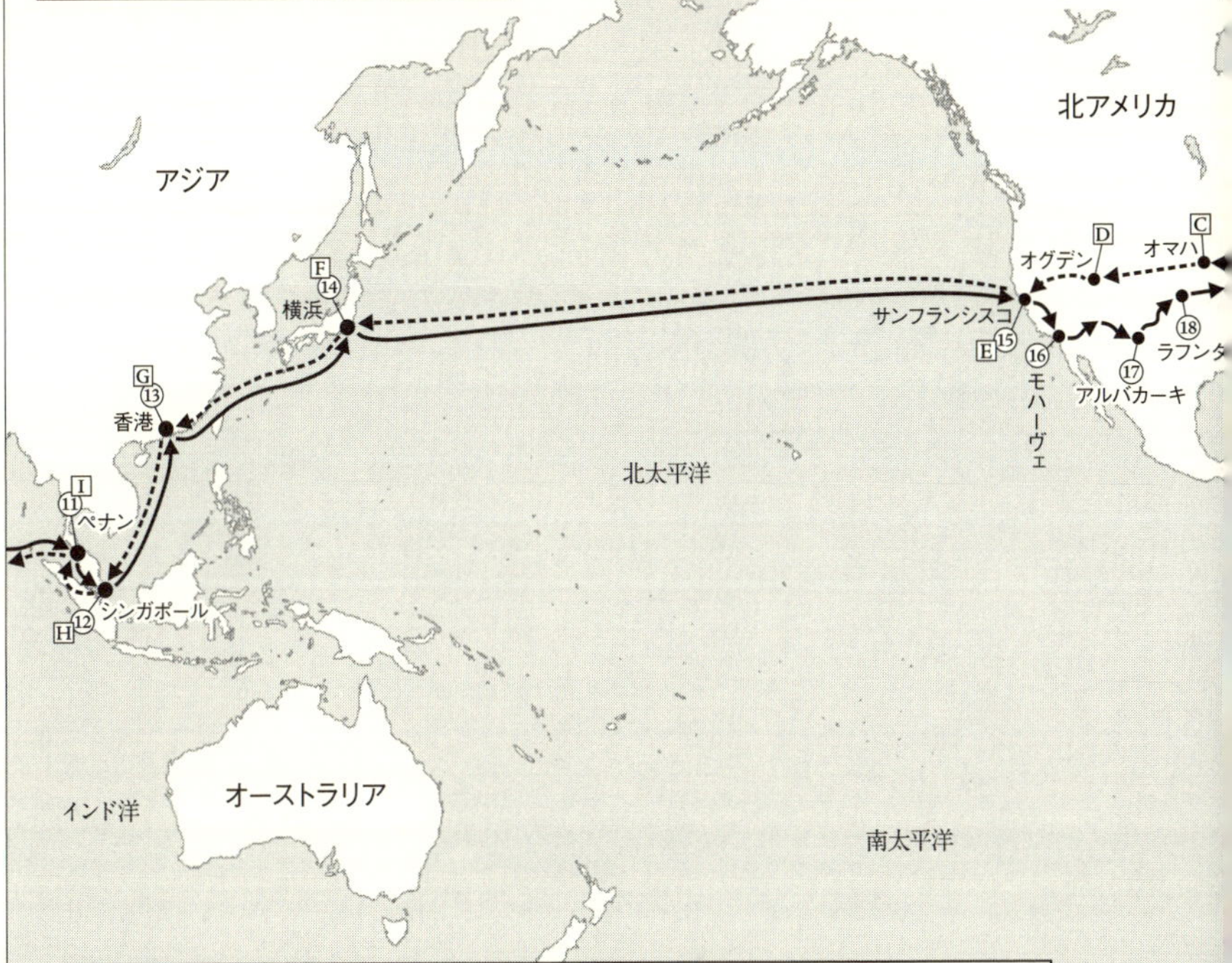


## 西回りルート(エリザベス・ビズランド)

**鉄道：**ニューヨークAを出発、西へ、ニューヨーク州バッファロー。その後、エリー湖の南端に沿って南西へ、ペンシルヴェニア州、オハイオ州、インディアナ州を横切り、シカゴB。さらに西へ、アイオワ州カウンシルブラフス、ネブラスカ州オマハC。ネブラスカ州を西へ、ワイオミング州チェイニー、ユタ州オグデンD。ネヴァダ州を南西へ進み、カリフォルニア州サクラメント、サンフランシスコE。

**蒸気船：**太平洋を渡り、日本・横浜F。東シナ海を南西へ、香港G。南シナ海をさらに南西へ、シンガポールH。北西へ進み、ペナンI。ベンガル湾を西へ、セイロン〔現スリランカ〕・コロンボJ。アラビア海を北西へ、アデンK。スエズ運河を北上し、エジプト・ポートサイドL。地中海を北西へ、イタリア・ブリンディジM。

**鉄道：**北西へ、フランス・ヴィルヌーヴ=サン=ジョルジュN。北へ、フランス・カレーO。

**フェリー：**イギリス海峡を西へ、イングランド・ドーヴァーP。

**鉄道：**西へ進み、ロンドンQ。北西へ、ウェールズ・ホーリーヘッドR。

**フェリー：**アイリッシュ海を西へ、アイルランド・キングスタウン〔現ダンレアリー〕S。

**鉄道：**南西へ進み、アイルランド・クイーンズタウン〔現コーブ〕T。

**蒸気船：**大西洋を渡り、ニューヨークU。

ブルックリンをくまなく旅した、ヴィヴィアンへ

# ヴェルヌの『八十日間世界一周』に挑む

## 4万5千キロを競った
## ふたりの女性記者

**Eighty Days**

Nellie Bly and Elizabeth Bisland's History-Making Race Around the World

「ラルフ、地球が小さくなっただなんてずいぶんおかしなことをいう。いまでは三カ月で世界を一周できるようになったというが――」
「八十日だ」フィリアス・フォッグはさえぎった。

ジュール・ヴェルヌ『八十日間世界一周』より

# プロローグ

## 一八八九年十一月十四日　ホーボーケン―ニュージャージー

その若い女性は格子柄のラシャのコートをはおり、帽子をかぶっていた。背は高くもなく低くもない。肌の色は黒くもなく白くもない。器量は悪くないが、道行く人が振り返るほどではない。その気になれば雑踏に紛れてしまうこともできるだろう。空気の冷たい早朝にもかかわらず、ニューヨーク発ホーボーケン行のフェリーの甲板は、乗客で混みあっていた。ハドソン川は――この頃はまだ、オランダ領時代のなごりで北の川《ノース・リバー》と呼ばれていた――都会の大通りほども往来が激しい。フェリーは混み合った水上をゆっくりと進んでいた。明るい色に塗られた運河船のそばを過ぎ、蒸気で動くありふれたタグボートとすれちがう。平底のはしけにはペンシルヴェニア産の石炭がどっさり積まれていた。それから、三本マストの帆船。船倉に積みこまれているのは、煙草、藍色染料《インディゴ》、バナナ、綿、アルゼンチン産の皮革、日本産の茶。地上で手に入るすべてのものを運んでいるかのようだ。甲板に立つ女性は、どうにかして緊張を和らげようとしていた。そのあいだにも、フェリーは倉庫や貯蔵庫の並ぶホーボーケンの港に近づいていく。港にはハンブルク行の蒸気船アウグスタ・ヴィクトリア号が停泊していた。海岸ではカモメたちが円を描いて飛び、もっと大きな船はないかと品定めしている。海のむこうまでついていく船を選んでいるのだ。

はるか対岸のニューヨーク市街にところせましと建ち並ぶ石造りの尖塔が、まるで水際にそそり立つ崖のようにみえた。

一八八九年の秋、ニューヨークはほぼ絶え間なく降りつづける雨に苦しめられていた。くる日もくる日も空には雲が低く垂れこめ、そこから申し訳程度の灰色の光が射していた。人々は、鬱とリウマチにはもってこいの天候じゃないかとこぼした。ある新聞はこんな記事をのせた。このまま雨が止まなければ、市は蒸気船をブロードウェーまで運航させる航路を考えなければならないだろう、と。だがこの朝、ふいに雨が上がって冬晴れとなった。これから船旅に出る者にとっては好ましい前触れだ。海を渡る前には誰もが胸を躍らせる。だが、天気が悪ければ船は揺れ、悪いことが起こりそうで不安な気分になる。もしかしたらグリーンランドの氷河から氷山が漂い出し、音もなく北大西洋をさまよっているかもしれない。ちょうど巨大な船のようなものだ。この船には警告灯も汽笛も装備されていないうえ、とっさに舵を切って衝突を避けることもできない。どこからともなく発生するハリケーンも心配だ。火事が起こる原因はそれこそ無数に考えられる。航海中に忽然と消え、『クリスマス・キャロル』のマーリーのように、霧の中に消え、二度と姿を現さない船もある。アウグスタ・ヴィクトリア号は、新聞や雑誌で「沈む可能性はゼロに等しい」と太鼓判を押されていた。こうした遠回しな称賛は人々を安心させるために使われるが、たいていは逆効果になってしまうものだ。アウグスタ・ヴィクトリア号は最新モデルの二軸スクリュー蒸気船で、処女航海の新記録を打ち立てたばかりだった。六カ月前に、イギリスのサウサンプトンからニューヨークまで、大西洋をわずか七日と十二時間三十分で横断してみせたのだ。ニューヨークに到着すると、三万を越す群衆に迎えられた（「ニューヨーク・タイムズ」紙は「大半がドイツ人だった」と子細な記録を残している）。人々は船になだれこみ、水に浮かぶ宮殿の内装を間近で見物してまわった。目を奪うものばかりだった。シャンデリア、絹のタペストリー、音楽室のグランドピアノ、ラヴェンダー色に塗られた婦人用の化粧室、緑のモロッコ革を張りめぐらした男性用の喫煙室。大西洋横断の航海は、半世紀の時を経て大きな進歩を遂げていた。チャールズ・ディケンズがアメリカへ渡ったときとはまるきりちがっていた。かの作家は狭苦しい船内と貧相な設備の談話室をみて、まるでだだっ広い窓付き霊柩車のようだと評している。

波止場は、外洋船が出発するとき特有の、祝祭めいた空気に満ちていた。男たちの多くが黒いコートにシルクハットという出で立ちで、女たちはフープやフリル付きの凝ったドレスを着ていた。行商人たちは群衆のまわりをめぐりながら、忘れ物をした乗客たちに品物を売り歩いていた。港湾作業員たちは汗をかいて腕まくりをし、バレエダンサーのような軽い身のこなしで、ロープや樽の散らばる防波堤で荷物の積み下ろしをしていた。舗道を行き交う手押し車の音が波止場の喧騒と響き合っていた。ちょうど雷鳴のように、四方からきこえてくるようでもあり、どこからともなくきこえてくるようでもあった。動き続ける群衆の中で、格子柄のコートを着た若い女性がふと足を止めた。女性の名はエリザベス・ジェーン・コクラン《Cochran》。思春期、エリザベスはコクランの後にeを足してつづっていた。発音されないおまけの一文字が名前におしゃれな雰囲気を添えてくれる気がした。家族や古い友人からは、エリザベスでもジェーンでもなく「ピンク」と呼ばれていた。ニューヨーク在住の新聞購読者たちは、彼女をまた別の名で呼んだ。やがて、世界中の人々がその名を口にするようになる。ネリー・ブライ、と。

ネリーは二年前から、ジョゼフ・ピュリツァーが経営する「ニューヨーク・ワールド」紙の記者として働いていた。当時、規模と影響力の両方でトップを誇っていた新聞だ。ネリーは女性記者としては異色だった。比類ない大胆さで、危険も顧みずにニュースを追い求めた。ワールドに載せた初の暴露記事は、潜入調査によって書いたものだ（〝ネリー・ブラウン〟という名を使った。偽名を別の名で偽ったことになる）。精神病患者を装ってブラックウェル島精神病院に潜入し、そこで目撃した女性患者への虐待を報道した。紙箱工場に潜入し、若い女工たちとともに数ペニーの賃金で働いたこともある。使用人の求人にも応募した。貧民街の診療所で治療を受けたときには、あやうく扁桃腺を切除される寸前で逃げ出した。ほぼ毎週のように、ワールドの日曜版の二面にはネリーの新たな冒険がのった。あるときはボクシングのヘビー級チャンピオン、ジョン・L・サリヴァンとのトレーニング体験。またあるときは、アカデミー・オブ・ミュージック（ペンシルヴェニア州フィラデルフィアにあるアメリカ最古のオペラハウス）でのコーラスガール体験。ネリー自身は思い切り楽しんだが、大成功したとはいいがたかった（退場の合図を忘れて、ステージでひとりぼっちになってしまったのだ）。耳と口と目が不自由な九歳の少女とおしゃべりをしに、ボストンまで出かけたこともあった。少女の名はヘレン・ケラーという。一度など、ニューヨークで行われていた白人奴隷売買の実態を暴くために赤ん坊を買うことさえした。ネリーの書く記事は日によって異なった。ユーモラスなもの、批判的なもの、怒りを露わにしたもの。啓発を目的とした記事もあれば、娯楽のための記事もあった。だが、すべての記事に共通していたのは、良質な報道を追い求めるまぎれもない情熱、人々の想像力をかき立てる優れた才能、そしてなにより人を惹きつける純然たる魅力だった。その魅力があったからこそ、読者は恵まれない人々の悲惨な実情に目を向けたのだ。もちろん、彼女自身にも。

そしてこの、一八八九年十一月十四日の朝。ネリーは、これまで以上にスリリングな冒険に乗り出そうとしていた。世界一周の最速記録の更新だ。十六年前、ジュール・ヴェルヌはのちにベストセラーとなった小説を世に出し、世界一周は八十日で達成できると予想した。だがネリーの計画は、七十五日で世界をひと巡りすることだった。

　ネリーがこの案を出したのは一年前だったが、ワールドのデスクは首を縦に振らなかった。若い女性が付き添いもなしで旅をすることに賛成できなかったからだ。それがいまになってようやく企画が通ったのだった。出発前の三日間は、目まぐるしさのうちに過ぎた。旅程を綿密に組み、切符売り場にいき、服を決め、友人たちに手紙を書き、荷物を詰めては出し、詰め直した。ネリーは小さな手提げの革鞄だけで旅をしようと決めていた。衣類、筆記具、洗面用具、旅で要るものすべてをひとつにまとめるつもりだった。手荷物だけで移動すれば、ポーターや税関職員の不手際で予定が遅れることもない。旅の装いには、体にぴったり合ったツーピースを選んだ。濃い青のブロード地にキャメルをあしらった服だ。防寒のために、白黒格子柄のスコットランド製アルスターコートをはおった（北アイルランドのアルスターで着られたためにこの名がついた。長くて厚く、防寒に適している）。前に並んだ二列のボタンを留めると、首から足首まですっかり覆われる。つば広の帽子とベールは却下した。当時はその組み合わせがおしゃれな女性の船旅スタイルだった。かわりに、しゃれたウールのギリーキャップをかぶった。ギリーキャップとはイギリスの帽子で、前後にまびさしがついている。のちに、映画版シャーロック・ホームズの定番となった帽子だ。ネリーのギリーキャップは、三年前から数々の冒険を共にしてきた相棒だった。青いツーピース、格子柄のアルスターコート、そしてギリーキャップ。みたところ特別に目を引く格好ではない。だがこのスタイルは、やがて世界一有名になる。

十一月十四日の朝、ネリー・ブライは早くに目を覚ました。何度か寝返りを打ち、またうとうととまどろむ。普段から朝には弱いほうだ。だが、ふいに飛び起きた。船に乗り遅れたかしらと不安になってくる。手早く風呂を済ませて身支度をした（化粧をする時間は必要ない。当時、化粧をするのは度しがたく不道徳な女性か、際立って地位の高い女性かどちらかに限られていた）。ネリーはむりに朝食を飲みこもうとしたが、朝も早いうえに気持ちが高ぶっていて、とても喉を通らなかった。なによりつらかったのは、母親に別れを告げるときだった。「心配しないでね」ネリーは母にいった。「こう考えていてちょうだい。娘は休暇を取ってるんだ、人生で最高に楽しい時を過ごしてるんだって」それからコートと手提げ鞄をつかむと大急ぎで階段を駆け下りた。後悔するひまはない。旅はもう始まっていた。

ネリーと母の住むアパートは、西三十五番通り、ブロードウェーの近くにあった。ネリーは九番街までくると五セントを払って路面電車に乗った。電車の中は汚く、空気がこもっており、床にまかれている細かく刻んだワラは止んだばかりの雨の匂いがした。通りは馬車で混み合っていた。頭上の高架線を、列車がごう音を立てて走り過ぎていく。たった七十五日じゃないの。ネリーは何度も自分にいいきかせた。七十五日後には、また帰ってこられるんだから。やがて、クリストファー通りとグリニッチ街の交差点で電車を降りた。海のすぐそばだ。あたりには低く不揃いな建物が並んでいる。水辺に毒キノコが生えているようだ。索具の保管所、製帆工場、中古品の店。そのような店には、世界中から集められた見慣れない魅力的な品々が並んでいる。陰気な外見の宿屋もあれば、船乗りたちの集まる物騒な酒場もあった。ネリーはクリストファー通りでフェリーに乗った。片道分の切符は三セントだった。彼女はこのフェリーでハドソン川を渡り、ニュージャージー州ホーボーケン三番通りの端にある港に到着したのだった。港には、ハンブルク・アメリカ汽船会社の代理人がふたり待っている。ネリー・ブライを予定通り目的地に送り届けることは、同社にとっても非常に重要だった。ふたりはネリーをアウグスタ・ヴィクトリア号に案内し、船長のアドルフ・アルバースに紹介しながら、このお嬢さんの旅には特別な目的があるのですと説明した。アルバースは評判のいい船長で、あごには豊かなひげをたくわえ、人を安心させる穏やかな話し方をした。船長は、全力を尽くしますよとネリーにうけ合った。ずいぶん複雑な行程のようですが、少なくとも始まりの部分にはなんの心配もいりません、約束します。一週間後の木曜日の夜には、サウサンプトンに着いているでしょう。その晩は街のホテルでぐっすりお休みいただけます。翌日、毎朝サウサンプトンからロンドンへ向かう列車にお乗りください。

「わたし、ロンドンに着くまで一睡もしないと思います」ネリーは答えた。「ロンドンに着いたら列車の席取り合戦に勝たなくちゃいけないんです。金曜日の夜にヴィクトリア駅から出る列車は切符がとても少ないんですもの」

ネリーの生き生きした話し方は、ペンシルヴェニア西部の丘陵地帯の方言で、文尾を独特に上げる特徴がある。エリザベス朝の植民地時代のこの話し方が、彼女が子供のころにはまだ使われていた。ネリーの目は鋭く、瞳は灰色だった。灰色とはいっても、時によって緑とも、青緑とも、はしばみ色とも形容された。立派な鼻は先のほうが上品に上を向いている。どの新聞も、好んで〝可愛らしく上を向いた鼻〟と書いた。ネリーが容姿に関して気にしていたのは、この鼻だけだった。髪は茶色で、前髪を作っていた。実際に本人を知る人々はネリーを美人だと思っていた。だが続く数カ月、新聞の紙面上では、ネリーが美人かどうかをめぐって激しい議論が交わされることになる。

やがて、友人や同僚たちが船にやってきて、ネリーにさよならをいい、幸運を祈った。劇場支配人のヘンリー・C・ジャレットは花束と小説を贈り、船酔いと退屈を予防するには本が一番だよとアドバイスした。見送りの中にはワールドのデスク、ジュリアス・チェインバーズの顔もあった。ニューヨーク・アスレチック・クラブのタイムキーパーを連れてきている。同クラブはニューヨーク一格式が高く、自転車レース、競泳、陸上大会などにタイムキーパーを派遣することもめずらしくなかったが、世界一周競争のタイムを計るのはこれがはじめてだった。

ネリー・ブライが新聞記者として成功したのは、困難な状況にあっても落ち着いていられるように自分を律してきたからだった。船出を前にしたいまも、不安を表に出さないよう努めていた。翌日のワールドには、こんな記事が出るだろう。「ネリー・ブライは恐れや不安をみじんもみせず、夏休みに入ったばかりの学童もかくやというほど楽しげな様子だった」出発を待ちながら、ネリーはワールドの同僚にこんな質問をした。「わたしの服、どう思う?」屈託のない口調だったが、同僚が返事に窮していると、ネリーはたたみかけるようにいった。「意見をきかせてくれたら一ペニーあげるわ」

同僚の記者は、キャメルをあしらった濃い青のドレスと格子柄のコートをながめて口を開いた。君は船でエジプトのそばを通るつもりらしいが、そのとき海岸にヨセフの末裔がいて、そのドレスは自分の派手なコートと似合いそうだ、なんてことを考えたとしたら――。だが、彼の言葉は途中でさえぎられた。

「あら、いじわるね」

ネリーはそっけなくいうと、呆れたように天をあおいでみせた。

「そんな意見に一ペニーも払えないわ」

ワールドの記者たちは気づかない振りをしていたが、ネリーは普段とちがって短気になっていた。それはとりもなおさず、胸のうちでさまざまな感情が渦巻いていることの証だった。念願叶ってようやく出発できるという思い、友人や家族をあとに残していくうしろめたさ、未知の旅路への期待と不安――未知の国、未知の食べ物、未知の言語（世界旅行とはいえ、ネリーは英語だけでやっていくつもりだった）。この日、明けたばかりの空は美しく晴れわたっていた。だがネリーは、きたるべき七十四日を、目の前に延びる四万五千キロを思わずにはいられなかった。すべてが予定通りに進めば、クリスマスを香港で過ごし、新年を太平洋のどこかで過ごすことになるだろう。

その日、ワールドの第一面には地図が載り、その上に五段組みでこんな活字が並んでいた。「世界一周の道のり。本紙記者が史上最速で地球を一周します」旅程を示す線はニューヨークから大西洋を経てイギリスへ、ついでヨーロッパを地中海へ延び、スエズ運河を通りアフリカの北東岸に沿ってアラビア海へ、セイロン島（現スリランカ）のそばを抜けて香港、日本を経由して、太平洋をサンフランシスコへ渡り、そしてアメリカ北部を横断してニューヨークへ。入念に考え抜かれた旅程のように見えるが、ネリーにはわかっていた。自分の旅路は決して、紙面に表れているようなくっきりした実線ではない。心配ごともいくつかある。たとえばロンドンからイタリア（アルバース船長に、どうしても寄りたい国だと言っていた）のブリンディジ行きの郵便船は、本当に毎週金曜日の夜に出ているのだろうか。ほかの列車が遅れることがあればブリンディジ発の汽船への乗り換えがうまくできず、すべての予定に遅れが出てしまう。いやおうなく、ネリーの旅は失敗に終わる。本人にも、自分が一年で最悪の時期に出発しようとしていることはわかっていた。ハリケーンのもっとも激しい季節だ。西部ではいたるところで、雪のために線路がふさがれていた。また、ネリーは空間だけでなく、ある意味では時間を旅することにもなる。七十五日の旅のあいだ、四季のすべてを体験する。旅慣れた人間にとっては、気温の急激な変化が大敵だというのは常識だった。どの国でも熱病にかかる恐れがあり、ヨーロッパではインフルエンザの、アジアではマラリアの心配をしなくてはならない。嵐、難破、病気、機械の故障。非協力的な機関手や船長がいれば進むスピードも遅くなる。こうした不運のどれかひとつにでも見舞われれば、計画は失敗に終わるだろう。

遅れて帰るなど考えただけで耐えられなかった。のちにネリーは、ある船の一等航海士に深刻な顔でこう話している――ニューヨークに到着するのが遅れるなら死んだ方がましよ。失敗すればキャリアに箔がつくこともなく、ペンシルヴェニアの炭鉱町から出てきた一記者の名がニューヨーク最大の新聞の見出しを飾ることもない。だが、出発した時点ではまだ知らなかった事実があった（そして、何週間も知らずにいた）。ライバルはカレンダーでもなく、ジュール・ヴェルヌが生み出した旅人フィリアス・フォッグでもなく、生身の競争相手だったのだ。やがて、その事実は明らかになる。世界一周をめざしてニューヨークを発った若い女性記者はひとりではなく――ふたりいた。

十一月十四日の朝。ネリー・ブライがホーボーケンの港をめざしていたころ、ジョン・ブリズベン・ウォーカーという名の男がフェリーに乗って反対側の港へ向かっていた。ジャージー・シティからロワーマンハッタンのコートランド通りへいくところだった。ウォーカーは裕福な出版者で、「コスモポリタン」という上品な月刊誌を出していた（コスモポリタン誌はのちに、ジョゼフ・ピュリツァーのライバルのウィリアム・ランドルフ・ハーストに買収され、まったくちがう路線の雑誌に生まれ変わった）。川を渡るフェリーのうえでウォーカーはワールドの一面記事を読み、ネリー・ブライという女性記者が世界一周をめざしていることを知った。彼はすぐに、その企画のすばらしい宣伝効果に気づいた。そしてまた、それならネリーとはちがって東回りではなく西回りで進むほうがいいとも考えた。たちまちひとつのアイデアが形になった――コスモポリタン誌が世界一周レースの競争者に出資して、逆回りで旅をさせるのだ。もちろん、コスモポリタンの選手もネリーのように若い女性でなくてはならない。そうすれば釣り合いが取れる。男性が女性に勝負を挑んでも世間の共感は得られない。そしてまた、できるだけ早く出発しなければネリーより先にニューヨークにもどってくることはできない。会社で営業部長と短い打ち合わせをすませると、ウォーカーは彼を旅行代理店へ送って旅の計画を立てさせた。十時半にはエリザベス・ビズランドのアパートに伝言を送った。エリザベスは数ブロック先のマレー・ヒルに住んでいる。至急、とウォーカーは書き送った。会社へきてくれ。

エリザベス・ビズランドは二十八歳だった。十年ほどフリーで記者をしていたが、少し前からコスモポリタン誌の文芸編集者として働いていた。同誌で「書斎から」というコラムを担当し、毎月近刊の書評を連載している。ルイジアナ州の農園主の令嬢として生まれたが、家は南北戦争の余波を受けて没落した。二十歳のときにニューオーリンズへ移り、数年後にはニューヨークへ出てきた。この街で彼女は様々な雑誌に寄稿し、やがて、ニューヨークの出版業界きっての美人だとうわさされるようになった。背が高く、気取りすぎともいえそうな優雅な振る舞いが、その高い身長を際立たせていた。茶色い大きな瞳と輝くような白い肌をし、低く穏やかな声で話した。客を手厚くもてなすことと、気の利いた会話が大好きだった。その両方を楽しむのが、定期的に開かれる文学サロンだった。場所はエリザベスが姉とふたりで借りていた小さなアパートだ。四番街にあるこのアパートには作家や画家や俳優といったニューヨークの文化人が集まり、現代芸術について議論した。美貌、魅力、博識が三つ合わされば、男性を惹きつけないはずがない。取り巻きのひとりに、ニューオーリンズで知り合ったラフカディオ・ハーンがいた。ハーンはエリザベスを「女神」と呼び、彼女との会話は麻薬のようだと書いている。一度味わえば何時間も頭がふわふわするからだという。また別の者は、エリザベスと話すと「美しく危険なヒョウ」とじゃれあっているような気分になるといい、かまれる心配のないこのヒョウを愛していた。

エリザベス本人は、女の美しさは便利ではあっても一時的なものだと承知していた（こんな文章を残してもいる「男性にとって魅力的な時期が過ぎると、アメリカの女にはなんの力もありません」）。そして、自分を誇りに思ってもいた。ニューヨークにきたときにはポケットに五十ドルしかなかった自分が、いまや銀行口座に数千ドルを持っているのだ。すべてペンでかせいだ金だった。十八時間ぶっ続けで仕事をすることができたので、書評を書き、エッセイを書き、特集記事を書き、古典的な詩を書いた。エリザベスは、なによりも文学がもたらす喜びを信じていた。

その喜びに初めて触れたのは、シェイクスピアとセルバンテスの古い本を屋敷の図書室で見つけて読んだときだ（フランス語は攪乳器でバターを作りながら独学で学んだ。ルソーの『告白』を読むためだったが、読んでみると結局好きになれなかった）。名声にはなんの興味もなく、ともすると嫌悪を感じるほどだった。そのようなわけで、十一時過ぎにコスモポリタン社に着き、ウォーカーから、ネリー・ブライを相手に世界一周レースをはじめてくれと言われたとき、はじめは首を横に振った。明日は友だちがお茶を飲みにくるんです、とエリザベスは説明した。そんなに長い旅に着ていくものもありませんし。だが、のちに認めたように、本当の理由はべつにあった。そんなレースに参加すれば悪い評判が立つとわかっていたのだ。「不愉快なうわさを耳にすると、きっぱり否定しました」とも話している。だが、ウォーカーは一財を成した経験も、それを失った経験もある男だ。簡単にはあきらめなかった。とうとう、最後にはエリザベスが折れた。
その日の夜六時、エリザベス・ビズランドはニューヨーク・セントラル鉄道に乗ってシカゴに向かった。ネリー・ブライより八時間と三十分遅れての出発だった。

ネリー・ブライとエリザベス・ビズランドは、これ以上ないほど対極的にみえる。かたや北部の生まれ、かたや南部の生まれ。かたや好戦的で野心的な行動派、かたや育ちのよさを誇るお嬢さま。ネリーが世間を驚かせるニュースを追い求めるいっぽうで、エリザベスは小説や詩を愛し、新聞を蔑んでいた。彼女にとって新聞とは「野蛮で嘘つきで、あることないことわめきたて」る「人生のパロディ」だった。エリザベスはお茶会を開き、ネリーはバワリー（マンハッタン南端部の地域。酒場が多い危険な地域として知られる）のオルークのサロンに出入りしていた。だがどちらも、アメリカにおける女性の不公平な地位を強く意識していた。あまり裕福ではない家に育ち、ニューヨークへ出てきたという点も同じだった。目的は、メトロポリタンの出版業界に自分の居場所を作り、当時のあからさまな男性社会で成功をもぎ取ることだ。そして、いうまでもなくこのふたりは、稀有な体験によって永遠に結びつけられることになった。一大プロジェクトのパートナーとも呼べるかもしれない。そのプロジェクトは、数カ月にわたってアメリカを、さらには全世界の注目を集めたのだ。

ネリーとエリザベスは、エネルギーも形も当時最新の交通機関で地球をめぐった。遠洋航行の汽船、そして汽車だ。本社で待機しているデスクには電報でメッセージを送った。電報が使えれば――この時代の話ではあるが――空間も時間も関係なかった。ふたりは、西はイギリスから東は香港まで、大英帝国を船で横断した。船には紅茶、綿、アヘン、その他にも帝国の経済を支えた高価な品物が積まれていた。伝統によってくっきりとした輪郭を獲得し、階級によって輪郭のゆがんだ、イギリスというひとつの世界を旅した。イギリスは訪れたすべての国に存在し、船や汽車の上にさえも存在していた。

ネリー・ブライとエリザベス・ビズランドは、ただ世界を駆け抜けただけではない。ヴィクトリア朝という時代の中心を駆け抜けたのだ。

アウグスタ・ヴィクトリア号は、朝の九時半に港を出ることになっていた。その少し前に汽笛が長々と鳴らされ、乗客ではない者たちに出港の時間が近づいたことを知らせた。「がんばれよ」友人のひとりがネリーにいい、お別れの握手をした。ネリーはつとめて笑顔をみせていたので、友人たちの記憶には彼女の楽しげな姿が残ることになった。ネリーはふいにめまいを覚えた。の

ちに告白したところによると、心臓が爆発しそうな気分になったらしい。友人たちはネリーから
ゆっくりと遠ざかり、着飾った他の見送りの者たちとともに列をなしてタラップを下りていった。
ネリーが舷側に立つと、何キロも先がみえた。水平線に向かって、海は青から灰色へわずかずつ
色を変えている。世界は丸みをなくし、果てのない広大な空間になったかのように思えた。出発
はもうすぐだった。ネリー・ブライとニューヨーク・アスレチック・クラブの男はおごそかに、
それぞれの時計を合わせた。

# 1. 自由なアメリカン・ガール

ネリー・ブライことエリザベス・ジェーン・コクランは、一八六四年五月五日にペンシルヴェニア州西部に生まれた。だがネリーの正確な年齢は、彼女が亡くなるまではっきりとしなかった。その主な原因は本人にある。ネリーは自分でいっていたほど若くなかったからだ。旅をはじめた一八八九年の十一月には二十五歳だったが、国内各紙は二十歳から二十四歳くらいだろうと予想し、ネリーが働いていたワールドは「二十三歳くらい」だと書いた。

ネリーの育ったペンシルヴェニア州アポロは、小さな目立たない町だ。ツガやトウヒを切り出して興ったアポロのような製材の町は国内に数えきれないほどあり、どれもがよく似ていた。アポロの歴史について書かれた本の作者でさえ、序文でこんな説明をする義務を感じたようだ。「大都会ばかりが人々の心を、アメリカの歴史の隙間を埋めるわけではない。なにより、ここはわれらが故郷なのだ」本通りには雑貨店（駄菓子から鋤の替刃まで買える）、ドラッグストア、食肉処理場、鍛冶場、数軒の食堂が軒を並べている。この町に銀行ができたのはやっと一八九一年になってからだ。冬になるとそりやスケートで遊ぶことができる。暖かくなると、子供たちは樽のたがで輪転がしをしながら丘を運河の橋まで駆け下り、キスキミネタス川で釣りをした。当時はまだこの川もきれいだったが、やがて近くに製鉄所ができると、そこから流れてくる雨水によって汚染されてしまった。

ネリーは、父のマイケルと母のメアリー・ジェーン・コクランのあいだに生まれた。五人きょうだいの三番目で長女だ。町では「ピンク」という名で知られていた。ごく小さなころにつけられた愛称だ。母が好んで着せたピンクの服が、地元の子供たちのトビ色や灰色ばかりの服の中でよく目立っていたからだ。元気のいい子供で、わがままといってもいいくらいだった。だが、子供時代のエピソードの多くはピンク自身の回想により、彼女が有名になってから世に知られるようになったものばかりだ。少なくとも、そのうちのいくつかは、伝説になりつつあった大胆不敵な女性記者のイメージを補強するためのものだった。ワールドのある記事(「ネリーの素顔」という見出しがついていた)は、こんなエピソードを伝えている。少女時代のネリー・ブライは本の虫で、次から次へお話を書いていた。本の見返しにも書けば、そのへんに落ちている紙切れにも書いた。夜になっても眠れず、心は空想の世界をさまよっていた。英雄やお姫さま、妖精やロマンスの世界だ。「子供の活発な頭は疲れ知らずで、ネリーの才能はあふれんばかりに豊かだった。とうとう彼女は体調を崩し、内科医の治療を受けることになった」ワールドは、ネリーは子供のころから読むのも書くのも大好きだったと伝えているが、他の新聞や雑誌にそうした記述はみられない。家族史『コクラン家年代記――コクラン家の者が主な役割を果たした歴史的出来事および逸話』についても同様だ。ある近親者は皮肉交じりにこういっている。ピンク・コクランは「たしかに目立ったけど、やかましい子だったからだよ。内省的な秀才という感じじゃなかった」

ピンクの父のマイケル・コクランは、製粉所の経営と不動産の投機とで財を成した人物で、郡の陪席判事に選出されたほどの名士だった。それ以降、彼は「判事」という敬称で呼ばれるようになる（コクラン家の製粉所のそばには小さな集落があり、ピンクはここで五歳まで暮らしていた。その集落にはマイケルにちなんだ名がつけられている）。ピンクが六歳のとき、コクラン判事がふいに病に倒れ、回復することなく息を引き取った。遺言はなかった。ペンシルヴェニア州の法律は、妻に相続権が与えられるのは夫が遺言書にその旨を明記したときに限られると定めている。財産分与がすんでみると、メアリー・ジェーンの手に残ったのは家具、馬と馬車、わずかな毎週の手当だけだった。五人の子供を育てる必要に迫られ、メアリー・ジェーンは賢明とはいいがたい結婚をした。新しい夫は大酒飲みで、妻に手を上げるような男だった。みじめな結婚生活を五年続けたのち、メアリー・ジェーンは異例ともいえる方法で離婚の申請をした。ピンク自身が母の証人となり、継父の執拗な暴力について法廷で証言したのだ。ピンクはたった十四歳で、経済的に自立していない女性がどんな目に合うのかをつぶさに学んだ。

ピンクは、いつかきっと母と自分の生活を支えられるようになろうと心に決めた。その翌年、彼女は近くの寄宿学校に入れられた。若い女性を教師に養成するための専門学校だ。十五歳の少女にとって、学校は新しい自我を形成するためには最良の場所だったにちがいない。姓のつづりのうしろに、発音されない〝e〟を付けたのもこの時期だった。だが残念ながら、メアリー・ジェーンは、一学期だけで娘を退学させなければならなかった。学費を払うだけの経済的な余裕がなかったのだ。彼女は貧しい家で育ったことを恥じていたのだろう。生いたちを紹介した記事に、このエピソードはみられない。〝素顔〟を紹介したとされるワールドの伝記記事は、おそらく本人の話にもとづいて書かれたものだ。そこでは退学の理由が「心臓病」になっており、内科医はこんな忠告をしたとされている――あと一年でも勉強を続ければ命が危ないでしょう。「彼女は勉強を続けたくてしかたなかったが、」記事はもっともらしく説明した。「死にたくはなかった」

　一八八〇年、ピンクが十六歳のときに、メアリー・ジェーン・コクランは子供たちを連れて六十キロ近くはなれたピッツバーグへ移った。前夫の死、その後の離婚。アポロにいれば思い出してしまう忌まわしい過去を捨ててしまいたかったのだ。だが当時のピッツバーグでは、過去を忘れるのも簡単ではなかっただろう。イギリスの小説家アンソニー・トロロープは、ピッツバーグをこんなふうに形容している。「これほど黒い土地は今までみたことがない」町のほぼ全域が工業地帯だった。三十キロ四方の土地にひしめく五百近い工場から、鋼や鉄、真鍮、銅、綿、油、ガラスが生産されては送り出され、当時新興工業国であったアメリカ国内でみるまに消費されていった。どちらを向いても、はるか遠くの地平線のあたりでは、どこかしらの溶鉱炉から吐き出される煙がみえた。夜になっても、空は炎の黄と赤に染まっていた。町を吹き抜ける風は細かい黒鉛を運び、空気は硫黄のにおいに満ち、長い距離を歩くと口の中に金属の味が残った。いきなり煤が降ってくることもあった。家のあたりの空には尖塔やタマネギ型のドームがいくつもそびえ、建物のあいだをぬうように線路がのびていた。メアリー・ジェーンは家族のために小さなテラスハウスを一軒買い、やがて都会に住む家主の例にもれず、部屋を人に貸して多少の収入を得るようになった。それからの四年間、ピンクは手当たりしだいに仕事をして家計を助けた。その中には厨房の手伝いもあったらしい。子守や家政婦、家庭教師もしたかもしれない（兄たちはピンクほど教育を受けていなかったので、連絡係やゴム工場の監督などの職についた）。

　ピッツバーグの当時の人口は十五万ほどに過ぎなかったが、十種類もの日刊紙を読むことができた。ここまで多くの新聞がある町は、アメリカ国内でもほかに類をみない。ピンクの家では

「ピッツバーグ・ディスパッチ」紙を購読していた。この新聞には、有名なコラムニストのエラズマス・ウィルソンが〝静かな観察者《Quiet Observer》〟という筆名でコラムを書いていた。単に〝Q・O〟と署名することもあった。ウィルソンは上品な老紳士で、「静かな観察」と題したコラムでは、一貫して古めかしいヴィクトリア朝的な価値観を支持した。あるコラムで、彼は現代の女性をこう批判している。「自分の領分をわきまえず、あちこちで人々を困らせる」ウィルソンは鋭い言葉でコラムを締めくくった。「〝女の領分〟。それはある言葉に置き換えることができる——家庭だ」

ウィルソンは、現実の女性たちが実際にどんな生活を送っているのかまったく理解していなかった。激怒したピンクは机に向かって長い手紙を書き、ディスパッチの編集者に送った。この時点ではまだ新聞社に投稿する一読者だったので、署名には「孤独なみなしご」というペンネームを使った（不可解に思われる名前かもしれない。母親はまだ生きているのだからみなしごではない。だがこの名によって、父の死が彼女にどれほどの打撃を与えたのかがうかがい知れる。コクラン家の人々が本当の意味でショックから立ち直ることは決してなかったのだ）。この手紙は、同紙の編集局長として新しく着任したジョージ・A・マドゥンの目に留まった。マドゥンは翌日のディスパッチで、「孤独なみなしご」に、本名と住所を送ってほしいと呼びかけた。

翌日の午後、手紙を書いたピンク本人がいきなりディスパッチのオフィスを訪れた。この時ピンクは二十歳だったが、もっと幼くみえた。エラズマス・ウィルソンはその日会ったピンクの印象を「恥ずかしがり屋の小さな女の子」と表現している。背丈は中くらいでほっそりしており、悲しげな灰色の大きな瞳と、大きな口、しっかりしたあごをしていた。黒く長いコートを着て、シンプルな毛皮の帽子をかぶっていた。まだ髪を結う習慣がなかったので、とび色の巻き毛がコートの肩に落ちていた。みるからに居心地が悪そうだった。はじめて訪れた都会の新聞社がこわかったのだ。雑用係の少年を呼び止めると、ほとんどささやくような声で、編集局長はどこにいるかしらとたずねた。

「あそこだよ」少年はいって、数メートル先にすわっているマドゥンを指さした。しゃれた口ひげを生やした若い男性をみて、ピンクはぱっと笑顔になった。笑うと真っ白な歯がのぞく。ピンクに会った人々が必ず挙げる彼女の特徴だ。「まあ、あの人？ 気むずかしいおじいさんかと思ってたわ」

ジョージ・マドゥンはピンクの手紙を新聞に掲載するつもりはないが、そのかわり記事を一本書いてくれないかといった。テーマは「女の領分」だ。ネリーもマドゥンも、仕事を依頼された彼女がどんな反応をみせたのかは書き残していない。だがこの四年間のネリーはピッツバーグの煤煙に汚れた通りをさまよい、つまらない仕事を探すだけの日々だった。状況がよくなる見込みなどほとんどなかった。そこへ、新聞に記事を書けるかもしれないという希望が生まれたのだ。マドゥンの頼みはピンクにとって一大事だったにちがいない。その週のうちに、ピンクは記事を書き上げてマドゥンに送った。文法はおそまつで、カンマとピリオドの打ち方もまちがっていた（マドゥンは何年も、ピンクの文章の校正に手間がかかるとこぼしていた）が、文章は力強く、意見ははっきりしていて説得力があった。ピンクが選んだ切り口は、Q・Oが当然と決めつけた特権を持たない女性の視点で書くというものだった。貧しい女性は家族を養うために働かなければならないのだ。その記事は、理解と共感を求める切実な訴えだった。おそらくピンクは、自分の人生と母の人生への不満もこめていたにちがいない。

ありあまるほどの世間的な幸福に恵まれた人間に、必要に迫られて働く貧しい女性の気持ちがわかるでしょうか。彼女たちはひと間かふた間の殺風景なアパートに住み、十分な暖を取れるほどの火もおこせず、擦り切れた服は風も寒さも防ぐことができません。子供たちがおなかを空かせないよう、自分の食べる分を減らします。家主の渋面を恐れ、いつ追い出されるかとびくびくし、乏しい持ち物を売らなければなりません。どんな仕事でもいいからくださいと頼みこみ、粗末な部屋の家賃をかせぎます。その部屋を彼女たちは家と呼ぶのです。優しく話しかけてくれる人も、励ましてくれる人もいません。人生は生きるに値すると思える物をなにひとつ持っていないのです。

こうしてピンクはディスパッチの記者になった。給料は週に五ドル。次の記事（今回は離婚した女性についての記事だった。これもピンクが気になっているテーマだった）がのる前に、ジョージ・マドゥンはピンクを自分の仕事部屋に呼んでペンネームを考えなさいといった。当時は女性が本名で記事を書くのは、はしたないと考えられていたからだ。ディスパッチの記者エリザベス・ウィルキンソン・ウェイドは〝ベシー・ブランブル〟、ニューヨークの記者セアラ・ペイスン・ウィリスは〝ファニー・ファーン〟、「ボストン」紙の記者サリー・ジョイは（ペンネームのような名前だが）〝ペネロピ・ペンフェザー〟というペンネームを使っていた。マドゥンが探していたのは、「しゃれていてキャッチーな」名だった。ふたりは一緒にいくつか案を出してみたが、どれもしっくりこなかった。午後も遅い時間で、ガス燈の明かりの作る影が壁紙の上で震えていた。二階から、デスクのひとりが原稿を持ってこいと呼びかけている声がきこえてくる。雑用の少年がそばを通りながら、そのころ流行っていた曲を口笛で吹いた。地元出身の作曲家スティーヴン・フォスターの作った曲だ。

ネリー・ブライ！　ネリー・ブライ！
ほうきを持っておいで
キッチンを掃いて、ねえそれから
短い歌をうたおうよ

ネリー・ブライという名は短くキャッチーで、なによりも、すでに大衆から愛されていた。マドゥンは植字工に、ピンクの記事に〝Ｎｅｌｌｙ Ｂｌｙ〟という署名を付けるようにと指示した。だが植字工は名前のつづりをまちがえ、その誤植によって、ピンクの名は永遠にＮｅｌｌｉｅ Ｂｌｙと決まった。

一万二千三百八人。一八八〇年の国勢調査によると、これが当時アメリカ国内で記者として登録されていた人数だ。このうちたった二百八十八名——二パーセント程度に限られる——が女性記者の数だ。ディスパッチに記事を書いたネリー・ブライのように、ニュース欄に記事を書く女性はさらにぐっと少なくなる。一八八〇年代にさしかかるころ、アメリカの新聞業界は、女性読者が未開拓の市場だと気づいた。そこで女性向けの紙面を新しく作り、女性が一番興味を抱いていると思われるテーマで特集記事をのせた。ファッション、ショッピング、料理のレシピ、家事、子育て、上流社会の動向などだ。クズウコンの医薬用途についての議論、晩さん会に出すブラウンソースとホワイトソースの正しいレシピ、最近の舞踏会で人気のドレス、女性がネズミを怖がる理由。女性向けの紙面にはこうした記事が並び、文体も女性らしくやわらかいものだった。愛についての情熱的な二行詩や天気についての話題が散りばめられ、新しく出たロマンス小説や詩集の書評ものっていたかもしれない。記事は女性読者を対象にしていただけでなく、書き手も圧倒的に女性が多かった。男性の記者たちは、女性向け紙面を女性陣に任せっぱなしにしている事態を正当化しようと、ああいう紙面には女性が持って生まれた才能が活かされるんだと説明した。たとえば「ニューヨーク・テレグラム」紙のデスクはこう指摘した。社交界の催し物を記事にするにしても、「男は女性の装いを描写するのに細かく観察しなければならない。その点女性はひと目で全体を把握できる」

一部の女性記者にとってはとてもやりやすい仕事だったが、ほかの者たちは女性向け紙面の担当になると、退屈と不満、才能をむだ遣いしているという落胆しか感じなかった。一八九〇年の「ハーパーズ・ウィークリー」誌に「女が新聞社で働くこと」というタイトルの記事がのっている。記者の名はJ・L・Hとしか記されていない。そこには、社交界の記事を書く仕事をやめようと努力しながら、結局は長い徒労に終わったいきさつが書かれている。「わたしは、世の中の職業に貴賤はないと思っている。職業の貴賤は認められない。神聖なエリート集団に才能ある者が首を突っこむほうがずっといい。しかし、選択の自由はないのだ。わたしはやむなく社交界の記事を書く仕事に甘んじてきた。というのも、上司にはっきりと言われたのだ。新聞社でほかに女ができることはなにもない、と」その前年に出た「ジャーナリスト」誌のある記事では、新聞記者フローラ・マクドナルドが、知性も情熱も備えた女性記者の多くが運にめぐまれず、つまらない社交界のゴシップ記事ばかり書いていると嘆いている。マクドナルドはこう述べた。「彼女たちの人生はまるで、いつまでも続く午後のお茶のようなものになった。しかも、それはだれか別の人間のお茶会なのだ。女性記者たちは、時流に乗ってはいるが、そこに属してはいない。流されながら、はねまわる大きな魚の様子を報じるうちに、やがては精神的にも道徳的にも麻痺していく。恐ろしい話だ。ある女性はこんなふうにいった。『ゴシップ記者は知識の売春婦だわ』。ああ、それだけならまだいい！　わたしたちは魂の売春婦でもあるのだ」

女性向けの紙面を担当する女性記者はめったに新聞社に姿をみせず、もっぱら家で記事を書き、郵便で会社に送っていた。酒場や投票所と同様に、編集室は女のくるところではないと考えられていたのだ。男たちは当たり前のように葉巻をふかし、かみ煙草をくちゃくちゃやり、たまに瓶やフラスクからウィスキーをあおり、そして乱暴な言葉をわめき散らしていた。一八九二年の記録によると、あるデスクは女性を雇うつもりはないかともちかけられ、仰天してこう叫んだという。「女性だって！　女性に〝くそったれ〟なんていえないだろう？」編集室は自由に煙草を吸い、酒を飲み、汚い言葉を使うことができる場所だった。女性に眉をひそめられることもなければ、女性を堕落させる恐れもない。このころは、大都会の新聞業界の厳しい現実に身をさらせば、女らしさが損なわれると考えられていたのだ。そうした女らしさを重んじたのは、だれあろう男たちだった。「新聞業界に入った女性はまだみたことがないが、どちらにしても気づいたと思う。生まれ持った細やかさも、優しさも、女性らしさも、この業界に入ったときに備えていた美質は確実に消えていくよ」ある男性記者はそんなふうにいった。「若い女性ってのは」別の記者は熱っぽく語った。「可愛くて神聖な存在だ。マナーもへったくれもない生活にも、あわただしい会話にも、型破りの振る舞いにもなじめないよ」

軽い調子の意見だが、まさにこうした意見が女性を新聞社から閉め出し、その出世を大きく妨げていた。ジャーナリスト育成の学校はまだなかったので、新人は伝統的に、経験という名の学校で仕事を学ぶことになっていた――女性の記者はまず入ることのできない学校だ。定期的に若い男性が新聞社に入り、オフィス・ボーイ（この言葉が、求められている人間を示している）として働く。オフィス・ボーイは床をはき、原稿を運び、使い走りをし、編集局長が記者やデスクになにを求めているのかを学び、どうやって記事を書くのか、書き直すのかをみて覚えた。そのうち地位が上がっていき、うまくいけば最終的には、記者として腕試しすることを許される。仕事のミスがみつかると、デスクはおだやかに忠告するのではなく、長々と激しい叱責の言葉を浴びせかけた。そのあいまに何度も、おまえみたいなやつは病気にでもなって死んでしまえとののしる。こうした荒っぽいしごきこそ、新聞業界の常識を叩きこむうえで一番効果的だと考えられていた。だがたいていのデスクは、傷つきやすい女性に同じ態度を取ろうとはしなかった。そういうわけで、若い女性記者たちは、お茶会やウェディングドレスの記事をせっせと書くしかなく、そのあいだにも、世界は彼女たち抜きで回っていくのだった。

「新聞社は実践こそが主な仕事。女性にはとても手に負えない世界だ」一八八九年の「エポック」紙にはそんな記述がある。「できる仕事の範囲にしろ、情報の充実度にしろ、女性には限度があるはずだ」通常男性記者がするような仕事を女性記者に頼むわけにはいかなかったのだ。夜にひとりで旅をするような仕事もあった。どんな天気だろうと関係ない。ニュースを追ってあらゆるところへいくのが仕事だ。アパート、ダンスホール、酒場、賭博場。犯罪者とも警察官とも同じように付き合い、暴動やストライキ、火事、様々な大事件の最中に飛びこんでいく。権力者の嘘や悪事を暴くのも仕事だ。女性がそうした仕事に携わるのは危険なだけでなく、不適切でみっともなく見苦しいことだった。いうなれば淑女らしくない振る舞いだったのだ。

もちろん、こうした不文律にも注目すべき例外はあり、すぐれた記者であることをみずから証明してみせた女性たちもいた。政治記者のジェーン・グレイ・スウィスヘルムもそのひとりだ。スウィスヘルムはフェミニストであり、奴隷廃止論者であり、ホレース・グリーリーが創刊した「ニューヨーク・トリビューン」紙にも記事を書いていた。一八五〇年のことだ。スウィスヘルムはワシントンに短期滞在中に副大統領のミラード・フィルモアに会い、上院の記者傍聴席にすわらせてほしいと願い出た。「副大統領は仰天して、わたしを思い留まらせようとしました」のちに、スウィスヘルムはそう回想している。副大統領は彼女に、そんなことをすれば不愉快な注目を浴びるでしょう、といった。「淑女にとってたいへん居心地の悪い場所ですから」と。だがスウィスヘルムは粘り、とうとうフィルモアが折れた。翌日、スウィスヘルムは上院の傍聴席から議会を見学した。そんなことをした女性は彼女が初めてだった。スウィスヘルムはあるコラムで、女性に対する世間の冷笑と戸惑いを取り上げ、揶揄している。記者にせよ知的な専門職にせよ、それらを目指した女性に対する世間の反応は同じだったのだ。

女たちは鋤や鍬で耕し、刈り取り、干し草を作り、熊手でかき集め、収穫した穀物をひもでまとめ、脱穀し、薪を割り、乳を搾り、バターを作ります。力仕事や肉体労働はなんでもこなすのです。そのことについて、いったいだれが文句をいうでしょう？　では、かりに女性が知的な才能を使ったら――編集者、演説家、医師、弁護士、どれかをめざし――専門職、あるいは才能が必要な立派な職についたとしましょう。まあたいへん！　気つけ薬を持ってきて、キャンブリック地のハンカチと羽根の扇を持ってきてちょうだい。上着のボタンをゆるめて、ネクタイも外して！　ミスター・ノーマルが失神してしまいました！　〝かわいい女〟が――美しい天使が――女の領分から飛び出して――過酷な世界の過酷な競争にまじろうとしただけなのに！

アメリカ国内では、もちろん新聞社がつねに大きな社会的権力を持っていた。いわゆる言論界に対する影響力が強かったのだ。十九世紀を通して女性はその世界からほぼ完全にのけ者にされていたが、男たちはこんなふうに考えて自分たちを正当化していた。そのほうが女性のためになる（荒っぽい男性の価値観にさらされることがないからだ）し、逆にいえばのけ者になっているのは女たちにも責任があるのだ、と。女性の書き手が機知や想像力、やる気、共感する力をふんだんに持ち合わせていることはだれもが認めていたが、いっぽうで、そのほかの能力――的確な判断力、明析な思考力、はっきりと意志を伝える力――は劣っているとみなされていた。どれひとつとして、一流の記者には欠かせないものだ。「女性記者は、その締まりのない文章によってのみ利用価値がある」イギリスの作家アーノルド・ベネットは、一八九八年に出した『女のためのジャーナリズム――解説書』という本の中で、そんなふうに書いている。「こうした評価は、女たちがみずから作りあげたものだ」ベネットによれば、女の文章は共通して言い回しがくどく、直喩や隠喩を使いすぎていた。また、全体的に「おおげさでヒステリック」だった。この指摘は、他分野で作家として成功した女性たちの意見とだいたい一致している。たとえば有名な詩人ジュリア・ウォード・ハウは、エポックで、新聞社のデスクにこう忠告している。「女の記者を使ってはいけません。彼女たちは流麗な文体と頼りない思考力とで、どんなテーマの記事もまとまりのない感傷と皮肉で飾りたてます。そうした記事にはひとつとして、分別ある見解をみせてくれるものはありません」月刊誌の「ギャラクシー」では、当時活躍した詩人兼エッセイストのネリー・マッケイ・ハッチンスンが、女性の書き手はだらしなく意地悪で、「思考力も表現力もゼリーのように心もとない」と非難したうえで、さらにこう続けている。女性が新聞業界で責任ある地位に着くには、「女の特性と社会的地位を変えなければなりません（中略）長期間、継続して政治に関する経験を積む必要もあります。また、感傷や偏見、嫌悪感を自制しなければなりません。しかし女はしょせん女ですから、ふたつ目の条件を満たすことはできないでしょう」

女性記者たちには組合も記者クラブもなかった。女性記者クラブができたのは一八八九年になってからだ。不愉快な労働環境にも甘んじなければならなかった。しばしば鬱陶しい口説き文句をささやかれ（ある記者は匿名でこんな証言を残している。「どんな職業であれ、新聞社で働く女ほど男性に悩まされることはありません」）、給料も男性の同僚よりはるかに低い。「ハーパーズ・ウィークリー」誌でJ・L・Hは、記事が世に出ても一セントも支払われないことが時々あったと記している。べつの記者は、「感謝の言葉」で支払いの代わりにされたという。またべつの記者は、およそ二年間無償で働いたのち、ようやく五ドルの給料を手にしたらしい。

このような不平等に異議を唱えた女性記者、社会の常識に立ち向かった女性記者、前途に立ちふさがるいくつもの障壁を乗りこえた女性記者。彼女たちは一種のパイオニアだった。踏み入ることを禁じられた大地で、自分たちの領土を新しく獲得したのだ。身を守るものもなく、重荷を分かち合う仲間も、ほとんどいなかった。そして一八八九年、ネリー・ブライとエリザベス・ビズランドは世界一周の旅に出た（このころには多くの女性がこの業界に入っていたので、ジャーナリスト誌は、女性特集号を出して、ブライやビズランドのような女性記者の業績を称えた）。この頃になってもまだ、フローラ・マクドナルドによるこんな指摘がみられる。「ごくまともな女性でも、男性の新聞記者と一緒に働いていれば、いたるところで変人あつかいされて辛い思いをする――『おまえみたいな女は世間のはみ出し者だ』といわれてしまうのだ」成功した女性記者は、マクドナルドの言葉を借りれば「度胸と、痛みを感じないゴム」でできているような人間だとみなされた。

ディスパッチに勤めてからはじめの数カ月で、ネリー・ブライは八回にわたるシリーズものの記事を書いた。ピッツバーグの工場で働く女性の労働環境について取材したものだ。ネリーは全力を尽くして、自分と同じ働く人々、とりわけ女性労働者のことを読者に伝えた。彼らは尊厳を保とうと努力し、苦難の中にあってさえ小さな楽しみをみつけていた。ネリーはディスパッチに、売り子やコーラスガール、召使、宗教派閥に属する信徒たちについての記事を書いた。ネリーはYMCAの少女組織を支持した。そこは「恵まれない少女たち」が「手を差し伸べてもらえる居場所」だった。ネリーは打てる手をすべて打って、女性向けの紙面に記事を書くのを拒んでいた。

のちに書いた文章によると「焦っていて、女性記者みんなに割り当てられている仕事はする気になれなかった」からだ。だがジョージ・マドゥンは頑として譲らず、最後にはネリーも女性向けの記事をいくつか書いた。ヘアケア、レインコート、五万匹のチョウの標本を持つ地元の牧師の話などだ。

ディスパッチで働きはじめて九カ月がたったある夜、ネリーはふたりの間借り人の話に耳を傾けていた。ふたりは若い鉄道員で、いつかメキシコまで旅をしようと計画を立てていると話していた。彼らによれば、列車ではるばるメキシコまでいくことができるという。その夜ネリーは興奮して眠れず、翌朝早くに会社に駆けこむと、メキシコの特派員にしてほしいとマドゥンにかけあった。だが、マドゥンは取り合わなかった。危険すぎる、というのが理由だった。メキシコ国境を越え、そのまま行方知れずになったアメリカ人があまりにも多かったのだ。だがネリーはあきらめなかった。マドゥンも発行部数が伸びることを見こんだのだろう。最後には説きふせることができた。

ネリーは記者らしい冒険の予感にわくわくしていた。ところが出発の直前になると、いつになく弱気になった。ひとりで旅をすることが不安になり、母親に付添として一緒にこないかと誘ってみた。このころには、ほかの四人の子供たちは就職か結婚をしていたので、母親は付いていってもいいと答えた。ネリーはふたり分の切符を買い、母親と一緒にメキシコへ旅立った。

南へ向かう列車の旅は夢のようで、景色はどれも目を見張るようなものばかりだった。ある夜眠るときには、まわりの丘は一面雪におおわれていた。ところが、翌朝簡易ベッドで目を覚ましてみると、窓の外は暖かく花が咲き乱れていた。展望車の中でネリーと母親は息を飲み、果てしなく続く大地をただみつめていた。列車は綿花畑のそばも過ぎた。綿花は風に吹かれて揺れ、まるで白波が岸に打ち寄せているようだった。ふたりは、あふれんばかりに咲く華やかな色の花の香りを吸いこんだ。三日後エル・パソという町に着くと、旅の終わりが近づいたことを少し残念に思いながら、夜行列車に乗ってメキシコ・シティへ向かった。

ネリー・ブライはメキシコに五カ月間滞在した。彼女自身「ほんの少ししかしゃべれない」と認めていたスペイン語も障害にはならなかったようで、ネリーはディスパッチの読者たちを、闘牛や劇場、古い墓所へといざなった。メキシコ・シティでは、アメリカ人が絶対に知らない通りをみつけた。そこには棺を作る職人たちだけが住んでいた。町をあてもなく歩いていると、驚くべきものや目を楽しませるものにいくらでも出会った。たとえばスイカズラやバラで編んだ花輪。土地の老婆が花祭りでかぶっていたものだ。それから、甘くしたミルクを雪に注いで作られたアイスクリーム。雪は噴火口のそばから運んでくるのだ。そして、十代の少年たち。彼らは好きな女の子の家の下に立ち、バルコニーに向かって名を呼んだ。ちょうど『ロミオとジュリエット』のワンシーンのように。メキシコでは、男性が通りで女性をじろじろみても失礼にはあたらず、それどころか相手の魅力を称賛していると考えられることもわかった。「ちなみに」とネリーは書いている。「その観点からいえば、この国の男性たちはたいへん礼儀正しい人たちです」ネリーはまた、メキシコ・シティから遠く離れた村もいくつか訪れた。そこでは自警団がパトロールし、マリファナというハーブを巻いた煙草を吸っていた。吸って吐くたびに、となりにすわっている仲間の口の中に煙を吹きこむ。煙草がもたらす陶酔は五日続くといわれていた。「そのあいだ、彼らは楽園にいるような気分を味わうのです」

メキシコで過ごすうちに、ネリーはだんだんわかってきた。アメリカ人はこの国を知っていると思いこんでいるが、その知識はほとんどまちがっている。ネリーは読者にこう伝えた。わたしが出会ったメキシコ人はみんな、基本的に意地悪でも短気でもなく、自堕落でもなく、嘘つきでもありませんでした、と。実際、メキシコについてのでまかせを流していたのは、アメリカから移住してきたアメリカ人だった。彼らは現地の人々に対して誠実さのかけらも持たず、親切にされれば侮辱と受け取り、忠実な召使たちをケダモノや馬鹿呼ばわりした。さらにネリーは、メキシコにいるあいだ一度も危険な目に合わなかった。本国ではしつこいほど「メキシコではいたるところに泥棒や人殺しがうろついてるんだぞ」と警告されていたが、結局はそれも、惰性でくりかえされるアメリカ人の決まり文句にすぎなかったのだ。ネリーは記事の中でこう述べている。「女性は――こんなふうに書くのは残念ですが――アメリカよりこちらにいるほうが安全です。わたしたちの国の人々は、だれもが教養と品位を身につけているとされていますが、はたしてそれは真実でしょうか」

ネリーは定期的にピッツバーグに記事を送り、それはディスパッチに掲載された。あるとき、地元紙の気骨のあるデスクが政府批判をして逮捕されると、ネリーは記事の中でその事件について言及した。メキシコ政府はその中のあるひと言に目をとめ、すぐに、逮捕する可能性があるとネリーに警告しはじめた。メキシコ憲法の三十三条に違反したというのだ。三十三条は、外国人が「どのような形であれ」メキシコの政治に口を出すことを禁じていた。メキシコ刑務所に長期滞在する恐れが出てきたので、ネリーは母親と共にピッツバーグへもどった。予定よりも一カ月早い帰国だった。もどるとネリーは、メキシコの政治的腐敗を厳しく批判した。「共和国とは名ばかりで、実際には最低の独裁国家だ」ある記事では、当時退任したばかりだったマヌエル・ゴンザレス前大統領を槍玉に挙げ、彼が在職中に二千五百万ドルを着服したことを報じた。またべつの記事では、メキシコの新聞は「組織的な政治闘争の手段」に過ぎないと非難した。メキシコの人々は、新聞が政治家のプロパガンダに加担していることを知っていた。結果として、メキシコを一日歩きまわっても、新聞を読んでいる人間をひとりも見かけないことは珍しくなかった。「メキシコ人は新聞を忌むべきものだと思っているのです」と、ネリーは書いている。「そのため、荷物をどっさり抱え、子供を三人連れて、かごをふたつ腕に下げた女の人が電車に乗って席を探しているとき、前に広げて顔を隠すために使うことだってしまいません」

ネリー・ブライは二十一歳にして、すでに適応力の高さを発揮していた。食べ慣れない単調な食事が何カ月続くことも、ナンキンムシのわいたマットレスで眠ることも、苦ではなかった。言葉がわからないことで生じる様々な障害も乗り越えてみせた。機転が利き勇ましく、ずるい宿主や行商人がだまそうとしてきても、自分で自分を守ることができた。ネリーは自分が誇らしかった。彼女の言葉を借りるなら、「自由なアメリカン・ガールが、男性に頼ることなく様々な環境に順応してみせた」のだ。ジョージ・マドゥンはディスパッチでの週給を十五ドルに上げていたが、ネリーは女性向けの記事を書く日々にもどると思うと嫌気がさした。アメリカに帰ってから三カ月は、割り当てられる仕事をめぐって絶えずマドゥンと口論していた。

ネリーはかつてエラズマス・ウィルソンに、自分には人生の目標が四つあると語っていた。ニューヨークの新聞社で働くこと。世界をよりよくすること。恋をすること。億万長者と結婚すること。少なくとも、最初のひとつはすぐに叶えられそうだった。四月のある日、ネリーは会社に現れなかった。どこにいるのかはだれにもわからなかった。やがて、だれかがウィルソンに宛てた書き置きをみつけた。「Q・Oへ」とネリーは書いていた。

「ニューヨークへいきます。わたしを忘れないで。ブライより」

## 2. ゴッサムに住む新聞の神たち

当時はおよそ百五十万の人間がマンハッタンで暮らしており、ニューヨークという都市にはおよそ四百五十万の人々の家があった。アメリカ合衆国全体の十五分の一の人口が集まっていたことになる。べつの見方をすれば、世界人口の三百人にひとりはニューヨークに住んでいたのだ。

国内の商取引の半分がニューヨークで行われ、移民の四分の三がこの街にやってきた。郵便局は年間十億通以上の手紙をさばき、それに加えて四万トンの新聞を郵送した。マンハッタンの周辺にはウェスタン・ユニオン電信会社の支店がいくつも並び、ブロードウェーの本社と何本もの気送管によってつながっていた。毎日正午になると、本社の尖塔に立つ旗竿のてっぺんから、金属のボールがひとつすべり落ちる。その数分前には人々が自分の時計を合わせようとやってきていた。街の人々はだれもが約束に遅れまいと急いでいるようにみえた。ニューヨークの観光ガイドの序文にははっきりとこう書かれている。「公私のべつなく、馬車、荷馬車、運搬車、その他様々な乗り物が道路にひしめき、ごう音を上げながら、車輪の音も高らかに石畳の通りを走り抜ける。大急ぎで歩く群衆は、一秒たりともむだにするまいと思っているかのようだ。だれもが真剣な顔で考えごとをしている」イギリスの哲学者ハーバート・スペンサーは、住人にこう警告している。「これほど無理のある生活を続けていれば、いずれひどい目にあうだろう」そして、スペンサーいうところの「休息の正しさを信じる」ように勧めた。この頃流行った男性のステッキは、握りの部分に時計が埋めこまれていた。ビジネス街のレストランが繁盛するには、すぐに食べられる軽食を出すことが必須だった。この頃には、驚くようなシステムもできていた。〝デリバリー〟と呼ばれる新しい昼食スタイルで、トレイにのった食事を職場のデスクまで届けてもらうことができる。銀行員や仲買人は手早くサンドイッチを飲みこみ、仕事の手を休めずにすむのだった。「そんな習慣を続けていれば、まちがいなく命を縮めることになる」と、「トリビューン」紙の社説には書かれている。「だが、どれだけ緊迫した環境でビジネスが行われているのかを知る手がかりではある。ここは世界一多忙なビジネス街のど真ん中なのだ」

頭上には電柱から電線が垂れ下がり、複雑なクモの巣模様を作っていた。この電線が、照明、電話、電信、紙吹雪《ティッカー・テープ》を吹き出す機械に電力を供給するのだ。電線は重たげな束を成して電柱から電柱へと伸びている。ニューヨーク中に旗布が下がっているかのようだ。夜になると、街灯やホテルのロビー、デパートの窓から白熱灯の明かりがこぼれ、そのしぶきは夜空に散って、水たまりのような青白く輝くもやを作る。そのもやは、ユニオン・スクエアからミッドタウンの劇場街まで、ブロードウェーの上空をおおっていた。交通量がそこまで多くない地区へいくと、広場の真ん中に大きな街灯がそびえていた。街灯が投げかける明かりは揺れる木々の葉を不気味に照らし、あたりをモノクロ写真のような白黒の世界に変えていた。

通りでは、鉄が石を打つ音が絶え間なく響いていた。馬の蹄鉄が舗道の石を叩く音だ。おびただしい数の馬が、運搬用や乗り物用の車、二輪馬車や乗合馬車、鉄道馬車を引いていた。雨が降ると馬糞は悪臭を放つ茶色のやわらかい物体になり、行き交う人々の足をすべらせた。雨の少ない時期には粉になって風に巻きあげられ、高架鉄道の機関車から吐き出される黒い煙と混じった。「ニューヨークの街路より汚いものは？」そんな冗談が流行るようになった。「もちろん、ニューヨークの別の街路」

一八八一年の夏、「サイエンティフィック・アメリカン」誌の記者がこんな記事を書いた。一日で十社ほどの会社を訪問したところ、ひとつをのぞくすべての社でエレベーターを使わなければならなかった。その日の終わりに計算してみると、彼は全部で六十二階分上がり、約二百五十メートル上昇したことになった。エレベーターの普及は、ニューヨークのあらゆるものを変えた（時おり、予想もできない変化ももたらした。ちまたではエチケットをめぐってこんな議論が交わされた。エレベーターの中で、紳士は淑女の前で帽子を取るべきなのか？）。当初から絶え間なく発展し続けていたこの都は、それまで手つかずだった空の領域にまで拡大しはじめたのだ。贅沢な装飾のほっそりした摩天楼――時おり「空を貫くような」という表現が使われた――は、赤や茶や白の姿でそびえている。エレベーターの昇降路は、そうした砂岩や大理石、花崗岩や石造りの建物の中心で、地上からはるか上空まで伸びていた。

パーク・ロウ近辺は、ニューヨークの新聞業界の心臓部だった。二重勾配の屋根の目立つ高い建物がずらりと並び、まるで中世の要塞の胸壁のようにみえた。トリビューン社の時計塔はおよそ八十五メートルの高さがあり、トリニティ教会より高かった。この古風な趣を持つ塔は、ダウンタウンのスカイラインの象徴でもあった。そのすぐそばにタイムズ社があった。タイムズの上層部はオフィスをもっと高くしたいと考えていたが、空いた土地がみつからなかった。みつかったとしても当時のオフィスがあったパーク・ロウの土地ほどいい立地ではなかった。そこで、新しいオフィスは古い建物のそばに作ることにした。タイムズ社の新オフィスは、すばらしい建築技術のたまものだ。さらに印象深いのは、同社が建築中も刊行を続け、一日も休刊しなかったことだ。ニューヨーク・サン社は古い五階建ての建物で、スプルース通りとナッソー通りが交わる角にあった。比較的小さめの建物だが、タマニー・ホール（一七八九年に慈善団体として設立されたアメリカの政党機関）から引き継いだ建物であるという事実が風格を少し補っている。一八八九年の末に、ジョゼフ・ピュリツァーの四歳の息子ジョゼフ・ジュニアが、パーク・ロウに建つ予定の新オフィスの定礎式で定礎石をすえた。十八階の建物など、まだだれもみたことがなかった。レンガと砂岩の建物の上に乗った金めっきの銅のドームは、何キロ離れていようとどの方向からでもみえるだろう。当時病床についていたジョゼフ・ピュリツァーは、ドイツのヴィースバーデンからあいさつの言葉を送っている。空にそびえるワールド社の塔は新聞の理想を象徴しており、「社会の代表としてつねに高みを目指して」いるのだ。同ビルの十一階で働く記者たちは、創始者に比べると少々品を欠く感想を抱いていた。彼らが気に入っていたのは、その気になりさえすれば窓から身を乗り出して、ニューヨーク・サン社につばを吐ける点だった。

一八八七年の春。ネリー・ブライはメキシコで買った花のついた帽子をかぶってニューヨークに降り立ち、西九十六番通りに小さな家具付きの部屋を借りた。マンハッタンの住宅地のぎりぎり北のあたりだ。南北を走るブロードウェーは〝ウェスタン・ブールバード〟と呼ばれていた。開拓時代の趣があるこのあたりにはぴったりの名だ。これほど北にくるとブールバードはただの土の道だった。市がようやく舗装工事をはじめたのは、それから三年が経ってからだ。建物はどれも低く、まばらにしか建っていなかった。主のいなくなった家がぽつぽつ目立ち、そのあいだに広がる空き地ではヤギが岩間の草をはんでいた。人生で初めて、ネリーはひとり暮らしをした。母親はピッツバーグに残していたが、定職がみつかったらニューヨークに呼び寄せると約束していた。

九十六番通りの部屋は、ロワーマンハッタンの新聞社街からこれ以上ないくらい離れていた。ダウンタウンまで下りるためにまず九番街高架を走る蒸気機関車に三十分乗り、九十三番通りの駅からバークレー・ストリートまで十キロ近く南下する。そこからさらに、パーク・ロウを真東へえんえん歩き続けなくてはならなかった。ブロードウェーの南から北東へ斜めに延びる小さな通りで、通りの西側はシティ・ホール・パークの緑地に接している（冗談好きの人々は、一方にだけ建物の並んだ道は一方的な新聞にはおあつらえ向きの場所だな、といっていた）。ネリーはピッツバーグで知り合ったエドワード・ダルザーの紹介状を持っていた。だが、ダルザーの影響力はネリーが願ったほど大きくはなかった。打てる手はすべて打ったにもかかわらず、ニューヨークの新聞業界にコネのあるだれにも面接をしてもらえなかったのだ。貯金も希望も減っていき、なんとか食いつなぐだけで、ほぼひと夏が過ぎていった。そのあいだはディスパッチにフリーランスで記事を書いた。まさにネリーが大嫌いなタイプの仕事だ。日曜版風の文体で、ニューヨークの最新ファッションについて書かなければならない。ある日、ディスパッチ社から一通の手紙が転送されてきた。送り主はピッツバーグ在住の若い女性で、自分は記者志望ですという前置きのあとに、ニューヨークはその夢を追うのに最適な場所でしょうかとたずねていた。ネリーに教えられるのは、同志である彼女をがっかりさせるようなことばかりだった。ほんとうのところ、ニューヨークに女性記者の居場所はあるのだろうか？　この疑問をじっくり考えていると、ふと記事のアイデアが浮かび、ネリーは急にわくわくしてきた。以前はこういう気持ちになったものだったが、長いあいだそんな感情は忘れていた。そのアイデアとはこうだ。ディスパッチ社のニューヨーク特派員だと名乗って、ニューヨークでも特に大きな影響力を持つ新聞社のデスクに会い、自分が抱いた疑問についてインタビューするのだ。のちにネリーはこう書いている。「わたしはゴッサムに住む新聞の神様たちに意見をききたかった」

最初に訪れたのはニューヨーク・サン社だった。薄暗いらせん階段を上って三階へいくと、そこがローカルニュースの編集局だった。ここに、精力的な編集局長兼経営者のチャールズ・A・デイナの仕事場がある。無邪気なよそものであるネリーの目に、編集局はとんでもない騒乱の場と映った。とどろくような大声での会話、飛び交う罵声。不安顔のオフィス・ボーイたちがデスクと記者のあいだをいききしている。するとまた、ミルクホールのどたばた劇のような混乱が湧き起こるのだった。角度のついたデスクでは、記者たちが鉛筆で記事を書いていた。まわりの騒ぎには知らん顔だ。上のほうについた窓から日の光が紫煙のもやに斜めに射していた。ほとんど全員が帽子をかぶっている。それが、なんでもありだったニューヨーク新聞業界の初期のならわしだった。ずっとかぶっていれば、盗まれる心配がない。夏の暑さを和らげるために、スーツの上着とベストは脱いで椅子の背にかけ、シャツ一枚になっていた。シャツにはセルロイドの高いカラーが付いている。黒いズボンに白いサスペンダー。年配の男たちはあごひげを、若い男たちは口ひげを生やしていた。女性の姿はない。チャールズ・デイナは、サン社で働くのは男が望ましいと考えていた。ただの男ではなく大学を出た男だ。古典に親しんでいればなおいい。デイナはかつてこう語っていた。「できることなら、記者をめざす若者、あるいは記者になってやってもいいと思っている若者には、ギリシャ語とラテン語を読ませたい。古き良き昔にはそれが常識だった」デイナは、ボクシングの試合にせよ綴り《スペリング》コンテストにせよ、記事を書くのに一番向いているのは、タキトゥスやソフォクレスを読み、ホラティウスのオードを読める男だと信じていた。誤字ほど忌まわしいものはないと思っていて、自分の新聞を正しい英語の手本集にしようとしていた。一度別の新聞に寄稿していた記者が、よく書けた記事を選んでデイナに送った。うまくいけば「サン」紙の仕事を回してもらえると思ったのだ。だが、やがて記者はぎょっとさせられることになる。デイナから記事が送り返されてきたのだが、印もコメントもついていなかった。ただ黒々と太い線が一本引かれているきりだった——「絶望的」という侮辱的な言葉の下に。

チャールズ・アンダーソン・デイナは六十八歳だった。はげた頭に長く白いひげをたくわえた姿は聖書に出てくる長老を思わせた。ネリー・ブライを比較的静かな仕事場に招き入れると、今にも壊れそうな木の椅子をすすめ、自分は革張りの椅子にすわった。部屋はせまく、職責を示す記章がいくつも散らばっていた。黒いクルミ材のデスクにはこれから目を通す記事や書類がどっさり積まれ、インク壺とペン、ハサミ、回転式の本箱が置かれている。本箱にはすぐに参照できるよう辞書などが入っていて、上にはなぜか大きなフクロウの剝製がのっていた。部屋には傘立て、トルコ製のラグ、馬革を張ったラウンジチェアがあった。ひと眠りしたいときにはこのチェアを使うのだ。暖炉の上には、トマス・ジェファソン、アンドルー・ジャクスン、エイブラハム・リンカンの肖像画がかかっていた。

デイナは金縁の眼鏡ごしに、ネリー・ブライを注意深く観察した。このインタビューから七年後、コーネル大学の学生たちに向けてこう語っている。女性とくに美人を雇って生じる問題は、結婚して辞めていく者がとにかく多いという点だ、と。「ひとり残された哀れなデスクは途方に暮れ、慰めてもらうこともできない」デイナはネリーの質問について考え、やがてゆっくり答えた。「能力があるなら、女性が男性と同じように仕事をしてはならない理由はない。だが、女性にできるとは思えない。記者になるのに必要な教育を受けてこなかったんだから。教育の点で男に劣るんだ」

ネリーはたずねた。「女性が記者になることに反対ですか?」

「いいや。割り当てられた仕事を男性と同じようにこなせるなら、女性を敬遠する理由はない。だが、ニュースを取ってきてそれを文章にする才のある女性記者がいたとしても、夜中の一時に呼び出して火事だの犯罪だのを取材してこいとはなかなかいえないものだ。男性のほうが使い勝手がいいんだ」

ネリーはこの意見についてはなにもいわなかった。部屋が震えるのを感じた。地下で動いている印刷機のせいだ。「正確であることは」デイナはこの言葉をゆっくり発音した。「記者になによりも求められる能力だ。ふつうの人々にとって、二×二は四であるときいたとき、五だとも三だとも書かずにただ四であると伝えることは簡単ではない。この点に関していえば、一般的に女性は男性よりも劣っている。誇張せずにはいられないんだ」

「御社には女性の就職希望者はどのくらいいますか?」

「多くはない。男の志願者はいくらでもいるが、女性は少ない」

「新聞業界で女性が働くチャンスはあると思いますか?」

「能力があるならチャンスはだれにでもある。才能ある記者はいつでも必要とされているからね。女性にだって男と同じくらい才能はあると思う。だが男の記者のほうが望ましい。仕事をするための教育を受けているからね」

やがてネリーは、夏のあいだ考え続けていた疑問を投げかけた。「女性がニューヨークで記者になるにはどうすればいいのでしょう？」

これをきいて、チャールズの目が眼鏡の奥できらっと輝いたようにみえた。質問のばかばかしさを面白がっているかのようだった。「それに関してはなにもいえない」返事はそれだけだった。「ヘラルド」紙のデスク、ドクター・ヘプウォース牧師は、残念ながら世間は醜聞やうわさ話を好みます、と前置きして続けた。「紳士たるもの、淑女にそんな低レベルなニュースを取材してくれとは頼めないのです」「タイムズ」紙のミラー氏はこうだ。女性記者について男性記者がどう感じるのか、厳密には答えられない。というのも、自分は新聞社に勤めて数年経つが、その件について同僚と話したことがないのだ。「女性は新聞に欠かせない存在です」、と答えたのは週刊紙「メール・アンド・エクスプレス」のコーツ氏だ。服装や習慣や体格のせいで基本的な報道の仕事をこなすことはできないが、〝社交やファッションやゴシップ〟の記事を書かせたら最高だというのだ。同じ指摘を「テレグラム」紙のモリス氏もしている。たしかに女性は男性よりやる気もあるし積極的だ。だが、事件や事故の取材に送り出すことはとてもできない。現場にいけば手すりを滑り降りることもあるだろうし、三段飛ばしで階段を上がることもあるだろう。「だから、ニューヨークの報道業界は男性優位になるんです」

ワールドのジョン・コクリルはこう話した。自分が考えるに、女性が自分たちに一番向いている仕事――ファッションや社交界のゴシップの記事を書くこと――をやりたがらないことが問題だ。「女性に向いていることはとても限られている。だから男性のほうが役に立つんだ」だがコクリルは急いでつけ加えた。ワールドでは女性がふたり働いている――「つまり、社としては女性の雇用に反対しているわけではない」

のちにネリー・ブライは、その日インタビューしたデスクと記者の意見をこんなふうに要約してみせた。「われわれはすでに必要以上の女性記者を雇っている。とにかく女は役に立たない」

ネリーがディスパッチに書いた「女性記者たち」という記事は、工業系の業界誌「ジャーナリスト」で好意的に取り上げられた。「ミス・ネリー・ブライは(中略)ピッツバーグからこの街ニューヨークへ出てきた。認められ、有名になり、金を稼いでいた地をあとにして」だがそのニューヨークで、ネリーは仕事をみつけられずにいた。どん底まで落ちたのは、九月のある日、心臓が止まるような思いをした瞬間だった。財布がすられたことに気づいたのだ。その財布には、全財産の百ドルが入っていた。ネリーは一瞬立ちつくし、おちつこうとした。太陽が照りつけ、舗道からは熱気が幽霊のようにゆらめいている。ピッツバーグにもどるわけにはいかないとわかっていた。ニューヨークには女性の働き口はないと証明することになってしまう。ネリーには座右の銘があり、実践しようといつもつとめていた。〝正しい方法で全力をつくし、方向を見失わずにいれば、どんなことだってやり遂げられる〟。最悪な状況に陥ったこのときも、この言葉が頭に浮かんだ。ネリーは気を取り直して家に帰り、家主から十セント借りると、もう一度ダウンタウンまでの長い道のりをたどった。着いたのはパーク・ロウ三十一―三十二のワールド社だ。

左の親指には細い金の指輪をはめていた。幸運を運んできてくれると信じている指輪だった。幸運こそ、この時のネリーに必要なものだったのだ。

ネリーは門番が立っている入り口をどうにかして通り抜け──「交渉にはとても時間がかかりました」というのが、この一か八かの瞬間についてネリーが語ったすべてだ──、建物のロビーに入った。そこでエレベーターに乗り、ジョン・コクリルの仕事場へ上がっていった。ところが扉は閉まっていて、外にすわっていた事務員からは、編集局長のじゃまをしないでくださいとけんもほろろにいわれた。だが、ネリーはあきらめなかった。外の事務所にすわり、そして待った。下の階には大きな部屋があり、百人もの植字工が記事の原稿を活字に組んでいた。地下室では、巨大な筒に巻かれた紙がくるくると引き出されて印刷機に吸いこまれ、反対側から新聞紙となって送り出されていた。砂時計の砂のようによどみない。発送所では郵便袋の口をひもで縛り、郵便局へ送る準備をしている。郵便局の灰色の建物はシティ・ホール・パークの前にそびえ、毎日午後になるとワールド社のオフィスに影を落とした。ネリーのいる事務所のそばには、シルクのカーテンで仕切られたアトリエがあった。そこでは、画家たちが鋼のペン先で、記事に書かれた犯罪現場を生き生きと描きあげていた。社員たちは、大切そうな文書をふりまわしながら、ネリーの前を足早に通りすぎていった。ネリーにも見覚えがあった。その文書は世界中の特派員から電信で送られてくる記事だ。ネリーはなおも待った。それから、特ダネを持ってきたんです、と事務員に訴えた。編集局長が会ってくれないなら、ほかの会社へ持ちこむほかありません。おそらく、インタビューしたばかりのデスクの名前でも出して、借り物の威厳をつくろってみせたのだろう。なんにしても脅し文句が功を奏し、とうとう扉が開いた。気づくと、ネリーはワールドの編集局長の前に立っていた。

彼の前に立って居心地よく感じる者は多くない。編集局長はコクリル大佐という呼称で知られていた（大佐は名誉称号だ。出征した南北戦争中では一兵卒にすぎなかった）。押し出しのいい男で、背は百八十センチをこえていた。大きな頭に港湾作業員のようながっしりした体、セイウチのような口ひげに、白髪の混じりはじめた黒い髪。たいていぼさぼさの口ひげの下から葉巻が突き出ていて、ベストのひだには一日中、灰が雪のように積もっていた。無礼なほど愛想のない男で、新聞を批判されれば個人的な侮辱と取った。一度ある聖職者が手紙をよこし、ワールドにのる〝神を汚す〟風刺画を批判した。コクリルは返事を送ったが、そこには「前略――大変失礼とは存じますが、くたばっていただけますか？」とだけ書いてあった。パーク・ロウ界隈では、コクリルの悪態は伝説になっており、十分間、同じ言葉を使わずに罵り続けることができると評判だった。得意としたのは誉め言葉に悪態を混ぜるやり方だ――「あいつの欠点は」部下にむかって大声でいったものだ。「どうしようもない《indegoddampendent》自立心だな」ボスのジョゼフ・ピュリツァーにも同じ癖があった。だが、ピュリツァーとコクリルは正反対の性格をしていた。ピュリツァーは生まれつき内向的なインテリタイプで、チェスと政治家の回想録、ジョージ・エリオットの小説を好んだ。音にとても敏感で、紙のかささいう音さえ苦痛に感じた。コクリルは大都会ならではの様々な夜遊びが好きで、仕事が終わるとアスター・ハウス・ホテルのロタンダ・バーか新聞社街の酒場にくりだし、仲間全員に酒をおごった。酒がめっぽう強いのはだれもが知るところだった。ピュリツァーはニューヨークの第九選挙区で国会議員に選ばれたこともある。だが、たった十三カ月後に辞職してしまった。政治家より出版のほうが向いていると気づいたのだ。いっぽうコクリルは、ワールド社の社員が評した言葉を借りるなら、エルクス慈善保護会（一八六八年にアメリカで設立された社交クラブ、共済組合。有名なメンバーにF・ローズベルト大統領、クリント・イーストウッドなどがいる）の会長に選ばれるような男だった。

だが、ふたりは相手の際立った才能を尊敬し、すばらしく相性のいいパートナーとして何年も一緒に仕事をしていた。一八七九年にピュリツァーは、シンシナティで新聞のデスクをしていたコクリルを引き抜き、セントルイスで出していた「ポスト・ディスパッチ」紙の編集局長にした。ここでコクリルは四年働いたが、やがてスレイバックのスキャンダルが起こった。セントルイスの弁護士のアロンゾ・W・スレイバックという男が、コクリルが書いた社説が同僚の名誉を傷つけていると考えて激怒し、ある夜コクリルの仕事場に押しかけたのだ。手にはピストルを持っていた。スレイバックがコートを脱ごうとしたすきに、コクリルは引き出しからリボルバーを取り出して相手の胸を撃った。スレイバックは死んだ。大陪審はコクリルを起訴しなかったが、二千をこえるセントルイスの読者が購読をやめてしまった。ピュリツァーは、こうなった以上、コクリルを手元に置いておくことはできないと思った。事件から十分な時間を置いて、ピュリツァーはふたたびコクリルを雇った。ニューヨークで買収した新聞社の経営を手伝わせるためだった。それがワールド社だ。こうしてふたりは、一度は切れたビジネスパートナーとしての関係を再開させた。のちにピュリツァーは、社員のひとりにこうもらしている。コクリルがスレイバックを「いたって冷静に殺した」ことには感心するが、いっぽうで嫌悪も覚えている、と。コクリルはピュリツァーをこんなふうに評した。「新聞社に朝の一時間だけ置いておくなら最高の男だ」が、「残りの時間はめざわりでしょうがない」

コクリル大佐は仕事のじゃまをされるのが大嫌いだった。ネリーは時間をむだにしてはいけないとすぐに気づき、さっそく自分の企画について話した。それは、ヨーロッパにいき、三等室で帰ってくるというものだった。ワールドの読者たちに、不潔な船室に詰めこまれてアメリカへ渡る移民たちの現状を、実際に経験して知らせたかった。大掛かりな取材だったが、やり遂げる自信はあった。ピッツバーグの女工たちの労働環境を取材した経験もあり、外国での仕事はメキシコで経験済みだ。

この前の年に「ジャーナリスト」誌は、コクリルを「まちがいなくアメリカ一の名デスク」と評した。称賛の大きな理由は、才能を見抜くたしかな眼にあった。コクリルは、負けん気の強そうなその若い女性を、なんとなく好ましく思ったのだろう。仕事の前金として二十五ドルわたし、もどってきたネリーにふたりの決定を伝えることになった。

ネリーがいわれた時間にもどると、コクリルから、ピュリツァーは三等室でアメリカにもどってくる案はボツにしたときかされた。新人には三面記事を担当させるのがふたりの方針だったからだ。だがピュリツァー自身がべつの企画を提案していた。これより少し前、ワールド社あてに、ブラックウェル島精神病院の職員から内部告発の手紙が送られていたのだ。院内で女性患者に対する虐待が行われているという内容だった。ワールド社は情報の裏付けを取ろうと努めてきたが、はかばかしい結果は得られずにいた。医師も看護師も記者の前では口を閉ざしてしまうのだ。どのような治療が行われているのかも、格子窓と鍵のかかった扉のむこうに隠されている。デスクたちは、精神病をよそおってブラックウェル島にもぐりこめる女性記者を探していた。そうすれば病院の内情を実体験にもとづいて報道できる。

こうした職権乱用を巧みに暴く記事がワールドのお家芸だった。この記事が世に出れば、虐げられた弱者に救いの手を差し伸べられるかもしれない。ネリーには魅力的な仕事だった。

「精神病院に潜入できるか？」コクリルはたずねた。

「やってみます」ネリーは静かに答えた。

「簡単な仕事ではないことはわかっているだろう。少しでも不審な様子をみせれば、ばれて台無しになる。医者たちは頭のいい専門家だ。うまく病気をよそおって医者の目を欺くことができるか？」

「ええ」ネリーは少し考えて続けた。「とにかく、やってみることはできます。やってみないとなにができるかもわかりませんから」

ふたりは、ネリーの偽名を〝ネリー・ブラウン〟に決めた。ファーストネームが本物なので、呼ばれれば自然に返事ができる。イニシャルのN・Bも、ネリーのリネン類に刺繍されているものと合致する。いっぽうコクリルは、できるかぎりの手を打って病院内でのネリーの様子を追うことになった。彼は、一週間もあれば病院内の日常をはっきり把握できると考えていた。話がすむと、ネリーは帰ろうと立ち上がった。扉に近づいたとき、ふと思い当たってコクリルを振り返った。「どうやって病院から出してくれるつもりです？」

「さあ」コクリルは険しい顔でいった。「まずは入ってくれ」


一八八七年九月二十三日。ネリー・ブラウンと名乗る若い女性が、質素だが上品なフランネルの灰色のワンピースに、黒い水兵帽と灰色のベールという出で立ちで、二番街にある〈女性のための救済の家〉を訪れた。ネリーは前の晩ほとんど眠らず、朝まで鏡に向かって表情の練習をしていた。目を見開き、まばたきをしないで宙をみつめる。それがネリーの考える精神病らしい顔だった。鏡をにらんでいないときには、ぼんやりと射しこむ外のガス燈の光をたよりに怪談を読んだ。精神を不安定に保っておいたほうがいいと思ったのだ。ダウンタウンへ向かうあいだも、つとめて夢見るような表情を作っていた。雑誌の挿し絵でみたロマンチックな乙女たちの顔だ。

三十セントで〈救済の家〉に部屋を取ると、休憩室でぼんやりとすわって一日をすごした。ほかの下宿人と話をしようともせず、時おり口を開いたかと思うと、ここにいる人間はみんな頭がおかしい、と声に出していった。スタッフがやってきて消灯時間を告げると、ネリー・ブラウンは、眠るのが怖いから階段にすわっていたいとだだをこねた。スタッフがなおもいうと、ようやくネリーはおとなしくなり、部屋へ連れていかれた。その夜も一晩中起きていた（睡眠不足になっていれば、それだけ医者の目には精神錯乱者らしくみえるだろうと考えていた）。翌朝ネリーは、部屋から出たくないと大声をあげ、トランクが見当たらない、返してちょうだいと叫んだ。ネリーが騒ぎ続けるので警察が呼ばれた。警官がふたり、この問題の若い女性を警察署へ連れていき、そこからエセックス・マーケットの警察裁判所へ送った。そこで精神鑑定されることになった。

法廷は、みすぼらしい身なりの人々でいっぱいだった。ある者は友人とさかんにおしゃべりをし、べつの者はひとりですわり、ぼんやりと宙をみつめていた。制服姿の警官たちは退屈でたまらないという顔をしている。壇上の机のうしろから、ダフィー裁判官は穏和なまなざしで、被告人の若い女性を見下ろしていた（ネリーは裁判官が優しそうだったので、精神病院に送りこんでくれないかもしれない、とがっかりした）。裁判官の前で、警官と〈救済の家〉の副所長は、前の夜に起こったことを説明した。ネリーの様子がおかしかったこと、名前のほかにはなにも話そうとせず、一睡もせず、荷物が無くなったなどとばかげた嘘をついたこと。これをきいても、頭のおかしい若い女性は同じ言葉をくりかえすだけだった。トランクを返してちょうだい、おまわりさんたちは一緒に探してあげると約束してくれたんです。裁判官は全員の供述を考え合わせていたが、やがてこういった。このお嬢さんをわたしの仕事部屋に連れてきなさい。ふたりで話してみよう。

自分の仕事部屋で椅子につくと、ダフィー裁判官はおだやかな調子で、あなたはキューバからきたのではないですかとたずねた。するとネリーは「ええ、そうなんです《シ・セニョール》」と楽しげに答えた。メキシコで覚えてきたスペイン語だ。そして、キューバの農園で生まれたこと、本名はネリー・モレノだが、普段は〝ネリー・ブラウン〟という英語名を使っていること、ほかにはなにひとつ覚えていないことを話した。「ずっと頭痛がしてるんです」ネリーは悲しげにいった。「そのせいで記憶がおぼろげなんです。ほうっておいてほしいのに。ひっきりなしに質問されるの。頭痛がひどくなるわ」少なくとも頭痛は本当のことだった。二日続けてろくに眠っていないのだ。

「ああ、もうだれにもじゃまはさせないよ」ダフィー裁判官はいった。「ここですわって、少し休んでいるといい」

裁判官はすでに、ネリー・ブラウンはだれかに薬を飲まされてニューヨークにさらわれてきたのだと確信していた。しばらくすると救急の外科医を連れてもどってきて、かわいそうな女性だから丁寧に診察するようにと指示した。医者は、舌を出してくださいとネリーにいい、脈を取って心音をきくと、じっとネリーの目をのぞきこんだ。「この患者はベラドンナの点眼薬を使ったようです」やがて医者は診断をくだし、ノートになにか書きつけると、ベルビュー病院に移送してくださいといった。新しく建てられた精神科病棟で精密検査をするためだ。

ネリーはベルビューで二日過ごし、その間中、策略をみやぶられて家に帰されるのではないかとおびえていた。医者たちはネリーに質問し、指示を出した。壁に顔がみえることはありませんか、自分の名を呼ぶ声がきこえませんか、では腕を伸ばして、指を動かして、目を開けて、今度は閉じて。検査が終わると、精神病だと診断された。「脳軟化だ」ひとりが看護師に耳打ちするのがきこえた。

三日目のある午後、ネリー・ブラウンはほかの四人の患者とともに救急車に乗せられた。うしろのドアが閉まると、囚人にでもなったような気がした。イーストサイドにくると、桟橋からわたされたタラップを引きずるように上らされ、停泊していた船に乗せられた。船室は息苦しく、ふたりの女性が患者たちを見張っていた。ふたりとも粗野で大柄で、かみ煙草をかんではつばを床に吐き捨てていた。船が岸に着くと、さらに多くの監視の人間が患者たちを救急車に押しこんだ。「ここはどこ？」ネリーは監視役のひとりにたずねた。

「ブラックウェルだ」男は答えた。「狂った島だよ。おまえは二度とここから出られない」

やがて、精神病院の低い石造りの建物が視界に入ってきた。監視の男にいわれた脅し文句が、ネリーの頭の中で鳴りひびいていた。そのあいだにも、一行は急な階段を上り、せまい階段から小さな診療所に入っていった。最初に検査を受けた女性はドイツ語しか話せなかった。通訳もいなかったので、医師はそれきり質問することさえせずに、入院が必要だと決めつけた。彼女のような移民に、ネリーはその後何人も会うことになる。彼女たちはおそらく、死ぬまで精神病院に幽閉されるのだ。原因はただひとつ。権力者たち——大家、警察、裁判官、医師——に事情を説明できなかったからだ。殺人犯のほうがまだましなあつかいを受けている、とネリーは考えた。少なくとも裁判を受けることはできるのだから。だが、頭がおかしいと診断されたが最後、ここから抜け出せる望みはない。検査の結果、ネリーは一六五センチ五十キロだと告げられた。本人の申告によって、ネリー・ブラウンは十九歳でキューバ出身だという情報が加わった。ネリーは、自分は病気なんかじゃないし、精神病院に入る必要もないと言い張った。「わたしをこんなやり方で閉じこめる権利なんてだれにもないわ」ネリーはそういったが、医者はノートにペンを走らせるだけで取り合わなかった。

検査がすむと、湿っぽくて寒いバスルームへ連れていかれ、服を脱ぐように命じられた。いやがると看護師たちが一枚ずつ服をはぎ取り、とうとうネリーを下着一枚にした。「これは脱がないわ」抵抗したがむだだった。ネリーはたちまち理解した。プライバシーなどとっくになくなっていたのだ。裸になると、バスタブに張られた氷のように冷たい水に思いきって飛びこんだ。すると、老女がなにかぶつぶつつぶやきながら近づいてきた。明らかに患者のひとりだ。女性は液体石けんを入れた平たい容器に布をひたし、ネリーの歯ががちがち鳴り、全身が青ざめるまで、力いっぱいネリーの体をこすった。ふいに、なんの前触れもなく、バケツ三杯分の冷水が立て続けに頭から浴びせかけられた。水が目や耳や鼻、口にまで流れこんできて、一瞬ネリーは溺れ死ぬのではないかとぞっとした。ろくに前もみえず、息を切らしてがたがた震えている状態でバスタブから引っぱり出され——いまのわたしはどこからどうみても精神病患者ね——、綿のスリップを乱暴に頭から着せられると、狭い病室へ引きたてられていった。家具といえば小さな鉄のべッドだけで、ゴムシートが敷かれていた。ネリーは横になり、どうにかして体を温めようと与えられた毛布にくるまったが、毛布は小さく、肩から足先までおおうことができなかった。くたくただったが眠れず、ネリーはベッドに横になったまま、火事が起こったらどんな惨劇になるのだろうと考えていた。三百人の女性がたったひとつの建物に閉じこめられているうえに、窓には格子がはまり、すべての部屋に鍵がかかっているのだ。どこかで女たちの泣く声がした。それから、ののしる声。出してくれと懇願する声。夜明けの太陽が灰色の光を投げかけてくるころ、ネリーはようやく眠りについた。朝の五時に病室の扉が引き開けられ、起きろという声とともに質素な白い更紗のワンピースを投げられ、着るように命じられた。それからネリーはバスルームに続く列に並んだ。五十人の患者がいるというのに、顔を洗うための洗面器はたった四つ、顔をふくタオルはたった二枚しかない。

朝食は、冷たい紅茶が一杯にバターを塗ったパンがひと切れ、糖蜜入りのオートミールがボウルに一杯だった。バターもオートミールも腐りかけていて、ネリーはどうしても飲みこむことができなかった。紅茶までが気持ちの悪い薄ピンク色で、喉を通らなかった。昼食はさらにひどかった。紅茶とひと切れのパン、それでおしまいだ。夕食はゆでた肉の大きな塊か魚、それにジャガイモがついた。飢餓感は、看護師たちをみることでさらに強められた。彼女たちは食堂を監督しながら、厨房のスタッフが差し入れるリンゴやメロン、ブドウを食べていたのだ。また、患者たちが肩掛けを欲しがっても無視したが、看護師たちは服やコートをしっかり着こんでいた。寒さもまた、空腹と同じくらい容赦ない敵となった。時々院長が食堂に顔を出し、おおまたで歩きながら患者たちの様子を見まわることがあった。あとになって、ネリー・ブラウンは患者たちに、なぜ寒くて困っていると院長に訴えないのとたずねてみた。すると患者たちは、ぐちをこぼすと看護師に殴られるからだと答えた。

患者は日常的に折檻され、その手口には残酷な趣向がこらされていた。ほうきの柄で殴る、髪を引っぱる、シーツを口に詰める、溺れ死ぬ寸前まで水の中に顔をつっこむ。どの患者も冷水の風呂に入るのは週に一度、服をかえるのは月に一度だった。ただし面会が予定されているときだけはべつだ。服を作るのは比較的頭のはっきりした患者たちの仕事だった。院内の雑務はおもに彼女たちが受け持っていた。仕事の中には、看護師の寝室の掃除と、建物正面の美しい芝生の手入れもふくまれていた。芝生はこの病院が世間にみせる表向きの顔だった。朝になって晴れていれば、千五百人の女性患者は短い散歩に連れ出され、この芝地のまわりを歩く。その様子はまるで、閲兵されている敗軍のようだった。患者は横二列か三列で進んでいく。全員がまったく同じ格好をしていた。粗末な更紗のワンピースに、安物の麦わら帽子だ。おしゃべりをしている者もいれば、悲鳴を上げている者、泣いている者、歌っている者、ただじっと前をみている者――哀れな女たちが、果てしなく長い列を作っていた。中でも辛いのは、散歩のあとの時間だ。〝居間〟と呼ばれる部屋のベンチに一日中すわっていなくてはならない。話そうとすると黙れといわれ、体の位置を変えようとすると背すじをのばしてすわれといわれる。立とうとすると動くなといわれた。「拷問を別にすれば、ブラックウェル島の治療ほど人の頭をおかしくするものはありません」ネリー・ブライは、のちにそんなふうに書いている。

ここに、治療が必要な女性が送りこまれてきたとしましょう。ベテランのお医者さまにひとつ提案です（中略）心身ともに健全な女性を閉じこめ、朝の六時から夜の八時まですわらせてみてください。ベンチの上でまっすぐに背すじをのばしているようにさせ、そのあいだしゃべることも動くことも許してはいけません。読むものも与えず、世間でなにが起こっているのかもまったく教えません。粗悪な食べ物を与えて手荒に扱ってください。どれくらいで彼女の気が触れるかみていてごらんなさい。二カ月で、心も体もぼろぼろになってしまうでしょう。

ネリーは、一度院内にもぐりこんだあとは、まったく正常にふるまうことに決めていた。ところが、正気であることを医者たちに訴えれば訴えるほど、彼らは疑いを深めた。ネリーは、どんな検査でもどんな質問でもしてほしいと頼み、自分は正気だしはじめからずっとそうだったのだといった。自分だけでなく、院にいるたくさんの女性が正常なのだ、と。「どうして自由にしてあげないんですか？」ネリーは何度も医者にたずねた。するときまって「あの患者たちは精神病だし、妄想に取りつかれている」という答が返ってくるのだった。

ネリーは次第に怖くなってきた。ワールド社がなんとかしてくれなければ絶対に島を出られないことがはっきりしてきたのだ。もし彼らがネリーを連れ出せなかったらどうなるのだろう？コクリル大佐は一週間も院内にいれば十分だと話していたが、七日過ぎてもなんの音沙汰もない。十日目になって、ようやくワールド社が派遣した弁護士が病院を訪れ、上の人間たちに、ネリー・ブラウンはニューヨークの友人の世話になることになったと話した。ネリーは即座に同意し、解放されるのを待った。

その瞬間は、朝の散歩のあいだに訪れた。ネリーは気絶した患者を介抱しているところだった。

彼女は看護師に無理やり歩かされているうちに倒れてしまったのだった。一刻も早く病院から出ていきたいと思っていたにもかかわらず、ネリーは悲しくてたまらなかった。あとに残る女たちのことを思わずにいられなかった。のちにこんなふうに記している。「自分だけ自由になろうだなんてものすごく身勝手な気がしました。ほかの人たちは捕らわれの身のままなのですから」出ていくのをやめようか、と無謀なことを思ってみたりもした――だが、それも一瞬だった。ネリーは外に出ると後ろ手に扉を閉め、まもなく川をわたってニューヨークへもどった。

のちにネリーは、ブラックウェル島で過ごした時間を「人生で一番長い十日間」だったと語った。それから一年がたっても、残してきた仲間のことが頭を離れず、病院で起こった様々な出来事を思い出して苦しんだ。ブラックウェル島精神病院のことを、ネリーはいくつもの名で呼んだ。恐怖の巣窟、人間ネズミ獲り、地上の地獄。

十月九日の日曜日、ネリーが病院を抜け出して一週間足らずで、ワールドに、彼女が書いたブラックウェル島精神病院の暴露記事がのった。一週目のタイトルは「病院の鉄格子の中で」、二週目は「マッドハウスの内部事情」だ。ワールドの謳い文句によれば、この記事は「みごとに精神病患者のふりをして入手したニュース」であり、潜入取材をおこなったのは「賢く勇気ある若い女性（中略）勇敢さと際立った知性を備え、この仕事をするのにぴったりの記者」だった。記事は国中の新聞に転載され（まもなく『マッドハウスでの十日間』という本が出た）、ワールドが誇らしげに報じたところによれば、「あちこちで大きな反響を呼んだ」。ニューヨークの地区検察局は、精神病院を取り調べるために大陪審を招集し、ネリーは証人として召喚された。証言が終わると、ネリーは陪審員たちを連れてブラックウェル島へいった。そこでは驚くようなことが待っていた。ほぼひと晩のうちに、何年も続いていた悪癖が嘘のように改善されていたのだ。広間はきれいになり、バスルームには輝くように新しい洗面器が入れられ、以前は固く黒ずんでいたパンも「すばらしく白く」なっていた。特筆すべき変化は誤って収容されていた移民たちだ。一生を鉄格子のうしろで過ごすよう運命づけられていた彼女たちは、べつの場所に移送されるか退院させられるかしていた。

ワールドに最初にのせた記事がこれほど大きな反響を呼んだいま、もちろん、ネリー・ブライはフルタイムの記者として雇われることになった。ジョゼフ・ピュリツァーは、ピッツバーグで列車を待っているときにディスパッチ紙の熱心な記者からインタビューを受け、新しい記者を「たいへん聡明」だと誉めている。それから、もうひと言。この形容はそれからずっと、ネリーを形容する際の定番となった。彼女は「たいへん勇敢」だといったのだ。そして続けた。「教養があり、自分の選んだ仕事のことを完璧に理解している。前途有望な記者だ」(ピュリツァーは、すばらしい仕事をしたネリーに〝報酬をたっぷりはずんだ〟ことを言い添えるのも忘れなかった)。ネリーは、ブラックウェル島の暴露記事のふたつ目が出た二週間後、すでにワールドで定期的に記事を書いていた。女性向きの仕事だというコクリルの意向に従ってファッションや社交界のゴシップ記事も担当したが、調査が必要な記事も書いた。時々は、テーマとして取り上げた問題を体験するため、潜入調査もおこなった。「もともと演技には少し自信がありました」これは、ネリー・ブラウンを大胆に演じたときのことを思い返しての言葉だ。ブラックウェル島の内情をみごとに暴いたことで、ネリーはますます勇敢に潜入取材をするようになる。

ワールドにあやしい広告をみつけたときには、出産したばかりの母親のふりをして、広告をのせた店に電話をかけた。そこは母親のかわりに、望まない赤ん坊を安い手数料で売る代理店だった（「女の子?・」代理店の男はいった。「だめだめ。女は売れないよ。可能性があるのは男だけだね」）。紙箱工場の女工になり、若い女たちと一日中働いたこともある。女工たちの賃金は安く、工場の中は換気もされず糊のにおいが充満していた。一度、読者から情報をもらったこともあった。ある男がセントラルパーク内で毎日馬車を乗り回し、ひとりで歩いている若い女性を餌食にしているというのだ。逮捕すると脅して馬車の中に連れこむのが男の常とう手段だった。地元の警察は定期的にビールを贈って買収していた。ネリーは「田舎娘風の」かっこうをすると、公園のベンチにひとりですわり、男のいうがまま馬車に乗った。男はネリーをアップタウンの道路沿いにあるバーに連れていき、アルコール入りのレモネードを飲ませようとした。ネリーはワールドの記者とカメラマンの助けを借りて男の名前を突き止め、紙面上に住所と職場を公開した。一番大掛かりな暴露記事を書いたときには、売薬の商人の妻になりすまし、ある議案が議会で承認されると夫が困ったことになるという筋書きを作った。ネリーは、エドワード・R・フェルプスという男が仕事場として使っているホテルの部屋を訪ねた。アルバニーの〝政界の黒幕〟と呼ばれていた男だ。フェルプスは自信たっぷりに、千ドルもあれば議員の大半を買収できると請け合い、確実だと思う議員の名に鉛筆で印までつけた。フェルプスとの会談について書いたネリーの記事が世に出ると（念入りなことに注釈つきのリストが添えられていた）、フェルプスが政治を腐敗させているという批判が巻き起こり、その週のうちに彼はアルバニーを逃げ出した。ワールドは誇らしげにこう報じた。「王は玉座を追われた」と。まもなくネリー・ブライは、潜入取材をする記者として有名になった。ユーモア誌の「パック」は読者にこんな呼びかけをしている。「若くて魅力的な女性があなたの職場にやってきて、にこやかに、ニューヨークの道徳的品性が改善される可能性はあると思いますかとたずねたとしましょう。うっかり返事をしてはいけません。ひと言『ちょっと失礼、ネリー・ブライ』とだけいって、非常階段から逃げ出すのです」

数年前にはピッツバーグの通りをさまよって職を探していたピンク・コクランは、いまや人気記者ネリー・ブライとして、ニューヨーク一の講読者数を誇る新聞に記事を書いていた。娘の収入が安定したので、母親はニューヨークへ出てくることができた。仕事が順調に進んでいったので、母と娘はダウンタウンにより近いところへ引っ越した。一八八八年には西七十四番通りに部屋を借り、翌年には西三十五番通りに住んだ。ブロードウェーと七番街のあいだ、〝リアルト〟と呼ばれた劇場街の中心地だ。夜になると、ネリーとメアリー・ジェーンは、おしゃれをした人々に混じって劇場への道を急いだ。そうでないときはただのんびりと街を散歩し、黒光りした馬車や金色の光に輝くレストランの窓の前を歩きながら、ほんとうに遠いところへきたものだと物思いにふけった。すでに、アポロの製粉所と獣脂ロウソクははるか彼方だった。

一八八九年、ネリー・ブライは二十五歳になった。ピッツバーグ時代の髪型をやめ、うしろはアップにしてピンで留めて、丸みをもたせた前髪を作った。前髪ができると、より少女らしい容姿になった。体はすらりとしていて、コルセットでぎゅっと締めつけた細い腰が美しかった。ネリーはおしゃれをするのが好きで、ハイカラーのブラウスを着て首元にはブローチを付けたり、床まで届くサテンのドレスを着たりした。ドレスは街で一番流行っている仕立て屋を選んで作らせたものだ。身なりにはとても気を遣っていた。ひとつには男性の注目を浴びるのが楽しかったからだが、もうひとつには、女というのはきれいな服を利用して自分を演出するべきだと考えていたからだ。「ドレスは女性の手にかかれば武器になります。肝心なのは使い方です」ネリーはそんなふうに書いている。「男性にはない武器ですから、女性は最大限利用しなければなりません」ネリーは全国婦人参政権協会の代表者たちをみて、心底うんざりした。「男でもなければ女でもない」ような女ばかりだったのだ。会長のスーザン・B・アンソニーに会ったときには、ためらうことなくこういった。「女性が成功しようと思うなら、女として世に出ていかなければなりません。できるだけ美しく魅力的でいなければ」

ニューヨークの週刊の総合雑誌「エポック」の記事は、ネリーを「ワールド紙の野心的で注目すべき記者」と形容したうえで「業界内の付き合いをすべて避け、ボヘミアンたちの集まりでも、セレブたちの家でもみかけない。ネリーはひとりで果敢にニュースを追っている」と記している。だが、ネリーの愛らしい容姿とニューヨークで徐々に上がりつつあった知名度とを考えれば、少なくともふたりの有名人とうわさになったことも不思議ではない。ひとりはフランク・G・イングラム医師だ。ブラックウェル精神病院の若き副院長で、ネリーが幽閉中に出会った職員の中で唯一心の優しい人だった。もっと真剣な求婚者がいた。ジェイムズ・メトカーフだ。風刺的な雑誌「ライフ」に寄稿していた演劇評論家だった。凍った舗道で足を滑らせたネリーをメトカーフが助け起こしたのがふたりの出会いだ。一八八八年の冬、ニューヨークは猛吹雪にみまわれていた。メトカーフはハーバード大卒で、ハンサムで有名だった。このころ出た彼についての記事には、必ずといっていいほどそのスミレ色の瞳のことが書いてある。ジャーナリストとして成功していたので、優秀なネリーを前にしてもひるむことはなく、どちらかというとからかい半分におもしろがっていた。ネリーは仕事のことで深刻になりすぎないよう気をつけていたので、自分の英雄的な取材を気楽にからかってくれるメトカーフといると居心地がよかったにちがいない。メトカーフはネリー・ブライに夢中で、ふたりの出会いを元にした詩を書いて「ライフ」にのせたほどだった。できはあまりよくないが、その一部は次のようなものだった。

きみが舗道で転んだとき　ぼくはそばを通りかかり
助け起こして　ふときみの目をみた
まずは興味　それから　べつの感情が心に湧いた
そしていま、きみはぼくの愛する人！

夜のニューヨークでは、ネリー・ブライをエスコートして街を歩くジェイムズ・メトカーフの姿がしばしば目撃された。近くのマディソン・スクエア劇場に芝居をみにいくところだったのだろう。〝ダブルステージ〟で有名な劇場だ。水圧で上がったり下がったりする舞台で、これをみるだけでも劇場にいく価値があった。もう少し軽いものをみたい気分だったら、ブロードウェーにあるドクステイダーのミンストレル・ホールにショーをみに出かけた。暖かな午後にはリバーサイド・パークの英国庭園でピクニックをすることもあれば、駅馬車に乗ってゆっくりと五番街を北へ上り、メトロポリタン美術館へいくこともあった。

そのあいだも、ネリーは猛烈な勢いで仕事をしていた。毎週のように新しい冒険を記事にすることもしばしばあった。ワールド社で働きはじめたころ、デスクにこういわれたことがある。きみが大衆に人気があるのは若くて可愛くて元気だからだ。このまま批判的で道徳的な記事ばかり書いていると、しまいに世間はきみのほかの魅力を忘れてしまい、飽きてくるぞ。ネリーは少し考えてみて、たしかにそのとおりだと思った。そこで、調査記事に加え、大都会が与えてくれる様々な経験をまず自分が楽しみ、それを読者と分かちあうような記事を書くことにした。マーチングバンドでコルネットを吹き、ワイルドウェストショーの女性たちと友人になった。スケートやフェンシング、自転車やバレエを習った。女子医大へいき、「鉄の心臓を持った若い女性たち」が人体解剖をするところを目を丸くして見学したこともある。ヴァッサー大学で、なぜ男子の入学を認めないのかたずねたこともあった。サラトガで競馬をみたこともあれば、ニューポートの贅沢なリゾート地を一日散歩したこともある(「もしお金持ちで上流階級に属しているなら、なにがなんでもニューポートへいってください〔中略〕お金持ちでないなら、ニューポートにだけは絶対にいかないことです」)。

ネリーはいまや有名人で、自分の名前が記事の署名欄だけでなく――それだけでも成功の証だった――見出しにものるようになった。「ネリー・ブライ空を飛ぶ」、「ネリー・ブライ催眠術師になる」、「ネリー・ブライ囚人になる」一週間に二百通もの手紙が届いた。脅迫もあればプロポーズもあった。頭痛が取れなくて悩んでいると書いたときには、確実に治るという治療法を書いた手紙が何通も届いた。毎朝冷水をふくませたスポンジで体を拭きなさいと教える者や、毎晩生の玉ねぎを食べなさいと教える者、様々だった(「わたしには七百人のお医者さんがいて病気を診断し、薬を処方してくれるのです。しかも無料で」ネリーは感謝をこめてそう書いている)。ネリーの人気は悪意ある反応を引き起こすこともあった。たとえば一八八九年十月、アメリカ各地で数人の若い女性が自分はネリーだと偽り、多額のホテル代と仕立て代の請求書をワールドの本社に送らせたのだ。「わたしには、こうした人たちから自分を守る術も、みなさんを守る術もありません」ネリーはそう書いた。「ただ、人を信じすぎる方々にいっておきます。わたしは支払いをツケにすることは絶対にありませんし、どのような状況であれ、出版物以外に〝ネリー・ブライ〟という名を使うこともありません。わたしはひっそり暮らしていますし、仕事で出会った少数の人たちにだけ〝ネリー・ブライ〟と呼ばれているのです」だがこの状況――一般市民としての生活――はやがて終わろうとしていた。

ジョゼフ・ピュリツァーがウォール・ストリートの投資家ジェイ・グールドからワールドを買収したのは一八八三年だった。当時一万五千部だった発行部数は、一八八九年の秋には十倍以上に増えていた。はじめの五年、会社は右肩上がりで成長を続け、しだいにワールドはニューヨークの暮らしの中に馴染んでいった。ところが、そのうち部数が伸び悩むようになり、やがて発行部数がわずかに減りはじめた。ジョゼフ・ピュリツァーにもほかの社員たちにも、楽観できる状況ではない。デスクたちは毎晩会議を開き、記事の企画を話し合った。読者を驚かせるようなことをしたかった。世間の注目を集めるようなことを。それも、一日か二日ではだめだ。数カ月にわたって注意を引きつけなければならない。アイデアが出されては却下され、とうとう彼らは望みに適う企画をみつけた。一年前にネリー・ブライが提案した企画だ。長い時間がかかったが、ようやくデスクたちはそれを実行に移す気になったのだ。一八八九年十一月十一日、空気の冷たく湿った月曜日の夜、彼らはネリーにメッセージを送った――「世界一周の旅に出てくれ」

# 3. ひみつの食器棚

ネリー・ブライが母親と住んでいたアパートから三ブロック東、三ブロック南へいったところに、エリザベス・ビズランドも姉とふたりでアパートを借りていた。たった数ブロックしか離れていない――歩いて十分足らずの距離だ――が、ふたつの地域はまったくの別世界だった。ネリー・ブライが住んでいたブロードウェー近くの西三十五番通りは、悪名高い暗黒街の北西の端だった。ニューヨーク市警のある警部は、当然のように賄賂をつかまされるのを皮肉って、このあたりを〝テンダーロイン地区〟と呼んだ（「警官になって以来うまいステーキなんかにお目にかかれなかった」彼は異動が決まると、ずるそうな笑みを浮かべていったという。「だが、これからはテンダーロインを食えるぞ」）。郊外から芝居をみに出てきた者が道をまちがえて劇場街から離れれば、すぐに気づいた。六番街を少し東にいくだけで、店の明かりが不気味に薄暗くなるのだ。歩道を行き来する人々は身なりもみすぼらしく、生気に欠ける。通りの両側には騒々しいダンスホールや賭博場、〈パディ・ザ・ピッグス〉や〈バーント・ラグ〉といった名の酒場（どちらも、わざわざ婦人用出入り口を別に作っていた）が軒を連ねている。また、おびただしい数の売春宿もあった。売春宿とは呼ばれず、遠回しに〝快楽の館〟と呼びならわされていた。中には上流階級の客向けの娼館もあり、そうした店の応接室はパチョリで香りづけがされ、華やかな切り花が飾られていた。真夜中になると夜食にカキが供されるのだった。

　いっぽうエリザベス・ビズランドのアパートは、マンハッタンの東西を分かつ五番街のむこう、東三十二番通りにあった。上流階級の住むマレーヒル地区だ。通りには延々と、ニューヨークでもっとも排他的なクラブや優雅な店が建ち並んでいる。エリザベスは近所を散歩し、ヨーロッパの美術品の輸入店に立ち寄っては展示品をながめた。そうした店は三十一番通りと三十三番通りのあいだにぽつぽつあった。近くにある洋品店のショーウィンドウの前で立ち止まり、美しい帽子や毛皮、宝石に見入ることもあった。エリザベス自身のアパートはつつましいもので、菓子店の上にあった。早朝に散歩をすれば、アスター一族（一族の祖であるジョン・ジェイコブ・アスターは毛皮貿易などで財を成したアメリカ最初の億万長者）やヴァンダービルト（コーネリアス・ヴァンダービルトは鉄道業と海運業で成功した）、ロックフェラー一族（石油王ジョン・ロックフェラーをはじめとする富豪の家系）に出くわしたかもしれない。エリザベスのアパートからたった三ブロック離れたところには、婦人用雑貨を扱う大物実業家、アレクサンダー・ターニー・スチュワートが建てた〝マーブル・パレス〟があった。北アメリカ大陸では史上最高に豪華な建物で、漆喰細工だけでも二十五万ドル以上かかっているといわれていた。エリザベスの住む四番街はゆるやかな下り坂になり、手入れされた芝地と幾何学模様に整えられた花壇へと続く。そこがマディソン・スクエア・パークだ。当時ある人が、この公園は「上流階級の人間でいっぱいだ」と書いている。ほかの市民向けの公園とは趣がちがった。裕福な者たちがかもしだす雰囲気が、「浮浪者や怠け者たちを寄せつけなかった。だがほかの公園では、そういった人々が汚い服を干して乾かしている姿をしょっちゅうみかけた」

　一八八九年。暖かくなってくると、エリザベス・ビズランドはよくマディソン・スクエア・パークの中を歩いた。うららかな日の射すこの季節、公園はより美しさを増したのだ。エリザベスは景色を楽しみながら、はすむかいの二十五番通りをめざす。そこにコスモポリタン社のオフィスがあった。会社の急速な成長を受けて、経営者のジョン・ブリズベン・ウォーカーは、マディソン・スクエア銀行の三階を丸ごと借りた。五番街とブロードウェーのあいだだ。「ジャーナリスト」誌によれば、「雑誌会社にとってはニューヨーク最高の立地」だった。ウォーカーはデンヴァーからこの街にきたばかりだった。デンヴァーではたばこ産業で一財を成し、同時に鉄鋼産業で一財を成して失った。社会的良心を備えた億万長者であり、新聞のデスクをしていたこともある。そしてこの時の彼には、雑誌社を買収できるだけの十分な資金があった。一八八九年一月、ウォーカーはキリスト教系の出版社から、資金繰りが難しくなっていた月刊誌「コスモポリタン」を買い取った。この会社の経営者もまた、前の年にオフィス用品の工場主から同誌を買収していた。ウォーカーは、審美眼と社会性の両方を養えるような雑誌を作りたいと思っていた。読者層は西部にいたころによくみたような人々だ。向上心があり、かといって広告を読む暇もないほど忙しいというわけでもない。初期の「コスモポリタン」誌には、電化製品の構造や、ドイツの戦闘部隊、男性のズボンが数世紀前から遂げてきた進化についての記事がのっていた。国内では旅行記が人気になりつつあったので、海外で様々な冒険をしてきた人々の体験談も紹介された。アフリカの象狩り、マシュハドへの巡礼、ロシアの大草原を横断する列車旅、遠洋で捕鯨をするイヌイットたちの話。毎号変わらないのは、少なくとも一編はのっている詩か短編、それから、近刊の書評をまとめた「書斎から」という連載だった。

ジョン・ブリズベン・ウォーカーは、「書斎から」の執筆者に二十七歳の記者エリザベス・ビズランドを起用した。ウォーカーが彼女を選んだのも当然で、エリザベスは文芸に詳しく、洗練された趣味と広い興味を備えていた（初期の記事で取り上げたのは次のような本だ。トルストイの『要約福音書』、十四世紀に書かれたドン・ファン・マヌエルの寓話、エマ・ラザラスの詩、バイキングの歴史について書かれた上下二巻本。バイキングの二巻本はこの頃に出た本で、作家はノルウェー人のヤルマル・ヨルト・ボイセンだ）。すでに記者としての地位も確立し、多くの一流雑誌によく記事をのせていた。エリザベスの記事がコスモポリタンにのるひと月前、「ジャーナリスト」誌には彼女を称えるこんな文章がのった。「エリザベス・ビズランドの才能は、エリザベス本人よりも気づいていた。出版者の評価を得れば心も財布も豊かになる、と」この頃エリザベスについて書かれた記事の例にもれず、この記事も彼女の「飛びぬけた美しさ」に触れている。それから、ニューヨーク市内にいる「影響力のある友人たち」のことにも。だがこの記事に書かれていないこともある。ニューヨークにきたとき、エリザベス・ビズランドには友人などただのひとりもいなかった。新しくできた友人たちにしても、彼女が過去にどれだけ大変な思いをしたのかはほとんど知らなかったのだ。

エリザベス・ビズランドの一番古い記憶は、水だ。ミシシッピ川の激しい波。どこまでも続く、光と影がまだら模様を作る水面。逆巻く灰色の波は音を立てて砕け、白い泡になった。蒸気船を揺らすほど激しい波だった。エリザベスは船の甲板に立ち、手すりごしに川をみていた。この時彼女は四歳で、家族と共にミシシッピ州からルイジアナ州のサトウキビ農園へもどるところだった。二年前、ビズランド家は戦火を逃れてその農園を後にしたのだ。一八六五年、南北戦争は終わったばかりだった。エリザベスは、両親、姉のモリーことメアリー・ルイーズ、赤ん坊のプレスリーことトマス・プレスリーと一緒だった。エリザベスの本名はエリザベス・カーといい、まわりからはベッシーと呼ばれていた。岸はゆっくりと遠ざかっていき、そのうちあたりにみえるのは、静かな波の立つ青い川面と広く青い空だけになった。やがて夜が訪れ、空に星がまたたきはじめた。一家は川岸で次に乗る蒸気船を待っていた。父親は、目印としてたき火をたいていた。ここに着く前に、彼らは古い民家を訪れた。黒い日よけ帽をかぶって黒い更紗の喪服を着た住人の女性は、温かいスコーンとバターミルクを出してくれ、いまはこれしかないのとすまなそうにいった。戦争のせいよ、と。戦時中に線路はあちこちが分断され、移動するには水路を使うしかなかった。夜空には大きなオレンジ色の月が昇っていた。たき火の明かりを反射しているかのような月だった。長いあいだ待たされたが、ようやく、水平線に蒸気船の光が現れた。船は夜中から翌日の午後まで走り続け、やがてバイユー（支流や入り江の湿地帯。ルイジアナ州とミシシッピ州に多い）の手前で一家を降ろした。そこでは手漕ぎボートが四艘待っていた。漕ぎ手はみな、オーバーオール姿の黒人の男だ。ビズランド家がミシシッピ州に逃れるまで、彼らは一家の奴隷だった。すでに自由の身だったが、それでもビズランド氏のことを〝旦那さま〟と呼んだ。ボートは茶色い沼の静かな水面を滑るように進んだ。時おりオールが水しぶきを上げ、その音だけが静寂をやぶった。水の中から生えたイトスギが柱のように立ち並び、エリザベスたちの頭上で枝がアーチを作っていた。スパニッシュ・モス（木に着生して銀灰色の茎を垂らし、空気中の水分を吸収する。熱帯地域に分布）が、羊毛のような葉を付けた茎を重たげに垂らしている。湿気が多く熱い空気が、迫りつつある夕闇の中で緑色に輝いていた。とうとう、船は広い川に出た。遠くのほうに、大きな白い屋敷がみえる。エリザベスは、それが自分の家だと気づかなかった。柱の並ぶポーチは汚れ、焼けた跡がついている。レンガの煙突は上のほうが崩れていた。銃弾の跡があばたのようにみえた。丸太を雑に組んだバリケードが、前庭のほとんどを隠していた。そばには壊れた大砲が無残に転がり、砲口がまばたきもせずに空を見つめていた。

戦争中の数カ月、フェアファックスという名で知られたビズランド家の地所は、南軍将軍のリチャード・テイラー指揮する軍の作戦基地として使われていた。一八六三年四月十二日の朝、侵攻してきた北軍がテイラーの基地めがけて一斉砲撃を仕掛け、南軍も大砲で応戦した。戦いは日が落ちるまで続き、朝になると再開された。北軍は激しい砲撃をあびせ、南軍は岸に停泊した小型砲艦を新たに用いた。その夜、テイラー将軍は北軍に退路を断たれることを恐れ、速やかに撤退を命じた。二日続いた激戦により、両軍ともに数百もの死傷者が出た。この戦いは〝フォートビズランドの戦い〟として知られるようになる。

屋敷の中には、テイラーの兵士たちが撤退の前に大急ぎで作ったバリケードが残っていた。エリザベスはこの時の光景を一生忘れなかった。家族が使っていた椅子やソファが、まるで怯えて逃げ出そうとでもしているかのように、ぼろぼろになった正面扉の前に積み重ねられていたのだ。大きなマホガニーのベッド枠は乱暴に折られ、家の前面にある階段の上に置かれていた。絵はずたずたに破られ、額からずり落ちていた。本はページをむしり取られて焼かれ、残ったページが暖炉のまわりに散らばっていた。母親は無残な光景に打ちのめされ、階段の一番下の段にすわって泣きはじめた。

その晩、四歳のベッシーと五歳の姉のモリーはショールにくるまって床の上で丸くなり、南部は北部よりおもしろそうね、とうなずきあった。北部にいたころはいつもベッドで寝ていたからだ。戦争がはじまって北軍がルイジアナ州まで攻めてくると、母親はふたりの娘を連れて軍の救急車に乗り、まずはミシシッピにある夫の実家へ逃げた。最終的には、安全なブルックリンの自分の実家に身を寄せ、戦争が終わるまでニューヨークにとどまっていた。父親は長いあいだ家族と離れて暮らし、補給部隊の軍曹として第二十六ルイジアナ州歩兵連隊にいた。戦争が終わるとビズランド一家はミシシッピで落ち合い、川を南へ下ってフェアファックスへもどった。

しばらくかかって、ようやく屋敷の中には一応の秩序がもどった。だがそれからも、子供たちは椅子にすわるときは修理した脚に注意し、応接室のテーブルにもたれかからないようにし、カーペットの焦げ跡を隠す小さなスツールを動かさないようにしなければならなかった。父親はぼろぼろになった本のカバーを糊でつけ、破れたページをできるだけ元にもどそうとした。それらの本が、やがてエリザベスの良き教師となるのだ。勉強は母親が家で教えた。近隣には学校がなく、遠方の学校へやるだけの経済的余裕もなかった。だが、しばしば母の授業は中断された。戦前の暮らしに想いを馳せるからだ。この頃、母の関心のほとんどは過去に向けられていた。祖父が持っていたアタカパ郡の厩舎にたくさんの馬がいたこと。暑い季節には農園で過ごさず、いつも北のニューヨーク州のサラトガへ避暑にいったこと。結婚式の日に、エリザベスの父が五点セットの銀のティーセットを贈ってくれたこと。器のすべてに蔦とアサガオの模様が彫られていて、全部をのせる銀の盆もついていた。おかしいわ、と、エリザベスは母の話をききながら思った。戦争が起こるとこんなに人は変わってしまうのね。戦前は、だれもがきれいで賢くて豊かに思えた。ところがいま、醜く愚かな人々がいたるところにあふれている。どの人も貧しくみえた。

エリザベスの母の名前はマーガレット・シリラ・ブランソン・ビズランドで、マギーと呼ばれていた。祖先は十七世紀はじめ、イギリスのレスター准男爵にまで遡ることができる。エリザベスの母方の曾祖母は、ルイジアナ州最後のスペイン人知事の二番目の妻だった。父親の家系もイギリスまで起源をたどることができる。一七八二年、父の祖先がはじめてミシシッピ州に領土を得た。スペイン人知事から与えられたものだ。そのむかしビズランド一族には、ミシシッピとルイジアナに計六つの農園を持ち、四百人近い奴隷を抱えていた時期もあったのだ。この当時エリザベスの父親は、豊かな黒ひげの端を嚙み、不安そうな顔つきで空をみあげながら一日の大半を過ごしていた。ある年、異常気象で九月に雪が降った。農園にいる人間が総出でサトウキビを刈り取り、湯をわかした釜に放りこんだ。だが結局、その年のサトウキビはほとんどがだめになってしまった。不運な事件の後、父親は馬車に銀のイパーン（皿付きの飾り台のこと。果物や菓子の器として使う）や盆、水差しを積んでニューオーリンズまで出かけていった。どれも、戦時中は燻製小屋の床下に隠してあったものだ。家に帰ってきたときには、馬車の中は空っぽになっていた。トマス・シールズ・ビズランドは医者になるべく教育されたが、医学の勉強は途中でやめていた。南部の農場主としてのんびり暮らすほうが性に合っていたからだ。一八五八年、十一万二千ドルで――父親の遺産の取り分だった――フェアファックスを買った。戦争が終わった今では、牛の乳もしぼれば、ラバにえさもやり、薪を割り、菜園を耕した。一週間ずっと古いチェックのシャツを着て、綿のズボンをはいた。土曜日になるとエリザベスと姉は黒い服を洗い、縫い目をインクで塗りつぶした。翌日教会へ着ていけるようにするためだ。一家は自分たちの服を縫い、石鹸を作り、薬を煎じた。ふだんの食事はひきわりトウモロコシだった。ルイジアナ州では〝大粒ひきわり〟と呼ばれる全粒のトウモロコシ粉だ。夕食がすむと、一家は屋根つきのバルコニーに出て長い夜を過ごした。

父親は椅子に深々と腰かけてメシャムパイプをふかし、国内に安物のキューバ産砂糖を持ちこんだ北部人のことを考えた（父親は気づいていなかったが、そもそも農園のシステム自体が問題だった。南部が負けたあと、元奴隷に支払われる安い賃金もふくめ、わずかずつ状況は変わっていたのだ。古い封建制度が現代的な資本主義に敵うはずがなかった）。そのかたわらで、母親は昔を懐かしんだ。銀のティーセットに自分のイニシャルのＭ・Ｃ・Ｂが彫られていたこと。自分の父親はお金が必要になるとどんなふうに調達していたかということ。戦前の南部人がどれだけ精力的で有能だったかということ。唯一息が抜けるのは、親類の家でとる夕食の時間だった。そこで彼らはチキンのグレービーソース添えやサツマイモ入りトウモロコシのパン、西瓜のピクルスを食べながら、いろいろな話をした。『ジュニアス・レターズ』（一七七二年に出版された作者不明の作品）の作者はだれだろうかとあれこれ推測することもあれば、バイロンを最後にイギリスの詩の歴史は終わってしまったというエリザベスの父親の意見について議論することもあった。「そのとき話したことははっきり覚えています」エリザベス・ビズランドはのちにそう書いている。「とてもレベルの高い会話でした」

当時南部に住んでいた親たちの例にもれず、エリザベスの両親も、子供というのは生まれつき罪深い存在だと強く信じていた。親である自分たちは異教徒に対する宣教師のように振る舞わなくてはならないと考えていたのだ。子供は親のいうことに従わなくてはならず、思いのままに行動することは決して許されなかった。失礼だったり失敗したり、がまんできなかったりだらしなかったり、いわゆるそうした子供っぽい振る舞いは、間違っているだけでなく忌むべきものだと考えられ、いいつけを守らないと決められた方法で罰せられた。そんなときは必ず、〝あなたのためを思ってこそ〟という昔ながらの決まり文句がついた。どんなに激しくぶつときでも、そこには愛情に満ちた思いやりがこめられていた。体罰は聖書にもはっきりと認められている、というのが両親の考えだった。ソロモン賢王が、〝鞭を惜しめば子供がだめになる〟といっているのだ。ビズランド家の子供は、毎日朝と晩に旧約聖書と新約聖書から一章ずつ読まされた。日曜日には宗教に関係のない本を読むことが固く禁じられ、両親の選んだ讃美歌や詩編、聖書を暗記しなければならなかった。少しでも決まりにそむくと罰を受けた。だがエリザベスは、自分なりに息抜きの方法をみつけていた。幼いころから、家の本棚でみつけた本を夢中になって読んでいたのだ。両親の与える教訓的な童話だけでなく、木目模様に染めた子牛革で装丁された全六巻の厚いシェイクスピア全集や、セルバンテスやゾラの小説、本棚に並んでいた黒い背表紙の「イギリスの詩人」と題されたシリーズ。エリザベスは、このシリーズで初めて、ポープやキーツ、サー・ウォルター・スコットといった詩人に出会った。とりわけトマス・グレイの「田舎の墓地で詠んだ挽歌」は心からすばらしいと感じ、すべて暗記したほどだった。また、バイロンの「ギリシャの島々」の一節「山々がマラトンを見渡し　マラトンは海を見る」を声に出してくりかえすたびに、はっとするような喜びを覚えた。目についた本はかたっぱしから読んだが、大人には自分がなにを読んでいるのか絶対に話さなかった。「十分大きくなっていましたから、わたしがなにをしているかほんの少しでも知れば、牧師も教師もぞっとして身震いするだろうとわかっていました」エリザベスは、のちにそんなふうに書いている。「どんな本を読んだかぺちゃくちゃ話さない程度の分別はあったのです」

その頃、ビズランド家には毎年のように子供が生まれた。一八七四年には九人目の子供ができたが、そのうち二人が結核で死んだ。一八七三年、エリザベスが十二歳のとき、父親は生家を相続した。場所はミシシッピ州ナチェズという町だ。一家はルイジアナを離れてそこに越した。〝マウント・リポウズ〟（休息の丘）と呼ばれたその家は、広々とした優雅な二階建てのプランテーション・ハウスで、オークの木立の中に建っていた。玄関の扉には手彫りの模様がほどこされ、屋敷の中には歴史的に重要な品々が数えきれないほどあった。アーローン・バー（アメリカの政治家。トマス・ジェファソン政権の副大統領。アレクサンダー・ハミルトンとの決闘で有名）の使った机も、そのうちのひとつだ。壁には一族の肖像画がかかっていた。一八二四年にこの屋敷を建てたのは、エリザベスの祖父のウィリアム・ビズランドだ。米国下院議長を何年も務めたケンタッキー州の政治家ヘンリー・クレイの熱心な支持者で、クレイが大統領に当選するまでおもての車道は作らないと誓っていた。半世紀がたったこのときも、ビズランド一家は通用門からマウント・リポウズに入った。それまでに、そしてそれからずっと、この屋敷を訪れたほかの客と同じように。

深刻さを増していく一家の困窮ぶりは、周囲の人々が豪華な暮らしをしているだけにより目立った。裕福な一族に見下されるのでなお居心地が悪かった。ミシシッピへの移住は、緊張していた家庭内の空気を悪化させただけで、母親はニューヨークの実家に帰りたがっていた。その街では、彼女の父が裕福な弁護士として地位を確立している。だが父親はきく耳を持たなかった。一度など口論があまりに白熱し、興奮した母親は、振り子時計を階段の上から夫めがけて落とした。この夫婦は少なくとも一度別居している。そのとき父親は、ルイジアナ州へ帰って甥の家で暮らした。

若いころ、マーガレットは自分を詩人だと思っていた。そして、ミシシッピに移ったころから新聞に詩を書きはじめた。ニューオーリンズで創刊されたばかりの「タイムズ・デモクラット」紙だ。際立ってうまい詩ではなかったが、原稿料は家計の足しになった。エリザベスも、母を手伝って幼い弟妹たちの面倒をみながら、数分でも手が空くと庭のすみや厩の干し草置場に引きこもって詩を書いた。詮索好きの家族から隠れたかったのだ。ちょうど、インクの染みのついた前かけを着け、屋根裏で物語を書いた「若草物語」のジョーのように。途中でやめなければならなくなると、屋敷の中でみつけた秘密の戸棚に作品をしまっておいた。祖父たちはこの戸棚を金庫として使っていた。いまや詩は、エリザベスにとって現金と同じくらい価値のあるものだった。泥棒が入っても大丈夫なように隠しておき、先行きのわからない未来に備えて取っておくのだ。

二十歳になるとエリザベスは、詩を発表するときがきたと考えて、B・L・R・デーンという筆名でタイムズ・デモクラットにクリスマスのソネットを投稿した。詩を郵送するときにはわざわざ数キロ離れた隣町まで歩いていった。消印で居場所がわかってしまうと困るからだ。それから数日は目を皿のようにして新聞を調べていたが、ある朝、ひそかに胸を高鳴らせた。クリスマス版の紙面に自分の詩がのっていたのだ。採用されたことで自信がついたエリザベスは、さらに多くの作品を筆名で投稿した。詩の形式は様々で、ソネットもヴィラネルもあった。印象的なタイトルのロンドも一篇あった。「死者よ!」という作品だ。

荒れ狂う風は　苦痛のうめき。
濡れた指で　むなしくわが家の戸を叩く。
寂しげな悲鳴を上げて墓地からさまよい出て

入れてくれと頼みこんだが——望みかなわず去っていき
凍てつくような雨の中　涙を流したのはおまえだったのか?
ここでは炉の炎が輝くように燃え、
赤い心臓から　真紅のしずくを滴らせる
ここには、死の概念も、死者も存在しない
ああ、荒れ狂う風よ!

なぜおまえは　わが家の窓辺にきて
嘆き、すすり泣き、そして訴えるのか。
われわれが孤独で濡れて冷たい骸となって
地下深く暗い墓穴で横たわっているというのに
おまえたちはため息ひとつもらさない。
われわれは忘れてしまった——生者と死者とは双子だということを。
ああ、荒れ狂う風よ!

タイムズ・デモクラットの文芸局編集者ラフカディオ・ハーンは、この詩は「きわめて優れて」いて、「著名な詩人に匹敵する奇妙な魅力を備えている」と評した。エドガー・アラン・ポーの影響を受けているのはまちがいなかった——エリザベスはポーの詩に心酔していた——が、ほかの作品はそこまでゴシック的な色合いは強くない。たとえば「マルディ・グラ」というタイトルの四行詩には、バルコニーから見下ろした夜のカーニバルの様子が生き生きと描かれている。エリザベスが一番力を入れて書いたのは「籠の中」という四連のバラッドだ。金の籠に入れられた小鳥が、くちばしでむなしく格子をつついては「白く広がる寛容な砂」や「濡れた力強い足で／草原を駆けてくる」夜明けの風をなつかしむ。小鳥は、翼の音を響かせながら海の上を飛ぶ海鳥を思い、自分を檻に閉じこめた神を呪う。各連の最後は同じ一文で終わっている。「『ああ！』小鳥はいう。『外の世界のなんと美しいことか』」

編集局に詩が届き続けるうちに、ハーンは「作者本人に大きな興味が湧いて」きた。最終的には編集長のペイジ・M・ベイカーがマギー・ビズランドに手紙を書き、そのあたりにデーンという名の詩人がいないかと問い合わせた。マギーがある晩の夕食の席で、変わった質問をされたのよと話すと、エリザベスはおずおずと、自分がその謎の詩人なのだと打ち明けた。両親は呆気に取られた。娘は思いもよらない才能を持っていただけでなく、これほど長いあいだ文学への情熱を隠し通していたのだ。だが、ふたりの驚きも、ベイカー本人のそれとは比べ物にならなかった。彼はB・L・R・デーンのことを、きっとイギリスに住んだ経験を持つ年配の男性だろうと思っていたのだ。

B・L・R・デーンはもうすぐ二十一歳になろうとしており、本人は、もう立派な大人だと考えていた。エリザベスは、とうとう家を出て、家族を支えるために働くことにした。

タイムズ・デモクラットにのせた詩以外に活字になった作品はなかったが、エリザベスは自分が生まれついての書き手だと気づいていた。難なく文章を書くことができ、ほとんど修正も必要ない。あとになって、自分は「楽々と言葉をつむぐ貴婦人たち」のひとりだと表現している。タイムズ・デモクラットに、記者として働けないかと問い合わせの手紙を書くと、すぐに採用された。一八八二年の冬、エリザベスは、できるだけたくさん仕送りをすると家族に約束して、ニューオーリンズに発った。

　エリザベスが住みはじめたのは、安い下宿屋の三階にある狭い漆喰の部屋だった。フレンチ・クォーターのロイヤル通り《リュー・ロワイヤル》に位置する。このあたりでは、下宿屋の部屋が空くとバルコニーから「部屋あります《シャンブル・アルエ》」という看板がひもで下げられるのだった。部屋からみえる景色は、エリザベスの知るどんな世界ともちがっていた。フレンチ・クォーターは、気品といかがわしさの同居する地区で、どのブロックへいっても秘密をささやく声がきこえてきそうな気がした。どちらを向いても閉ざされた窓が、錠をおろされた門が、狭い路地が、個人の庭が目に入る。地区の風物詩でもある錬鉄製のバルコニーには、本物そっくりのツタや花や果物をかたどった装飾がぜいたくにあしらわれている。金線細工もレースのように繊細だ。下宿屋のある同じ通りには、堂々たる大理石造りの建物があった。以前は商人の取引所だったが、その頃大規模な賭博場に変わり、常連客たちがキノやルーレットに興じていた。賭け金の上限はなかった。

　酒場もあればダンスホールもあり、音楽をきかせるカフェもあった。そうしたカフェでは、喧騒と酔っぱらいの笑い声とで、頼りないフィドルの音色と安っぽいピアノの伴奏はほとんどきこえない。入り口にはいつも腕っぷしの強そうな男が、両のこぶしにブラスナックルをはめて立っていた。リュー・ロワイヤルとカナル通りの角には、〝モンキー・レンチ・コーナー〟という、地元の船乗りたちの寄り合い所がある。集まるのは主に仕事にあぶれた者たち（土地の隠語で無職の者を〝モンキー〟と呼んだ）だ。船を持っている運のいい仲間から金を借りられないか《プット・ザ・レンチ・オン》と期待してやってくるのだ。同じ角に立つ高さ六メートルのヘンリー・クレイ像をみたとき、エリザベスはむかしを思い出して胸が痛くなったことだろう。

　数年後、エリザベス・ビズランドはこの頃の自分を思い出して苦笑している。「みじめな田舎娘」は、ニューオーリンズへ着いたばかりのころ、「みんなから敬意を払ってもらえるにちがいない。そうすれば貧しかった過去は捨てて、誇りをとりもどせる」と思っていた。マウント・リポウズからどれだけの自尊心を運んできたにせよ、そんなものはフレンチ・クォーターに着くとあっというまに消えてなくなった。生まれてはじめてのひとり暮らし。見知らぬ街には、そこら中に危険のにおいが漂っているように思えた。ちょうど、夜の沼地に立ちこめる霧のように。黒人と白人があたりまえのように通りを行き交う光景も、ヨーロッパと地中海の文化が混ざり合った町並みも見慣れなかった。まるでこの街は、アメリカ大陸に作られた植民地のようだった。むかしはルソーを読むためにフランス語を学んだものだが、いまやどこへいってもフランス語がきこえてくる。だが、訛りできき取れないことがほとんどだった。川のほうへ歩いていくと、数ブロックにわたってフレンチ・マーケットの露店が並び、露台にはナツメやバナナ、硬い皮のザクロが山と積まれている。ザクロは二つに割られ、白い綿布の上で、ルビーのような果肉に包まれた種を露わにしていた。通りのいたるところから、物乞いたちの抑揚のない声がきこえてくる。彼らは熱帯植物のような色の服を着ていた。この街は移動するカーニバルのようだった。だが決して動かず、ただ騒音と驚きと混沌に満ちている。没落した農園からやってきた若い女性は圧倒されていた。毎朝エリザベスは、長いあいだ逡巡して、やっとのことでリュー・ロワイヤルへ続く風雨に褪せた扉を開けた。冷ややかな群衆の中に飛びこんでいくには、勇気をかき集めなければならなかったのだ。

タイムズ・デモクラットのオフィスは、キャンプ通りの南にあった。〝新聞社街〟として知られている地区で、十三の新聞社が並んでいた。「ピカユーン・タイムズ」紙、「レッジャー」紙、「ジユーイッシュ・サウス」紙、「サウスウェスタン」紙、「クリスチャン・アドヴォケート」紙。新聞社街は下宿先からあまり遠くなかった。カナル通りを少し過ぎたあたりだ。カナルはニューオーリンズ一大きな通りであり、街の文化を二分する分岐点でもあった（ドイツ人旅行者がこんなふうにいったことがある。「カナル通りは、イギリスとフランスを分けるドーヴァー海峡みたいにニューオーリンズを分けてるんだな」）。職場へいく途中、エリザベスはリュー・ロワイヤルを通った。途中まで「マドモアゼル」と呼びかけられるが、数ブロックいくと「ミス」に変わる。カナル通りを渡ってキャンプ通りへいくと、ひさしや一階の窓には、印刷所、石版工、紙の倉庫、製本所、などの文字がみられた。こうした店が軍隊に物を売買する商人のように、大きな新聞社街を支えていたのだ。通りは馬車や路面列車でいっぱいで、両側には南北戦争以前に建てられた低い建物が並んでいた。四階か五階建てのギリシャ復興様式だ。春の朝には建物の窓が開け放たれ、手作業で活字を組む心地のいい金属音がきこえてきた。新聞配達少年の孤児院のそばには細い路地があり、少年たちがかたまってサイコロを転がしたりボールを投げたりして遊びながら、最新版を受け取るまでの時間つぶしをしていた。こうした少年たちのほとんどが孤児だった。そこらじゅうで記者やデスク、植字工、オフィス・ボーイたちが締切に間に合わせようと急いでいた。あるいは一仕事終えてひと休みしながら、仲間と新しいニュースについて雑談していた。当時のビジネス街の例にもれず、ここでも女性の姿はほとんどなかった。

予想どおり、エリザベス・ビズランドはタイムズ・デモクラットの女性向け紙面の担当になり、上流社会の出来事について書くようになった。記事で取り上げるニューオーリンズは、フレンチクォーターで知ったニューオーリンズとは別物のようだった。エリザベスの取材するニューオーリンズは、緑の茂る広い街路に白い列柱のある邸宅が建ち並ぶ街であり、お茶会や園芸クラブ、フラワーショーの行われる街、フェア・グラウンズ競馬場で日射しを浴びて午後を過ごす街、フレンチオペラハウスで華やかな夕べを過ごす街だった。慣習と作法に支配された街でもあった。若い女性が紳士の馬車に乗せてもらうことは許されたが、もしコンサートや劇場へいくのなら年長の女性の付き添いが必要だった。彼女たちは新刊の本も読めばバレエもみにいくが、会話の中に〝脚《レッグ》〟という言葉が出てきただけでショックを受けるふりをするのだった。

エリザベスは、日々が少しずつ忙しくなってくるのを感じていた。文芸同好会の定期的な集まりもあった。チューレーン大学の教授ジョン・ローズ・フィクレンのはじめたクラブで、エリザベスは初代会員のひとりだった（同期には「リパブリック賛歌」の作詞家ジュリア・ウォード・ハウがいた）。また毎週金曜日の午後三時から六時のあいだ、ロイヤル通りで文学サロンが開かれた。会場は詩人で小説家のモリー・ムーア・デイヴィスの自宅だ。サロンから招待状が届くことはなく、必要もなかった。それでも、くるべき人間はちゃんときていた。ケイト・ショパン、グレース・キング（のちにふたりとも有名な作家になった）、そしてニューオーリンズ一有名な作家ジョージ・ワシントン・ケイブルもいた。デイヴィスはこのサロンをこんなふうに表現している。「知性と機知をそなえた男女が集まる場所。着ているものより頭の中身、愚か者が口をつぐむ場所」ここはまさに、知的な刺激に満ちた会話が交わされる場だった。幼い頃夕食の席でイギリスの詩が話題に上って以来、エリザベスはこうした会話にずっと憧れていたのだ。いまでは毎週のように文学について話すことができた。ロイヤル通りのサロンにいるエリザベスは、粗末な下宿屋の玄関でちぢこまっている田舎娘にはとうていみえなかった。こういう場の彼女は、話し好きで自信に満ちた晴れやかな若い女性だった。ある参加者は、あとになってこんなふうに思い返している。ミス・ビズランドはのびやかな笑みを浮かべ、とても楽しげで、まわりにはまるで〝人を惹きつける小さな陽だまり〟ができているようだった。

　エリザベスはすらりと背が高く、大きく優しげな茶色い瞳と長い睫毛、優美な首とふっくらした唇をしていた。ひとりで愉快そうにしているときには、その唇のはしがわずかに上がった。長く波打つ栗色の髪はうしろでピンで留められ、色白の顔を縁取っていた。声は柔らかく、まなざしは物憂げで、振る舞いは貴族的だった。南部のほかの娘たちは、そうした優雅な身のこなしを学ぶために、大金を払って花嫁学校《フィニッシング・スクール》に通っていたものだ。「エリザベスは、洗練された上品で教養のある貴婦人だ」ニューオーリンズの「デイリー・ピカユーン」紙にはそう書かれている。「また、同世代の女性の中では指折りの美人でもある」

　ロイヤル通りのサロンには、タイムズ・デモクラットの編集者、ラフカディオ・ハーンもきていた。ハーンはすでにエリザベスの親しい友人になっていた。ふたりの友情は終生続くことになる。エリザベスは以前から、ハーンの書くニューオーリンズの生活の描写に憧れていた。豊かな詩情に時々、不気味な調子が混じるのだ。エリザベスは、ニューオーリンズに着いてまもなく、フレンチ・クォーターにある彼の家を訪れた。緑のよろい戸のある、ツタに覆われた小さな家だ。

実際に話してみると、ハーンは、ニューオーリンズという街と同じように風変わりで驚くべき人間だった。身長は百六十センチと低く、短い脚とほっそりした手をしていた。一番の特徴は目だった。小学生のときに左目を怪我し、感染症で失明していたのだ。光を失った左目は、それ以来乳白色になっていた。いっぽう右目は、まるで左の埋め合わせをしようとでもいうかのように、眼鏡の厚いレンズに拡大されて飛び出してみえた。威厳があり、優しく、驚くほど繊細な人物だった。ハーンはよく、エリザベスと話しながら部屋を歩きまわり、家具や小物にそっと触れた。触れるだけでなく手に取り、懐中鏡でしげしげと調べることもあった。そのあいだもよどみなく、ブードゥー教の儀式やクレオール料理、中国の怪談や日本の民話について話しつづけるのだった。エリザベスは、ラフカディオ・ハーンほど機知に富んだ楽しい話し相手を知らなかった。だが同時に、すぐに気づくことになる。「ラフカディオと友人でい続けるためには、チャイロコツグミを巣に追いつめるときのような忍耐強さと慎重さが求められる」のだ。

ハーンはといえば、エリザベスに憧れと反感の両方を抱いていた。彼女は若く美しく、詩のことならなんでも知っていた。だが、新しいタイプのアメリカの女でもあったのだ。ハーンはこの種の女たちのことを、狡猾で身の丈に合わない野心を抱き、彼の言葉を借りるなら〝ダイヤのように頑固〟だと考えていた。見た目は典型的な南部美人だったが、エリザベスがタイムズ・デモクラットで紹介する南部美人とはちがっていた。彼女たちは若くして結婚し、一度も働かないことを誇りとしていたが、エリザベスは、自分の仕事を持った知的な生き方を、自身の力でつかみとろうとしていた。仕事でも日常でも思うがままに読み、書き、経済的に自立し、自分の意見を発表できる生き方。ある手紙で、ハーンはエリザベスのことを〝内気な少女〟と表現している。

彼はそれこそエリザベス・ビズランドに似合いの言葉だと考えていた。はにかみ屋だが同時にエネルギーに満ちている。

このころには上流階級の友人もできつつあったが、エリザベスは何年も続いた貧しい暮らしを忘れていなかった。そして、自分がこれからペン一本で生計を立てていくということを完璧に理解していた。つまりそれは、自分自身の機知のみに頼って生きていくということだ。結局、一番の教訓は母親から与えられていたのだ。母は十八で結婚し、裕福な生まれの男に運命を託した。ところが歴史が変わって破産同然になり、残されたのは自分のわずかな財産だけだった。できることといえば、時どき気晴らしに詩を書くことと、夫の甲斐性のなさを嘆くこと、過去の暮らしを懐かしむことくらいなのだ。エリザベスは母の犯した過ちを繰り返すつもりはなかった。仕事をし、男性優位の世界に居場所を作りたかった。取材のためにニューオーリンズの色々な場所を訪れるようになると、若い女性がそれぞれの分野で働きながら、自分と同じ困難に直面していることに気づいた。助け合うことができるかもしれない、とエリザベスは思った。一八八四年、彼女は二十三歳の時にタイムズ・デモクラットに告知をのせ、ニューオーリンズに女性の組合を作りましょうと呼びかけた。

告知の内容はつぎの通りだ。ニューオーリンズの男性にはＹＭＣＡをはじめとする様々な公益団体があり、「経済的、社会的、道徳的に支持されて」いる。だがエリザベスが鋭く指摘したとおり、これらの団体が享受している利益は、一部には補助的な会員である女性の「無償の貢献」によって支えられていた。女性も男性と同じような組織を持つ権利がある、とエリザベスは主張した。組織の目指すところは「女性が男性と同じ働きをした場合は平等に賃金が払われるようにし、失職するか病気になったときには援助を得られるようにする」ことだった。ニューオーリンズには、そのような組織の前例がなかった。もちろん女性のクラブはいくつもあったが、その活動は慈善事業に限られ、働き手としての女性を支援するものではなかった。エリザベスの提案は途方もなく大胆で、保守的な南部人にはとうてい受け入れられそうになかった。彼らは、女が外で働くとしても男よりはるかに少ない賃金しか得るべきではないと考えていたのだ。ところが月曜日の夜になってみると、十二人の女性が地元のYMCAを訪れた。話し合いが終わるころには、ニューオーリンズ婦人協会が設立され、エリザベス・ビズランドが初代会長に選ばれた。

規約は、協会の目的は「社会的な偏見を打ち砕き、撤廃する」ことだとうたっている。そのためには知的啓発と実践的な教育が必要だった。やがて協会は会員に、コンサートや芝居をみたり、講義を受けたりする機会を提供するようになった。講義のテーマは、イギリスやロシアの文学、ルイジアナ州の歴史、世論を方向付ける新聞の役割など様々だった。また、技術を身に着けるための講座も開かれた。タイプライター、速記、電信術、針仕事、朗読などだ。デイリー・ピカユーンの記事によれば、夜の十時に「数十人の夫が協会のホールで機嫌よく妻を待っている」ことも珍しくなかったという。「彼女たちは奥の上品な客間で、文学講義や趣味のいい音楽、実務的な話に耳を傾けている。より良い主婦になるため、あるいは分別のある女性になるために」協会は職業紹介所を作り、警察署に女性看守を派遣したり、地元の女性病院や小児病院に必需品を供給したり、洪水の被害者に食糧と衣服を送ったりといった仕事をはじめた。週刊誌の「エポック」は、ニューオーリンズ婦人協会の成功を評して「このルイジアナ州の婦人団体は（中略）ひとりの女性の存在によって成り立っている。記者のミス・エリザベス・ビズランドだ」と書いた。

エリザベスは協会の基盤を固めたが、初代会長として任期をまっとうすることはなかった。ニューオーリンズで過ごして三年が経ったころ、そろそろ街を出ようと考えはじめた。自分のいる世界が、息苦しいほど狭く感じられていた。もっとおもしろい人たちがいるはず、とエリザベスは感じていた。もっと刺激的な文章が書けるはず。もっと重要な記事を出せるはず。それができるのはこの街じゃない。少しずつ、地方根性とも呼べる南部の風土に不満がつのってきていた。騎士道精神を備えた男性も、理想化された女性像も、攻撃的なまでの信仰心も、失われた過去の栄華にいつまでもしがみつく人々も、うんざりだった。エリザベスは少女の時、自分のことをトマス・ブルフィンチの『ギリシア・ローマ神話』から抜け出したニンフだと想像することがあった。月光が白いアイリスを銀に染める庭で、ダンスをするのだ。それほど幼い頃から、文学は逃げ場所になってくれていた。いまエリザベスは、数年前に詩に書いた小鳥のように感じていた。籠の格子に翼を打ちつけ、冒険の待つ世界に飛び出していきたいと願っていた。

## 4.「女性が世界一周するのにかかる時間は?」

エリザベス・ビズランドがニューヨークに着いたのは夜だった。海辺に借りた部屋に入りながら、潮のにおいのする空気を吸いこみ、闇の中の摩天楼の明かりを見上げる。建物の明かりはきらきらと天高くでかがやき、まるで星のようだった。財布には五十ドルあった。

最初に住んだ部屋は、マディソン街にある五階建ての質素な建物の中にあった。三十二番通りの南西の角だ。エリザベスは、時がたてば自分もニューヨーク市民らしくなれるはずだと思っていたが、まずは風変わりな流儀に慣れなければならなかった。ニューヨーカーたちには、エリザベスには理解できない他人行儀なところがあったからだ。南部にいた頃とは勝手がちがった。人々の住まいが一階また一階と、どこまでも縦に続いていることも驚きだった。この頃ニューヨーク市民たちは、アパートメントと呼ばれるヨーロッパ式の建物を受け入れつつあった。一八六九年のニューヨークには賃貸アパートは一軒しかなかったが、エリザベスがやってきた一八八五年には三百に増えていた。ムーア様式の城やドイツのシャトーに似せて作られ、一番高いところでは十四階建てという高いものもあった。「建物はどんどん高くすればいい。資材の強度が許すまで」、と「不動産の記録と建築士のためのガイド」誌は、書いている。「あるいは、上階の住人たちが、アンデス山脈にのぼったアレクサンダー・フォン・フンボルトよろしく鼻血を出し、耳鳴りに苦しめられるまで」上の階の人々はエレベーターを使った。運搬用のエレベーターもあり、こちらは石炭や木材、灰、荷物を運ぶのに使われた。アパートの中には部屋にキッチンのついたものもあったが、たいていは部屋だけで、ホテルのように一階にレストランがあった。エリザベスの住むアパートには玄関のそばに管理人がいた。「大柄で頑固な」男で、住人に挨拶をしたり、送られてきた荷物を受け取ったりするのが仕事だった。すぐ近所にあった〝ヒューバート・ホーム・クラブ〟という名の新しいアパートはレンガ造りの巨大な建物で、切妻屋根がついていた。十一階建てだったので、朝になると通りに大きな影を落とした。エリザベスはニューヨークほど寒く暗い街に住むのは初めてだった。おまけにガス代は驚くほど高く、バケツ一杯の石炭が南部で買う一トン分もした。ニューヨークでは〝節約するにも金がかかる〟という言葉がはやるほどだった。

エリザベスにもわかっていたが、こんな街では手元の五十ドルなどすぐになくなってしまう。すぐに仕事を探す必要があった。はじめは「サン」社にいった。ニューオーリンズの新聞社で働いていた友人の紹介状があったので、ベテランの編集局長チェスター・ロードに面接をしてもらうことができた。エリザベスは自己紹介をし、どんな仕事をしてきたかを話してから、記者の仕事に空きはありますかとたずねた。ロードはきわめて丁寧で穏やかな男だった。ニューヨークの新聞業界ではめずらしいタイプだ。辛抱づよくエリザベスの話に耳をかたむけていたが、彼女が話し終えるといった。「お嬢さん、荷物をまとめて家に帰りなさい。ここには君の居場所などないんだから」

だが、エリザベスはあきらめなかった。何百キロもはるばるやってきたのだ。一度断られておとなしく逃げ帰るわけにはいかない。とうとうロードは折れ、試しに一本記事を書かせることにした。エリザベスは社を出て、一本の記事を書いてすぐもどってきた。あとになって、「黒人の葬式についての短い記事でした」と語っている。ロードは記事を読み、彼女の文才に感心した。ユーモアと悲哀が絶妙に混じり合った文章だった。彼はその記事をサンに掲載し、次の仕事を頼んだ。結果的には、サンで仕事をはじめたおかげで、ほかの媒体にも記事が書けるようになった。まもなくエリザベスは、定期的にサンに特別記事を書きながら、「ハーパーズ・バザー」や「イラストレイテッド・アメリカン」、「パック」といった雑誌にも寄稿するようになり、様々な新聞に書評も書くようになった。ワールドもそのうちのひとつだ。やがてネリー・ブライがこの新聞社で働くことになる。エリザベスは、「ブルックリン・デイリー・イーグル」紙と「シカゴ・トリビューン」紙の両方に「ニューヨーク・レター」というタイトルで記事を書いていた。街で起こっていることを取り上げ、辛らつなコメントをつけて紹介するのだ。コーネリアス・ヴァンダービルト夫人の、凍らせたローマンパンチ（レモン汁、泡立てた卵白、ラム酒に砂糖を加えたカクテル）をチューリップの花の中に詰めるという斬新な試みについて書くこともあれば、証券取引所の一部の仲買人たちがスピリチュアルに頼っていることについて意見することもあった。さらに、ニューオーリンズのタイムズ・デモクラットに「文芸見本市」というタイトルのコラムも書いていた。ラフカディオ・ハーンは友人にこんな手紙を送っている。「エリザベスは四つの新聞に記事を書いている。たいした人だ。十八時間だか二十時間だかぶっ続けに仕事をすることもよくあるらしいが、それでも爽やかで薔薇色の頬をして、ジャスミンのように優雅なんだ」

一八八七年に姉のモリーがニューヨークにくると、ふたりはエリザベスの最初の住まいから一ブロック西にいったアパートで暮らしはじめた。四番街の菓子店の上にある部屋だ。三十一番通りと三十二番通りのあいだに位置する。やがてエリザベスはニューヨークの文化人たちのあいだで有名になっていき、一八八九年にはサロンを開いた。毎週日曜日の午後、彼女のアパートには様々な人間が集まるようになった。エリザベスは、ロイヤル通りで開かれたモリー・ムーア・デイヴィスのサロンのような、知的な興奮を味わえる場所を作りたいと思っていた。会にきたメンバーには、シェイクスピア劇の俳優ヘンリー・アーヴィング、女優で演説家のセアラ・カウエル、戦争特派員のアーチボルド・フォーブズ、詩人のクリントン・スコラード、肖像画家のウィリアム・ヘンリー・リッピンコットなどがいた。コメディ・フランセーズの主演俳優コクランがニューヨークにきたときには、彼が訪れた数少ないサロンのひとつとなった。コクランが即興芝居を披露してくれたのは、エリザベスのサロンだけだった。彼女はフランス語がわかったので、俳優も芝居をする気分になったのだろう。「コスモポリタン」誌が書いたように「優雅な振る舞い」、それにもちろん「はっとするような美しさ」も功を奏したにちがいない。

エリザベスは無条件で美しかった。その美しさは、あらゆる記事の中で繰り返し触れられた。彼女を表現する〝並ぶもののない美人〟という言葉は、おせじではなく、ただ事実の客観的な描写として使われた。「ジャーナリスト」誌は、エリザベス・ビズランドは「まちがいなくメトロポリタンの新聞業界一の美人」だと断言し、「フィラデルフィア・インクワイアラー」紙は「ニューヨークで物を書いている女性の中で、エリザベスほど魅力的な者はいない」と書いている。ラフカディオ・ハーンのニューヨーク在住の友人は、ある晩のパーティで、エリザベスが会場に入ってきたところをみて、のちに「あの人は悪魔のように美しい」と語った。「ものの一分で、会場中の男がエリザベスを取り囲んだ。ほかの女性は椅子にすわったまま、寂しい観客の役に甘んじるしかなかった」ハーンも一度ニューヨークを訪れたことがあったが、この街にきてからエリザベスは「精神的にも肉体的にも大きく成長した」と語っている。「男ならどうしても話してみたいと思うような女性になっていた（中略）わたしがそれまで知っていたエリザベスは、まだサナギだったらしい。それがいまやチョウになっていた！」だがハーンは友人に不満をもらしている。混み合った部屋の中で、なかなかエリザベスの注意を引くことができなかったのだ。「エリザベスは魔女だよ――どこへいっても人々を惹きつけてしまう」ハーンはフィラデルフィアの友人にそんな手紙を送っている。「取り巻きの中には彼女を怖がっている男もいる。だれだったか、まるで美しく危険なヒョウとじゃれあっているみたいだ、と話していた。だが、そいつはそのヒョウを愛していた。噛みつかれる心配がないからね。わたしにとっては、エリザベス・ビズランドは麻薬だ。家を辞したあと、彼女がいったことも自分がいったこともまったく覚えていないんだ。頭の中がぐるぐるして、通りを歩いていても人にぶつかったり車にひかれそうになったりする。そして道がわからなくなるんだ」

エリザベスは自分の美しさにいやおうなく気づかされていたし、魅力的な武器になるその効果にも気づいていた。男性の注目を浴びることはうれしかったが、同時に、きれいな女性にうつつを抜かす（という表現を使った）男性をあまり信用していなかった。女神や悪魔、ヒョウ、魔女と称えられても、心が動かされることはほとんどなかった。空々しくきこえるだけだった。数年後には、ヨーロッパの男性と付き合う方が楽しくなった。アメリカの男性に比べて、自分の意見にちゃんと耳を傾けてくれるように思えたのだ。のちに「精神的な面では、アメリカの女性はアメリカの男性に興味がありません」と書いている。

エリザベスはいくつもの新聞に記事を書いていたが、日刊紙の目まぐるしさはあまり性に合っていなかった。一カ月単位で時間をかけて文章を書きたかったし、本や文学を真剣に扱っている雑誌のほうに興味があった。そういう状況だったので、「コスモポリタン」誌を買収したジョン・ブリズベン・ウォーカーから特別記事を書いてくれないかと依頼され、さらに嬉しいことに「書斎から」というコラムを引き継いでほしいと頼まれたときには一も二もなく承諾した。

ジョン・ブリズベン・ウォーカーは四十一歳だった。ウェーブした黒髪にカイゼルひげ、百八十センチの長身、厚い胸板、そして陸軍士官学校で身につけたきびきびした立ち居振る舞いが特徴的だった。体が丈夫なことが自慢で、いい大人になってからも誕生日がくるたびに、格子が四本横に付いた門を飛び越えてみせ、来年も余裕だといってのけた。ウォーカーには金をかせぐ才能があったが、何より優れていたのは、ふたつの野望を両方とも実現できる企画を立てることだった。ひとつは社会改革、もうひとつは無料の宣伝だ。野心的な試みの中でも際立っていたのは、「コスモポリタン通信大学」だった。無料で通信教育を提供するという企画だ。教えるのは国内の有名大学の教授陣で、教科は「国語、哲学、科学、現代語と古典語」だ。二年も経たないうちに二万をこす読者からの申込があった。あまりの人気にウォーカーは対処しきれなくなり、この企画は途中で打ち切りにしなくてはならなくなった。一度、自動車レースを主催したこともある。コースはニューヨークのシティ・ホール・パークからウェストチェスター郡のハドソン川沿いにある町アーヴィントンまで。優勝した者には三千ドル（いまなら七万五千ドルの価値がある）の賞金が与えられた。またあるときは、〝国際議会〟を招集する計画があると発表した。その計画とは、「各国から高邁な思想とたしかな政治的手腕をそなえた」代表者を百人集めるというものだった。ウォーカーが国際外交の場に進出することはなかったが、スペインに使節を送ったことはある。合衆国が一億ドルでキューバの独立を買い取る可能性があるのかどうか議論するためだった。スペイン政府はその申し出を正式に断ったが、コスモポリタンは世間の注目を集めた。

一八八九年十一月十四日の朝、ジョン・ブリズベン・ウォーカーは、ネリー・ブライの世界一周旅行を報じる最初の記事を読んだ瞬間、その企画のすばらしさに気づいた。ニュージャージーのサウスオレンジにある自宅からジャージーシティのフェリー乗り場へ馬車でむかうあいだ、この日の朝ほど馬の歩みがのろく感じられたことはなかった。それはハドソン川をわたるフェリーも同様だった。ロワーマンハッタンのコートランド通りでフェリーを降りると、ウォーカーは、自分と同じような黒いスーツと帽子姿の人波に流されるようにして会社に向かった。マディソン・スクエア行の鉄道馬車に揺られるあいだ、ウォーカーの頭の中は鉄道と蒸気船でいっぱいだった。世界旅行のことなら少しは知っている。若い時分に数年を中国で過ごしたことがあったからだ。中国では軍の顧問を務めていた。そしてウォーカーの考えによれば、ワールド社の計画には重大な欠陥があった。

マディソン・スクエア銀行の建物は、広場の北西の角にそびえている。ウォーカーは建物に入り、おおまたで階段を上った。買収した雑誌の編集部のために三階のフロアをまるごと借りている。七年間の賃貸契約を結んでいたが、それほど長期の契約はニューヨークの出版業界では異例だった。ウォーカーは社員を集めてたずねた。「女性が世界一周するのにかかる時間は？」

営業部長のA・D・ウィルソンが、ネリー・ブライは七十五日で可能だと宣言して、今朝アウグスタ・ヴィクトリア号にのって出発しました、と答えた。

わたしもその記事を読んだ、とウォーカーはいい、コスモポリタンも女性記者をひとり送り出してネリーと競わせるつもりだ、と発表した。だが、コスモポリタンの記者は東ではなく西回りで旅をする。経験ある旅行者には常識だが、十月から四月にかけて、南シナ海には北東の風が吹く。ネリー・ブライが選んだ経路では風に向かって進んでいくことになり、結果的に三日から四日の遅れが出るはずだった。また、アメリカへ帰ってくるのが一月だということは、さらなる障害と遅れが予想される。なぜなら、雪の降る中、大陸を汽車で横断することになるからだ。ウォーカーは自信のほどを明らかにするため、どちらの記者が先に着くか、ワールド社と賭けをするつもりでいた。ピュリツァーが五百ドル出すなら、倍の千ドルで応じてもいいと考えていた。

いずれにしても、コスモポリタンの対抗馬は一刻も早く出発しなければならない。ウォーカーは懐中時計をたしかめた——すでに十時を過ぎている。まず、ウィルソンが有名な旅行会社トマス・クック&サン社に送られた。同社が出している雑誌「クックス・イクスカーショニスト」の記事にも書かれているとおりの短い時間で世界一周旅行の手配ができるかどうか問い合わせたのだ(「わたくしどもは、おやすいご用ですとお答えしました」)。ウィルソンは必要な鉄道と汽船の切符を買った。いっぽうウォーカーは、数ブロック先にあるエリザベスのアパートに伝令を送り、ただちに出社してくれという伝言をことづけた。

朝の八時、エリザベス・ビズランドは朝食のトレイを運んできたメイドに起こされた。トレイには新聞と手紙の束ものっていた。エリザベスは、翌日に予定していたお茶会に参加するという返事が五、六通届いているのをみてうれしくなった。ほかには友人からの手紙が何通か、請求書が一通、仕立て屋からの手紙が一通。ご注文いただいたドレスの最後の仮縫いにいらしてくださ い、という内容だった。エリザベスはのんびり朝食をとりながら新聞を読んだ。数ブロック先のマディソン・スクエア劇場では、『小公子』のマチネ公演がはじまったところだった。サン紙によれば、主人公を演じた少年は「神童で、セリフ回しもじつに自然で、舞台上の子供たちの中で心からおびえているようにみえた」。タイムズ紙は、昨夜がニューヨークプレスクラブの〝レディースナイト〟だったと報じていた。この夜にかぎり、会員は妻と娘たちを伴ってクラブにくることができるのだ。この日のワールド紙には、ロバート・ルイス・スティーヴンソンが連載している『バラントレーの若殿――冬の物語』の新しい回がのっていた。同紙の謳い文句を借りるなら「現代における最高の小説」だ。エリザベスがネリー・ブライの世界一周を報じる記事に気づいたかどうかはわからないが、それについての感想は残していない。もしかしたらエリザベスは、新しい急行郵便列車の記事も見逃したのかもしれない。その列車は前の晩にサンフランシスコを目指してニューヨークを発ったところだった。目標は大陸横断の郵便にかかる時間を一日早めることだ。いまにして思えば、これこそまさにエリザベスが読むべき記事だった。

十時半、アパートのブザーが鳴った。扉を開けると、伝令が、ジョン・ブリズベン・ウォーカーがすぐに会いたがっているという伝言を届けにきていた。エリザベスはもっと詳しく教えてちょうだいと頼んだが、メッセンジャーにもそれ以上のことはわからず、ウォーカー氏がただちに会社にきてほしいとおっしゃっています、と繰り返すだけだった。

エリザベスのアパートからコスモポリタン社へは、歩いて数分だ。寒かったが空気の爽やかな朝で、十一月の頼りない日ざしも、連日雨が降り続いたあとでは気持ちがよかった。だがエリザベスは外の様子にはほとんど注意をはらっていなかった。頭の中が疑問でいっぱいだったのだ。なぜこれほど急に呼び出されたのか、さっぱりわからなかった。ウォーカーは厳しい経営者だ。「部下になるにはニューヨーク一手強い男」と、ある記事にも書かれている。厳しいだけでなく、常になにかしていないと気がすまない野心家で、場合によっては直情的でもあった。もしかしたら最近書いた特別記事が、雑誌が大事にしている一部読者たちを動揺させたのかもしれない。エリザベスはその記事で、入念に計画された賃貸アパートの建設を提案した。お湯の出る現代的な水道設備と、共同の洗濯場、充実した図書室を備えていて、入居者たちが共同購入をしたり一緒に料理をしたりする場も設けられていて、これらの設備の費用は慈善家の億万長者が持つことにする。エリザベスはこんなふうに主張した。「この国に無政府主義者を生み出してしまったひどい不平等は解消されます。アメリカは世界でも類のないほど進歩的な公共施設があり、天然資源にも恵まれ、工業もすばらしく発展した国なのですから」もちろん読者の中には、ウォーカーほど急進的な考えを持たない者もいるだろう。十一時にコスモポリタン社の編集部に着くと、エリザベスはすぐにウォーカーの仕事場に連れていかれた。

ウォーカーは気持ちのいい朝だねといい、それから続けてこうたずねた。今夜ニューヨークを発ってサンフランシスコへ向かい、そのまま世界を一周してくれないか――それも、できるかぎりの手をつくして史上最速で。

エリザベスが返事をするまでに少し時間がかかった。一瞬冗談をいっているのかと思ったが、ウォーカーはにこりともしなければ、それ以上なにかいうこともない。そのうちエリザベスは理解した。彼は真剣なのだ。それからの三十分、ウォーカーはぜひ君に挑戦してもらいたいとエリザベスを説得し、エリザベスはエリザベスでかたくなに拒み続けた。彼女の言い分はこうだった。そもそも世界一周旅行なんて興味がありませんし、旅にも向いていないんです、だってアメリカから出たことさえないんですから。ウォーカーはその反論をあっさりはねつけ、一度も外国にいったことがないからこそ、みるものすべてが新鮮で鮮やかに映るんだといった。エリザベスはなおも言い募った。明日はお客を家に招いているんです。それに、そんなに長い旅に向いた服も持っていません。

だが、エリザベスにもよくわかっていた。そんな言い訳を並べ立てても簡単に反論されるのがおちで、そもそも、気が進まない一番の理由はまったく別のところにあったのだ。記者になるための努力をはじめたごく初期のころから――隣町まで歩いていって「タイムズ・デモクラット」紙に詩を送ったときから――、エリザベスはつねに、自分自身よりも自分の文章を認めてもらおうとしていた。ニューオーリンズ時代の彼女を知る者は、エリザベスは「教養と洗練の象徴のような女性で、派手に飾り立てた記事には見向きもしませんでした」と語っている。ネリー・ブライのような世間を驚かせる報道を得意とする記者には、人々の好奇の目にさらされることも仕事のうちだった。自分を表に出して、数ペニーで新聞を買っていく読者を楽しませる。だがエリザベスには、世間の注目などどうでもよかった。自分の名前が見出しにのったからといってどうだというのだろう。しかし、世界一周旅行をはじめてしまえば、そうした煩わしさは避けようがない。それはどんな旅の目的地よりもはっきりしている。

ウォーカーは十分な報酬を約束した。コスモポリタンの常勤スタッフとして雇うことで、旅のあいだのロスを十分に補てんするというのだ（「競争に勝っても負けても」二年間は、ひとつ記事を書けば年間三千ドルを保証する）。逆に考えれば、エリザベスがウォーカーの頼みを断れば仕事を失う可能性がある、ということだった。「ウォーカーは実り多い議論をした」というひと言だけが、エリザベスがのちにもらした感想だ。彼は鉄鋼とたばこ産業ですでに一財を成し、出版業界でさらなる財産を築こうとしていた。この数年後には自動車工業会と定期刊行物出版協会の初代会長に就任することになる。我が道をいくことにかけては右に出る者はいない。会社を出たときには、エリザベス・ビズランドは世界一周旅行に出発することになっていた。

エリザベスは、なかば呆然として会社を出た。馬車に乗ると、まずは約束していたドレスの仮縫いのために仕立て屋の店へ向かい（「熱のこもった話し合い」のすえ、どうにか夜の六時に着られるようにドレスを仕上げてもらえることになった）、それから家へもどった。続く数時間、エリザベスのアパートの中では混乱の嵐が吹き荒れた。翌日の五時には五十人の友人が訪ねてくることになっていた。だが姉のモリーが、わたしがきちんと謝っておくからだいじょうぶよと請け合ってくれた。夕食の約束をふたつ断らなければならなくなった。手紙も書かなければならず、地図と予定表も確認しなくてはならず、荷物も詰めなくてはならない。この先どんなことが起こるのか見当もつかないのだ。列車の粉塵、船上での湿気、熱帯の暑さ――エリザベスに予想できるのはそれくらいしかなかった。ふと、自分はこれからあくせく働くわけではないし、もともと派手に着飾るタイプ《バタフライ・オブ・ファッション》――当時の言い回しだ――でもないのだと気づいた。そう考えると荷造りは楽になった。最終的にエリザベスは、ドレスを二着、シンプルな胴着《ボディス》を六枚、夜会用の絹のドレスを一着選んだ。ヘアピンはどっさり持っていくことにした。しょっちゅうかくれんぼをするからだ。見知らぬ土地で髪を留めるピンが足りなくなれば気分が落ちこむに決まっている。靴と手袋、下着（絹製のものを選んだ。絹ならほこりもつかず、熱や冷気も通しにくい）、寝間着とガウン、スリッパ、化粧品をひとそろい。旅の途中で繕い物が出たときのために裁縫セットも入れた。仕事をするつもりだったので持ち運び用のインクスタンドを入れ、本を数冊と紙も入れた。寒さに備えて厚いウールのコートと、船や列車の中でくるまるための旅行用ひざ掛けも持っていくことにした。雨が降ったときのために、ゴムのオーバーシューズと傘も入れた。今回ばかりは忘れ物はできないし、ミスもできないわ、エリザベスは自分にいいきかせた。とくに、あとから買い足せないものには注意しなければならなかった。やがて、すべての荷物をスチーマー・トランク（船の寝台の下に入れられる幅広の薄いトランク）、グラッドストーン・バッグ（開けると真ん中で同型のふたつの部分にわかれる革製の堅いトランク）、そして肩掛けの小さな鞄に詰め終えた。

旅の装いには、仕立て上がったばかりの黒いドレス（その日の午後に仕立て屋が仕上げてくれたのだ）、ニューマーケット・コート（体にぴったり合ったロングコート）、光沢のある黒いセーラーハットを選んだ。この帽子をかぶるのは初めてだ。はた目には落ち着いてみえたが、実際は心臓がどきどきしていた。朝起きたときにはいつもと同じ一日がはじまると思っていたのだ。ところが、これから世界一周旅行に出発しようとしている。刻一刻と、覚めない悪夢の中にいるような感覚が大きくなっていった。不安のあまりすべてを投げ出したくなったそのとき、二輪馬車が到着した。これに乗って、四十二番通りのグランドセントラル駅へ向かうのだ。ニューヨーク・セントラル鉄道のファスト・ウェスタン急行の寝台を予約している。アメリカ大陸を横断するときに使われるもっとも一般的な直通列車だ。

四番街は混み合っていて馬車はゆっくりとしか進まなかったが、まもなくグランドセントラル駅の特徴である二重勾配の屋根がみえてきた。レンガ造りの建物を白く塗った鉄材が縁取っているところは、華やかなアイシングをほどこしたレイヤーケーキのようにもみえた。ニューヨーク・セントラル鉄道は、駅の西側のホームのほとんどを占拠している。また、駅の西にはコーネリアス・ヴァンダービルトにちなんでつけられた小さな道がある。通称ヴァンダービルト代将（代将といっても、海軍にかかわったのは蒸気船を寄付したときだけだった）は、一八六〇年代にニューヨーク・セントラル鉄道の買収をはじめ、収賄と価格操作によって事業を拡大していった。最終的にはすべての事業を息子のウィリアムに引き継がせている。息子への遺言は次のようなものだった。「金はひとつにまとめておけ。セントラル鉄道は手放すな」

駅の中はヒステリーに近い熱気に満ちていた。いま、人々は潮のようにニューヨークから引いていき、より静かな北の町へと流れはじめていた。制服姿のポーターに案内されて、エリザベスは切符売り場の列と待合室を過ぎ、構内奥にあるホームへと向かった。縦百八十メートル、幅六十メートル。グランドセントラル駅のホームは、屋内のスペースではアメリカ一の広さを誇る。精巧な装飾がほどこされたトラスが側面から上に延びてアーケードを支え、中世のカテドラルを思わせる小さな丸屋根がいくつかついている。ガラスと鉄でできた大きなドームの天井は、夕陽を浴びて紫色に輝いていた。温室の屋根が熱を集めるように、グランドセントラル駅の屋根は光を集めるのだろう。十二本の線路が駅舎の中から外へ平行に延び、線路と線路のあいだにはプラットホームがある。プラットホームのひとつに、エリザベスの友人や同僚が集まっていた。見送りにきたのだ。最後の数分はめまぐるしく過ぎた。さよならのハグやキスが交わされ、最後の指示が伝えられ、ピンクのバラの大きな花束がわたされ、だれもが一度に話した。トランクが階段を引きずられていく音、寝台車のかびくさいにおい、やわらかいビロードに身を沈める感触。やがて鋭い汽笛の音が響き、がたんと車輪が動きはじめた。

十一月十四日木曜日の夕方六時。エリザベス・ビズランドは世界一周旅行に出発した。

## 5.「フィリアス・フォッグの記録をやぶってみせる」

### 一八八九年十一月十四日　ニューヨーク港

汽笛が鳴りひびいた。午前九時四十分、ふいに船体が揺れたかと思うと、アウグスタ・ヴィクトリア号はホーボーケンの埠頭を離れはじめた。ネリー・ブライはほかの乗客たちと共に左舷に立ち、あとに残して行く友人たちに帽子を振った。ふと、またみんなに会えるのかしら、と心細くなる。計画の段階では七十五日などあっというまに思えたが、いまになってみると果てしなく長いような気がしてくる。汽船の三本の煙突からは真っ黒な煙が柱のように立ち上っていた。煙は黒から鈍い灰色に変わり、やがて空に溶けこんでいく。ネリーが歩くたびに、甲板の床板を踏むやわらかな足音がした。船のうしろにはバッテリー公園の緑地が広がっていて、そのすぐむこうでは、トリビューン社のレンガ造りの時計塔が新聞社街をみおろしている。学校の一部のようにもみえれば、教会の尖塔のようにもみえる。ネリーにはわかっていた。今日は、編集局でも大衆食堂でもオイスターバーでも、業界の人間が集まるあらゆる場所で、自分の名前が何度となく口にされるだろう。

遠くのほうに、サンディーフック岬の灯台と電報局がみえた。東のほうでは、自由の女神像が朝の光を受け、その輪郭を黒々と浮かび上がらせている。この巨大な貴婦人は松明を高々と掲げ、銅でできた体はまだ、錆びて緑になる前のペニー硬貨のような茶色を保っていた。正式名称は「世界を照らす自由像」だが、たいていはただ「バルトルディの像」と呼ばれた。フレデリク・オーギュスト・バルトルディはフランス北東部のアルザス生まれの彫刻家だ。バルトルディはもともと、スエズ運河の河口に据える像を作っていた。エジプトの農婦のようなベールと衣をまとった女性像で、手にはランタンを持たせるつもりだった。ランタンは、アジアの発展を助ける光としてのエジプトを表現している。だがその計画は、エジプト総督のイスマーイール・パシャによって、費用の高すぎることを理由に却下された。ふたたび、バルトルディは製図板に向かった。今度のテーマは〝発展〟ではなく〝自由〟だ。衣装は古代ギリシャ人のローブになり、ランタンは松明に変えられた。こうしてようやく完成した像は、フランス政府からアメリカ合衆国へ、独立百周年を祝って贈られることになった。ところが連邦議会が予算を出し渋り、像を据えるのに必要な大理石の台座を作ることができなかった。独立百周年の日が訪れ、そして過ぎていったが、依然としてそれを記念する像の姿はなかった。とうとう、予算委員会の提案によって、像の右腕をマディソン・スクエア公園に展示することになった。予算不足の窮状を国民に知ってもらうためだ。一八七七年から一八八四年の七年間、女神像のすらりとした巨大な腕は公園の木々の梢よりも高く優雅にそびえていたが、その間、ほとんど進展の兆しはみえなかった。ところがあるとき、ジョゼフ・ピュリツァーがワールドの紙面上で個人の寄付を募った。すると労働者階級の読者たち――その多くが移民だった――から、数ペニーや数セント、時どき数ドルの寄付が集まってきた。寄金の八割が一ドルより少なかったにもかかわらず、五カ月もしないうちに十万ドルが集まり、二年後、ニューヨーク港のそばには〈自由の女神像〉が誇らしげにそびえることになった。この女神像はふたつの事実を証明している。ひとつは、移民たちがすでに都会の生活を変えつつあったこと。そしてもうひとつは、報道が底知れぬ力を秘めていたこと。

アウグスタ・ヴィクトリア号は、広々とした大西洋に向かってすべるように進んでいた。数人の乗客たちが甲板の椅子にすわりはじめ、寒さをしのぐためにスチーマー・ラグ（甲板の乗客用の厚手の毛布）にくるまった。少し前から船の中には、格子柄のコートを着た若い女性は記者のネリー・ブライで、これから世界一周に出るところなのだという情報が広まりつつあった。乗客のひとりがネリーに声をかけ、旅が本当にはじまるのは、港内水先人が船を降りて船長みずから舵を取ったときなんです、といった。「ということは」男は続けた。「厳密な意味では、いまこの瞬間にあなたの世界一周旅行ははじまったわけですね」

ネリーはすぐには返事をしなかった。〝世界一周旅行〟。男の言葉をきくとなぜか、船酔いの不安が頭をかすめたのだ。航海の経験が一度もなかった――さらに最近、吐き気をともなう頭痛に悩まされるようにもなっていた――ので、海を旅する者たちが〝緑の怪物〟と呼ぶ病にかかるのではないかと心配だった。ふいにネリーは、エンジンの低いうなりや、足に絶え間なく伝わる振動、気分が悪くなるような上下の揺れをはっきりと意識した。気分の悪さがはっきりと顔に出ていたのだろう。男は優しく「船酔いですか？」とたずねた。もう限界だった。ネリーは目を閉じて一瞬うつむき、それから船べりに駆けよると、身を乗り出して吐いた。涙をぬぐいながら振り返ると、そばの乗客たちが笑っている。どうやら、他人の船酔いは外洋船につきもののお楽しみらしい。客のひとりがあきれた調子でいった。「これで世界を一周しようというんですか」

どっと笑いが起こり、ネリーも一緒になって笑った――が、心の中では自分の大胆さに驚いていた。

ネリー・ブライがこの船にたどり着くまでの経緯は、ほぼ一年前にまでさかのぼる。事の発端は一八八八年秋だった。ネリーはいつも、日曜日に新しい記事のアイデアを練ることにしていた。いいアイデアがなかなか湧いてこないのはいつものことだったが、とくにこの日は、昼が過ぎ夜も半ば更けようとするころになっても、たったひとつのアイデアさえ思いつかなかった。仕事の無理が祟ったのか、少し前からネリーは体調が優れなかった。生まれてからずっとほぼ完璧な健康を保っていたが、急に偏頭痛がするようになっていた。時々あまりにも痛みが激しいので、ベッドから起き上がれないこともあった。このときも頭痛がはじまり、ネリーはベッドの上で何度も寝返りを打ちながら、だんだん苛立ちを募らせていた。企画を考えようとすると眠れず、眠ろうとすると企画を考えられない。午前三時をまわるころには、新聞のコラムニストなんて最低の仕事だと思いはじめていた。ふと、地球の反対側にいってしまいたい、という願いが頭に浮かんだ。

ネリーははっとした。休暇を取ればいいのだ。かなりの日数が使える。記者として働きはじめて二年が経っていたが、まだ一度も休みを取ったことがない。それなら世界一周旅行をしてはどうだろう？　ネリーはしばらくベッドに横になったまま、よく考えてみた。ペンシルヴェニア州にいたころには、一族に伝わる大叔父のトマス・ケネディの話をくりかえしきかされたものだ。トマス大叔父は若い頃世界一周をしたことがあったのだ。旅は三年かかり体調も崩したが、大叔父はやり遂げた。人々は彼のことを、世界一周を成し遂げた男として記憶した。もちろんネリーは、大叔父とはちがい、三年もかけて世界をまわるつもりはなかった。ひと所にじっとしているのは苦手だ。つねに新しいことを探してうずうずしている。もしも最速で世界をひと巡りできるなら――そう、フィリアス・フォッグのように――、まちがいなく検討してみる価値がある。だが、ほんとうに八十日間で世界を一周できるのだろうか。ジュール・ヴェルヌの物語は実現可能なのだろうか。考えているうちに、ネリーは体がリラックスしてくるのを感じ、いつのまにか眠りに落ちていた。現実世界のフィリアス・フォッグになれるかどうかすぐに調べよう、と固く心に決めていた。

ネリーは翌日の月曜日、ブロードウェー南端にあるボウリング・グリーン公園の近くまで出かけた。ニューヨークの汽船会社はほとんどがこのあたりに集まっている。古めかしいレンガ造りの建物は、もとは裕福な商人たちの屋敷だった。ネリーは会社のひとつに入り、汽船と列車の時刻表を何枚かもらった。どんなことがわかるのだろうと胸を震わせながら、ネリーは椅子にすわって時刻表を調べはじめた。はじめは、でたらめな数字が延々並んでいるようにしかみえなかったが、少しずつその意味するところがつかめてきた。まわりでは汽船会社の変わらぬ日常が流れていた。身なりのいいニューヨーカーたちがやってきては切符を買い、等級ごとの席の値段を比べ、遺失物の問い合わせをしていく。ネリーは目を見開いて、前に広げた時刻表をみつめていた。まるで、長いあいだ未解決だった数式の答をたまたまみつけた数学者のようだ。導き出した答を確認し、もう一度確認する。

やがて確信した。まちがいない。世界一周の旅は八十日で達成できる。うまくいけば七十五日で回ることも可能かもしれない。

ネリーはわくわくしながら時刻表をかき集め、汽船会社を出るとワールド紙の本社に向かった。パーク・ロウの端にはヘラルド社のオフィスがある。白い大理石の宮殿のような建物で、正面扉は黒いクルミ材でできており、前面には華やかな装飾の施された円柱が六本立っていた。通りを数ブロック進むと、「メール・アンド・エクスプレス」紙、「コマーシャル・アドバタイザー」紙、「ニューヨーク・タイムズ」紙（創立から約四十年たったこの時期、苦境に陥っていた。大衆の心をつかむには論調があまりにも上品すぎる、というのが世間一般の見方だった）、「デイリー・ニュース」紙、「モーニング・ジャーナル」紙、それぞれのオフィスが建ち並び、一番端には「トリビューン」紙の建物がある。ひと際目を引くその時計塔の前には、プリンティングハウス広場に建てられたベンジャミン・フランクリンの像があった。ネリーの目指していたワールド社の建物は通りの中ほどにあった。住所はパーク・ロウ三十一－三十二だ。

デスクのジョン・コクリルは、ネリーが仕事場にくるのを待っていた。毎週月曜日の朝にはかならずきて、記事の企画について話し合うことになっていたのだ。大柄で大きな頭のコクリルはあいかわらず貫禄があり、近寄りがたい雰囲気は、ネリーが女性記者問題に関するインタビューを頼んだときとほとんど変わらなかった。「面白いアイデアがあるか？」コクリルは、ネリーが腰かけるとたずねた。

「ええ、ひとつだけ」ネリーは答えた。コクリルはだまってデスクの上のペンをいじりながら、話の続きを待った。「世界一周をしたいんです」ネリーはいった。「八十日かもっと短い期間で。わたし、フィリアス・フォッグの記録を破れると思います。挑戦させていただけますか？」

コクリルはとくに心を動かされた様子もなく、べつのデスクが少し前にまったく同じ企画を提案したよ、と答えた。企画は実現しなかったが、男の記者を使うべきだという編集局の意見は最後まで変わらなかったという。だが、とコクリルは続けた。わたし個人としてはきみがいくことに反対ではないから、ふたりで営業部長のジョージ・ターナーに話してみよう。

「そんなことは不可能だ」ネリーの提案をきくと、ターナーはきっぱりといい、自分の考えを述べた。第一ネリーは女なのだから、旅をするには保護者が必要だ。ワールドとしては、若い女性記者が付き添いもなく地の果てまで旅することなど許すわけにいかない。危険すぎる。たいていの新聞社は女性記者を街中の取材に派遣するだけでも難色を示すものだし、世界一周に送り出すなどもってのほかだ。たとえネリーがひとりで旅をすることができるとしても、女性の旅行者というのはとにかく荷物が多い。トランクが一ダースは必要だろう。そうすると、こうした超特急の旅につきものの迅速な乗り換えができなくなる。

ネリーは言い返そうとしたが、ターナーはさえぎった。「話し合ってもむだだ」ターナーはいった。「こんな仕事は女には無理だ」

ワールドで働きはじめてから、ネリーは精神病院での恐ろしい潜入取材を敢行し、州で一番の影響力を誇るロビイストの悪事を暴き、警察がぐずぐずしている間に、女性を食い物にする卑劣な男の正体を突き止めた。これまで自分の納得がゆくまで、男性記者に負けない意欲と決断力を持っていることを証明してきた。もう一度証明してみろというのなら、ためらうことなくそうするつもりだった。「わかりました」ネリーは怒りをこめていった。「男性記者を世界一周旅行に送り出してごらんなさい。わたしはべつの新聞社の記者として同じ日に出発し、勝ってみせますから」

ジョージ・ターナーはネリーをみつめていった。「きみならやりかねんな」

ネリーはターナーの仕事場を出るまでに、ワールドが世界一周旅行を実現させる日がきたらかならずネリーに頼む、という約束だけは取りつけることができた。それからの一年、ネリーもデスクもべつの企画で忙しくなり、この企画が話題に上ることはほとんどなかった。だが、世界一周旅行を考えていたのはワールドの社員だけではなかった。八十日間世界一周の記録を破ってフィリアス・フォッグに勝つという考えは、いわば宙に浮いた状態で、いつ実行に移されてもおかしくなかったのだ。オハイオ州のトリードに住む読者から手紙が届いたこともあった。手紙には、世界一周旅行のおおまかな計画と、自分に挑戦させてくれないかという申し出が書いてあった。似たような手紙はメイン州のバンガーの読者からも届いた。同じ年、ワールドのワシントン特派員から、世界一周のタイムを競うレースを開いてはどうかという提案が寄せられた。レースをどのように行えばいいかまで入念に考えていたので、デスクからその企画はすでに検討中だと知らされると、彼はすっかり落ちこんでしまった。一八八九年の秋、ニューヨークの演劇エージェント、ヘンリー・C・ジャレットは、プレイヤーズ・クラブの会員たちと世界一周旅行の可能性について議論していた。プレイヤーズ・クラブとは、伝説的な俳優エドウィン・ブース（『ハムレット』を原作通りに演じたアメリカ初の俳優。弟のジョン・ウィルクス・ブースはリンカンの暗殺者）が設立したグラマシー・パーク（マンハッタンの会員制公園）の社交クラブだ。ジュール・ヴェルヌが描写したロンドンのリフォーム・クラブと同じ場面が繰り返された。プレイヤーズ・クラブのジャレットの友人たちも、八十日間で世界をひと巡りするなんて無理にきまっていると断言した。予測不能な要素が多すぎる、というのが彼らの意見だ。いっぽうジャレットは、八十日間世界一周旅行は夢物語ではなく実現可能だと主張した。フィリアス・フォッグとホイスト仲間たちと同じように、議論はやがて熱を帯び、この一件をめぐってとうとう賭けが行われることになった。

たまたまヘンリー・C・ジャレットは、すでに旅の分野での記録更新に成功したことがあった。一八七六年に大陸横断の列車旅を計画すると、自分の劇団を引き連れ、ニューヨークからサンフランシスコまでたった八十三時間で横断してみせたのだ。それは、通常かかるとされていた時間の半分以下だった。有能な座長だったジャレットは、「ヘラルド」紙の発行人ジェイムズ・ゴードン・ベネット・ジュニアを説きふせて旅にかかる費用の半分を負担させ、それと引き換えに、自分たちの旅を記事にする独占権を与えた。いまジャレットは、世界一周の旅支度をはじめる前にワールド社のオフィスに立ち寄って、編集局に自分の計画を話した。以前のヘラルド社のように、ワールドが旅のスポンサーになってくれないだろうかと期待していた（この頃にはワールドがヘラルドをしのいで、ニューヨーク随一の講読者数を誇るようになっていた）。デスクは、その旅ならネリー・ブライにいってもらうことになっていますと答えた。のちにワールドが紙面で報じたところによると、ジャレットは「たいそう礼儀正しく、若い女性に旅の権利をゆずった」という。

ジャレットは潔く計画をあきらめてくれたが、それでもワールドは油断しなかった。彼の気が変わることも、べつの新聞に企画を持ちこむことも十分に考えられる。とくに、ネリーの出発を告げる記事がしばらく出なければ、その可能性は大きい。たとえジャレットが約束を守ったとしても、彼以外のだれかが同じ考えを起こさないという保証はない。のんびりしていられる状況ではなかった——いつだれが世界一周レースに乗り出してもおかしくない。ヘンリー・C・ジャレットにせよ、ほかの野心ある旅行者にせよ、だれかがこれだけ世間の注目を十分に集めたレースに乗り出し、ライバル紙がそのスポンサーにつくことは十分に考えられる。考えるだけで気のめいる話だった。そうでなくとも、最近は売り上げが減少しつつあった。こうした不安がデスクたちを駆り立て、行動に移らせた。十一月十一日、月曜日の午後遅く、ジョン・コクリルはネリー・ブライに、すぐ会社にきてくれとメッセージを送った。編集局から緊急で呼び出されることはめったになかったので、ネリーは新聞社街へむかう途中、なにか怒られるようなことをしただろうかと首をかしげていた。コクリルの仕事場に入るとデスクの前に腰かけ、上司が顔を上げるのを待った。ようやく、コクリルは書き物の手を止めた。そしてこうたずねた。「あさってから世界一周の旅に出られるか?」

「すぐにでも発てます」ネリーは答えた。

コクリルは説明をはじめた。蒸気船シティ・オブ・パリ号が、水曜日朝にニューヨークからイギリスのサウサンプトンに向けて出発する。それに乗れば、ロンドン発イタリアの港町ブリンディジ行の郵便列車に確実に乗ることができる。だがワールドのデスクたちは、ネリーを木曜日朝に発つアウグスタ・ヴィクトリア号に乗せたがっていた。そうすれば、ブリンディジ行きの列車を待ってロンドンで余分な一日を過ごす必要はない。つまり、移動時間を一日分節約できるのだ。だが問題がひとつある、とコクリルはいった。もし天気が荒れて大西洋を渡るアウグスタ・ヴィクトリア号が遅れれば、郵便列車に乗り遅れる恐れがあるという。

「一か八かアウグスタ・ヴィクトリア号に賭けて、時間を一日分節約してみせます」ネリーはいった。コクリルの仕事場を出たネリーの頭の中には、千もの考えが詰まっていた。

表に立つと、ニューヨークの日常がネリーのまわりを猛スピードで流れていった。すでに日は沈み、朝の雨が残した水たまりに電灯の光がちらちらと反射している。パーク・ロウには白い蒸気が漂っている。地下の印刷所が吐き出す蒸気が、歩道の格子からもれているのだ。トリビューンの塔の上では、明るく照らされた時計が満月のようにかがやいていた。ネリーのすぐそばでは、勤め人たち——お針子の少女、タイピスト、売り子——があちこちの建物からぞくぞくと出てきて、ネリーと同じように家路をたどっている。ただひとり彼女だけが、これから世界を一周することになる。まだ信じられなかった。目に映るものすべてが非現実的で、輪郭がぼやけてみえた。いまは月曜日の夜で、もう木曜日には大西洋の上にいるのだ。

その夜ネリーは母親と一緒にブロードウェーの劇場へ出かけ、エドウィン・ブース主演の『ハムレット』を観た。そして翌朝の十時少し過ぎ、仕立て人のウィリアム・ゴームリー（〝ローブ・エ・マント〟という店の店主だ）のもとを訪れた。五番街の東、十九番通りだ。このあたりにはニューヨーク屈指の高級店が軒を並べていた。ゴームリーが店をかまえたのは十年ほど前で、それ以来ずっと、ニューヨークの上流社会では人気の裁縫師だった。自分の代理人をパリ、リヨン、ロンドン、その他ヨーロッパの流行に敏感な都市に送りこみ、最新のスタイルと色を報告させていた。

「夕方までにドレスを一着作ってほしいんです」ネリーはいった。

「承知しました」ゴームリーはあっさり答えた。まるで、数時間でドレスを仕上げてほしいと若い女性に頼まれるのはいつものことだ、といわんばかりだった。ゴームリーにドレスを注文すると、たいていは完成までに数日かかる。例外は決してなかった。一度、ヴァンダービルト夫人が百五十着のドレスを注文したことがあった。夫人は有名な一八八三年の大舞踏会を開いたとき、ゲスト全員のドレスを用意した。このときには、百四十人の裁縫師が全員駆り出され、五週間休みなく仕事をすることになった。

「それから」ネリーはいった。「三カ月着続けても大丈夫なドレスを作っていただきたいんです」

ゴームリーは奥の小部屋へいくと、数種類の生地を手にもどってきて、小さなテーブルの上に積みあげた。生地を一枚ずつ体の前にかかげ、窓のあいだにかけられた鏡に映しながらそれぞれの特性をたしかめていく。注意深く落ち着いた吟味の仕方は、まるでベテランの医者のようだった。楽しげにネリーと会話しながら、しかし生地から目を離そうとはしない。数分後、青いブロード地と、模様をつけるためのキャメルの毛を選んだ。しゃれていて丈夫で、旅の装いとしてはぴったりの組み合わせだ。ゴームリーはすぐに、採寸と裁断に取りかかった。ネリーが一時に店を出るころには、張り骨を入れて仕上げをするところまで終わっていた。五時にもう一度店にきて、最後の仕上げをすることになった。

その間、中心街のワールド社ではだれもが青くなるような事実が判明し、対応に追われていた。なんとネリー・ブライはパスポートを持っていなかったのだ。ただちに社説担当記者のエドワード・S・ヴァン・ザイルがワシントンDCに送られ、パスポートを取得してくることになった。ヴァン・ザイルは月曜日の夜遅くにワシントンに着き、どうにかしてその翌朝、国務長官ジェイムズ・G・ブレイン本人との面会を取りつけた。ワールドがパスポート問題で窮地に陥っていることをきくと、ブレインはヴァン・ザイルに、わたしが個人的になんとかしようと請け合った。長官は約束を守り、翌水曜日には、ネリー・ブライのための仮パスポートを一通届けてくれた。

ヴァン・ザイルは大急ぎでニューヨークへもどり、木曜日の朝四時半に到着した。予定されていたネリーの出発の、ちょうど五時間前だった。ザイルの手には、旅券番号二四七の仮パスポートが握られていた。

ワールドのべつの職員も使いにやられていた。距離こそぐっと短いが重要さでは変わらない。彼はシティ・ホール・パークを横切って、ブロードウェー二百六十一番地へ向かった。そこには海外旅行の大手代理店、トマス・クック&サン社のニューヨーク支店がある。すでに、ネリーのための仮旅程が組まれていた。すべて計画通りに進むとしたら、アウグスタ・ヴィクトリア号は十一月二十一日に、イギリスのサウサンプトンでネリーを降ろす。ネリーはサウサンプトンから夜行列車でロンドンへ行き、そこで別の列車に乗り換えてイタリアのブリンディジへ向かう。到着は十一月二十五日の予定だ。そこからペニンシュラ・アンド・オリエンタル社の蒸気船キャセイ号に乗って、東の果てをめざす。クリスマスは香港で過ごすことになるはずだった。三日間の滞在のあと(予定表に記された滞在時間はどれも数日に限られていた)、日本の横浜へいく。一月七日に横浜港から蒸気船に乗って太平洋を横断し、一月二十二日にサンフランシスコに到着する。旅の締めくくりはニューヨークまでの列車旅だ。予定外の遅延さえなければ、一月二十七日、ネリーはワールド社に勝利の帰還を果たすことができるはずだった。それが七十五日間世界一周のあらましだった。

ワールドは旅行のはじまりを報じる記事の中で、こんなふうに認めている。この旅程は「紙面の上でこそなんの問題もないようにみえる。だが諺にもあるように、〝計画するのは人、成否を決めるのは神〟なのだ」ヘンリー・ジャレットのプレイヤーズ・クラブの仲間が指摘したとおり、四万五千キロもの旅には、それこそありとあらゆる不安要素があって、そのすべてが障害に変わりうる。たとえば、ネリーが旅の途中で病気にならないともかぎらない（可能性は決して小さくない。極端な気温の変化に耐えなければならないのだ。じめじめした霧の多いロンドンにもいけば、太陽の照りつけるイエメンのアデンにもいく）。ワールド紙にも書いてあるように「熱病患者には新聞記者などとうてい務まらない」だろう。台風や、シムーム（サハラ砂漠などの砂混じりの熱風）と呼ばれる砂嵐に見舞われるかもしれない。氷山にぶつかる危険も常にある。北大西洋で氷山に衝突した蒸気船の数はここ八年で三十隻以上にものぼっていた。機械が故障する原因は文字通り無数にあった。陸地や港で乗り物が止まるだけでも大変だが、海上で蒸気船が故障すれば大惨事になりかねない。一見たいしたことのない遅れが原因で乗り換えに失敗し、それがさらなる遅れを呼ぶこともあるだろう。巨大な石が丘を転がり落ちながらスピードを増し、最悪の結末に向かって突き進むしかないように。

ワールドははっきりと、ネリー・ブライは「一等席を使う幸運は与えられるが、通常の旅行者と同じ設備を使うことになっている」と書いた。機関車を貸し切ることもなければ、臨時の船を使うこともない。タイムを早めるために特別なことはなにもしない。旅の本来の目的が台無しになってしまうからだ。今回の企画は、一般的な旅行者が「通常の交通機関を使って」どれだけ速く効率的に世界を一周できるのか、それを知るためのものだった。ネリーの旅行を単なる会社の宣伝に留めたくなかったので、ワールドは、この記事はきっと皆様のお役に立てるでしょう、と熱心に読者に呼びかけた。なぜならネリー・ブライは、現代における旅行の簡便さ、なおも残る不便さを、読者にかわって実際に体験するからだ。ネリーは、世界を駆けめぐるあいだ、目に映るものや耳にきこえるものに注意しているよう指示されていた。ワールドは読者にこう約束した。帰ってきたネリーは「旅の仕方、旅行者の待遇、服装、その他様々なものの改善点を女性ならではの視点で提案してくれるはずだ」

ウィリアム・ゴームリーは約束通り、たった一日で旅行用のドレスを完成させた。ネリーが普段から世話になっているべつの仕立て屋フローレンス・フィールライトも、その日のうちに一着仕上げてくれた。暑い地域で着るための軽いドレスだ。だが水曜日の夜に最後の旅支度をしながら、ネリーは、旅のために用意した鞄には二枚目のドレスがどうしても入らないことに気づいた。厳しい選択だった。鞄をもうひとつ持っていくか、一着のドレスで世界を回るか。結局ネリーは二枚目のドレスをあきらめた。ネリーは、旅に持っていく荷物はひとつだけにまとめよう、と固く心に決めていた。理由はふたつある。まず第一に、できるだけ軽装で旅をしたかった。そうすればトランクを預ける必要もなく、地球を回りながら、荷物がちゃんと手元にそろっているか心配する必要もない。そして第二に、女の旅には多くの荷物が必要だという古臭い偏見を正したかった（ワールドさえ、ネリーの旅を最初に報じた記事でこんな驚きを記している。「〔ネリーは〕サラトガ・トランク（サラトガ鉄道にちなんで名付けられた女性用の大型トランク）どころかうすいスチーマー・トランクさえ持っていなかった。美しい女性というのはたいてい、二週間の避暑に出かける時でさえ巨大なトランクを一ダースも持っていくものだ。さもないとみっともない格好しかできないと思っている」）。ネリーが出発する前の年、人気紀行作家のトマス・W・ノックスは『旅の作法――旅行者へのヒント、アドバイス、提案。陸海両方の全地域を網羅』を出版した。中には「婦人への特別アドバイス」という一章があり、ヨーロッパへ旅行する際の荷造りの方法が、九ページにわたって驚くほど詳細に記されている。それによれば、女性の旅行者はまず、小型のスチーマー・トランクとショルダーバッグを船室に持っていく。その中に、船に乗っているあいだ必要な物を詰めておく。それとはべつに、大きめのトランクを船倉に預けておくといい。底が一メートル四方あるトランクならなお望ましい、という。

ネリーが選んだ鞄は、頑丈な革製の手提げだった。底面は縦四十センチ、横二十センチほどの大きさだ。この小さな鞄に次のような荷物を詰めこんだ。軽いシルクの胴着を一枚とベールを三枚、スリッパを一足、化粧品をひとそろい、インクスタンド、ペンと鉛筆を数本、紙、ヘアピン、針と糸、寝間着、テニスブレザー、水筒とコップ、下着の替えを数枚（寒い気候にそなえてフランネル、暑い気候にそなえてシルク）、ハンカチを数枚。それから、気候の変化による肌荒れを防ぐためのコールドクリームをひと瓶（ネリーはのちに、このコールドクリームの瓶が「悩みの種」だったと語っている。大きくてかさばり、時々鞄を閉める邪魔をした。それでもネリーは瓶を置いていこうとはしなかった）。ネリーには、この最小限の荷物だけで、旅で起こりうるすべての状況に対処する自信があった。「旅の目的が純粋に旅をすることにあるのなら」ネリーは好んでそういった。「そして旅の仲間に見栄を張る必要がないのなら、荷造りの問題はとても簡単に片づきます」

もちろん洗濯の問題もあった。出発までの数日で、ネリーはこの件についてしっかり調べておいた。列車にランドリーサービスがないことは知っていたが、運よく、一番長いサンフランシスコ発ニューヨーク行の列車旅も四日しかかからないことがわかった。大洋横断の蒸気船にはそれぞれ洗濯設備がある。アジアへ渡る蒸気船は大洋船より小型だったが、一日にさばく洗濯の量はニューヨーク最大の洗濯場より多い。アクセサリーの類は左手の親指にはめる細い金の指輪だけに留めた。幸運を運んでくれるお守りだと信じていたのだ。二年前ワールドの面接にきたときも、同じ指輪をつけていた。あの時のネリーは、全財産を失って、一刻も早く仕事を見つけなければならない状況にあった。それから、自動巻き時計をふたつ持っていくことにした。ひとつは革のバンドで手首に巻き（当時はかなり珍しいスタイルだった）、訪れた各地の時間に合わせて使う。もうひとつはポケットにしまった。美しい金めっきの二十四時間時計で、帰国した時のためにニューヨークの時間に合わせておいた。水曜日の夜にネリーはワールドの本社へいき、イギリスの金貨と紙幣で二百ポンドと、アメリカの金貨と紙幣で二千五百ドル受け取った。訪れた先々の土地でドルを使い、アメリカの通貨がどれくらい通用するか試してみるつもりだった。金貨はポケットにしまい、紙幣はセーム革の袋に入れて首にかけることにした。

翌朝ホーボーケンの港に着くと、ネリーはワールド紙を五部渡された。アウグスタ・ヴィクトリア号に乗ったネリー・ブライの出発を報じた号だ。外国で招待を受けた先で記念品として渡すためだけでなく、地球を一周させて持ち帰るためのものでもあった。そうすればネリーがニューヨークに帰ってきたときに、ワールドのいうところの「貴重なおみやげ」になっている。ネリーは新聞を手提げ鞄の底にしまった。そこにはエドワード・ヴァン・ザイルが超特急で持ち帰った仮パスポートも入っていた。海外にいくならピストルも持っていくといいと勧められたが、ネリーは首を振った。自分さえ友好的に振る舞えば、相手もきっと歓迎してくれると信じていたのだ。ネリーとにかく、とネリーはいった。わたしが品性を保って行動していれば、きっと守ってくれる男性が現れるわ。

一八八九年十一月十四日－二十一日　大西洋

ドイツの海運会社ハンブルク・アメリカ社のアウグスタ・ヴィクトリア号は、垂直の船首と細長く優雅な船体を持つ。三本の煙突は濃いクリーム色に塗られている。しばしば「海のグレイハウンド」と称される船のひとつだ。二軸スクリュー汽船で、内部に推進システムをふたつ有している。つまり二個のエンジンが二本の軸とふたつのスクリューに接続されているのだ。それが船首から船尾にかけて船を貫く隔壁の左右についていて、それぞれ独立して機能している。つまりそれは、たとえ片方が故障したり調子が狂ったりしても、もう片方の装置が――ハンブルク・アメリカ社の広告の言葉を借りるなら――「動き続け、なんの問題もなく船を進ませる」ということだ。二軸スクリューの登場によって蒸気船は、航路の全行程を機械の力のみで航行できるようになった。とうとう蒸気が帆を制したのだ。これまで何世代にもわたって外洋船を特徴づけてきたマストはいまや簡素な旗竿に取って代わられ、風を受けてふくらむキャンバス地の帆も姿を消して、代わりに国旗や小さな社旗がはためくようになった。全長百四十メートル、設備の整った四つの甲板。アウグスタ・ヴィクトリア号は、それまでにドイツの造船所で造られた中では最大の船だった。一等船室には三百六十四人、二等船室には百十六人、三等室には六百九十五人の客を収容することができた。ネリー・ブライに割り当てられていた船室は、左舷側の六十号室だった。ほかの一等船室と同じように、ネリーの部屋も快適で、驚くほど天井が高かった。とくにこの部屋は居心地がよかった。船の中央に位置していたので、エンジンの振動がそれほど伝わってこない。あまり船酔いの心配をせずにすみそうだった。

ネリーが最初に船酔いを起こしたのは出港して数分後のことだった。体調はよくなるどころか、この気持ち悪さは続くのだろうかという不安のせいで悪化した。海上で過ごす時間は七十日もある。ネリーが心配になったのもむりはない。これほど長期間の航海は初めてだったので、「シー・レッグ」もなかった。シー・レッグとは船の揺れに対する耐性のことで、これは時間の経過とともに高まっていく。ちょうどバイオリニストの指にできるたこのように、苦痛に合わせて体が強くなっていくのだ。また、一般的には女性のほうが男性より船酔いに弱いと考えられていた。陣痛と同じで、この苦しみは体験した者にしかわからない。船酔いになると、寒気と熱を同時に感じ、胸がむかむかしてまっすぐすわっていられなくなる。なんでもない小さな音——床板のきしむ音、波の打ち寄せる音——までが頭にがんがん響き、ノラ猫の甲高い鳴き声のように神経に障る。船酔いのみじめさを伝えるには、ある古い言い回しがぴったりだ。「船酔いになった者は、一日目には死にそうな気分がし、二日目にはきっと死ぬと確信し、三日目にはいっそ死なせてくれと願う」『アンクル・トムの小屋』の作者ハリエット・ビーチャー・ストウは、ヨーロッパへの航海を終えたあと、こんなふうに書いている。「わたしは不思議でたまりません。英雄の勇気をくじこうとした者も、頑固な異教徒を改宗させようとした者も、相手を海に送りこんで軽い船酔いを経験させてみようとは思わなかったのでしょうか」なお悪いのは、船酔いがどれくらい続くのかわからないこと、それから、こうすれば治ると教えられる治療法がほんとうに効くのかどうかわからないことだ。人類は何千年も前から水上を旅してきたというのに、船酔いの予防法も治療法もほとんどわかっていないのだ。患者はその時々によってまったくちがうアドバイスを与えられる。横になりなさい、立っていなさい、休みなさい、体を動かしなさい、暗いところへいきなさい、明るいところへいきなさい。シャンパンを飲みなさい、ポートワインを、ブランデーを、ラムを、塩水を飲みなさい（最後の治療法に関しては、「飲んで数分間は、耐えがたく気分が悪くなる」という証言がある）。鶏肉を食べなさい、カキを、セロリを、マーマレードを、ぴりっとしたニシインドキュウリの酢漬けを食べなさい、なにも食べてはいけません。「船酔いに関する実践的論文」（一八八〇年）において、ジョージ・M・ビアード博士は抱水クロラールの服用を勧めている。ノックアウト・ドロップスという名で知られている催眠薬だ。ただし博士は、「日中の服用と長期にわたる継続的な服用は控えること」と注意してもいる。

アウグスタ・ヴィクトリア号の昼食は一時に出される。一日目、ネリーは船酔いの気持ち悪さを抱えたまま、甲板室にある一等船室の客用の食堂へ向かった。広々とした食堂はロココ調のインテリアでまとめられている。工業系の業界誌「マリン・エンジニア」は「複雑なルネサンス式」だと好意的に書いている。頭上にはステンドグラスでできた円天井があり、ブロンズ像や金めっき縁の鏡があちこちに置かれ、壁板には細かい模様が描かれている。「ドイツの美学校の優秀な画家たち」の手によるものだ。正装して白い手袋をはめたボーイたちは静かに行き交い、乗客たちが声に出して頼むより前に、望むものを差し出す。楽団——二等船室の食堂のボーイたちで、彼らはボーイとしての能力に加え、その音楽の才能を買われて雇われた——が、食堂に集まりはじめた客のために前奏曲を演奏しはじめた。ネリーは賓客として、船長のすぐそばの肘掛け椅子に案内された。まもなく船長がやってきて、テーブルの上座にすわった。あごひげを生やしたハンサムな男性だ。給仕たちがスープを配りはじめると、ネリーは、食べ物などみたくもないことに気づいた。匂いをかぐのも、口に入れるのもいやでたまらない。上陸するまで食事はできそうになかった。やがて乗客たちが自己紹介をはじめると、ネリーはきまり悪くなった。テーブルにいる自分以外の客は、何度も船旅を経験しているらしい。また急に、吐き気の波がおそってきた。ハンカチで口をおおい、席を外す失礼を詫びる。すると、同じテーブルにいる客たちが、そろって寛大な笑みを浮かべているように思えた。「ミス・ブライ」アルバース船長がいった。「また戻っていらっしゃらないといけませんよ」ボーイのひとりがネリーに付き添い、甲板の奥まった場所へ案内した。ネリーはそこでまた吐いた。食堂の席にもどると、がまん強さを称える温かな声援に迎えられた。「船酔いを克服する方法はただひとつ。むりにでも食べることです」船長はうなずきながらいった。だが人々の声援は、いつまた気分が悪くなるだろうかとネリーの不安をあおるだけだった。魚料理が運ばれてくると胃がむかつきはじめ、ふたたび、ハンカチで口をおさえながら甲板へ駆け出さなければならなかった。

だがネリーは、船酔いなんかに屈するわけにはいかないと心に決めていた。気力の続く限り、船長の忠告に従ってテーブルにもどり続けるつもりだった。ネリーは、ノックダウンされてもリング中央にもどっていくボクサーよろしく、食堂へもどっていった。ふらつく足で、ざわめきに満ちた暖かい室内へ入っていく。いまやちょっとした刺激——ろうそくの炎の揺れ、食べ物のにおい、だれかの顔の表情——でさえ、新たな吐き気の引き金になりかねない。楽団はあいかわらず、耳障りな音楽を続けている。ネリーは船長の話に神経を集中させようと努めた。ふと、ウェイターのひとりと目が合った。面白がるような笑みを浮かべて自分をみているように思えた。ネリーはまた吐き気を覚え、絶望的な気分になりながら、やみくもに食堂から駆け出した。よろよろと食堂にもどりながら、すでに船酔いの第三段階に至ったように感じていた。死んだほうがまし、という気分だ。頭は燃えるように熱かったが、両手と両足は氷に覆われているかのように冷たかった。ネリーはできるだけじっとしていた。動いても吐き気がしなかったときが、はるか昔のことのように思えた。料理は果てしなく運ばれてきた。ネリーは二言か三言話し、ほんの少しだけ料理を口にした。それがネリーにできるせいいっぱいだった。とうとう最後の料理が運ばれてくると、とてもおいしい食事でしたとつぶやくようにいって席を立ち、よろめきながら船室にもどった。這うようにベッドにもぐりこむと、あっというまに眠りに落ちた。

ネリーは夜が明けるまで眠りつづけた。一度、おぼろげな悪夢をみたような気がして目を覚まし、紅茶を少し飲んだ。だが、そのほかのことはなにも覚えていなかった。やがて、自分の名を呼ぶ声がきこえた。目を開けると女性の世話係がひとりと、女性の乗客、そしてアルバース船長が部屋の入り口に立っている。「死んでいたらどうしようかと思いましてね」船長は冗談めかしていった。

「わたし、いつも朝寝坊なんです」ネリーは申し訳なさそうにいった。

「朝寝坊！」船長は笑って声を上げた。「もう夕方の四時半ですよ！」

「まあ、お気になさらず」船長は続けた。「よく眠れたのなら元気も回復するでしょうから。さあ起きてください。すてきなディナーを食べずにすませられるか、試してみましょう」

ネリーは半分眠ったままの頭でベッドから起き出すと、紅茶を一杯飲んだ。甲板に出ると、心からほっとした。完全に気分が良くなっていたのだ。その日の夕食で、ネリーは一皿も料理を残さなかった。

緑の大陸からはるか遠く離れた外洋では、空気のにおいがちがっていた。澄んでいて新鮮で、ミネラルのにおいがする。旅のあいだ、海は何度も激しく荒れた。船首が波に突っこんで四方八方にしぶきを散らし、まるでイルカのように水中をくぐり、ふたたび海上に現れる。そしてまた波の中に飛びこむのだ。船は絶え間なく上下に揺れた。デッキチェアにすわると、コニーアイランド遊園地のジェットコースターにでも乗っているような気分になった。ネリーは船の規則的な揺れを楽しむようになっていたが、それでも初めのころは、また船酔いになるかもしれないという不安がなかなか消えなかった。女性客の多くがひどい船酔いに苦しんでおり、男性も、海が荒れると下の喫煙室にこもりきりになった。乗客の中には、甲板室近くの真新しい五、六メートルの手すりを、怖いものみたさでながめる者たちもいた。古い手すりは一カ月前のハリケーンで飛ばされてしまったのだ。アウグスタ・ヴィクトリア号は、イギリス沖で三日間暴風雨に苦しめられた。そのとき機関長が強風にさらわれて船から落ちそうになったが、蒸気ウィンチをつかんで辛くも命拾いした。

海の穏やかな日には、一等船室と二等船室の乗客は甲板に出てのんびり過ごした。たいていの者は読書やおしゃべり、昼寝や散歩を楽しんだ。はるか遠くに別の船影がみえたことが三度あり、そのたびに乗客たちは大喜びした。陸地にいるときには気にもとめないようなものが——船であれ魚であれカモメであれ——果てしなく続く水平線に変化をもたらすと、船上の客たちはまるで大事件でも起こったかのように騒ぐのだった。甲板では、シャッフルボードや、昔から伝わるブルというゲームをすることもあった。ブルというのは、革でくるんだ鉛の輪を数字を振ったボードに投げる遊びだ。潮風の行儀があまりよくないので、甲板に出る女性は分厚い生地のスカートをはき、中には裾におもりや硬貨を縫いこむ者もいた。夜になると楽団が星空の下でコンサートを開き、夕食がすむと、婦人用サロンでは紅茶が出された。サロンの家具はどれも、やわらかいラベンダー色のビロードで布張りがされている。男性陣は喫煙室で葉巻を吸い、ブランデーを飲んだ。油絵や絹とダマスク織の豪奢な壁掛けに彩られた音楽室には、グランドピアノが置かれていた。毎晩のようにそこに客が集まって、楽しげに合唱をするのだった。ネリーはあまり歌が得意ではなかったので、ぽっかり空いた長い時間をもてあますことがあった。とにかく一刻も早くイギリスに上陸して、旅を続けたかった。だがひそかな楽しみもあった。風変わりな乗客を観察することだ。ある男は食事のたびに脈を計り、またべつの男は、なにかの目的のために一日の歩数を記録していた。ある日ネリーは、女性客のひとりが、数日前の出港から一度も服を脱いでいないことを知った。「この船はきっと沈むと思うの」女性はそう説明した。「沈むときに服を着ていたいのよ」一等船室の乗客たちは、望むなら一日中食事をして過ごすこともできた。八時の朝食、一時の昼食、七時の夕食のほかにも、早起きの客のためには果物を盛った大皿が用意され、朝食と昼食のあいだにはブイヨンスープのカップが配られ、正午にはサンドイッチが出る。三時にはアイスクリームが、四時には紅茶が、五時には菓子が出た。さらに九時、まだ食欲のある客のために、談話室で夜食が用意された。アウグスタ・ヴィクトリア号で供される食事の豪華さは、デルモニコやブランスウィックといったアメリカの高級レストランに匹敵する。どの料理も当時最高の贅がこらされ、フランス料理の影響を色濃く受けていた。また料理名には、しばしばアメリカの将軍や高官の名がつけられた。当時の外洋蒸気船の常として、夕食は九品のコースで、九品それぞれを二十九種類の料理より文字通りスープからナッツまで選べるようになっていた。ウミガメのスープ、若鶏のクリーム煮シャンピニオン添え、フィレ肉のステーキ赤ワインソース添え、ヒツジの鞍下肉ゼリー添え、ハムのシャンパンソース添え、七面鳥のローストトリュフ添え、ポム・ド・テル・デュシエス（マッシュポテトにバターや生クリームを混ぜ、表面をこんがり焼いた料理）、マルボロ・プディング（伝統的なアメリカのアップルパイ）、など数えきれないほどの料理があった。これに加えて、食後のコーヒーと共に食べる果物とナッツの選択肢が続く。パン職人たちは朝食用のロールパンやケーキを焼くために朝の四時から働きはじめる。料理人たちは正式な白いシェフコートに身を包み、数百皿ものごちそうを用意した。一日に数回、一週間休みなく。そのあいだも調理場は縦に横に揺れ続ける。鍋や平鍋は深い溝の中に固定され、コンロからすべり落ちないように工夫されていた。一個師団ほどもいそうな使用人たちは、制服に身を固めて常に待機していた。料理人、ボーイ、洗濯係、客室係。彼らの働きがあればこそ、この最新の蒸気船は、当時流行した言葉でいうところの〝水上の宮殿〟となった。乗客たちは一週間、王侯のように暮らした。象牙のボタンを押せばやってくる召使、間断なく供されるたっぷりしたごちそう、充実した図書室に、同じくらい充実したバー、一流の演奏家たち。こうしたすべてが客の気をそらしてくれたのだ。窓の外で渦巻く暗い海から、いつ起こってもおかしくない氷山との衝突から、そして自分たちが置かれている信じがたい状況から。まともに考えてみれば、一隻の船に乗って大西洋を横断するなど正気の沙汰とは思えない。

　下の部屋の乗客たちには、こうしたぜいたくは望むべくもない。アウグスタ・ヴィクトリア号に乗っている客の大半は、一日中豪勢な食事を楽しむどころか、上甲板を散歩することさえ許されなかった。喫煙室にも音楽室にも図書室にも入れず、天井の高い個室も与えられていない――いや、そもそも個室などなかった。三等室で旅する七百人にとって、蒸気船での生活はまったくちがったものだったのだ。彼らはだだっ広い兵舎のような部屋で生活した。未婚男性と未婚女性はそれぞれひとつの部屋に集められ、夫婦とその家族は三つ目の部屋にひとまとめにされた。どの部屋も暗く不潔で、空気がこもっていた。ものものしい鉄の扉が、そうした空間を船のほかの場所から遮断している。バスルームは大勢の人間と一緒に使わなければならず、現代の船で常識とされているようなプライベートな空間ではなかった。流しの数も十分ではなく、様々な用途に使わざるをえなかった。皿も服も、だれかが吐いた流しで洗わなければならないのだ。合衆国移民局の委員は、ある報告書にこう記している。「嘔吐用のバケツはなく、十分な大きさのごみ箱もない。吐瀉物はしばしば放置され、長い時間が経ってから片づけられることもある。鉄の床は常に濡れており、木の床は洗われていないため、悪臭を発している」客室係が新しいリネンを持って下りてくることはない。三等室の乗客たちは寝具を持参することになっている。皿もコップもナイフやフォークも同様だった。蒸気船の時代には、こんな光景がよくみられた。男女が長い列を作って重い足取りで船に乗りこんでいく。だれもが判で押したように、黒く大きなコートを着こんでいる。背中のぶかっこうな荷物は、寝具と食器類だ。彼らはまるで、敵軍から逃げてきた敗戦国の民のようだった。

朝食は、バターを塗ったパンか、糖蜜をかけたオートミールだった。昼食は一日の主となる食事で、スープ、ジャガイモを添えた肉か魚、それにパンが付いた。日曜日にはデザートも出た。

夕食はバターパンと紅茶だけの簡素なものだったが、時々夜食としてオートミールの薄い粥が出た。正式な接客を受けられる上甲板の食堂とはちがい、ここ三等室ではボーイがテーブルの中央に料理の皿を置くだけだ。乗客はテーブルにすわり、自分で料理を取り分けなくてはならない。これでも、初期にくらべればよくなったほうだった。以前は、調理場を使って自分たちで料理をしなければならなかったのだ。当時の雑誌記者はこう記している。「想像するに難くない。移民たちのあいだにはコンロの順番をめぐって争いが絶えなかっただろう」

三等室の人々は食事をし、不便な流しでできるだけ食器の汚れを落とし、船の揺れと絶え間ないエンジンの振動に耐え、話をし、食べ物や居場所をめぐって争った。そのあいだ子供たちは、下甲板の狭い通路を駆けまわり、ゲームをして遊んだ。彼らのこうした日常さえ、一等室や二等室の乗客たちにとってはひとつの娯楽となった。上流階級の船客たちは上甲板の手すりから身を乗り出し、三等室の人々を観察するのだ。ちょうど、上流社会の貴婦人が、御者に命じてスラム街へ馬車を回すのと似ている。彼女たちは貧しい人々のぞっとするような生活をのぞきみて、ショックを受けつつ好奇心を満たす。そこには、記者で社会改革者のジェイコブ・A・リースが、その優れた記事で報じたような貧しい生活があった。スラム街を見物した貴婦人たちは、急いでアップタウンの自宅へ帰っていくのだった。当時の旅行者のひとりは「三等室の乗客を観察するのは大きな楽しみだった」と思い返し、陳腐なひと言を付け加えている。「あらゆる不便を強いられていたが、彼らは陽気だった」上甲板の客たちは見物するだけでは飽き足らず、ときどき硬貨やキャンディを投げてやり、殺到する人々をみて、自分が慈悲深い人間になったような満足感を覚えた。一八八三年、ファニー・A・タイラーという名のボストンの女性が、高級船員から厳しい注意を受けた。自分のテーブルにあった焼きリンゴを三等室の子供たちに与えたのが原因だった。ファニーがそんな行動に出たのは、上甲板の幸福そうに跳ね回っている子供たちにくらべ、階下でおなかを空かせている子供たちが哀れでたまらなくなったからだった。「わたしたちのそばにいる子供たちは、甲板の下にいる恵まれない子供たちを的代わりににナッツやレーズンを投げつけていました」ファニーは書いている。「三等室の子供たちがこちらを見上げる顔は（中略）、母鳥が持ってきてくれるエサを待つひなのように真剣でした」

三等室のたいていの乗客には、ヨーロッパでの休暇や世界一周レースよりもはるかに差し迫った旅の目的があった。その多くが移民で、貧困や圧政のために祖国を逃れ、より良い生活が待っていると信じてアメリカを目指す者たちだった。あるいは反対に、アメリカ滞在中に蓄えた乏しい金を持って、祖国へもどる者もいた。乗客名簿に記された男たちの職業は、警官、農夫、船員、ウェイター、織工、庭師、酒場の主人、レンガ職人と様々だ。簡単に、労働者とだけ書かれていることも多かった。女はたいてい、既婚か未婚かだけで分類された。三等室にいる人々のほとんどは、仕事を持ち家族を抱えていた。空気も光も不十分な超満員の不潔な船室にほうりこまれ、賃金の低い単調な仕事に甘んじるしかない者たちだった。彼らにとって、外洋蒸気船は水上の宮殿などではなく、水に浮かぶ安アパートだったのだ。階級制度は陸の上だけにとどまらず、精密なミニチュア版となって船の上で再現されていた。

ネリー・ブライは二年前にワールドのオフィスを訪ね、記者として雇ってもらうために、イギリスに渡って三等室に寝泊まりしながら帰国するという企画を提案した。彼らが耐える劣悪な環境を読者に知ってもらうことがねらいだった。いまネリーはワールドの有名記者として、三等室のすぐそばにいた。だがアウグスタ・ヴィクトリア号に乗っていたあいだ、ネリーは下甲板の船室には一度もいかなかったようだ。関連する記事は一行も書いていない。

## 一八八九年十一月二十一日－二十二日　イギリス　サウサンプトン

悪天候が続くにつれ、ネリーはだんだん不安になってきた。ぶじにロンドン発ブリンディジ行の郵便列車に乗ることができるだろうか。この列車を逃せば旅は失敗に終わる。はじまったばかりの旅が、早くも終わってしまうのだ。どうしても、自分の判断は正しかったのだろうかと考えずにはいられなかった。アウグスタ・ヴィクトリア号ではなく、シティ・オブ・パリ号を選ぶべきだったのだろうか。強気にでて、性急に多くを望みすぎたのかもしれない。アウグスタ・ヴィクトリア号は、十一月二十一日木曜日の朝十時にサウサンプトンに着く予定だった。だがコーンウォール南西にあるシリー諸島の灯台がみえたときには、すでに正午を回っていた。ニューヨークを離れて以来、はじめて目にした陸地だ。乗客はいっせいに歓声を上げて船べりに駆けより、遠くのほうに岸がみえないかと目をこらした。ネリーにみえたのは岩がちの荒涼とした海岸線だけだったが、そのときは世界一美しい景色に思えた。夕闇が濃くなっていくなか、アウグスタ・ヴィクトリア号は、イギリス南東部ののこぎり刃のような沿岸部を進んでいた。零時少し過ぎ、ハースト城の灯台がみえた。ソレント海峡の入り口に着いたのだ。イギリス本土とワイト島のあいだにある狭い海峡だ。船が全速力で進むことができれば、午前一時に発つロンドン行の列車に間に合うかもしれない。だが海はひどく荒れ、まともに吹きつける激しい向かい風が行く手をはばんでいる。船がソレント海峡とサウサンプトン川を分ける長い砂州をまわりこんでようやく港に着いたとき、時刻はすでに金曜日の午前二時になっていた。十六時間遅れての到着だ。乗客を移送するタグボートを待つあいだ、貴重な時間がさらに失われていった。

食事を共にした仲間が数名、ネリーを見送るために起きて待っていた。ネリーは彼らととりとめのない話をしながら、そわそわと甲板を歩きまわった。予定ではワールドのロンドン特派員トレイシー・グリーブズが迎えにきてくれることになっていたが、到着がこれだけ遅れたいまとなってはもう会えないだろう。乗客は冷たい夜気の中、寒そうに旅行用のひざかけにくるまっていた。ネリーには、自分の白い息が空中に上っていくのがみえた。ほんの数分が異様に長く思えた。まるで、居間の敷居に立っているのに、入ることを許されないでいるような気分だった。手提げ鞄は正午から手元に用意してある。午前二時半、ようやくタグボートがアウグスタ・ヴィクトリア号の横に到着し、タラップが降ろされた。ネリーがタラップのすぐ上に立っていると、背の高い青年が甲板に上がってきて、待っている乗客たちを見渡した。きびきびして活力に満ちたしぐさをみて、ネリーは、きっとあの人がワールドの記者だわと気づいた。「ネリー・ブライ?」案の定、青年がたずねた。

「ええ」ネリーは喜んで答え、片手を差し出した。青年はその手を思いやりをこめて握ると、旅はどうでしたか、荷物を運ぶ用意はできていますかとたずねた。

荷物ならもう持ってます、とネリーは答えた。

知り合いになった乗客たちがネリーに握手を求め、成功を祈ってますと声をかけた。ネリーは一抹の寂しさを覚えながら足早にタラップを下り、乗客たちを岸に運ぶタグボートに乗りこんだ。

さらに数分のあいだ、ボートは波にもまれて激しく揺れていた。だがしだいにエンジンの音が大きくなり、海上を明々と照らすアウグスタ・ヴィクトリア号を離れ、暗い岸辺へと向かって動きはじめた。タグボートの船室は荷物や郵便物でいっぱいで、古い石油ランプと煤でくもった電球に照らされていた。ネリーはトレイシー・グリーブズとほかの乗客たちと一緒に甲板に立ち、冷たい霧の中で震えていた。

ふと、グリーブズがネリーのほうを向き、すばらしいニュースがあるんですと告げた。「ジュール・ヴェルヌご夫妻がわざわざお手紙を下さって、もし可能なら会いにきてくださいとご招待くださいました」

「ああ、ぜひそうしたいわ!」ネリーは声を上げ、ふと考えこんだ。ジュール・ヴェルヌはフランスのアミアンに住んでいる。「残念ね」ひとり言のようにつぶやく。「そんなにすてきなお誘いを断らなくちゃいけないなんて」

「なんとかできると思いますよ」グリーブズはいった。「一日二晩、不眠不休で旅を続ける気がおありなら」

グリーブズは説明した。ロンドン行の最終列車はすでに出てしまい、次の列車は朝まで待たなくてはならない。サウサンプトンにひと晩留まると、ブリンディジにいく途中で遠回りをしてアミアンにいく時間はなくなってしまう。だがひとつだけ希望が残っていた。グリーブズはあらかじめ、サウサンプトンの郵便局長と、ロンドン・サウスウェスタン鉄道の職員たちに相談していた。郵便法規によると、郵便がサウサンプトンの波止場に午前一時から三時に届いた場合、配達のために臨時列車が出ることになっていた。鉄道会社の職員は、列車が出ることになったらネリーのために席を確保しますと約束してくれた。すべては、その臨時郵便列車が出るかどうかにかかっている。グリーブズは難しい顔でいった。「港に着けば結果がわかるでしょう」

午前三時を回ろうとする頃、タグボートがサウサンプトンの埠頭に着いた。こんなに陰気で汚らしい場所みたことないわ、とネリーは胸の中でつぶやいた。税関は広く、がらんとした建物で、その裏手には単線の鉄道が走っていた。グリーブズはネリーの手提げ鞄を持つと、急いで中へ案内した。屋内の明かりは薄暗く、部屋の隅は影になっていた。眠そうな顔の男たちが数人、しわになった制服を着て、低い長テーブルのうしろにすわっていた。「鞄の鍵は?」職員のひとりが、グリーブズから鞄を受け取ってたずねた。

「ありません」ネリーは答えた。「鍵はかけていないんです」

税関の職員は、グリーブズに向かってたずねた。「この中にタバコか紅茶を入れていないと誓いますか?」

「誓わないで」ネリーはグリーブズにいい、それから職員に向き直っていった。「わたしの鞄ですもの」

職員はネリーの言葉が気に入ったようだった。大きな笑みを浮かべると、鞄にチョークでしるしをつけ、いってよろしいといった。

緊張して屋内でじっとしていられなかったので、ネリーは税関の裏口から外に出ると、冷たく湿った夜気の中で待った。時計をみるとちょうど三時だった。はるかむこうに目を凝らす。目の届く限り、かなたの線路をじっとみる。とうとう霧の中から――幽霊が運転してでもいるかのように――臨時郵便列車が駅に近づいてきた。

# 6. 鉄道標準時を生きる

一八八九年十一月十四日　ニューヨーク

空は真っ黒になっていた。明かりの灯った列車の窓は鏡に変わって車内を映している。エリザベス・ビズランドは、胸の中でひとりごちた。わたしの顔、緊張してるせいか、やつれて青ざめてる。でも新しいセーラーハットはすごく似合ってるわね。ガラスに鼻を押しつけると、過ぎていく景色の輪郭がぼんやりとみえた。インクを流したような夜の闇は人が生活している気配を消し去り、あたりの土地を野性的で得体の知れない場所に変えている。イギリスの探検家ヘンリー・ハドソンがハドソン川を上りながらアジアへ通じる北西航路を探していたころ、このあたりはまさにそのような場所だったのだろう。はるか遠くには、パリセーズ峡谷（ニュージャージー州北東部とニューヨーク州南東部にかけて、ハドソン川下流に延びる絶壁）がそびえていた。まるで、すばらしい財宝を守る巨大な石の要塞のようだ。エリザベスはくたくたに疲れていた。頭の中で様々な考えが錯綜し、膝の上に広げた本に集中することが

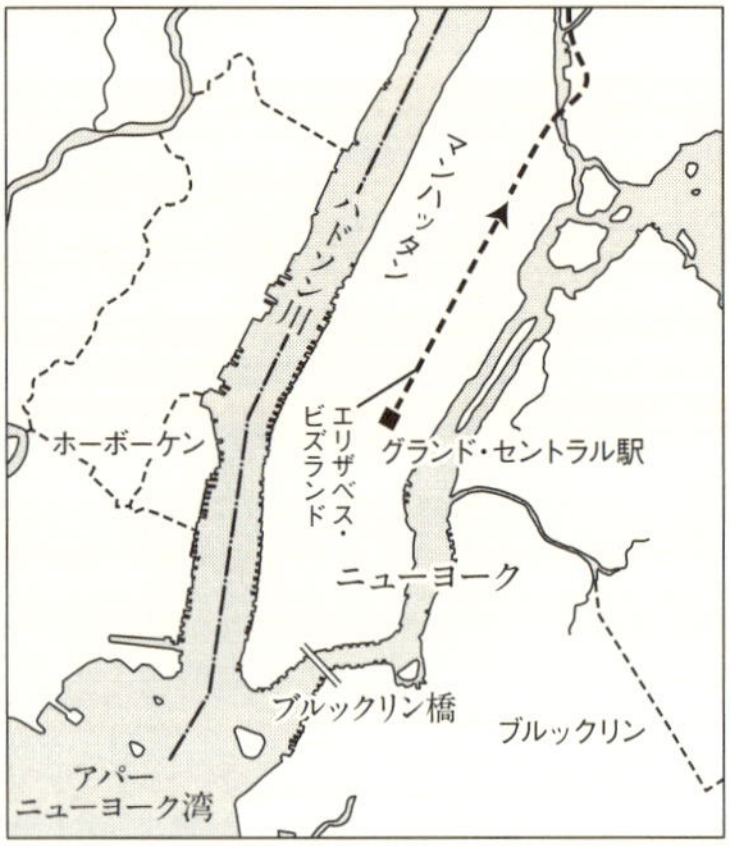

できない。あとになってみると、旅をはじめた最初の数時間のことはほとんど思い出せなかった。少なくとも、はっきりしていることがひとつあった。自分はいま、ニューヨーク・セントラル鉄道のファスト・ウェスタン急行に乗り、ハドソン川の東岸に沿って北を目指しているのだ。すべてが滞りなくすすめば、明日の午後にはシカゴのユニオン駅に着いている。そこでオマハ行の列車に乗り換え、オマハに着いたらユニオン・パシフィック鉄道の列車に乗ってサンフランシスコに向かうのだ。東海岸から西海岸への旅は五日もかからないはずだ。その間ずっと、贅のかぎりを尽くした列車に揺られることになる。その豪勢さはエリザベスの想像をはるかに超えていた。まるで列車の切符を買ったことで、コスモポリタン社への通勤路にそびえる壮麗な邸宅に招き入れられたかのようだった。

グランドセントラル駅から出るニューヨーク・セントラル鉄道と、ジャージー・シティ駅を出るペンシルヴェニア鉄道はライバル同士で、長いあいだ、どちらがどれだけ充実した設備を客に提供できるか競い合ってきた（客といっても一等車の客だ。列車の乗客も蒸気船と同様に等級によって分けられていた）。ニューヨーク・セントラル鉄道が最初に作ったシカゴ急行はルイス・カムフォート・ティファニーその人によってデザインされ、続いて生産された車両はそれに輪をかけて華やかなものだった。外観はそれぞれ、プラム、チョコレート、オリーブなどの色に塗られ――暗い色のほうが、機関車の煤による汚れが目立たず好ましかった――、ステンシルを使って金や銀の模様が刷られていた。内部の壁板には、コクタン、タイガー・メープル、ユリノキ、シタン、そのほか希少な材木が使われ、それぞれが組み合わさって華やかな模様を織りなしていた。精巧な木の彫刻もある。花、ドラゴン、翼を持ったライオンなど、鉄道工場で働く職人の好みによって様々だ。このころ寄木細工に新しい技術が加わった。たとえば、熱した砂の中でセンダンを軽く焦がすと、バラの葉そっくりの質感が生まれることがわかった。車両のインテリアはそれぞれ、伝統的なスタイルでまとめられた。イギリスの貴族風、イタリアのルネサンス様式、スペインのミッション様式、中国の王朝風、古代エジプト風などだ。設備のとくに充実した列車には、寝台車と食堂車だけでなく、図書室、喫煙室、居間、床屋として使われる車両が付いていた。人々は、そのうちビリヤード台やボウリング場のある車両もできるのではないかとうわさした。中には、仕事で旅をしている客のために速記者と秘書のいる列車もあった。ちょうどこの日の朝、ペンシルヴェニア鉄道は、シンシナティ発シカゴ行の列車に「レディース・メイド」を導入すると発表した。「メイドたちの仕事は、一般の家庭にいるメイドと変わらない」と、ある新聞に書かれている。「とくにひとり旅をしている女性、子供連れの女性、病弱な女性の手伝いをすることになっている」

ファスト・ウェスタン急行は、山間部の長い上りにさしかかった。闇の中を動く、たったひとつの発光体だ。列車はウェスト・ポイントの石造りの要塞のそばを走り、ニューヨークの富豪が住む高級住宅地を過ぎていった。乗客たちは低く抑えた声で話していた。ポーターたちが通路を移動しながら、客の寝床を整えている。ペンシルヴェニア鉄道は当時もカーテンで仕切るタイプのプルマン車両（アメリカ人プルマンの設計による豪華な寝台車両）を採用していたが、ニューヨーク・セントラル鉄道の寝台車は文字通り個室を備えていた。二十メートルほどの車両に十の個室があり、両端には男性用に三つ、女性用にふたつのトイレがついていた。エリザベスはトランクから化粧品のポーチを出すと、トイレを使いにいった。席にもどると寝台に上がり、扉を閉めた。それから窮屈なスペースで、着ている服と「むなしく格闘」しはじめた。やっとのことで服を脱ぐと、寝間着に着がえ、その上に暖かいガウンをはおった。旅をはじめたばかりで風邪をひきたくなかったのだ。列車の進行方向に枕が置かれており、足元には窓があった。エリザベスは個室の換気をしようと、すき間風が入らない程度に窓をほんの少し開けた。

目を覚ましたとき、列車は西に向かっているだろう。

翌朝すでに、ニューヨークの新聞読者たちは、世界一周レースに出発した若い女性記者がひとりではないことを知っていた。ふたりいたのだ。それどころか多くのニューヨーカーが、競争者は三人いると信じていた。「ニューヨーク・トリビューン」紙が、こんな記事を出したせいだ。「マンハッタンでは昨日、伝染性の世界一周病が流行した。すでに三人がこの流行病にかかり、最短時間、最長距離で家に帰ろうと必死になっている」トリビューン紙は「パーク・ロウではこんなうわさがある」と書いた。ヘラルド社は自社の記者――男性――に、二時間後に世界一周の旅に出ろといい、ネリー・ブライより「一日、一時間、一分でも早く」ニューヨークにもどってこいと命じた。ヘラルド社の選手は「実際にアウグスタ・ヴィクトリア号に乗り、なにも知らないライバルと共に海へ出ていった」ということだった。

さいわい、この誤った情報は短命に終わった。トリビューンの記者が耳にはさんだ〝うわさ〟以外、情報を裏づけるものがなかったからだ。ヘラルド紙が、自社の記者を世界一周に送り出したという記事をのせたことは一度もなく、ネリー・ブライの旅に触れることもなかった。ただ、数日後「ベリー・フライ」という名の男性記者が書いたとされる、風刺的な短い記事がのった。

彼は「昨日会社に呼び出され、急いで手提げ鞄に荷物をまとめて、マンハッタン島一周の旅に出ろと命じられた。七十五分の記録をみごとに破ってみせてくれ、ということだった」ベリー・フライは替えのシャツのカラーを鞄に放りこみ、高架鉄道に乗って旅に出た。そしてもちろん、ちょうど七十四分五十九秒で出発地点にもどってきたのだ。

ヘラルドに調子を合わせるように、トリビューンは皮肉まじりの社説をのせた。それによると世界一周はもはや時代遅れで(「自分が世界一周をしたことがあるか、世界一周したことがある知人がいるかのどちらかだ」)、これにかわる偉業は月旅行くらいのものだろう、という内容だった。堅苦しい論調で知られるニューヨーク・タイムズでさえ、世界一周の話題を無視はしなかった。「ふたりのレディが世界を駆け巡る」という見出しで、スポーツ面の下に一段落分の記事をのせた。そのすぐ上には、ニュージャージー州プレインフィールドで、今年で二回目となる自転車クラブの秋大会が開かれると報じる記事があった。

パーク・ロウの各新聞社は知らず知らず世界一周競争の話題に引きこまれ、若い女性記者ふたりの身元を特定しようとしたが、当時の記事は間違いだらけだった。トリビューンによると、エリザベス・ビズランドは二十二歳。実際の年齢より六つも下だ。「プレス」紙によればエリザベスは二十三歳で、ネリー・ブライは「およそ三十歳と推定され」た。二十五歳という実際の年齢を考えると、あまりにも大雑把な〝推定〟だ。中でもひどいのは、プレス紙の記者ジョゼフ・ハワードによる誤報だ。おそらくパーク・ロウ界隈では、エリザベス・ビズランドがワールドで書評を書いているという情報が出回りはじめていたのだろう。その情報は、伝言ゲーム《チャイニーズ・ウィスパー》式に(のちにこの遊びはテクノロジーの発達によって「テレフォン・ゲーム」と呼ばれるようになる)人から人へと伝えられ、まったくちがう話になってしまった。「ネリー・ブライとエリザベス・ビズランドは、共にワールド紙で働く有名な女性記者である」ハワードはプレス紙の読者にむけてそう報じた。「ふたりは同時に世界一周の旅に出た。つまり、ワールド紙の人間以外には、どちらが先に帰ってこようとたいしたちがいではないのだ」

だが、ジョン・ブリズベン・ウォーカー（自社の記者をワールド社の記者にまちがえられ、さぞ驚いたにちがいない）にとっては大きなちがいだった。ネリーが発ったその日の午後、ウォーカーは以前思いついたアイデアを実行に移した。パーク・ロウのワールド社のオフィスにもったいぶった様子で現れ、こう告げたのだ。レースの結果に賭けようじゃないか。コスモポリタン社が負ければ千ドル出そう。ワールド社が負けたら五百ドルもらう。提案をより魅力的なものにするために、ウォーカーは、掛け金は慈善事業に寄付することにしようといった。雑誌社と新聞社が公明正大な賭けをすれば、どちらにとってもすばらしい宣伝効果がある。だが、ワールドには意のままに使える潤沢な資金があり、自社の宣伝くらい自分たちで面倒をみることができた。コスモポリタンの力を借りるまでもない。ウォーカーの申し出に対するワールドの返事はあっさりしたものだった。「そのご提案には賛成しかねます」

ネリーが出発した日、ワールドの記者はニューヨーク市長のヒュー・J・グラントにコメントを求めている。市長はミス・ブライの「勇気ある決断」を称えたあと、次のように述べた。「二十四時間に六百五十キロ進む速度で七十五日間旅を続ける。考えただけでも気が遠くなる。男性でさえ達成するのは容易ではないが、ましてや若い女性が挑戦するとなると、これは並大抵のことではない」だが市長は、ネリーは成功すると思いますかという問いに対してははっきりとした答を避け、こう述べるにとどめた。「ミス・ブライの旅の行方をたいへん興味深く見守っている」市長にくらべると、ほかの政府関係者たちはより断定的だった。そのうちのひとりが、議員のエイモス・J・カミングズだ。カミングズは「ネリー・ブライは七十五日で世界一周できるだろうか？」と問いかけたあと、こんなふうに続けている。「もちろんできる。肝心なのは健康と体力を維持することだ。わたしの知るネリー・ブライなら、きっと立派にやり遂げるだろう」さらにカミングズはこう付け加えた。「同じアメリカ人として、これほど壮大な旅を敢行した同胞の勇気が誇らしい。また男として、彼女の大胆さを称えたい」

ボルチモアのジョンズ・ホプキンズ大学の学生たちは世界地図を分析し、ネリーの旅が成功する可能性を計算しているといわれていた。また紀行作家のトマス・ノックス（女性旅行者たちに、九ページにわたって荷造りの方法を指南した作家だ）は、七十五日で地球を一周することは理論的に可能だと述べたが、もちろん「実際にうまくいくかどうかはわからない」と付け足した。このころ、ナショナルリーグの監督のアルバート・G・スポルディングは、オールスター選手を引き連れた世界巡業からもどったばかりだった。スポルディングは、驚きをこめてこうコメントしている。「世界を一周するのにわたしはほぼ半年かかったが、ミス・ブライはそれを三分の一でやり遂げようとしている。本人に会ったことはないが、きっと時間内にホームインすると信じている」スポルディングは野球になぞらえた比喩をひとつ披露するだけでは飽き足らず、続けてこう述べた。「ホームランを打ってダイヤモンドをひと巡りするように、ミス・ブライも地球を一周するわけだ。どうか満塁ホームランをきめてゲームに勝ってほしい」

このように、政治家、旅行家、スポーツ選手たちは世論を代表してみせた。いっぽう、ほとんど紙面には現れていないが、女性記者たちがどのような思いを抱いていたかは容易に想像できる。一般の人々のそれとはまったくちがったはずだ。これまで、記事で取り上げる題材を厳しく制限され、払われる賃金も敬意も同僚の男性に比べて低く、昇進はほとんど望めなかった。仕事の出来不出来は関係ない。彼女たちは、日々の新聞にふたりの女性記者の名をみつけるたびに、うれしくなったにちがいない。ネリーとエリザベスの名は、一面記事に、社説欄に、そしてスポーツ欄に――女性向けの紙面をのぞいたあらゆる面に――登場した。当時の他紙の中では、唯一「フィラデルフィア・インクワイアラー」紙だけが、女性記者の世界一周旅行に関する社説を署名付きでのせている。ドロシー・マドックスという女性だ。

ワールド紙は、聡明で愛らしい特派員に斬新かつ冒険的な任務を与えた。同紙がもたらしたあざやかな衝撃は、わたしたち女性記者にとって非常に大きな意味を帯びている。この十年決して実現しなかったことが、やっと実現したのだ。世界一周レースの企画は、封建的な新聞業界を長らく支配してきたあらゆる常識からのユニークかつ賢明な逸脱だ。この逸脱は、女性が備える勇気とエネルギーに世間の目を向けさせ、新聞業界での成功へと続くいくつもの扉を意気揚々と開けてみせた。そしてまた、この逸脱はある事実を証明するはずだ。創造的な精神の宿る健全な肉体を持った女性は、抑圧から解放され、今日もっとも優秀な男性と十分に競い合うことができる、と。

ファスト・ウェスタン急行に乗ってシカゴへ急ぐ車内で、エリザベス・ビズランドは愉快な気分ではなかっただろう。恐れていたとおり自分の名前が新聞の紙面に現れはじめ、レースの話題はいまやアメリカ中に広まりつつある。そのスピードたるや、エリザベスの乗る急行列車よりも速い。ニューヨーク州北部のバッファローへ着くと、列車はレイク・ショア鉄道線路を西に向かって走りはじめた。この線路はエリー湖の南岸に沿って、エリー、アシュタビューラ、クリーヴランド、トリードへと続く。それからペンシルヴェニアとオハイオのくすんだ灰色の工業地帯を抜け、やがてインディアナとイリノイの大草原へと進んでいく。十一月も中旬のいま、草原の緑はすでに茶色く枯れ、あたりの風景は当時普及しはじめていたセピア色の写真のようにみえた。草原は地平線まで延々と続き、まれにみえる遠くの農家や貧弱な木が、風景にわずかな変化をつけていた。荒涼とした単調な風景は、エリザベスの心細さを少しも和らげてくれない。列車にひとりぼっちで、まわりにいるのは知らない人間ばかりだ（独身女性が列車で男性に話しかけるのは下品だとされていた。話しかけられたとしても、あまりに愛想よく答えるのは考えものだった）。空が暗くなってくると、どうしてもニューヨークのことが思い出された。まさかこんなふうに街を離れるはめになるとは思いもしなかった。たくさんの友人たちのことも思った。本当ならいまごろ、金曜日の午後のお茶会のためにエリザベスのアパートに集まりはじめているころだ。

夜遅くになって、地平線近くにシカゴの街の明かりがぼんやりみえてきた。窓の外では、黄色っぽい光が闇の中で点いたり消えたりしている。ひと所でじっとしているホタルのようだ。背の高い煙突のてっぺんから噴き出している炎だ。ヴァン・ビューレン通りにあるユニオン駅は堂々たる巨大な石灰石の建物で、上部には小さな二重勾配の屋根がいくつもついている。昨日エリザベスが出発したグランドセントラル駅によく似ていた。ファスト・ウェスタン急行は駅舎のうしろにある広々とした車庫に入り、最後にひとつため息のような蒸気を吐いて停止した。乗客たちは待機していたポーターの手を借りて列車を降り、ゆっくりと駅舎の中へ入っていった。

予定では、コスモポリタン社の寄越した迎えが、駅でエリザベスを待っているはずだった。エリザベスは駅舎に入ると期待をこめてあたりをみまわしたが、近づいてくる人はいない。ほかの乗客は出迎えた家族とハグやキスを交わしたり、友人や同僚と握手をしたり背中を叩きあったりしている。そうでない者は手荷物預かり所へいき、係の者に荷札をわたして荷物を受け取ると、駅から表の通りへ出ていった。次第に、人の数がまばらになってきた。残っていた数人のポーターが手伝いを申し出てくれたが、エリザベスは丁寧に礼をいい、迎えがくるからだいじょうぶですと断った。エリザベスは静かに待った。時間は刻一刻と過ぎていったが、迎えの者は現れなかった。

とうとうエリザベスは、コスモポリタンからの使いはこないのだとあきらめて、だだっ広く陰鬱な駅の中を歩きはじめた。だが、どちらへいけばいいのかもわからなかった。予想外のトラブルが腹立たしく、自分をこんな無謀なレースに送りこんだウォーカーのことも腹立たしく、引き受けた自分のことも腹立たしかった。エリザベスはたちまち家が恋しくなった。居心地のいいアパートからこんなに遠く離れてしまうとは。家では今ごろ姉がガスコンロに火を点け、ひとりきりの静かな夕食のしたくをしているだろう。そういえば、列車の中ではなにも食べていなかった。エリザベスは急に激しい空腹を感じた。木製のシャッターをおろした新聞売場と軽食堂、眠たげな乗客のいる待合室の前を通りすぎる。自分の足音が、洞くつのような駅舎の中でこだましていた。メインホール近くでは電報局がまだ開いていたが、これほど遅い時間に会社に電報を打っても意味はない。親切な車掌がエリザベスに同情して、ロック・アイランド鉄道のホームを教えてくれた。そこへいけばオマハ行の列車に乗れるということだった。それから車掌は、ビズランドの表現を借りるなら「憐れみをこめてさよならを告げ」た。待合所の近くに遅くまで開いている軽食堂があったので、エリザベスは高いスツールに腰かけ、ひとりでハムと紅茶の夕食を食べた。ごく当たり前にみえるこの行動さえ、当時は非常識だとみなされた。ニューヨークでは、ちゃんとした女性が眉をひそめられることなくスツールにすわり、テーブルクロスを敷いていないカウンターで食事ができる店はたった一軒しかなかった。そのレストランは二十一番通り近くのブロードウェーにあった。エリザベスは数ブロック先のコスモポリタン社で働いていたので、もちろんその店のことを知っていたはずだ。もしかすると、会社の行き帰りに立ち寄って食事をしたかもしれない。ニューヨークの思い出は、ただ彼女の孤独を深めただけだっただろう。エリザベスはいま、見知らぬ街のがらんとした駅舎で、こんなに遅い時間に夕食をとっているのだ。どういうわけか、たったひとりで。旅はまだはじまったばかりだというのに、コスモポリタンはすでにひとつミスを犯した。幸先がいいとはとてもいえない。エリザベスの一挙手一投足に、軽食堂の主人はぼんやりした好奇のまなざしを向けていた。エリザベスは食事を終えると急いで列車に向かった。

オマハ行の列車はファスト・ウェスタン急行に比べると速度がぐっと遅く、線路もまっすぐだった。車両の揺れは穏やかで心地よく、ふいに横揺れすることもない。エリザベスはあっというまに眠りに落ちた。数時間後に寝台の上で目を覚ましたときには――二日前にコスモポリタン社を出たとき以来はじめて――頭の中がすっきりしていた。「わけがわからず呆然としている」状態は、すでに終わっていた。カーテンを開けると、窓の外ではちょうど夜が明けるところだった。夜のあいだに霜が下り、刈り入れのすんだ畑は銀と真珠の色に輝いていた。エリザベスは幸福な気分で、窓の外を流れる世界がひっそりと目を覚ましていくのを見守っていた。青みがかったミルクに淡いピンクをまぜたような色が、大地の上でゆっくりと広がっていく。地平線から太陽が昇りはじめたのだ。エリザベスは「ほんのしばらくのあいだ、とほうもなく壮麗な世界を駆け抜けていく」ように感じた。その世界では「無数の霜柱が太陽の光を照り返している」はるかかなたには、幾筋もの銀色の小川が、まるで静脈のように大地を走っているのがみえた。川のほとりにはヤナギが立ち並び、たっぷりした枝葉を自然のままに垂らし、朝日にかがやいていた。時おり列車は、琥珀色の畑のただ中にくっきりと区切られた、漆黒の土壌の畑を走り過ぎた。冬に種を蒔くために農夫が耕した土地だ。頭上の空は、淡いトルコ石のような色だった。すべてがこのうえなく美しかった。その午後エリザベスは、ノートにこんな言葉を書き記している。「完璧な一日だ」

一八八九年十一月十六日－十七日　ネブラスカ州オマハからユタ州オグデン

夕方、列車はオマハに到着した。オマハの駅は複数の鉄道の拠点になっていて、その時刻は大勢の人であふれていた。乗客たちがこちらの列車からあちらの列車へと走り、行商人は新聞やかごに入れた菓子を売り、ポーターはトランクや帽子箱、丸めたひざ掛け、西部からやってきたアウトドア派の旅行者たちのライフルや釣竿、望遠鏡を運んでいた。駅舎を満たすざわめきを貫くように、時おり列車の警笛やベルの音が鳴り響いて、乗客に出発の時刻になったことを告げる。この混乱のただ中でも、エリザベスはどうにかして（「運がよかった」と、のちに振り返っている）次の急行郵便列車に乗り替えることができた。ユニオン・パシフィック鉄道の線路をサンフランシスコへ向かう。

合衆国政府の鉄道郵便事業は、ニューヨーク-サンフランシスコ間の運行時間を百十八時間から一〇八時間に縮めたいと考えていた。たった十時間の差だが、夕方ではなく朝サンフランシスコに到着できれば、郵便配達にかかる日数を丸一日早めることができる。政府はユニオン・パシフィック鉄道と関連会社に、この時間内に列車を運行できれば七十五万ドル相当の契約を結ぶと申し出た。大陸横断の急行郵便列車がはじめてニューヨークのグランドセントラル駅を出発したのは、十一月十四日の夜だった。エリザベス・ビズランドの乗るファスト・ウェスタン急行が出発してちょうど三時間後だ。政府の要求を実現できるかたしかめるための試運転だ。列車には郵便車、荷物専用車、寝台車が二台、食堂車、そして、ユニオン・パシフィック鉄道総支配人のエドワード・ディキンソン専用の車両が一台あった。鉄道会社と郵便局の役人が数人と、いくつかの都市からやってきた記者が大陸横断に同行することになっていた。記者たちはこの歴史的な旅を実際に体験し、読者に伝えるのだ。エリザベス・ビズランドは、この列車に乗っていた唯一の女性だった。

オマハを発ったとき、郵便列車は予定より一時間十五分遅れていた。猛スピードでネブラスカを西に横断し、シャイアンへ向かう。人目を引く車体で、すべての車両がまっ白に塗られ、そこに〝急行郵便列車《The Fast Mail》〟と書かれている。先頭近くの郵便車は、天井にずらりと並んだ電球に明るく照らされていた。そこでは何人もの郵便局員が働いていた。緑のアイシェードを付けて、手紙を分類棚に仕分けしていく。目の前のテーブルには手紙が山のように積まれ、量が減ってくると助手たちが新たに追加した。局員は封筒の住所をちらりとみると、手首のスナップを効かせて所定の棚に放りこむ。棚がいっぱいになると、手紙はラベルの付いた袋に詰められ、定められた駅で別の列車に乗せられる。さしずめこの列車は旅をする郵便局だった。ニューヨークを出たときは三十八トン分の郵便物をのせていたが、シカゴでさらに二十五トン、オマハで三十八トンが積みこまれた。郵便はすべて、輸送中に仕分けて袋に詰められる。「手紙を正確に分けていく局員の手つきは、ホイストの熟練プレイヤーさながらだった」ひとりの記者は驚きをこめて報じている。「その作業は、肉体的にも精神的にも緊張を強いられる状況下でおこなわれるのだ」

いっぽう、ほかの車両の乗客は好きなようにしていた。時間をつぶすため、客の数人は総支配人の専用車両に入りこんでホイストをし、ある客など後部車両のデッキにライフルを持ち出して、コヨーテやライチョウを撃った。デッキに立つと、どちらを向いてもはるかかなたに地平線がみえた。空気は明るく澄んでいる。エリザベスが南や北の沿岸都市に住んでいたころ、空気はこれほど澄んでいなかった。ここはフロンティアだった。子供のころ読んだ物語には、開拓者一家が出てくるものもあった。みわたす限り、吹きさらしの荒涼とした土地が広がっている。郵便列車は、灰色の広大な平野を走っていった。水といえば枯れかけた細い小川があるだけで、緑らしい緑はほとんどみえない。足の曲がった馬が、高台にある荒れた牧草地で、わずかばかり生えた草をはんでいた。時おり列車は、人里離れた集落のそばを通りすぎた。たいていは、粗板で作った小屋が危なっかしげに数軒建っているだけだった。ほとんどの小屋が閉めきられ、どうみても無人だった。まるで住人たちが、攻め込んできた敵軍から大急ぎで逃げ出したかのようにみえた。一度エリザベスは、ひっそりと立つ家々のひとつに、人が住んでいることを示す印をみつけた。明るい茶色のウールのズボンが、物干し用の紐の上で風に吹かれていたのだ。当時バターナットズボンと呼ばれていたものだ（バターナットとは南北戦争時の南軍兵士のこと。軍服がバターナットの木の液で染められていたことから）。列車が西へ進むにつれ、あたりの景色は――そんなことが可能なら――さらに荒涼としたものになっていった。エリザベスの目には、旧約聖書に出てくる塩におおわれたソドムの町のように映った。この不運な土地が残忍で忌まわしい運命を課されているように感じたのだ。「山の頂上に鎖で縛られたプロメテウスのようだった。血は血管の中で乾いて砂になり、灰色の絶望を浮かべた傷だらけの顔は、雨の降らない空をみあげている」

ワイオミング州近くで、列車は山間部の長い上り坂に差しかかった。いくつもの駅で止まっては郵便袋の積み下ろしをし、機関車を交換し、乗組員も交代した。エリザベスは長めに停車するときにはかならず列車を降りて、数分でも歩きまわるようにした。冷たい空気を吸いこみ、全身を動かして血の巡りを良くするためだ。山の空気を吸うと、ふしぎと気分が高揚し、なにかいいことが起こりそうな気がした。記者のひとりはこう表現している。「まるで気体のシャンパンのようだ」日が沈むころ、列車はユタ州に近づいた。そのあたりでみえる星は、エリザベスが子供時代にルイジアナ州でみたような柔らかく光る星ではなく、まるで剣のように鋭い光を放っていた。遅れの大部分はワイオミングを横断するときに取りもどせたが、ユタ州近くのエヴァンストンに着いたときには、まだ予定よりも二十八分遅れていた。百万ドルの四分の三を手にできるかどうかは、オグデンに時間通りに着けるかどうかにかかっている。エヴァンストンで、機関車は新型で馬力のあるものに換えられ、機関手も交代した。ビル・ダウニングという名の山専門の機関手だ。大柄でぶっきらぼうなアイルランド系の男で、長所も短所もその人並み外れた豪胆さにあった。鉄道関係者には〝つむじ風のビル〟として知られていた。自分の使命は時間通りにオグデンに着くことだと承知しており、かならずやり遂げるつもりでいた。「オグデンまで百二十二キロだ」ビルは記者のひとりにいった。「七十二分以内に到着しないことには満足できない」

記者は、ウィーバー・キャニオンの細い谷間をそのスピードで走るのは不可能だと返したが、ダウニングはすでに腹を決めていた。機関手室に乗りこみながら、無邪気な明るい声で宣言したという。「時間通りオグデンに着くか、全員そろって地獄へ行くかだ」エリザベスがのちに思い返したところによると、地獄に連れて行かれそうな瞬間が何度もあった。

午前十二時五十五分。つむじ風のビルはエンジンのスロットルレバーを勢いよく引いて、列車を急発進させた。機関が処理できる最大限度の蒸気を使いながら、列車はウォサッチ山脈の山道を上っていった。上るにつれて速度は増していき、頂上で一瞬停まったかと思うと、ぞっとするような勢いで山道を下りはじめた。猛スピードで山道をかけ、高原を突っ走り、トンネルというトンネルを弾丸のように走り抜け、さらに速度を上げていった。ビルはまだレバーを強く引いたままだった。鉄道郵便事業の地方責任者であるジェイムズ・E・ホワイトは、ダウニングは線路のカーブを全部引き伸ばしてしまったようですね、と冗談をいった。だが、笑う者はいなかった。だれかが、脱線したら大変なことになるぞ、とつぶやいた。今度も、だれも返事をしなかった——脱線事故は頻繁に起こっており、この場にいるだれもがそんなことは考えたくもなかった。とりわけ、フルスピードで走っている列車の中では。真夜中の人里離れた山道を走っているのだ。わざわざ口にしなくとも、いつ脱線事故が起こってもおかしくはない。

エリザベス・ビズランドは、まるで暴れ馬のような列車だと思い、またべつの記者は、「逃げ出そうと怒り狂っている怪物」のようだったと表現した。峡谷の中腹から連続砲撃でもしているかのようなごう音が響きわたっていた。デヴィルズ・ゲートにさしかかると、山道のカーブは少なくなる。すると信じられないことに、列車はさらにスピードを上げた。車両は嵐にもまれる船のように左右に揺れ、乗客の数人が実際に〝船酔い〟を起こし、がまんできずにそばの痰壺に吐いた。暑く混み合った車内に不快な臭いが漂いはじめた。ひとりの男性が恐怖のあまり床の上でもだえはじめ、気付けがわりにブランデーの入ったフラスクを渡された。後方のデッキからは、列車の後を追うようにして激しい火花が散っているのがみえた。線路は二本の細長い炎となり、闇の中に浮かびあがっていた。「電柱という電柱が」と、エリザベスは記している。「揺れながら遠ざかり、地面は列車の下を飛び去っていく。まるで不気味な悪夢をみているようだった」エリザベスは気分こそ悪くならなかったが、神経質になりはじめていた。乗客はひとり残らず席にすわり、しっかりとひじかけを握っていた——一度はだれもが、寝台の脇をしっかりつかんでいれば転がり落ちずに眠れるかもしれないと考え、結局はあきらめた。

列車はこの旅で最長のトンネルにさしかかった。固い赤色粘土と砂岩をくり抜いたトンネルで、長さは優に二百メートルをこす。永遠のように長い数秒間、窓の外の暗闇はさらに濃くなったようにみえた。トンネルを抜けて少しいくと、エコー・キャニオンがある。ここは一キロ上るたびに高度が五十メートル上がるほど勾配がきつく、道はヒツジの角ほども曲がりくねっているといわれていた。線路は山の中腹の細長い土の道に延びていた。キャニオンははるか下だ。カーブにさしかかるたびに鉄の車輪が軋《きし》む音がきこえた。列車のうしろには、火花がほぼ切れ目ない線となって二本続いている。ジェイムズ・ホワイトは席を立って車両に設置されている速度計をみにいき、そこに表示されていた数字を読んで息を飲んだ。

信じられないことにこの列車は、エコー・キャニオンを一キロ三十五秒の速さで進んでいたのだ。しばらく危険な道が続き、さらにアンテロープ山道の複雑なカーブが続いた。列車がフルスピードでひとつ目のカーブにさしかかったとき、片方の車輪が宙に浮き、もう片方の車輪だけで走ることになった。ぞっとするような一瞬が過ぎたあと、列車はどうにかして体勢を立て直し、浮いていた車輪はがたんと大きな音を立ててふたたび線路に着地した。すぐに逆のカーブにさしかかり、今度は反対の車輪が持ちあがった。とうとう総支配人のエドワード・ディキンソンは我慢の限界に達した。「予定なんかもういい！」ディキンソンはユニオン・パシフィック鉄道の広報係、C・E・ブラウンにどなった。「ブラウン、ベルを鳴らして機関手室まで走れ。ダウニングに伝えてくれ。こんなむちゃくちゃな運転はやめてわれわれを生きたままオグデンに送り届けろ、と」ブラウンが指示を伝えると、ビル・ダウニングはちらりと時計をみて、残念ながら命令には従えないと答えた。ブラウンからその返事をきくと、ディキンソンは飛び上がって列車後方のデッキへ走り、こん身の力をふりしぼってブレーキのレバーを引っぱった。列車のスピードは落ちていった。

ところが、急行郵便列車は予定に遅れることなくオグデンに着いた。最後の百二十キロを六十五分で走り抜けたのだ。その区間をこの速度で走った列車はそれまでなかった。約束を立派に守ったつむじ風のビルは、機関手室を出てくると、こういう夜の仕事をしたあとは風邪を引きがちなんだと気軽な調子でいった。それから角の酒場のスイングドアを通り抜け、それっきり出てこなかった。

オグデンの八十五キロ西、ユタ州のプロモントリー・サミットに駅ができたのは、このときから二十年前の一八六九年のことだ。大陸横断鉄道の完成を記念する、最後の犬釘《スパイク》が打たれた。これが有名な〝ゴールデン・スパイク〟だ。釘は、式典用の磨きこまれたカリフォルニアゲッケイジュの枕木に打ちこまれた。こうして、ユニオン・パシフィック鉄道とセントラル・パシフィック鉄道、そして数年前まで南北戦争によって分裂していたアメリカ合衆国はひとつになった。鉄道が国をひとつに結びつけたのだ。それまでは、東西の両海岸を横断しようとすると、何カ月も幌馬車に乗って過酷な旅を続けなければならなかった。あるいは南米をぐるっとまわるしかなかった。それがいまや、一週間もかからずにたどりつけるようになった。ウィリアム・T・シャーマン将軍は大陸横断鉄道の完成について「現代におけるもっとも重要な出来事」だと述べている。

当時はよくこんなふうにいわれていた。鉄道ができる前まで、合衆国大統領はローマ皇帝より速く旅をすることができなかった、と。このころの馬は、古代ローマの馬ほど速く走れなかったからだ。ところがそこへ、「鉄の馬」ともいうべき蒸気機関車が現れた。この馬は時速百キロ近いスピード出すことができる。雪が降っていようと焼けつくような暑さであろうと走ることができ、起伏の激しい丘陵地帯を何時間でも走ることができ、そして決して疲れることがなかった。あらゆる点で自然界の動物に勝っているように思えた。「鉄の馬は自分の餌も飲み水も自分で運ぶ。ちょうど、ラクダがコブの中に自分のエネルギーを貯め、長期間の砂漠の旅に備えるのと似ている」一八七〇年代、蒸気機関車に驚いた人がそう語っている。「ゾウにも運べない重荷を運ぶことができ、雄牛の群れにも不可能なほど重い物を引くことができ、ラクダよりも長い距離を旅することができ、おまけにどんな名馬よりも速いのだ！」まるで、神話に出てくるうなり声をあげる巨大な怪物のようだ。実際に、チャールズ・ディケンズをはじめとする当時の作家は、蒸気機関車を火を噴くドラゴンに喩えたものだった。

大陸横断鉄道が完成した一八六九年、合衆国に敷かれた線路の長さは七万五千キロ余りだった。それからちょうど二十年後、長さはほぼ四倍の二十六万キロ余りに延びた。線路は川を、砂漠を、山さえも横断した。自然も人間も、線路の進攻には膝を屈するしかないように思えた。大草原でスー族かシャイアン族の反発にあうと、鉄道の進攻にはアメリカ陸軍が加勢した。「鉄道の敷設は決定済みだ（中略）おまえたちの部族がそれを阻むなら、いまは慈悲深く武力行使を控えている合衆国大統領《グレート・ファーザー》も、軍を送っておまえたちを掃討せざるをえないだろう」集められた首長たちは、ウィリアム・テクムセ・シャーマンからそのように告げられた。アメリカ陸軍の長でありながら、ショーニー族の戦士にちなんだテクムセという名を持つ男に。「オマハの鉄道員たちは、先住民問題を解決するにあたって完璧な対策を講じた」と、「シカゴ・トリビューン」紙は報じている。「つまり、皆殺しだ」先住民が鉄道に反発したのは、ひとつにはバッファロー、つまりアメリカ・バイソンの大きな群れを分断してしまうからだった。バイソンは決して線路を越えようとせず、やがて列車の窓から通りすぎざまに撃つハンターたちによって絶滅寸前にまで追いやられた（「バイソンの生息していた四百キロほどの平原は、列車の窓からみるかぎり、いまや骨でまっ白に埋めつくされている」クエーカー教徒の雑誌「フレンド」の記者はそう書いている。「絶滅は時間の問題だろう」）。列車は都市部から地方へ、地方から都市部へ移住者たちを運んだ。また、石炭や木材、鉄や鋼を運んだ。そして鉄道会社こそが、こうした資材の最大の消費者だった。

一八八〇年には、アメリカ国内で生産される全鉄鋼の四分の三が鉄道線路に使われた。鉄道は国内最初の一大産業だった。ヴァンダービルト、ハリマン、グールド、モーガン、カーネギーといった鉄道会社は、直接的、間接的に連携し、鉄道産業を成長させていった。ペンシルヴェニア鉄道はペンシルヴェニア州より多くの雇用を生み出し、大きな鉄道会社はアメリカ国債より多額の資産を管理していた。「近年、鉄道王たちは政治家よりも国民の運命を支配している」ジェイムズ・ブライスは、一八八八年に出版された『アメリカ共和国』の中でそう書いている。「西部の鉄道の中でも指折りの会社の社長が公用車で太平洋沿岸部を訪れたとき、その旅はまるで国王の巡幸さながらだった。州や準州の高官たちが彼におじぎをし、議会は厳粛に彼を迎え入れた。彼が都市ひとつ分の財産を作り出すことも動かすこともできる人物だったからだ」鉄道会社の幹部たちが政府の首脳が使うような言葉を使いはじめたのも、当然といえば当然だったのかもしれない。「最後通牒」を通達し、ライバル会社を「敵」と「味方」にわけ、「条約」の交渉をし、「領土」を守るため「戦争」をしかけるのだ。ユニオン・パシフィック鉄道の経営者エドワード・H・ハリマンは一度、ウィーンでオーストリア＝ハンガリー帝国の皇帝兼国王フランツ・ヨーゼフ一世と会談したことがあった。皇帝が時間に遅れ、側近の者が詫びはじめると、ハリマンは軽くそれをさえぎっていった。「わたしはほかならぬエドワード・ハリマンですよ。帝国ではいろんな問題が起こるものと承知しています」

一八八九年、有名な土木技師トマス・カーティス・クラークはこんな記述を残している。「今日の世界とナポレオンの世界はちがう。ナポレオンの世界とユリウス・カエサルの世界がちがっていたよりもさらにちがう。その差異は主に、鉄道によってもたらされた」アメリカに農業社会のゆるやかな時間が流れていたとき、人々は駅馬車や運河を渡る船に乗って旅をした。時間通りに着くということはすなわち、定められた日に着くことを意味していた。ところが急速に工業化が進むと、旅は鉄道の時刻表、駅の時計、車掌の懐中時計によって計画されるようになった。それまでマイルによって表現されていた目的地までの距離が、時間と分によって表されるようになったのだ。距離を変えることはできないが、時間は縮めることができる。当然ながら、ニューヨークがフィラデルフィアに近づいたわけではない。だが、かつて七日かかっていた旅が、いまや七時間足らずでできるようになった。アメリカはよりせまくなり、より結びつきを強くしていった。あらゆる場所が以前より近くなったように思えた。

事実、鉄道の出現によって時間そのものが根本的に変わった。十九世紀末まで、地方自治体には独自のタイムゾーンを定める権利があった。そのタイムゾーンは「地方平均時」と呼ばれ、それぞれの地方で太陽が南中した時刻を正午と定めていた。イリノイ州には二十七の異なるタイムゾーンがあり、ウィスコンシン州には三十八ものタイムゾーンがあった。ピッツバーグの駅には六つの時計があり、それぞれが違う時刻を示していた。ワシントンDCの時計が正午を打つとき、フィラデルフィアは十二時八分、ニューヨークは十二時十二分、ボストンは十二時二十四分だった。地方平均時は、一日かけて隣町まで旅をしていた時代には、ごく当たり前の常識として受け入れられていた。だが、列車が一分で一マイル進み、ひとつの鉄道会社が複数の州に列車を運行させるようになると、非常に大きな制約になった。たとえばボルチモア・オハイオ鉄道会社は、東部の列車はボルチモア時間で、オハイオの列車はコロンバス時間で、西部のはずれの列車はインディアナ州ヴィンセンズの時間で運行した。列車はいまだかつてないスピードで走り、つねに列車同士が衝突して大惨事を起こす危険をはらんでいた。いたるところで発着の正確な時間をめぐって混乱が生じ、それは安全面での最大の課題だった（上りと下りの列車が同じ線路を走ることは珍しくなかったのだ）。一八八三年の十月、主だった鉄道会社の代表がシカゴで総合時刻会議を開いて合衆国を四つのタイムゾーンに分け、それぞれフィラデルフィア、メンフィス、デンヴァー、フレズノ近くの子午線で標準時を定めた。この取り決めには大統領も議会も法廷も関わっていないが、決定が下されると、ただちに事実上の法律と認められた。一八八三年十一月十八日の日曜日、合衆国中の時計が、新たに決められた鉄道標準時に合わせせられた。この日曜日は「正午が二度あった日」として記憶されることになる。地方平均時はなくなり、だれもが、鉄道会社の時間にしたがって暮らすようになった。インディアナポリスの新聞は、有名な社説でこう述べている。「人々は鉄道標準時にしたがって結婚し、鉄道標準時にしたがって死ぬことになる。

牧師たちは鉄道標準時にしたがって説教をし、銀行は鉄道標準時によって営業することになる。事実上、鉄道会社は時間をつかさどるようになったのだ。われわれもまた、新たな時間にしたがって生活を変えるべきだろう」

蒸気機関車が戦旗のように煙をたなびかせて走る様は、いまや風景の一部となった。多くのアメリカ人にとって、蒸気機関車は進歩と現代、さらには美の象徴だった。ウォルト・ホイットマンは「冬の蒸気機関車に捧ぐ」という詩の中で列車を「咆哮する美」と称え、こう表現している。「現代を象《かたど》るもの。動と美の具現化。機関車は大地の鼓動」ラルフ・ウォルド・エマソンは鉄の線路を「魔法使いの杖のように、大地と水の眠れる力を呼び覚ます」と書いている。だが友人のヘンリー・デヴィッド・ソローはそうは考えなかった。「人が列車を使っているのではない」『ウォールデン』の一節だ。「列車が人を使っているのだ」

## 一八八九年十一月十八日－十九日　ネバダ砂漠からサンフランシスコ

旅をはじめてまだ四日足らずだったが、エリザベス・ビズランドはすでに疲れきっていた。ニューヨークを出発してからよく眠れず、おまけに、つむじ風のビルの運転で味わった恐怖が一日経ったいまもまだ残っていた。熱病から回復した直後のように、体に力が入らないのだ。実際に体が震えることもあった。疲労と「名づけようのない漠然とした不安」のせいだ。世界一周レースの計画は、いまだに曖昧な点ばかりだった。エリザベスは十一月十九日火曜日の朝早くにサンフランシスコに着くことになっていたが、太平洋横断の蒸気船、オセアニック号は木曜日まで出発しない。だが、ジョン・ブリズベン・ウォーカーはオクシデンタル・アンド・オリエンタル汽船会社の社長と交渉し、出発を二日早めてもらおうとしていた。エリザベスにはウォーカーがどのくらいの金額を提示したのかも、交渉がどうなったのかも知らなかった。だがウォーカーは、相手を説得することにかけてはプロだ。二日節約できれば、もちろん旅にかかる日数は減る。それでもエリザベスは、子供のころよく話していたように、サンフランシスコでは野の花のように過ごしたいと考えていた。時間も気にせず、あくせく動きまわることもなく。エリザベスは、人間というのは一分間に一・五キロも移動するようにはできていないのだ、と考えるようになっていた。一秒で三十メートル以上進むなど、どうしてそんなことが可能なのだろう？　神経にどんな負担がかかっているのかわかったものではない。新しい世代の人間は時速百五十キロ、二百五十キロで移動するようになるはずだ。心身にかかる負荷をいったいどうするのか。もちろん、新しい環境に順応するためになんらかの手段が講じられるはずだ。耐えがたいと前もってわかっていることを耐えられるように工夫するのが、人間なのだから。

実際に目にする西部は、想像を越えて広大かつ荒涼としていた。窓から外をながめながら、エリザベスはひざ掛けをきゅっと体にまきつけた。子供時代を過ごした南部の温かな気候を懐かしく思い返す。屋敷の庭にはバラやツバキ、ブラックアイド・スーザン（ヒマワリに似たキク科の植物）が咲き乱れていた。人を寄せつけない西部の風景とはまるでちがう。ここはあまりにも殺風景で、あまりにも色彩に乏しく、あまりにも寒く、乾いていた。郵便列車はネバダ州北部を何時間も走ったが、エリザベスが目にしたのは、ヤマヨモギの茂みと砂だけだった。何キロも何キロも生き物の気配のない不毛な大地が続く。いつかみた月面写真のようだった。アルカリ性の土地は、雪が積もっているように白かった。白い細かな砂ぼこりは窓のすきまから列車の中にも入ってくる。エリザベスは肌がべたべたして気持ちが悪く、目が赤くなって本を読むのがつらくなった。果てしなく続く白い砂の大地に、ぎざぎざした赤い崖がところどころにそびえている。崖の頂上は長いあいだ風雨に削られ、そこだけ原始時代に逆戻りしているようにみえた。黒い影が蜃気楼のように、崖のふもとにたまっている。太陽は激しい光を放っていたが、空気は冷たく乾いていた。生き物がいることを示すのは、群れからはぐれたジャックウサギやコヨーテくらいだった。物語から抜けだしてきたような光景に、はっと息を飲むこともあった。時々、テントをいくつも張った野営地があったのだ。

駅で停まるたびに、先住民たちが列車のまわりに集まってきた。女たちは赤ん坊を連れていた。赤ん坊はみな、母親の背負う小さな木箱の中に入っている。箱にはやわらかいウサギの毛皮が張られていた。母親は乗客たちに背を向けて子供をみせ、手を差し伸べて小銭をねだった。自分たちを見せものにして金を稼ぐのは、西部も東部も同じらしい。エリザベスには、先住民の子供たちがとても美しく思えた。褐色のなめらかな肌をして、少年も少女も艶やかな黒髪を長く伸ばしている。老いた女たちの顔には、信じられないほどたくさんのしわがあった。ほこりの中にしゃがみ、冷気から身を守るために毛布を巻きつけて小さくなっている。どの女も偶像のように無表情だった。硬貨を受け取っても、先住民たちは聞き取れない声でなにかつぶやくか、感謝の印にちらりと目を合わせるだけだった。硬貨をもらおうともらうまいと、どちらでもよさそうにみえた。彼らはまた、白く輝く最新型の急行郵便列車がやってきたことも、どうでもいいと思っているようだった。ずっと前に、白人の気まぐれを理解するのは不可能だとあきらめたらしい。そしてエリザベスも記したように「平和に暮らすためには白人を完全に無視するしかない」と理解しているのだろう。

ほんの百時間前まで、エリザベス・ビズランドはベッドに寝そべって新聞を読んでいた。それがいまや砂漠の中で列車に乗り、先住民たちをながめている。アパートで二輪馬車を待っていたときと同じ感覚がよみがえってきた――もしかすると自分は、覚めることのない夢をみているのだろうか。午後遅く、列車は高地へ向かう坂道にさしかかった。そのあたりには銀や鉛を採掘する鉱山があちこちにあり、ミラージュ、ルックアウト、マイザーといった古い鉱山都市がいくつもあった。どれも粗布と木で手早く作ったような町ばかりで、耐久性という点では、週末にやってくる旅回りのメディスン・ショー（〝妙薬〟を売るために手品などの出し物をするショーのこと）のテントと変わらない。その夜、エリザベスは心からほっとした。食堂付きの小さな駅で列車が停まったとき、薄闇のむこうにポプラの木立がみえたのだ。ジェラルド・マンリー・ホプキンズが呼ぶところの「こだまの森」だ。そこには鳥のさえずりが満ちていて、まるで耳が洗濯されているかのように清々しい気分になった。乾燥した砂漠を通ってきたあとでは、山の空気がことさら肌に心地よく感じられる。闇の中には、シロツメクサのような甘いにおいがただよっていた。だが、いくら気の早い花でも十一月に咲くはずがない。シエラ・ネバダ山脈ならなおのことだ。

エリザベスは夜明けとともに目を覚まし、寝台のそばの窓から外をみた。列車の下のほうに、サクラメント・バレーが広がっている。いくつもの草深い丘のまわりには、白波のようにうねる霧が流れていた。空はほの白く明るみ、地平線上にはゆっくりと朝の光が広がりつつあった。エリザベスは窓を大きく開け、はっとした。オークの林が視界に飛びこんできたのだ。思いもよらない光景だったが、見間違えようがなかった。ルイジアナ州とミシシッピ州の故郷が懐かしく思い返される。東部を模倣しているようなこの西部の風景は、大陸横断の旅が終わりに近づいている兆しでもあった。朝食の直後に、列車はオークランド防波堤に到着し、三キロ余りにも及ぶ埠頭に勢いよく走りこんだ。ここから乗客は、サンフランシスコ行のフェリーに乗り替える。フェリーは波の荒い湾を抜け、せまいゴールデンゲート海峡に向かった。途中、アルカトラズ島の灯台と、エンジェル島の兵舎がみえた。島のぐるりには大砲が据えられている。雨と霧のむこうに、サンフランシスコの白っぽい街並みがみえた。美しい形の家々が傾斜の急な丘の中腹に建ち並んでいる。家と家のあいだには広々とした通りが延びていた。少し先にフェリーハウスがみえる。マーケット通りの端だ。低い木造の建物で、屋根には時計塔がひとつ立っていた。十一月十九日火曜日の朝九時十五分に、フェリーはサンフランシスコの埠頭に到着した。エリザベス・ビズランドは、東海岸から西海岸までをたった四日と十五時間十五分で横断したのだ。郵便も時間内に着いた。鉄道職員たちは歓声をあげて喜び、いっせいに拍手をした。それから、取材を受けるために記者たちのところへいった。エリザベスは雨に打たれながら、駅に向かってぬかるみの中を歩きはじめた。地面を歩けることがうれしくてたまらなかった。大きな歩幅で腕を振って歩く。狭い列車と耳に響くエンジンのごう音から、ようやく解放されたのだ。

**一八八九年十一月十九日―二十一日　サンフランシスコ**

エリザベスは急行郵便列車のほかの乗客たちと共に、パレスホテルに泊まることになっていた。

サンフランシスコでは最高級のホテルであるだけでなく、八百をこす客室を備えた合衆国最大のホテルでもあった。パレスホテルの特徴は最新の設備にある。全室に電気式の呼び出しボタンがあり、七百以上の音の静かな水洗トイレがあり、四基の油圧式エレベーターがあった。もっとも、ホテルの関係者は、エレベーターではなく〝ライジング・ルーム〟と呼んでいた。エリザベスは、この街で二日待機することになったと知らされても、残念には思わなかった。ジョン・ブリズベン・ウォーカーの、オセアニック号の出発を二日早めてくれという交渉は失敗に終わったのだ。

その日の午後エリザベスは街に出ると、暑い国に備えて、持ってきた二枚のワンピースに加えて薄手のシャツブラウスを二枚買い足した。それから、手芸をするために絹糸と毛糸を買った。ニューヨークにいたときは刺繍をすることもめったになかった――単に時間がなかったからだ――が、船の上での退屈しのぎにちょうどいいと思ったのだった。「サンフランシスコ・エグザミナー」紙の記者がホテルを訪ねてきて、旅についてエリザベスにインタビューした。アニー・ローリーというペンネームの若い女性記者だった。本名をウィニフレッド・ブラックという彼女は、のちにサンフランシスコでも指折りの記者になった。エリザベス・ビズランドについて書いたこの記事が、その後五十年続くことになるキャリアの記念すべき最初の仕事だった。エリザベスはインタビューを受けるのが苦手で、この先も決して慣れることはないだろうと自分でわかっていた。だが今回は避けようがなく、そうときまればできるだけ感じよく話すのが一番だった。エリザベスはアニーに、きっと楽しい旅になると期待しているんです、と語った。もちろん、訪れる先々でもう少しゆっくりできたらよかったのに、とは思います。とくにアジアには興味がありますから。旅の途中でネリー・ブライに会えるとは思いませんけど、おたがい気づかずにすれちがうことは十分考えられるでしょうね。ロングフェローの詩に出てくるゲイブリエルとエヴァンジェリンのように。家に帰り着く日が待ち遠しくてなりません。

翌朝エリザベスは、エグザミナーの第一面に自分の記事をみつけて驚いた。「エリザベス・ビズランドは大胆な女性にはみえない。小柄で、やわらかな声と魅力的な黒い瞳をしている」記事はそのようにはじまっていた。「だが、彼女こそ七十五日で世界を一周しようとしている女性だ。しかも、たったひとりで。もしもそのようなことが可能なら、この偉業を成し遂げるのはエリザベス・ビズランドだろう。どんな時代にも、繊細で教養の高い女性というのは、忍耐力とすばらしい勇気を秘めている」本人には思いもかけないことだったが、この記事が出たことでエリザベスはサンフランシスコ内でちょっとした有名人になった。午前中いっぱい、彼女は来客の応対に追われた。緊急の用があるというカードが次々に部屋に送られてきた。だが、客たちはいざ部屋に招き入れられると、押しかけたのは、ただひと目お会いしたかったからだと白状するのだった。

ありがたいことに、エグザミナーの記者たちはその日の午後、エリザベスと郵便列車の乗客数人をクリフハウスでのランチに招待してくれた。一行を乗せた蒸気機関車はサンフランシスコの街を走っていった。ニューヨークの摩天楼を見慣れたエリザベスには、サンフランシスコの建物はどれもずいぶん小さく思えた。三階か四階建て以上の建物は数えるほどしかない。記者たちは、地震の心配があるからなんです、と教えてくれた。だが、このころには地震が起こることもほとんどなくなり、新しく造られる建物の多くは古いものよりずっと高くなっているのだという。十一月だというのに家々の正面にはバラがつるを這わせていた。みごとに咲いたバラが、庭に咲き乱れたほかの草花とともに、通りの湿った空気を芳香で満たしている。目を閉じると、ニューオーリンズ時代にもどったような気分がした。湖畔のスパニッシュ・フォートへ遠足に出かけたときのことが思い出され、なつかしさで胸がいっぱいになる。こんなふうにまた、機知と容姿に恵まれた元気のいい青年たちに囲まれ、つかの間でも時間との戦いを忘れられることがうれしかった。彼らは浪費家のような無頓着さで、一日をあっというまに過ごす術を心得ているのだ。

　クリフハウスは、平らで巨大な岩の上に危なっかしげに建てられた立派なレストランで、はるか上から海を見晴らすことができる。サンフランシスコを訪れた者が一度はみたいと思う建物だ。エリザベスは、崖なら大陸横断中に嫌というほどみてきた。だが少なくとも、クリフハウスは列車とちがって動かない。一行は馬車に乗って長い一本道を進み、やがてレストランに到着した。クリフハウスでは、テラピン（食用のカメ）、カエルの足、カキのスープ、ローストチキン、ラムチョップなどが出された。食事の途中で満腹になった客は、海に面した長いバルコニーを散歩して食欲を取りもどすことができた。二百メートルほどむこうには、波間から突き出たシール・ロックがみえる。三つ並んだ黒い卵のような岩だ。岩の上ではアシカたちが遊び、岩の上をよたよた這っては驚くほどスマートに海の中に飛びこんでいた。エリザベスの頬をなでていく潮風は、暖かくもあり、冷たくもあった。太平洋をみるのははじめてだった。大海原は雄大で、かつ穏やかだった。エリザベスは自分でも意外だった。海をみて高揚し、快いショックを受けるとは思ってもいなかった。キーツの詩の「鷲のごとき目で」太平洋をみつめるコルテスについて描かれた数行を思い出す。エリザベスは思った。「ダリエン山の頂に静かに」立ったコルテスも、このときの自分ほど心が解き放たれる気分を味わいはしなかっただろう。はるかかなたで、雲のカーテンがゆっくりと引き上げられていった。水平線の真上では、太陽が空を赤く染め、輝く一本の光を海面に投げかけている。まるで西に向かう金色の道のようだ。だれかがエリザベスにいった。きっと、あの光は旅の成功を約束しているにちがいありません。

オセアニック号は、木曜日午後三時に出発することになっていた。エリザベスはサンフランシスコをはなれるまでの時間を使って、船旅に向けて最後の準備をした。アメリカ紙幣をイギリス金貨に換え、電報を読み、ニューヨークに出発を報告する電報を打ち、旅の計画を見直す。これからオセアニック号に乗って横浜へいき、横浜から列車に乗って東京へ向かい、香港行の特別汽船をチャーターする。香港から北ドイツ・ロイド汽船会社のプロイセン号に乗り、ジェノヴァへいくのだ（ワールドは、ネリー・ブライは列車や汽船を特別にチャーターすることなく旅をすると宣言していたが、ジョン・ブリズベン・ウォーカーはそうした条件はいっさい設けなかった）。そこから急行列車でル・アーブルへいき、フランスの高速汽船ラ・シャンパーニュ号でニューヨークへ向かう。エリザベスは、旅を七十二日で終えられるかもしれないと考えていた。だが、なにが起こるかわからないのだから油断はできない（記者にインタビューされるときまって、急いでそうつけくわえた）。

オセアニック号が出発するころには、どの地元紙もエリザベス・ビズランドの記事をのせていた。その午後蒸気船を見送りに集まった人々の数は、いつもにくらべてずっと多かった。エグザミナー紙は「女性たちは押し合って服も髪もくしゃくしゃにしながら、なんとかオセアニック号に乗りこもうとしていた。勇敢なヒロインをひと目みたかったのだ」と書いている。数人の女性があきらめずに突き進み、実際に船に乗りこむと、エリザベスの船室に押しかけてきた。「この使節団は」と、エリザベスは書いている。「わたしの風変わりな冒険のうわさをききつけて、好奇心という委任状だけを携えてやってきた」彼女たちは二日前までエリザベス・ビズランドという名をきいたこともなかった。だがいま、エリザベスは新聞で話題になり、非常な美人で賢く、大胆で、だれもやったことのないことをしようとしていると称えられている。エリザベスが世界を一周してみせるなら、自分たちだって彼女の船室に乗りこんでみせる、と考えたのだった。彼女たちは小さな船室でエリザベスを取りかこみ、思いつくままに質問を浴びせかけた。おいくつなんですか？　船酔いをすると思います？　ライムかレモンを持ってます？　旅をするのははじめてなんですか？　海はこわいですか？　お連れの方はいらっしゃらないの？

エリザベスの返事は記録に残っていない。だがエグザミナーにはこんな記事がある。オクシデンタル・アンド・オリエンタル社は、ジョン・ブリズベン・ウォーカーからの「謝礼はするから出発日を早めてほしい」という頼みを断りはしたが、オセアニック号の船長と機関長に、可能な限り速く航行してくれという指示を出したという。「わたし」エリザベスは冗談めかしていった。「機関長に色目を使うつもりなの」（エグザミナーは「まちがいなく、船は前代未聞の速さで進むはずだ」と書いている）エリザベスはできるだけ陽気にふるまっていたが、実際にはどうしようもなく気が滅入り、人でいっぱいの船室にいながら孤独だった。見送りの者たちとぎこちなく会話を交わす彼女を、見知らぬ人々がじろじろながめまわしている。エリザベスの言葉を借りるなら、それは「無料の見世物にされたような気分」だった。

その後エリザベスは、秘かに決心した。これからは、どの新聞の見出しにも名前をのせられないようにしよう。

とうとう出発を知らせる鐘の音が鳴り響いた。エリザベスは客を埠頭まで送り、最後の別れのあいさつをした。そのときふいに、白髪のハンサムな男性から、白菊とバラの花束を差し出された。添えられたカードにはJ・M・プレイザーという名が印刷され、隅のほうには「幸運を祈ります、ニューオーリンズ」と鉛筆で書かれていた。男性は帽子をちょっと持ち上げ、エリザベスにほほえみかけた。親戚のように親しみ深い笑みだった。エリザベスには、あえて無言で別れを告げてくれたこの男性の振る舞いが、優美で魅力的な騎士道精神そのもののように感じられた。南部時代の思い出を受け取ったよう気がした。二度とプレイザー氏に会うことはなかったが、エリザベスは彼のことも、彼が与えてくれた親切も決して忘れなかった。その親切が、アメリカから船出するエリザベスの心を支えてくれたのだ。

# 7. 世界地図

一八八九年十一月二十二日　ロンドン

サウサンプトン発の臨時郵便列車は、ロンドンのウォータールー駅に朝の五時に到着した。ネリー・ブライはトレイシー・グリーブズと一緒だった。彼はフランスまで付き添ってくれることになっている。ふたりはひとつきりの客車に乗り、二時間旅をしてきた。鍵のかかったコンパートメントには、暖房が足温器ひとつしかなく、明かりも煤でくもった薄暗いオイルランプだけだった。ちょうどこの頃エリザベス・ビズランドは太平洋横断の旅に出たところだったが、ネリー・ブライはそれを知らずにいた。「ワールド」紙のスタッフは、エリザベスの情報をトレイシー・グリーブズに送っていなかったのだ。あるいは単にグリーブズがネリーに伝え忘れていたのかもしれない。ネリーにわかっていたのは、自分が架空の人物フィリアス・フォッグと競争している、ということだけだった。楽しみでたまらなかった。思いがけず、フォッグの生みの親、世界的に有名

なジュール・ヴェルヌと会えるチャンスに恵まれたのだ。

ポーターがコンパートメントを開けにきてくれるまで、少し時間がかかり、ネリーは、早く外に出たくてじりじりした。ロンドンで過ごせるのはたった四時間だが、やるべきことは山のようにあるのだ。ようやくポーターがきてドアを開けると、ふたりは外に飛び出して車庫を駆け抜け、広く人気のない駅舎に入っていった。ネリーはグリーブズの大きな歩幅に苦労してついていきながら、駅の外に出た。ロンドンの街並は、薄い亜麻に包まれているようにみえた。街全体が灰色の厚い霧でおおわれている。駅の前には大きな馬車がずらりと並んでいたが、ロイヤルメールの郵便を配達するためのものだった。客を待っているのは、ハンサム馬車が一台と、四輪のブルーム型馬車が一台しかなかった。ブルーム型馬車は無人にみえたが、近づいてみると中で御者が眠っていた。ふたりはどうにか御者を起こし、謝礼をはずむから大急ぎで市内をめぐってほしいと頼んだ。御者にトランクはどこにあるんですかときかれると、ネリーはほほえみ、だまって足元の手提げ鞄を指さした。御者は無言でちらりとネリーをみた。どうやら家出娘だと思われたらしい。だが御者はそれ以上なにもきかず、御者台に移ると馬に鞭を打った。たちまち馬車が、猛スピードで走りだす。ネリーは下を流れるテムズ川をみる間もなくウォータールー橋を駆け抜け、有名な邸宅のどれひとつとしてみる間もなくストランド大通りを駆け抜け、ネルソン記念柱をながめる間もなくトラファルガー広場を駆け抜けた。「ネリーがイギリス観光でみたものを描写したとしても」トレイシー・グリーブズはワールドに書いた。「それは、ウェスタン・ユニオン社から二十三番通りのオフィスまで、気送管に詰めこまれて飛ばされた男の描写するブロードウェーとさほど変わらないだろう」

馬車の窓から外を見上げると、骸骨のような木々が空を背にして黒々と浮かびあがっていた。視線を下にもどすと、家々が渦巻く霧の中で幽霊のように流れていくのがみえる。歩道のあちこちにぼんやりした人影がみえる。なにか秘密の用事をしにいく途中なのだろう。ロンドンの朝は、ピッツバーグの朝とよく似ていた。霧はガス燈の明かりをかすませ、建物の輪郭をあいまいにして、日ざしのもとではありふれてみえるものにさえ、平和で厳粛な心地よい雰囲気を添えるのだ。

「ロンドンはニューヨークと比べてどうです？」トレイシー・グリーブズが沈黙をやぶってたずねた。

「悪くありませんね」ネリーはできるだけ何気ない口調で答え、また窓の外に顔を向けた。それ以上この話をしたくなかった。内心では、ロンドンはなんてすてきなんだろう、ニューヨークとは比べ物にならない、と考えていた。ほかのだれかにはっきりとそう指摘されたら、どう反論すればいいのかわからなかった。外国にいるあいだは、だれかがアメリカについて悪くいうのをききたくなかった。

ネリーは馬車の座席に深々と沈みこんだ。ウールの帽子をかぶってアルスターコートを着ていてさえ、ロンドンの湿った空気は震えるほど冷たかった。すでに二十四時間近く、一睡もしていなかった。そのあいだずっと、蒸気船に、タグボートに、列車に乗り、そしていまは馬車に乗っている。頭痛がはじまりつつあるのがわかった。おなじみの鈍痛がする。まわりの風景がぐらぐら揺れはじめた。馬車は、灰色のひっそりした通りを進みつづけていた。きこえるのは車輪ががたがたいう音、そして舗道を駆ける馬のひづめの音くらいだ。やがて馬車は、ロンドンの中でも流行の先端をいくウェスト・エンドで停まった。ここに、アメリカ公使館の二等書記官、ロバート・S・マコーミックの自宅がある。一階の窓のひとつに明かりが灯っていた。グリーブズはあらかじめ電報を打って特別な依頼をしていた――「世界的に有名な旅行家ネリー・ブライのために、急遽、正式なパスポートを発行していただきたいのです」――ので、朝もまだ早い時間だというのに、二等書記官はすでに起きて身支度をすませていた。マコーミックは四十歳で、優しそうな黒い瞳をしていた。ヴァンダイクひげ（口ひげとヤギひげを組み合わせたスタイル。ヤギひげ部分を残してあごひげは剃り落とす）を生やし、口ひげの両端をカールさせている。ネリー・ブライを温かく迎え入れ、旅の最初の部分がひとまず成功したことに祝いの言葉を述べた（コーヒーでもどうぞと勧めてくれたので、ネリーはほっとした）。マコーミックはふたりを大きな部屋に招き入れると、デスクについて、パスポートの作成に取りかかった。ネリーはコーヒーをありがたく飲みながら基本的な質問に答えていった。瞳の色、身長、出身地。やがてマコーミックは、ミス・ブライに重要な質問をしますから部屋のすみにいってくれませんか、とグリーブズに頼んだ。ネリーはパスポートを作ったことがなかったので、緊張して首をかしげた。こうした公的な手続きで、いったいどのようなプライベートな質問をされるのだろう。

「この質問になると、女性はきまって答えをしぶるのです」ロバート・マコーミックはいった。かすかにヴァージニアなまりが残っている。「本当の答えを教えてくれる女性はじつに少ない。どうか真実を述べると誓ってから、この後の質問に答えてください。もしあなたが、年齢をお答えになることにためらいがおありなら」

「いえ、とんでもありません」ネリーは笑って答えた。「年齢はお答えしますし、真実だということも誓います。それに、ためらってなんかいませんわ。グリーブズさんももどってきていただいて結構です」

パスポートが完成すると、マコーミックは、パスポートの申請にくる女性の中には変わった方々もいるんです、といった。「一度、若い女性が八人か十人連れ立ってパスポートを作りにきたことがありました。ところが彼女たちは、なんとかして正確な年齢を相手に知られまいとするんです。よほど巧みに駆け引きをしないと、年齢なんて隠し通せるはずがないのですが」

ネリーはコーヒーを飲み干すと手袋をはめ、そしていった。「たいへん興味深いお話ですわ。でも、そろそろ失礼しなくては」

ネリーとグリーブズはふたたび車上の人となり、ロンドンの街路を駆け抜けていった。まずはトラファルガー広場近くにあるワールドの支局へいき、ネリー宛の電報を受け取る。会社に集まっていた数人の同僚たちが、ネリーに「良い旅を《ボン・ヴォヤージュ》」と声をかけた。それから東へもどり、レドゥンホール通りにあるペニンシュラ・アンド・オリエンタル汽船会社をたずねると、ブリンディジ発横浜行の切符を買った。ふたたび西へいき、チャリング・クロス駅で、その朝フォークストンへむかう列車の席を予約する。まともな朝食をとる時間はなかったので、ふたりは駅の隣のチャリング・クロス・ホテルへいき、ハムエッグをコーヒーで流しこんだ。ネリーは、あちらからこちらへと慌ただしく駆けめぐるこんなときにこそ、荷物をひとつにまとめておいて本当によかったとうれしくなった。ロンドンに到着して四時間後、ネリーとグリーブズはすべての用事を片づけ、列車の席に落ち着いた。これからイギリス南部へもどるのだ。ロンドンへの寄り道は八十キロ近い遠回りを意味し、寝不足で疲れ切っていたネリーにさらなる負担を強いることになった。それでも、この回り道は必要だった。パスポートなしで旅を続けることはできない。そのパスポートは、二等書記官マコーミックの公印を押されたうえで、手提げ鞄にしっかり収まっている。それから何年も、ネリー・ブライがマコーミックに自分は二十二歳だと告げたことはだれにも知られずにいた。

だが、ネリー・ブライは二十五歳だったのだ。

一八七一年、ジュール・ヴェルヌは出版社の社主、ピエール＝ジュール・エッツェルに手紙を書き、執筆中の新しい小説についてこう語っている。「最近はずっと書いている。知ってるだろう？ きみにわかってもらえたらどんなにいいか！ 八十日で世界を一周するこの話は、書いていて実に楽しい。読者もわたしと同じくらい楽しんでくれたら、と思わずにはいられない」このときヴェルヌは四十三歳で、のちに〝サイエンス・フィクション〟と呼ばれることになる文学ジャンルにおいて、大きな成功を収めていた。十九世紀後半にはまだ、SFではなく〝サイエンティフィック・ロマンス〟と呼ばれることが多かった。彼の幼年時代は、冒険小説家になるための準備期間のようなものだった。ヴェルヌはロワール川北岸にある港町、ナントに生まれた。少年のころ、古い波止場の石の堤防に何時間もすわり、港に入ってくる船をながめていたものだった。船には袋や木箱が積まれていて、好奇心をかき立ててやまない風変わりな異国の文字が書かれていた。青い帆の漁船もあれば、マストのそびえるスクーナー船もあった。なにより魅力的だったのは、蒸気船《ピロスカフ》だ。実験的な構造の外輪船の船体は細長く平らで、船首は神話に出てくる海獣の頭のようなアーチの形をしていた。蒸気船は水上に盛大な泡を立てながら、ゆっくりと川を下っていくのだった。ヴェルヌは冒険物語が大好きで、ウォルター・スコットやジェイムズ・フェニモア・クーパーの作品や、『ロビンソン・クルーソー』といった翻訳小説をむさぼるように読んだ。中でもお気に入りは『スイスのロビンソン』だった。ヴェルヌは物語を読んでは、自分で世界をみてまわれたらどんなにいいだろうと憧れていた。十一歳のとき、だれにも相談せず年を偽って、給仕係を募集していたスクーナー船に雇ってもらった。船は西インド諸島に向かう予定だったが、ヴェルヌがたどり着いたのはロワール川沿いにある隣町までだった。船長がヴェルヌの本当の年齢に気づき、波止場で降ろしたのだ。ヴェルヌは迎えにきた父親に連れられて家に帰り、心配のあまり気が動転していた母親に、これからは夢の中だけでしか冒険しないよと約束した。

やがてヴェルヌは父の跡を継いで弁護士になろうと考え、パリへ出て法律の勉強をはじめた。だが学業にはあまり身が入らず、たいていは戯曲や喜劇の歌詞を書いて過ごしていた。どうにか卒業はできたものの、結局は父に失望されることを承知で家業を継ぐのはやめることにした。「いい作家にはなれるかもしれないが、弁護士になれば三流にしかなれないと思う」ヴェルヌはそんなふうに語っている。「というのも、わたしにはいつも物事のこっけいな面や美しい面しかみえないのです。リアリティにはまったく興味が持てない」二十八歳のとき、ヴェルヌはオノリーヌ・ド・ヴィアヌと結婚した。若い未亡人で、ふたりの子供を抱えていた。ヴェルヌは家族を養うために働きはじめ、こともあろうに株式仲買人になった。それでも執筆は続け、一八六三年、処女作『気球に乗って五週間』を出版する。アフリカ大陸を舞台にした科学的な冒険物語だ。本が非常によく売れたので、ヴェルヌは仲買人の仕事をやめて（予想どおり、優秀な仕事ぶりとはいえなかった）、事実と想像、科学と推論を混ぜ合わせた冒険物語の執筆に専念しはじめた。初期に書かれた『地底旅行』、『海底二万里』といった作品は、読者を思いもよらないすばらしい旅へと誘った。ロケットや原子力潜水艦など、ヴェルヌの考える新世紀の科学技術も登場した。だが、ピエール＝ジュール・エッツェルに送った手紙で触れた小説は、それらの作品とはまったくちがっていた。主人公がいくのは現実の世界だけで、使われる移動手段も――基本的には蒸気船と蒸気機関車だ――切符を買うお金さえあれば、だれにでも利用できるものばかりだ。

もちろん、この本が『八十日間世界一周』だ。主人公のフィリアス・フォッグは英国人の厳密さを具現化したような男だ。毎朝十一時半にサヴィル・ロウの家を出ると、千百五十一歩（左足が五百七十六歩、右足が五百七十五歩）歩いてリフォーム・クラブ（ロンドンにある紳士専用クラブ）へいく。クラブで昼食をとると、新聞を読んで夕食まで過ごす。夕食がすむとクラブの会員たちとホイストをして、深夜ちょうどに帰宅する。こうした日課を、フォッグは時計のような正確さで守る。ヴェルヌが彼に一番よく使った形容詞は「数学的な」というものだった。だがある晩、フォッグの判で押したような生活に変化がもたらされる。クラブの会員たちとホイストをしていたとき、高速で旅ができるようになって地球は狭くなったという話が出た。ひとりが、地球を一周するにも今なら三カ月かからないかもしれない、といった。すると「八十日だ」とフィリアス・フォッグは訂正した。だが、仲間たちはフォッグの言葉を信じなかった――天気が荒れたらどうだ？　向かい風は？　難破は？　脱線は？　フォッグは冷静に、そのような不慮の事態もすべて考慮した上での日数だ、と答えた。だが仲間たちはなおもいった。理論上は可能かもしれない。だが理論を実行に移すとなると話はまた別だ。フォッグはイギリス人らしい経験主義者だったので、二万ポンドを――全財産の半分――賭けて、旅を八十日間あるいはそれ以下で（「すなわち、千九百二十時間か十一万五千二百分以内だ」と、フォッグは数学的に明らかにした）終えてみせようといった。仲間たちは賭けに乗り、フォッグはまさにその日の夜に出発した。フランス人執事のパスパルトゥーを伴い、のちにネリー・ブライが真似したように、たったひとつの鞄を持って。

物語はふたつの話と並行して進む。ひとつは、フォッグを追跡して世界を一周するフィックスという名の刑事（フォッグが銀行を襲って五万五千ポンドを盗み、国を脱走したと勘違いしていた）の話。それから、夫を亡くしたアウダという名の美しいインド人女性を救い出す話。彼女は夫の葬式で強制的に殉死させせられることになっていた。アウダはそれ以降、フォッグとパスパルトゥーと旅を共にすることになる（最終的にフォッグの妻になり、語り手の言葉を借りるなら彼を「世界一幸せな男」にした）。だが『八十日間世界一周』の中心的なテーマは、時間と距離のせめぎ合いにある。フィリアス・フォッグは時計のように厳密なスケジュールを守ろうと努め、決してあきらめない。フォッグは文字通り、良識あるヴィクトリア朝時代の美徳を体現している。正直で理性的、愛国的で勇気があり、純粋。そしてなにより、冷静なのだ。この本を読む楽しみの大部分は、つねに冷静さを失わないフォッグをみることにある。ヴェルヌは彼を何度も絶望的な窮地に追いやるが、そのたびフォッグは落ち着いて対処する。たとえばインドの線路が八十キロにわたって分断されていることがわかると、象に乗ってアラーハバードまでいく。コルカタではあらぬ罪を着せられてパスパルトゥーと共に逮捕され、七日間の禁固刑をいいわたされるが、二千ポンド（現在の二十五万ドルに相当）の保釈金を払ってぶじ香港行の蒸気船に乗る。ネブラスカ州でスー族の襲撃にあったために列車に乗り遅れると、フォッグと仲間たちはそりに乗り、オマハ行の鉄道線路に沿って猛スピードで走る。金を払って借りた商船がリヴァプールに着く前に燃料の石炭を使いきってしまうと、フォッグは落ち着きはらって船主から船を買い取り、上部構造をばらばらにして、その材木を燃料として使う。とうとう、船室、マスト、手すり、甲板の大部分がかまどの中に消え、港に着くころ、船は水に浮かぶ鉄の骨組みと化している。ところが、その大胆さと才知をもってしても予定を守ることはできず、フォッグは定められた時刻に五分遅れてロンドンに到着する。賭けた二万ポンドを失ってしまったのだ。残りの二万ポンドは、結局は負けてしまったレースに注ぎこんでいた。フォッグは破産し、未来は限りなく暗いものに思えた――ところが翌日の午後になって、パスパルトゥーは気づいた。東回り航路で旅をしたということは、丸一日稼いでいたということだ。八十日かかったとばかり思っていた旅は、実際には七十九日しかかかっていなかった。一行はリフォーム・クラブへ急ぎ、時計が指定の時刻を打った瞬間にクラブに入っていって会員たちを驚かせた。フィリアス・フォッグは世界を八十日で旅し、賭けに勝ち、妻をみつけた。語り手は本の最後にこう問いかける。「そもそも人は、得られるものがフォッグより少ないとしても、世界一周の旅に出かけるのではないだろうか」

小説の構想が生まれたのは、一八七一年夏のことだったらしい。ジュール・ヴェルヌはパリのカフェで、観光客に向けた世界一周旅行の新聞広告に目を留めた。提供していたのはイギリスの旅行代理店トマス・クックだった。それまでは考えられなかったこのアイデア――ひとつの国、ひとつの大陸を旅するのではなく、世界中を旅行すること――は、一八六九年十一月のスエズ運河開通によって生まれたものだった。これによってはじめて、ヨーロッパとアジアをじかにつなぐ水路ができたのだ。ほんの半年前にはアメリカ合衆国の大陸横断鉄道が完成していた。運河の開通は事実上、機関車と蒸気船を使ってまっすぐに世界を一巡りできるようになったことを意味した。当然ながら次なる疑問は、どれくらいの速さで世界を一周できるかということだった。正確なところはだれにもわからなかったが、おおかたの者が八十日だと予測した。スエズ運河が完成する少し前にフランスの雑誌は八十日間の旅程を組んで公表し、一八六九年度「科学と産業年鑑《ラネ・シアンティフィーク・エ・アンデュストリエル》」にも地球は八十日で一周できるだろうと書かれていた。だが、これらはどれも推測の域を出ず、船と列車の発着時間を計算したにすぎなかった。リフォーム・クラブの会員がフィリアス・フォッグに指摘したように、理論と実践はまったく別の話なのだ。

当時の言葉を使うなら、最初の「世界一周者《グローブ・ガードラー》」（『夏の夜の夢』のパックのセリフ「地球をぐるっとひと回り《プット・ア・ガードル・ラウンド・アバウト・アース》」からとられた言葉だ）は、ジョージ・フランシス・トレインという世界旅行者にぴったりの名を持つ男だった。トレインは裕福な実業家で、築いた財産の一部は不動産によって得たものだった。ユニオン・パシフィック社の鉄道線路が開通したオマハ周辺の土地を買収したのだ。伝記によれば、トレインは「アメリカ一の変わり者」でもあった。一八七二年には〝一般市民のトレイン〟として大統領選挙に出馬した。アメリカの歴史上でも、選挙集会に入場料をとったのは彼くらいのものだろう。初対面の人間には、自分の両手を握って振る挨拶をした（本人いわく、中国で身に着けた習慣とのことだった）。赤と青のインクを一行ずつ交互に使って詩を書いたこともあった。一度ならず素っ裸で通りを歩いた。また晩年には、これから自分は子供としか口をきかないと誓った。風変わりな人物ではあったが、一八七〇年、ジョージ・フランシス・トレインは世界一周に成功してみせた。旅は比較的滞りなく進んだが、マルセイユである事件が起こった。フランス政府に対する反乱に巻きこまれ、われこそはフランスの解放者だと発言したために牢に入れられてしまったのだ。それでもトレインは、どうにか八十日で世界を一周することができた（旅にかかった日数からフランスの刑務所で過ごした時間を差し引くと、八十日になった）。それからというもの彼は、相手かまわず、自分は「本物の」フィリアス・フォッグなのだと吹聴してまわるようになった。

だが、ジョージ・フランシス・トレインだけに「本物の」フィリアス・フォッグを名乗る権利があるわけではない。トレインに先立って、オハイオ州クリーヴランドのある役人が一八六九年から七十年にかけて世界を一周し、旅の記録を「クリーヴランド・リーダー」紙に書き送った。この手紙はその後『世界を巡って——日本、中国、インド、エジプトからの手紙』というタイトルで一冊の本にまとめられた。旅にかかった時間は八十日よりはるかに長いが、彼こそヴェルヌの小説のモデルではないかと考えられた理由は別のところにある。この男の名は、ウィリアム・ペリー・フォッグというのだ。

ジュール・ヴェルヌ本人は一貫して、ウィリアム・ペリー・フォッグという名は一度もきいたことがなかったと主張している。主人公の名はただ、〝霧《フォッグ》〟にかけた言葉遊びだったらしい。ヴェルヌは、霧こそ主人公の住むロンドンを象徴するものだと思っていた（のちに彼は「フォッグという名を思いついたときには、得意になって喜びました」と、イギリスの記者に話している）。ヴェルヌの『八十日間世界一周《ル・トゥール・デュ・モンド・アン・キャトル・ヴァン・ジュール》』は、一八七二年の終わりからパリの新聞「ル・タン」紙で連載がはじまり、その後『アラウンド・ザ・ワールド・イン・エイティ・デイズ』というタイトルでイギリスとアメリカの新聞でも掲載された。一八七三年に書籍が出版されると、たちまちヴェルヌの作品の中で一番の人気を誇るようになった。ヴェルヌの生存中に、フランス国内だけでも十万部以上を売り上げ、さらに海外でも数十万部以上売れた。一八七四年、この作品は戯曲になった。脚本はフランスの劇作家アドルフ・デネリーが担当し、『世界一周』というタイトルが付けられた。原作とはちがって難破が二度起こり、舞台上に本物の機関車、そして――観客を興奮の渦に巻きこんだが――本物の象を登場させる演出があった。小説と同様、芝居も批評家と大衆の両方から高い評価を受け、公演はパリで二年以上のロングランになった。ヴェルヌ自身は芝居がどう評価されるか不安に思っていた。そこで初日を迎える前に、演劇評論家で劇作家の友人であるフェリックス・デュケネルにリハーサルをみてもらった。「わたしと君の仲だ、正直にいってくれ。成功すると思うか?」ヴェルヌはデュケネルにたずねた。「いや」デュケネルは答えたという。「成功どころかきみは億万長者になるぞ」

ヴェルヌはあとになって、芝居の興行収入のうち正当な取り分をもらっていないと不満をもらし、小説の使用権を「十分の一の価値で」売ってしまったとこぼした。それでも、フィリアス・フォッグの世界一周物語こそ、ヴェルヌの富を確実なものにし、彼を単なる人気冒険作家から文学界の名士へと押し上げたのだ。パリ市民がいる場所ならどこへいっても気づかれ、社交欄に名前がのり、女性ファンから髪をひと房添えたラブレターが次々に届くようになった。ヴェルヌはすでにサン・ミシェル号という名のヨットを持っていたが、それを下取りに出してもっと大きなヨットを新しく買い、さらにもう一度買いかえた(サン・ミシェル二号と三号だ)。そのヨットに乗って北アフリカやスカンジナビアへ旅をするのが、数少ない道楽のひとつだった。アミアンの北部に建つ豪邸に住んでいたが、その家は妻のオノリーヌの求めに従って買ったものだった。夫より妻のほうが、都会のブルジョワ生活を気に入っていたのだ。ヴェルヌ自身の生活はほとんど禁欲的ですらあった。寝室と兼用の小さな書斎は飾り気がなく、装飾らしいものといえば、シェイクスピアとモリエールの胸像、そして壁にかけたサン・ミシェル号の水彩画くらいだった。

毎朝五時に狭い鉄のベッドで目を覚ますと、質素な書き物机に向かう。午前中はずっと仕事をし、手を止めるのは朝食をとるあいだだけだ。朝食は七時ちょうどにオノリーヌが扉のそばに置いておくことになっていた。そして、毎晩八時半にはベッドに入る。妻が毎夜屋敷に招く客たちに丁重に詫び、先に部屋に下がって休むこともよくあった。こうしてヴェルヌは作品を発表し続け、ときには一年に二作出版することもあった。一八八六年、優秀だが精神的に問題を抱えていた甥が、不可解な理由からヴェルヌを銃で襲った。二発のうちの一発が足首に撃ちこまれた。外科手術によっても弾を取り除くことができなかったので、ヴェルヌは死ぬまで片足を引きずる生活を余儀なくされ、しばしば激しい痛みに苦しむようになった。もはやヨットに乗ることはできなかった。はるか昔母親に約束したように、夢の中でしか冒険できなくなったのだ。翌年ヴェルヌは地方政治への参加を決め、共和党急進派（政治的にも神学的にも、ヴェルヌは徹底した反体制派だった）としてアミアンの市議会議員のひとりに選ばれた。これ以降彼は、三度再選されることになる。

一八八九年の秋、ワールドのパリ特派員ロバート・H・シェラードはジュール・ヴェルヌに連絡を取り、ネリー・ブライという名の若い女性記者と会っていただけないかと頼んだ。フィリアス・フォッグの八十日間世界一周の記録に挑戦しようとしているのです、と。ニューヨーク本社の編集局長から、ふたりが会う場を設けるようにと指示する電報があったのだ。ロバート・シェラードがのちに語ったところによると、編集局は、ネリーが高名な作家を訪ね、彼自身からお墨付きをもらえば「いい宣伝になる」と考えたらしい。はじめヴェルヌはためらった。そんなことになんの意味があるのかわからなかったからだ。だがしばらくシェラードと話し合ったあと、その若い女性と会うことを承諾した。この報せがワールドのロンドン特派員トレイシー・グリーブズに届けられ、グリーブズからネリーに届けられた。それからグリーブズは、ロンドンからフランスのカレーへいく途中で少し回り道ができるように、ネリーの予定を調整した。そしてネリー・ブライの乗る列車がアミアンの駅にすべりこんだとき、ジュール・ヴェルヌと妻のオノリーヌはホームで彼女を待っていた。

## 一八八九年十一月二十二日　フランス、アミアン

世界一高名な作家に会う直前、ネリー・ブライは、列車に乗っていたあいだ顔に煤がつかなかったかしらと心配していた。髪は帽子の下でくしゃくしゃになっている。金曜日の午後遅い時刻だったが、ネリーは水曜日からほとんど一睡もしていなかった。トレイシー・グリーブズと共に列車に乗ってロンドンからサウサンプトンへ向かったあと、イギリス海峡の荒海を船で越え（船酔いはすっかり克服していたので、下にいる女性たちのところへはいかず、男性に混じって甲板に立っていた）、ブーローニューの狭くみすぼらしい食堂で食事をかきこんでからアミアン行の列車に飛び乗った。アミアン行の列車では、座席にすわったままどうにか仮眠をとることができた。故郷の夢をみながら心地よく眠ったが、目を覚ますと凍えるように寒く、体中が痛んだ。手足を伸ばしたくてしかたがなかった。コンパートメントの足温器はひとつきりで、それを五人の乗客で使わなければならなかった。ネリーは、眠っているあいだむかいの客の足を踏んでいたことに気づいて、申し訳ない気持ちになった。客は新聞ごしにネリーをにらんでいた。足は燃える

ように熱かったが、背中は氷のように冷たかった。ヨーロッパとアメリカの列車は、作りがまったくちがっていた。アメリカで一等車に乗れば、それこそ高級ホテルのように快適に過ごすことができる。アミアンに向かうあいだに身なりを整えることもできただろう。だが、ヨーロッパの鍵のかかったコンパートメントではとても無理だった。ネリーはサウサンプトンへ向かう列車の中で、イギリスの若い女性が付き添い人《シャペロン》と一緒に出かける理由がわかったような気がした。ヨーロッパのコンパートメントは鍵のかかった密室に近い。その密室で何時間も、見知らぬ人間と膝の触れ合う距離ですわっていなければならないのだ。いっぽう、アメリカの列車はもっと広い。そこでは、周囲の人間すべてが保護者のようなものだ。人のたくさんいるところは安全よ――アメリカ人の母親はかならず娘にそう教える。ネリーがそんなことを考えているあいだに、列車はアミアンの駅に着いた。

「ほら、あそこですよ」グリーブズに教えられ、ネリーはさっとホームに視線を走らせた。ジュール・ヴェルヌは、彼の小説に出てくる船長のように思えた。うしろになでつけたウェーブのかかった白髪、豊かな灰色のあごひげ、厚い胸板。六十一歳になったいまなお、活力に満ちていた。身長は平均的で、およそ一七〇センチだった。そばに立つオノリーヌは夫より数センチ背が低く、がっしりした体型だった。アザラシの毛皮のジャケットに波模様の黒い絹のスカートを合わせ、頭には小さなビロードのボンネットをかぶっている。髪は夫と同じく真っ白だったが顔は若々しく、美しい肌に真っ赤な唇をしていた。ネリーはグリーブズと一緒にポーターがコンパートメントの鍵を開けてくれるのを待ち、手提げ鞄を持つと列車の外に出た。ヴェルヌが大股で近づいてきて挨拶をした。ネリーは恥ずかしそうにこんにちはといい、お時間を作っていただいてありがとうございますと礼を述べた。ヴェルヌ夫妻のうしろにいた金髪の痩せた男性が、ロバート・シェラードですと挨拶した。通訳としてパリからやってきていたのだ。シェラードはオックスフォード卒業の二十七歳で、友人にはオスカー・ワイルドやヴィクトル・ユゴーなどがいた。のちに彼が書いた回想録では、ネリーは単に「若い女性記者」として出てくる。

駅には二台の馬車が待たせてあった。ヴェルヌはそちらのほうへ歩いていくと（はっきりわかるほど片足を引きずっていたが、驚くほど歩くのが早かった）、ネリーと妻に手を貸して一方の馬車に乗せ、それからグリーブズとシェラードと一緒にもう片方の馬車に乗りこんだ。ネリーはなにもいわなかったが、馬車でヴェルヌ夫人とふたりきりになるのは気づまりだった。オノリーヌが話せる英語は「ノー」だけで、ネリーの話せるフランス語は「ウィ」だけだったのだ。ふたりは馬車に揺られながらただ景色を眺め、時おり申し訳なさそうな笑みを交わした。一行は広い並木通りを通って町の中心を抜けていった。ソンム運河沿いに建ち並ぶ騒々しい大工場ははるかなただ。この工場では、水力で動く織機が、リネンや絹、ビロードを生産している。アミアンにはネリーが思い描いていたとおりのフランスがあった。通り沿いの店の明かり、美しい公園。エプロン姿の子守たちが乳母車を押したり小道を走って行く子供の名を呼んだりしている。遠くのほうで、午後遅い太陽に照らされてピンクがかった白に輝く立派な大聖堂は縦も横も百メートル近い。空にそびえる姿は、ニューヨークのどんな建物ともくらべものにならないほど堂々としていた。

二十分後、馬車は高い石塀の前で停まった。ヴェルヌが塀についた扉を開けると、そのむこうには自然石で造られた大きな屋敷が建っていた。片方に小さな塔がついている。一行はオノリーヌについて大理石の数段の階段を上り、美しい花の咲きほこるガラス張りの温室を抜け、屋敷の中に入っていった。居間に着くとオノリーヌはひざをついて暖炉に火を入れ、ネリーに、暖炉の一番近くにすわってくださいねとすすめた。暖炉の前には五つの安楽椅子が半円を描いて並べられている。ほかの人々もそれぞれの椅子にすわった。壁に飾られたヴェルヌを描いた数枚の油絵は、部屋の雰囲気に調和していた。豪奢で、かつ落ち着いた美しさのある部屋だ。椅子には錦織の絹が張られ、窓にはゆったりしたビロードのカーテンがかかっている。二年前のネリーは精神病院で恐怖と寒さに震えていた。ところがいまや暖かな暖炉のそばで安楽椅子に腰かけ、ジュール・ヴェルヌを相手に自分の仕事について話しているのだ。

「ムッシュ・ヴェルヌの本にはアメリカの様々な場所が出てきます」ネリーは通訳のロバート・シェラードにいった。「アメリカにいらしたことがあるんでしょうか?」

一度訪れたことがあるよ、とヴェルヌは語った。ほんの数日だったが、どうにかしてナイアガラの滝はみることができたし、あの光景はとうてい忘れられない。アメリカの最新のニュースはいつも追っている。それに、アメリカの読者から毎年数百もの手紙が届くのはありがたいことだ。たいてい、宛先には「フランス、ジュール・ヴェルヌ様」とだけ書いてあるんだ。ヴェルヌは常々もう一度アメリカへいきたいと思っていたが、体調が思わしくなかったので長い旅行はできなかった。最後に列車に乗ったのさえ、もう四年前のことなのだ。「以前はヨットを持っていたんだ」ヴェルヌは語った。「それに乗って世界中を旅し、様々な土地を観察した。自分の目でたしかめたものを小説に書いていたんだ。だが、この体では家を出るのもままならない。いまでは書物や地図に頼るしかなくなってしまった」

ヴェルヌは前かがみになり、椅子に浅く腰かけていた。髪は芸術家らしく乱れ、白く太い眉の下では黒い瞳がきらきら輝いている。早口で話し、話しながら顔のそばで両手をせわしなく動かした。まるで小鳥のようによく動く手だ。話題がとくに興味のあることに及ぶと小鼻が膨らんだ。ある知り合いの言葉によれば、彼は「刑事のように鼻がきいた」らしい。ヴェルヌは通訳のシェラードを介して、どのような順序で世界をまわるつもりなのかとたずねた。

「ニューヨーク、ロンドン、カレー、ブリンディジ、エジプトのポートサイドとイスマイリア、スエズ、アデン、セイロンのコロンボ、マレー半島の西のペナン島、シンガポール、香港、横浜、サンフランシスコ、そしてニューヨークへもどります」

ヴェルヌは少し考えていった。「どうしてボンベイで船をおりて、インドを横断してコルカタまでいかないんだね。フィリアス・フォッグのように」

「わたしには」とネリーは答えた。「若い未亡人より時間のほうが大事なんです」

ヴェルヌは声を上げて笑い、そしていった。「旅が終わるまでに若い男やもめを助けるかもしれないだろう」

一瞬、部屋がしんとなった。オノリーヌは、ひざに飛び乗ってきた白いアンゴラ猫を優しくなでていた。ヴェルヌはだれにともなくいった。「とても信じられん。このかわいいお嬢さんが世界を一周しようとは。まだほんの子供じゃないか」

「ええ、でもこの方には向いてらっしゃるわ」オノリーヌは満足そうにいった。「健康で元気でたくましくて。この方が成功したら、あなたの書く主人公なんてまぬけにみえるでしょうね。きっとあなたの記録を破ってみせるでしょう。まちがいないわ。お望みなら賭けをしましょうか」

ヴェルヌは首を振った。「勝ち目の薄い賭けはしたくない。こうしてご本人に会ってみると、こんなにしっかりした方ならやり遂げるにちがいないと思えてきたよ」ヴェルヌは〝あなたの書く主人公なんてまぬけにみえる〟という妻の言葉はきき流したが、気分はよくなかったにちがいない。この居心地良くしつらえた居間は、毎晩のようにオノリーヌが客をもてなす部屋だった。彼女の招く客たちに、ヴェルヌはなんの関心も持てなかった。またこの居間は、記者の取材に同席した妻が、一度ならず夫を当惑させた部屋でもあった。そうした取材の折に彼女は、夫の書く本には女性の登場人物がほとんど出てこないんです、と指摘したこともあった。ヴェルヌは長年一緒に暮らすうちに、妻は自分の文学的な情熱を理解していないのだと気づくようになった。毎朝十一時に、ふたりはキッチンの隣の小さなサンルームで昼食をとる。たいていは食事中に会話をすることもなく、そのあいだヴェルヌは新しい作品のことを考えていた。彼がしだいに家にこもりがちになると、妻は急に泣き出すことが増えた。泣く理由はたいていヴェルヌには理解できないものだった。オノリーヌは、アミアンの社交界に連れていってくれないことで夫をなじり、友人たちに不満をもらした。「あの人は問題を山積みにするの。問題の原因は、わたしへの失望なのよ」オノリーヌは日曜日になるとミサに付き添ってくれと夫に頼んだ。ヴェルヌははじめのうちこそ妻の機嫌を取るためについていったが、しばらくすると完全にやめてしまった。弟に宛てた手紙には、こう書いている。結婚とは――一般的に、そしてとりわけ自分の場合は――「取り返しのつかない大きな過ち」である。それでもヴェルヌ夫妻は体面を保とうと努力し、人前では世間が期待する夫婦らしくふるまった。

ヴェルヌはネリーに、冬に旅をするとは気の毒だといった。夏のほうが海もあまり荒れず航海は楽で、一日か二日、時間を縮めることもできたはずだという。ネリーは大西洋を渡ったときに船が激しく揺れたこと、ロンドン市内を〝突っ走った〟ことを話した。ロンドンにいたのは今朝だが、すでに大昔のできごとのように思えた。ネリーは腕時計に目を落とした。出発の時間が近づいている。アミアンからカレーへいく列車は一本だけで、それを逃せば予定より一週間遅れることになる。もしそうなれば、元きた道をたどってニューヨークへ引き返したほうがましだ。ネリーはいった。「ムッシュ・ヴェルヌ、ご迷惑でなければ書斎をみせていただけないでしょうか」

ヴェルヌは喜んでおみせしようといい、その答がネリーに通訳される前に、オノリーヌは立ち上がってロウソクに火を点けた。彼女がロウソクを手に持って居間を出ると、夫は片足を引きずりながらそのうしろをついていった。一行は導かれるままにふたたび温室を抜け、屋敷の小塔へ向かうと、細いらせん階段を上って最上階へいった。オノリーヌは少し立ち止まり、廊下のガス燈を点けた。ヴェルヌが扉を開けると、ネリーたちは後に続いて書斎の中に入った。

ネリーはあっけにとられた。有名作家の書斎について書かれた記事をいくつも読んだことがあった（読むたびにうらやましくなった）ので、ヴェルヌの仕事部屋もさぞかし広く豪華な部屋だろうと想像していたのだ。手彫りの机には高価な置き物がいくつも置いてあって、壁には貴重な絵が飾られているにちがいない、と。ところがヴェルヌの書斎は、ニューヨークのネリーの部屋と同じくらいせまかった。机の上にはインク壺とペン立てがあり、そばには白い紙がきちんと積まれている。当時執筆中だった『地軸変更計画』の原稿だ。アメリカ人の一団が地軸を動かして北極を暖め、鉱物資源を手に入れようとする話だった。

「完全に空想の話なんだよ」ヴェルヌは言い訳をするようにネリーにいった。恐る恐る原稿を一枚手に取ったとたん、ネリーは美しい筆跡から目が離せなくなった。文字だけをみていると、小説ではなく詩が書きつけられているように思えた。いくつかの文が丁寧に消されていたが、行のあいだに新たに書き加えた形跡はどこにもない。この偉大な冒険小説家は、削ることによってのみ書いたものを修正した。

これは十回目の書き直しなんだ、とヴェルヌはいった。「一度書き上げたあとではじめから書き直すこともよくある。それをさらに何度も書き写し、ごらんの通り、可能な限りの修正を加える。わたしは一気に書き上げた作品は信用していない。この世には、苦労を重ねず達成できることなど、なにひとつありはしないんだ。マドモアゼル、あなたもきっとこの旅を終えたときにはくたくたに疲れていることだろう。それから、あの絵は」ヴェルヌは壁の水彩画を指さした。「わたしのヨットがナポリ湾へ入っていくところを描いたものだ。いったい何度、あの船に乗って地中海をめぐったことか。いまもそうできたらと思っているよ」そう話しながら、ヴェルヌは小鼻を膨らませた。そうした不自由さをしのぶのは非常に辛いことだったにちがいない。ほかの者たちが世界を旅するのを家の中からただ眺め、遠くの国々に想いをはせる。その空想さえ、現実の汽笛に常にじゃまをされる。決して乗ることのできない列車の汽笛に。ヴェルヌは「隣の部屋へどうぞ。蔵書をおみせしよう」といった。

書斎の隣には、広々とした図書室があった。床から天井まであるガラス戸の付いた本棚がずらりと並び、そこに美しい革装の本がぎっしり詰まっている。ホメロスやウェルギリウス、モンテーニュ、シェイクスピア、バルザック、そしてヴェルヌお気に入りのチャールズ・ディケンズの作品も多数あった。ヴェルヌ自身の作品の外国語版も数えきれないくらい並んでいた。アラビア語や日本語のものもある。壁の一面は整理棚で覆われ、そこにはヴェルヌが長年かけて集めた参照資料が保管されていた。二万五千ほどの資料が内容別に分類されている。ここを訪れる客や作家はみな、眼前に並ぶ文学史的な宝の山に目をみはり、やがてヴェルヌにうながされて廊下へ出る。すると彼は、壁にかかった大きな地図の前で足を止めるのだ。ヴェルヌはロウソクをかかげて地図を照らしながら、ネリーに青い一本の線を指さしてみせた。ネリーはすぐに気づいた。作家がフィリアス・フォッグの旅の軌跡をなぞった地図だった。ヴェルヌはこの地図を元に、あの小説を書きはじめたのだ。いまヴェルヌは、フォッグとネリーの経路が分かれる部分に、鉛筆で薄く線を引いた。ネリーは地図をよくみて、ふたつの旅路を比べてみた。フォッグは南東に進んで中東を抜け、インドを横断して直角に南へ曲がってシンガポールへいき、北東へ進路を取って香港へ、そこから上海へいった。まるでひしゃく形の北斗七星のような線を描いている。ネリーの進路は直進に近かった。アデン、コロンボ、ペナン、横浜。聞き慣れない名前ばかりだが、すぐにこれらの場所を自分の目でみることになるのだ。

居間にもどるとテーブルにはクッキーの皿とグラスに入ったワインが用意されていた。ヴェルヌはシェラードの通訳を介して説明した。ふだん自分はめったに酒を飲まないが、この午後だけはワインを一杯飲み、みんなと一緒にネリーの旅の成功を祝して乾杯したいと思う。「あなたが七十九日で旅を終えたら」ヴェルヌはいった。「わたしは盛大な拍手を贈るよ」それから、手を伸ばして自分のグラスとネリーのグラスを軽く合わせ、英語で幸運を祈る言葉をいおうとした。

「グッド・バック」ヴェルヌはいった。「グッド・バック」

一同は声を上げて笑い、乾杯してワインを飲んだ。ネリーはジュール・ヴェルヌに、あなたと奥様にお会いできて本当にうれしかったと礼を述べた。出発しようと腰を上げると、オノリーヌがシェラードに、ミス・ブライにお別れのキスをしたいわといった。シェラードはその言葉をネリーに通訳し、フランスでは初対面の女性からキスを受けることは大変な名誉だと考えられているんです、と付け加えた。ネリーはこの類の慣習に慣れていなかったが、心から光栄に思って前にかがんだ。ヴェルヌ夫人よりずっと背が高かったのだ。するとオノリーヌは、フランス式にネリーの両方の頰にキスをした。ネリーはふいに、赤い唇にキスを返してオノリーヌを驚かせたい衝動に駆られた。だが、のちにこう書き記している。「この時ばかりはいたずら心を抑えることができました。時々、子供じみたまねをしてしまうのです。オノリーヌが優しくキスしてくれたあと、わたしはただ普通に別れを告げました」

寒い日だったにもかかわらず、ヴェルヌ夫妻はどうしてもといって一行を外まで見送りに出た。ふたりは手を振ってさようならをいいながら、ネリーとグリーブズが馬車に乗るのを見守った。この馬車が彼らを近くの駅へ送り届けてくれる。ネリーが最後にもう一度振り返ると、夫妻がまだ手を振っているのがみえた。風がその白い髪を乱していた。

翌月ジュール・ヴェルヌは、ロンドンの夕刊紙「ペルメル・ガゼット」の取材に答えて、ネリー・ブライは「完璧なまでの慎み深さでわたしと妻を魅了」し、そして「想像できるかぎり最高に愛らしい」女性だったと語った。だが、親しい者にはまたべつの感想を述べている。「あれほど聡明な女性に神も残酷なことをしたものだ」ヴェルヌは友人に宛てた手紙の中で、ネリーについてそう書いた。「まるでマッチ棒のように痩せていて、尻も胸もあったもんじゃない！」

もちろん、「ペルメル・ガゼット」だけが、ネリー・ブライとジュール・ヴェルヌの対面を報じたわけではない。ワールドのデスクたちの予想どおり、高名な作家のもとを訪れたことで、ネリーの旅は改めて世界中の注目を集めた。フランスだけでなくヨーロッパ全土、はては日本の注目を。ワールドのヴェルヌとネリーの記事はトレイシー・グリーブズによって書かれ、ネリーがヴェルヌ夫妻の元を辞した四十八時間後には第一面を飾っていた。すぐにグリーブズによる二本目の記事がのり、それと同時に大げさな調子の社説ものった。ジュール・ヴェルヌは「愛らしく勇敢な冒険家を激励し、アメリカの報道業界において、ひとつの偉業を成し遂げようとしていると称えた」この社説の中で、ワールドはいまいちど、ネリーはいかなる臨時列車も使わなければ、船をチャーターすることもないと宣言した。さらに、明らかに「コスモポリタン」誌に向けてこんなふうに述べた。「あちこちで真似をする者たちが出てきているが、事実は動かしようがない。ワールドこそ、はじめに最短時間で世界一周をするという企画を立てて人々を驚かせたのであり、そしてワールドこそ、かのジュール・ヴェルヌから惜しみない称賛を得たのだ」

ワールドは「ネリー・ブライの冒険、世間の反響を呼ぶ」という見出しの記事で、国内他紙がのせたネリーに関する記事を毎日転載した。とくに、同業者としてワールドの英断を称える記事があると、必ずのせるように気をつけていた。様々な新聞が、ミス・ブライが身軽な格好で旅をしている点を称賛した。「ロング・アイランド・タイムズ」紙には、こんな記事がのった。「「ニューヨーク・ワールド」紙は、過去のいかなる偉業にもまして偉大なことを成し遂げた。女性記者を説得して、大きなトランクを持たせることなく、替えのドレスも持たせずに世界旅行に送りこんだのだ。たとえ七十五日で世界を一周できたとしても、手提げ鞄ひとつで女性を旅に出した奇跡にくらべれば、たいしたことではない」同様に、コネチカット州ノーウィッチの「クーリーズ・ウィークリー」紙は、ネリーの「英雄的行為」は主に「四階建てのサラトガ・トランクを持っていかなかった点にある。たいていの女性は、ニューポートやロングブランチで開かれる婦人帽コレクションに三週間出かけるときでさえ、そのくらいの大荷物を持っていくものだ」ペンシルヴェニア州トウォンダの「リポーター」紙も同じような意見をのせている。「じつに革新的な試みだ。なにをおいても、ミス・ブライが一着きりのドレスで出発したこと、トランクをひとつも持っていかなかったことに注目したい」

ネリーが旅に出て二週間後、ワールドは〝世界旅行担当〟（のちに〝ヨーロッパ旅行担当〟に変わった）と肩書をつけた記者に、同紙呼ぶところの「ネリーの超特急旅行」に関する世間の反応を紹介させることにした。この匿名の記者がはじめて紙面に登場したのは、ある手紙に対する回答を公開したときだった。手紙の差出人は〝マウント・ヴァーノンの五人組女子〟となっていた。熱烈な調子のファンレターで、新聞記者というよりは歌手や女優に宛てて書かれたようだった。「こっそりネリー・ブライのことを教えてくれませんか?」手紙の中で彼女たちは懇願していた。

ネリー・ブライについて書かれた記事をたくさん読んで、彼女のことが知りたくてたまらなくなったんです。文章がすごく上手だし、訪れた場所の説明も完璧で、わたしたちはほんとうにネリーに憧れています。だから、ネリーのことをもっと知りたくなりました。ネリー・ブライは何歳ですか？　背は高いですか？　低いですか？　肌の色は黒いですか？　白いですか？　美人？　それともふつう？　目立たない？（あんなに頭のいい人ですから、器量が悪いなんてことはないと思います）どうか教えてください。気になってたまらないんです。わたしたちは、ネリーが送ってくれる旅行記を読むのを楽しみにしてます。とにかく、ネリー・ブライのことを教えてほしいんです。このお願いをきいていただけますか？

これに答えて記者は、「お問い合わせの女性」の歳は「二十三歳前後」（もちろんネリーは二十五歳だった）で、身長は一六一センチ（実際にはそれより五センチ高かった）、黒い髪に灰色の瞳をしていると答えた。そしてこう続けた。ネリーは「とても美人です。たいへん意志の強い女性ですが、静かで慎ましく、立ち居振る舞いも上品です。いいですかみなさん、ネリー・ブライはガムなんて嚙んだりしませんよ」

## 一八八九年十一月二十三日－二十五日　フランス、カレーからイタリア、ブリンディジ

ネリー・ブライとトレイシー・グリーブズは、真夜中少し前にカレーに到着した。ブリンディジ行の郵便列車が出るまでには、まだ二時間近い余裕がある。ネリーの心の中には、ヴェルヌと会うことができた幸せが鮮やかに残っていた。彼が、ネリーの旅の進路をフィリアス・フォッグのそれと並べて地図に書いてくれたこと。オノリーヌ・ヴェルヌが、このお嬢さんならきっとフ

ォッグの記録を破るでしょう、と請け合ってくれたこと。グリーブズが書き残したところによると、カレーに至るまで「ネリーは口を開けば、ヴェルヌ夫人はまるで母親のように優しかったと話して」いたという。国際寝台車会社のカレー支部の代理人が駅でふたりを出迎えた。代理人は、規則には反しますが、お休みになれるように発車時刻より前に寝台車をお開けいたしましょうと申し出てくれた。ネリーは四十八時間近くまともに眠っていなかったが、その申し出を断った。「出発してはじめて自由に過ごせる時間ができましたから」ネリーはいった。「町の様子をみてみたいんです」

ネリーとグリーブズは浜辺まで桟橋を歩いていった。空気は冷たく澄んでいて、月光に照らされた海はなめらかに溶けた銀のようにみえた。ふたりは浜に着くと少しのあいだ立ち止まり、有名なカレーの灯台をほれぼれと眺めた。水際にそそり立つこの摩天楼は、白くほっそりした造りで、上部が丸くなっている。もしかすると、ジュール・ヴェルヌが思い描いたロケットは、このような形だったのかもしれない。しばらくするとふたりは駅にもどり、カフェに入った。やがて駅員がやってきて、イギリスからの船が到着しましたと告げた。船に積まれた郵便が陸に揚げられしだい、ブリンディジ行の列車は出発する。まもなく、ネリーはトレイシー・グリーブズに心をこめて別れの挨拶をし、彼の様々な気遣いに感謝を述べた。それから列車に乗った。また、ひとりきりの旅がはじまるのだ。

カレー発ブリンディジ行の列車は(〝インド郵便列車〟という名で知られていた)、当時非常に有名だった。とはいえ、この列車は本来、人ではなく郵便を運ぶために作られたものだ。プルマン式寝台車はたったひとつしかなく、そこに二十一の寝台が備え付けられている。予約は出発の二十四時間前までにしなければならないが、たいていはそのずっと前から満席になってしまう。この列車に乗るのは、猛スピードで大陸を旅できるなら金に糸目は付けないという乗客たちだ。なにしろ、カレーからブリンディジへいくだけで、ニューヨークからサンフランシスコへいくより費用がかかるのだ。列車は毎週土曜日の午前一時半ちょうどにカレーを発ち、アミアンへ続くフランス西海岸を抜け、パリ郊外を通ってブルゴーニュからディジョンへ、そこからさらにアドリア海沿岸を南へ走り、港町ブリンディジに到着する。列車が運んできた郵便袋は、そこでインドとオーストラリア行の船に積み替えられる。

ネリーはくたくたに疲れていたのですぐに寝台に横になり、列車の騒音と揺れをよそにぐっすり眠った。目を覚ましたときには驚くほど気分がよくなっていた。洗面所はひとつしかなかったので、汚れたタオルが山のように積まれた洗面台で、できるかぎり身なりを整えた。男性の乗客の多くはトランプをして遊んでいた。車内にはすでに葉巻の煙が濃く立ちこめている。朝食は、車掌とポーターが油じみた携帯コンロを使っていれたコーヒーとパンだけで、昼食も似たようなものだった。列車は茶色く殺風景な小麦畑の中を何時間も走り、茶色い牛が草を食んでいる牧草地を過ぎていった。だが、細かい部分はよくわからなかった。煤で汚れた車窓からのぞく景色は、ぼやけた染みのようにしかみえなかったのだ。この頃フランスで描かれるようになった現代的な絵のように。夕食は駅で連結された食堂車でとることになっていた。しかし、ほかの女性客たちに、ちゃんとした女性は列車で男性と一緒に食事をするべきではないといわれ、ネリーも自分のコンパートメントで夕食をとった。日が沈むと車内はさらに気温が下がり、ネリーはアルスターコートを着こんでひざかけをきつく体に巻きつけながら、ふたたびアメリカの列車の快適さを懐かしく思った。その夜は早めに床に就いた。一枚きりしかない毛布の上にコートと手持ちの服をすべて重ねたが、それでも、十二時過ぎまでまんじりともせずに震えていた。ネリーは、一週間前にこの列車に乗っていた人たちはなんて幸運だったのかしらと考えた。一週間前、ネリーたちがそのとき通過していたまさにこの山の中で、列車は盗賊に襲われたのだ。少なくとも彼らは、パニックになって血の巡りがよくなっただろう。

翌朝、目を覚ましたネリーは勢いよくカーテンを開け、胸を高鳴らせて窓の外をみた。イタリアのさわやかな風景が広がっていると思ったのだ。ところがみえたのは、一面くすんだ灰色の世界だった。まるで、カーテンが閉まったままでいるかのようだった。一瞬わけがわからず、ネリーは――生まれてはじめて――日の出前に起きたのだろうかと思った。だが腕時計は十時を指している。ネリーは急いで服を着るとポーターを探した。

「わたしも驚いているんです」ポーターは答えた。「イタリアでこれほどの濃霧はみたことがありません」

ネリーはしかたなく席にすわり、景色を隠す霧をただながめていた。頭の中で、ニューヨークを出発してから過ぎた日にちを数え、家に帰るまでの日数から引く。すると、先にはまだ長さ二万七千キロの路が延びていて、目的地に着くには六十五日かかることがわかった。平均すると一日に約四百キロ進むということだ。旅が終わるまで、常に一時間――毎時間――十七キロ進まなければならない。こうした計算に飽きてくると、ネリーは、フランスの鉄道職員が着ている茶色い制服をアメリカに紹介する方法はないかしらと考えはじめた（車掌やポーターの着ている制服は、襟と袖口に美しい金モールがあしらわれ、アメリカの職員の地味な青い制服よりずっとしゃれていた）。しばらくすると、今度は別のことが気になりはじめた。こちらの警備員たちは、車掌に連絡するとき、車内のワイヤーを引っぱるのではなく、ラッパで短いメロディを吹くらしい。汽笛もアメリカとはちがう。耳をつんざくような音ではなく、どちらかというと哀願するような音だ。ヒツジの群れに呼びかける牧羊犬を思わせる。窓の外のどこかではアドリア海がひそかに広がっているのだろうが、いまは幕のうしろの舞台装置のように霧に隠れている。時折列車が速度を落とすと、波の打ち寄せる音がきこえた。ネリーは、イギリスもフランスもほとんどみることができなかったが、イタリアにいたっては垣間見ることさえできなかった。一日中、霧は晴れなかった。朝から晩まで、列車はイタリアを——ガイドブックでは〝太陽の国〟と呼ばれる国の中を——走り続けた。するとたった一度だけ、何度となく話にきいてきたこの国を実際にみる瞬間が訪れた。日暮れ近く、列車は線路沿いのある駅に停まった。ネリーがホームに出て足を伸ばしていると、つかのま霧が薄くなり、そして、ふいに美しい海が姿を現した。海面にはぽつぽつと漁船が浮かんでいる。ネリーはその赤い三角の帆をみて、蜜を求めて飛びまわるオオカバマダラを思い出した。

インド郵便列車は、月曜日の午前一時半にブリンディジに到着した。予定より三時間半遅れていたが、ペニンシュラ・アンド・オリエンタル汽船会社のヴィクトリア号の出発まで一時間半の余裕があった。駅のまわりでは男たちが、馬車のご利用はありませんかとしきりに声を張りあげていたが、駅のむこうの街は暗く静まり返っていた。廃虚と化した家々は、ローマ帝国時代の名残だ。その時代から、ここは港町として栄えていた。ウェルギリウスはギリシャで熱病にかかったあと、この地で死んだ。郊外の湿地は灌漑が進みつつあったが、最新のベデカー旅行案内書は、

「近郊の地は肥沃だがマラリアの危険性がある」と注意を呼び掛けていた。鉄道警備員のひとりが、追加の乗車賃はいただきませんからご安心をといいながら、女性客たちを船まで送る役をかって出た。乗合馬車が着くと、眠たげな乗客たちは荷物を持って乗りこんだ。馬車は近くの桟橋に向かって走り出し、はじめに、アレクサンドリアへ出発する蒸気船の前で停まった。ついでヴィクトリア号のそばへいく。この船が、ネリー・ブライをセイロンまで送り届けてくれることになっていた。

長い防波堤が、吹きつける風から港を守っていた。夜気は氷のように冷たかったが、かすかに熱帯地方の香りを漂わせてもいた。ネリーは警備員に伴われ、ほかの乗客たちと共にタラップを上った。警備員の助けを借りて船室をみつけると、鞄を置いただけですぐに引き返した。ブリンディジに着いたことを知らせる電報をワールドに打ちたかったのだ。ふたりはパーサーに、船が出発する前に電報局に立ち寄る時間はありますかとききにいった。大丈夫でしょう、とパーサーは答え、そして付け加えた。「ただし、お急ぎください」

警備員はネリーを案内してタラップを降り、町へいった。彼は曲がりくねった暗い街路を進み、やがて扉の開いている建物の前で足を止めた。ネリーは警備員について中へ入った。デスクが二台きりの殺風景な部屋だ。片方のデスクの上には白い紙が一枚とペン、古びたインク壺がのっている。ネリーは、夜になってみんな帰ってしまったんだわ、と考えた。電報を打つのは次の港へ着くまで待たなければならないのだろう。だが警備員は、ベルを鳴らして局員を呼ぶことになっているんですよと説明した。デスクの横に下がったベルのひもを引っぱると、少しして窓口が開き、電信士が顔をのぞかせた。

ネリーは、ニューヨークに電報を送りたいんですといった。すると電信士は、承知しましたと答えたあとで、ところでニューヨークはどこにあるんです、とたずねた。ネリーはめんくらったが、同時におかしくもなった。彼女が必死にニューヨークがどこにあるか説明しているあいだ、電信士は冊子をいくつも引っぱり出してきて、ニューヨークへ電報を送るにはどの回線を使うべきなのか、料金はいくらかかるのかを調べた。ネリーは白い紙にメッセージを書いた。二日後、この電報はワールド紙の第一面に掲載されることになる。見出しの下にのったネリーの便りは、次のようなものだ。

十一月二十五日、イタリア、ブリンディジより。今朝、時間ぴったりにブリンディジに着きました。ヨーロッパ横断の旅は、なにごともなくぶじに終わりました。鉄道の旅は長くて退屈でしたが、鉄道員のみなさんはたいへん親切にしてくださいました。わたしがくることを前もって知らされていたのです。数時間後には船に乗って地中海にいることでしょう。少し疲れてはいますが、とても元気です。アメリカのみなさんにどうぞよろしく。　ネリー・ブライ

電報局を出たネリーはぎょっとした。船の汽笛がきこえてきたのだ。電報の文面を考えるのに夢中になっていて、ヴィクトリア号の出港時間が近づいていたことをすっかり忘れていた。一瞬、心臓が止まったような気がした。警備員と顔を見合わせる。「走れますか?」彼はたずねた。

ネリーが走れると答えると、警備員は彼女の手を取った。ふたりは人気のない静かな通りを駆け抜け、角を曲がって桟橋に着くまで一度も立ち止まらなかった。ネリーは闇の中で目をこらし

て海のほうをみた。そして、ほっと安堵の息をついた。

アレクサンドリア行の船はすでに出ていたが、ヴィクトリア号はまだちゃんと港に泊まっていたのだ。

# 8. 我アルカディアに在りき

一八八九年十一月二十一日－二十五日　太平洋

　アメリカ大陸が徐々に水平線のかなたに消えていく。緑の山々がうねる青海原に変わっていく。ホワイトスター社の太平洋横断航路蒸気船オセアニック号は、十一月二十一日木曜日の午後三時きっかりに、サンフランシスコ港を出航した。甲板上にはエリザベス・ビズランドの姿があった。エリザベスの旅は、すでにまる一週間休みなく続いている。こんなことはこれまでの人生ではじめてだ。大陸を猛スピードで横断してきた汽車の旅の疲れがまだ残っている。豪華なパレスホテルに宿泊した時でさえ、ほとんど休めなかった。大理石の小道をめぐらした中庭、何層にも列なる板張りの部屋、各階に控えるボーイ長たち、延々と複雑にからまりあってフロントデスクまで達する伝声管、そうした中にあってさえ。

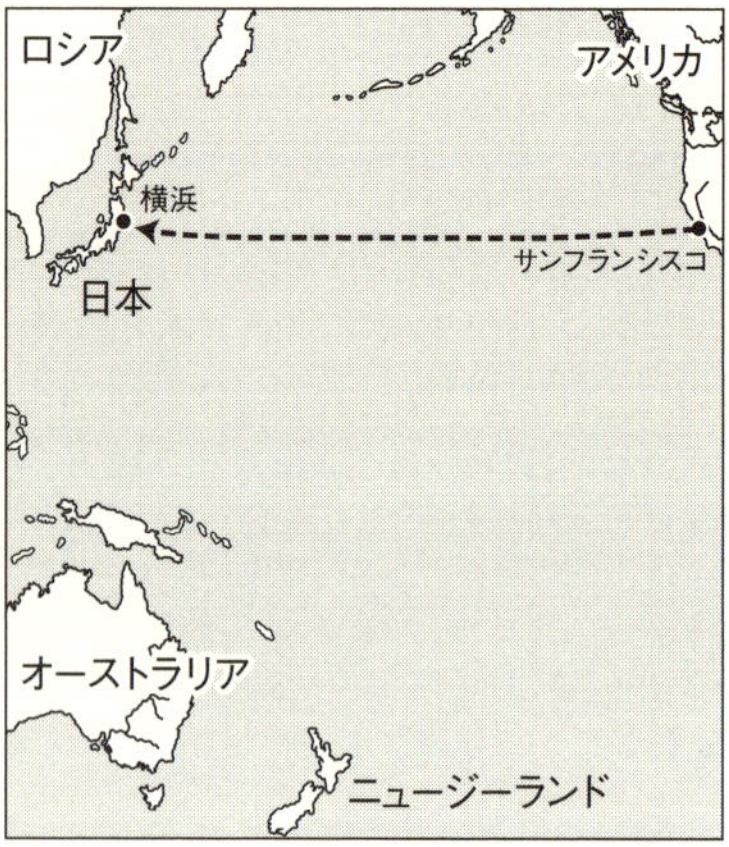


　ようやく終えた大陸横断の果てに待っていたのは、サンフランシスコの新聞社の面々が用意し

てくれていた周辺の観光だった。彼らがあまりに親切なので、とても断ることなどできなかったのだ。そしてもちろん、一瞬でもエリザベスの姿を拝みたいというやじ馬たちにも絶え間なく邪魔をされた。なんといってもエリザベスはこれまでにないタイプの有名人で、みるのはただなのだ。そんなわけで、ようやく船に乗りこんだ時にはほっとした。生まれて初めて故国を離れることに感動もしていた。太平洋横断の航海が楽しみでたまらなかった。ゆったりと時間をかけてとる三度の食事。礼儀をわきまえていて感じがいい同席の乗客たち。読書や書き物のための時間もたっぷりある。それでも時間があまったら、ただぼんやりと海と空を眺めていればいい。ようやく自分の感覚を取りもどせる時がきたのだ。

エリザベスはひと目で、オセアニック号の気品をみてとった。船体は黒く、上甲板だけが白い。煙突は一本のみでこれも白く塗装され、上辺だけ黒く塗られている。四本のマストには船と船会社の旗がはためき、そのふたつを見下ろす形で英国旗がひるがえっている。エリザベスは少しどきどきした。いま、自分はイギリスの支配下にあるのだ。一八七〇年にホワイトスター社がオセアニックを建造すると、ある論者はいみじくもこういった。「航海する宮殿があるとするなら、まさにこの船のことだ」一等船室はすべて電気仕掛けの呼び鈴を備えていて、ボタンひとつでボーイがやってくるようになっている。飲み水も、これまでのように水差しに貯めてあるのではなく、蛇口をひねると出てくるようになっていた。なによりうれしいのは、船室のすぐ近くにトイレがあることだった。これまでの船は一番近いトイレへいくのさえ、ちょっとした船内旅行だった。真夜中ともなるとたまったものではない。もっとひどい場合は船室内でのおまるになる。これは船が傾くと室内を動き、ちょっとした波がくれば中身が飛び出すというしろものだ。階下は三等室になっていて、帰国する中国人移民で混み合っていた。当時の「サンフランシスコ・クロニクル」紙によると、四百二十四人の苦力《クーリー》が乗っていたということだ。船が出港したとき、多くの中国人が下甲板の手すりに沿って立ち、紙切れを海に振りまいていた。中国人たちの習慣で、紙切れには航海安全を祈る言葉が記されていた。紙は秋の落ち葉のように、風にもまれて波間に消えていった。

はじめは穏やかだった風はしだいに強まり、大気は冷たさを増していった。エリザベスが見上げると、船員たちがマストの上のほうで風を受けるために帆を広げようとしていた。乗客たちのあいだに、不安げな話が広まりはじめた。嵐がくるらしい。これをきくとエリザベスは、海上で過ごすはじめての夜に備えるため、自分の部屋へ下りていった。海はどうみても一荒れきそうな様子だった。次の日から四日間、エリザベスが覚えているのは、丸窓のむこうに泡立つ緑色の水と、その窓から差しこむ気味の悪い薄明かりだけだった。頭の中では割れ鐘のような音が響き、恐怖のあまり胃が飛び出しそうな気がした。エリザベスは狭い寝台に横たわってぎゅっと目を閉じ、地獄に落ちていく自分を想像していた。なにも食べず、ほとんど眠らなかった。恐ろしくて眠るどころではなかったのだ。船中のすべての板がきしむ音がした。一ダースもの荒海がぶつかりあうような激しさの中、継ぎ目という継ぎ目が悲鳴を上げているかのようだった。絶え間なく高波がやってきて、絶え間なく船は上下した。エリザベスは、荷物がアルプスのスキーヤーのようにあっちこっちに滑る様をながめていた。ファンから寄せられたたくさんのブーケが、墓地の花のように部屋中に散乱している。遺言状は書いてきていたので、それだけはよかったと思えた。だが、海で溺れ死ぬことを思うとぞっとした。このあたりは、これまでで一番水深が深い。水深四千尋、つまり七千メートルだ。「とてつもない、塩水の、恐るべき深淵」バイロンはかつてそう表現した。船から落ちたらどうなるのかしら、とエリザベスは考えた。はるか下の海底へたどり着くことは永遠にないのだろう。音のない水の中を、ゆるやかな深海流に運ばれて、永遠にただようだけだ。奇妙な原形質の生物に囲まれて。その青い沈黙と孤独の中に閉じこめられ、死者は幾世紀もの時をすごす。まるでガラスの棺のようだ。入念に作られ、侵されることのないファラオの墓。エリザベスは暗い連想を断ち切ろうと、上の寝台の底板（いざとなればこれにつかまることができる）が六枚あるのをくりかえし数えた。のちにエリザベスはこの部屋の様子をほとんど忘れてしまったが、六枚の板だけは覚えていた。

部屋の空気は独得のにおいがした。線香の甘ったるいにおいとアヘンのきついにおいが染みついている。エリザベスがはじめてそのにおいをかいだのは、数日前の夜に訪れたサンフランシスコの中国人居住区だった。新聞社の接待役の人たちが急行郵便列車でやってきた賓客たちのために深夜の観光を企画してくれたのだ。アメリカ本土にこつぜんと現れた異国の街に、エリザベスは目を見張った。かつて住んだニューオーリンズよりも中国人街のほうがはるかに大きな衝撃だった。細い路地は黒い絹の服に身を包んだ群衆であふれ、まるで真昼のようににぎわっていた。遅い時間だったが、どの中国人も楽しげで活気に満ちている。彼らの甲高い声は、エリザベスが小さい頃飼っていたギニアの鳥を思わせた。立ち並ぶ建物を見上げると、いまにもこわれそうなバルコニーや、窓辺に置かれた鉢がみえた。鉢に植わった菊の花は黄色で、花びらの縁は古新聞のようにぎざぎざだ。非番の刑事がひとり雇われていて、一行をめぼしい場所に案内した。刑事はせまい通路をいくつか抜け、ぎいぎいきしむ油じみた階段を下りながら、開け放された扉の前をいくつも通り過ぎた。そうした扉の内側では、料理人たちが犬のようにわめいたり、鶏のようにしゃべったりしていて、かまどの上ではいくつもの鍋が沸いていた。老いた男たちは、しゃがんで煙草を吸っていた。夜気は冷たく湿り、その夜気の中に、暗示めいた不思議なにおいが混じっている。あらゆる格子や戸のすき間からもれているようだった。よろい戸を閉めた窓のすき間からは赤い光がもれていたが、窓のむこうになにがあるのかはまったくわからなかった。

一行がある建物に近づくと、どこかで鋭い叫び声があがった。とたん、通りは中国服を着た男たちであふれかえった。刑事が一行をその建物の中に導く。中には、主人と思われる男が長いテーブルの前にひとり腰かけ、悠然と煙草をくゆらせていた。ほんの少し前までこの部屋はファンタンという賭博をやる男たちでいっぱいだったらしい。だが刑事がきたことを知らせるさっきの合図で、もぬけのからになっていた。それはとてつもなく古い建物だった。もとの用途がなんだったのかはとっくに忘れられ、いまでは違法の賭博場となっていた。この居住区にあるどの家においても、中国人たちは既存の内部を完璧に取り壊し、自分たちに都合のいい様式に作り替えていた。彼らがやってきたことでサンフランシスコは変わったが、彼ら自身が変わることはなかった。いまでは数万人もの中国人が市内に住み着いている。そして本国では、腹を空かせた数百万人もの同胞が自分たちの移住の機会を窺っているのだ。エリザベスはホテルにもどり、なぜカリフォルニアが中国人移民の受入れを中止したのかわかったように思った。のちにこう語っている。

「中国人居住区は、どこか邪悪で恐ろしい印象でした」

当時、サンフランシスコの労働者の三人にひとりは中国人だった。彼らは洗濯夫、料理人、ボーイ、使用人、庭師、大工、道路工夫として働き、またミシンを踏んだ。中国人の一部は、はじめカリフォルニアの金鉱で働いていた。だが、まもなく彼らは思い知らされることになる。中国人鉱夫は、いわゆる母鉱脈には近づくことができないのだ。より有望な鉱脈へ移ろうとすると、白人鉱夫たちが当然の報いだといわんばかりに彼らを殴りつけて金を奪った。そのうえ、みせしめのために弁髪をちょん切った。白人が罰せられることは稀だった。中国人は法廷で証人となることができなかったからだ。彼らにはまた、選挙権も市民権もなかった。教育税を納めていたが、子供たちを公立学校に入れることはできなかった。このころ、アメリカ英語に新たな言い回しが加えられた。成功の見込みがないことを「中国人のチャンス」というのだ。当時サンフランシスコで出版された「中英会話教本」の中身は次のようなものだった。主人の言葉「いいボーイを雇いたいんだ。なに、週に八ドルもらいたいだと？　六ドルで十分だ。働きぶりがましならもう少しは出すことにしよう。やつはばかだ。外出するときは許しを得るように。服にブラシをかけてくれ。火をつけて。床をみがいておけ。やつの賃金を下げたいんだ」これに対して中国人の言葉「はい、奥様。お食事がととのいました。いつはじめましょうか。もう一度お考えいただけませんか。どうか、ぶたないでください」

多くの中国人移民は、大陸横断鉄道の建設現場で働いていた。そこで彼らは「クーリー」と呼ばれるようになった。「クーリー」という語はウルドゥー語に由来している。未熟練労働者という意味だ。イギリス人がインドでこの言葉を覚え、アメリカ人に伝えた。アメリカでは主に、西部で用いられるようになった。ユニオン・パシフィック鉄道で働く労働者たちは、多くがアイルランド移民だ。しかし、セントラル・パシフィック鉄道——カリフォルニアからユタまでの路線——の労働者は、その大部分を中国人が占めた。セントラル・パシフィック鉄道の建設を監督したチャールズ・クロッカーは、中国人労働者がよく規律を守り、まじめに働くところをおおいに買い、しまいには急ぎの仕事がある場合には中国人を使いたがるようになった。なぜ中国人なんかを使うんだといわれると、クロッカーはこう応じた。「万里の長城を築いたのは連中だろう?」

中国人鉄道労働者たちは弁当を持参した。中身はカキ、イカ、アワビ、タケノコ、海草、干したキノコといったアメリカ人には見慣れないもので、会社支給のボイルドビーフやポテトを食べる男たちは、首をひねりつつ不気味に思った。中国人たちは茶しか飲まなかった。茶をいれるには湯をわかす。これが赤痢の防止に役立っていた。いっぽう、白人労働者の多くは川の水を直に飲んで赤痢に悩まされていた。中国人たちは川で衣服を洗い、毎日海綿で体を洗っては火のそばで温まった。一般的な白人労働者にそのような習慣はない。当時の人間はこんなふうにいっていた。「白人は一種の水恐怖症にかかっていて、できるだけ水から離れようとするらしい」中国人は小柄で、多くは百五十センチそこそこだった。ひげがなく、髪をブタのしっぽのような弁髪にしている。ほかの労働者からは女みたいだと思われていた。それでも中国人たちは、白人労働者たちができないことや、二の足を踏むようなこともときどきやってのけた。夜になると中国人たちは葦の茎でかごを編む。昼になると狭谷の崖にぶら下がり、黒色火薬を詰めこんだこのかごを崖の表面に掘った穴に固定する。かごがしっかり固定されたのをたしかめると、中国人労働者は導火線に火を点け、上へ向かって叫ぶ。すると上にいる者が、火薬が爆発する前に彼を引っぱりあげる。山岳の側面に造られた鉄道敷は、このようにしてできた。そうした線路のひとつを通って、〝つむじ風のビル・ダウニング〟は急行郵便列車を猛スピードで走らせたのだ。「ヴァン・ノストランド・エンジニアリング・マガジン」は、「良識ある技術者なら、このような計画は非常識だとみなす」と書いた。こうしたやり方で火薬を仕込んだ男たちの多くが、作業の過程で負傷し、あるいは死亡した。だが、その正確な人数が知られることは決してない。セントラル・パシフィック鉄道会社は、中国人の事故は記録していなかったのだ。黒色火薬はいうまでもなく中国で発明されたものであり、そのため中国人労働者たちは火薬の取り扱いについてくわしい説明をされなかった。彼らはまた、山中に爆薬を使ってトンネルを掘ることさえやらされていた。信じがたいほど困難な作業だった。ドリルで爆薬装塡用の穴を空けて爆破し、土砂をかき集めて運び出す。二十四時間無休で働いても、一日の作業で掘り進められるのはせいぜい三十センチといったところだった。

平野部で働くほかの中国人労働者は、鉄道線路を通すために森を切り開いた。原生林で、しばしば木々の樹高は三十メートルをこえ、直径は二メートル五十センチにも及んだ。労働者たちはこれらの木を根元で伐採し、黒色火薬を使って残った切り株を吹き飛ばす。原生林を必要なだけ切り開くには、数千樽もの火薬が必要となった。この作業をみて、南北戦争での戦場の悪夢がよみがえった者もいた。爆発にふるえる大気、砲弾の破片さながらに飛来する岩石や木片。実際、ひとつの施工単位がほんの一週間で使う火薬の量は、南北両軍がアンティータムの戦いで使用した火薬の量に匹敵したのだ。

一八六九年に大陸横断鉄道が完成すると、中国人の一部は故国へ引き揚げたが、残りの者たちはほかの仕事を求めて西部各地へ散っていった。一八七〇年代を通じて、アメリカ国内に反中国人感情が湧き起こっていく。これを扇動したのは、国中が中国人に侵食されつつあると考えた政治家たちだった。選挙は接戦となると、恐怖や憎悪に駆られた者たちの数千票によって左右されてしまう。国内では労働争議が隆盛に向かいつつあった(たとえば一八七〇年に起こったある全国ストを契機として、多くの鉄道会社が合併した)。アメリカ人労働者たちの不満を雇用主からそらし、自分たちよりさらに搾取されている弱者に向けさせることは好都合だったのだ。反中国人キャンペーンの指導者のひとり、メイン州選出の共和党上院議員ジェームズ・G・ブレインは、「ニューヨーク・トリビューン」紙に寄せた手記に、中国人移民の特徴をこう述べている。「不道徳で恐ろしく不快で、嫌悪すべき危険な反乱分子だ。合衆国政府は伝染病を防止する権利を有すると同時に、中国人を閉め出す権利を有している」ウィスコンシン州選出の下院議員ジョージ・ヘーゼルトンは、中国人移民について次のようにいった。「奇怪な連中で群れて暮らし、犬の群れが犬小屋で眠るように眠る」インディアナ州選出の下院議員ウィリアム・カルキンスの見解はこうだった。「中国人移民とは、すなわち国家の癌だ。それは国家を食い破り、滅ぼすにいたる」

一八八二年、合衆国議会は中国人排斥法を可決した。これにより、以後十年間、中国人移民がアメリカに入ることはできなくなった。これは人種もしくは国籍に基づいて、あるグループに属する移民の入国を禁じたはじめての連邦法だった。自由の女神の台座に刻みこまれているエマ・ラザラスの感動的な詩句は、外の世界へ向けて手を差しのべながら、こう宣言している。「疲れて身を寄せあう貧しき者たちよ、自由の息吹を求めるならここにきたれ」だがこの言葉は、中国人に対しては向けられなかった。やがて、朝鮮人、日本人、東欧人そして南欧人に対しても、合衆国への入国の扉は閉ざされることになる。移民に対して開放的であることをモットーとしていたアメリカは、一八八〇年代に到って、移民排斥を新たな伝統とすることになったのだ。「シカゴ・タイムズ」紙はこうした流れを肯定した。「われわれはドアノブから手を離さずにおこう。

そして好ましい客だけを迎え入れるのだ」

オセアニック号が太平洋へ乗り出す直前、エリザベス・ビズランドは「コスモポリタン」誌の同僚たちに宛てて手早く手紙をしたため、水先案内船に託して本土へ送った。エリザベスは自分を悩ませる心ない人々のことには触れなかった。実際は、見知らぬ人間がひっきりなしに彼女の船室を訪れていたのだ。エリザベスはただ、旅の間中、快活な調子で書きつづけた。「出会う人すべてが素敵です。船会社の上役たちは、予定通り遅れずに太平洋を渡ります、と請け合ってくれています。わたしの部屋には花と本があふれています。外国の方までが、わたしに花かごを届けてくれ、波止場まで見送りにきてくれました。しばらくお別れです。来年の一月二十六日にはコスモポリタン誌の編集部にいたいものです」

この手紙は、コスモポリタンの一八九〇年一月号のコラム欄「書斎から」にのった。発行されたのは前年十二月上旬だ。そのときエリザベスは、まだ横浜へ向けて太平洋上を航行していた。エリザベスの旅行中、そのコラム欄はウィリアム・S・ウォルシュに引き継がれた。「エリザベスがニューヨークを出発したあとをできるだけ簡潔にたどっていきたい」とウォルシュは記している。「彼女はいま、日本の港に近づきつつある。これからは、世界一周の旅のあいだに起こった出来事を、連載記事としてわたしたちに書き送ってくれることだろう」コスモポリタンの発行人ジョン・ブリズベン・ウォーカーは、どちらの記者が先に帰り着くのかワールドに賭けを持ちかけたことがあった。だが、それにもかかわらず、エリザベス・ビズランドがおこなっていることを決して「レース」とはいわず「航海」あるいは「旅」と表現した。もちろん読者は、そこに隠されているウォーカーの気持ちをわざわざ読み取ろうとはしなかった。ウォルシュは続けた。「ニューヨーク・ワールド紙は優秀な特派員ネリー・ブライを出発させた。ミス・ブライはワールドのみならず、公のために優れた貢献をしている女性だ。今回ミス・ブライは、世界一周の旅を東回りですることになった。彼女の出発はミス・ビズランドよりも九時間早かった」ワールドは、今回の旅は現代の交通・通信手段の可能性を試すためのものだと主張していたが、コスモポリタンはまたちがう意見だった。ウォルシュははっきりと言い切っている。「いうまでもなく、こうした旅行によってなにか重大な成果が得られるとは考えていない。科学的に価値ある論証などいうまでもない。だがミス・ビズランドの生き生きとした文章によって、旅の途上の様々な出来事はすばらしいエンターテインメントとなるだろう」

コスモポリタンは月刊誌だが、対するワールドは日刊新聞だ。したがって「書斎から」にエリザベスが登場するころには、ワールドによるプロモーション――当時は〝ブーミング〟と呼ばれた――は、ほぼひと月にわたっておこなわれていたことになる。一日の新聞に、ネリー・ブライに関する記事が複数掲載されることもあった。さらにネリーは、もともとエリザベスよりはるかに名を知られていた。潜入調査のジャーナリストとして広く認められている。だがそうした成功も、今回の旅によって集めた注目にくらべれば足元にもおよばない。腐敗した公共施設の内情をあばくのもすばらしい冒険だ。だが、世界をだれも成し遂げたことのない速さでひとめぐりする旅は、まったく次元のちがう冒険だった。いま、その冒険が実際に行なわれつつあった。それまで考えられもしなかったことだ。世界一周の旅には、愛国心に訴えるところがあった。アメリカ人の名のもとにイギリス人の――たとえ架空の人物であるにせよ――記録を破ろうというのだ。

まもなく、旅を称賛する記事がいたるところにのるようになった。「ボストン・ヘラルド」紙は宣言した。「ネリー・ブライは知的な若き女性であり、かつもっとも勇敢な人物だ」「デトロイト・コマーシャル」紙は、ネリーを「断固たる意志の女性」とし、「アトランタ・コンスティテューション」紙にあっては「進取の気性に富んだ若き女性」と評し、「サンフランシスコ・イグザミナー」紙によれば「ミス・ブライが微笑みながら語る姿は美しい。顔が明るく輝き、目はきらきらと光を放つ。口の両端が少し持ち上がるところもなんともいえない魅力がある。ネリー・ブライはどこにでもいそうなふつうの若い女性だが、すばらしい知性と温かな心を備えている」

もちろん、中傷もあった。ネリーはわがままで節度をわきまえず、フィリアス・フォッグの記録を破ろうとするなど女にあるまじき出過ぎた振る舞いだというのだ。ことに辛らつだったのは「フィラデルフィア・インクワイアラー」紙だ。同紙はネリーを批判して、「まったくありふれた、そこらへんの若い女性。やや細身で、服装の趣味は突飛ともいえる。物の好みや考え方は男性的だが、根っからの男嫌い」と書いた。だが大多数の新聞や雑誌は、ネリー・ブライを代表的なアメリカ女性だと称えた。代表的という意味は、アメリカ人の気に入るタイプの若い女性だという意味だ。つまり、決断力に富み、明るく勇気があり、なにものにも囚われず、心豊かで、可愛らしいが美人過ぎることはない、ということだ。

エリザベス・ビズランドはこれに対して女優並みの美人だった。芸術好きで知的で、上流階級の出と考えられていた。もっとも子供時代は極めて貧しく、ペン一本で現在の地位にたどり着いた。したがって、「ニューヨーク・タイムズ」紙がエリザベスの生い立ちを扱う記事を掲載したのは、学芸欄ではなく日曜版の「今週の国内の話題」欄だった。「全国民が、ミス・エリザベス・

ビズランドによる世界一周西回りの旅に注目している。エリザベスは先週、フィリアス・フォッグの有名な記録を打ち破ろうと出発した。ビズランドはニューオーリンズの上流階層の出で、信じがたいほど美しい。その人柄と魅力的なふるまいとで、多くの人々の心をつかんでいる。エリザベスは、贅沢とはいえないまでも洗練された教育と環境を与えられて育った。本来なら付き添いもなしに最短時間で地球を一周するという旅には不向きな女性だ。それでもビズランドの友人たちはみな、彼女の忍耐力と意志力をもってすれば、きっと最後までやり遂げるにちがいないと確信している」サンフランシスコ・イグザミナーも、驚くほど似た論調の記事をのせた。「ミス・ビズランドはニューヨークでも正統派の美人として広く知られている。典型的な南部美人だ。瞳はやわらかな光を帯び、まつげは長く、まなざしは物憂げで、ふっくらした唇をしている。すらりとしていて、手足はほっそりしている。いかにも南部女性らしい特徴を備えている。ネリー・ブライの階級の人間がするようなことは、これまで一度もしたことがない。ビズランドが世界一周の旅に出発したと知れわたると、各方面で驚きの声が上がり、またその動機が取り沙汰された。一般的に考えられている南部美人とちがい、彼女は決断力に富む女性だ。これこそ旅の途上の苦難において、ミス・ビズランドを救うものになるだろう」

同年十二月初め、なかば当然のなりゆきとして、ニューヨークの上流階級のゴシップをのせる有力週刊誌「タウン・トピック」に、エリザベス・ビズランドについての短い記事が出た。記事は余談も交えながらビズランドを称賛していた。「ミス・ビズランドに黒人の血はまじっていない。多くの新聞がそう決めつけようとしているが、それは誤りだ。ミス・ビズランドは四番街のアパートで姉と暮らしている。中に入れるのはごく少数の選ばれた者たちだが、飾らない優雅なもてなしは好評で、とくにささやかなお茶会は楽しげなものだ。五、六人の輝くばかりの若い女性が、その部屋の長椅子にゆったりと腰かけてウーロン茶でも飲めば、『センチュリー』誌にのる詩になったり、様々な月刊誌で好意的な記事になったりする。いずれの記事においても、ミス・ビズランドが主役として扱われている」ネリー・ブライは、おもに労働者階級向けの新聞で不正を暴く女性記者で、豪華な居間でのんびりタウン・トピックを読むエリート層から尊敬を受けるにはほど遠い存在だ。タウン・トピックに掲載された風刺的な「六十秒間世界一周」には、ネリー・フライという名の旅行者が登場する。おばかでろくに読み書きもできず、食事といえばビールとコンビーフサンドイッチで、記事を書けば同僚の若造記者に全文書き直されるというありさまだ。風刺記事は、ネリー・フライがニューヨークのデスク宛てに打った特報を明かすという趣向になっている。内容はネリーの乗るアウグスタ・ヴィクトリア号がイギリスに到着し、現在、ロンドンへ向けて移動中だと知らせるものだ。特報の全文はつぎのとおりだ。

あんたの会社の　ゆうかんなる記者が　朝の八じ三十ぷんに着いたよ。すぐにロンドンえむかう汽車に乗ったとこ。元気よ。それじゃまた

この特報が編集局の校正を経て紙上に掲載されると、次のとおりになる。

燦然たる陽光に輝く英国の空のもと、偉容を誇る客船アウグスタ・ヴィクトリア号は今朝八時三十分、サウサンプトン港へなめらかにして堂々たる入港を果たしました。わたくしは数分

後に岸辺に降り立ち、旅の第二章たる列車へと乗りこむでしょう。命を洗うようなさわやかな海の気が、地上へとなびいています。自由な鳥たちが声を合わせて歓迎の歌をさえずってくれているかのようです。香しい風はこのもっとも奇抜にして壮大な冒険の甘美な成功を約してくれているかに感じられます

「電文は十文字以内におさめろ」編集局長はロンドンにいるネリー・フライにそう伝えたとされている。「根性を使え、金は使うな。記事に書くような英語を話せば中国語を話していると思われるぞ」

## 一八八九年十一月二十五日―十二月八日　太平洋

航海五日目に嵐は静まった。エリザベス・ビズランドは甲板に上り、やっと生気を取り戻しつつある女性客たちに加わった。みな青ざめ、乱れた髪をレースのスカーフにたくしこみ、デッキチェアで毛布にくるまりながら牛肉のスープをすすっている。エリザベスにもほかの女性たちにも関心がなさそうで、おしゃべりをもちかけようともしない。エリザベスは数時間というもの、心の底から驚きながら海を眺めて過ごした。その時のことをこう書いている。「青さというものがどこまでも深まり、ついにはそれを表す言葉は失われる。何にも例えようがないのだ。燃えるような深みを持つ青だった」エリザベスは、これほど完璧に美しいもの、あるいは魂を静めてくれるものをみたことがない、と思った。船尾にいくと、航跡の中に白い泡が立ち、それが雪に射

す影のように少し青みがかっているのがみえた。船首へ回ると、喫水線のところで左右に、真珠色の薄い二枚の鳥の羽のように波を切り分けていくのが眺められた。羽の縁は日光にいろどられ、そこに虹が現れては消えていく。エリザベスは読書をし、メモを取り、縫い物をして時を過ごした。すわっているのに飽きると船内をめぐった。プロムナードからサロン（主船室部）へ、サロンから上甲板へ、そこからまた下甲板へと。

サロンの後部は三等の個室区画になっていて、独身の女性か夫婦が入っていた。いっぽう、一等船室の船首よりの部分は独身男性用の三等室になっていて、一等船室と厚い鉄の扉で隔てられていた。三等室の旅客たちは、ひとり当たり四十五ドルほどの船賃を払っていた。船員によると、三等室の乗客の食費は十セントに満たないのだった。「なにしろ連中ときたら、日に三度、炊いた米に干し魚かカレーを付けてやれば、それで十分満足なんですからね」結果、船会社には笑いのとまらぬもうけが転がりこむのだった。後部甲板上では、中国人たちが一日中、騒々しいファンタンやそれよりは静かな将棋や麻雀をやっていた。前部甲板には女性客用のスペースがあり、いつも五つか六つのおしゃべりのグループができていた。みな礼儀正しく穏やかな女性たちで、エリザベスが微笑みかけて英語であいさつをすると、笑顔と愛想のいい中国語のあいさつを返してきた。ところが、その快い潮風が吹く甲板に置かれたベンチに、年の頃二十五歳前後と思われる中国人青年が身動きもせずに一日中横たわっていた。目は落ち窪み、顔色は古びた蠟のようだった。青年は両手を胸の上に組み、あおむけになっていた。まるで墓の中にでもいるような格好だ。きくところによれば、中国人移民が肺を病む例は多く、そうすると彼らは故郷で死ぬために無理を押して帰国することがあるらしい。「その若い男性は、息をするのも身動きをするのもためらっているようだった。懐かしいわが家へ帰り着くために、漏れつつあるエネルギーの無駄遣いをひかえ、乏しくなった命の火を消さないよう注意しているかのようだった」

船は順調に西へ向かっていた。穏やかな夜明けと明るい月夜がくりかえされた。数ある航海の中でも、太平洋横断ほど孤独なものはない。何千キロ進んだところで、なんの帆影も島影もみえない。命あるものの唯一のしるしは、海鳥だ。鳥たちは、サンフランシスコからずっと船についてきたらしい。これほど長いあいだ海上にいると、水に没した世界を漂う箱舟のノアとその家族の心境も実感できてくる。航海のはじめのうちは感動する。やがて気分が沈みこみ、しまいには慣れてしまう。日々が過ぎていくにつれ、エリザベスは時おり、絶望感のようなものを味わった。朝目覚めても、外は昨日とまったく変わり映えのしない海だ。同じ水平線、同じ海鳥の群れ。毎日が前日のくりかえしなのだ。なにかが進んだという証がどこにも見当たらない。唯一の例外は、昇降口上に掲げられている海図に記される航跡が、日々延びていくことだった。しばらくすると、目がなんとかして形あるものを見出そうとする。水平線上に、なにかを、なんでもいいから求める。とてつもなく大きな水の円盤と、半球形の空以外にみるべきものを。

「船とはすなわちひとつの世界だ」と、トマス・ノックスは旅行案内記で述べている。「そして海とは、船がそこに浮かぶ青き宇宙なのだ」陸地に残してきた生活の思い出が薄れていくにつれ、乗客たちは、船旅の単調さを破るものを互いのあいだに求めはじめた。「わたしたちのこの限られた世界が、日ごとにわたしたちの中で重要さを増していった」ビズランドはそう記録している。「わたしたちは家族のように、互いの性格、好み、来歴を把握する。互いに写真を撮り、友情を告げる言葉を交わし、将来のことを語り、過去の秘密を語り合うのだ」上甲板では、一等船客たちがチェッカーや輪投げやトランプに興じ、ゴシップをささやき、男女で交流し、目新しくもない海がらみのジョークを記憶の中から引っぱり出していた。「波と風は何色だ？」「波はバラ《rose》色、風はブルー《blew》さ」「ふしだら女と船はどこが似ている？」「いつみてもはらんでるところ」「オークションと船酔いのちがいは？」「オークションは遺産《エフェクト》を売る《セール》こと、船酔いは航海《セイル》の効果《エフェクト》」「船に酔ったらどうしてチェックのベストを着なきゃいけない？」「胃の調子をチェックしとかなきゃいけないからな」

夜になると、ピアノの周りに集まって歌う人、チェスに熱中する人、バックギャモンをする人、トランプで賭けをする人とそれぞれだった。当時、活人画（適当な背景の前で扮装した人々がポーズをとり、名画などを再現する）が人気の娯楽として流行りつつあった。活人画をやる者は、だれもが知る場面を選ぶものだ。たいていは有名な絵が選ばれるが、小説や芝居から借りてくる場合もある。その場面の登場人物に合わせて、各自が変装するのだ。活人画の後ろにはカーテンか屏風を置く。参加者は、絵なら絵に描かれている配置通りに並び、準備が整うと見物客が呼び入れられ、大げさな身振りで目隠しが除かれた。活人画の人々は、可能なかぎり最初の姿勢を崩さずにいる。二、三枚のショールやマント、かつらや眼鏡、胸や腹にうまくひそませた枕、顔を黒く塗るために焼いたコルク栓などがめざましい効果を発することもある。「変装がうまくいくほど、楽しみもますのです」ガートルード・エリザベス・キャンベルは、その著書『上流社会のエチケット』の中で語っている。「紳士が淑女に、子供が大人に、やせた人が太った人に。いずれの場合もそれは同じです。なにより面白いのは、レディによる男性の盛装がうまくいったときでした」

一八八九年十二月八日の早朝、水夫のひとりが水平線を指さして叫んだ。「日本です！」エリザベスは胸を高鳴らせ、ほかの乗客とそちらを眺めたが、いくら目をこらしても単調な海と空以外にみえるものはなかった。しばらくすると、はるかな水平線のすぐ上あたりに、あるかないかの灰色の雲を見分けることができた。船が近づくにつれ、その雲はしだいに三角形にみえはじめた。徐々に水平線上に持ち上がり、ついには雲ではなく、上に雪を頂く山だとわかった。頂上は白く、下は暗色で、逆扇形に両脇へと続く稜線。マウント・フジだ。日本風に呼ぶなら、フジヤマだ。その「火の母」(というのもフジは活火山で、一七〇七年にも噴火していた)は、高さ三千七百メートル以上。その姿の邪魔になるような山は周囲になく、ひとり雄然とたたずんでいた。その姿をひと目みて、エリザベスは理解した。富士山の姿がどのように日本人の心のなかに棲みついてきたのか、それがどのように聖地として崇められ、どのように無数の巡礼者の目的地となってきたのか。ある日本の詩を思い出した。「語り継ぎ　言い継ぎ行かむ　富士の高嶺は」(『万葉集』山部赤人)その神々しい姿に言葉もなくし、エリザベスは富士山をみつめ、はっきりと悟った。朝日の中で薄紅色に染まりつつあるこの山を、自分は決して忘れないだろう。

ニューヨークを発って以来二十四日。長い旅を経て、エリザベスはついに東洋へたどり着いたのだ。

---

**一八八九年十二月八日－十日　日本、横浜**

オセアニック号は横浜港への長い水路をたどっていった。海辺近くまで迫る山々の緑も、港の水面を上下している幾多のブイの鮮やかな赤も、ただ海の青だけをみるのに慣れた目には清涼剤のようだった。周囲には幾隻もの大型船が錨を下ろしている。みると大洋航行蒸気船で、イギリスやフランスやドイツの商船やアメリカの戦艦などだった。オセアニック号が岸壁からかなりはなれた位置に錨を下ろすと、小舟が群がってきた。底の平らな先住民のカヌーに似た、地元民たちの舟だ。乗り手の男たちは舳に立ち、一本の長い棹だけで、驚くべき速度で舟を進めていた。彼らの手首は細く、手は小さく、青い木綿の着物をはおっていた。その青は海や空の青にまぎれそうな色だった。オセアニック号の一等船客たちは、水先案内ボートを待ってタラップ付近に集まった。中国人の三等船客は上陸を許されず、オセアニック号が横浜で検査される二日間、船内にとどめておかれた。船上でエリザベスは、黒い瞳のアメリカ人女性マッジと友達になっていた。彼女も日本という国にとても興味を持っていたのだ。ふたりの若い女性は、本当は桟橋まで日本人の小舟に乗って渡りたかったのだが、そうやって伝道師のまねをするには荷物が多すぎた。そこでおとなしくほかの乗客にまじり、とくに珍しくもない汽艇に乗りこんだ。石段をくだり、エリザベスはようやく固い地面の上に降り立った。十六日間にわたる海上での日々のあと、地面は足元でまだゆれているかのようだった。

エリザベスは海岸通りの端に立ち、岸に沿って走る並木道に心を奪われていた。どこをみても日本だ。大きなキノコのような麦わらの笠をかぶった男たちが、二輪車を引きながら小走りに駆けていた。これが有名なジンリキシャだ。日本語で人の力で動く車という意味で、縮めて「リキシャ」ともいい、のちに英語の「ｒｉｃｋｓｈａｗ」となった。人力車にはひとりしか乗れない。客は背の高い革張りの座席に腰かける。この座席は蛇腹式の幌でおおわれている。ニューヨークでみられる辻馬車に似ているが、ここではもちろん引き手は一頭の馬ではなく、ひとりの人間なのだ。エリザベスは、人通りが多いわりに、あたりが奇妙に静かなことに気づいた。やがてそれは、馬がいないせいだと気づいた。人足（外国人はクーリーと呼ぶ）の組はそれぞれ、互いの肩のあいだにわたした棹に商品をぶらさげ、奇妙な歌をうたいながら運んでいた。彼らの頭は、てっぺんでおかしな形にまとめられた少量の髪をのぞいて、完璧に剃られていた。女たちの頭はうしろへひっつめて大きな厚みのある形に曲げられ、油でてかてか光り、象牙や翡翠のピンできっちり留められていた。彼女たちは明るい色の絹の着物をまとい、下駄をはいていた。この下駄は、石で舗装された路上でからからと快い音を立てるのだった。並木道のあちこちで、頭を剃られ花模様の上着を着せられた子供たちが、箱型の凧をあげていた。

桟橋の脇では人力車の一群が、上陸したばかりの旅客たちに声をかけていた。人力車を引く男たちをみて、エリザベスは中世の騎士を連想した。チュニックのような薄青い木綿のローブ、ぴったりした膝までの半ズボン《ブリーチ》に身を包んでいたからだ。エリザベスは男たちの脚を、感嘆してながめた。すらりとして筋肉質で、まるでサラブレッドのようだった。彼らはわらでできたぞうりをはいていた。大きな足指に巻きつくひもできっちりと足に固定されている。人力車は一時間乗って、わずか十五セントだ。七十五セント支払えば一日貸切にできる。その日の終わりに、エリザベスはこんな記事を書いた。「人力車の車夫は決して息切れしない。いつでも上機嫌で感じがいい」彼らは日射しの中でも雨の中でも同じように走る（横浜での年間平均降雨量は千五百ミリだ）。夏の蒸し暑さの中でも、零度に近い冬の気温の中でも、またどこへ行くにしろ、時速八から十一キロの速度で走らなくてはならない。重労働による体力の消耗、過酷な運動による体温の過剰な上昇と突然の停止による体の冷え。これを日常的に繰り返すうちに、喉と肺が慢性の病にむしばまれ、しばしばそれは肺結核へ、そして死へと至る。車夫が五年をこえて仕事を続けることは稀だといわれていた。

エリザベスは人力車の群れの中から、自分に微笑みかけてくれた男が引く一台を選んだ（彼女はすでに彼らを、中世の平民のようにみなしはじめていた）。車夫は二本の木製の梶棒のあいだに入ると、持ち手をつかみ、駆け足でエリザベスのホテルへ向かった。そこからホテルまでの料金はたかだか十セントだった。男たちはフランス船用の桟橋に隣り合う「横浜ローイング・アスレチック・クラブ」や、横浜を訪れるイギリス人たちの立ち寄り先として有名な「ユナイテッドクラブ」、それにいくつかのホテルや商取引所や領事館の前を通りすぎていった。四十年前まで、横浜は小さな漁村だった。しかし一八五八年に日本の将軍が、アメリカ領事タウンゼント・ハリスとの条約にサインしたのだ。その取り決めにより、アメリカは日本と商取引をおこなう権利を得ることとなった。そして翌年七月四日、横浜は協定の有効期間中、はじめて外国に開かれる港として公式に指定されたのだった。一八八九年現在、横浜は日本における主要国際港だった。街の人口はいまや八万五千人に達しており、そのうち千人超が外国人だ。市街地は日本人とヨーロッパ系の人々の区域にわかれている。外国人居住者の多くは、海を見晴らす崖の上の邸宅に住んでいる。きわだって美しい区域で「ブラフ（断崖）」として知られている。周囲には広大な庭園とクリケット場が備わっているのだ。このほかの外国人たちは、並木道沿いに点在する大きな石の家に住んでいる。

エリザベスはグランドホテルに滞在した。ホテルは例の並木道の南の端に位置している。切妻造りで、花盛りの樹木が眺められる中庭のある建物だ。ホテルに着くと靴下だけで靴をはいていないボーイが出迎えてあいさつし、池に面した大きな部屋へ案内した。みると驚いたことに、部屋はスチーム暖房になっており、電気式の呼び出しボタンがついていた。大きな全面ガラス張りのドアが広々としたテラスへつづき、見下ろすと横浜港が広がっているのだった。夜のとばりがすみやかに下りてくると、大きな黄色い月が昇った。港の様々な船が夜空を背景に、ペンで描いたかのようにくっきりと黒く浮かび上がった。夜になると、車夫たちは薄赤い紙製の提灯を車に下げた。その赤い光の粒の流れが、遠い並木道の上を右へ左へと動いていた。ほどなく夕食のために着替える時間になった。

グランドホテルのオーナーはふたりのフランス人で、どちらも以前は本職のコックだった。そういうわけで、このホテルの料理は横浜一だと広く知られていた。ウェイターは日本語しか話せないため、宿泊客はメニューの中の各料理名の頭にふられている番号でそれぞれの食事を注文した。たとえば食事をシャンボール風魚料理からはじめたい場合、客は単に「二番」という。鴫の皇帝風が「四番」、鶏のローストトリュフソースが「十一番」、そしてデュ・バリー風プディングが「十三番」といった具合だ。物言わぬウェイターたちは、短いジャケットとぴっちりした黒いズボンに身を包み、給仕に努めた。ある宿泊客は満足げに述べている。「こまめで注意深く、動きの素早いおちびさんたちだ」夕食の折、エリザベスと同船の数人の者たちは、アメリカ海軍の会計係マクドナルド大尉と知り合いになった。彼はもう二年間も横浜にいて、街の様子を詳しく知っていた。そして、みなさまにお楽しみいただくために、食事のあと日本人たちの住む区域にご案内いたしましょうといってくれた。みると、ホテルの中庭の月明かりの中に、人力車がずらりと並んでいる。車ごとに薄赤い提灯が揺れていた。みなそろって出発し、静まり返ったヨーロッパ人街を通り抜けていった。すっかり日は暮れていてオフィスの建物は何時間も前に閉じられており、働き手たちは並木道か断崖の上にある自宅へ引き上げていた。一行は大きな運河をわたり、市中《シチュー》へ入った。日本人の町だ。ここではまだ今日の仕事は終わっていなかった。エリザベスは夜遅く、サンフランシスコの中国人街を訪ねたときのことを思い起こした。あそこでは真夜中でも真昼のようなにぎわいだったのだ。一行の人力車の列の両脇を群衆が行き交っていた。いたるところから、下駄がかちゃかちゃいう音がきこえてきた。一行はいくつもの小さな露店の前を通り過ぎた。それらの店では指ぬきほどの大きさのカップに入った茶から湯気が立ち、白鳥のように首が細くてほっそりした磁器の瓶から酒が注がれた。居住区に入ると、横に長く屋根の低い家々が並んでいた。木や竹でできており、屋根は瓦で葺かれていた。どの家の軒からも提灯が下がり、やわらかな素材でできた覆いの奥で様々な色の光が灯っていた。形と大きさはまちまちだった。エリザベスにはすべてのものが輝くばかりに美しくみえ、心惹かれた。白い制服を着た警察官の隊伍がいくつも路上をパトロールしていた。提灯を下げ、棍棒を持ち、各正時毎に、かん高い声で互いに呼び交わしていた。船の中で、異常がないことを告げる八点鐘の響きのようだ。

マクドナルド大尉は、一行を劇場に案内した。大きなしゃれた建物で、幾人かの日本でも有数の俳優を抱えているのが自慢の劇場だった。切符売り場には小さな木の札が山のように積まれており、そのひとつひとつに、平仮名が書かれている。しばらくみているうちにエリザベスにもわかった。入り口付近に並んでいる釘にぞうりをぶら下げるようになっているのだが、その場所が札に記されているのだ。日本では、劇場の中もはき物を脱いで入ることになっているのだ。しかし、外国人だからという理由で特別に、一行は靴のまま入ることを許された。招き入れられた二階の桟敷では、ほかの観客のように正座せずにすむよう椅子が用意されていた。ちょうど幕間で、下を眺めると、舞台前の場所に家族連れが何組も、敷き物の上にすわっている。脇には炭火を入れる火桶があった。そこでやかんを温めているのだった。男たちの中には煙草を吸ったり寝ころんでひと眠りしている者もあり、女たちは茶を飲んだりおしゃべりをしたりしていた。子供たちは楽しげに駆けまわっている。舞台脇の格子で区切られた袖から、三味線のもの悲しげな音楽がきこえてきた。やがて鐘が鳴りわたった。男たちが体を起こし、子供たちが呼びもどされる。芝居の続きがはじまるのだ。引割幕が横に引かれていき、一軒の日本家屋の正面が現れた。

いよいよはじまるとふたりの若いメイドが現れた。両膝と両手を床に着けた姿勢で、彼女らの女主人を待っている。だがあとで、この女性は本当は男の俳優で、巧妙に化粧し着飾っていることがわかった。女主人とその腰元たちは、いかにも不幸な事件について語り合っていた。その時、家の主人が入ってきた。みるからに貴族的な風貌で、立派な衣装と二本の刀を身に着けている。もちろんエリザベスには、彼がなにをいっているのかはわからなかった。しかしその身ぶりから推し量ると、主人にもこの事態はどうにもできないらしい。舞台の上ではしばらくこの沈んだ調子が続き、突然音楽が鳴り響いて観客を驚かせた。すると、舞台とは反対側にある小部屋をおおう幕が横に引かれ、偉大なる将軍その人が現れた。黒いビロードのズボン姿で、床の上にしつらえてある小道を、悠然と舞台のほうへ進んでいく。エリザベスは考えた。この将軍は、日本における伝統的な権威を体現しているのだろう。この厳格な貴族主義が、ヨーロッパにおける封建制がとうに崩れたあとも、日本でのそれを維持してきたのだ。その精神が、これまでどんな軍事的征服者にも日本の土を踏ませず、日本人をアジアでもっとも勇敢で自由な民族としたのだ。将軍は立ち去る前に、重々しく判定をいいわたした。家の主人は頭を垂れたまま黙ってそれを受け入れ、女主人と腰元は激しい失望をあらわにした。どうやら将軍は、主人の抱える問題を解決する一番良い方法は切腹だ、と告げたらしい。切腹とは、〝ありがたき御処置〟なのだ。それから、なにやらおしゃべりな年老いた物乞いが登場した。たぶんこの男は、この重苦しい空気を和らげ、悲劇的な状況を一転させるためのデウス・エクス・マキナ（古代演劇などで最後に現われてすべてを解決する人物）なのだろう。エリザベスはこの先どうなるのか観ていたかったが、一緒にきた仲間たちは退屈しはじめ、ホテルへ帰りたがっていた。明日はみんなで列車に乗り東京へ向かうことになっている。

ホテルへもどるとエリザベスはフランス窓を開き、テラスへ出てみた。空気は冷たく頬を刺した。ほっと息をつき、ふと気づいた。今日一日、スケジュールから解放されていたのだ。心地よい疲労を感じ、ベッドに横になるのがうれしかった。ベッドは大きくやわらかく、波に揺られることもない。

翌朝エリザベスとマッジは、人力車を雇って一番大きな商店街へ出かけた。昨日にくらべて寒く、ふたりは歩きながら食べ物の露店の火鉢で手を暖めたり、薄い色の茶を何杯か飲んだりした。その茶を飲むと眠気がすっきりと消え、口の中に花の香りが残った。日本人たちは綿を詰めた着物を重ね着しているため、丸く着ぶくれしてみえた。両手は着物の広い袖の中に引っこめている。ヨーロッパ人やアメリカ人が住みつく前の日本での暮らしはどのようなものだったのか。それを想像することは可能だ。この頃に日本を訪れたあるアメリカ人が、こう述べているからだ。「日本人の家屋と習慣、衣服と食物、仕事と娯楽は、現在のところ、ペリー提督がこの国を長い眠りから目覚めさせた以前とほぼまったく同じだ」

商店街の両側には、漆器、青銅器、象牙、翡翠など、驚くほど美しい工芸品を売る店が連なっていた。みたところ、どの店にも隅に磁器の花びんが置かれ、菊の花が巧みに飾られていた。これらの店の正面には簡素なすだれが下げられており、一日の商売をはじめるときに巻き上げられていた。店の床は地面から六十センチほど上にあり、きれいな白いマットでおおわれていた。店番はその上に正座している。その回りには簡単に手の届く位置に棚が配され、商品が並べられていた。エリザベスとマッジは日本人と同じように靴を脱いで店の端にすわり、店番の話す日本語風英語に合わせて、なんとか会話しようとした。エリザベスの耳には、店番の英語は幼児が話しているように感じられた。ふたりとも、買い物の際はかならず値段の交渉をし、相手の言い値の半分以上の金を決して支払ってはならないと忠告されていた。だが、なにもかもあまりにも安かったので、ふたりとも値切ることとなく喜んで金を払った。エリザベスとマッジは、いたるところで愛想よく迎えられた。店番たちはみな頭を下げておじぎをし、好きなだけ商品をみるよう勧め、決して買うことを無理強いしなかった。猜疑心の強いアメリカ人の間で暮らしてきて、人をみれば詐欺師ではないかと疑うようになっていたエリザベスは、日本の人々の気立てのよさと信頼に触れて、思わず泣きそうになった。ふたりがとくに夢中になった絹物屋には、優雅なキルト風の化粧着、針山、枕カバー、刺繍をしたハンカチといった品々が飾られていたが、なにより魅力的だったのは素材の布地そのものだった。エリザベスはうっとりしながら、ミルキーオパールと藍地の縮緬や、薄紫と夕陽のようなピンク色の縮緬、竹の葉と菊模様を細かく散らした縮緬に見入った。ある店では主人が甘い香りのする木の箱を開き、みたこともないほど美しい絹織物を出して、「これは『暁の衣』というものです」といった。織糸は月光のような銀白色に光っている。

だが折り重ねられた地の中で、その白にはバラ色がさし、かと思うと青くかげり、色が深まるところでは金に変わった。エリザベスはその布をひと目みてガウンを一着注文し、さらにほかの生地を使った数着を追加した。信じがたいことに、注文の品は翌日仕上がるとのことだった。ここでは「ガウンあれ」といいさえすればいいのだ。すると、ガウンは出てくる。

ふたりはあちこちの絹物屋からいつまでも出られず、すんでのところで東京行の汽車に乗り遅れるところだった。エリザベスは東京までの一時間ほどの旅を、幸福な気持ちで、移りゆく田園風景を眺めながら過ごした。霧が丘の谷間に流れこんではまた流れ出していく。時折霧の中から丘の頂が海の中の島のようにのぞき、たちまちぼやけて墨絵のようににじんでいく。霧の中に、竜の形をした赤松が丘の斜面を這っているのがみえた。とてつもなく太い根はまるで竜の尾のように幾多の岩にまとわりつき、まさに神話上の生き物そのもののようにみえた。しばらくいくと霧は晴れ、窓外の景色は広大な緑のビロードに変わった。列車はわらぶき屋根の農家が点在する村々を過ぎ、いくつもの小さな駅、屋根の形がパゴタのような格子戸の茶屋、道の端の小さな神社、梅林、水田などを過ぎていった。なくていいもの、場違いなものはなにひとつなく、あらゆる場所に繊細な夢のような雰囲気があった。エリザベスはふと思い当たった。日本人画家たちはしばしば、西洋の批評家たちからその単純さと伝統への執着を馬鹿にされているが、彼らの作品は本当は単純なのではなく、徹底的な写実なのではないだろうか。巧みな筆がひと刷きふた刷きするだけで、まわりに存在する世界は出現するのだ。

一行の東京までのガイドはそつのない日本人の男で、灰色の着物にアメリカ製の黒い帽子という格好だった。ガイドは一行を、芝にある有名ないくつかの寺院に連れて行くつもりだといっていた。列車が到着すると、彼らは人数分の人力車を雇い、なめらかに均された大通りへと繰り出した。通りは松が影をおとしている。漆塗りの門をくぐると、めざす寺の境内に入る。頭を剃った仏教の僧侶が、彼らを急な坂の上にある徳川秀忠の墓所へ案内した。墓所への石段は苔におおわれ、つややかな赤い椿の花が散っていた。そよ風が上っていく一行の頬をなで、屋根のように頭上をおおう松の枝から日光がこぼれていた。丘の頂上に着くと、両脇に灰色の石灯籠が並ぶ道を進む。やがて将軍の霊廟の前に着いた。霊廟は暗色の銅瓦で葺かれており、その前の黒い門扉はサンスクリットの金文字で飾られていた。中に入ると周囲の壁は紫がかった赤色に塗られていた。過ぎた長い時間のあいだにも、その色は損なわれていなかった。天井は見事な彫り物で飾られ、漆と金で描かれたおびただしい数の竜、鳥、蓮の花、菊の花が複雑に絡み合っていた。モザイク模様の床面からは、巨大な石の蓮の花びらが浮きあがっている。エリザベスにはその部屋が、とてつもなく大きくかつ完璧な宝石箱のように思えた。金箔の上には貴石を散りばめ、贅沢に色付けされた漆の部分は高価な宝石のように固く磨かれている。

　エリザベスは秀忠の墓所から外に出ると、夕刻に近いやわらかな日射しに目を細めた。そしてこんなふうに考えた。「アメリカは蒸気トラクターと大きな新聞社のある平凡な国。でもここは、磁器と詩歌の国、どんなにありふれた場所にも美しい物がある国だわ」エリザベスはもう一度墓を振り返り、ふいにニコラ・プッサンの絵を思い出した。古代の羊飼いたちがある墓を囲んでいる絵だ。その墓には「我アルカディアに在りき《Et ego in Arcadia》」と彫られている。アルカディアとは、ウェルギリウスの詩にうたわれている理想的な田園のことだ。僧侶からあらかじめ、将軍の霊廟はこの世のものとは思えないほど美しいのです、ときいてはいた。それを自分の目でたしかめたいま、エリザベスは、この先どれほど大きな困難に見舞われることがあってもくじけずにいようと決めた。これほど完璧な美に出会うことができたのだから。「我アルカディアに在りき」エリザベスは、花の散る石段を降りながら、案内の僧侶にいった。「わたしも妖精の国にきたんですね」

エリザベスは日本を離れたくなかった。そして心の中で誓った。きっとここへもどってくる、と。

オセアニック号は明朝、香港へ向けて出発し、船客たちは富士山の最後の眺望を惜しんだ。日本はしだいに遠ざかっていった。東シナ海を南西へ向けて横断するには五日間かかる。日本が視界から消えると、風が強くなってきた。いくつもの大きな黒雲が船の行く手に立ちふさがる。また、嵐がきたのだ。その日遅くエリザベスは、例の蠟のような顔色をした物言わぬ若い中国人が死んだというわさをきいた。水夫がひとり、中国人がいつも横になっていた三等室の片隅を、帆布を下げてみえなくした。船医が重苦しい顔つきで、そこを出たり入ったりしていた。若い中国人は自分の目でみることはかなわなかったが、故国の土の上には帰れるだろう。彼らの相互扶助組織である中華会館と太平洋横断航路諸船舶との取り決めによって、中国人移民の海上での水葬は禁じられているからだ。中華会館は、中国へ向かう各太平洋横断船に、少なくとも一ダースの棺と、防腐処置のために船医が用いる薬剤を備えることにしていた。この中国人の遺体は防腐処置されて棺の中に納められた。棺は封印され、船倉にしまいこまれた。香港に着くと、遺体は東華医院に運ばれ、近親者か友人のところに届けられることになった。費用は同船の中国人と、船員たちによるひとり当たり十セントから一ドルの寄付で賄われる。棺の脇には角砂糖を入れた平鍋が供えられていた。中国人乗客は寄付金を鍋に入れては、かわりに角砂糖をひとつ取った。それは幸運のお守りになると信じられていたのだ。

# 9. バクシーシュ

一八八九年十一月二十五日－二十六日　地中海

ネリー・ブライが船上ではじめて迎える朝、ヴィクトリア号の調子はよくなかった。昨夜ネリーはブリンディジ市内の電報局に大急ぎで駆けこんだあと、自分の船室にもどり、疲れ切った体を寝台にすべりこませたのだった。それから記憶が途切れ、数時間前に突然目を覚ました。気がつくと彼女はベッドの脇で立ちすくんでいた。〝ぬれねずみ〟という言葉がぴったりの格好だ。何秒間か、ネリーにはなにもわからなかった。ここはどこなの？　どうやってこんなところにきてしまったの？　突然頭がはっきりし、頭上のデッキをこするシャッ、シャッという音がきこえた。そのとたんネリーは、なにが起こったのか理解した。眠りこむ前に、寝台の上についている丸窓を開けて部屋の空気を入れ替えようとしたのだ。そして朝になり、水夫がデッキをこする水が勢いよく降りかかってきたというわけだ。ともかくネリーははっきりと目が覚めていた。着替えてデ

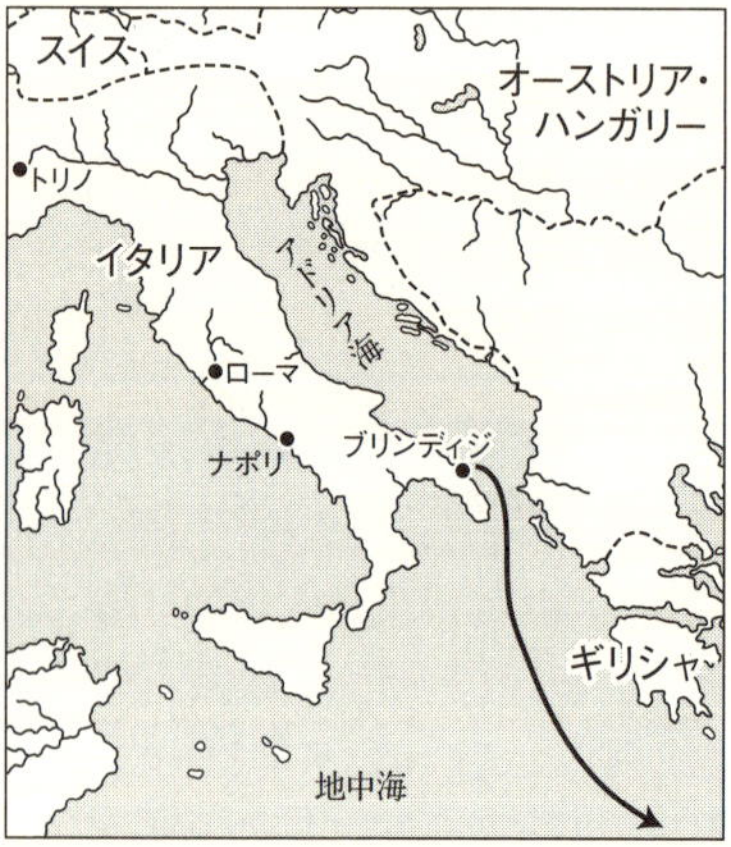

ッキへいかなければならない。だが、ネリーは必要に迫られなければ決して早起きをしない人間だ。地中海を航行しているいま、原稿の締切もなければ、うるさく催促するデスクも数千キロの彼方だ。ネリーとしては朝日になど用はない。替えの寝間着は持ってきていなかったので、着ている寝間着の水をタオルでぬぐって、半分濡れたまま眠りにもどった。

ところがいくらも眠らないうちに、戸口で名前を呼ぶ男の声に起こされた。「もしもし、お茶になさいますか?」ネリーはお茶なんかいらないとつぶやき、男が去ると、どうにかまた眠りにもどった。だがまたしても、別の声に起こされた。「もしもし、お風呂になさいますか?」目を開けると、白いキャップをかぶった女が横に立っていた。ネリーは、もうシャワーなら浴びたわといいたい気持ちに駆られたが、口を閉じて、すぐに起きるわと答えた。

「まったく、いつまで寝てるんですか」メイドは大きな声でいった。「たったいま起きなきゃ、風呂も朝食もなしですよ」一瞬ネリーは錯覚した。わたしはまだ学校の寄宿舎にいて、舎監のおばさんに叱られているのかしら。だがふたたび自分を取りもどし、いいたいことだけをいった。「わたしは起きたくなったときにしか起きないの」ネリーはただ眠りたかった。それがメイドの気に入ろうが入るまいが、知ったことではない。だがいくらもしないうちに、先ほどのボーイがまた邪魔をしにきた。

「すいません」彼は強い調子でいった。「この船では毎日巡察があるのです。わたしはその前に客室を整えなくてはいけません。船長がまもなくここへやってきます」

こうなっては起きるしかない。ネリーは廊下を歩いて浴室へ向かった。だが、どんなに慎重に水栓を調節しても、湯を出すことができなかった。ネリーは通りかかったボーイにやり方を尋ねた。だが、そこはメイドの担当だった。

「メイドは休憩中です。働かせるわけにはいきません」彼はいった。

ネリーは信じられなかった。「アメリカでは、使用人の図々しさと怠けぶりはしょっちゅう話の種になる」のちに彼女はそう書いている。「だがヴィクトリア号の使用人たちがイギリスの標準なら、わたしはアメリカの使用人たちに心から感謝する」


ペニンシュラ・アンド・オリエンタル・スチーム・ナビゲーション・カンパニー。P&Oとして広く知られるこの会社は、一八三七年から営業を開始した。その年までペニンシュラ・カンパニーだった同社の前身がイギリス政府の事業を請け負って、郵便船をロンドンからリスボン及びジブラルタルへと走らせることになったのだ。同社の取り扱い区域はすぐに拡大し、マルタ、アレクサンドリアまで伸びた。一八四〇年には「オリエンタル」を社名に加えるまでになり、同社はイギリス王室の勅許を得て、イギリスの船便を中東全域へもたらす組織に拡大再編されたのだった。一八八七年にはP&O社は、創立五十周年を祝った。偶然にもそれは、ヴィクトリア女王即位五十周年祝賀の年でもあった。この二重の五十周年を記念するため、同社は四隻の新造船を進水させた。どれもが、同社がそれまで建造したものより大きなものだった。社はそれらにぴったりの愛国的な名を付けた。ヴィクトリア、ブリタニア、オセアナ、そしてアルカディアだ。

ヴィクトリア号の上で、ネリー・ブライはニューヨークを発って以来身に着けていたウールの旅行服を脱ぎ捨て、ずっと身軽な絹のベストを着た。荒い三角波の北大西洋も、イギリス海峡をわたってくる寒風も、ずいぶん悩まされたイタリアの霧も、みんな後にしてしまえるのがうれしかった。船客たちは夏服姿でデッキチェアに寝そべるか、帆布製の日覆で日陰になっている広々とした白い甲板上をぶらぶら歩くかしていた。ネリーは、イギリス人船客たちは自分を放っておいてくれるのではないかと期待したが、すぐに気づかれた。イギリス人女性の多くはアメリカについてならなんでも知りたがっていて、ひとりきりで旅しているアメリカ女性に感心し、うらやむことさえあった。二、三日もすると、イギリス人女性のひとりが、ネリーにそっと教えてくれた。「あなたがたいへんな遺産を相続された変わり者で、ヘアブラシ一本と小切手帳だけ持って世界一周中だってうわさが広まってるわよ」どうやらそれは本当らしかった。しばらくすると甲板の上で若い男がすり寄ってきて、自分はロンドンのカーゾン子爵家の者だと名乗った。小柄でもじゃもじゃの口ひげを生やしている。ネリーはちらりとみて、魅力のない顔だわと思った。ミスター・ウィンダム・カーゾンは、乗船以来ずっとあなたをみていて、この方こそ自分の好みの女性だと気づいたのです、といった。彼は子爵家の息子だったが、残念ながら次男だった。長男が家の財産と地位を継ぐことになっているので、彼自身の生涯の唯一の望みは、毎年千ドルを分けてくれる妻をみいだすことだった。こういう条件でネリーが自分との結婚に同意してくれるか是非知りたい。そして、同意してくれた場合自分とどんなことをしたいと思うか、と妙に浮わついた調子でたずねた。ネリーは彼をじっとみて、ひと呼吸おいたあと答えた。そうなったらあなたに仕事をさせたいわ。男は、ネリーが「思った以上にしょげかえっていた」。

また別の若い男はこういってきた。自分は九つの折から絶え間なく旅を続けている。だがこれまでずっと、結婚したいという気持ちは抑えてきた。というのも、とほうもない数のトランクを抱えずに旅ができる女性などいるはずがないと思ってきたからだ。荷物の少ない相手を妻にしたいなんてずいぶん変わってるわね、とネリーは考えた。この若い男の存在には気づいていた。いつみても完璧な身だしなみで、一日に何度も上から下まで衣装を取り換えているのだ。いったいいくつトランクを持っているのですか、とネリーがたずねると、男は「十九個です」と即座に答えた。道理で妻には荷物を持ってもらいたくないわけだ、とネリーは納得した。

三人目の若者が期待に胸をふくらませて結婚の話をしにくると、ネリーは極秘にしておいてほしいと前置きしていった。わたしはアメリカの大遺産相続人どころか、物乞いも同然なんです。体の調子が悪いので、いくつかの慈善団体がかなりの金額を集めて長旅の途上にある自分に送ってくれたのです。海の空気を吸えば体にもいいと思ってくれたのでしょう。予想どおり、この新事実はあっというまにヴィクトリア号中に広まり、求婚者の行列はぱったりと途絶えたのだった。

## 一八八九年十一月二十七日　エジプト、ポートサイド

十一月二十七日午後遅く、ヴィクトリア号はポートサイドに錨を下ろしていた。スエズ運河への入り口に近いエジプトの街だ。石炭を補給するためだった。三十年前ならポートサイドはちょっとした砂浜以上のなにものでもなく、ペリカンの群れと数種類もの野鳥の棲家に過ぎなかった。街は一八五九年からできはじめた。在エジプトフランス領事フェルディナン・ド・レセップス伯爵が、子供時代の友人であるエジプトの支配者ムハンマド・サイド・パシャに、運河を開くための土地を提供してもらいたいと説き伏せて以来のことだ。運河は長年の夢であった東洋と西洋を結ぶ架け橋となるべきものだった。レセップスは運河の北端に港が必要だと考え、完成した港に

はサイドに敬意を表して、ポートサイドと名を付けた。エジプト人労働者たちは重労働のすえ、海底の土をさらい、深い入江と二本の巨大な防波堤を築いた。防波堤はどちらも、運河の開口部を守って、千六百メートル以上沖へ延びている。ふたつの防波堤は、巨大な石のブロックをおよそ三万個積み上げてできていた。それぞれのブロックは一辺が二メートル以上の立方体で、重さは二十二トンある。

エジプトにおいてはファラオの時代以来の大規模な建築事業だった。水底でかき回される泥で、水はなんともいえない茶色ににごっていた。防波堤に打ちつける波は、細かい白い泡となって飛び散っていたが、その色の対比はチョコレートソーダのソーダと泡といったところだった。何十隻もの蒸気船が世界中からやってきて錨を下ろしていた。あるものは石炭を積みこむため、あるものは単に休息のため、あるものは客を乗せるために。ポートサイドは世界屈指の石炭補給基地だ。港湾労働者たちは一隻の船に、一時間当たり二百トンの石炭を積みこむことができた。それでもなお、ヴィクトリア号がふたたび出港できるようになるまでには数時間を要した。乗客たちはちょっとした町見物をしようと、男たちは杖で、女たちはパラソルで武装した。その武器によって物乞いたちを追い払うのだという。ネリーは杖も傘も持っていなかったが、ほかの乗客たちの貸してあげようという申し出は断った。彼女はこう書いている。「まちがっているかもしれないが、こんなふうに思った。そんな棒を振りまわせば、保たれる品位より失われる品位のほうが大きいに決まっている」

はしけへ移るタラップが下ろされるとすぐに、ヴィクトリア号は小舟の大群に囲まれた。ボートを操る男たちは、少しでもいい場所に割りこもうとしてどなり合い、殴り合い、果てはたがいにつかみ合って水中に転落した。なにがどうあれ、乗客を乗せる列の先頭になりたいのだ。何人かはタラップの手すりを握りしめ、死んでも離すまいとしていた。とうとうヴィクトリア号の船長が数人の水夫に命じ、長い棒の先で彼らを殴らせた。ネリーやほかの乗客たちが最初のボートに下りていくと、中の数人はほかのライバルたちに摑まれ、それぞれほかの幾艘かのボートに引きずりこまれていった。「最初のグループの乗客たちは、杖をとても乱暴にふるった」とネリーはのちに語っている。「しかし、それで効果があったわけではない。アラブ人たちにも非はあったかもしれない。それでも、この色の黒い半裸の人々が、これほど容赦なく杖を振るわれるのをみると痛ましく感じた。また同時に、殴られながらもしがみつくその我慢強さには心から感嘆した」どうにかそれぞれのボートに落ち着いたところで、乗客はアラブ人たちに岸へ向かうよう命じた。ところが中程までくると、アラブ人たちは船を止め、強い調子でじつにわかりやすい英語でいった。先にお代をいただかないと岸まではいけません。そのうちのひとりがネリーにいった。おれらはイギリス人と連中の棒っきれには慣れっこなんだ。たっぷりお礼をもらわないうちには岸に着けちゃいけないってことはとうにわかってる。

ネリーたちが岸へ上がってポートサイドのメインストリートへ向かうと、たちまち案内させてくれという男たちが集まってきた。ほかにも、売り物のトルコ飴やタバコを山盛りにしたたくさんの手が突き出されてくる。中には、単に手を突き出している者もいた。「バクシーシュ！」彼らはくり返しそう叫ぶのだった。この言葉は一般に、「慈悲の恵みを」という意味で理解されている。「バクシーシュ、バクシーシュ」上半身裸の現地の少年たちが、一行にロバに乗ってくれとしきりに頼みこんだ。近くにはロバの群れが、辛抱づよく待っている。少年たちはそれまでの経験から、客の国の著名な政治家や美女の名でロバを呼ぶと、相手の気を惹けることを学んでいた。「ほら、グラッドストーンだよ!」少年たちはヴィクトリア号のイギリス人たちに呼びかけ、おとなしそうな動物を一行のほうに押しやった。「これはミセス・メイブリック! こっちはリリー・ラングトリー!」メキシコで数カ月間暮らしたことのあるネリー・ブライにとってロバは目新しいものではなかったが、ほかの乗客たちは珍しがって乗りたがった。そこで数十人の船客がロバにまたがると、鞍の上で上下に揺られながら、笑ったり歓声を上げたりしながら街へとくりだしていった。少年たちはその後から鋭い「シッ! シッ!」という声を上げたり、必要なら尖った棒の先でつついたりしながら、ロバたちを追いたてた。

ポートサイドの空中には石炭の粉塵がただよっていた。灰色に薄汚れた街をみて、ネリーはペンシルヴェニアを思い出した。舗装されていない砂まじりの道の上を、アラビア人、ユダヤ人、ロシア人、トルコ人、ギリシャ人、イタリア人、フランス人、イギリス人などが一緒くたになって動いている。まるで、絶えず新しい模様をみせながら回り続ける万華鏡のようだった。あらゆる方角から馴染みのない言葉のざわめきがきこえてくる。ポートサイドをはじめて訪れた者はきまって、バベルにきたような錯覚に陥るのだ。人々はターバン、トルコ帽、プランターズ・ハット(中米のサトウキビ労働者たちがかぶっていたつば広の帽子)、日除けヘルメットなどをかぶり、衣服は粗い更紗やリネン、水夫たちがヒンズー語で「ダンガリー」と呼ぶごわごわした青い布製が多かった。だれもがせかせか歩きまわり、なにを話すにもまるで取り引きでもしているような調子だった。路地には人々が影のようにたむろし、上をみるとバルコニーから厚化粧の女たちがこちらを見下ろしていた。二階建て木造の平屋が続いている。ビリヤード場、タバコ屋、バー、ダンスホール、生演奏のきけるカフェ（そのうちのひとつ〝エル・ドラド〟では、若いハンガリー女性だけの演奏を呼びものにしていた）などと並んで、白い漆喰塗りのホテルがいくつかあった。それらのホテルの通りに面した窓は、すべてカーテンでふさがれている。ボストンの富豪トマス・ゴールド・アプルトンの言葉によると、これらのホテルは不毛の地にヨーロッパ文明の誇りとして建てられた、植民地の証なのだ。街の中には高揚と憂鬱がないまぜになった空気が満ちていた。痩せ衰えほとんど毛も抜け落ちてしまった犬の群れが、黒雲のようなハエに囲まれて路上の熱い砂の上に寝そべり、カフェから残飯が投げられるのを待っていた。どのカフェの外でも男たちがテーブル席を囲み、小さなカップからブラックコーヒーを啜ったり、いやな臭いのする煙草をふかしたりしながら、ネリーにはルールもわからない賭け事にふけっていた。カジノはみな入り口のドアを開けていて、中からは賭け事好きを誘う弦楽器の音楽がさざめくようにもれていた。ネリーはカジノに入ろうという小さなグループに加わり、そこでイギリスの金貨を賭けてルーレットをしてみた。ルーレットの盤は鈴のような楽しげな音を立てて回転した。「わたしたちの中にはゲームのことを少しでも知っている者さえいなかったが」ネリーはのちにそう書いている。「無鉄砲にも金を賭け、ルーレットを回している男にそれを取り上げられると大笑いした」

やがて夕暮になると、ほとんどの客はポートサイドの暗い路上をうろつくのは危ないと判断して船へもどっていった。ちょうどその頃、ヴィクトリア号の石炭の積み込みも終わろうとしていた。ネリーのポートサイドにおける最後の思い出は、暮れゆく日に照らされる男たちの姿となった。腰まで肌脱ぎになった彼らは、汗をしたたらせ、叫び、うめきながら、重い石炭かごを肩にかついで、岸壁から渡された急な板を上ってくるのだった。船の石炭庫が溶鉱炉のようにぎらぎらと照らし出されていて、そこから立ち上る粉塵が、男たちの茶色い肌を黒く染めていた。板を上りきった者は、石炭を前にぶちまける。すると石炭はがらがらと音を立てながら傾斜台を下っていくのだった。時に石炭のかけらが海に落ちると、待ちかまえていた現地の男たちがすばやく海に飛びこんで拾いあげる。あとで金に換えるのだ。

なにごともなければ、ヴィクトリア号は明日の夜スエズ運河に着くはずだった。当時は運河を通り抜けるのに丸一日かかった。その後船は紅海を経て、イエメン南端の海辺の街アデンに着く。それから外洋へ出て、セイロンにむかうのだ。セイロンには十二月十日、旅行二十六日目に着く予定になっていた。同じ十二月、もう一艘の船――こちらはヨットだ――が、地中海を横切ってポートサイドに到り、アデンを経てさらに東をめざすことになっていた。ヨットの客はジョゼフ・ピュリツァー。ワールド紙の発行人だ。彼もまた世界一周の旅に出ていたのだ。もっともその旅は、彼の会社のスター記者ネリー・ブライのそれにくらべれば、はるかにのんびりしたものだった。旅の指示をしたのはデスクではなく医者だ。ピュリツァーの体調はこれまで良好だったためしがなかったが、最近はとみに不安定になっていた。そこで主治医たちは、長期にわたる気楽な航海なら仕事のストレスを遠ざけ、神経をなだめ、失われつつある視力も回復させるだろうと考えたのだ。結局ピュリツァーは、この旅をイスタンブールで終えることになった。ある午後、船の手すりにもたれていた彼が、イギリス人秘書クロード・ポンズビーを振り返ってこういったからだ。「いやに早く日が暮れたんだね」ポンズビーはとまどい、不安になって主人の顔をのぞきこんだ。明るい正午の日射しが辺りに満ちていた。ピュリツァーは、左眼の網膜剝離を患っていたのだ。そしてその左眼は、その時まで、彼の「良いほうの眼」だった。ピュリツァーはただちにヨーロッパへ送り帰され、専門の眼科医の手当を受けた。アメリカへもどったのはそれから一年半後のことだった。

ジョゼフ・ピュリツァーは、一八五センチの長身で棒のようにやせていた。腕は長く、胸は結核病患者のように頼りなげにみえた。だが、結核は彼が患っていない数少ない病のひとつで、もっとも苦しめられていたのは喘息だった。ヨットで航海をするのが好きだったのは、スピードを愛したのではなく、海の上なら思いきり呼吸ができたからだ。ピュリツァーが船員に与えた指示は、ごく単純なものだった。「そよ風を探せ」だ。彼は胃の様々な不調、不眠、鬱、不安、騒音に対する異常な過敏症に悩まされていた。すべては神経の異常が原因のはずだったが、どんなに権威ある医師でも十分に納得のいく診断を下すことはできなかった。ひそかな物音、床のこすれる音、紙のすれる音でさえ、ピュリツァーには心理的な苦痛になった。なかでも決定的だったのは、視力の低下だった。しまいには新聞を読むこともままならなくなり、数人の秘書が何時間にもわたって読んで聞かせることになった。ピュリツァーは楕円形のレンズの入った鼻眼鏡をつけていた。眼鏡の奥の眼は水色だったが、視界が曇るときには膜が張って灰色に変わった。ピュリツァーは黒い髪をうしろになでつけ、あごひげを生やしていた。ひげは密生して赤みを帯び、耳のほうへのびる部分を極端に細く整えていたため、ライバルたちは「メフィストフェレス」と陰口をたたいた。ピュリツァーの顔立ちで一番目立つのは鼻だった。その長い鷲鼻は反ユダヤ主義者たちからしばしば漫画に描かれた。ピュリツァーの敵にしてみれば格好の攻撃材料だった。「ピュリツァーの顔をみると吐気がする」チャールズ・デイナはかつて「サン」紙の社説に書いたことがある。「人相がヘブライ的だからというのではない。ピュリツァー的だからだ」ピュリツァーはこうしたライバルたちと同じ次元で争おうとはしなかった（彼は自分の社説で翌日こう答えている。「ワールド紙の主筆として、デイナ氏の嫌悪感を一種の称賛と受けとめる」）が、心の中ではこうした攻撃に激怒していた。ピュリツァーは一八四七年、ハンガリーのマコーでユダヤ人家族の一員として生まれた。父母ともにユダヤ人だった。だがピュリツァーはシナゴーグに通わず、母親はローマン・カトリックだという説を訂正しようとはしなかった。とはいえ、彼がユダヤ人だということはだれもが知っていた。デイナは彼を「出自を否定したうらぎり者」とあざけっている。いっぽう「ジャーナリスト」誌のレアンダ・リチャードソンは、同紙においてピュリツァーに言及した際、ジョゼフ・ピュリツァーならぬ「ジユーゼフ・ピュリツァー」と揶揄している。セントルイスにおいて、ピュリツァーはライバルの新聞発行人たちのあいだでは、「ジョーイ・ザ・ジュー（ユダヤ人のジョゼフ）」として知られていたのだ。

ピュリツァーの誕生日は四月十日だ。生涯を通じて彼は、十という数字に奇妙な執着を示し、取引上のあらゆる場でこの数字を使おうとした。たとえばワールドを、一八八三年五月十日に買収した。一八七八年十二月十日には、セント・ルイスの「ポスト・アンド・ディスパッチ」紙を自社に統合している。ワールドのパーク・ロウにおける新社屋のための地所は一八八八年四月十日に買い取っており、同社屋建設にあたっての礎石は翌年十月十日に据えられている。ピュリツァーがニューヨークではじめて買った家は東五十五番通りの十番地にあった。わざわざ五という数字をふたつ重ねた住所を選んでいる。のちに彼は東七十三番通りにも家を買っている。一流の建築事務所「マッキム・ミード・アンド・ホワイト」によってデザインされたものだ。同市内のどこにも、ピュリツァーの家に似たものは見当たらなかった。母屋に付属させて、ピュリツァーは一階建ての別棟を自分の書斎として作った。建物の壁には防音材が詰められ、窓という窓は厚さ二センチを超える三重のガラスによって遮音され、暖炉の煙突は大量の絹糸でふさがれた。さらに床は、振動を防ぐボールベアリングの上にのっていた。ワールド社の営業部長によると、この「書斎は神秘的なほど静か」だった。ヨーロッパを訪れたときは秘書たちに、自分の部屋の上下左右の部屋も押さえるよう命じた。後年、自家用ヨット「リバティー号」を作ったとき、船尾にブリッジを設けさせた。これは通常船首部にあるべきものだが、こうすることによって、船の書斎で読書するときだれも頭上を通らないようにしたのだ。秘書のひとりがいったことがある。「ピュリツァーは鉄の意志を持っている。しかしその神経は、クモの糸でできている」

ピュリツァーが社員に対して気前がよかったのは有名な話だ。たいていの社員の給料は同業他社にくらべてはるかに高く、加えて絶えずぜいたくな贈物があった。とりわけ優秀だと認めた仕事にはかならずボーナスを支給し、記事の構成、見出し、論説などが優れている者には褒美をあたえた。一八八四年にワールド紙の発行部数がはじめて十万部に達した時、ピュリツァーはデスクたちにシルクハット（当時は上流の者たちのぜいたく品だった）を贈った。一八九〇年には、私設秘書エドウィン・グロージャーの忠実な仕事ぶりを評価し、二十ドル金貨で千ドルが入った財布を贈った。さながらおとぎ話に出てくる金の袋の現代版といったところだ。だが、その寛大さは高くつくものだった。ピュリツァーは、名誉毀損の訴えを受けて破産するのではないかという恐怖にとりつかれていた。デスクたちは、夜になると彼がその恐怖を胸に、自社発行紙をすみからすみまで読んでいることを知っていた。年を取るにつれてピュリツァーはますます疑い深くなり、しばしばひとつの職務についてふたりの人間を雇用した。ライバル関係こそ創造性を高めると信じていたのだ。だが事実は正反対の効果をもたらした。競争者はたがいに相手を監視しながら時を過ごすか、もっと単純に、仕事を半分ずつにわけてしまうかのどちらかだった。その結果ピュリツァーはオフィス内にスパイを雇い、そのスパイたちを監視するためのスパイにも金を払うというありさまになっていった。ワールドのデスクはかつてこんなふうにいった。「結果的に、猜疑、嫉妬、憎悪、職場内の対立の激化などのため、デスクのうちふたりがアルコール中毒になり、ひとりが自殺し、ひとりは気が触れ、ほかは銀行員になってしまった」

たとえ自分の興した新聞事業で億万長者になっていたとしても、たとえヨットとオペラ劇場の中にボックス席を持っていたとしても、ピュリツァーは決してニューヨークの上流社会からは受け入れられなかった。だが本人もまた決して、成金になるつもりも、血統を詐称して上流階級に仲間入りするつもりもなかった。彼自身は東欧からの移民だ。一八六四年、十七歳のときにニューヨークにやってきた。ハンブルクで、南北戦争中の北軍の募兵に応じたのだ。ピュリツァーは、紋章というものを嫌悪していた。当時、紋章というものが、自家用馬車の両脇、フランス料理のコックの制服、使用人の制服などに現れはじめていた。五番街に建ち並ぶフランスの城やイタリアの宮殿を模した豪邸のあいだの流行だったのだ。ニューヨークの富裕層は、なにごとにつけても旧世界の真似をした。

ニューヨーク社交界の名士のひとりエリザベス・レールは回想している。「まったくおかしなコンプレックスでした。そのせいで、こんなにも新しい世界に住んでいる私たちが、どんなときでもずっと昔の祖先たちに手本を求めようとしていたのです。最新流行の高価な服なんて庶民的だと思ってだれも相手にしません。わたしたちはみな、王侯貴族のつもりでいたんです」一八八三年に催された有名な舞踏会で、アルバ・ヴァンダービルトはヴェネチアの王女に扮する衣装を着けた。宝石をちりばめたクリーム色のドレスに大粒パールのロングネックレスだ。そのネックレスはかつて、ロシアのエカテリーナ女王が所有していたものだった。ニューヨークにおける社交界のディナーでは、それぞれの女性客の前に置かれたナプキンリングは黄金製で、宝石がはめこまれていた。また別の社交界ディナーにおいては、食後のコーヒーで客全員にすすめられた煙草の巻紙は百ドル札だった。主人は文字通り、焚き付けにするほど金を持っていたのだ。大投資家のヘンリー・ビラードは「ニューヨーク・イヴニング・ポスト」紙のオーナーだったが、ローマのパラッツォ・ファルネーゼにヒントを得て邸宅を作った。この巨大な建物の暖房には、一日一トンの石炭が必要だった。五十七番通りと五番街の角にはデヴィット・ホイットニーの邸宅があった。大広間を覆う絵模様と金で飾られた天井は、十六世紀イタリアの宮殿から移設されたもので、石造りの暖炉は同じ世紀のフランスの城から移したものだった。さらに四方の壁には模様を織り出したルネサンス期のビロードが張られ、書斎の暖炉は十五世紀にイタリアで彫刻が施されたものだった。家中がそんな有様だった。ヨーロッパではルネサンス期の様々な宮殿が壊され、中にあった絵画、敷き物、タペストリー、彫刻などが大西洋をこえてニューヨークに運ばれ、新しくできた邸宅の中を満たした。邸宅の所有者は貴族とはほど遠い金満家で、大部分はその財産を鉄道、鉄鋼、石油それに電話といった近代産業によって得ていた。例外は郵便や不動産くらいだ。そのくせ、彼らは自分たちをヨーロッパの貴族社会にならって飾り立てた。道具立ては田園地帯に所有する地所と邸宅、厩《うまや》、狩猟地、狩猟仲間、仮装舞踏会、ヨット、自家用列車、御者と従僕付のピカピカの馬車など。風俗記者コンスタンス・キャリー・ハリソンは、腹立ちまぎれの文章を残している。「これみよがしの舞踏会は、むかしであれば王家にのみ許されたものだった」

ジェイ・グールドは一八七九年から一八八三年までワールドのオーナーで、大投資家にして鉄道王でもあったが、同時代人と同様に（もちろん、金持ち連中にかぎられた）、ニューヨーク五番街にある褐色砂岩の邸宅に住んでいた。グールドはまた、ウェストチェスターに大小の塔を備えたゴシック風の別荘をかまえ、そこから全長七十メートルの船でマンハッタンのオフィスに通った。所有する鉄道の労働者たちがストライキに突入する直前、グールドは豪語した。「おれはこの国の労働者たちの半分を雇って、残りの半分を皆殺しにしてやれるんだ」この感覚はニューヨーク・トリビューン紙のデスクのホワイトロー・リードとさほど変わらない。リードは一八七七年の鉄道ストの際にこう宣言した。「政府は反乱分子をぶどう弾で一掃するべきだ。このストライキは、たとえ千人の屍の山を築いても叩き潰さなければならない」サン紙の編集人チャールズ・A・デイナは、若い頃はラディカルな青年だったが、年をとるにつれて狭量になり、意義ある社会運動をことごとく嘲るようになった。たとえば、女性が参政権を得ることに反対だった。アメリカの政治活動に「女性特有の底意地の悪さ」を持ちこむと信じていたのだ。デイナはサン紙の中で「上流階級」という用語を使うことを禁じた。合衆国内における社会階級の存在を否定していたからだ。それでも当時アメリカにおいては、上位十二パーセントの家計が国全体の八十六パーセントの富を所有していた。ピュリツァーはワールドを一八八三年に三十四万六千ドルで買収し（グールドにしてみれば同社を手放せたのは幸運だった。年間の赤字は年四万ドルに上っていたのだ）、紙面上では右記のデスクたちとはまったくことなる考えを示した。ワールドの発行人としての最初の日、ピュリツァーは全社員を集めて短いスピーチをおこなった。「諸君」彼は訛の抜けない口調ではじめた。「諸君も知るとおりワールド紙には変化が生じた。これまで諸君はきれいな居間で暮らし、毎日風呂にも入っていたことだろう。だがわかってもらいたい。これからはみな、バワリー通りを歩くことになる」

バワリーとは、いうまでもなく、ブロードウェーと平行に走る下町の通りだ。だが当時のガイドブックに記されているとおり、「ブロードウェーの華やかさとはまったく正反対」の景観を呈していた。騒々しくいかがわしく、安手の見世物小屋やダンスホールが軒をつらね、そのうえニューヨーク中で唯一、教会がひとつも建てられたことのない通りだった。頭上では高架線を走る列車が吼え、その下で交わされる会話をかき消していた。会話がなされる言葉はイディッシュ語、ドイツ語、イタリア語、アイルランドのダブリンやドニゴールなまりの英語などだ。バワリー通りはニューヨークの移民社会をつらぬいて鼓動する大動脈だった。ワールドの言葉を借りるなら、「旺盛な血液と無限の可能性」をもたらす者たちの集う所だ。ニューヨークにいる人々の五人のうち四人は移民か、またはその子供だった。そして彼らこそがジョゼフ・ピュリツァーが新聞を売ろうとしている相手だったのだ。「簡単に書け、とにかく簡単に!」ピュリツァーは記者とデスクにくりかえしいった。「外来語は使うな。文は短く。描写は目にみえるように。二十年前のわたしのように、この国にきたばかりの移民たちにも読めるような言葉にしろ」ピュリツァーはあるときいった。「どんなときのどんな記事のどんな言葉でも、目的はひとつ。最高に明確に、だ。わたしはなんであれ、ほとんど使わない言葉、通常は使わない言葉、わかりづらい言葉が大嫌いだ。外国語を使いたがる者やしゃれた言い回しを好む者は、人の知らない言葉で知ったかぶりをする虚栄心を捨てよ。新聞は少数のエリートのものではない。大衆のためのものだ」ワールドにおける最初の論説で、ピュリツァーはこう宣言している。

この発展しつつある偉大な街には、安いだけでなく前途有望な、前途有望なだけでなく大部数の、大部数であるだけでなく真に民主的な新聞が伸びていける余地がある。それは大衆のためのもので、財力や権力のためのものではない。旧世界ではなくこの新世界において、熱意を持って報道に取り組み、どんな不正も暴き、あらゆる社会悪や権力の乱用をたたき、誠心誠意、大衆のためにつくす新聞だ。

その二日後、ピュリツァーはこう書いている。「われわれにとってのエリートとは、労働するエリートのことだ」

ジェイ・グールドのミズーリ・パシフィック鉄道の労働者がストライキに入ったとき、ワールドは彼らを支持した。グールドについてはこう指摘している。「彼の好みのワイン一本の値段は、ミズーリ・パシフィック社の労働者が家族を二週間養ってなお釣りがくる」またワールドは、年一万ドル以上の収入に対する累進課税を支持するキャンペーンを打った。さらに、贅沢品に対する課税、独占企業に対する課税、相続税の復活を主張した。パシフィック鉄道による二百万ドルの不正行為を暴露したこともあれば、ニューヨーク・セントラル鉄道の副社長ウィリアム・H・ヴァンダービルトが二億ドル超の資産を保有しているにもかかわらず、債務超過をいいわけに所得税を一セントも納めていない事実を暴いたこともある。この時ワールドは単刀直入に「富は税を逃れる」と言い切った。さらには、移民居住区において警察官の蛮行がはびこっていることを暴き、鉄道馬車の御者の一日当たり労働時間を十二時間以下にせよと訴え、牛乳の汚染源や、馬肉ソーセージの出所をつきとめ、不潔で危険なスラム街に光を当てた。ほかの新聞なら記事を出すことで改善を提案するところだが（たとえばジェイコブ・リッツの記事がそうだ。リッツはサンの紙面上でスラム街の生活を明らかにした）、ワールドは一貫して貧しい者たちの敵を断罪した。それは悪徳資本家であり、スラム街のアパート住人から家賃をぼったくる不在家主であり、腐敗した政治家であり、動かない役人たちだった。ニューヨークの様々な日刊新聞の中で、市内にきて日の浅い者、もっとも立場の弱い移民たちに向けて、くる日もくる日も語りかけるのはワールドだった。同紙はメッセージを送り続けた。あなたたちの住環境は甘んじるべきものでも、変えようのないものでもない。あなたたちは毒の入った食べ物を子供たちに与えたり、近所の食肉処理場の悪臭を我慢したり、警官の棍棒におびえたり、寝る時ネズミにかじられなければいいがと心配したりするように生まれついているのではないのだ、と。

ピュリツァーが考えていたワールドの読者層とは、新聞を読む習慣がなく、多くは満足に英語の読み書きのできないニューヨーカーだった。そのためには彼らがニューススタンドや見出しを大声で繰り返す売り子たちのそばにきたとき、その歩みを止めさせなければならない。その至難の技をやってみせるのが一面記事だ。それは通行人たちを中へ招き寄せるデパートのショーウィンドウと同じ働きをする。ピュリツァーはいつも、自分は第一面で読者を魅了し第四面まで読ませてしまう、といっていた。前のオーナーのもとにあった「ワールド」の一面は上品な記事で構成されていた。「アルバニーの恋人たち」、「ドッグショー」、「ヴァンダービルト夫人旅へ出る」といった具合だ。ピュリツァーが新しいオーナーになると、一面記事は一変した。第一面には暴力とセックスと悲劇があふれ、見出しは幾段ものぶち抜きとなり、見世物小屋の呼び込みさながらに人の気を引いた。

タバコで気が触れた男！
ホテルで六人の客を殴る。
一日に一キロものかみ煙草を消費。

自殺するため公園に！
若き人妻ふとした迷いに自殺する。
間近なクリスマスもこの主婦には無慈悲だった。
探しにきていた夫、妻の遺体を運んでいる警官たちに行き会う。
妻は自ら頭を撃ち抜いた。

手首を切り落とした女！　パン切りナイフで舌をスライス。
気の触れた女は無残にも自分を切り刻み、まもなく死亡。
切断された手は客間の床に。

犯罪記事が第一面の中心にすえられた。そして人々を引きつける犯罪記事とは、暴力とセックス、悲劇的結末をワンセットにして語られるものだった。そして第二面以降になると、さらに内容は充実した。たとえばある日のワールドの読者は、借家の窓際で育ちつつある花にまつわる悲劇を読むことになる。「その花を買った女の仕事はシャツの仕立てだった」窓辺の花は無数にあるが、記事はそのひとつに着目していた。「女は一ダースのシャツを仕立てて三十五セント稼いだ。花は十五セントで、鉢は十セントだ。結局彼女は一鉢の花を買うために九枚のシャツを縫い上げたことになる」ジョゼフ・ピュリツァーは、読者がニュースだけを求めてはいないことをわかっていた。ローブやボンネットやズボンの最新のファッション、電話で話ができる仕組み、礼儀作法についての紙上講座、お気に入りの映画スターのゴシップ、アフリカ探検家や貨物船での密航者たちの冒険話を求めていたのだ。読者たちはこの街をより身近に感じられるような話を、街からつかのまでも逃げ出していられる話を求めていた。ワールドの中にはそれがあった。こちらを覗けば見世物小屋があり、あちらを覗けば十字軍の気分を味わえた。毎号それがたったの二セント（ただし日曜版は三セント）で手に入る。

それぞれの個性はまったく異なったが（片方は学者風で心配性、他方は娯楽好みの社交家）、ピュリツァーは少し前の時代に活躍した興行師、P・T・バーナムによく似ている。バーナムが自身が設立した「アメリカ博物館」を、世界中から集めた奇妙なものや驚くべきもので満たし、来客たちにショックと恐怖と歓喜を引き起こしたように、ピュリツァーもワールドを様々な物語で満たし、読者たちに笑いと涙、身震いと怒りを引き起こしたのだ。そしてP・T・バーナムが一文無しの若者としてニューヨークにやってきたように、ジョゼフ・ピュリツァーもどん底から身を起こし、新聞界では前例のなかった成功を実現した。ピュリツァーが一八八三年五月にワールドを買収したとき、同紙の日曜版の発行部数は一万五千七百七十部だったが、同年九月にはほぼ倍増し、二万九千百四十部となった。成長は劇的で、とても無視できるものではなかった。そのため「ニューヨーク・タイムズ」紙は一部当たりの値段を四セントから二セントに、「ヘラルド」紙は三セントから二セントに引き下げることになった。それでもなお、ワールドの部数は伸びていった。一八八五年には買収当時の十倍、十五万三千二百十三部に達した。ライバルたちにとって、ピュリツァーの莫大な読者数は、時としてパーク・ロウにかまえる砦を囲む敵の大群のように思われただろう。その危機感は一八八九年秋にはさらに強まったはずだ。その秋、新たなワールド・ビルディングが建ちはじめたのだ。それも十六階。さらに強烈な印象を与えたのは、最上部に造られたピュリツァーのオフィスだった。金めっきの銅製のドームで、内部の天井にはフレスコ画が描かれ、壁には革が張られ、三つの窓からは部屋の主がニューヨークを見下ろせるようになっていた。こんなエピソードが残っている。サン紙のチャールズ・デイナは社主のウィリアム・L・ラファンと二階の窓辺に立ち、隣でワールド・ビルディングの巨大な梁が持ちあげられる様子をみていた。デイナはラファンをみていった。「とんでもないことがはじまったようですね」社主は答えた。「なに、たいしたことじゃない」それはまるで自分自身にいいきかせるかのようだった。「たいしたことじゃない」と。

しかし、その新たな社屋がパーク・ロウに建ちはじめたとき、目を見張るようなワールドの成長はすでに止まりつつあったのだ。実際、一八八九年十一月における同紙の週間発行部数は、同年九月とくらべて五万一千部減少していた。ピュリツァーがワールドを獲得して以来、はじめての下方転換だった。危機的状況だ。というのも同社は、新たな建築の費用の支払いをはじめていたのだ。その金額は、最終的には二百万ドルに上るとみられていた。これは最初の見積額の二倍だ。ジョン・コクリルがネリー・ブライに、世界一周の旅への準備にかかれと指示を与えたのは、この危機的状況によるものだった。

フィリアス・フォッグに対抗するこのレースは、ただちに効果を表したようだった。十一月十四日にネリーが出発する直前のワールドの週間発行部数は二百十六万三千二百十部だった。十二月一日、それは二百二十九万七千六百部まで上がった。だがここに問題があった。同紙のデスクたちには、この旅行に大衆の関心をつなぎとめるだけのニュース原稿を入手できなかったのだ。ネリーからはまだ、電信で短いメッセージが一通届いただけだった。予定通りブリンディジに到着したことを伝えるものだ。それ以上の情報については蒸気船で運ばれる国際郵便の到着を待たなければならない。ネリーが最初に送った特報は、アウグスタ・ヴィクトリア号に乗りこんでからの大西洋横断航路の模様を描いたものだったが、旅に入ってから三週間がたった十二月八日まで紙上に現れることはなかった。その結果ワールドの紙面には、国内各紙がネリーの偉業を称賛している記事の再掲と、自社のデスクによる今回の旅の重要性を押しつけがましく述べる記事ばかりが並ぶようになった。事態は編集局が望んだようには運ばず、時間ばかりが過ぎていった。みな首を長くして、現実の世界旅行者ネリーからの情報を待ちわびていた。彼らは、こんな調子で七十五日も持つのだろうか、と不安になったことだろう。だが十一月三十日、ネリーの旅が二週間を過ぎたとき、ワールドはとうとううまい手を編み出した。この手でいけば大衆の興味をまちがいなく引きつけ、ネリーの旅を新聞の宣伝から全国民を巻きこむセンセーショナルなニュースに変換させせられるはずだった。

一八八九年十一月二十八日　スエズ運河

ネリー・ブライは「夜こそ活動するのに適した時間帯で、朝は眠るためのもの」と考えていたが、十一月二十八日だけは朝早くに起きた。スエズ運河をぜひ自分の眼でみておきたかったのだ。さっそく甲板の上に駆け上がってみる。だがこの有名な運河は、実際にみてみると、ただの巨大な溝でしかなかった。運河の両側には、乾いた海のような砂漠が果てしなく広がり、空にかかる紫色のもやの下で、うすいピンクに染まりつつあった。そんな時でさえあたりはすでに暑く、ヴィクトリア号はほとんど止まりそうなほど進みが遅かった。スエズ運河では六ノットを超える速度で航行してはいけない決まりになっている。それより速く進むと、砂の両岸を崩す波が生まれるからだった。全長百六十キロの運河の航行に、丸一昼夜要するのだ。

ネリーは午前中、友達になった乗客とスエズ運河の歴史を話し合って過ごした。相手は年かさの紳士で、これまでの生涯を旅に費やしてきたという人物だ。一八五九年に始まった運河の建設は、完成までに十年を要した。工事の過程で十万人を超える労働者が命を落としたといわれている。太陽が雲のない空で燃えさかっていた。午後になると水の色は輝くばかりの青になり、砂の色はピンクのかかった黄から、太陽の光で漂白されたかのようなみごとな白に変わった。景色はあくまで単調で、時おり駅（その地ではフランス語でガールと呼ばれていた）にさしかかるとほっとした。スエズ運河会社が砂堤沿いに建てたもので、駅のそばにはこぎれいな小さな家がいくつか並び、木々と花壇に囲まれていた。砂漠に移された人口のオアシスとでもいった具合だった。

ネリーはデッキチェアに腰かけていた。地中海で味わった幸福感は消えつつある。重くよどんだ空気は蚊の繁殖にはもってこいのようで、虫よけを持ってくることを思いついていればと悔やまれた。この暑さのせいで頭が痛くなるかもしれないと心配でもあった。アミアン行の列車の中で寒さに震えていたのはほんの六日前のことだ。家からなんと遠くまできてしまったことだろう。そしてまた、これから何万キロの道のりと、どれほどの寂しさが待っていることだろう。考えるだけで体が震えた。ネリーの同室の客は弟とふたりで旅をしているオーストラリアの若い女性で、ほがらかで好感が持てた。それは、食事のときに姉の横にすわる弟も同様だった。ネリーによれば「大きく夢見るような青い瞳」をしていたが、肺結核性の苦しげな咳をした。彼は話し上手で（ネリーは話の上手な男性が好きだった）、これまでに様々な国をめぐってきたらしかった。ヴィクトリア号の乗客の中で、ネリーが旅の本当の目的を明かしたのは、このふたりがはじめてだった。ネリーがワールドに寄せた手紙によれば、「ほかの乗客はほとんどイギリス人で、おそろしく面白味に欠ける人たち」だったのだ。

船医は色白の肥満漢で、ぶ厚い唇の上に赤茶色の薄い口ひげを生やしていた。この男はネリーに一目ぼれしており、彼女がなにかいうたびに笑いながら答えた。「ははは、ご冗談を」ネリーがきいたことのないようなしゃがれた声だった。またウェストン・エドワーズという男は、だれに頼まれたわけでもないというのに、船客たちのあいだに起こる様々な問題に首を突っこんでいた。白くなった口ひげを染め、鼻にかかった声で話し、本人によれば十カ国語に堪能だった。ネリーはひと目みた瞬間にこの男が嫌いになった。ウェストン・エドワーズは、アメリカとアメリカ人のことならなんでも知っていると自慢した。たとえば、彼によればアメリカ人はこうだ。仮にジエイ・グールドという名の人間がいたとする。ジェイが名で、グールドが姓だ。ところでこのジェイ・グールドがなにかで有名になったとしよう。するとこいつはジェイとグールドをハイフンでつないで姓のようなものをこしらえる。こういうわけで、彼の子供はめでたくジョージ・ジェイ－グールドとなり、親の七光りをまんまと利用できるというわけさ。ネリーは持てるかぎりの知識をかき集めてこの説をくつがえそうとした。だが相手はびくともせず、ネリーもやがて、いうだけむだだと思い知った。しかし彼女は最後の一撃を試みた。「では、アメリカにどれくらいいらしたことがあるんです？」

ウェストン・エドワーズは言葉を濁して答えようとしなかった。だがネリーはベテラン記者だ。あくまでもはっきりした答を求めた。「そりゃまあ」とうとうエドワーズも応じた。「ニューヨークに一時間、それから夜通し馬車でバッファローへ向かい、あくる日にカナダへいったんだ」

これだからイギリス人って、とネリーは思った。彼らは一日か二日どこかにいただけで、自分はこの土地のエキスパートだと信じこむのだ。

それも大英帝国臣民の特権のつもりなのだろうか。高い給料や、安く手に入る紅茶と同じように。

まる一日、ヴィクトリア号は苛立たしいほどのんびりした航行をつづけた。物乞いたちが現れては運河の岸に沿って駆け、船に向かって叫んだ。静寂の中を、彼らの「バクシーシュ、バクシーシュ」という声が船に届いてくる。小銭を投げ与える船客もいたが、岸までの距離が遠すぎるため、その多くはむなしく水の中に沈んでいった。スエズ運河は、さながら巨大なトレビの泉のようだった。それでも物乞いたちは船を追いながら、「バクシーシュ」と叫びつづける。だが、やがては息切れした者から順にあきらめはじめるのだった。

日没近く、ヴィクトリア号はスエズ運河に錨を降ろした。紅海への入り口の地だ。とたん、船は小さな帆掛け舟の群れに取り囲まれた。それらの小舟から、手に手に売り物の果物や貝、サンゴに観光写真といった品々を持つ男たちが甲板に登ってくる。ヴィクトリア号の船客たちは物売りたちには見向きもしなかったが、中にまじっていたひとりの奇術師にだけはおおいに気を惹かれた。金さえ出せば奇跡をみせるという。頭にターバンを巻き、飾りのついた長衣に身を包んでいる。長衣には大きなポケットがひとつついていて、中にトカゲが二匹とウサギが一羽入っていた。これなるトカゲとウサギを使って摩訶不思議をご覧に入れましょう。男は大声でふれた。だがその前に、ハンカチを使った小手調べをご披露します。奇術師は助手役にネリーを選んだ。はじめ彼は取り囲んだ客たちに小さな真鍮製の腕輪をみせ、それをハンカチでくるんでネリーの手に握らせた。「しっかり持っていてくださいよ」ネリーはいわれたとおりにした。手の中に腕輪がはっきり感じられる。奇術師はネリーの手に息を吹きかけると、にぎりしめているネリーの手からハンカチを引き抜き、それを振ってみせた。見物人たちははっと息を飲んだ。腕輪は消えていたのだ。奇術師は得意顔で見物人たちのあいだを回り、差し出される金を受け取った。ところが男が金に気を取られているあいだに、数人の船客たちがウサギを盗み出し、その拍子にトカゲも一匹ポケットから逃げ出してしまった。気づいた奇術師はかんかんに怒り、動物がもどるまでなにもやってみせるものかと息巻いた。とうとう若い男が、自分のコートのポケットからウサギを取り出した。だがトカゲは見当たらなかった。やがてヴィクトリア号が出航する時間がきたため、奇術師はどうすることもできずに自分の小舟にもどっていった。

奇術師が去ったあと、数人の客がネリーに、さっきの手品のネタ、わかりましたかとたずねた。ネリーは彼らに明かしてみせた。あれは腕輪をふたつ使うよくあるネタなの。まずハンカチに包むとみせかけて、片方の腕輪は自分のポケットにしまいこみ、助手が持っているほうはあらかじめハンカチに縫い付けてあるのよ。抜き取ったハンカチを客にみせるときは、腕輪をつまんで自分のほうに向けてさえいればいいの。これをきいていた者のひとりが怒りはじめ、ネリーに迫った。「わかっていたならどうして教えてくれなかったんだ?」するとネリーは、平然と――ますますイギリス人を怒らせるようなことを――いった。「あの人にもうけさせたかったのよ」

## 一八八九年十二月二日　イエメン、アデン

十二月二日の朝、ヴィクトリア号はアデンに着いた。イエメン(現イエメン共和国)南端の岸辺の町だ。船は南北二千キロにわたる紅海をたった四日半で通過し、これによってネリーのスケジュールには一日分の余裕が生まれた。ホーボーケンを発って以来一万一千キロ――全行程の四分の一弱――の道のりを十八日間で移動してきたのだ。

燃料補給のための短い停泊のあと、ヴィクトリア号はセイロンのコロンボへ向けて三千二百キロのアラビア海横断の航海へ乗り出そうとしていた。そこでネリーは、P&O社のべつの蒸気船、オリエンタル号に乗り換えて香港へいくのだ。

アデンは幅八キロほどの岩がちの半島で、ネリーがそれまでにみたこともないほど殺伐としてみえた。町の日干しレンガ造りの家々が、巨大な死火山の火口の内側から姿をあらわしており、

火山の周囲は太陽のもと、黒光りする溶岩の山々に取り囲まれていた。もっとも高い山のいただきには、上部を銃眼のつくる凹凸でふちどられた堂々たる要塞があり、ユニオンジャックがひるがえっていた。五十年前の一八三九年、合計三十八門の大砲を備えた二隻のイギリス戦艦が、七百人の陸兵をのせてアデン湾に侵入してきた。二隻はすぐに、千人のアラブ人が旧式のマスケット銃で武装してこもる古い要塞に、砲撃をくわえた。一時間もたたないうちに、上陸部隊が攻撃を開始。戦闘は短時間だったが、苛烈をきわめた。戦いが終わったときアデンは、ヴィクトリア女王治世下においてはじめて獲得された植民地となった。以来アデン港は、スエズとボンベイ間における重要な石炭補給基地となるいっぽう、大英帝国の植民地諸島が作る鎖の一環となった。この鎖とはすなわち、ジブラルタル、マルタ、キプロスからアデンへいたり、セイロン、ペナン、シンガポールそして香港をつなげたものだ。

ヴィクトリア号の船員たちは乗客に、上陸はしないよう忠告した。暑さが尋常ではないためだ。だがネリーは五、六人の無鉄砲な相客たちとともに、小舟をやとって岸へ上がってみた。巨大な石造りの二重構えの門があり、それは上方にある要塞へ続くもので、数人の歩哨が前をいききしながら警護していた。山腹にある白い建物は水兵たちのクラブハウスになっていたが、そこには全身を大小のリングや鎖で飾り立てた地元の女たちが群がり、なまめかしい空気を放っていた。ネリーはこの光景をみて、どこか空恐ろしいものを感じた。いっぽう現地の少年たちのほっそりして美しい姿には感銘を受けた。彼らは停泊中の船から旅行者たちが投げる小銭を追って海に飛びこむ。うようよしているサメの群れもものともせずに、かならず無傷で浮かび上がってくるのだった。「少年たちは、サメは黒人を襲わないのだとうそぶいていた」とネリーは記している。「しかし彼らが体にすりこんでいるグリースのにおいをかいだとたん、サメに不公平を言い立てる気持ちはなくなった」だが、後日、ネリーがなによりも強烈に思い出したのは、海抜五百メートルの山上にひるがえるユニオンジャックだった。

ヴィクトリア号がアデンを離れてすぐ、何人かのイギリス人女性が活人画をやってみせた。そのうちのひとつは、世界の国々を表現するものだった。ネリーもアメリカをやる役を引き受けてくれないかともちかけられたが断った。なぜ断ったのかは書いていない。だが、いくつかの国旗を使おうとしていた彼女たちから、アメリカの国旗はどんな図柄なのかと尋ねられたときの驚きは詳しく記している。

イギリス人たちにまじって旅を続けるうちに、ネリーはしだいに、この帝国が国民たちに及ぼした特権意識に気づくようになってきた。イギリス人たちは旅のあいだも帝国を持ち運ぶことができるのだ。イギリスの船でゆき、イギリスのホテルで眠り、イギリスの食事をし、通過しつつある国々のことになどなんの関心も払わない。それはあたかも、ひとりの金持ち男が使用人に身のまわりのことを世話させながら、使用人の個人的な特徴や嗜好についてはまったく知らないのと似ている。ヨーロッパと中東全域およびアジアにおいて、イギリス人旅行者たちはいく先々で自国の通貨を使うことができた——ネリーは旅に出て以来、イギリスの紙幣を拒絶する施設も、アメリカの通貨を受け取る施設もみたことがなかった——し、また英語のみの対応を受けることができた。振り返ってみると、カレーのウェイターも、ブリンディジの電信技士も、ポートサイドの船頭も、スエズの物売りも、みな英語を話すことができた。こうした人々の生活は、つまり英語ができるかどうかにかかっているのだ。ポートサイドのロバ使いの少年たちでさえ、グラッドストーンがイギリスの首相であることを知っていた。イギリスに対するネリーの個人的な印象がよいものに変わったわけではなかったが――一生を通じて反英感情が消えることはなかった――、それでもネリーには、イギリス人たちの誇りがどのようなものであるのかはわかりはじめていた。彼らは、本土の何倍もの植民地を帝国として支配する島国の民だ。その通貨がいたるところで求められ、その国旗がもっとも利用価値の高い領域の上にひるがえり、その艦隊が港という港をむすぶ航海の安全を保障する国の民なのだ。ネリーはつぎのように書いている。「旅が続くにつれて、わたしにはだんだん明らかになってきた。イギリス人たちはどれだけ多くの良港を世界中から盗み取っていることか。イギリス政府の冷徹な判断力に対して、次第に畏敬の念が増してくるのを感じた。イギリス人は、自分たちの国旗が、多様な気候の中、多様な国民の上にひるがえるのを誇らしげにながめる。わたしはやがて、彼らのそうした様子をみても、とくに意外には思わなくなった」ネリーはイギリス人を好きになれなかった。だが本人も驚いたことに、彼女はイギリス国民をうらやみはじめたのだ。ネリーの知るかぎりでは、アメリカこそが世界でもっとも偉大な国だった。だがまた、ネリーが思い出せる範囲では、アメリカを統治する者たちはみな、国民の信頼も思慕の念も受けるに値しない小者たちだった。ヴィクトリア号の上で、ネリーはのちにこう記すことになる。

たしかにわたしは生粋のアメリカ人で、人の価値は生まれによるものではないと信じている。だがそのわたしでさえ、イギリス人が王室に抱く揺るぎない敬意には感心しないではいられなかった。船内でスライドの映写会が催されたときも、イギリス女王の肖像が白幕に投影されたとたん、それまでで一番嬉しげな拍手がわきおこった。アメリカ人がなにかの会の終わりに起立し、「ゴッド・セーブ・ザ・クイーン」のような歌をうたうことはほとんどない。わたしは考えずにはいられなかった。この「クイーン」なる女性は――結局、この人物はひとりの女性なのだ――忠実な臣民たちの重要人物になるために、いったいどれほどの犠牲を払ってきたのだろう、と。

だが考えるうちに、恥ずかしくなってきた。わたしは生まれながらの自由な民として、地上でもっとも偉大な国に生まれた。だが、統治者について誇りをもって語るには、偉大なる二人の王にまで遡らなくてはならない。つまり、ジョージ・ワシントンとエイブラハム・リンカンにまで。

## 10. 中国のイギリス人街

一八八九年十一月十四日。エリザベス・ビズランドがニューヨークを発って数時間後、「コスモポリタン」誌の営業部長A・D・ウィルソンは、エリザベスの生まれ故郷ニューオーリンズの地方紙「デイリー・ピカユーン」紙の取材を受けた。この「ふたりの女性記者──世界一周特急レース」と題した記事で、ウィルソンは世界一周レースのあらましを語っている。この時点でエリザベスは、大陸横断の急行列車に乗っていた。十一月二十一日にサンフランシスコから蒸気船オセアニック号に乗って太平洋を横断し、十二月十一日に日本の横浜に到着するはずだ。ウィルソンによれば、すでにコスモポリタンは八千ドルをかけて「政府機関の船」(どういう政府機関かは明言しなかった)を手配しており、エリザベスが横浜から香港へ向かう手はずは整っていた。これによって数時間を稼ぎ、ネリーに追いつくつもりだった。ネリーはその間、サンフランシスコへ帰るオセアニック号を待って、香港に四日留まることになっている(ネリーは、エリザベスが

太平洋を西に横断したときに乗った同じ船に乗って、太平洋を東へ横断することになっていた）。「残りの旅は」と、ウィルソンはデイリー・ピカユーンに語っている。「比較的単純なものになる」十二月十六日に香港に到着すると、翌日ペニンシュラ・アンド・オリエンタル社の汽船に乗ってイタリアのブリンディジへ向かう。ブリンディジに着くと別の船に乗り替え、一八九〇年一月二十一日にマルセイユに着く。もし間に合えば同日にカンパニー・ジェネラール・トランザトランティーク――英語圏ではフレンチ・ラインと呼ばれていた――の蒸気船に乗ってル・アーブルを発ち、一月二十八日にニューヨークへもどる。もし間に合わなければイギリスのサウサンプトン行の列車に乗り、そこから船でニューヨークへ向かう。どちらにせよ、コスモポリタン社の予想では、エリザベスの世界一周旅行は七十四日以内に終わるはずだった。ネリー・ブライの七十五日より一日短い。もしかすると、さらに数日縮めることさえできるかもしれない。

このように、ウィルソンは自信たっぷりに断言してみせた。ところがふたを開けてみると、エリザベスの実際の旅程は、計画とまったく異なるものだった。たとえば日本に着いたとき、香港行の特別な〝政府機関の船〟など手配されていなかった。その計画は、エリザベスが太平洋を横断していた最中に頓挫したようだ。またジョン・ブリズベン・ウォーカーはオクシデンタル・アンド・オリエンタル汽船会社にまとまった金額を提示し、サンフランシスコ発オセアニック号の出発を早めてほしいともちかけていたが、結局その交渉も失敗した。それでもO&O社の社員は、ミス・ビズランドをなるべく早く送り届けられるよう力を尽くしますと請け合った。上役の指示に従ったケンプソン船長のおかげなのか、天候に恵まれたおかげなのか（あるいはエリザベスが、「機関長に色目を使う」という冗談を実行に移したからなのか）はわからないが、オセアニック号はサンフランシスコから横浜までの七千五百キロあまりをたった十六日で航行した。当時の西回りでの太平洋横断の記録としては例外的な速さだ。船は十二月八日に日本に着いた。コスモポリタンが見込んだ日数より三日も早かった。香港行のチャーター便には乗れなかったが、オセアニック号は横浜に三十六時間停泊しただけで出発した。北西の強風をものともせず、予定されていた五日間よりずっと短い時間で東シナ海をわたり、十二月十五日の日曜日午後には香港に錨を下ろしていた。

旅をはじめて一カ月。エリザベスは予定より一日早く進み、ネリー・ブライより一日遅れを取っていた。

## 一八八九年十二月十五日―十七日　香港

エメラルドグリーンの香港湾は、午後早い太陽の光に照らされて輝いていた。おびただしい数の漁船が、竹のマストに大きな黄色いチョウのような帆を張り、西洋の軍艦や商船のあいだを縫うように走っている。幽霊のように白いフランスのフリゲート艦もあれば、三本マストのロシアのコルベット艦もある。コルベット艦のへさきには、金のキリル文字が光っていた。長く黒いイギリスの装甲艦には、大砲がずらりと並んでいる。遠くの岸辺には小高い山々が半円を描き、港を風から守っていた。山の中腹には松の木がまばらに生えている。草木の生えていない黄褐色の地面はまるで、森の木々のあいだにちらりとみえるライオンの毛皮のようだった。「ホンコン!」エリザベスは幸福な気持ちでくりかえしつぶやいた。韻を踏んだこの言葉は、銅鑼の音のような響きを持っている。

香港にいるあいだは、現地に住む友人のドイツ人夫妻の家に泊めてもらうことになっていた。波止場で待っていてくれた夫人のそばには、私有の椅子かごがふたつ待機していた。布を張った椅子は銀糸で縫い取りがされ、それが二本の長い竹棹に据えつけられている。香港の椅子かごは横浜の人力車と似ているが、人力車はひとりの車夫が引くのに対し、椅子かごは男がふたりで運ぶ。椅子かごを運ぶ四人の苦力《クーリー》は、ゆったりした黒いズボンと白い綿のチュニックを身に着け、裸足で立っていた。髪は長いおさげにし、後頭部でねじってまとめている。まったく同じ髪型が、当時のアメリカではプシュケー結びと呼ばれ、売り子たちのあいだで流行していた。エリザベスは、皇后大道を徒歩で行き過ぎる人々をながめた。香港でみられる椅子かごの多彩さは、ニューヨークでみられる馬車の多彩さに匹敵した。椅子はヤナギや木、竹でできていて、革や布を張ったものもあればただ色を塗っただけのものもある。上の覆いが、乗客を日射しや雨から守っていた。竹のすだれを下ろした椅子かごは神秘的な雰囲気をまとっていた。そうして、中に乗る上流階級の女性を大衆の視線から守っているのだ。香港を訪れる多くのアメリカ人の例にもれず、はじめはエリザベスも、人が運ぶ乗り物に違和感をいだいた。「東洋の乗り物にはいつも居心地の悪さを覚えました」と、のちに語っている。だが、友人はわざわざ自分を迎えにきてくれたのだ。椅子かごに乗るのがいやなら、長く急な丘を徒歩で上っていくしかない。エリザベスはためらいを振り切り、椅子かごに入って腰を下ろした。ふわりと椅子が浮きあがる。苦力たちは棹を肩に乗せ、軽々と走り出した。男たちが走るにつれ、椅子かごはゆったりと左右に揺れる。それはまるで——引っくり返るのではないかという最初の恐怖さえ乗りこえれば——ハンモックに揺られているような心地よさだった。

椅子の上から群衆を見渡しながら、エリザベスはその多様さに目を見張った。のんびり街を歩く中国人の商人たちは、みごとな刺繡をほどこした絹の服を着て、ゆったりした袖の中に両手を隠している。ヨーロッパ製のスーツを着た男たちもいた。裕福さの証明のように丸々と太り、驚くほど豊かなひげをたくわえて、紫のサテンの帽子をかぶっている。外に大きくふくらんだその帽子は、逆さにした石炭入れにも似ていた。彼らはパールシー教徒（インドのゾロアスター教徒）だ。かつてはインドにいたが、海運業と貿易商で一旗揚げようと香港に移り住んだ。がっしりした赤ら顔のイギリス人たちは私有の椅子かごに乗り、静かに通りを行き来している。中国人労働者たちは肌脱ぎになり、拝みこむような姿勢で地面に両ひざをついて道路工事をしていた。

エリザベスは大北電信会社の支社に立ち寄らなければならなかった。コスモポリタンに到着を伝える電報を打つためだ。エリザベスの用がすむと、椅子かごはふたたび出発した。山をらせん状に取り巻く広い道路を上ると、まもなくイギリス人居住区へ着いた。（香港で人力車ではなく椅子かごが使われる理由がここではっきりした。急な傾斜は人力車に適していない）。階段状になった山の斜面には、立派な屋敷が何軒も立ち並んでいる。御影石造りの屋敷は回廊に囲まれ、広々としたテラスが付いていた。エリザベスは、いつかみた古代ローマの大邸宅を描いた絵を思い出した。友人の屋敷は頂上近くにあった。二階建ての石造りで、裏のテラスからは輝く湾を見晴らすことができる。苦力たちはカーブした階段を駆け足で下り、エリザベスたちを玄関の前で降ろした。長く暗い廊下を抜けた先に、広々とした居間があった。室内には、鉢植えのシュロやシダ、どっしりした家具が並んでいる。家具はみな、インド産の黒檀と大理石でできていた。プロシア公国の貴族ホーエンツォレルン一族の写真が、いたるところに飾られている。エリザベスと友人夫妻は、その居間で紅茶を飲んだ。茶を運んできたのは、弁髪を垂らした背の高い使用人だ。絹のズボンをはいて黒いサテンの帽子をかぶり、こぎれいな青いガウンをはおっていた。ガウンはくるぶし近くまであり、彼が動くたびに衣擦れの音を立てた。

エリザベスはテラスに出て、眼下の湾を見晴らした。岸辺には堂々たる御影石の豪邸がいくつも並んでいる。御影石は、近くの山々から切り出されたものだ。湾は岸からしだいに広がり、やがて、島々にはさまれた海峡へ向かってふたたび狭くなっていく。エリザベスの友人が、香港はシドニーとリオデジャネイロと並び、世界でもっとも美しい入り江といわれているのだ、と教えてくれた。大英帝国にとって香港は、最東端の領土であり、戦略上非常に重要な地点でもある。陸には常に大規模な連隊がふたつ駐屯し、海には複数の軍艦が錨を下ろしている。

使用人がエリザベスを大きな寝室へ案内した。付属の着替え室は、エリザベスがニューヨークで借りているアパートの居間より広い。マホガニーと銀でできた家具は、二世代前にドイツから運びこまれたものだ。風通しのよさも、濃い色の木製の調度品も、アメリカ南部でよくみかけた古いプランテーション・ハウスの寝室に似ていた。実際エリザベスは、折に触れ南部を思い出した。涼しく薄暗い部屋、そこに並ぶ代々受け継がれてきた家具、生い茂る緑、のんびりした人々の動き、「上品な配慮」が感じられる会話。エリザベスは言及していないが、おそらく、絶えず気を配ってくれる黒い肌の使用人たちも南部を思い出させたはずだ。その夜の夕食はフォーマルなもので、おいしい、風味豊かな料理が上質なワインと共に供された。エリザベスは、晩さん会は「静かでゆったりした穏やかさ《リポウズ》」の中で進んだ、と記している。おそらく〝リポウズ〟という単語を選んだのは偶然ではないだろう。香港の丘の上に立つ屋敷は、ビズランド家の住まい〝マウント・リポウズ〟をしのばせたにちがいない。エリザベスが生まれる前のマウント・リポウズだ。戦争がはじまる以前、あの屋敷は熱帯地方でのヨーロッパ式の生活だった。

翌日友人夫妻は、エリザベスを地元の人々の居住区へ連れていった。通りは狭く、そのあいだの階段は危険なほど急で、椅子かごが通り抜けるのは至難の技だった。そこに十六万人の人々が住んでいた。一エーカーあたりの土地に、じつに千六百人の人間がひしめいていることになる。ニューヨークのロワーイーストサイドの貧民街より人口密度が高い。それにひきかえ、イギリス人居住区全体の人口はたった八千人だ。エリザベスは密になってうごめく群衆にぞっとして、ほとんど反射的に西洋人のならわしにしたがった。つまり、中国人の群衆を虫になぞらえたのだ。「(彼らは) 絶えず動きまわり、ざわめき、まるで沼地の泥に湧く無数の羽虫のようだった」子供たちのことさえ「数も動きもハエに似ている」と書いている。気温は山とくらべて少なくとも十度は高く、めまいを起こしそうなほど強いにおいに満ちていた。アヘンの燃える麝香《じゃこう》のような鼻をつくにおい、日の当たる店先にずらりと首から吊るされたアヒルのにおい、燻製のブタやソーセージのにおい、さばかれた鶏や腐りかけた野菜のにおい、路上の真鍮の板で焼かれる名前のわからない食べ物のにおい、蓋の開いた甕に入ったピクルスのにおい、かごいっぱいの塩漬け魚のにおい。それらが合わさり、居住区全体に、密室で熟成されたカビの生えたチーズのようなにおいが充満していた。野外食堂では大釜が煮立っている。男たちが細長いテーブルにつき、箸を使って食事をしていた。テーブルの前にはベンチが並んでいるが、中国人たちはみなエリザベスの考えるようなすわり方はせず、両膝であごをはさむような格好でしゃがんでいた。店の前面には華麗な雷文模様が金で描かれ、軒先には縦長の看板が下がっている。看板には黒く漢字が記されていた。エリザベスには古代の絵文字のように美しく謎めいた文字にみえた。家々は石灰塗料が塗られ、緑や金、紅や青にうっすらと色付いていた。エリザベスはそれをみて、輸入雑貨店の棚にならぶ磁器を思い出した。ひとつひとつをみればきれいだが、密集すると色と色とがぶつかりあってグロテスクにさえ思えてくる。

エリザベスは、「友人たちが飽きてきたので、町歩きの楽しみはあきらめなければならなかった」と記している。一行はふたたび山へもどった。町から三十メートルほど上の地点で、三人は総督府の立派な建物の前を通り過ぎた。ここに、香港総督が住んでいる。それから一行は、夕陽を浴びて緑色に輝く植物園へと入っていった。

数メートルはあろうかというシダが、震えるレースのような影を落としていました。あずまやをおおう豊かな蔓が、午後遅い金色の空に向かって、紫色の花のラッパを吹いています。やがてわたしたちは日の当たる広場へ出ました。そこでは、モスリンの服を着て亜麻色の髪をしたイギリス人の子供たちが遊んでいます。ぴったりしたズボン姿の中国人の乳母たちが彼らを見守っていました。美しい青い目をしたドイツ人の貴婦人たちは、椅子かごに乗って家路につこうとしていました。

はるか下のほうから、丘のふもとに打ち寄せる波の音がかすかにきこえてきた。松の木々を透かす午後の光がみえる。乳白色の家の裏手では、芝を刈ったばかりの中庭でイギリス人青年たちがテニスをしていた。ボールを打つ小気味よい音が、あたりの空気を震わせている。『八十日間世界一周』の中で、ジュール・ヴェルヌは香港をこんなふうに描写している。「桟橋、病院、埠頭、倉庫、ゴシック風の大聖堂、総督府、舗装された道路。なにをみるにつけても、あなたはきっとこんなふうに感じることだろう。ケント伯爵領やサリー伯爵領の町が、丸ごと地球を移動してきて、正反対に位置するこの香港に飛び出してきたのだろうか、と」石塀にもテラスの手すりにも陶器の鉢が並び、草花が植えられていた。刺のあるアロエやサボテン、ポインセチア、ブーゲンビリア、トケイソウ、十二月の陽光を浴びて誇らしげに咲くラン。そうした光景には、のびのびと自由に育つ植物の美しさがあった。植わっているというよりは、勝手気ままに生えている、といったほうが近い。エリザベスはそれをみて、ニューオーリンズを思い出した。こんなとき彼女は、ジョン・ブリズベン・ウォーカーが自分を世界一周に送り出してくれたことに感謝した。もちろん、レースという形を取らなくても世界一周の旅をすることはできる。必ずしも、引っぱられたり押されたりしながら、慌ただしい旅をする必要はない。それでも、アメリカから一歩も出たことがなく、ほんの数年前に移住したニューヨークだけが唯一の異文化体験だったエリザベスにとって、今回の旅は世界をみて回るための宝のような好機だったのだ。数分間エリザベスは、ぼんやりとした満足感に包まれていた。椅子かごは、舗装された道路の数十センチ上を穏やかに揺れながら進んでいく。ごくささやかではあったが、イギリスにいるような気分だった。子供のころにも、荒れ果てた図書室で同じような気分を味わったものだ。コールリッジを読んでは、彼とともにイギリスを懐かしんだ――「厚い雲の中に目を凝らす／砂浜とそびえる白い絶壁がみえはしまいかと」またワーズワースを読んでは、彼とともにイギリスを称えた――「ああ、イギリス！——わが命よりも愛しき祖国！／二度と汝の勇敢さを忘れまい／恩知らずの息子にどうかきかせてほしい／緑の葉擦れの音を、激流の轟きを！」すべてが滞りなく進めば、一カ月もしないうちに自分の目でみることができるだろう。「この世のエデン、楽園のような場所／自然がみずからの手で築いた要塞／侵略と戦争の魔手を避けるために」と謳《うた》われた国を。

エリザベスははっとわれに返った。黒いあごひげをたくわえた背の高い男が、道ばたで直立不動の姿勢をとっているのがみえたのだ。カーキ色の制服に身を包み、頭には緋色のターバンを幾重にも巻いている。腰には長い刀をさしていた。エリザベスは驚いて息を飲み、となりの椅子かごに乗っている友人に「あの人、皇帝なの？」とたずねた。

「皇帝ですって？　あれはただのシーク教徒の警官よ。このあたりには、あれくらい立派な身なりをした警官が何百人もいるわ」イギリスはこの少し前に、インドからシーク教徒を連れてきて、香港植民地の警官として働かせた。同年「ザ・シャトークアン」誌は次のように書いている。「驚くほど背の高いシーク教徒たちは、中国南部の背の低い人々の中で非常に目立つ。イギリス政府の狙いは、反乱分子を萎縮させることだった」エリザベスは、目の前にいる貴公子然とした警官がほかにも——それも何百人も——いるとは信じられなかった。ふと彼女は、エジプト兵にまつわる逸話を思い出した。数年前に起こったテル・エル・ケビルでの戦いにおいて、エジプト兵はハイランド旅団の攻撃から逃れた。キルトのスカートを身に着けたスコットランド兵の獰猛さに衝撃を受け、彼らはこう叫んだといわれている。「スコットランドの女がこれほど勇猛なら、いったい男はどれほど強いのだ？」シーク教の警官がこれほど気高いなら、とエリザベスは心の中で考えた。皇子たちはいったいどれほどの気品を備えているのだろう？

そんなことを考えていると、ちょうどひとりのスコットランド人が丘を下ってきた。第四十二ロイヤルハイランド連隊、有名な〝ブラック・ウォッチ〟の兵士だ。このスコットランドの連隊は、独立戦争においてはロングアイランドでジョージ・ワシントン率いるアメリカ軍を撃退し、ワーテルローの戦いではナポレオンを撃退した。ごく最近ではインドのカウンポールとラクノウで起こった現地人の暴動を鎮圧した。いま、ブラック・ウォッチは香港に駐屯しているのだ。熱帯気候にもかかわらず、兵士は羽根飾りのついたヘルメットをかぶり、真紅の上着をはおり、青いタータン地のキルトと長いタイツをはいている。エリザベスはこんなふうに描写している。「キルトとタイツのあいだには、頑丈そうなむき出しの腿が十センチほどのぞいていた。立ち居振る舞いは揺るぎない自信に満ちている。相手が人間ならだれにも負けない、と信じて疑わない様子だった」

まさにこのとき、わたしはイギリスという国の強大さをはっきりと感じた。山岳の獅子とも呼ばれるシーク教徒を手なずけ、警察の仕事に就かせているのだ。赤ら顔をして真紅の軍服に身を包み、わがもの顔で通りを歩くイギリス兵にこれといって大きな特徴はない。その彼らがなぜ、ターバンを巻いた貴公子たちも恐れる武器となりえたのだろう。陽気で野卑なアングロサクソン人が、なぜインド人の主となりえたのだろう? 身体的に勝っているわけではない。両者の顔つきをみれば、思慮深さと情熱においても、インド人のほうが優れていることがわかる。勇敢さと気品においても、イギリス人のほうが優れているわけではない。なぜならインド人たちは、侵略者であるイギリス人に気高く抵抗し、英国軍に組みこまれたあとでは、もっとも勇敢で忠実な兵となったのだ。いったいどんな秘密があるのだろう？　牛肉や羊肉の効用だろうか？　それとも規律への従順さ、自制心のなせるわざだろうか？

もしかするとエリザベスは「ターバンを巻いた貴公子たちを脅かす武器」の秘密について考えるうち、湾でみかけたイギリスの装甲艦の存在に思い当たったかもしれない。軍艦に搭載されている機関銃は――敵を震えあがらせたガトリング銃だ。一分間に六百発以上の連射ができる――、テル・エル・ケビルにおいて非常に重要な役割をになっていた。エジプト軍は至近距離から四万発もの集中攻撃を浴びせられた。「アーミー・アンド・ネイヴィー・ガゼット」は一八八二年の十月号で、「ガトリング銃のみごとな高速一斉射撃！」という見出しの熱狂的な調子の記事をのせている。「機関銃の音が高らかに鳴り響き、朝の空気をふるわせた。敵軍の胸壁が一斉に射撃を受ける。胸壁の銃眼は文字通りイギリス軍の銃弾でふさがれ、敵軍の射撃はぴたりと止まった。イギリス海軍の兵士《ブルー・ジャケット》たちはときの声を上げて一斉に濠を乗りこえ、城壁へ押し寄せた。ところが、すでに敵軍は全面撤退したあとだった。ガトリング銃を前にした彼らに、もはや打つ手はなかったのだ」ロイヤルハイランド連隊は、エジプトで戦った歩兵たちと同様、後装式のライフル銃を支給されていた。有効射程はじつに百メートル近く、柔鉛の弾が装填されている。テル・エル・ケビルの戦いの記録者によれば、この弾によって「敵は重傷を負い（中略）、そのすさまじい威力によって文字通り『吹き飛ばされる』」。おびただしい数のアフガニスタン人、アフリディ人、イスラム教徒、エジプト人、ズールー族、ヴィクトリア朝時代の植民地戦争で戦った様々な地域の先住民たちが、このライフル銃の犠牲となった」

当時のイギリスの帝国主義者たちは、植民地を多く獲得した理由を様々な言葉で表現した。黒い肌の先住民に勝る道徳心、愛国心、スポーツマン精神、無私無欲、大胆さ、勇敢さ。こうした美点は〝アングロサクソンらしさ〟とひとくくりにされた。エリザベス自身、彼らの「揺るぎない自信」と「自制心」に注目している。またイギリス人たちは、世界中に散在する植民地で感動的な話を語ってきかせるのが好きだった。聖戦士と称えられたゴードン将軍がスーダンの首都ハルトゥームを守備したときの話。ハニングトン主教と宣教師たちが、ウガンダのムワンガ王の差し向ける兵士たちに勇敢に立ち向かった話。そして大英帝国が植民地を支配する真の意味（さらにイギリス国王がこれほどの権力を有する理由）。「つまるところ」と、ある軍事歴史家は述べた。「イギリスに度重なる勝利をもたらしたのは、高潔さではない。火気の能力だ」

十九世紀後半は急激に技術が進歩した時代だった。木は石炭に、鉄は鋼に、馬と帆は蒸気機関に変わった。同時に、新しい技術の多くは戦争に応用されていった。蒸気船は――世界中の植民地にある給炭田で燃料を補給した――敵国の川や海にも強制的に押し入ることができ、また敵の要塞を爆撃することができ、地球の反対側の植民地でもめ事が起こった際には数千人の兵を送りこむことができた。陸上では蒸気機関車が兵や軍需物資を運んだ。輸送の速さも距離も、ラバや幌馬車を使っていたころとは比べ物にならなかった。「ラホール・クロニクル」誌のイギリス特派員は、一八五七年にこんな記事を書いている。「交通手段として鉄道を得たことで、一万人の人間が三万人分の仕事をするようになった」電信線が引かれたことにより、将軍たちは前線から離れた安全な場所から、戦場へすみやかに指示を出せるようになった。あるイギリス人大佐は、インドに駐屯していたときにこんなふうに述べている。「電報がわれわれにもたらした利益は計り知れない。行政面のみならず、軍事面でも同様のことがいえる」セポイの乱はまさにその格好の例だった。メーラトのインド人兵士たちがイギリス人将校に反旗を翻すと、デリー近くの電報局員たちがインド国内に駐屯しているイギリス軍に、暴動があったことを知らせたのだ。その結果イギリス兵は、インド人の部隊からただちに武器を取り上げることができた。パンジャブの司法委員は、のちに提出した報告書の中で大げさにこう書いている。「電報がインドを救ったのだ」(もちろん〝インドのイギリス人を救った〟という意味だ)

電報はイギリスから六千五百キロ離れたボンベイへも送ることができ、信じがたいことに、五分以内に返信を受け取ることも可能だった。この前代未聞の早業が、一日に数えきれないほどくり返し行われる。有名なイギリスの歴史家A・W・キングレイクは電報を「新しく危険な手品」と呼んだ。熟練の手品師のように、電報もまた群衆をあっと驚かせる。その仕掛けは少数の人間しか知らない。事実この手品は、みたこともないような奇跡を起こした——時間を消してみせるのだ。人々は畏敬の念に打たれ、電報が世界にもたらした変化をどうにかして言葉に表そうとした。たとえば「電報は時間をこの世の外へ葬り去った」と書いたのは「デイリー・テレグラフ」というぴったりの名を持つロンドンの新聞だ。ラドヤード・キプリングは、「深海の電信線」と題した詩の中で「電報は父なる時間を殺した」とうたった。また「勝利」というサミュエル・モールスに捧げた詩では、次のように書いている。「科学はこちらの岸からあちらの岸へとふれて回った/人類は時間と空間から自由になったのだ、と」ニューヨークのデルモニコ・レストランで晩餐会が開かれたとき、集まった人々は「情報伝達において空間と時間を消した」としてモールスに乾杯した。鉄道は時間を制御した。そして、電報は時間を征服したかのようにみえた。

エリザベス・ビズランドは十二月二十一日に、北ドイツ・ロイド汽船会社のプロイセン号に乗って香港を発つことになっていた。この五本マストの一軸スクリュー汽船は、香港とセイロン間の航行において最速記録を出したことで有名だった。プロイセン号は一月二十三日にイタリアのジェノヴァへ着く予定だ。このままではニューヨークに一月二十八日に着くことはできない。七十五日以内に旅を終えることは不可能に思われた。だがこの少し前から、ドイツ政府が同汽船会社に、船が予定より早く到着できるよう経済的な援助をしていた。「結果的に」と「サンフランシスコ・イグザミナー」紙は記している。「ありがたいことにプロイセン号は、予定より七日か八日早くジェノヴァに着くようになっていた。これはミス・ビズランドにとって大変好都合だった」コスモポリタン誌は念のため北ドイツ・ロイド汽船会社の幹部たちに電報を送り、プロイセン号が過去の最速記録を更新したあかつきには多額の謝礼をお約束しましょうと伝えた（正確な金額は明らかにされていない）。成功報酬の魅力を計算に入れると、プロイセン号は遅くとも一月十七日にはジェノヴァに着いたように思える。そうすればエリザベスは、ジェノヴァから列車でル・アーブルへいき、フレンチ・ラインの急行蒸気船ラ・シャンパーニュ号に乗って、一月十八日にはアメリカへ向けて出発することができたはずだ。大西洋横断にかかる標準的な時間を考えると、一月二十六日にニューヨークへ着くことは確実だと思われた。到着時刻によって多少の差が生じるにしても、世界一周の旅は七十三日以内には完了するはずだった。

ところがエリザベスは、香港で思いもよらない不運に見舞われた。香港港に入る途中、プロイセン号のスクリューが故障したのだ。スクリュー——ブレードの付いたプロペラ——の故障は当時珍しいことではなかった（故障を引き起こす原因は無数にあった。流木、海底に沈んだ難破船、氷床、クジラ）が、非常に厄介な事故だった。蒸気船の航行について書かれた当時の記事には、こんな記述がある。「スクリューが故障すると、一軸スクリュー汽船はなすすべがない。港へたどり着く方法はふたつだ。牽引してもらうか、帆を張ってわずかずつ進むか」スクリューを修理するにせよ交換するにせよ大仕事で、出港が大幅に遅れることはまちがいなかった。エリザベスは最悪の報せを受けとると、すぐさま友人宅を飛び出し、オクシデンタル・アンド・オリエンタル汽船会社（快適な太平洋横断を楽しんだオセアニック号の船会社だ）の支部へ駆けこんだ。事務員はエリザベスに、ペニンシュラ・アンド・オリエンタル・スチーム・ナビゲーション・カンパニーのテムズ号に乗ることをすすめた。この船はまもなく、セイロン島のコロンボへ向けて出港することになっていた。コロンボに着いたらブリタニア号に乗り換える。この船は——ブリンディジからコロンボへ向かっていたネリー・ブライが乗るヴィクトリア号と同様——P&O社の最新式の大型船だった。残念ながら、速さの点ではプロイセン号に劣る。おまけにイギリスの郵便船だった。予定を厳密に守ることにかけては太陽と変わらず、賄賂は頑として受け付けない。だが、テムズ号はプロイセン号より三日早く香港を発つ。ということは、これ以上不慮の事故が起こらなければ、ル・アーブルでラ・シャンパーニュ号に乗れる可能性は十分にある。ネリー・ブライに先んじてニューヨークへ着くことができるかもしれない（船をテムズ号に変更することになったこの件について、エリザベスはごく簡単に記している。「テムズ号に乗ってセイロン島までいくようにと教えられたので、わたしはそうしますと答えた」）。エリザベスはコスモポリタンに電報を送り、予定が変更され、テムズ号に乗ってコロンボへ向かい、ブリタニア号に乗ってル・アーブルへ向かうことになったと知らせた。

こうして十二月十八日水曜日の朝、エリザベス・ビズランドは香港の友人夫妻とともに、ペニンシュラ・アンド・オリエンタル社のテムズ号に乗っていた。頭上のマストでは、英国旗が元気よくはためいている。エリザベスはうれしくなった。乗客が香港の街の人々と同じくらい多彩なことに気づいたのだ。P&O社のほかの汽船と同様、テムズ号の船員も、ほとんどが〝ラスカー〟と呼ばれる東アジア出身の水夫だった。彼らの特徴は青いチェックの綿のチュニックと赤いターバンを身に着けていることだ。紫の帽子をかぶった身なりのいいパールシー教徒の一団が、インドへ帰る仲間に別れを告げていた。ロイヤルハイランド連隊のひとりも、この船に乗って祖国のスコットランドへ帰ることになっていた。仲間の兵士数人が、ウィスキーとバグパイプを持って見送りにきている。数人がバグパイプを手に取って別れの曲を吹き、ほかの兵士たちは腕を組んで輪になりダンスをはじめた。暑さで赤らんだ顔に汗を浮かべている。まもなく出発を知らせる鐘が鳴り、船員たちは甲板をめぐりながら、いつものように注意を呼びかけはじめた。「乗客以外の方は船をお降りください！」友人夫妻は、旅が滞りなく進むよう幸運を祈ってくれた。エリザベスはさよならをいいながら、タラップを降りるふたりを見送った。ふと、首を傾げる。今度はいつ、この美しい都にもどってこられるだろう。横浜を発った時もそうだったが、香港を離れるのが残念だった。次の目的地に着くのは五日後だ。二千五百キロ離れたシンガポールへいく。もやい綱が解かれ、テムズ号は湾の出口へ向かって進みはじめた。香港は、ゆっくりと陽光のもやのむこうへ消えていく。バグパイプの明るくも物悲しい音色が、いつまでもエリザベスの耳に残っていた。

# 11. ネリー・ブライ・レースのはじまり

十一月二十九日金曜日の朝、「ワールド」紙にはペンシルヴェニア州レディングで起こったある事件の記事がのった。生後三カ月の女の子が、その家で飼われていた猫に窒息死させられたというものだ（猫は赤ん坊の顔に寝そべり、口と鼻をふさいでいたという）。同紙はその記事のすぐ下に小さな広告をのせ、「ネリー・ブライ・レース」が今週の日曜日からはじまることを告げた。広告は、日曜版をどうかおみのがしなく、と読者に呼びかけていた。ネリー・ブライの世界旅行のタイムを予想して、指定の用紙を埋めてください。実際のタイムに一番近かった方に、ヨーロッパ旅行をプレゼントいたします。翌日の新聞には、レースのあらましを伝える大見出し付きの記事が掲載された。「いまや数千もの〝心の目〟がネリー・ブライの世界一周の旅を見守っています。今日、みなさんの関心はさらに高まるでしょう。というのも、ワールド社はファーストクラスのヨーロッパ周遊旅行をご提供するつもりなのです。イギリスとフランスの首都に一週間ずつ滞在

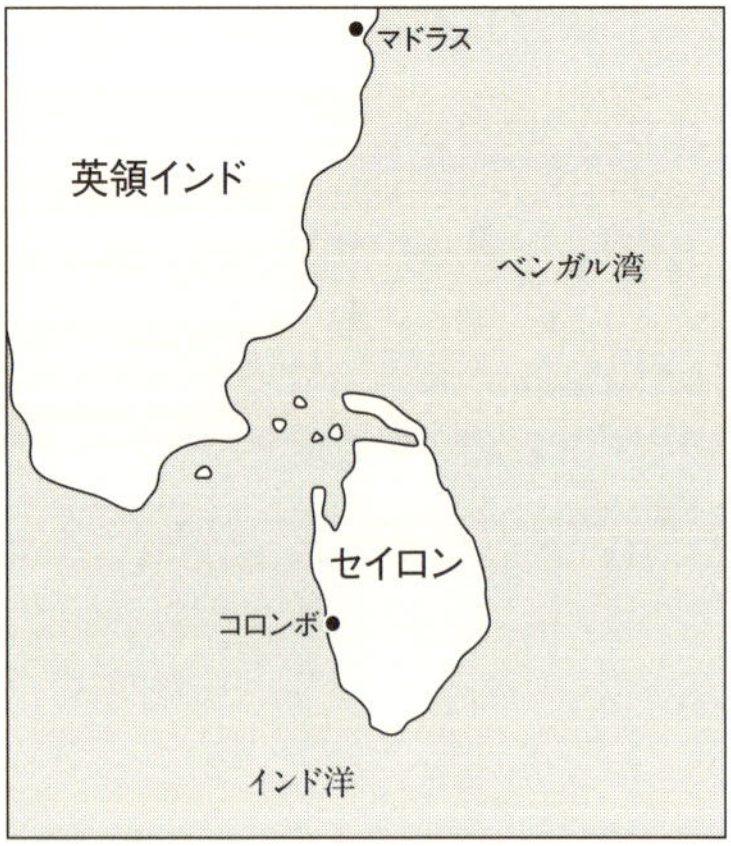

し、ローマの歴史ある町並みをご覧になっていただきます。もちろん、すべて無料です。チャンスがあるのは、指定の用紙をワールド社へ送ってくださった方だけ。用紙には、ネリー・ブライの特急旅行にかかる日数、時間、分、秒を予想して記入してください」レースにはだれでも参加できたが、ひとつだけ重要な条件があった。予想したタイムは、かならず定められたクーポン（ワールド社の表現を使うなら「指定の用紙」）に記入しなくてはならない。そのクーポンは日曜版にのることになっていた。予想はクーポン一枚につき一度だけだ。ワールドは「二回以上予想したい方は、回数分の用紙を手に入れてください」と呼びかけた（そしていうまでもなく、回数分の用紙を手に入れるには回数分のワールド紙を買わなければならなかった）。

ネリー・ブライ・レースのクーポンが最初にのったのは、一八八九年十二月一日の日曜版だった。縦十二センチ、横五センチほどの大きさで、黒髪の若い女性の絵がついていた。絵の中で女性は雲に囲まれて立ち、リボンのようなもの――メジャーかもしれない――を地球に巻きつけている。下には空欄があり、それぞれに日数と時間、分、秒を記入するようになっていた。その下には、記入者の名前と住所、記入した日付を書く欄が続いている。記入が終わったら切り抜き、ワールド紙のヨーロッパ旅行担当デスク宛てに送ることになっていた。クーポンの一番下には、大文字の太い活字でこう書かれていた――「予想はお早めに、何度でも！」

となりには「予想のヒント」と題された記事があり、読者たちがもれなく抱く疑問が書かれていた。「ネリー・ブライはいつニューヨークに着くのだろう？」まず、ネリーがホーボーケンを発ったのは、一八八九年十一月十四日の午前九時四十分三十秒と正式に報告されている。十二月一日現在、ネリーの正確な居場所はわからなかったが、紅海のどこかだということは確かだった。

蒸気船に乗って東のセイロン島へ向かっているはずだ。セイロンに着いたら、今度は香港行の蒸気船に乗り換える。もし蒸気船が十二月二十五日までに香港に着けば、そこで蒸気船オセアニック号に乗る。さらに、もしオセアニック号が太平洋を滞りなく横断し、予定通りサンフランシスコに到着すれば、一月二十二日にニューヨークへ向かって出発する。セントラル・パシフィック鉄道、ユニオン・パシフィック鉄道、そしてペンシルヴェニア鉄道を乗り継ぐのだ。橋が落ちることもなく、線路が雪にふさがれることもなく、脱線することもなければ、ネリーがペンシルヴェニア鉄道のジャージー・シティ駅に到着するのは、一八九〇年一月二十七日の午後七時前後のはずだった。もしもネリーが予定通り旅を進め（「この〝もしも〟が曲者なのです」と、ワールド紙は指摘している）、十九時ちょうどに到着したとするなら、旅は七十四日と九時間、一九分三十秒で終わる計算になる。これはあくまでも理論上の話だ。実際の結果に関しては、読者も編集局も同じくらいわからない。「ですから、どうぞ正しい時間を予想してください」ワールドは呼びかけた。「添付の用紙をお使いになるのをお忘れなく」

「レースはこれまでにない熱気に包まれてはじまりました」ワールドは火曜日にそう報じた。月曜日の朝からさっそく、ネリー・ブライ・レースのクーポンが入った封筒が、ワールド紙のオフィスに届きはじめていた。封筒の多くが白、あるいは淡い黄色で、中にはピンクや淡い青もあった。どの封筒にも、新しく発行されたジョージ・ワシントンの肖像がついた赤い二セント切手か、ベンジャミン・フランクリンの肖像がついた青い一セント切手が二枚貼られている。クーポンが複数枚入った封筒には、さらに数枚の切手が追加して貼られていた。二十枚送ってくる者もいれば、メモを添えてくる者もいた。そうしたメモには、来週も、その次の週も、レースが終わるまで毎週送るつもりです、と書いてあった。当時のニューヨークでは、商用郵便物は一日四度配達された。配達のたびに封筒の山は大きくなっていき、たちまちヨーロッパ旅行担当デスクの部屋から廊下へとあふれ出した。雪崩か、決して引くことのない潮のように。読者からの応募数は、とりわけ楽観的なデスクの予想さえはるかに上回っていた。とんでもない数の封筒を前にして、ワールドのデスクは「数える気さえなくなった。完全にお手上げだった」と語っている。ニューヨーク中の市民が、ワールド主催の賭けに夢中になっているように思えた。なんといっても、ただでヨーロッパ旅行にいけるチャンスがめぐってきたのだ。おまけに投資額はたったの数セントでいい。一般市民にネリー・ブライ・レースがとりわけ魅力的に思えたのは、ニューヨークではめずらしく完璧に合法の賭けだったからだ。「今回の賭けはニューヨークでもほかに例のない大規模なものになるでしょう。いまやアメリカ国債を購入するためのクーポンよりも人気がありま す」ワールドは喜びをこめてそう報じた。ネリー・ブライ・レースのクーポンが残っている日曜版は、ほとんど売り切れた。

月曜日までに、ワールドには十万通以上のクーポンが届いた。

ワールドは水曜日の記事に「応募された方々の中には風変わりな策を講じた方もいらっしゃいます」と書いている。数百人の応募者が、七を幸運をもたらしてくれる数字だと考え、それをもとに予想を立てていた。七十七日七時間七分七秒といった具合だ。それぞれに様々な工夫をこらしていた。ひとりの応募者は、日数も時間も分も秒もすべて七で割り切れる上に、全部を合計した数も七で割り切れるようにした、とコメントを添えていた。ブルックリンに住む応募者は、奇妙な七の使い方をした。ネリー・ブライの名前を「ネル・ブライ《Nell Bly》」と七文字に縮めて記したのだ。ワールドは「これはミス・ブライの本名ではありませんから、正式な応募とは認められません」と読者に注意を呼びかけた。ニューヨークのトロイから応募してきた読者は、クーポンに添えた手紙に、わたしはかならずヨーロッパ旅行を手に入れるにちがいありませんと書いていた。夢の中で数字をみたらしい。女性はロブスター・サラダの夕食を終えるとあおむけになり、頭の後ろで両手を組んで眠った。本人がいうには「こんなふうにみた夢のお告げは間違っていた試しがありません」ということだった。紙面上ではL・Nとだけ紹介された応募者は、二十枚のクーポンをワールド社に送り、それぞれに四行詩を添えていた。最後の一篇はつぎのようなものだ。

ああ、いとしのネリー・ブライ
あなたは賢くすばしこい
祈りましょう、さあ祈りましょう
どうかわたしが定めた時刻にもどって

この詩を皮切りに、期間限定でささやかな詩のジャンルが生み出された――〝ネリー・ブライの世界一周ポエム〟だ。ある一篇には応募者の予想が組みこまれていた。

ネリー・ブライがシナ海をひとっ飛び

パリに憧れる男の願いを叶えに
七十四日で帰ってくる
十二時間と十分と二十五秒でこの街に

デラウェア州ウィルミントンの読者は、驚くほど美しい方法で賭けに応募した。ワールドは「じつにみごとです」という称賛の言葉とともに、紙面の上部に、読者が送ってきた蒸気船と機関車の水彩画をのせた。絵の下のほうには日数と時間、分、秒がローマ数字で記されている。ところが、この応募者は重大なミスを犯していた。まず、ワールドがさだめた所定の用紙を使っていないために失格となり、賭けには参加できない。さらに、これほどの手間をかけて応募したというのに、彼――あるいは彼女――は自分の名前を書き忘れていたのだ。

シカゴの応募者はクーポンと共に十二ページにもおよぶ手紙を書き送ってきた。それによるとこの女性は、賭けの予想をするにあたって超能力を使い、マルコ・ポーロの霊を憑依させたという。死んだ冒険家の霊はネリー・ブライと共に世界中を回り、アリストテレス、キケロ、ピタゴラスの助けも借りて、最終的にこんな結論を出した。この旅は百日と十時間十分十秒で終わるでしょう。

連日、大量の応募用紙がワールドに届いた。「ひとつの企画がこれほど大きな、これほど思いがけない成功を収めたのははじめてのことです」ワールドは木曜日の紙面で誇らしげに述べた。「この調子で応募が続くなら、明日の夜には、担当者が用紙の山に埋まってしまうにちがいありません。彼をみつけるために除雪機と救助隊を送りこまなくてはならないでしょう」応募者たちが予想する旅の合計日数は、一番短いもので六十日、一番長いもので百日だった。ワールドによると、応募者のひとりは、この旅は決して終わらないと予想したという。「この予想が当たってほしいとは思いません」彼は手紙に書いた。「ですが、なにが起こるかわからないのが人生です。いちかばちか賭けてみる価値はあるでしょう」ワールドは、予定はあくまでも予定であり、五日程度の誤差が生じる可能性はおおいにあると読者に呼びかけていた。だがもちろん、読者の予想の大半はネリー・ブライの予定到着時刻付近に集中していた。一分間で六十通りの予想が立てられる（一秒でひとつだ）。一時間では三千六百通り、一日では八万六千四百通り、十日間では八十六万四千通りの予想を立てることが可能だ。これだけならまだ予測の範囲内におさまるが、応募の数には――どの応募にもひとしく正解の可能性がある――はそれこそ制限がない。つまり、一秒ごとに予想を立てて応募しても、賭けの応募規定に違反することにはならないのだ。

応募規定はさらに具体化され、こまかい調整がなされた。引き分けになった場合は、先に用紙が届いた応募者を当選者とする。当選者は一八九〇年の旅行シーズンのあいだなら、いつ旅に出てもいい。どうしても本人が行けない場合は、旅行の権利を第三者に譲渡することも許される。ロンドン、パリ、ローマ以外のヨーロッパの首都を訪れる手当も支給される。いっぽうワールドは、同額のカリフォルニア旅行にいかせてもらえないだろうかという問い合わせや、旅にかかる費用を受け取って家にとどまってはいけないだろうかという問い合わせには、きっぱりノーといった。「みごと正解した方には無料のヨーロッパ旅行を――例外はありません――差し上げます。賞を手にした方はきっと、大勢のライバルに勝ったことを誇りに思うことでしょう。どうぞ家に閉じこもったり、せっかくの権利をむだにしたりせず、意気揚々と旅に出て、旧世界の中でもとりわけ重要な都をご覧になってきてください」

十二月八日日曜日。ネリー・ブライ・レースがはじまって一週間目に、ワールドは、一週間の総発行部数が二百六十三万七千五百六十部に上ったと発表した。前の週に比べて三十万部の増加だ。社説にはこうある。「こういってしまっても差し支えないだろう。十二月の一週間だけでこれほど多くの部数を発行した新聞は、国内でもいまだかつてなかった」二日後の十二月十日、火曜日。ワールドは当初の計画を変更し――同紙によれば「多くのご要望」に応えて――、日曜版にかぎらず、レースが終わるまですべての号にクーポンを付けることを決めた(つまり正確な期限は定められていなかった)。世界一周レースはいまや、馬車、船の上、工場や取引所など、いたるところで大きな話題となっていた。いったんレースの話になると、きまって熱い議論がかわされた。だれもがレースの結果について一家言持っていて、天気や新しい科学技術、女性旅行者の限界などについて自分の考えを述べるのだった。レースに賭けた大勢のニューヨーカーたちはいまやネリー・ブライを応援するただの観客ではなく、結果によって損得を左右される参加者となっていた(彼らにとっては、ネリーとカレンダーとの競争のほうがよっぽど重要になり、エリザベス・ビズランドとの競争は単なる余興でしかなくなったのだ)。彼らはネリーの旅を見守りながら、競馬やボクシングに賭けるギャンブラーと同じ興奮と不安を抱いていた。おまけに競技場の客とはちがい、レースがはじまっても賭けをやめる必要はない。いまや、週末を待つことなく毎日賭けることができる。応募者たちが送ってくる予想は、ネリーの動向を伝える最新の報道によって、あるいはその時の本人の気分によって、楽観的にもなれば悲観的にもなった。新しい応募用紙はたったの二セントで――日曜日には三セントで――手に入り、切手代をはらうだけで簡単に応募できるのだ。

　レースに夢中になったのはニューヨーカーだけではない。ワールドは、ネリー・ブライ・レースの目覚ましい成功によって「国中でネリーの世界一周旅行が話題になった」と記している。首都も例外ではない。この街の人々が重要なニュースを見逃すはずがなかった。ワールドの有名な特派員フランク・G・カーペンターは、「ネリー・ブライの世界一周旅行は、ワシントンでも大きな注目を集めている。下院と上院の議員控室でも、ホテルでも晩餐会でも、かならず話題に上るのだ。少なからぬ著名人がミス・ブライの進路についてコメントし、今日はどこまで進んだだろうかと予測しようとしている」と報じた。「ジャーナリスト」誌は「合衆国中のマスコミが、世界一周旅行に注目していた」と記している。地方紙を発行するだけの規模を持つ町へいけば、ほぼ例外なく世界旅行に言及した記事を読むことができた。記事の多くは若い女性記者ふたりの競争に焦点をあてていたが、ネリー・ブライについてだけ触れた記事もあった。たとえばニュージャージー州ウェイバリーの「フリー・プレス」紙は、ネリーを「ニューヨーク一聡明な成功した記者」と評した。ノースカロライナ州ウィルミントンの「スター」紙は、ネリーの旅の速度を称えたうえで、読者にこう釘をさしている。「旅のスピードが速い《fast》からといって、ミス・ブライを無分別《fast》な女性だと思ってはいけない。それどころか彼女はたいへん思慮深く、こまかいところまで目配りのできる女性だ」

　十二月の第二週、ニューヨークのある服飾メーカーが、新しい女性用部屋着が発売されることを知らせた。その部屋着には「ザ・ネリー・ブライ」という名が付けられていた。

## 一八八九年十二月八日　セイロン島コロンボ

もちろんネリー・ブライは、アメリカ人女性がいずれ自分の名前のついた部屋着を着ることになろうとは、夢にも思っていなかった。べつの若い女性が自分と競って世界を旅していることも、数百万の人々が自分の到着時刻に賭けていることも、ひと言も知らされていなかった（「賭けのことを知れば」ワールドは読者に請け合った。「そして、どれだけ多くの応募者たちが自分の出す結果に左右されるかを知れば、ネリーはたいへん驚くでしょう」）。ネリーはただ、東へ向かって旅を続けていた。そしてこれまでのところ、大西洋を、ヨーロッパを、中東を、予定に遅れることなく横断していた。ネリーはヴィクトリア号の船員も設備も気に入らなかったようだが、速度には文句のつけようがなかった。船はすばらしいスピードでアラビア海を横切り、インドの南端を回り、セイロン（のちのスリランカ）最大の港町コロンボに到着した。予定より二日早い十二月八日のことだった。

セイロンはサンゴ礁に囲まれ、風にそよぐシュロの木におおわれた熱帯の島だ。その緑豊かな美しい景観は、イスラム教徒やカトリック教徒をして、エデンの園といわしめた。事実、島一番の高さを誇る山は――森林限界線をこえた山頂は、正午近くの日射しを浴びると紫色に輝いた――アダムズピークという名を冠している。十二月上旬はこの島を訪れるのにもっとも適した時期だ。四月や十月にはモンスーンに、五月は暑さに、一月は湿った風に悩まされるのだ。島に駐在しているイギリス人の中でも年かさの者たちは、この風をロングショア・ウィンドと呼び、リウマチや病気を運んでくるとこぼした。だが同時に、彼らはこの風にイギリスを思い出し、望郷の念に駆られたことだろう。いま、船の旗を揺らすそよ風は温かく、いい香りがした。ネリーはこれほど香しい風の吹く場所を訪れたのははじめてだった。ココアのように甘いにおいに、シナモンやヴァニラの香りがかすかに混ざっている。セイロンのジャングルにはエドワーズ・ヒックスの描いた『平和な王国』さながらに様々な動物が多数、生息していた。ヒョウ、シカ、サル、マングース、小型のクロクマ。ほかにもおびただしい数の、〝飛ぶものや這うもの〟が棲息している。木々にはマンゴーやバナナ、パンの実やイチジクがたわわに実っていた。海からは真珠貝が、地中からはルビーやサファイヤが採れた。中国人はセイロン島を「宝石の島」と呼び、ヒンドゥー教の詩人は「インドの額を飾る真珠」と呼んだ。十九世紀のイギリスの詩人はセイロンを称えて「イギリスが統べる東洋を飾る／もっとも美しい宝石」と表現している。

一七九六年、イギリスはオランダからコロンボを奪い、植民地にした。一世紀前にはオランダもまた、ポルトガルからこの島を奪っている。総人口およそ三百万のうち、島に暮らすイギリス人が七千を、イギリス軍の兵士が千を占めている。イギリス人は広い地所に建てられた邸宅や、海を見晴らすこぎれいな家に住んだ。平坦な赤土の道路を馬車で走り、午後にはコンクリート製の防波堤を散歩した。防波堤は沖へ二キロ半ほど延びている。起工の際、礎石を置いたのは、イギリス皇太子だった。心地よく規律正しいこの地の暮らしを乱す要素は、もれなく取り除かれた。かつては群れて走っていたゾウは飼い慣らされ、石を運んだり木を引き抜く仕事に使われていた。荷車を引くために去勢された牛が、すきを引いて田んぼを耕すために水牛が使われた。太陽の光をさえぎるためには薄手のフランネル製の服（地元のガイドブックには「ツイードに似た生地で作られている」と書かれている）、そしてトーピーと呼ばれる探検帽がある。ヒョウから身を守るためには、生きたヤギを餌に使った落とし罠がある。蚊から身を守るには、シトロネラオイルとココナツ、灯油を混ぜた「バンバー・グリーン油」がある。この油は地元の薬屋へいけばかならず手に入った。島ではこんなふうにいわれていた。毒へビでさえ植民地の支配者たちにはしかるべき敬意を払う――へビはヨーロッパ人を嚙まないのだ、と。

ネリーは仲間のひとりといっしょに、ヴィクトリア号が出す汽艇《きてい》には乗らずに、現地人の漕ぐカタマランという名のカヌーに乗って上陸した。岸に激しく打ち寄せる波はトパーズのような薄い緑で、地面は目も覚めるような赤、空は輝く青だった。アデンの険しく黒い岩山や、スエズ運河の様々な濃淡の砂や泥に慣れた目には、セイロンのもつ豊かな色彩は信じがたいほど鮮やかに映った。地元のシンハラ族の男たちは、ローブをはおって帯をゆるく巻いているか、上半身裸で腰に明るい模様のサロンを巻いているかのどちらかだった。耳輪をつけ、長くなめらかな黒い髪はうしろでシニョンにまとめて、べっ甲の櫛で留めていた。女も男と同じ髪型をしていたが、櫛ではなくピンを使ってぴったりまとめていた。足の指、くるぶし、手首、腕、首、唇、耳、鼻に金の輪を飾っている。ほとんどの人々がキンマの葉を嚙んでいた。葉は彼らの歯を赤く染め、唇に吸血鬼のような染みをつけていた。

ネリーは革の手提げ鞄を持つと、埠頭からほど近いホテルに向かった。途中、屋外に立つ市の中を通り過ぎた。赤や金の布できれいに飾った露店がところせましと並び、手編みのかごや絹のショール、象牙や黒檀やべっ甲細工を売っていた。旅行者たちが迷わずルピーやポンドを出して買いそうな、素朴だがいかにも異国風の品物ばかりだ。通りのむこうに、グランド・オリエンタル・ホテルが建っていた。ネリーはここに泊まってコロンボで二日過ごすことになっていた。堂々とした白亜の建物で、美しい造りの窓がずらりと並び、周りを古代ローマの大浴場を思わせるタイル張りの回廊が囲んでいた。外壁は陽光を照り返して輝いていたが、中に入ると薄暗く涼しかった。風通しのいい快適な中庭では、宿泊客たちが安楽椅子にのんびりすわり、ライムスカッシュや現地産の紅茶を飲んでいた。数人の男性客はウィスキーのソーダ割りを飲みながら日刊紙を熱心に読んでいる。いっぽう女性客たちは、おしゃべりをしたり小説を読んだり、ターバン姿の商人がみせる商品を品定めしたりしていた。商人たちは中庭をめぐりながら客の前で足をとめ、小さなビロード地の箱をぱちんと開ける。箱の中には、この地の特産品として世界的に有名な宝石が入っているのだ。青や白や〝東洋のアメジスト〟と呼ばれる紫のサファイヤ、オレンジのキャッツアイ、血のように赤いルビー。こうした宝石は近くの採掘場で採られたものだ。原石は鋼玉製の砥石で形を整えられると、人を惹きつけてやまない輝きを放つまで、入念に磨きあげられる。あまりに魅惑的な輝きに、はじめは商人たちをうるさそうに追い払っていた男たちさえ、しまいには新聞を脇に置いて商人のひとりと薄暗い廊下へいく。商人がそこでマッチを擦り、サファイヤがその火のもとでどれだけ美しく輝くか証明してみせると、男は二つか三つ買うから二十ポンドまけてくれと交渉をはじめるのだ。

ネリーが到着したのは昼食時だった。東洋のほかのホテルと同様、グランド・オリエンタル・ホテルでも、昼食のことはインドの言葉でティフィンと呼ばれている。食堂の壁と天井は純白で、小さなテーブルには色とりどりの花を生けた鉢が飾られていた。食器類の下には大きな緑の葉が敷かれている。葉の縁は細かく波打ち、まるでレースの敷き物のようにみえた。パンカーと呼ばれる天井のファンは、刺繡をほどこした金の布と竹でできている。客が食事をしている間、数人の若い使用人が長いロープを静かに引っぱって、ファンを回した。食事はシンハラ族のウェイターが給仕した。ウェイターたちは、ぱりっとした白い上着をはおり、ゆるいスカートをはいている。すらりと背が高く、青銅の像のように威厳があった。ネリーはすぐに、ウェイターがひとつの言葉にしか反応しないことに気づいた。「〝給仕！〟〝ウェイター！〟〝ギャルソン！〟様々な言葉で呼びかけても彼らは返事をせず、しまいにわたしたちは疲れてしまった」ネリーは書いている。「ところが、小さな声で〝ボーイ〟と呼んだとたん、褐色の肌を持つ感じのいい給仕たちは〝ただいま〟といってそばにきて、注文をきいてくれた」給仕のひとりがネリーの前に、炊いた白い米を盛った大皿と、カレーという鮮やかな黄色の料理を置いた。カレーは三皿あり、それぞれに牛肉、鶏肉、エビが入っていた。ネリーは風変わりな食べ物には慣れていた。ソーセージもブラッドソーセージも食べたことがある。パーク・ロウに並ぶ新聞社のオフィスのはざまに、ドイツ人経営のビアホールがあるのだ。ベーグルも食べたことがあった。ロワーイーストサイドで、痩せたあごひげの男が金属の棒にぶら下げて売っている。グリニッチ・ヴィレッジのイタリア料理店でゆでたスパゲティを食べたこともある。市内に八軒ある中華料理店へいけば、夜のどんな時間でもチャプスイ（豚肉、もやし、タマネギなどを炒めた料理。アメリカで生まれたもの）が食べられる。だが、カレーはまったく未知の料理だった。だがネリーは、どんなときでも自分の大胆さを誇りに思っていた（危険を恐れなかったからこそ、これまで様々なことを成しとげてきたのだ）。そこで米をすくって皿に取り分けると、エビのカレーをかけた。そこに、チャツネという甘くスパイシーできらきらした薬味をかける。一番上に、塩漬けして干したモルディブ産の魚の身をふりかけた。この魚は暑い日にゴミを運搬する平底船《スカウ》のような悪臭がするが、堂々と〝ボンベイ・ダック〟という名を騙《かた》っている。

ネリーは、教えられたとおりすべてを混ぜ、それからひと口食べてみた。それは経験したことのない味だった。コショウとニンニク、どこか花のような香りもする。はじめはあまり感じなかった辛さは、噛んでいるうちしだいに強くなり、とうとう全身が熱くなってきた。ネリーは、カレーって見た目はよくないけどおいしいわ、と思った。東アジアにいるあいだ機会さえあればカレーを食べるようにしていたが、とりわけ量の多い料理を食べたあとなど、香辛料の刺激が「動悸を速める」恐れがある場合だけはひかえておいた。

昼食がすむと、数人の宿泊客は馬車で町へ出かけることにした。このときネリーははじめてリキシャを目にした。エリザベス・ビズランドと同じように、ネリーもはじめは躊躇《ちゅうちょ》したが、すぐにためらいを捨てた。「人間に車を引かせて町を観光するなど、うしろめたいような気がした」と認めたあとで、冗談交じりにこんなふうに続けている。

だがすぐに考えが変わり、交通手段としてはすばらしい発明だと思うようになった。わたしたちは安心して車に乗っていればいい。なぜなら、この〝馬〟は自分で自分の面倒をみられるからだ。店に入っているあいだ、馬に毛布がかけられていないけど大丈夫かしらと気をもむ必要はない。車を引いてもらっているあいだも、むりに走らせすぎではないかしらと心配になることもない。必要とあればこの〝馬〟は言葉を使って抗議もできる。それはとても安心なことだった。

その晩、宿泊客たちは、そろってゴール・フェイス・グリーンへ月夜のドライブに出かけた。

丘の上にある緑地で、そこから海を見晴らすことができる。一行は丘の中腹に建ち並ぶ美しい屋敷のそばを通り過ぎていった。屋敷と屋敷のあいだには庭園が広がっている。ネリーはロードアイランド州のニューポートを思い出した。多くの通りではシュロの木が豊かな葉を茂らせ、そこを通る者たちの頭上に緑のアーチを作っていた。一行はゴール・フェイス・ホテルに着くと、タイル張りのテラスに置かれた長椅子にゆったりと腰かけた。木々のあいだからコオロギの鳴き声がきこえてくる。規則的に打ち寄せる波の音はまるで音楽のようだ。どこか遠くのほうから、ジャッカルの物悲しい遠ぼえがきこえてきた。恋人たちが腕を組んで静かに浜を行き過ぎる。海面で月の光が輝いている。となりにすわった男が話しかけてきたが、ネリーはほとんどきいていなかった。考えごとをしていたのだ。絵のように美しいこのテラスにすわれば、人々は「夢に乗ってふわふわと漂っていくことができる。この夢は人生で手に入らないものを与え、心を慰めてくれる想像の世界をみせてくれるのだ。つかのまではあっても、失望に満ちた現実を忘れさせてくれる」そして夢から覚めたとき、とネリーは心の中でつぶやいた。人々は長いため息をつき、寡黙な裸足のウェイターが運んできたライムスカッシュをひと口飲む。月の光は錬金術でも使ったかのように赤土の道路を銀に変えていた。遠くにみえる白波は、まるで、地球の反対側の冬の国から飛んできた雪のようだった。ネリーは、なんて遠くまできたのだろう、と考えた。ニューヨークから、そしてまた、故郷のペンシルヴェニア州西部から。あの町ではサファイヤもルビーも採れなかった。採れるのはただ無煙炭だけだった。月明かりを透かして、ひとりの現地の漁師が肌脱ぎになり、激しい波間に立っているのがみえた。漁は夜のほうが向いているとはわかっていたが、ネリーはどうしても考えてしまった。大きな波がきてさらわれ、音のない深海の闇に引きずりこまれてしまったらどうするのだろう。愛する者たちに二度と会うことができなくなったら。足を滑らせ、永遠に消えてしまうことはたやすいのだ。ネリーは日中の幸福な気分が消えていくのを感じた。ヴィクトリア号で感じたどうしようもない心細さがまたよみがえってくる。少なくとも、もうすぐ旅の折り返し地点に着く。その後は少しずつ家が近づいてくるばかりだ。

ネリーは数台のリキシャがガス燈に照らされたホテルの門を出入りするのを見守った。ふと、テラスのアーチのひとつに目をやる。黒い人影がふたつみえたのだ。身を寄せあって立つ男性と女性が、ガス燈の明かりを受けてシルエットになっている。女性は男性を見上げ、男性は女性の両手をしっかりと握って自分の胸に当てている。ネリーは、のちにこのときの情景を回想した。「わたしはそのふたりに少し同情しました。人生を地獄にもすれば天国にもする、あの幻想に囚われていたからです。その幻想こそ、あらゆる小説の、芝居の、物語の基礎となるものです。ふたりはじっと立っていました。やがて騒々しい客の一団がやってくると、女性は恍惚からふいに覚め、男性が手にキスする間ももどかしげに、急いで暗がりのほうへ走っていきました」

ネリーの旅の記録の中で、直接的にせよ間接的にせよ、恋愛について述べられた文章はこれだけだ。愛という「幻想」こそあらゆる小説の基礎だ、と辛らつにいってのけている。彼女自身が書いた『セントラル・パークの謎』という小説には、ジョン・ステットソン・マックスウェルという名の編集者が脇役として登場する。ジェイムズ・ステットソン・メトカーフをモデルにしているのはまちがいない。すみれ色の瞳を持つハンサムな評論家で、一八八八年の冬頃から、ネリーをエスコートして街を歩いている姿をしばしば目撃されていた。一八八九年の十月に出版されたこの小説の中で、マックスウェルはヒロインから「残忍で冷酷」な男と描写されている。その年の十一月には、ネリーとメトカーフの関係は終わりを迎えていたらしい。七十五日もの長旅に出ることに、ネリーはなんのためらいもなかった。そしてまた、ホーボーケンの波止場に彼女を見送りにきた人々の中に、メトカーフの姿はなかった。「なにか気分を落ちこませるようなことがあるのでは？ たとえば恋愛の悩みはありませんか？」ニューヨークを発つ前、ネリーが頭痛のことを相談すると、医者はそうたずねた。「いいえ」ネリーは答えた。「恋愛なんてしてません」

ネリーはまたため息をつき、ライムスカッシュをもうひと口飲んだ。それから、会話の相手をするために隣席の男のほうを向いた。

## 一八八九年十二月十日－十三日　セイロン島コロンボ

予定では、セイロンに滞在するのは二日だけのはずだった。ここでネリーはペニンシュラ・アンド・オリエンタル汽船会社のオリエンタル号に乗り、シンガポールのペナンへ向かい、ついで香港へいく。だがオリエンタル号は、コルカタ発のネパール号から郵便と乗客を引き継ぐまで、出発することができなかった。そしてネパール号は、あらゆる点からみて、世界一遅い汽船だった。十二月十日。出発予定日になっても、ネパール号は船影さえみえなかった。まもなく、グランド・オリエンタル・ホテルのロビーの黒板に、悪い報せが書かれた。その報せを読むが早いか、ネリーは近くの電報局へ急いだ。コロンボからニューヨークへ電報を送るには、八語で二十五セント、一語追加するたびに五セントずつ払うきまりだ。だが緊急の場合は八語で七十五セントかかり、その後は一語ごとに十セントずつかかる。このとき送った電報は、ネリーにとって予定外の出費となったことだろう。

十二月十二日の木曜日、ワールドには大きな見出しがのった――「ネリー・ブライ遅れる」同紙はネリーから、セイロン島に五日滞在することになったと知らせる電報を受け取ったのだ。予定から三日遅れることになる。ネリーは予想外の遅延について説明はせず、ただ、セイロン島を発つのは十二月十日ではなく十二月十三日になったことだけを知らせてきた。

ネリー・ブライは、香港から五千六百キロ離れたところにいた。オクシデンタル・アンド・オリエンタル汽船会社のオセアニック号は、香港を十五日後の十二月二十八日に出発することになっている。セイロンで三日の遅れが出たことにより、ネリーには余裕がなくなった。コロンボから香港への航行が一日でも延びればオセアニック号に乗り遅れる。あとには最悪の結末だけが待っている。ニューヨークに着くのが、早くても二月三日になってしまうのだ。「インドと中国の季節風と台風が友好的になってくれなければ、ここからの旅は大変なことになるでしょう」ワールドは率直に述べ、そして続けた。「運さえ味方してくれれば七十五日以内に旅を終える可能性は残されています。それでも、はっきりしておかなくてはなりません。旅がもっとも重要な局面を迎え、すべてがうまく運ばなくてはならないいま、風向きは悪くなってしまいました」

「シンハラ族のきらびやかな寺院はネリーを驚かせ、魅了するだろう」ワールドはそう予想し、実際ネリーは近くの寺院を見物に出かけた。ところが「みるべきものはほとんどない」と考え、「なにをみるにつけても高いお金を支払わなくてはならい」とこぼしている。コロンボにあるふたつの新聞社も訪ねたが、若いイギリス人男性たちが「とても聡明」で、「見知らぬ人間にもたいそう親切だった」と述べるにとどまった。ワールドがすすめたように「ゾウ狩りに加わる」こともなければ、「コーヒー農園で実を摘む」こともなかった。

かつてコーヒーはセイロンにおいて主要な輸出品だったが、少し前にコーヒー農園は銹病菌《さびびょうきん》によって壊滅的な被害を受けていた。植民地時代の大農園主たちは、しだいに紅茶の栽培へと切り替えつつあった。茶摘みの労働者として働いたのは、現地のシンハラ族ではなく、インド南部から連れてこられたタミル族だった。彼らは、屈強でよく働くと考えられていたのだ。「あの苦力《クーリー》は」と、セイロン王立植物園の責任者はタミル族を称えてこんなふうにいった。「非常にすなおで従順な労働者だ」地元のガイドブックにはタミル族についての記載がある。「男も女も、もちろん子供も、単純な仕事で良い賃金をもらうことができる。ただし朝の六時から午後の四時まで休みなく働かなくてはならない」さらにこう続く。「賃金はセイロンの通貨で一日三十セントから五十セント。イギリスの通貨で五ペニーから八ペニー。新しくきたタミル族は、これでは飢え死にしてしまうと驚く（中略）だが、祖国ではその三分の一しか稼ぐことができなかったと思いいたり、十分な賃金を支払われているように思いこむ」（また狭苦しい小屋を目にして青ざめたかもしれない。紅茶農園の労働者たちはそこで暮らさなければならなかった。それでもこう考えて自分を慰めたことだろう。「インドで住んでいた自分の家にくらべればまるで宮殿だ。そもそも自分は風通しのいい広い家は性に合わない」）。イギリスの下院議員W・S・ケインはネリーの二年前にこの島を訪れ、はっきりこう書いている。「タミル族の連中にとっては、セイロン島は地上の楽園みたいなものだろう」

旧約聖書の喩《たと》えはさておき、紅茶園で働くタミル族の労働環境の実態は、ネリー・ブライがネパール号の到着を待つあいだ取材するにはうってつけの問題のように思える。彼女が初期に書いた記事の中には、ピッツバーグの工員や、メキシコのトルティーヤ職人、ニューヨークの紙箱製造工場で働く女工たちに取材したものがあった。ところがネリーは、セイロンにいるあいだ、紅茶農園にも、広大なシナモン農園にも、水田にも足を運んでいない。現地民が暮らし働いている場所はいっさい訪れていないのだ。セイロンについて書いた様々な記事の中で、ネリーが唯一、数行を費やしたのは、ある晩地元の劇場でみた芝居の筋だけだ。この島にいるあいだ、ネリーは記者としての能力をすっかり失っていた。旅を再開しなければいけないと焦るあまり、ほかのことには集中できなくなっていたのだ。本人もこのことには気づいていて、自分の状態を「不機嫌」で「気が短くなって」いたと描写している。ある朝、ネリーはヴィクトリア号の仲間ふたりと連れ立って列車に乗り、キャンディという町へ出かけた。そのあたりの山ばかりの土地で、ただ一点、宝石のように光る高地の古い町だ。ヒンドゥー教と仏教の寺院、宮殿、人工の湖、丘の小道、瑞々しい熱帯林に囲まれた植物園が並ぶ。キャンディを訪れる旅人たちは、世界一美しい町だと称賛してきた。「可愛らしい町ではある」ネリーは蔑むように記している。「しかし、世界一美しいという称賛にはとうてい値しない」キャンディから帰ってくると、ネリーはひどい頭痛に悩まされた。ニューヨークを発って以来はじめてのことだ。その晩は夕食をとらずに休んだ。ネリーは暑さのせいだろうと考えたが、アデンやスエズ運河はこの島よりずっと暑かった。不安が頭痛の原因になっているのはまちがいなかった。永遠にやってきそうにない船を、ただ待っていなくてはならないのだ。

数時間が経ち、そして数日が経ったが、ネパール号がやってくる兆しはなかった。エデンの園に喩えられるこの島は決して不快な土地ではなかったが、ネリーは待たされる苦しみしか感じなかった。四日目にようやく、ホテルのロビーの黒板に待ちわびていた報せが書かれた。オリエンタル号は明朝八時に発つとのことだ。ネリーは五時きっかりに目を覚まし、一刻も早く港へいきたかったので、給仕が運んできたトーストにも紅茶にも口をつけなかった。ネリーは船に着いた最初の乗客だった。甲板にはほかに、印象的な青い瞳をした年配の男性がいた。オリエンタル号の機関長だ。もうひとり、ブロンドで白いリネンのスーツを着た若い船医がいた。ふたりは甲板をのんびり歩き、海をみながら雑談をかわしていた。

ネリーは、待っているあいだすわっていようと考えて、折り畳まれたデッキチェアを開こうとした。だが、このごく単純な作業に手間取るうちに、だんだん苛立ちが募ってきた。数日間長々と待たされ、忍耐力はとうになくなっている。年配の男性がお手伝いしましょうと近づいてきて、すぐにデッキチェアを開いてくれた。

「いつ出発するんでしょう？」ネリーは不安げにたずねた。

「ネパール号が入港したらすぐに。夜明けには着くときいていましたが、まだ影も形もみえませんね。あれは古い船で、ゆっくりとしか進まないんです」

「あんな船、この湾で沈んでしまえばいいんです！」ネリーは声を上げた。「のろまのおんぼろ船！あんなぼろ船を五日も待つなんて、とんでもないことだわ」

機関長はネリーにほほえみかけ、「コロンボは滞在するにはいいところでしょう」と楽しげにいった。

「ええ、まあ。延々待たされるのでなければ、そうでしょうね」ネリーはくりかえした。「ほんとうにネパール号が海の底に沈むのをみられたら、こんなにうれしいことはないわ」

ふたりの男性はネリーの剣幕に驚き、ふたりの驚いた顔をみてネリーはおかしくなった。そして、この遅延が自分にとってどんな意味を持つのか、他人には絶対に伝わらないのだ、と考えた。「予定された到着日より十日遅れて、恥ずかしさに顔をゆがめ、自分の名がきこえてこないかびくびくしながら、うなだれてこっそりとニューヨークへ帰る」羽目になることにどれだけ怯えているか、ほかの人々は絶対に理解できない。ふいに、〝うなだれてこっそりニューヨークへ帰る〟自分の姿が頭に浮かび、ネリーは思わず声を上げて笑った。ふたりの男性はぎょっとしてネリーをみた。心配そうな顔をしている。それをみて、ネリーはますます大きな声で笑った。笑いながら、少しずつ気持ちが落ちついてきた。もとの自分にもどっていくのがわかった。やがてネリーはいった。「なるようになるわ」半ば本気でそう信じることができた。

最初に船影に気づいたのはネリーだった。「ネパール号だわ」そういって、水平線のすぐ上でかすかにたなびく煙を指さす。ふたりの男性は半信半疑だったが、数分後には立ち上る煙がはっきりとみえ、その下に小さな黒い船体が現れた。ちょうど「!」のような形だ。

ネパール号からオリエンタル号への乗客の乗り換えが終わったとき、時刻はすでに午後の一時近かった。まもなくオリエンタル号は出港し、しだいにセイロン島は遠ざかっていった。そよ風に揺られるシュロの木が、さようならと手を振っているようにみえた。ネリーは考えた。「もう一度香しい青い海に出られて、わたしはほっとしました（中略）陸にいると、人生につきものの戦いや心配ごとや慌ただしさについて、毎日毎時間考えなくてはならないからです」

しかし、ベンガル湾を横断するネリーに不安がなかったはずはない。旅に出て二十九日が経過し、およそ一万五千キロを進んできた。だがネリーは、ニューヨークを発ってはじめて、予定より遅れていたのだ。

# 12. ライバルのリード

一八八九年十二月十八日―二十三日　南シナ海

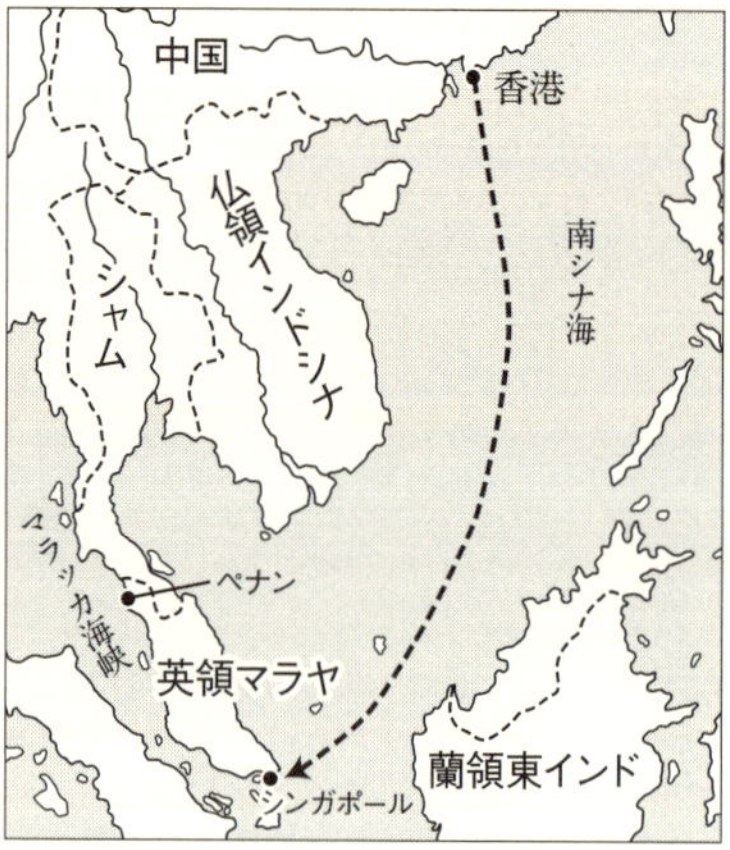


シンガポールへ向かうペニンシュラ《P》・アンド《&》・オリエンタル《O》社のテムズ号で、エリザベス・ビズランドは「熱帯の気《け》怠《だる》く心地よい眠り」をむさぼっていた。船室には寝心地のよい鉄製のベッドがあったが、エリザベスは、背もたれのない長椅子で眠るほうが好きだった。四角い窓のそばに置かれた長椅子に横になると、暖かな潮風を感じながら、海水が船をなでていく穏やかな水音をきくことができるのだ。エリザベスは、テムズ号に乗っているこの時ほど幸せなことはなかった。ようやくわかってきたのだが、彼女は旅が好きだった。日々移りゆく景色を眺めていると、彼女自身にも意外なほどの喜びがわいてきた。キーツは旅で出会う驚きを「天を観察する者が／新しい惑星をみつけたときのよう」と喩《たと》えた。そしていま、エリザベスにも詩人の高揚が理解できた。旅とは知的好奇心を満たすための最上の手段なのだ。サミュエル・ジョンソンはかつて、知的好奇心

こそ学問と文化の基礎だと語った。「わたしはくたくたに疲れ、幸福な気分で眠りにつく」と、エリザベスはノートに記している。「そして、期待に満ちた微笑みを浮かべながら目を覚ますのだ」

毎朝六時になると、白い帽子をかぶった女性の世話係が紅茶と果物、ビスケットを運んでくる。はじめエリザベスは、こんなに朝早く食べるなんて変だわ、と思った。だがすぐに、熱帯地方では一日に何度も軽食をとるのが一番いいのだ、と気づいた。のちに、女性旅行者に向けて書いたエッセイで、次のように述べている。「熱帯の習慣を受けいれず、郷に入ってもアメリカ式でいこうとすると、服を着たあとにどうしようもないだるさを味わうことになります。朝食を食べる気にはなれず、一日を台無しにしてしまうのです」エリザベスは、船に置かれた竹製のラウンジチェアにすわって、何時間でも過ごしていられた。おそらく膝の上には本か針仕事が置かれていただろう。椅子にすわったまま、まばゆい空の下で震える海をながめるのだ。午後になると大きな大理石のバスタブで水浴びをする。バスタブには冷たい海水が満たしてあった。それから三、四時間昼寝をする。「ボストンからきた小柄で可愛らしい老婦人」をべつにすれば、エリザベスはテムズ号の唯一の女性客だった。そのせいで、とエリザベスは書いている。「船の雰囲気は男性的でした。でもこうした窮屈ささえ、おもしろく感じました」乗客はみな一等船室か二等船室で旅をし、三等船室はなかった。テムズ号はヨットのような形をしていた。金と白に塗られた大きな社交室は、ほぼ「船首から船尾まで」続いている。広々とした上甲板ではキャンバス地の日よけがたっぷりと影を作っていた。カナリヤを入れた鳥かごがいくつか甲板の上に吊るしてあって、あたりを鳥の歌声で満たしていた。空気は石炭の煙とラヴェンダー水の香りがした。

空はつねに澄んだ青色だったが、海の色は絶えず変わった。あるときはクジャクの胸のような斑点が散り、またあるときは不思議なことに、緑と青と紫の層にはっきりと分かれていた。太平洋では暴風に揺れる船の上で寝台にしがみついていたが、この海は西部の大草原のように平坦だった。エリザベスは思った。甲板に縁まで水を入れたグラスを置いても、目的地に着くまで水は一滴もこぼれないんじゃないかしら。落日はとくに印象的ではなかった。光を反射する雲がいっさいないのだ。太陽はただ赤くなり、さっさと水平線に向かって海に沈む。ちょうど、鍛冶工が熱した車輪をすばやく桶の水に浸すさまに似ている。たちまち光の荒波は消え、船は青光りする水の上を進んでいく。見上げれば、果てしなく続く黒い丸天井に、おびただしい数の星座がかかっている。カシオペア、ペルセウス、オリオン。いまなお空に生き残る古代の神々が、地上を見下ろしているのだ。暖かく湿った夜は南部のバイユーをしのばせ、エリザベスを深く心地のよい眠りへ導いた。夜明けとともに爽やかな気分で目を覚ますと、淡いライラック色の空にはまだ、輝く星々が残っていた。

「すべてが好ましく、すべてに胸を躍らせました」エリザベスはこの航海中にそう記している。「なかでも印象的だったのは、船内にはっきりと漂うイギリスの雰囲気です。P&O社の汽船に乗ればすぐに気づくことでしょう」エリザベスはテムズ号の食事が気に入った。どれもイギリスの小説でしか読んだことのない料理ばかりだったのだ。そのうちバース名物のレーズンパンと、スコットランド名物のスコーンのちがいがわかるようになった。はじめて子牛肉とハム《ヴィール・アンド・ハム》のパイを食べることもできた（ディケンズの『我らが共通の友』では〝みみずばれと金槌《ウィール・アンド・ハンマー》のパイ〟として出てくる）。また、船上できこえてくる多彩なイギリス英語のアクセントは、きいていて飽きることがなかった。人によってアクセントがまったく異なるのだ。テーブルで隣にすわったあごひげの大柄な男性には、はっきりとスコットランド訛りがあった。黒い瞳と恥ずかしそうな赤い顔のハンサムな四等航海士は、ヨークシャー風に〝d〟を舌の先で〝th〟と発音した。純白の絹とリネンの服でめかしこんだ背の高いブロンドの青年は、気取った風に唇を丸めて母音を発音した。イートン校とオックスフォード大学仕込みの話し方だ。エリザベス自身は南部出身者らしく穏やかにゆっくりと話したが、イギリス人に囲まれていると、彼女のその話し方はニューヨークにいたときよりさらに目立った。また本人はいっさい触れていないが、男性ばかりのこの船で、エリザベスは注目の的だったにちがいない。これほど美しく若い女性が、たったひとりで世界を旅しているのだから。

エリザベスもまた、船にいる男性たちに無関心だったわけではない。船長から料理人にいたるまで、男性陣はおしなべて「この上なく好ましかった」と称賛している。彼らは鍛えあげた筋肉を持ち、カールした髪、白い歯、海のように青い瞳をしていた。エリザベスはとくに船医に惹かれていたらしい。翌年「ハーパース・バザー」誌にこんな記事を書いている。「船にまつわるこんなうわさがあります。船医志願者は試験の過程で自分の写真を郵送し、若い女性たちの審査を受けなくてはならない、と。うわさの真偽をたしかめることはできません。しかし、船医が美男ぞろいなのは事実です。そのことは大西洋横断の蒸気船でも感じましたが、東アジアで乗ったP&O社の蒸気船の船医は信じられないほど美しい男性でした」）。テムズ号の男性たちは「背中はなめらかで腰は引き締り、がっしりした肩をそびやかせながら堂々と歩いていました。彼らは自分に、そしてイギリスに驚くべき自信を抱いていたのです」世界一強大な帝国の船員だという自負に支えられ、彼らは活力と生気に満ちていた。エリザベスが育った南部の男性とはあまりにもちがっていた。南部の男たちは、敗北という名の酢に浸されて、厳格で冷酷になっていたのだ。エリザベスはニューオーリンズの日刊紙「ピカユーン」から受けたインタビューの中で、P&O社の汽船で出会ったイギリス人男性たちについて、驚きをこめて語っている。「あんなに立派な男性たちはみたことがありません。遠いアジアの海にいてさえ、たったいまロンドンからやってきたかのようなバラ色の頬をしているのです。自分自身に揺るぎない自信を持っていました。生まれてから一度も会ったことのないタイプの人々でした。すべてを持っているのです。たとえ手にしていないものがあったとしても、彼らはごくなにげない口調でこういうことでしょう。『ああ、二、三年で手に入れますよ』」

エリザベスはべつの記事でも述べている。「イギリスはなぜ東洋を征服できたのか。アジアの港町まで旅した者だけが、その理由を正確に知ることができるでしょう」だが、〝アジアの港町まで旅したアメリカ人旅行者〟のうち少なくともひとりは、エリザベスの考えに反対したはずだ。その旅行者とは、もちろんネリー・ブライだ。ネリーはアデンからの航海中、イギリス人はアデンの最良の港を「盗んだ」と手厳しく批判している。それはイギリスが犯した大小様々な罪のひとつだった。ネリーは旅の間中、イギリスを有罪にできる証拠をいくつも目にした。無礼な使用人や暖房の効かない鉄道も、証拠のひとつに入るかもしれない。徹底してイギリスを嫌うアメリカ人は、決してネリーだけではなかった。数年後、イエール大学の歴史の教授、ジョージ・バートン・アダムズは、『アメリカ人がイギリスを嫌う理由』という薄い本を出している。本はこんなふうにはじまる。

国民の多くが――おそらくは大半が――イギリスに奇妙な反感を抱いている事実は疑いようもない。そのような悪感情がほかの国に向けられることはない。イギリスがほんの少しでもアメリカの邪魔をする素振りをみせると、国民はたちまち敵意をむき出しにする（中略）大部分のアメリカ人が、数ある国の中でもイギリスだけを非友好的な国としてみなし、常に疑いのまなざしを向けている。

アダムズはさらに、こうした反感は「英国が合衆国にしばしばちらつかせる優越感、ある階級のイギリス人がアメリカ人にみせる優越感」に起因すると述べている。イギリスの有名な歴史家で下院議員のジェイムズ・ブライスはこういっている。「少し前までイギリス人旅行家や作家は、アメリカ人にたいしてあからさまに見下すような態度を取っていた。それがアメリカ人には不愉快だったにちがいない」だがブライスはすぐにこう付け加えた。「だがそうした傲慢さも、二、三十年前からみられなくなってきた」これを受けてジョージ・バートン・アダムズはあっさりと答えている。「合衆国中の人間が語る様々な証言が真実なら、ブライス氏の意見は誤りである」（ネリー・ブライはアダムズの意見にうなずき、証言のひとつとしてイギリス人旅行者の独りよがりと島国根性を挙げたことだろう）。両国の関係をこじらせる要因はほかにもあった。アメリカ人の多くが、イギリス政府は身勝手で節操がなく、強欲で好戦的だと信じていたのだ。短い歴史のあいだに、アメリカはすでに二度イギリスと戦争をしていた。独立戦争と一八一二年の米英戦争だ。一度目は自由を勝ち取るため、そして二度目は――一般的に――自由を守るための戦争だったとみなされている。アメリカ国民を怒らせたのは、イギリスが南北戦争のときにみせた態度だった。イギリスは奴隷制反対を唱えていたにもかかわらず、南部が脱退して合衆国が分裂したとき、一貫して中立の立場をとり続けた。コネチカット州代表の上院議員ジョゼフ・R・ホウリーは、イギリスに対する批判を簡潔に述べてみせた。「アメリカ合衆国がどのような危機に直面しようとも、イギリス政府はつねにわれわれの敵なのだ」

多くのアメリカ人が反英感情を抱いていたが、社会的な地位が下になればなるほどそれは激しくなった。とくに、貧しいカトリックのアイルランド移民にとっては、イギリス政府は暴虐と圧政の象徴以外のなにものでもなかった。しかし、アメリカ人の中でも富裕層はこのかぎりではない。アングロサクソン人の民族的優位性、英国国教会、政治的見解。どれをとっても、伝統ある貴族社会こそ半永久的な階級組織の頂点に立つ、というイギリス人の考えに与《くみ》していた。こうしたアメリカ人にとって、イギリスは敵でもなければ暴君でもなく、むしろ敬愛する祖先だった。「文明の種」を受け継ぎ（問題になりそうなこの言い回しを、当時の帝国主義者たちは好んで使った）、血統を、宗教を、言葉を分かち合った祖先だ。アメリカの上流階級の人々にとってイギリスは脅威どころか、いずれ自国が着手するであろう帝国主義的拡張の手本だった。彼らはこんなふうに考えていた。たしかにアメリカは、イギリスの尊大な振る舞いに腹を立てることもあるだろう。だがそれは、弟が兄に腹を立て、いつか見返してやると心に誓うのと同じことなのだ。危機に見舞われれば両国は気づかずにはいられない。結局自分たちは家族なのであり、手を取り合って外からの脅威に立ち向かわなければならないのだ、と。

アンドルー・カーネギーはこれと同じ意見を一八九〇年の雑誌記事で述べている。「アメリカ人はイギリスを憎んでいるか。答えはノーだ！」という力強い題がつけられている。「イギリス人とアメリカ人はあまりにも似ており、あまりにも距離が近い。たがいにライバル心を抱くのもむりはない。だがイギリスの優越感も、アメリカの断罪も、すでに過去のものだ。いま両者はともに気づいている。たがいの国を行き来するたびに、同じ祖先を持つふたつの家が心を通じ合わせはじめたことを。両者が心の奥底で、自分たちは大きな家族なのだと感じるようになったことを」

カーネギーが述べたように、この頃、海運技術が発達し、大西洋横断は以前とくらべてはるかに楽になった。金銭的に余裕のあるアメリカ人にとって、イギリスはごく一般的な観光地となった。彼らはアメリカにもどってくると、イギリスで得た新しい価値観を持ちこんだ。イギリスの教育、文化、世襲制の称号、はてはイギリス式の綴りまで（honor が honour に、center が centre に、fulfill が fulfil に、memorize が memorise に）。こうしたイギリス風の価値観はやがて、エリザベスのような人々によって取り入れられるようになった。

反英感情と正反対の風潮がみられたのは、ネリーとエリザベスが旅立つ二年前の一八八七年一月二十一日のことだった。この日ニューヨークでは、ヴィクトリア女王即位五十年を祝う式典が開かれたのだ。その朝、メトロポリタン歌劇場のステージはイギリスとアメリカの国旗で飾り立てられた。「タイムズ」紙が「熱狂する大群衆」と書いた大勢の人々がやってきて、愛国的な歌や、政界や宗教界の重鎮たちが述べる女王への賛辞に聞き入った。ニューヨークの前市長セス・ロウは「偉大なるアングロサクソン人という名の糸が、地球上のあらゆる場所で複雑に絡み合い、進歩という名の織物を織っています」と述べたあとで、イギリスに約束した。「今日、アメリカ国民は女王陛下が絶えず示してくれる友情に感謝し、あなたたちと共に祈ります。『神よ女王陛下を守りたまえ』」セス・ロウがこうして演説を締めくくると、「拍手と歓声がいつまでも続いた」という。同日の夜に開かれた別の集会は式典とは正反対で、非常に重苦しいものだった。二千五百人のアイルランド系移民がクーパー・ユニオン私立大学の大ホールに集まり、主催者の言葉を借りれば〝ヴィクトリア女王在位五十年間の犠牲者に敬意を表す記念デモ〟を開いたのだ。演説者たちが次々に登壇しては、イギリスの圧政にどれほどの苦痛を強いられたか語った。ステージは弔意を表する黒いクレープ織で覆われ、演壇の前には首吊り縄が下がっていた。

　イギリスに激しい敵意を抱いていたアメリカ人――カトリックのアイルランド移民をはじめとする北部の労働者階級――こそ、長年ネリー・ブライが共に暮らし、また共に働いた人々だった。彼女の父方の祖父母であるロバート・コクランとキャサリン・リシャー・コクランは、一八〇四年にアイルランドのロンドンデリーからペンシルヴェニア州西部に移り住んだ。いっぽうエリザベス・ビズランドはスコットランドの家系だ。高祖父のジョン・ビズランドはグラスゴーで小間物屋を営んでいたが、アメリカが独立した直後に南カリフォルニアへ移住した。「わたしは誇らしさで胸がいっぱいになった。自分もまた、アングロサクソン人なのだ」エリザベスはそう書いている。さらにいえば、南部人であり、英国国教会を母体とする米国聖公会の信徒だった。彼女自身は裕福ではなかったが、生まれつき、上流階級の人々と一緒にいると居心地よく感じた（たとえばセイロン島ではレディ・ブルームという女性と親しい友情を結ぶ。彼女は〝レディ・バーカー〟というペンネームで旅行記を書く作家だった）。なによりもまず、エリザベスは少女のころ本に恋をした人間であり、なかでも愛した文学は、いつもはっきりとイギリス風の趣《English flavor》をそなえていたのだ――もちろん彼女は flavour と綴ったかもしれないが。

刻一刻と、エリザベス・ビズランドは赤道へ近づいていった。テムズ号は香港から南のシンガポールへと向かっている。十二月二十三日に到着の予定だった。時を同じくして、テムズ号の姉妹船であるP&O社のオリエンタル号が、シンガポールから北の香港へ向かっていた。こちらの船も十二月二十三日に着くことになっている。ネリー・ブライはこの船で、ニューヨークを出て三十九日目に香港へ到着するのだ。

一八八九年十二月の第三週目。南シナ海のどこかで、ネリー・ブライとエリザベス・ビズランドは、たがいに気づかないまますれちがった。世界を巡る旅の途上で。

## 一八八九年十二月十三日―十六日　マラッカ海峡

ネリー・ブライはオリエンタル号のすべてが気に入った。船員は礼儀正しく、船室は広く、食事は上質だ。だが中でも気に入ったのは、一日の航行距離だ。ベンガル湾を過ぎてマラッカ海峡に着くころには、セイロン島でむだにした時間をほとんど取りもどしていた。だが、気候だけはいただけなかった。暑く湿度が高いため、鏡は曇り、船室の錠は錆びかけている。蒸し暑い風に吹かれると、乗客はなにをする気にもなれなくなった。時間はただ過ぎていく。変化といえば、日向ぼっこをしようと時おり海面から顔を出すウミガメや、トンボのように海面をかすめ飛ぶトビウオの群れ、あるいは月のように船のまわりをゆっくりと泳ぐクラゲくらいだ。船員はのんびりと帆を上げたり下ろしたりしながら笑い、雑談を交わした。乗客は甲板をぶらぶら歩いては、通り過ぎていく美しい緑の島々をながめ、あの島に人は住んでいるんだろうかとぼんやり想像をめぐらせた。数人の乗客が、そのむかし、マラッカ海峡には海賊がのさばっていたのだ、という話をした。ネリーは思わず、在りし日のならず者たちがもう一度現れて、ちょっとした刺激を与えてくれないかしらと胸の内で願った。淡々といつまでも続く船旅には飽き飽きしていたのだ。イタリアで郵便列車に乗ったときも、山賊が襲ってくればいいのにと願ったものだった。

十二月十六日の朝、オリエンタル号は燃料を補給するためにペナン島（イギリス式に呼ぶなら〝プリンス・オブ・ウェールズ島〟）に錨を降ろした。マレー半島の最北の港町だ。オリエンタル号は、コロンボからペナンまでの二千キロあまりの距離を、たった三日で走り抜けていた。それでも、セイロンで生じた大きな遅れは、まだ取り戻せていなかった。船長は乗客たちに、六時間後に出港しますと告げた。すでに、ふたりひと組になった中国人労働者たちが、荷船から船に渡したタラップを上りはじめていた。石炭を入れたかごを棹に吊り下げ、前後でかついでいる。ネリーは乗客の男性と誘い合わせ、サンパンと呼ばれる小型木造の平底船で岸まで運んでもらった。そこでリキシャを拾い、小高い山が並ぶ地帯へ出かけていった。山間の空気はひんやりと涼しく、白い霧が木々を取り囲むように渦巻いていた。ふたりは葉の茂ったココヤシの下を過ぎ、赤い屋根のこぢんまりとした家が建ち並ぶそばを過ぎた。イギリス人たちはそこで、岩や生い茂る緑に抱かれるようにして暮らしているのだ。透明な水が花崗岩の滝つぼに流れこんでいた。ふたりは島一番の大きさを誇る滝をみにいった。島の水源で、旅行者たちに人気の観光地でもある。だがネリーは、コロンボ滞在の最後の数日に感じた退屈な気分を、ベンガル湾のこちら側まで連れてきてしまったらしい。「絵にはなる風景でしたけど、とくに感動はしませんでした」のちにそう語っている。「ただわたしは、この水はどこからきているのだろうと不思議に思っただけでした。

水源を目指してしばらく歩きましたが、すっかり暑くなったころ、目的地はまだまだ遠いと気づきました。そこまでして滝の秘密を知りたいとも思えず、あきらめました」

ふたりが港にもどるころには、空が曇り、海が荒れはじめた。オリエンタル号へもどるサンパンを大きな波が揺らし、その揺れはさらに、船のそばを走る石炭をのせた荷船によって激しくなった。ネリーが転がりこむように甲板に上がると、荷船は船長の指示を受けて岸へもどっていった。荷船が遠ざかりはじめると同時にオリエンタル号は錨を上げ、出港の準備をはじめた。その直後、数人の中国人労働者が甲板に駆け上がってきて、石炭を船倉に降ろしているあいだに、荷船が自分たちを乗せずに岸へ帰ってしまったことに気づいた。「たちまち大騒ぎがはじまった。中国人たちは両手をもみ、髪をひっぱり、遠ざかっていく船に向かって叫んだ。だがそんなことをしてもむだだった」

騒ぎをききつけたオリエンタル号の船長は、中国人たちに、水先案内船に乗りなさいと指示した。本来ならこの小型の曳航船が、オリエンタル号を入り江の外まで案内することになっている。迫りくる嵐を前に時間をむだにしたくなかったので、船長は中国人たちを水先案内船に乗せながら、同時にゆっくりとオリエンタル号を進めはじめた。ところが恐ろしいことに、蒸気船から飛び降りた中国人のひとりが海に落ちた。船長はやむなくエンジンを切って船を停め、男が助け上げられるのを待った。すさまじい風がうなり、海水をかき立ててはしぶきをはね上げる。水しぶきを浴びた船は、いたるところが危険なほど滑りやすくなっていた。中国人たちの裸の背中で海水が光り、長い髪が風にあおられて旗のようになびいていた。数人が、オリエンタル号から水先案内船へ延びる長いロープをゆっくりと伝っている。案内船ではほかの中国人たちが待ちかまえていて、怯えて濡れそぼった仲間を中に引っぱり下ろした。ほかの労働者たちは蒸気船の脇から降ろした縄ばしごを下りていったが、はしごは水先案内船の数十センチ上までしかない。船は波にもまれて右へ左へ激しく揺れている。労働者たちの多くは、はしごの一番下までくるとそこで段にしがみついたまま手を離そうとしなかった。荒れ狂う海に落ちるのではないかと怯えていたのだ。案内船にいる仲間たちははしごにいる男を励ましながら、足をつかもうと手を伸ばした。いっぽうオリエント号の船員たちは棹を手に、早く下りないとこれで突き落とすぞと脅かした。安全な甲板からみおろしている者たちにとって、この光景はまるで、安っぽい劇場で上演される騒々しい喜劇のようだった。「わたしたち乗客はみんなで騒動を見守っていましたが、」とネリーはのちに、そのときの様子を記している。「あれはちょっとした見ものでした！」

ようやくすべての労働者が案内船に乗りこむと、オリエンタル号は出航した。いまや燃料を満載したオリエンタル号は、激しい潮流に岸へ押し戻される小型船を横目に、入り江の外へ向かって順調に進んでいった。ネリーはふと案内船に目をやった。定員をはるかにこえた船上で人々は恐ろしさのあまりすくみ、船底に溜まった海水をかき出すことさえしていなかった。

---

## 一八八九年十二月十六日－十七日　シンガポール

ネリーはシンガポール付近の海上にいた。赤道から百五十キロほどはなれた地点だ。ここが予定された旅路の中では最南端ということになる。ちょうど世界を半周していた。ニューヨークを発ってたった三十三日目に中間地点にたどり着いたのだ。だがネリーには、この速度を維持することはできないとわかっていた。南シナ海を渡る蒸気船は、向かい風の中を進まなくてはならない。香港に着けば着いたで、乗り換えまでに長く待たされるはずだった。どうしても日暮れ前にシンガポールの港に着いていたかった。だが、オリエンタル号がシンガポール海域に入ったのは、夜の六時近かった。それから、さらに待たされた。水先案内人が乗船し、船長に入港の方法を相談しはじめたのだ。ネリーはやきもきしながら決定が下されるのを待った。とうとう案内人は結論を出し、オリエンタル号は明朝まで入り江の外で待機しなければならないことになった。日没後に蒸気船をドックに入れるのは危険だという判断だった。ネリーは隠しきれないほどの失望と怒りを感じた。口にこそ出さなかったが、それもこれも「ペナンで苦力《クーリー》たちを降ろすために時間を割いたせい」だと考えていた。この遅れが、のちにはさらに重大な遅れを招くことだろう。

郵便規約によって、オリエンタル号は二十四時間港に停泊しなければならなかった。滞在時間を切り詰めてでも先を急ぎたいところを、貴重な時間をむだにして、希望の門の外にただ立ちつくしていなければならない。それもこれも、どこかの中国人がもたもたしていたせいだ。あの時の数時間の遅れのせいで、香港での乗換船を逃す恐れがあった。それはつまり、記録が数日延びるかもしれないということだ。その晩に味わった不安と焦燥感は耐えがたかった！

翌朝ネリーが甲板に出てみると、オリエンタル号はシンガポールの港内に停泊し、燃料の補給を終えようとしていた。現地のサンパンが船の周りに群がり――アジアでは蒸気船とみれば小型船が集まってくるらしい――、商人たちがオリエンタル号の乗客に向かって、絹や果物、レース、風景写真を買わないかと呼びかけていた。おもしろいことに、サルを売る者までいた。

出航を待つあいだ、ネリーはウェールズ出身のブラウンという名の若い医者と、ギャリーに乗って町へ出かけた。ギャリーというのはシンガポール特有の乗り物で、四角い四輪馬車のことだ。ニューヨークのハンサム馬車に似ているが、窓にはヴェネチア風すだれがかかり、ヒツジを少し大きくしたくらいの小さなまだら模様の馬が引く。海沿いの道は、いくつもの低い丘のまわりを巡りながら延びていた。丘は主にラテライト（熱帯地方に分布する赤土。乾燥させると固くなってレンガなどの材料になる）でできており、多くが採掘されていた。かつては緑だった丘の中腹が、古傷のような赤錆色に変わっている。ギャリーの御者はネリーとブラウン医師をシンガポールの広場へ案内した。六ヘクタールほどの芝地は、ほぼすべてがスポーツのために使われていた。白い服を着た男たちがクリケットやテニス、ボウリングに興じている。防波堤のむこうから涼しい潮風が吹いていた。広場の中心には、サー・スタンフォード・ラッフルズの堂々たる銅像がそびえていた。イギリスの政治家であり、しばしば〝シンガポールの父〟と称される。腕を組んで立つ姿は、まるで広場ではしゃぐ人々を苦々しく思っているかのようだ。ふたりはできたばかりのラッフルズ博物館を訪れた。所蔵されている標本はすでに数千点に上り、現地の植物や動物、昆虫をみることができた。それから、評判のいいオテル・ド・ルーロップで早めの夕食をとった。客はみな、白いリネンをかけた長テーブルで食事をする。テーブルは海に面したテラスに置かれていた。メニューはフランス料理で給仕は中国人、そしてまわりでは、世界中の言葉で会話が交わされているように思えた。

夕食がすむとふたりは御者と合流し、町の中心へもどった。遠くから、騒々しい音楽がきこえてくる。ネリーは、選挙の夜におこなわれる勝利を祝したパレードを思い出した。

「葬列が近づいてきているんです」御者は肩ごしにいった。

「まあ！」ネリーは声を上げた。「シンガポールのお葬式なら、ぜひみたいわ」御者がギャリーを道ばたに寄せて停めると、ふたりは目をこらして葬列を待った。はじめに視界に入ってきたのは、黒と白のサテンの旗を振る男性の一群だった。ついでマレー産の小型の馬に乗った楽隊。ラッパを吹き、トムトムを叩き、シンバルを打ち鳴らし、銅鑼を叩いている。白いズボンと青いチュニック姿の男たちは串に刺した豚の丸焼きを振りまわし、ほかの者たちは提灯を高々と掲げていた。それから、真紅の布に覆われた棺が現れた。長い棹の上にのせられ、その棹を四十人ほどの付添人が肩にかついでいる。付添人たちはいずれも黒い服を着ている。そのうしろに、会葬者たちを乗せたギャリーが何台も列をなしていた。会葬者は頭のてっぺんから爪の先まで白いサテンで身を包み、ネリーの目には「葬列の中で一番幸せそうに」みえた。ネリーとブラウン医師は列が通り過ぎるまで熱心に見入り、まるでサーカスでもみたかのように喜んでいた。

「見逃さなくてよかったよ」ブラウン医師は葬列が去るといった。

「本当に」ネリーは笑いながら答えた。「きっとわたしたちのために、特別にみせてくれたのよ」

町へ向かうギャリーの中でも、ふたりは葬列の様子をうっとりと思い返していた。シンガポールの葬儀は死のにおいをまったく感じさせなかった。御者はふたりを小さなヒンドゥー教の寺院へ連れていった。地元のドービーが使う寺だという。ドービーとは洗濯夫のことだ。ドービーたちがスタンフォード運河でかがみこみ、汚れた衣類をすすいだり、平らな石に叩きつけたりしている姿は、シンガポールの日常的な風景だった。寺院の入り口へいくと、僧侶が、医師と御者は靴を脱げば中へ入れるが女性は入れないと告げた。

「どうして？」ネリーは強い調子でたずねた。のちに書いているように、彼女はどうしても理由を知りたかった。なぜ女性は異教徒の国では寺院に入れないのか。そしてなぜ女性は、アメリカではホテルの通用口から入らねばならず、様々な奇妙で窮屈な制約を課せられるのか。

「いいえ、ご夫人《セニョーラ》。おかあさま《マダー》、だめです」僧侶はきっぱりと首を振った。

「わたしはおかあさま《マザー》じゃないわよ！」ネリーがぷりぷりして言い返すと、医師と御者は笑い出した。僧侶がいっこうに折れようとしないのをみると、三人は寺院を後にし、正面の小道を抜けてギャリーへもどった。


船へもどる途中、ネリーと医師は御者の家に立ち寄った。御者の妻は若く美しいマレー人で、色鮮やかな布を右の肩から腰につなげる形で巻きつけていた。鼻から大きな金の輪を下げ、耳、足の指と足首にもそれぞれ輪を数個ずつ飾っている。戸口のそばにはマカクザルがいた。背は六十センチほどで、体つきがいい。ネリーはこれまで大きな買い物をひかえ、荷物を増やさないように努めてきた。だが、サルのきまじめで豊かな表情をみたとたん、その意志が萎えていくのがわかった。結局、この先乗り物を乗り換える機会はそう多くなく、どの駅にもポーターがいて、荷物を運ぶのを手伝ってくれるはずだ。きっと、このサルは愉快な旅のお供になるだろう。そしてまちがいなく、世界一周旅行のすてきなおみやげになる。それに、のちのち面倒をみきれないとわかったら、セントラル・パークの動物園に寄付すればいい。ネリーは御者としばらく交渉し、最終的に三ドルで譲ってもらえることになった。港で売られているサルは五十セントほどで買うことができたが、ネリーにはそれらのサルはいかにも弱そうにみえた。船に乗せれば疲労で死んでしまいそうだ。その点このサルは、「人間のように強そうに」みえた。実際、のちにこの言葉を裏づける出来事が起こる。ある日このサルは太平洋を渡る船の上で舵手と取っ組み合いをし、相手を甲板に倒してしまったのだ。

ネリーはサルをかごにいれ、ニューヨークまで連れて帰った。やがてこのサルは、ギリーキャップや手提げ鞄と同様に、ネリーの旅のシンボルとなる。様々な記事が、ネリーの肩にすわるサルの様子を伝えている。だが、実際には肩に乗ったりすることは一度もなかった。サルはしょっちゅう引っかき、嚙みつき、ネリーだけを選んで八つ当たりしているようでさえあった。もしかすると、ネリーを責めていたのかもしれない。それもむりはない。生まれ故郷から自分をさらってきた張本人なのだから（「あのサルは小さいくせに獰猛《どうもう》なの」ネリーはそう漏らしたことがあった。「ほかの人にはなつくのに、わたしにだけ歯向かうんだから」）。ネリーはサルの名前を決めかね、太平洋を航海するあいだは、ソラリスと呼んだり、タージ・マハルと呼んだり、西アフリカの言葉でサルという意味のジョッコと呼んだりしていた。だがアメリカに帰ってからは、ある記者がつけてくれたマギンティという名に落ち着いた。当時の流行歌からとった名前だ。ネリーはアメリカの人々に、このサルはシンガポールの王侯から贈られたものなんです、と語った。

### 一八八九年十二月十七日－二十三日　南シナ海

マラッカ海峡から南シナ海へ入ったとたん、季節風がオリエンタル号を襲った。たしかに危険ではあったが――おまけに一日の航行速度は遅くなっていたが――、それでもネリーは、荒れ狂う南シナ海ほど荘厳な景色はみたことがない、と思った。午後になると息を詰めて甲板にすわり、外の様子を見守った。船首が、後ろ足で立つ馬のように真上を向く。ぞっとするような一瞬、船は波の上でぴたりと静止する。それから、ほとんど頭から海中に突っこむような激しさで、波の下の海面へ落ちていくのだ。波がしぶきをはねかけてくるにもかかわらず、あたりの空気はむっと湿っていた。ネリーは窒息しそうな気さえした。ほとんどの乗客は下甲板の船室にこもっていたが、数人の男性が甲板のデッキチェアに寝そべり、ネリーと同じように苦しげにしていた。突然、船が大きく片方に傾いた。ちょうど、荷車の車輪がひとつ外れてしまったような感じだ。ネリーは椅子から投げ出され、甲板を転がった。だが滑りながらも、ネリーには、甲板から突き出している鉄の棒をつかむだけの冷静さがあった。あとでわかったことだが、もしこの棒がなければ、ネリーは明かり取りの窓ガラスを突き破って下の食堂へ落ちていただろう。

風が吹き荒れるあいだ、甲板にいたひとりの男性客が船酔いになった。たまたま彼は、ネリーのいうところの「わたしをとても気遣ってくれる」男性だった。嵐の最中も、男はわざわざネリーの足元にひざかけを敷いて横になっていた。そして、青ざめてやつれた顔であわれっぽくネリーを見上げ、かわいそうだと思いませんかときくのだった。ネリーはほとんど返事をしなかった。自分でも薄情だとは思っていたが、船酔いごときで同情する気にはなれなかったし、とりわけその男に対してはそうだった。

「わたしがどんなに魅力的に振る舞えるか知らないでしょう」男はある日ネリーにいい、香港に一週間だけ滞在してくれたら、ご自分の目でたしかめることができますよ、と続けた。

「そうでしょうね」ネリーは冷ややかにいった。「魅力的なあなたをみられるなら、わたし、香港に六週間でも留まるんじゃないかしら」

このあわれな求婚者は、くる日もくる日も悲しげな顔でネリーのあとを追いまわした。とうとう乗客のひとりが一計を案じ、男にこんな話をした。ネリー・ブライは一等航海士のスリーマンと婚約していて、婚約者からほかの男と話してはいけないといわれているんだ。ところがこれをきいた男は、ますます恋の炎を燃え上がらせた。ある夜、ネリーがひとりで甲板にいるのをみつけると、彼女の足元にすわりこんでこうたずねた。「人生は生きるに値すると思いますか?」「ええ、人生はすばらしいと思います」ネリーは答えた。「わたしが悲しくなるのは、死について考えるときだけですもの」

「死がどんなものかわかっていれば、きっと悲しくなんかならないはずだ。僕がこの腕にあなたを抱いて海に飛びこめば、あっというまに安らかな眠りにつけるんですよ」

「うそよ、安らかな眠りだなんて」ネリーはいいかけたが、男はいきなり熱を帯びた調子でまくしたてた。「僕にはわかってます、わかってるんです。証明したっていい。ええ、証明してみましょう。溺れ死ぬのは穏やかにまどろむようなもの、ゆっくりと落ちていく眠りのようなものなんです」

ネリーはぞっとした。自分はいま、気の触れた男とふたりきりで甲板にいるのだ。「まあ、そうなの?」ネリーは、橋の欄干に立つ自殺志願者を説得する警官のように、なだめるような口調でいった。「その話、もっとききたいわ。くわしく話してちょうだい」男が口を開いたそのとき、ネリーは一等航海士のスリーマンが甲板にやってくるのに気づいた。だが、呼びかけることも、ほほえみかけることもできない。男が気づけば、ネリーを抱いて、永遠の眠りにつこうと海に飛びこむかもしれない。一等航海士はふたりのほうへ近づいてくると、男の背中をぽんと叩き、からかい半分に声をかけた。「まったく、みせつけてくれるじゃないか」

「きて!」ネリーは間髪をいれず叫び、スリーマンの手をつかむと走りはじめた。不意を突かれた男は反応するひまもなかった。

ネリーは下に着くと、スリーマンと船長に事の次第を話した。船長は男を捕らえて閉じこめようとしたが、ネリーは男のことが気の毒でたまらなくなっていたので、自由にしておいてあげてくださいと頼んだ。だがそれ以降は、決してひとりにならないように気をつけ、甲板へ出るときにはだれかと一緒にいくようにした。

オリエンタル号には変わった人間が多いようだった。たとえばこんなこともあった。ある朝船長は、乗客の中にいた牧師に日曜の礼拝をおこなってくださいと頼んだ。牧師は承知して引き受けたが、船が香港に着くと船長に二ポンドの請求書をわたしてこう説明した。わたしは休暇を楽しんでいたのであり、そのあいだ仕事をするなら対価を支払ってもらわなければいけません。(P&O社は請求された金額を支払ったが、船員たちに向けて、今後牧師に礼拝を頼むときには事前に謝礼の額を決めるように、と釘をさした)。また、ウィスキーのソーダ割りが大好物のイギリス人男性は、なにをいうにつけても必ず「いやはや《Dear me》」というのが癖だった(ネリーは一度男性をからかったことがある。イギリスの人がしょっちゅう「いやはや《Dear me》」というのは、ほんとうに自分が《Dear me》かわいいからでしょう?)。またべつの女性客は、一等航海士に、スクリューの真上にある船室をあてがってほしい、と頼んだ。そうすれば船がちゃんと進んでいることがわかると考えたからだ。ネリーは満足げに記している。この乗客はすぐに、ネリーがみたこともないくらい激しい船酔いに苦しむはめになった。

ある日乗客たちは、食堂で船の設備について話していた。ネリーは「オリエンタル号はどれを取っても一流だわ。食事はおいしいし、お客さんはみんな上品だし、船員さんたちは礼儀正しいし、船の中も居心地が良くて快適だもの」といった。

同じテーブルにいた客の中には、結婚したばかりのおとなしい若い女性がいた。女性は皿から顔を上げると、小さな声でいった。「ええ、文句のつけようがないと思います。でも、あの救命ジャケットだけはいただけないわ。あんなものを着て眠れるものですか」

ほかの客たちはぽかんとして顔を見合わせ、それからどっと笑い出した。女性のいうには、その夫婦は新婚旅行に出かけて以来、ずっと救命ジャケットを着て寝ていたらしい。船の上ではそうするものだとばかり思っていたのだ。

## 一八八九年十二月二十三日　香港

オリエンタル号は十二月二十三日の朝七時に香港湾に入った。セイロンで三日待たされたにもかかわらず、ネリーは予定より二日早く香港に着いたのだ。オリエンタル号が中国へ航海したのはこれがはじめてだったが、南シナ海の激しい季節風にもめげず、コロンボから香港までの最速航行時間をみごとに塗り替えてみせた（当然といえば当然かもしれないが、このときオリエンタル号の乗客のひとりが、香港に二日早く着いたことを理由にP&O社を訴えている。彼の言い分はこうだった。自分はしかるべく日数を過ごすために切符を買ったのであり、同社が予定より早く自分を目的地に送り届けたのなら、失われた二日分の金額を払い戻し、ホテル代も負担してもらわなければならない。ネリーは、訴訟の顚末については記していない)。

ネリーは友人のブラウン医師と一緒にオリエンタル号のタラップを降りると、埠頭の端まで歩いていき、椅子かごに乗って町へいくことにした。教えられたとおり、後ろ向きにかごの中に入ってすわる。すぐにふたりの苦力が棹を肩に担ぎあげ、ネリーはふわりと宙に浮いた。苦力たちはしっかりとした足取りで駆けていく。ネリーは、子供のころペンシルヴェニア州で馬に乗っていたときのことを思い出した。椅子かごの揺れが優しく眠りを誘い、街の景観は心地よくぼやけながら流れていく。昨夜はあまり寝ていなかった。女性客のひとりと一緒に男性陣に混じり、歌ったり話をしたりしながら遅くまで起きていたからだ。それでも、今朝目を覚ました時には誇らしい気持ちでいっぱいになった。オリエンタル号が記録的な速度を出してくれたおかげで、ニューヨークを発ってたった三十九日で中国に到着したのだ。

椅子かごを運ぶ苦力たちは、海岸沿いの通りを走りながら、高く狭苦しい家が立ち並ぶ前を通り過ぎていった。この小さな家々には中国人の家族たちがひしめき合うようにして暮らしている。椅子の上からみえる景色は——通りも家も人々も——きれいとはいいがたかった。かごを運ぶ苦力たちさえ、ネリーの目には「ほつれたおさげを半分だけ剃った頭に巻きつけた、うすぎたない男たち」と映った。だが、町の様子はどうでもよかった。香港での目的はただひとつ。できるだけ早く出航することだ。

椅子かごは本通りを折れて、丘の中腹を取り巻く細い道に入った。まもなく、オクシデンタル・アンド・オリエンタル汽船会社の前に着いた。ネリーは中に駆けこむと、カウンターのうしろにいる男にたずねた。「日本行の一番早い船はいつ出ますか?」

「少々お待ちを」男はネリーをみるとちょっと間をおいて答え、奥の事務所に姿を消した。まもなく、べつの社員を連れてもどってきた。社員は、ハーモンです、と挨拶をした。ネリーはさっきと同じ質問をくりかえした。

「失礼ですが、お名前は？」ハーモンがたずねる。

「ネリー・ブライです」ネリーは驚いて答えた。出航予定について問い合わせたというのに、なぜ名前を教えなければならないのだろう。

「どうぞこちらへ」ハーモンはそういって、ネリーとブラウン医師をオフィスへ招き入れた。妙に神経質になっているようにみえた。全員が椅子に腰かけると、男性陣はズボンをぐっと引っぱり上げ、ネリーはスカートのしわをなでつけた。ハーモンが口を開く。「あなたは競争に負ける恐れがあります」

「なんですって？」ネリーはますます混乱した。「まさか。遅れた時間は取りもどしたんですよ」

ハーモンは首を振った。「きっと抜かれてしまうでしょう」

「抜かれる？　話がみえないわ。どういう意味？」

「あなたは世界一周旅行をされているんですよね？」

「ええ、そのとおりです」ネリーはうなずいた。「わたしは時間《タイム》と競争しているんです」

「タイム？　彼女はそんな名前ではなかったはずですよ」

「彼女？」ネリーはしだいに、ハーモン氏は精神が不安定になっているらしいと思いはじめ、ブラウン医師に合図して、適当ないいわけをして失礼しようかと考えた。

「ええ、もうひとりの女性ですよ」ハーモンはいった。「あの方が勝ちそうなんです。三日前にここを発ちましたからね」

ネリーはまじまじとハーモンをみつめた。「もうひとりの女性ですって?」

「そうです、ごぞんじなかったんですか? あなたがニューヨークを発った日に、もうひとりの女性があなたのむこうを張って出発したんです。どうやらそれが現実になりそうですよ」ハーモンによると、その女性記者の勤める新聞社は、オクシデンタル・アンド・オリエンタル社に二千ドルという金額を提示し、同社は出航こそ早めなかったが、なにがあっても予定時刻までには香港へ到着すると約束した。そうすれば、まちがいなくセイロン行のイギリスの郵便船に間に合うからだ。その船を乗り逃がせば、香港に十日留め置かれることになる。「ですが、ぶじ郵便船に乗って三日前に出発しました」ハーモンはいった。「いっぽう、あなたは香港で五日待たなくてはなりません」

ネリーは不安が膨れ上がってくるのを感じたが、なんとか笑顔を作って穏やかにいった。「それは一大事ですね」

「なにもごぞんじなかったとは驚きました」ハーモンはいった。「あの方のお話をきくかぎりでは、もともと予定されていた競争のように思えたのですが」

「会社がわたしにことわりもなく競争をはじめるわけがありません。ニューヨークからの電報か伝言は届いてませんか?」

「いえ、なにも」

部屋に沈黙が流れた。表の事務所から、社員たちの声や物音がきこえてくる。ネリーはつぶやくようにいった。「いったいどういうことかしら」いましがたきいた話について考える。「香港を離れるまで五日待たなくてはならないんですか？」

「ええ。八十日以内にニューヨークに着くことはできないでしょう」いっぽう、とハーモンは続けた。もうひとりの方は七十日以内に到着する予定です。彼によれば、その女性記者は汽船の船員に宛てた手紙を持っていて、港へ着くたびにそれを渡すのだという。そこには、この女性ができるだけ早く旅を進められるよう全力を尽くしてくれ、という指示が書かれているらしい。「お手紙は持ってらっしゃいますか？」ハーモンはたずねた。

「一通だけ。P＆O社の方が船長たちに宛てて、この女性はひとりで旅をしているから気をつけてあげなさい、と頼む手紙を書いてくれたんです。それだけですわ」

ハーモンは同情するようにネリーをみた。「お気の毒です」彼はやがて口を開き、そういった。「ですが、どうしようもありません。あなたはここで五日、横浜で五日待たなくてはいけません。それにいまの季節、太平洋横断の航海には時間がかかるのです」

そのとき、白い制服を着た若い男性が部屋に入ってきて、ハーモンから紹介を受けた。彼はフールマンという名のオセアニック号のパーサーだった。ネリーはその船に乗って、日本とアメリカへいくことになっている。フールマン氏は色白で瞳は黒かった。ネリーの手をしっかりと握っていった。「オリエンタル号までお迎えにあがっていたんです。ハーモンさんが、そのほうがいいだろうとおっしゃいまして。これからあなたの身の安全はわが社に責任があるわけですし、できるかぎりお力になりたいと思っています。ただ、残念ながら港であなたを見失ってしまいました。そこであなたの泊まるホテルへいきましたが、なんの情報も得られなかったのでもどってきたところです。迷子になっていらしたらどうしようかと心配しましたよ」

「あちこちで親切なお友だちができましたから」ネリーはそういって、ブラウン医師のほうを指した。医師は椅子に深く身を沈めている。友人に降りかかった災難にショックを受け、口がきけなくなってしまったかのようだ。「ご面倒をおかけしてごめんなさい」

「面倒ですって！」フールマンはいった。「我々はあなたの味方ですし、お役に立てさえすればうれしいのです」心地よい穏やかな声だった。フールマンは、気にしてはいけません、とネリーにいった。だれかがあなたより早い時間で世界一周したとして、それがどうだというんです。なぜなら、みんな知っているんですから。世界一周のアイデアはあなたが考えついたもので、ほかの人たちはただ、あなたから盗んだだけです。早く着こうが遅く着こうが、世間の人々は、はじめにこの企画を考えたのはあなただということはちゃんと覚えています。ネリーにもフールマンの思いやりは伝わったが、哀れむような声の調子にはがまんできなかった。ネリーは自尊心が強く、競争者がいるのだとハーモン氏からきかされたときも、それほど重大な事実を知らずにいたことを決して認めようとしなかった。そしていまもまた、自分にとって敗北がどれだけ耐えがたいことなのか、フールマン氏に認めようとはしなかった。

「わたしは会社に、七十五日で世界を一周すると約束したんです」ネリーはきっぱりといった。「それさえ達成できれば満足です。だれかと競うつもりはありません。これは競争ではないんです。ほかのだれかがわたしより早く旅をするつもりなら、どうぞご勝手にというほかありません」

ネリーは、荷物とサルをオリエンタル号からオセアニック号へ移す手はずを整えると、ホテルへ向かった。椅子かごの窓のむこうでは、香港の街並みがぼんやりと過ぎていく。この街で過ごす五日間が、永遠ほども長く感じられた。五日後には、見知らぬ船に乗って、見知らぬ国へ向かう。この先なにが起こるのかはまったくわからない。思いもかけない新事実ばかりをきかされたあとで、頭がくらくらしていた。ワールドの編集局が、自分にことわりもなく競争をはじめたとは思えない。たしかなことはただひとつだった。それは、ひとりの記者として、自分は一度もくじけたことがない、という事実だ。ブラックウェル島精神病院の看護師たちにも、アルバニーの政界の黒幕にも、頭痛にも、だれにも、なににも負けたことはない。今回も負けるつもりはなかった。哀れな敗者としてニューヨークへこそこそもどり、恥ずかしさで顔をゆがめながら、自分の名がきこえてきはしまいかとびくびくするつもりはない。旅はようやく折り返し地点を過ぎたところだ。目の前にはまだ、こえるべき大洋と大陸がひとつずつ残っている。どうにかすれば、勝利への道をみつけることができるかもしれない。

# 13. 死の寺院

## 一八八九年十二月二十三日－二十四日　シンガポール

シンガポールの近くまでくると、船上の温度計は三十二・二度を指した。空気は水分をたっぷり含み、人々は水中で呼吸をしている気分になった。ペニンシュラ・アンド・オリエンタルの蒸気船テムズ号は、赤道からわずか一五〇キロほどの海を走っていた。乗客の多くは暑くてたまらないとこぼしていたが、エリザベス・ビズランドは、熱帯の気候のほうが性に合っていると感じていた。ここなら、ニューヨークにいたときのように、「骨身にしみるような冷気」に辛い思いをさせられることもない。海水はターコイズブルーに澄み通り、水中で泳ぐ形も大きさも様々な魚がはっきりとみえた。遠くに目をやると、美しい山々の豊かな緑と、羽根のようなシュロの葉におおわれた稜線がみえる。

テムズ号はひと晩シンガポールの港に停泊することになっていた。燃料を補給し、郵便を積み、

ペナン島やコロンボへ向かう乗客を新たに乗せるためだ。エリザベスは汽艇で三人の乗客と一緒になった。セイロン茶の農園主、ボストンからきた老婦人、そしてオックスフォードからきた背の高いブロンドの女性だ。女性は白い絹とリネンのドレス、つば広のスラウチ・ハット、ふわふわしたスカーフで華やかに着飾っていた。桟橋の端で、一行はホテルへ向かうために辻馬車を借りた。馬車を引いているのはみるも哀れなポニーだった。エリザベスは胸のうちで「かわいそうな小さなけものに十分に謝ってから」でなければ、「良心が痛んで、わたしの乗る馬車を駆け足で引かせることなどとてもできなかっ」た。海沿いを走る道は人で混み合っていた。カーキの制服を着て赤いターバンを巻いたシーク教徒の警察。がっしりした白い雄牛の横を歩く農夫。雄牛の引く荷車にはココナツやパイナップル、マンゴーがどっさり積まれている。裸足の中国人労働者たち。身に着けているのは青い短パン一枚きりだ。裕福な現地の商人はリキシャに乗り、イギリス人の役人たちは辻馬車に乗っていた。マレー人は絹のような黒い髪に真っ白な歯、日の光を浴びて輝く肌が印象的だ。男性も女性も髪を伸ばし、うなじのところでまとめている。ほとんどの者が、数メートルの赤い綿布しか身に着けていない。ゆったりと優美にまとい、体を隠しているというより飾っているようにみえた。ふいに道のわきから現れた人影をみて、エリザベスはぎょっとした。風呂から出たばかりの太った老女が通り過ぎたのかと思ったのだ。灰色の髪をむぞうさにまとめ、タオル一枚で裸体を隠しているかのようにみえた。だが、エリザベスはすぐに胸をなでおろした。よくみると老女ではなく、ここでは一般的なビジネスマンの格好をした年配のマレー人男性だった。

町中の建物は、ほとんどが石灰塗料を塗ったレンガ造りで、窓が付いていなかった。できるかぎり太陽の熱と光を閉め出すためだ。エリザベスがホテルに入ってみると、中は薄暗く、ひんやりと心地よかった。屋根つきの回廊と、見上げるように高い丸天井の食堂がある。食堂には鉢植えのシュロの木が並び、頭上の巨大なファンが送るそよ風に葉を揺らしている。客はみな白い服を着ていた。花嫁や、社交界にデビューした少女が集まっているかのようだ。男性たちはそろって背が高く、リネンのスーツに探険帽をかぶっている。ほっそりした娘たちはモスリンのワンピース姿で、暑さで頬を上気させ、湿気のために額や首筋のブロンドはカールしていた。イギリス人の婦人たちは、まるで古代ローマ帝国の人々のように堂々としていた。征服者の母、または妻であることの自負を隠そうともしない。エリザベスがホテルに着いたのは、ティフィンと呼ばれる正午の食事がはじまるころだった。チュニックとターバン姿の若いインド人ウェイターたちが、バナナの葉にのせたロールパンや、炊いた米とカレーをのせた大皿を運んできて、大きな桜貝で作ったスプーンと共に客の前に置いた。エリザベスは三人の兵士がいるテーブルにすわった。三人のうちふたりは若い準大尉で、「イギリス産牛肉のように元気のよさそうな頬」をしていて、軍務につくためにはじめて東洋へ遠征にきたところだった。ふたりは、カレーよりも牛肉とビールを持ってきてくれと注文した。若い兵士はしきりにハンカチで顔をふきながら、上官の話をきいている。上官はふたりと同じような軍服をきていたが、肩に金の肩章がついていた。熱帯地方の太陽が、かつては牛肉のように赤かった上官の頬を焼き、干し肉のように干からびさせてしまったらしい。上官は氷を入れたブランデーのソーダ割りを少し飲み、カレーを何口かと、果物を少し食べた。暑さは気にならないようだ。「その男性にはまったく覇気がありませんでした」エリザベスは辛らつな調子で書いている。「軍務のこと以外どうでもよかったのです。茶色い肌の人のことも黄色い肌の人のことも、これっぽっちも魅力的だとは思っていませんでした」

上官の話し方は陰気で、長い植民地生活の不満が鬱積しているようだった。部下のふたりは上司の話に礼儀正しく耳を傾けていたが、関心がないのは明らかだった。若さというエネルギーがもたらす喜びに水を差すものは、なんであれ敬遠したいのだ。

エリザベスの部屋は食堂の隣に位置していることがわかった。かなりの広さがあるが質素な部屋だ。床は石造りで、家具も必要最低限のものしかない。鉄枠の高いベッドには薄く固いマットレスが敷かれている。シーツもなく、枕にはわらが詰めてあった。ふたつある扉のうちひとつは食堂へ、もうひとつは芝生の庭に通じている。扉は木製のよろい戸で、鍵がついていない。エリザベスは自分にいいきかせた。どうせだれも入ってこないわ。

ところが、その晩のことだった。ベッドに入ってロウソクを吹き消したとたん、エリザベスは部屋の中で物音がしたように思った。息を詰めて耳を澄ます。まちがいない。床の上からきこえてくる。大きな獣がこっそりと動き回っているような音だ。エリザベスはあることに思いあたって、全身に電流が流れたようなショックを受けた——トラだ。トラが、鍵のかかっていない扉を押し開けて、庭から入ってきたのだ。入念に手入れされた芝のむこうには、広大なジャングルがある。イギリスでは、こんなうわさがよくささやかれていた。シンガポールでは、トラが一日にひとり中国人を食い殺しているらしい、と。音はいま、ベッドのほうへ近づきつつある。エリザベスの体は氷のように冷たくなっていた。ほとんど息もできない。トラは暗くなってから狩りをするのだ。声を上げたり急に動いたりしてはいけないとわかってはいたが、ただベッドに横たわっているのも無謀なように思えた。身を包むシーツさえないのだ。部屋の中は暑く真っ暗で、静まり返っていた。きこえるものといえば、石の床を引っかくぶきみな音と、胸の中でどきどきいっている心臓の音だけだ。よろい戸ごしにみえる食堂も、部屋と同じように暗く静まり返っていた。一瞬、エリザベスはぞっとした。トラはすでにホテルにいる人間を食いつくしてしまったのだろうか。暗闇はトラの味方だ。トラには獲物がみえても、エリザベスにはみえない。エリザベスはマッチを擦ることにした。少なくとも、そうすれば明かりの中で死ぬことができる。

エリザベスは勇気を出してそろそろと動き、サイドテーブルに置いたマッチの箱に手を伸ばした。マッチを擦ってロウソクに火を点ける。とたん、明かりの中に大きな灰色のネズミが浮かび上がった。当時のニューヨークにはネズミを穴に入れてフォックステリアに襲わせるゲームがあったが、このネズミならどんなテリアとも対等に戦えるはずだった。艶のある毛に大きな腹、尖った鼻をしている。小さな黒い目は、こちらがたじろぐほど落ち着いていた。エリザベスとネズミは、凍りついたように見つめあい、たがいに相手の出方をうかがった。ふいにネズミは、エリザベスの靴とストッキングに注意をもどした。交互に鼻をつっこみながら、うろこのある長い尾を鞭のように振る。ふたつを調べ終えると、鏡台へ走っていき、帽子と手袋のにおいをかいだ。エリザベスはその様子を、恐怖と安堵がないまぜになった気持ちで見守っていた。ネズミに殺される心配はないが、ネズミが自分の服を前足で引っかいているのをみると、いいようのないほど気分が悪くなった。だが、ネズミに害を与えるつもりはなく、ネズミのほうでもエリザベスにはなんの興味もないようだった。とうとう彼女はきめた。この招かれざる客は無視するのが一番だ。そこでエリザベスはロウソクの火を吹き消し、ネズミが立てる絹ずれの音をききながら眠りについた。

翌日エリザベスはテムズ号の三人の乗客と辻馬車に乗り、地元の警察署長の家へ出かけた。警察署長はオックスフォード出身のブロンドの友人だったのだ。一行は町を抜けて丘を越えていった。途中、シンガポール総督の家を通り過ぎた。この大きな白亜の邸宅は、インド人の囚人労働者が、かつてナツメグ農園があった土地に建てたものだ。道路わきの土は濃い赤色で、木々は明るい緑、頭上の空はペンキのように鮮やかな青だった。はるか下にはフリルのような白波の立つ海があり、浜に生えたシュロは水の上にかしいで、ナルシスのようにみずからの影に見入っている。あらゆるものが美しく輝いていた。その輝きは、エリザベスが宝石の中にしかみたことがないものだった。エリザベスはこの国にきてはじめて、人の神経は熱帯の中でいっそう鋭くなるのだと気づいた。熱を加えると膨張する物質のように。目はそれまで存在さえ知らなかった色調をとらえるようになり、皮膚はどんなにかすかな空気の動きも感じとり、はるかかなたの花さえ、まるで手の中にあるかのように強く香った。

警察署長は白い服を着ていたが、シンガポールのイギリス駐在員の例にもれず、痩せて茶色く日に焼けていた。署長は使用人に、お茶の用意をするようにと流暢《りゅうちょう》なマレー語で命じた。シンガポールにいるイギリス人の中で、署長ほどマレー語に堪能な者はいないといわれていた。そのため署長には、ジョホール王国の王がなんらかの異議を唱えると、交渉を行う権利まで与えられていた。署長が王と相談しているあいだも、部下たちにはなにをいっているのかわからなかった。だが、話を終えた署長がいつも必要な許可を得ているということは、マレー語を巧みにあやつって王を説得することに成功しているらしい。「東洋にいた二十年のあいだに、穏やかな声で物腰柔らかく話す術を身に着けたようです」エリザベスはそう書いている。「ですが、話せばすぐに、鉄のように意志の強固な人だということはわかります。現地人は彼に対して、はっきりとした敬意と恐怖を抱いていました」なんといっても、彼にはこの島において植民地の法を執行する権利がある。牢のかぎを持つのも彼なら、大英帝国に逆らった者を殴る竹の杖を持つのも彼なのだ。

警察署長とのお茶がすむと、エリザベスたちは近くの植物園へいき、町の店や博物館をみてから船にもどった。港へいってみると、現地のカヌーが何艘もテムズ号を取り巻いていた。漕ぎ手の現地人が蒸気船の乗客たちに、貝がらやパイナップル、インコ、サル、その他島の動物を売ろうとしている。細長いカヌーには、商品が整然と美しく並べられ、まるで博物館の展示ケースでもみているかのようだった。小さめのカヌーには、腰布を巻いたマレー人の子供たちが乗っていた。船に向かって小銭をねだっている。「マサ（マスターが訛ったもの）、マサ、マサ！」子供たちはたどたどしい英語でさけんだ。「マサ！　上手に飛びこんでみせますよ、マサ！」エリザベスたちテムズ号の乗客数人は、数シリングを現地の硬貨に換えていたので、それを水の中へ投げた。エリザベスは喜びをこめてこう書き記している。現地の子供たちは「硬貨を手に入れようと、カエルのように小さな水しぶきをあげて水に飛びこみ、身をくねらせながら水底へもぐっていきました。もぐるにつれてその影は奇妙に揺れ、幽霊のような緑に染まっていきます。子供たちはきらめく硬貨が砂に着く前にうまくつかむと、濡れた体を輝かせ、白い歯をみせながらカヌーにもどっていくのです。わたしたちはこのゲームを汽笛が鳴るまで続け、それから島を離れていきました」

テムズ号は午後四時半にシンガポールを発ち、一時間後にはシュロの木々が茂る浜に沿って進んでいた。エリザベスが甲板に上がっていると、ふいに争うような物音と悲鳴がきこえた。目の端に、中国人の青年の裸の背中と、手錠をかけられた手がちらりと映る。青年は船乗りの手を必死で振りはらい、だしぬけに船の手すりに駆け寄ると、驚いたことにそのまま海に飛びこんでしまった。エリザベスは、あの中国人は囚人なのだと教えられた。偽造罪に問われて移送される途中で、ペナンで現地の法によって裁かれることになっていた(ペナンの牢獄の受刑者たちは食べ物が与えられず、身内の施しに頼れなければ飢えて死ぬことになっていた。「受刑者に食べ物を与えれば」王はそう話したという。「国中の者たちが牢獄に入りたがる」)。囚人が海に飛びこむと、すぐに船のエンジンが切られ、救命ブイが投げ降ろされた。だが男の姿はみえない。長い数秒が経った。テムズ号の船員たちは水平線を見渡した。ちょうど、捕鯨船の船員たちがクジラの居場所を示す潮の柱を探すように。とうとう、いたぞという声が上がった。船員のひとりが、遠くのほうでおぼろげにみえる、水面に突き出た男の頭に気づいたのだ。すごい速さで五、六キロほどはなれた岸に向かっている。囚人は泳ぎの達人であるばかりか、手品も使えるらしい。どうやったのかはわからないが、水の中で手錠を外していた。水兵たちは歓声をあげて救命ボートに乗りこんだ。「冷静かつ支配的」な三等航海士の指示のもと、ボートは海面に降ろされ、それから囚人を追いはじめた。船員たちは力を合わせてボートをこぎ、オールで静かな海面を切り裂いていく。エリザベスが甲板からみていると、救命ボートは少しずつ囚人との距離を縮めていった。ボートが行きつ戻りつするのがみえ、ついで航海士が水中の男に叫んでいるらしい様子がみえた。ボ脅かすようにオールが高々と振り上げられたかと思うと、とうとう囚人は力尽きたようにボートに引きずり上げられた。やがてボートはテムズ号へもどってきたが、行きよりもずっと時間がかかった。追跡のスリルがなくなったからだろう。エリザベスは、囚人が船に連れもどされたとき、ほかの乗客たちと一緒にタラップのそばに立っていた。船員のひとりが、囚人の弁髪をつかんでタラップを上ってくる。その満足そうな笑顔は、釣り人が獲物を持ち上げて人々にみせびらかすときの顔に似ていた。囚人は裸で震えていて、絶望のあまり無表情になっていた。船員たちに引きずられて船の下に姿を消し、それから二度と現れなかった。

テムズ号は澄んだ青い海をペナン島へ向かって進み続けた。船員たちは船の中に祝祭用の旗飾りをかけはじめ、下の厨房では料理人たちがプラムケーキを焼きはじめた。クリスマス・イヴだ。

## 一八八九年十二月二十三日―二十五日　香港から広州

ネリー・ブライは、蒸気船オセアニック号の出港を待って香港で五日過ごすことになった。一刻も早く横浜に向かって出発したくてたまらなかったが、はやる気持ちを抑えて街をみてまわることにした。オセアニック号の船長ウィリアム・スミスが、ホテルまで挨拶にきた。若々しい風貌の四十歳のカナダ人で、すらりと背が高くハンサムで、濃い青色の瞳と明るい茶色の口ひげをしていた。ネリーは思わず笑った。船長というからにはきっと、恰幅がよくて白いあごひげをたくわえた男性だろうと想像していたからだ。スミス船長はネリーをリキシャにのせ、町はずれの丘へ連れて行った。〝ハッピー・バレー〟をみせるためだ。ここは木に囲まれた丘の中腹にある共同墓地で、あらゆる宗派の人々に開かれていた。長老派教会や英国国教会の墓が、ゾロアスター教の墓のそばに立ち、イスラム教のとなりにメソジストの墓が立っているのだ。日陰になった小道を歩きながら、美しく配された灌木や花々をながめていると、墓地というより公園にいるような気分になった。ネリーと船長はリキシャに乗って街へもどる途中、香港でもとくに人口の密集している地域を通った。そこに住む人々をみると、ネリーは角砂糖に群がるアリを思い出した。
香港滞在も二日目になると、ネリーはありきたりな観光に飽きてしまい、中国のもっと日常的な部分をみたくなった。中国人排斥法によって、中国からアメリカへくる移民は厳しく規制されている。ネリーはこう考えた。「彼らの国にいるあいだに、できるだけたくさんの中国人に会っておきたくなりました。いってみれば、お別れの挨拶をしたかったのです」オクシデンタル《O》・アンド《&》・オリエンタル《O》汽船会社のオフィスへもどると、香港から近い広州へいく蒸気船の切符を買った。香港・広東・アンド・マカオ汽船会社のポワン号という船だ。O&Oの代理人はネリーを船まで案内し（もちろん、すべての客がこれほど丁重な応対を受けるわけではない）、ゴーギン船長に紹介した。非常に大柄な赤ら顔のアメリカ人で、驚くほど優しい声をしていた。船長はネリーに、ようこそいらっしゃいましたと挨拶した。ネリーは船長の丸々とした体、首がなく肩と胸に直接埋まっているような赤ら顔をみて、こんなに太った男の人はみたことがないと思った。あやうく意地の悪い笑いをもらしそうになったが、すぐに思いなおした。ゴーギン船長はとても感じがよく、照れたような振る舞いが魅力的だったからだ。ネリーは思った——わたしだって、自分の容姿をあれこれいわれると傷つくもの。

わたしも、自分のあごや鼻の形、口の大きさについて心ないことを書かれることがあります。そうした身体的特徴は死と同じくらいどうしようもありません。わたしはきまってこんなふうにいったものでした。「帽子やドレスなら改善することもできます。でも、わたしの鼻のことは放っておいてください。生まれつきなんですから」変えようのないことで相手を責めたり批判したりする馬鹿らしさを思い出すと、わたしの心には、おかしさのかわりに船長に対する共感がわいてきました。

ゴーギン船長は申し訳ありませんと断ってネリーのそばを離れると、出港の準備をしにいった。クリスマス・イヴの夜六時に、ポワン号は広州へ向けて出発した。珠江《ジュージャン》を百四十キロあまりさかのぼり、翌日の朝に入港することになっていた。ポワン号は白く塗られた大きな船で、複雑なアーケード構造の甲板を備えていた。典型的なアメリカ製の川船だ。英国旗と、香港・広東・アンド・マカオ汽船会社の社旗である白い聖アンデレ十字の旗を掲げている。ネリーは下甲板にいってみた。そこでは数百人の中国人がたったひとつの船室を使っている。大きな船室は騒々しく、アヘンのにおいがただよっていた。火薬と花、走ったあとの馬が発する汗くさい麝香を混ぜ合わせたような悪臭だ。濃く立ちこめた灰色の煙の中で、彼らはあぐらをかいたりしゃがんだりしながら、本を読み、話をし、ファンタン（中国やマカオで行われるギャンブル。伏せたおわんの中に入れた白いボタンを四つずつ取りのぞき、余った数を当てる）をし、米を炊き、茶を淹れている。窮屈そうに横になり、喧騒をよそに眠っている者さえいた。大西洋航路船の三等室にいた移民と同様、この中国人たちも、自分たちのベッド（ござと大差ない）と食料を持ってこなければならなかった。ポワン号に乗っていたイギリス人旅行者は、のちにこんなふうに書いている。「香港・広東・アンド・マカオ汽船会社の船は、一度に五百から二千の中国人を運ぶ。香港と広東間を一カ月往復すると、船を利用する中国人の数は十万をこす。この区間での運航を実質的に独占していることを考えると、会社の利益はかなりの額に上るだろう」

上の部屋では、一等室の乗客が夕食をとっていた。食事はおいしかったが、特筆すべきは、料理よりも広間の壁にずらりとかかった剣やライフルのほうだろう。剣はそれぞれの船室の壁にも一本ずつかかっており、ネリーがきいたところによると、船長の寝台にはピストルも一丁置かれていた。数年前、中国人の海賊の一団が客としてポワン号に乗りこむという事件があったのだ。海賊は前もって決めておいた合図で船員を殺し――十三人が犠牲になった――、船を乗っ取った。だがネリーとほかの乗客たちは、安心させるようにこう告げられた。会社が対策を講じてからは問題は起こっていません。あらかじめ船員と一等室の乗客には武器を支給していますし、暗くなると中国人の船室は鉄の門で封鎖し、武装した見張り番をつけることにしています。

夕食を終えると、ネリーは上甲板へいってひとりですわった。ポワン号はゆっくりと珠江を進んでいる。月は出ていなかった。船は岸辺の闇に沈んだ水田を通り過ぎていく。きこえるのは、船に打ち寄せる波の音だけだ。それはネリーにとって、なににもまして心を落ち着かせてくれる音だった。波音に耳を傾けているあいだだけはライバルや旅程やタイムのことをすべて忘れ、つかのま詩的な思索にふけることができる。

静かな甲板にすわってただ夜空の星のみを明かりとし、水が船首にキスをする音をきくこと。わたしにとって、それは天国のような時間です。仲間との交歓も、輝く太陽も、柔らかな月光も、美しい音楽もいりません。ヤナギの椅子と静かな甲板さえあれば。不安と騒音と偏見に満ちた世界ははるか遠くに消え去り、照りつける太陽の熱も、月が放つ冷たい光も、夜の濃い闇が守ってくれます。どうかここで休息を取らせてください。穏やかな波に揺られ、ビロードのような闇にくるまれたまま。明かりはいりません。静かな空で瞬く無数の星があります。音楽はいりません。船にキスする水の音がわたしの頭を冷やし、鼓動を静めてくれます。仲間もいりません。夢をみていられます。これだけで、わたしは完璧に幸福なのです。

それでも、夢から覚めなければいけません。ここは退屈な世界で、わたしはそこで時間と競争しているのですから。

夜明け前に、ポワン号は広州の港に錨を降ろした。中国人の乗客は鍵のかかっていた船室の戸が開くと夜明けとともに下船したが、一等船室の客は残って朝食をとりながら旅のガイドがくるのを待っていた。到着したのは恰幅のいい裕福そうな年配の男で、アー・カムと名乗ると、よいクリスマスになりますようにと挨拶した。アー・カムは二十年以上前に広州で観光業をはじめ、いまでは街一番の有名人になっていた。以前述べたボンベイのイギリス陸軍士官と同様に、「王侯貴族や政治家たち」からガイドとして引っ張りだこで、「アー・カムを重用する人々の多くは、ヨーロッパではだれもが知る有名人」だった。アー・カムはビーズで飾った黒い靴に濃い青のゲートルをまき、糊を効かせた青いチュニックの上に短い絹のキルトジャケットをはおっていた。黒い丸帽子の下からは、弁髪がまっすぐ背中に垂れていた。彼は流暢な英語を話した。アメリカ人が広州に開いているミッション・スクールで、十四歳まで教育を受けたのだ。立ち居振る舞いは上品で堂々としていた。だが、仕事で成功し、英語にも習熟し、世界中の著名な人物たちと交流があったにもかかわらず、広州から一歩も出たことがなかった。ちょうどヘンリー・デヴィッド・ソローがマサチューセッツ州コンコードの中で豊かな旅をしたように、アー・カムも広州のあらゆるところを訪れていたのだ。

アー・カムはネリーたちのために、桟橋に椅子かごを待たせてあった。乗客たちのための椅子かごはヤナギで作られ、二本の白木の棹の上に据えられている。いっぽうアー・カムの椅子かごは黒く塗られていた。屋根部分は黒い絹で覆われ、絹の裾には房飾りがついている。棹は黒い木でできていて、真鍮の握りがついていた。ふたつの椅子かごの違いは歴然としていた。まるで億万長者の乗る黒塗りの自家用馬車と、そのうしろにずらりと付き従う貸し馬車の列のようだ。ちがいを決定づけていたのは、かごを運ぶ男たちの身なりだった。旅行客のかごを運ぶ男たちは紺色のシャツとズボンだが、アー・カムのかごを担う男たちの服はこぎれいな白いリネンの上下で、華やかな赤い刺繡がしてあった。椅子かごは三人の男によって運ばれた。ふたりが前の棹を、ひとりがうしろを持つ。しばらくするとネリーは、かごを運ぶ男のひとりに目を留めた。椅子かごのすぐ前にいるその男は、棹を固定するため肩にかけた帯をしょっちゅういじっている。首の付け根にかかった帯が絶えずその部分をこするせいで、肌が真っ赤になっていたのだ。ネリーは一日中男の赤くなった首をみながら、水膨れにならないかしらと心配していた。苦力《クーリー》・ナンバーツー（ネリーは心の中で彼をそう呼んでいた）は何度も足を止めて帯の位置を直した。そのたびに振り返っては、怒りをまじえた身ぶりで、もう少し右に寄れ、あるいは左に寄れとネリーに指示した。「しかたなく」ネリーは書いている。「わたしは努めてまっすぐすわり、動かないように気をつけた。街に着いたときには、体がこわばってほとんど麻痺したようになっていた。その日が終わるころには激しい頭痛がしていた。苦力が楽な姿勢を取れるようにと気を遣いすぎていたのだ」

一行はアー・カムの案内に従って、桟橋から広州の狭い路地に入っていった。路地は曲がりくねり、あちこちで折れ、なんの秩序も規則性もないようだった。この街を訪れる旅行者たちは、だれもが迷宮の奥深くへ迷いこんでいくような気分に陥った。角を曲がるたびに出口は遠ざかっていく。長寿路、耀雲路、昇竜路、百孫路。一行は橋をわたってゆるやかに流れる茶色く濁った小川を越し、沙面島《シャーミエン》と呼ばれる小さな島へいった。広州の在留外国人が住む場所だ。入り口では数人の警官が警備をしていた。沙面島には許可証のない中国人は入ることができない。夜の九時になるとラッパが響いて空砲が撃たれ、島のあらゆる門が閉め切られる。そして、駐香港米国総領事の言葉を借りるなら、「外国人たちは香港やニューヨークにいるかのように、安全に眠りにつく」のだ。

広州にあってはめずらしく、沙面島は緑の多い静かな土地だった。バニヤンの樹が日陰を作る舗装された道路が曲がりくねりながら延び、均整のとれたレンガ造りの建物、手入れの行き届いた庭園の前を過ぎている。中国在住のイギリス人宣教師は沙面島についてこんなふうに書いている。「居住者は島全体を完璧に管理し、道路を作って木々を植え、可能なかぎりイギリスに近い景観を作り上げた」一行は英国国教会、ボートハウス、裏に数面のテニスコートが付いたアスレチック・クラブのそばを過ぎた。アー・カムは一行を、レンガと漆喰でできた役所風の二階建ての建物へと案内した。ネリーはその建物をみて、はっと息を飲んだ。アメリカ領事館の正面入り口の上に、アメリカ国旗がひるがえっていたのだ。母国の旗をみるのは、ニューヨークを発って以来はじめてだ。遠い異国で思いがけず古い友人に出くわしたような、そんな気分だった。誇らしさが胸にこみ上げてくる。同時に、イギリス人に対する怒りもわいてきた。旅の途中、彼らから折に触れ軽んじられ侮辱されたこと。彼らが当然のように世界を支配する権利を主張していること。そしてなにより、アメリカ合衆国を出来の悪い弟のように扱うこと。体ばかり大きく不器用で、無教養で粗雑で、なにかにつけて注意しなくてはならない弟のように。ネリーは自分でもふしぎだったが、遠くへくればくるほど、祖国への忠誠心を強く感じるのだった。だれにも、アメリカを侮辱させるつもりはなかった。ネリーは帽子をとり、一緒にいた仲間にはっきりと告げた。

「あれは世界でもっとも美しい旗です。否定する方がいらっしゃるなら、鞭で打ってさしあげます」

だれもなにもいわなかった。ネリーはひとりのイギリス人男性のふるまいに気づいてちょっとした満足感を味わった。男性は近くのイギリス領事館の上ではためく英国旗にちらりと目をやったが、まるでネリーにみつかるのを恐れているかのように、うしろめたそうな様子だったのだ。

アー・カムは一行を連れて広州の中心街にもどった。街には百万を超す人々が住み、本通りはせいぜい三メートルほどの幅しかない。脇道は椅子かごがやっと通れる程度で、路地にいたっては狭すぎて、人がふたり行き会うと、一方が建物の入り口に体をくっつけて相手を先に通すしかなかった。馬の姿はない。荷物はすべて人力で運ぶのだ。店の前面には真紅と金の細長い看板が下がり、両側の建物には日よけがついていて太陽の光をさえぎっていた。ネリーははじめ、巨大な店の通路を歩いているのだとばかり思っていたが、やがてまったくの屋外にいることに気づいて驚いた。あたりには澱《よど》んだ水や腐った魚、いたみかけた野菜や生ごみのにおいが充満していた。

店主がごみを通りに掃き出しているのだ。通りの中には、翡翠《ひすい》の店だけが並ぶ通りや、絹を売る店だけ、あるいは棺を売る店だけが軒を連ねているところもあった。様々な食品を扱う店が雑多に並んだ通りもある。飴やピーナッツ、インゲン豆の小さなケーキを売る店、正面に生簀《いけす》を据えた魚屋、そして肉屋。肉屋にはブタやニワトリやアヒルだけでなく、コウノトリやヘビ、塩水に漬けたネズミも売られていた。西洋人がぎょっとするのは、皮をはがれた犬だった。ブタの丸焼きのようにひもでぐるぐる巻きにされている。(中国の伝統的な慣習にショックを受ける旅行者がいると、アー・カムはその都度きっぱりとした口調で祖国を擁護した。たとえば、なぜ中国人女性は足を縛って小さくするのですかとたずねられると、ヨーロッパの女性だって腰を締めつけるでしょう、あっちのほうがよっぽど体に害がありますよと答えるのだった)。大きく手入れの行き届いた骨董店はもっぱら外国人を相手にし、世渡りも口もうまい店主が客の相手をしていた。それでもまだ、広州では外国人は珍しい存在だった。女たちは——ときには男たちまでもが——店から走り出てきては、ネリーをみようと近づいてきた。驚いたことに広州の女たちの目を引いたのは、ネリーの手袋だった。大胆な者は手を伸ばして触れ、手を覆う布をふしぎそうにしげしげとながめた。

やがて一行は一軒の窯元《かまもと》に着いた。ふたりの女性が半乾きの壺を並べている。アー・カムは旅行者たちに椅子かごから降りるようにいい、裏へ連れていくと、曲がりくねった細い路地を抜けて小さな広場へ案内した。「広州の処刑場です。縦二十メートル、横七メートルほどの広さだ。ここは、とアー・カムは説明した。広州の処刑場です。死刑囚はここで処刑人の前に跪き、両腕を組んで首を突き出すよう指示されます。ちょうど、皇帝の前で土下座をしているような姿勢です。ネリーは広場の一部分の土が赤く染まっていることに気づいた。

「あれは血です」アー・カムはいって、ビーズの付いた黒い靴で地面を軽く蹴った。「昨日、ここで十一人の男が首をはねられました」彼によると、一度に十人ほどの罪人が斬首され、年間およそ四百人の囚人が処刑されるという。太平天国の乱が起こっていた一八五五年には、五万人の反逆者がこの小さな処刑場で首を斬られた。そのときには一キロ先まで死のにおいがしたといわれている。

アー・カムの話をききながら、ネリーは、高い石塀に立てかけられた木製の十字架に目を留めた。きっと処刑前の宗教的な儀式に使われるのだろうと考えながら、アー・カムにたずねてみた。すると彼は、女の死刑囚に使われるのです、と答えた。女囚たちは十字に縛りつけられ、体をばらばらに切り刻まれるのだという。〝リン・チ〟と呼ばれる処刑で、剣で体の各部を切り取られる。まずは腿や乳房のように肉の多い部分から、ついで鼻や耳、手足の指。そうして、血の流れる部分が残っているかぎり続けられる。熟練の処刑人はリン・チを迅速かつ巧みに執り行うため、死刑囚は生きながらにして全身を切断され、はらわたを引きずり出されるという。男の死刑囚は基本的に斬首の刑に処されることになっているが、連続殺人や父殺しといった特に重い罪を犯した者はリン・チの刑を申し渡される。女性と同じ死に方をさせることで、より大きな辱しめを与えるのだ。アー・カムは「斬りおとされた首をみますか?」とたずねた。

ネリーは、アー・カムもまさか本気ではないだろうと考えた。きっと雰囲気を盛り上げるために大げさなことをいっているのだ。ニューヨークの旅行ガイドたちも、外からやってきた旅行者たちには大げさな作り話をすることで有名だ。「もちろん」ネリーは気軽な調子で答えた。「持ってきてくださいな」

するとアー・カムは、あそこに立っている男に追加金を払ってくださいといった。ネリーがいわれたとおりにすると、男は物もいわずに陶製の壺に近寄り、中に手を突っこんで生首をひとつ引っぱり出した。思いもかけない恐ろしい光景だった。だがネリーは、自分の反応については書き記していない。ただ「中国人は死というものに無頓着だ。彼らにとって、死は恐怖の対象ではないらしい」とだけ書いている

処刑場からほど近いところに刑務所があった。ネリーは、牢の扉が開け放たれているのをみて驚いた。中の囚人たちは厚く重たげな木の板を、襟飾りのように首にはめられている。この木の板のせいで、彼らは横になることも床に頭をのせることもできず、そのうち消耗し、多くの場合やがては死に至る。囚人たちは旅行者たちをガラス玉のように虚ろな目でみた。ネリーは、扉にかんぬきがかかっていない理由がわかった。閉じこめておく必要がないのだ。刑務所のとなりには堂々とした石造りの裁判所があり、一行はそこで様々な処刑道具や拷問具をみせられた。鞭打ちに使われた縦に割った竹や、親指を締めつけるねじと滑車が並んでいる。囚人たちは親指だけでこの滑車に吊り下げられるという。どの道具も前の道具より残忍で、かつ創意に富んでいるようにみえた。小さな居間で、ネリーは数人の判事に紹介された。彼らはちょうどファンタンをしていたらしかった。べつの部屋にいた判事たちはゆったりと横になり、アヘンを吸っていた。ネリーはその光景にショックを隠しきれなかった。記録は残っていないが、アー・カムはこんなふうに説明したかもしれない。判事たちの吸っているアヘンは、おそらくペニンシュラ・アンド・オリエンタル汽船によって中国へ運ばれたものでしょう。みなさんが香港まで乗ってきたものとよ

く似た船です。

事実、P&Oの歴史はアヘンの交易を抜きにしては語れない。同社の極東への航路拡大には、イギリス政府の援助があった。そのころ政府は、植民地時代のインドで生産されたアヘンを中国へ輸入する手段を探していたのだ。当時の中国は、ほぼ完璧な自給自足の国だった。中国関税担当のイギリス人がいみじくも述べたように、「米という世界最良の食糧を産し、茶という世界最良の飲み物を産し、綿、絹、毛皮という世界最良の衣類の素材を産していた」のだ。いうまでもなく、磁器、絹、漆器、壁紙、骨董は世界でも最高級の質を誇った。手織りの衣類にいたっては、ランカシャー地方の新しい機械製綿布に匹敵するといわれていた。唯一アヘンのみが、中国の民が必要としながら国内で生産できないものだった。そして大英帝国には、対中国の国際収支のマイナス分を相殺する必要があった。つまり中国ではイギリスのアヘンが吸われ、ロンドンでは中国の紅茶が飲まれていたのだ。一八三八年、湖南省《フーナン》の長官が中国のアヘン常用者は四百万人にのぼると推測した（実際はその二倍だったという説もある）。同年、新しく着任した欽差大臣の厳しい指導のもと、中国政府は数千人のアヘン密輸人、仲介人、密売人、中毒者を逮捕し、一八三九年には二百万ポンドに当たるアヘンを没収して処分した。大英帝国は中国に宣戦布告した。

教育家で歴史家のトマス・アーノルドは、失望をこめてこう述べている。「あまりにも卑劣な戦争だ。国家が犯しうる最大の罪になるだろう」彼は国民につぎのように呼びかけた。「陳情書あるいはなんらかの方法で、英国人の胸に罪悪感を呼び覚ますことはできないものだろうか」答はもちろんノーだった。宣戦布告からまもなく、中国沿岸に大艦隊がやってきた。七十四門艦が三隻、四十六門と二十八門の大砲を備えたフリゲート艦がそれぞれ二隻と五隻、八門から十門の大砲を備えたコルベット艦が八隻、東インド会社が提供した武器を搭載した蒸気船が四隻、それに加えて二十七隻の輸送艦船が三千六百人の兵を運んできた。対して中国が送りこんだのは、急ごしらえの軍隊だった。兵の大半は仕事にあぶれた茶の運搬人で、艦隊といってもジャンクと呼ばれる帆船と漁師から借りた漁船を寄せ集めただけだった。アヘン戦争が終わった一八四二年、南京条約によってイギリスは香港を自国の永久領土とし、イギリスとの貿易のために五港を開港させた。そのうちのひとつが広東だった。

　アヘンは違法のままだったが、戦争に負けた中国政府に、アヘンを法的に取り締まる力はなかった。一八六九年、アメリカ人のウィリアム・ペリー・フォッグ（この名のために、時々ジュール・ヴェルヌの作り出したフィリアス・フォッグのモデルではないかとうわさされた）は中国を訪れた折、こんな文章を残している。「イギリスは大砲で脅して中国人を麻薬漬けにした。中国の皇帝は、アヘンの販売を許可してほしいと頼まれると、こう答えた。イギリス人が居合わせれば、恥ずかしさのあまり顔を赤くしたことだろう。『わたしはたしかに、アヘンを国内から締め出すことはできない。金と欲望を追い求める堕落した者どもの前で、わたしは無力だ。だが、だからといって、国の利益と引き換えに、わが人民を堕落させ苦しめようとは思わない』」フォッグは蔑みをこめて文章を締めくくっている。「キリスト教の精神を標榜《ひょうぼう》するイギリスが、異教の中国をこのような状況に追いこんだのだ！」

　広東を観光するなら、仏寺を避けては通れない。この町には八百をこす寺があり、一番人気があるのは〝恐怖の寺〟だった。仁愛路という名の通りに建っている。寺の前に着くと、老いた物乞いや、病や手足のまひに苦しむ物乞いたちが施しを求めてやってきた。彼らに囲まれながら石段を上り、門をくぐって中庭に入る。そこには商人やばくち打ち、占い師たちがひしめいていた。中でも風変わりなのは歯医者で、彼らは技術の確かさを宣伝するために、抜いた臼歯をずらりとつなげたものを置いていた。どこかの部族の首飾りか、大きな爬虫類の背骨のようだ。寺の中に入ると、レンガ造りの小屋がずらりと並んでいた。小屋の前面には針金の網が張られ、そのむこうに木像が展示されていた。それぞれの木像が、地獄で罪人たちが受ける罰を表している。ある者は頭から足にかけてのこぎりでまっぷたつに切られており、またある者は足を縛られて宙吊りにされ、一匹の悪魔に棍棒で殴られている。短刀で次々に刺されている者もいれば、剣でばらばらにされている者、煮え立つ油の中に放りこまれている者もいた。

それから、アー・カムは旅行者たちを公園へ連れていった。貧弱な木が申し訳程度に生え、数頭の黒いブタが地面を掘り返している。一行が〝公正の門〟と名付けられた門をくぐると、家畜の囲いを思わせる大きな中庭があり、そのむこうに低い漆喰の建物が何列も並んでいた。それぞれの建物には一万千六百十六個の個室があった。部屋は縦が二メートル足らず、横が一メートルあまりだ。低い木の板が寝台の役割を、それよりもう少し高い板が机として使われていた。ここは試験場だった。三年おきに一万一千人をこす受験生(「ひとり残らず男だ」とネリーは辛らつに指摘している)が訪れ、儒教の知識を問う難しい試験を三日にわたって受ける。少数の合格者のみが――ときには百五十人ほどにかぎられた――だれもが憧れる官職を手に入れることができるのだ。一万人以上の落第者には、ふたたび三年間の試験勉強が待っている。一行が近くの寺院で昼食をとっていると、食事の間中、トムトムのリズムや笛の高い音がきこえてきた。するとアー・カムが、あれは〝死の寺院〟からきこえてくるのです、と説明した。死の寺院はそこから近いところにあったので、アー・カムは旅行者たちを寺院の高い塀のむこうへと案内した。すると、そこには意外なほどのどかな風景が広がっていた。暗い色の池は鏡のようで、そよ風が吹いてもさざ波ひとつ立たない。水面の上に大きく傾いだ木々が枝をたらしている。脚の長いコウノトリが小さな群れを作っている。美しい風景だったが、どこか悲しくもあった。ポワン号にもどるとき、ネリーは「胸にぽっかりと穴が空いたような気分」になった。原因のひとつはおそらく、ニューヨークでクリスマスを祝えない寂しさだろう。だが同時に、この日自体が長くきつい一日だったことは否めない。アー・カムがネリーたちを案内したのは、首切りと、拷問と、アヘン中毒と、極貧と、天罰の世界だった。彼はウェルギリウスよろしく一種の地獄めぐりの案内役を務めたのだ。だがこの旅は、ダンテが書いたそれとはちがい、復活祭の日ではなく、クリスマスにおこなわれた。そしてまた、すべて現実のことだった。

ネリー・ブライは、とワールド紙は読者に伝えた。「香港ですてきなクリスマスを過ごすだろう」七面鳥やプラムプディングも食べられるかもしれない。「香港にはヨーロッパ人もアメリカ人も多い。古き良きクリスマスの伝統が、茶箱と赤い舌のドラゴンの国と調和しているはずだ」香港のアメリカ領事へ届いたネリー宛の電報では、ワールド編集局一同からのメリー・クリスマスとハッピー・ニュー・イヤーが伝えられた。同紙は読者たちに向けて「みなさんはきっと、クリスマスのあいだもネリー・ブライ・レースの予想をされるでしょう」と書いた。
だが、読者たちにそうした励ましは必要ないようだった。数千枚ものクーポンが、毎日洪水のようにワールドのオフィスに流れこんでいたのだ。中には予想方法を説明する手紙が添えられているものもあった。〝ミセスC〟とだけ名乗るスタテン島の読者は、ピュリツァーを喜ばせそうな方法でタイムを予想していた。「わたしは十二月八日を待ってからネリー・ブライ・レースの予想をはじめました」とミセスCは綴っていた。「その日はわたしの結婚記念日なんです。それに、ニューヨーク市八十八番地にある家では、幸せな結婚生活を送りました。以来、八はわたしの幸運の数字です。今回のレースにあたって、この数字がどれくらいの幸せを運んできてくれるか、試してみることにしました」ノースカロライナ州ウィンストンの教師、ジョン・J・ブレアはこんな手紙を添えていた。「自分の教えている学校の八年生と九年生、総勢四十三人の生徒は「ミス・ブライの世界一周旅行に大きな興味を抱いています」そこで生徒ひとりひとりが、ネリーが旅を終える時間を予想し、その四十三人分の数字を平均してひとつの予想を立てたのだという。「生徒は教師であるわたしに、自分たちが出した予想を使ってほしいといってくれました。いうまでもなく、わたしは彼らの能力に揺るぎない自信を持っています。来年夏のヨーロッパ旅行が楽しみでたまりません」

## 一八八九年十二月二十六日－二十八日　香港

広州からもどっても香港での滞在時間は三日残っていたので、そのあいだネリーはせいいっぱい楽しんだ。ある日ネリーはヴィクトリア・ピークへ出かけた。香港で一番高い山だ。登山者は新しくできたケーブルカーで山の途中までいき、そこから山頂までは椅子かごに乗っていくことになっていた。六百メートル下の湾に目をやると、おびただしい数の帆船《ジャンク》やサンパンが点々と浮かんでいる。まるで、子供がバスタブに浮かべたおもちゃの船のようにみえた。だが、ヴィクトリア・ピークは夜こそ美しいといわれていた。日が落ちてすべての船が明かりをともすと、湾の暗い水は星空のように輝く。山頂から湾を見下ろすと、ふたつの空のあいだに浮かんでいるような心地がするのだった。

ネリーは、皇后大道に建ち並ぶ中国人の店にもいった。どの店の陳列棚にも、みているだけでわくわくするような品物が並んでいた。金や銀のアクセサリー、象牙の彫り物、絵のついた扇、白檀の箱。ついあれもこれも欲しくなったが、二、三個を買うにとどめておいた。アクセサリーの店では髪留めをひとつ作ってもらった。細長い長方形で、〝新たな冒険の成功を祈って〟という意味の言葉が、漢字で刻まれている。またべつの店では、太い脚のついた寺院の椅子が目に留まった。表面が真鍮と鮮やかな赤い漆でおおわれている。ネリーはこの椅子もニューヨークへ持って帰ることにした。ここから先は乗り換えの必要もあまりない。少し前に、荷物を鞄ひとつにまとめようとするのはあきらめていたのだ。チューインガムが売られている店もあった。ネリーは驚くと同時に喜び、旅の終わりまでもつよう十分な量を買いこんだ（ワールド紙の〝世界旅行担当〟は、マウント・ヴァーノンから手紙を送ってきたネリーの若き信奉者たちに、「みなさん、ネリー・ブライはガムなんて噛んだりしませんよ」と書いていた。ところが実際のネリーはガムを噛むのが癖で、この旅のあいだも、機会さえあればかならず買い求めた）。

ようやく十二月二十八日になり、ネリーはオクシデンタル・アンド・オリエンタル社のオセアニック号――まさにこの船に乗って、エリザベス・ビズランドはサンフランシスコから大西洋を渡った――に乗ることができた。日本の横浜に着くのは一月二日、旅をはじめて四十九日目の予定だ。横浜で——いまいましいことに——五日間待ち、ふたたびオセアニック号に乗ってサンフランシスコを目指す。船に乗ったネリーはほっと胸をなでおろした。サルがぶじに、P&O社のオリエンタル号からオセアニック号へ移されたときいたからだ。女性の世話係をみつけると、サルの様子をたずねた。するとと彼女はぶっきらぼうに「みましたけど」と答えた。

ネリーは急に不安になった。世話係は、手首から肩にかけて包帯を巻いていたのだ。「あなた、サルになにかしたの?」

「叫んだだけです」彼女は答えた。「なにかしたのはサルのほうですよ」

## 一八八九年十二月三十一日　東シナ海

一八七一年にオセアニック号が進水する前、ホワイト・スター社から同船の一等航海士ディグビー・マレーに手紙が届いた。「オセアニック号の船員たちに厳命してほしい。いかなる場合でも、乗客とであれ船員同士とであれ、必要以上の交流は慎むように。乗客とのコミュニケーションは必要な場合のみに限り、その際も船員として礼儀正しく振る舞わなければならない」四年後、新しく設立されたオクシデンタル・アンド・オリエンタル汽船会社は、ホワイト・スター社からオセアニック号をチャーターした。一八八〇年代終わりには、オセアニック号は船長も船員も陽気で客を楽しませる機知に富んでいる、と広く知られるようになっていた。この船の特徴が中でもはっきりとみられるのは大晦日だ。その日の夕方、ネリーと一等船室の客たちは、数人の船員と一緒に広間にすわって楽しくおしゃべりをしていた。スミス船長が卓上用の手回しオルガンを持ってきて、船医とかわるがわるハンドルを回しては、次々に音楽を奏でている。横浜からきたというひとりの乗客は、覚えやすく愉快な歌を教えてくれた。「ロバは優しく歌って牧場へ、ロバは優しく歌って牧場へ、ヒーホー！　ヒーホー！　ヒーホー！」ネリーはスミス船長に、あなたと香港のホテルでお会いしたときは意外でした、と打ち明けた。背が低くてがっしりしたおじいさんで、灰色のあごひげを生やしているんだとばかり思っていたんです。「想像とまったくちがう方でした」

「僕もあなたが若い女性だとは思ってもみませんでした。うわさとまったくちがったんです」船長はそういって、短い笑い声を上げた。「ミス・ブライはかんしゃく持ちのオールドミスだときいていたんですから。それはたまらないと思って、船に乗り遅れますようにと願ってしまいました」

その夜遅く、広間に集まっていた客は、パーサーからパンチとシャンパン、カキを振る舞われた。午前零時——船上では八点鐘が鳴らされる——になると、全員が立ち上がり、シャンパンのグラスを手に「オールド・ラング・サイン（日本では「蛍の光」として知られているスコットランド民謡）」を歌った。最後の一音が消えていく中、乗客たちはたがいに握手をかわし、新年を、新しい時代を祝して乾杯した。それからまもなく、女性客たちは自分の部屋へ下がった。ネリーは幸福な気分で眠りにつきながら、男性たちが下の喫煙室で歌う「なつかしい黒人の歌」に耳をかたむけていた。おそらく、スティーヴン・フォスターの「ネリー・ブライ」もきこえてきたはずだ。ピッツバーグの新聞社で雑用の少年がこの歌を口ずさんでいたとき、階下ではひとりの少女が、編集局長に新しい名前を付けてもらうのを待っていた。将来の見通しもほとんど立たず、それまでの数年はやもめの母を助けて働くだけの毎日だった。ところがある日、まったく思いがけないことに、自分が書いた手紙が新聞社の目に留まったのだ。そのときはまだ、五年後の自分が蒸気船に乗り、東シナ海を旅していようとは夢にも思っていなかった。オーダーメイドの服を着て、数えきれないほどの人々に帰りを待たれていようとは。

# 14. 不思議な旅行代理人

一八九〇年一月一日–八日　セイロン島コロンボからイエメン、アデン

エリザベス・ビズランドは、新年最初の日にペニンシュラ《P》・アンド《&》・オリエンタル《O》社のブリタニア号に乗り、イタリアのブリンディジを目指した。ネリー・ブライがブリンディジからセイロン島まで乗ったヴィクトリア号と同様、ブリタニア号もP&O社の「記念的な」蒸気船だった。一八八七年にヴィクトリア女王即位五十年を祝して進水したのだ。一軸スクリュー汽船で煙突が二本とマストが四本あり、四百十人の乗客を収容でき、四千トンの荷物を積載することができた。乗客全員に竹製のデッキチェアと小さなテーブルがあてがわれ、イギリス人に必要不可欠な五時のお茶のサービスがあり、週に三度は船の楽団が甲板で演奏し、乗客はそれに合わせてダンスができた。それ以外の夜、乗客たちは活人画や素人芝居、ダンスパーティーを開いて時を過ごした。船上の昼は長く、たまに後部甲板で開かれるクリケットの試合をのぞけば、なんの変化もない。海は上

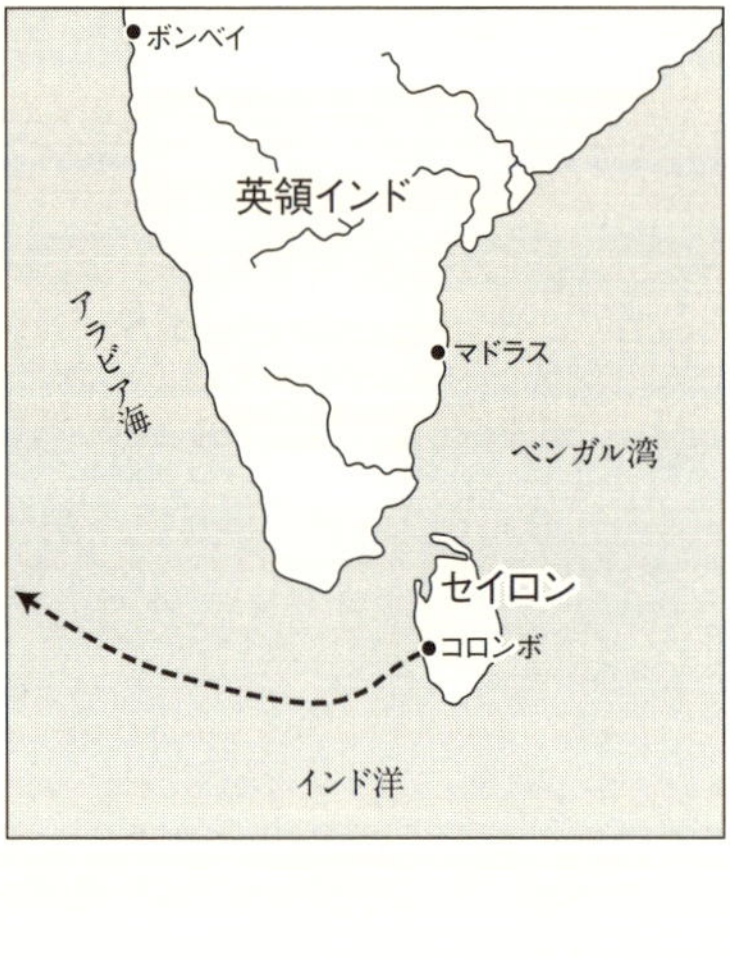

下に揺れるだけで波はない。まるで、密やかに呼吸しているかのようだった。日暮れ近くになると、水平線近くに薔薇色の雲がみえることもあった。ブリタニア号はいま、地図を作った先人たちがドラゴンが棲んでいると信じていた場所を通過していた。エリザベスにはドラゴンをみつけることはできなかったが、水面近くに浮かんでくるクジラはみえた。クジラは輝く潮を吹き、緑のリボンのような波紋をあとに残しながら去っていった。またべつの時には、うすい薔薇色の胸ビレを持つトビウオの一群が船の前に現れ、まるでツバメの群れのように、かろやかに跳ねながら遠ざかっていった。だがくる日もくる日も、時の流れを示すものはほとんどなく、ただ太陽が昇っては沈んでいくだけだった。

やがて、あたりの空気が乾燥しはじめた。遠くの海岸線に点々とみえる丘も、もう緑色ではない。そこが、イエメン南部に面したアデン湾だった。一月八日の午後遅く、ブリタニア号はアデン港に入り、燃料を補給するために錨を降ろした。港は黒くぎざぎざした岩礁に囲まれている。アデンは溶岩が流れてできた不毛の地ではあったが、給炭地として、また紅海の入り口を守る軍艦の拠点として、非常に重要な場所だった。そのため、とビズランドは綴っている。「香港やシンガポール、ペナン、セイロンと同様——そしてまた、この地域におけるすべての価値あるもの同様——イギリスの支配下におかれている」内陸からは、大槌やドリルが立てる規則的な金属音や、現地の労働者たちの単調な歌声がきこえてくる。彼らは、町の要塞を強化するという果てのない仕事に従事していた。この前年、アデンを訪れた旅行者はこんなふうに書いている。労働者たちはまるで「永久に崩れないサンゴ礁を作るサンゴチュウさながらの勤勉さ」で働いていた、と。白い船体のポルトガル戦艦が、ゆっくりと湾から出て、アフリカ沿岸をトランスヴァールへ向かっていた。同国のデラゴア湾を領するポルトガルは、対アフリカ貿易においてイギリスを脅かす存在となりつつあった。地元の少年たちが、旅行者の投げる小銭めがけて岸から海に飛びこんでいる。ヒメハヤのようにすばしこく泳ぎ、ゆっくりと沈んでいくコインを探すのだ。エリザベスは、甲高い声で話される片言の英語や、水中で楽しげにくるくる泳ぎ回る様子に、二週間前にみたシンガポールの子供たちを思い出した。こちらの少年たちのほうが肌の色は黒く、また、サメよけのために塗ったグリースで体中がきらきら輝いている。それでも、どちらの子供たちもじつによく似ていた。

夕方になると、エリザベスとブリタニア号の乗客数人は船頭をやとって岸まで連れていってもらった。船着き場と浜は長く黒い柵によって隔てられている。柵のむこうには、二、三階建ての漆喰《しっくい》塗りの粗末な家々が三日月形をえがいて並び、中でも完成してまもないアデン銀行はめだっていた。すべてのものが炭塵《たんじん》をうっすらとかぶっている。波止場では、ターバンを巻いた辻馬車《ギャリー》の御者たちが、波型の鉄板の日よけの下にすわっていた。乗客たちは御者をひとり雇い、アデン・タンクへ向かうことにした。古代に建設された巨大な貯水池で、アデンでみるべきものはこれしかないということだった。一行の乗ったギャリーは粗末な四輪馬車で、眠たげな眼をしたソマリ産のポニーに引かれていた。全員が馬車に乗りこむと、御者はそのすぐ前の席にすわった。馬車が砂の道を走りはじめる。みわたすかぎり、圧倒されるほど荒涼とした土地が広がっていた。三年前から雨は一滴も降っていなかった。草一本育つことはできない。大地はくすんだ灰色の砂ばかりで、どんな植物もそこに根を張ることは不可能だ。岩さえもひび割れ、色あせ、まるで枯れているようにみえた。あの岩は、とエリザベスは思った。死んだ土地の亡骸と骨なんだわ。

海からの道は曲がりくねりながら上へ延び、岩でできた防塞《ぼうさい》へと続いていた。防塞の六十メートル上に、堅固に要塞化されたイギリス軍の駐屯地がある。ここには兵舎、将校たちの家、そして電報局があった。スエズ、ボンベイ、ダーバンへ電報を送ることができる。馬車はがたがたゆれながら、音のこだまする暗い小道を走っていった。丘陵地帯をこえると平地が広がっている。そこは、アデンの大部分を占める巨大な火山の火口の中だ。建ち並ぶ家々は、どれも屋根が平らで低い。石と泥で作られ、表面をおおう石灰は雪のように白かった。町の中心地までくると、一行は馬車を降りた。道ばたには象牙や動物の毛皮が積みあげられ、ラクダの背に積まれるのを待っている。コーヒー豆を詰めた麻袋や、缶に入った乳香や没薬《もつやく》もあった。インド人たちが、真紅と金のローブをまとって足早に行き過ぎる。小売店で商いをしているパールシー教徒は、石炭入れをさかさにしたような帽子をかぶっている。エリザベスは、香港でみかけたパールシー教徒を思い出した。カフェの表のテーブルにはあごひげをたくわえたアラブ人が集い、コーヒーを飲んだり水パイプを吸ったりしていた。水パイプに取りつけられている吸い口を、仲間うちで回している。カフェの中では、アフリカ人の一団がシェイクスピア劇の俳優のような白いローブをまとってすわり、ドミノをしていた。祖国を離れてこの地へきた者たちだ。彼らの母国は、エリザベスがおとぎ話の中でしか知らなかったような国ばかりだった――スーダン、ザンジバル、アビシニア。そばを、何頭ものラクダが列をなして通り過ぎる。眠たげな目や、皮肉な笑いを浮かべているような口元には、どこか神聖な雰囲気があった。井戸端では女たちが大きな水差しに水を汲んでいる。エリザベスはその姿をみて、子供のころに読まされた教理問答の挿し絵を思い出した。

馬車は町を抜け、ふたたび丘陵地帯へ入っていった。夜が近づきつつある。沈みはじめた太陽が、あたりの空気を金色がかった緑にうっすらと染めていった。まもなく、アデン・タンクがみえてきた。古代のイエメン人は、見上げるような壁岩《へきがん》をくりぬいて、巨大な貯水池を作ったのだ。貴重な雨水を貯めるためだった。貯水池は全部で五十ほどあり、それらをすべて合わせた貯水量は、十万キロリットルを優に超した。だがいま、貯水池は骨のように乾いていた。タンクの建設にはおびただしい数の人々がかかわったはずだ。にもかかわらず、建設者に関する情報ははるか昔に失われている。発案者についても、ソロモン王、シバの女王、古代ヒムヤル人、フェニキア人、ペルシア人、と様々な説がある。タンクに貯められる雨水は、幅の広い石造りの水路によって周囲の山々から集められる。全体が階段構造をなしているため、上部の貯水池から溢れ出た雨水は下部の貯水池へ、さらに下部の貯水池へ、さらに下部へと流れていく。貯水池は山のはざまから、いっこうに雨を落とさない空に向かって、いびつな石の口をむなしく開けている。貯水池を取り囲む岩山は、ゆるやかに起伏しながら四方に延びている。まるで、幾人もの子を産んだ古の女神の腹のようだった。熱帯地方とはちがって、日が落ちても視界が霧でかすむことはない。遠くのほうに、小さく平坦な白い街並みがみえた。通りを行き交うターバンを巻いた人影も、その先の穏やかな海に泊まる帆船も、濃くなっていく薄闇の中ではっきりと見分けられる。コールリッジの詩のような風景だった——「夕陽の端が海についたかと思うと、たちまち星々が輝きはじめる」エリザベスはこの頃よく、コールリッジが描いた老水夫のことを考えた。祝宴に訪れた若者を引き留め、むりに旅の話をきかせる老人のことを。それからまもなく、あたりは夜の闇に包まれた。夜空はつかのま漆黒に染まったが、すぐに星が現れた。エリザベスはこれほどたくさんの星をみたことがなかった。おびただしい数の星々が夜空を埋めつくしている。部分によっては、光の絵の具をひと刷きしたようにさえみえた。貯水池の岩山のむこうには、果てしなく続く砂漠が広がっている。アデンほど訪れる人々を拒み、アデンほどニューヨークとかけ離れた場所はなかった。

その夜遅く、一行はいったん船で夕食をとってから、ふたたびギャリーに乗って月明かりに照らされるアデン・タンクをみにいった。空には白い満月が昇っている。文字や色が見分けられるほどに明るく、星はほとんどみえなくなっていた。はるか上空の薄い大気の中で、月の模様がくっきりと浮かび上がっている。これまで様々な解釈を与えられてきた模様だ——カエル、ウサギ、木陰にすわる背中にこぶを持つ男、やかんの上にかがみこむ女、薪の束を背負う農夫。罰を受けたカインだという者もいた。カインは犯した罪を償うために、永遠に地球の周りを巡り続け、故郷を間近にみながら決してそこへ帰ることはできないのだ。アデン・タンクの近くで、一行は長い列をなすラクダのそばを通り過ぎた。ラクダはゆったりと体を揺らしながら砂漠の方へ進んでいる。ラクダを率いているのは、白い服に身を包んだ痩せたアラブの男たちだった。同じような隊商が、とエリザベスは考えた。四千年前にもファラオの支配するエジプトへいき、穀物を買っていたんだわ。そのときと今と、なにひとつ変わっていない。一行の乗るギャリーは静かに進み続けた。うしろでは、月の光に照らされた街並みが真珠のように白く輝いている。貯水池が夜の闇の中に浮かびあがってくると、エリザベスたちはギャリーを降りた。うつろな貯水池の中に入っていくと、どんなに小さな足音も抑えた声もこだまとなり、周囲の山々にまで響いた。夜は静寂に沈み、葉擦れの音も虫の鳴き声もない。その静けさに包まれていると、世界はどこか夢のように思えてくるのだった。岩山のどこかからヘブライ人の預言者が現れたとしてもふしぎはなかった。預言者は痩せてぎらつく目をし、獣の皮に身を包み、存在をめぐる謎を解こうと苦しんでいる。そんなふうに思えてくる夜であり、場所だった。

エリザベスは月明かりを浴びながらあたりを歩き、古代の人々が掘った深い溝に手をはわせた。これほど古いものに触れるのは生まれてはじめてだった。エリザベスは機関車に乗り、蒸気船に乗って、太古の昔まで旅をしてきたのだ。山間からは数キロ先までがみえた。町とその先の海まで見晴らせる。満月が海の上に作る光の帯はさざ波に揺れ、水平線までまっすぐに延びる銀の道のようでもあった。エリザベスの想像の中で、銀色の道はいつしか夕陽の作る金色の道へと変わり、遠いサンフランシスコまでつながっていた。サンフランシスコで新しくできた友人たちはこんなふうにいった。夕陽が作る光の道こそ旅の成功を約束するしるしなのだ、と。実際、これまでのところ旅は順調に進んでいる。いまでもまだ、太平洋の岸辺で吼えていたアシカの鳴き声がきこえてくるようだった。岩場で遊ぶアシカたちは、遊び好きな黒い子豚そっくりにみえた。エリザベスはそれらの光景を、しっかりと記憶の箱の中にしまっていた。かつて彼女の家族が穀物庫をいっぱいにして、不確かな未来に備えておいたように。望みさえすれば目を閉じて、アシカの姿をみることができる。妖精のような着物を着ていた船頭たちも、ヤグルマソウの青い花畑も、潮風にはためく中国の祈りの言葉を記した紙も、そしてこの神秘的な貯水池も。子供が袋の中からキャンディーをつかみとるように、手をのばせばすぐに宝のような思い出に触れることができる。どの思い出も、等しく喜びを与えてくれた。これこそエリザベスが旅のあいだに得たものだった。世界が鮮やかにみえるようになったのだ。テニソンがかつて綴ったように「五感のすべてが働くようになって」みると、昼と夜はまったくべつの意味を持ちはじめ、漫然と過ごしてきた数年間は枯れたトウモロコシの皮のようにはがれ落ちてなくなった。あらゆる感覚がこれまでとはまったくちがう鋭さを備えていた。どんなに長い時間が経っても、思い出はどれひとつとして色あせることはないだろう。あらゆる感動を、感情を、まるでその場にいるかのように思い起こせるにちがいない。

エリザベスはつぶやいた。一度はこんなふうに、本当の人生を生きてみたほうがいいんだわ。

**一八九〇年一月七日－十四日　太平洋**

蒸気船オセアニック号は、うららかに晴れた火曜日の朝、横浜港を出発した。快適で快速な航海を約束するような好天だ。ネリーが船に乗ると、ウィリアム・アレンという一等航海士がとりわけ熱心に応援してくれるようになった。このオセアニック号は、去年の十一月に東回りの太平洋横断において最速記録を打ち立てていた。横浜からサンフランシスコまでを、たった十三日と十四時間で渡ってみせたのだ。アレンはその記録的な速さに挑むつもりで、予定より二日早い一月二十日にサンフランシスコに着いてみせましょう、とネリーに請け合った。アレンは自信にあふれ、ネリーのレースがうまくいくよう心から願っていた。船の機関と機関室のあちこちに二行連句を記したほどだ。

ネリー・ブライのため
われわれに勝利かさもなくば死を。
一八九〇年一月二十日

はじめのうち、アレンの予測はその言葉通り実現するかに思えた。三日目には、オセアニック号は十一月の記録よりさらに百八十キロ先を進んでいたからだ。だが四日目、急に天気が荒れはじめ、オセアニック号はすさまじい雨と風に襲われた。船員たちは、こんな嵐は一日もすれば止みますよ、とネリーをなぐさめたが、翌日になると天気はさらに悪くなった。船はいま、ごう音を上げて荒れ狂う海の上にいた。山のような波が船をもてあそび、転がし、上下に揺さぶる。嵐は一瞬たりとも休まず暴れ続けた。アレンは香港とサンフランシスコのあいだの航路を十一年にわたって航海してきたベテランだったが、それでもこれほどひどい嵐に見舞われたのははじめてだった。毎時間、そして毎日、どしゃぶりの雨が船を叩き続けた。ネリーは毎日、やきもきしながら正午を待った。昼になると食堂の壁に、二十四時間分の航行距離が貼り出されるのだ。そのたびに、昨日より少しは速くなっていますようにと祈り、そのたびにがっかりするはめになった。オセアニック号の船長ウィリアム・スミスは、「台風のウィリアム」という異名をとるほど、激しい嵐の中でも安全に航行する技術に長けていた。だがその彼でさえ、この暴雨風の中をフルスピードで進むことはできなかった。

ネリーは太平洋へ向かう船上で、セイロン島で遅れた船を待っていたときと同じ、あるイメージに囚われはじめた。目的を果たせずワールド社のオフィスに帰っていく自分のイメージだ。有名なレースの有名な敗者。恥ずかしくて街では顔を上げられず、自分の名前がきこえてくるのではないかとびくびくしている。「もし失敗したらニューヨークには帰らないわ」ネリーは前日の航行距離をみると、肩を落として船員たちにいった。「遅れるくらいなら死んだほうがましだもの」

「そんなことというもんじゃないよ」そのたびにアレンは返した。ネリーが描写しているアレンは「話し上手で歌がとびぬけて上手く、男女両方に人気のある紳士」で、不運に見舞われたネリーに心から同情しているようだった。アレンはネリーに、一等航海士としてできるかぎりのことをしようと約束した。これまでにないくらいエンジンを稼働させ、思いつくかぎりの罵詈雑言《ばりぞうごん》を嵐に浴びせかけてやる。なんなら――数年ぶりに――神様に祈ったっていい。嵐が去って、ネリーが予定通りサンフランシスコに着けるように。

そのたび、ネリーは悲しげにいった。いいえ、そんなことしてもむだ。もう望みはないわ。

すると船医が、わざといかめしい口調を作って大声でいう。「ほらほら、ネリー・ブライ。泣き言をいうのをやめないと、肝臓の苦い薬を飲んでもらうぞ」

「まあ、いじわるね。落ちこむのもむりないでしょ。それに、悪いのは向かい風《ヘッド・ウィンズ》――肝臓じゃないわ！」ネリーはそういって笑い出し、船員たちもどっと笑う。するとアレンは――彼はいつも、ネリーを「思わず笑顔に」してくれた――機関室の仕事にもどっていくのだった。

こんなふうにして、ネリーはみじめな気分を紛らわせていた。

四日たっても、嵐はいっこうに収まる気配がなかった。嵐の中では船にいるだれもが普段以上に働かなくてはならない。一般船員たちはほとんどの業務を甲板上で行うのだが、甲板には破城槌《バタリング・ラム》のような激しさで風が吹きつけ、降りしきる雨はハチのように船員たちのむき出しの肌を刺す。

あらゆる場所が波しぶきで濡れ、滑りやすく危険になっていた。いつまでも続く嵐は包囲攻撃のようなものだ。手強くしぶとい敵軍に四方から囲まれ、昼となく夜となく攻められる。戦いのあいだはろくに眠れず、乾いた服さえない。熟練の船員さえ、忍耐力と精神力を試された。いっこうに静まらない嵐の中、時間だけが過ぎていく。そのうち船員たちのあいだに、オセアニック号にはヨナが乗っているのかもしれない、という疑いが芽生えた。ヨナとは船乗り言葉で、船に災いをもたらす物や人のことだ。この疑いが船中で議論されはじめると、ネリーは不安になった。一部の船員が、ヨナはネリー・ブライのサルじゃないかといいだしたのだ。嵐を静めるためにサルを海へ捨てろという者さえいた。

ネリー自身も迷信を信じるほうだ（左の親指の金の指輪はお守りだとはっきり認めている）。だがその彼女も、船員たちほど兆しや縁起にこだわる人種はみたことがなかった。すべてが風と海まかせの暮らしの中で、彼らは様々な迷信——無数の先人たちにさずけられた知恵——を介して、思いがけない災難に満ちた人生を理解してきたのだろう。たとえば、金曜日には航海をはじめてはならず、日曜日には釘を打ってはならない。左を向いてくしゃみをすると不幸になるが、右を向いてくしゃみをすれば幸福になる。この迷信は、アテナイ人の将軍テミストクレスが左を向いてくしゃみをし、不運に見舞われることを危惧《きぐ》して軍艦の出航を遅らせたという話が元になっている。また、口笛を吹けば風が吹くが、風の吹いているときに口笛を吹けばハリケーンを呼ぶ、ともいわれていた。ネコと牧師は不吉とされた。「牧師に乗られたが最後、あとは最後まで向かい風」というのは、船乗りたちの決まり文句だ。

ネリーがこの件についてアレンに相談すると、絶対にサルを渡しちゃいけないよ、という返事が返ってきた。そのときそばにいただれかが、オセアニック号には牧師がふたり乗っていたはずだが、といった。ネリーはこれをきくと少し考え、おさえた口調だがきっぱりといった。牧師さんたちが海に落とされるなら、わたしもサルを手放すわ。

結局、ネリーのサルは助かった。

一八八九年十一月、オセアニック号は横浜とサンフランシスコ間の航行において、最速記録を打ち立てた。十三日と十四時間だ。これにより、一八八二年にホワイト・スター社のアラビック号が出した十三日と二十一時間という記録は塗り替えられた。そのオセアニック号の記録は、翌年、パシフィック・メール汽船会社のチャイナ号によって破られた。同船は、横浜を出発して十二日と十一時間後にサンフランシスコに到着したのだ。十九世紀後半、主要な港から港への最速航行記録は、かならず記録されていた。新たな記録が出ると新聞や年鑑にのり、旅行者のあいだでうわさになる。乗客は最速記録を持つ船で旅をすることを自慢に思い、また、できるだけ短い時間で航行することを望んだ。だがいっぽうで彼らは、船が速度を増せば増すほど、蒸気機関が立てる騒音と振動に悩まされることにもなった。古い船舶の愛好家は、一八九〇年に「快適な七日のほうが不愉快な六日より望ましい」という言葉を残している。だがこの意見はまちがいなく少数派だった。

北大西洋ではとくに熱心に航行速度が競われ、最速記録を出した船には〝ブルーリボン賞〟が贈られた。非公式な栄誉賞だったが、あらゆる汽船会社がこの賞をほしがった。ある会社がブルーリボン賞をとると、ライバル会社では重役会議が開かれ、さらに速い船を作るための計画が立てられる。船体は流線型になり、ボイラーは大きくなり、高速エンジンが開発された。「今日、」と「スクリブナー」誌の記者は一八九一年に書いている。造船技師たちは「以前は存在しなかった競争にさらされ、もっと速い船を造れと絶えず急き立てられている。だが、航行速度は数年前にすでに最大限度に達したはずではなかったか。ところがこの三、四年に造られた大小様々な船の速度は、その最大限度をはるかに上回っているのだ」。ほんの二十年前には、十四ノット出れば速いほうだった。それが一八八〇年代も終わりに近づくと、十七ノットか十八ノットが標準になり、二十ノット以上の船の開発が進められつつあった。近代以降の科学技術が産み出した高速船をみれば、昔の船客たちは仰天したことだろう。当時の一般的な大型蒸気船は一万九千五百馬力だったが、それは十一万七千人が漕ぐ古代のガレー船と同じだったのだ。

オセアニック号は、標準的な巡航速度で進んだ場合、一日に五十八トンの石炭を消費し、全速で走った場合は七十トンを消費する。膨大な量だが、アウグスタ・ヴィクトリア号のような新しい船とくらべると、非常に経済的だということがわかる。同船が一日に消費する平均的な石炭は二百二十トンに上るからだ。「ニューヨーク・タイムズ」紙の社説には「ぎょっとするような量だ」と述べられているが、最新の船が二十四時間ごとに三百トンの石炭を燃焼することを考えれば少ないほうだった。一八九二年、「コスモポリタン」誌の特派員はこう伝えている。「燃料を増やせば、日中の航行速度を一ノットか二ノット上げることができる」機関車と同じく蒸気船においても、スピードは蒸気によって産み出され、蒸気は火によって産み出され、火は石炭によって産み出されるのだ。客船が出航する前には数百トンの石炭が積載されるが、この船積み作業の方法は、ピラミッドを建設していた時代からほとんど進歩していない。石炭を積んだ小型のはしけが蒸気船の脇につけられると、船からバケツが降ろされ、はしけに乗っている男がシャベルで石炭をすくってその中に入れる。石炭が船倉に運ばれると、燃料調整係《トリマー》がそれを手押し車にのせて、船内に複数ある石炭庫へ運んでいく。燃料が必要になると、石炭庫から船の最下部にある機関室へ運ばれるのだ。

ネリー・ブライは、もっとスピードを上げてちょうだいとひっきりなしに技師を急き立てていたが、その〝スピード〟を出すべく男たちが働いている機関室へ下りていこうとはしなかった。また、三等室へ下りていき、必要に迫られて渡航する人々がどのような環境を強いられているかを確かめることもしなかった。その問題は、仕事を得るためワールドのオフィスを訪れたとき、ネリーがみずから提案したものだった。旅も終盤にさしかかるこのころ、ネリーは記者としての能力をいっさい放棄していた。好奇心も、鋭敏さも、道徳心もどこかへ消えていた。以前なら、この道徳心は惜しみなく発揮されていたはずだ。たとえばメキシコに滞在した数カ月のあいだには、メキシコ人は卑劣で危険だというアメリカ人の思いこみに異議を唱え、腐敗した政治とそれを支持する新聞社を勇敢にも非難してみせた。だが世界を駆け巡るこの旅にあっては、時間的な余裕も、そして問題に深く切りこんでいく気もなかったらしい。情熱と興味の大部分は、自分自身の旅の予定に注ぎこまれていた。スケジュール上やむなく一カ所にとどまる羽目になったとしても、読者を魅了するような記事のネタを探しにいくことも、地元の人々に話をきくこともしなかった。しぶしぶ観光にでかけ、たいていは目にしたものを嫌悪した。ネリーの目には、ペナンのヒンドゥー教徒の寺院は薄汚く映った（辛らつな文章を残している。「ここの人々は、敬虔な心は清潔さを求めるという言葉をきいたことがないようだ」）。ポートサイドの物乞いたちについては「身体的な欠陥を利用してわたしたちから金を取ろうとする」と言い切り、キャンディでは「みるものすべてに嫌気がさした」と書いている。広州と香港の中国人は、彼女の表現を借りれば、世界で一番「不潔でみすぼらしい」人々だった。のちにこんなふうに記している。「日本人はこの世で一番清潔な人種だが、中国人はこの世で一番不潔だ。日本人はいつも楽しげで朗らかだが、中国人はいつも不機嫌で苛立っている。日本人はたいへん優美だが、中国人はぎこちなくぶざまだ。日本人はめったに罪を犯さないが、中国人はありとあらゆる罪を犯す。つまり、日本人は非常に気持ちのいい人種だが、中国人は非常に不愉快な人種なのだ」

　ネリーは旅の前半で、ひとりのイギリス人に、あなたはたった一日の滞在でアメリカを決めつけていると至極まっとうな反論をした。ネリーにとって、そうした考え方は帝国主義の産物だった。だがこの頃の彼女は、そのイギリス人とまったく同じことをいっている。

　ネリー自身は一度もいかなかったが、大勢の船客が、火夫たちの働く姿をみようとオセアニック号の機関室へ下りていった。錆び止めの油を塗ったはしごを慎重に伝い下りていくと、しだいに金属音や振動音は大きくなり、熱気がはっきりと感じられるようになる。そして機関室――単に〝補給穴《ストーク・ホール》〟と呼ばれていた――に着いた乗客たちは、ショックを受けながら、船のスピードが火夫たちの犠牲によって支えられていたことを知るのだった。そこは広く、空気の澱《よど》んだ暗い空間だ。闇の所々に、頭上のランプが銀色の三角形の光を投げかけている。あたりは耐えがたいほど暑く、煙が立ちこめ、硫黄の悪臭が充満している。肌脱ぎになり、炭塵で真っ黒になった数十人の火夫たちが、ずらりと並んだ大きな炉に絶え間なく石炭をくべている。規模と速さを重視した蒸気船は、ボイラーを増やして機関により多くの蒸気を送りこむ必要があった。増えた炉は機関室内の温度をさらに上げた。室温はしばしば摂氏五十度かそれ以上になり、七十五度を記録した例もあった。火夫が炉の扉を開けると、ごう音と光と共に、炎が舌のように飛び出してくる。機関室の炉はまるで、火を噴くドラゴンのようだった。このドラゴンは絶えず機嫌を取ってやらなければならない。火夫はできるだけ顔をそらせ、何度かシャベルで石炭をすくって炉の口に放りこむ。効率よく燃えるよう石炭を均《なら》し、金屑や灰を取り除くと、扉を叩きつけるように閉める。交代まで四時間働くうちに、鉄のシャベル自体が熱くなり、火夫の手に水膨れを作った。遠くに立つ船客にさえ、火夫の両手に走る地図のような黒い傷跡ははっきりとみえた。治りかけた水膨れに炭塵の細かい粉が入りこんでいるのだ。燃料調整係が手押し車の車輪の音を響かせながら出入りし、機関室の鉄の床にどさりと石炭を空けていく。すると火夫はもっと石炭を持ってきてくれと伝えるが、声を出すことはしない。騒々しい室内ではいくら声を張りあげてもきこえないからだ。かわりに彼らは、シャベルで炉の扉を叩いて知らせるのだった。熱と炎、硫黄の悪臭、揺らめく火に照らされる汗をかいて疲れ切った男たち。まるで、ブリューゲルの描いた地獄の一場面のようだった。

火夫はひとりあたり平均して一日二トンの石炭を炉にくべた。彼らは数分おきに手を止め、甲板から新鮮な空気が流れてくる格子の下にいって息を整えた。だがこうした贅沢が許されるかどうかは、蒸気圧力計の矢印がどこを指すかにかかっていた。圧力計がある数値より下を指すと、休憩を取る余裕はなくなる。エンジンを十分に働かせ、一日の航行距離を縮めないために、蒸気圧力はつねに一定の数値以上に保たれていなくてはならない。そして、たいていは船員のひとりほら、なにしてるんだ！　どんどんくべろ！　もっと働けと火夫たちを怒鳴りつけた。「どんどんくべろ！　ほら、なにしてる！　船乗り気取りはやめろ！　ちゃんと働け！」」船がスピードを上げるということは、燃やされる石炭の量が増えるということだ。つまり全速で走る必要が出てくると、機関室の労働環境はさらに悪化する――ブルーリボン賞を獲得できる可能性がでてきたとき、あるいは、一等航海士が船客のひとりに、到着予定日より早く送り届けてあげようと約束したときに。一八九〇年、「エンジニア」誌にはこう書かれている。「残酷な提案かもしれないが、汽船会社の経営に関わる者は、一度機関室で働いてみるべきだ。そうすれば、スピードを上げろとわめく同僚たちに、こういうことになるだろう（中略）生身の人間はあんな仕事には耐えられない、と。それは動かしがたい事実だ」船がスピードを増すと、火夫たちは文字通り倒れるまで働いた。新しく造られたマジェスティック号が新記録を出したとき、ニューヨーク・タイムズはこう書いた。「この航海中、暑さにやられて運び出された火夫がひとりもいなかったことは興味深い」同紙はさらにこう続けている。「これによって高速船の常識が覆された」

航海中、基本的に火夫たちは四時間働いて八時間休むことになっていた。勤務時間が終わると甲板に上がって新鮮な空気を吸う。ぱりっとしたリネンや白いモスリンの服を着た乗客たちに囲まれ、彼らはダンガリーの作業ズボンと汚れたフランネルのシャツ、そして重い長靴という姿で立ち、疲れ切ってむっつりと押し黙ったまま、日の光に顔をしかめるのだ。富める者と貧しき者の差が、これほど大きくこれほどはっきり表れるのは、豪華蒸気船の甲板をおいてほかにないだろう。勤務が終わって甲板に集まった火夫たちをみて、ある乗客はこんなふうに述べた。「火夫はみな屈強そうな男ばかりだった。顔は炭塵で黒くなり、流れた汗がそこに筋を作っていた。うつろな、獣のような表情を浮かべ、めったに笑顔をみせなかった。よほど骨の折れる仕事にちがいない」火夫の燃やす石炭を採掘する炭坑労働者も同様だった。採掘され炉にくべるその過程において、石炭は――十九世紀という時代の活力源だ――炭鉱夫と火夫の両方を、貧困と病の悲惨な連鎖に取りこんでいった。一八八六年、ペンシルヴェニア大学のホバート・エーモリー・ヘア博士は、挑発的なタイトルの本を出版した。『後半世紀における文明の進歩によってもたらされた新しい病気について』というものだ。博士は「大型外洋蒸気船」で働く火夫たちについて、次のように記している。

火夫たちは四方から火攻めにされ、甲板から入ってくる空気だけを吸いながら働いている。汗だくになって上の服を脱いでしまうのもむりはないが、その状態で空気を吸いに甲板へいけば全身が危険なほど冷えるはずだ。火夫の死亡率は非常に高い。ある船医によれば、規則的に働き続けた火夫の多くは、仕事に就いて二年としないうちに死亡するという。

一八六〇年代はじめ、医療業界誌「ランセット」は、機関室を「拷問の洞窟であり、病気の温床」と表現した。火夫たちは熱射病や筋けいれん（当時は〝火夫病〟と呼ばれていた）、リウマチ、肺炎、胸膜炎《きょうまくえん》、鼻やのどの炎症、その他多くの慢性的な病に苦しめられた。火夫が過ごしていたのは炭塵にまみれた場所だ。アデンやポートサイドを覆い尽くしていたあの細かい粉が、火夫たちの肺にも避けがたく入ってきた。長く働くうちに、炭鉱夫と同様、絶え間ない空咳《からせき》が出るようになる。当時の医療報告書は、この咳が出た火夫は、「呼吸困難を起こすようになり、まもなく死亡する」と伝えている。検視官が火夫の遺体を解剖すると、その肺には黒い染みが点々と広がり、質感は古い革のようになっていた。のちにこの病は黒肺塵症《こくはいじんしょう》と呼ばれる。この時代に初めて生まれた言葉だ。

通常、肺病は進行が遅く、患者をゆっくりと死に至らしめる。だが、火夫たちを頻繁に襲ったもうひとつの病は、ほとんど苦痛を与えることもなく、彼らをあっというまに死へ導いた。この病もまた、医療関係者から「職業病」とされている。機関室の極端な暑さは時折火夫を気絶させたが、中には一時的に精神が錯乱する者もいた。気の触れた火夫の多くはうわごとをいいはじめ、甲板へ駆け上がったかと思うと手すりから飛び降りる。彼らの心にあるのはただ、恐ろしいほど熱くなった体を冷やしたい、という抑えがたい欲求だけだった。男は上甲板から飛び降り、下の客室甲板を過ぎて、冷たい海に落ちる。火夫が飛びこんですぐに「人が落ちたぞ！」と知らされれば、船長は救命ボートを出して救出に向かわせた。だが間に合うことはまれだった。火夫はすでに力尽きており、蒸気船の速度はあまりに速いからだ。

## 一八九〇年一月一六日　イタリア、ブリンディジ

一月十六日。八日間の航海を経て、ペニンシュラ・アンド・オリエンタルの蒸気船ブリタニア号はイタリアのブリンディジに錨を降ろした。澄み通った空気を吸いながら、エリザベス・ビズランドはニューヨークの秋を思い出した。ひんやりとした冷気は肌を心地よく刺すが、骨にまで染み透るほどではない。ブリンディジの歴史は二十五世紀以上前にまで遡るが、埠頭からみるか

ぎり、街並みは古くもなければみすぼらしくもなかった。長い年月がもたらすはずの崇高さも、とくに感じられなかった。エリザベスはこれをみて、プルタルコスの『対比列伝』に出てくる地方役人の意見には賛成できない、と考えた。プルタルコスは、ブリンディジのすばらしさはローマに勝る、と述べているのだ。なんにせよ、今は、このブリンディジを一刻も早く発たなければならない。列車は一時間後に出る。ブリタニア号はブリンディジからイギリス南部のポーツマスまでいくことになっているが、インド郵便列車（ネリー・ブライがジュール・ヴェルヌに会ったあと、カレーからブリンディジまで乗った列車）はイタリアからフランスまで直行する。郵便配達が第一の任務であるこの列車に乗れば、五日の時間を稼ぐことができるのだ。二十席分しかない客車の切符はいつも異常に高かったが、電報で寝台を予約しておくことができた。エリザベスはセイロン島でブリタニア号に乗る前に予約をすませておいたので、なんの心配もしていなかった。ブリタニア号から自分の荷物を降ろし、時間までに税関の検査をすませればいい。

ところが、言うは易く行うは難しだった。その朝、船内はたいへんな騒ぎだったのだ。騒音とせわしなさは、歩兵隊の攻撃準備の場に居合わせたかのようだった。上甲板では航海士たちが船員に指示をどなり、乗客それぞれに乗るべき船や列車を教え、地元のホテルの場所を教えていた。乗客はそれぞれの荷物を持って長い列を作り、やきもきしながら税関の役人を待っていた。役人たちは少し前に船に乗りこみ、検査をはじめていた。荷物の中身を調べ、それから最終到着地を記録する。ポーターたちがチェックと記録のすんだ荷物を集め、急いでタラップを降りていく。エリザベスのようなインド郵便列車に乗る客の場合、トランクは検査ののち密封され、ロンドンまで同列車に預けられる。インド郵便列車の切符には明確なことわりがしるされている。「当列車ご利用のお客さまは、ロンドンからブリンディジまでお荷物をお預けくださ い。逆の場合も同様です。車内にお持ちこみいただけるのは小型の手提げ鞄とひざ掛けにかぎられます」荷物の登録が終わると、エリザベスは大急ぎで駅へ走り、切符を受け取ってニューヨークへ電報を打った。

ジョン・ブリズベン・ウォーカーは、その日の夜に電報を受け取り、エリザベスが午後一時四十五分にインド郵便列車に乗ってブリンディジを発ったことを知った。喜ばしい報せだった。これによって、ル・アーブル発の蒸気船ラ・シャンパーニュ号に乗れることは確実になったのだ。この蒸気船は一月二十六日にニューヨークに着く予定だ。コスモポリタンの営業部長A・D・ウィルソンは、「セントルイス・リパブリック」紙の取材に答えてこう語っている。「船は次の日曜日に着くことになっており、乗組員はみな、できる限り急ぎましょうと約束してくれている」ウィルソンは、ミス・ビズランドが世界一周レースに勝つのは間違いないと信じている、と語った。「いっぽうネリー・ブライは」同紙記者は読者に指摘した。「今月二十二日にサンフランシスコに着く予定だ。ニューヨークまでの四日の移動時間を考えると、彼女はミス・ビズランドと同日に到着することになる。レースの勝敗は数時間の差によって決まりそうだ」

---

**一八九〇年一月十六日—十八日**
**イタリア、ブリンディジからフランス、ヴィルヌーヴ=サン=ジョルジュ**

ブリンディジ駅で切符を買って電報を送ったあと、エリザベスは出発時刻の十分前に郵便列車に乗りこんだ。ところがそこで、荷物がないことが判明した。大急ぎで船にもどってみると、甲板に自分の荷物がある。イタリア人の税関役人はエリザベスに、まだ正式な検査は終わっていない、鍵を渡しなさい、といった。エリザベスは、このトランクは鍵をかけたままイギリスまで運ばれるんですから調べる必要なんてありません、と抗議した。だが役人は譲らず、エリザベスはあきらめるしかなかった。

六十三日の旅のあいだ手持ちの服を何枚も買い足してきたため、トランクの中身は出発当初にくらべてずいぶん増えていた。工夫して荷物を詰め、女性の世話係に上に乗ってもらってはじめて、どうにか蓋を閉じることができたのだ。その荷物をもう一度解かなければならなかった。トランクには、インクスタンドと裁縫セット、ドレス、寝間着、下着、スリッパに靴、サンフランシスコで買ったシャツブラウスに、横浜で買った絹のガウン（艶やかな「暁の衣」も船の甲板に投げ出されるとくすんでみえた）が入っている。それらすべてを、税関の役人にじろじろみられるのだ。「たしかに危機的な状況でしたが、淑女としての品位を保つべきだったと思っています」エリザベスはのちに語っている。「わたしの声は、低く抑えてはありましたが、はっきりと感情がにじんでいました」

ようやく検査が終わると、エリザベスは荷物をかき集めてめちゃくちゃに放りこみ、上に飛び乗って留め金をかけた。それから「うつろな絶望」を胸に抱えて、ポーターと一緒に列車へ急いだ。検査に十分以上かかったことはまちがいなかった。ところが運のいいことに、イタリアの列車は時刻表をおおらかに解釈するらしい。エリザベスはぎりぎりでインド郵便列車にすべりこんだ。「トランクと、ずたずたにされてほとんど残っていない楽しい気分」と共に。

旅行鞄と肩掛け鞄を頭上の棚に置くと、エリザベスは沈みこむように座席にすわった。頭に血が上ることはめったにない。たまにこういう腹立たしいことがあると、なかなか気が静まらなかった。一時間が過ぎるころようやく、窓外に現れた美しい田園風景をみて気分が安らぎはじめた。イタリア人を許してあげなくては、とエリザベスは考えた。お国柄なんだからしかたがないわ。窓の外にはアドリア海がみえた。ラピスラズリのような青に、白い帆が点々と散っている。岸辺に建ち並ぶ小さな家々が羽を休めている海鳥のようにみえた。列車は灰色がかったオリーブの果樹園のそばを過ぎていった。オリーブの木の幹はねじれてこぶだらけで、ふしぎと人間の姿に似ている。だからこそオリーブの森のそばに住む人々も、木の妖精ドリュアスや、ニンフたちが逃げてオリーヴの木に変身したという神話を作り出したのだろう。

列車には、技師と、郵便物を監督するイギリス郵便局の職員に加えて、鉄道職員がもうひとり乗っていた。銀ボタンのくすんだ青色の制服を着た車掌だ。この車掌が、乗客たちのいっさいの面倒をみた。彼はポーターでもあり、給仕係でもあり、料理人でもあり、そして制動手でもあった。夜には客が眠る寝台まで整えた。エリザベスが、この人に頼めば散髪やトイレの介添えまでしてもらえるんじゃないかしら、と考えたほどだった。食事時になると彼は小さな調理室の中に姿を消す。そして、せいぜい電話ボックス程度の広さしかないその厨房から、おいしいスープやサラダ、味のいい肉料理、バスケットいっぱいのイタリアのねじりパン、ワイン、オレンジ、上質なコーヒーを運んでくるのだった。イギリス政府は、郵便物をできるだけ迅速に運ぶため、イタリア政府に助成金を支給していた。だがこの車掌はイギリス政府とはまったくちがう考えらしい。駅で停車するたび、地元の人々は車掌を心から歓迎した。すると車掌は急に活気づいて――

エリザベスの想像によれば——「そこにいる全員に、四世代か五世代にわたる家族の様子をたずねる」のだった。それから町のゴシップに熱心に耳を傾け、お返しに前の駅で入手した情報を話す。話したいことをみんな話してしまうと、車掌は心をこめてさよならを告げ、列車はようやく走りはじめるのだった。

二日目の午後に列車が山を登りはじめると、車内の気温はぐっと下がった。急な斜面には、ブドウの木々が危なっかしくしがみつくようにして立ち並んでいる。このブドウ農園は、土砂崩れを防ぐために築かれた石のダムによって支えられていた。山間にはいくつかの集落があり、そうした集落の家々は驚くほどかしいで建っていた。まもなく、あたりは青味を帯びた白い雪でうっすらと覆われはじめた。たった一週間足らずのうちに、エリザベスは夏から冬へと旅したことになる。ふと、青い空を背にくっきりと浮かぶ白い山並みが目に入り、エリザベスはうれしくなった。列車はアルプスへ近づきつつあるのだ。だしぬけにあたりが真っ暗になり、雷のようなごう音が車内に響きわたった。モン・スニ峠のトンネルに入ったのだ。ふたたび太陽のもとに出たとき、そこはもうフランスだった。

当初のエリザベスの計画はこうだった。まず、インド郵便列車に乗って停車駅のひとつであるヴィルヌーヴ＝サン＝ジョルジュへいく。パリから十五キロあまりはなれた郊外の町だ。そこで乗り換えてパリへいく。パリでまた別の列車に乗ってル・アーブルへ向かう。そのル・アーブルから、カンパニー・ジェネラール・トランザトランティーク（英語圏で「フレンチ・ライン」と呼ばれていた）の高速蒸気船、ラ・シャンパーニュ号が、翌日土曜日の朝六時に出港することになっていた。残念ながらインド郵便列車は遅れており、フレンチ・ラインがラ・シャンパーニュ号の出港を遅らせてくれなければ、ル・アーブルへ向かう意味はなくなってしまう。その夜、A・D・ウィルソンは代わりのルートを考えた。それは次のようなものだ。エリザベスはインド郵便列車に乗ってそのままカレーまでいく。そこでフェリーに乗ってイギリス海峡をわたり、北ドイツ・ロイド汽船会社のエムス号に乗り換える。エムス号は一月十九日日曜日に、サウサンプトンから出航する予定だった。いっぽうで、ラ・シャンパーニュ号がエリザベスを待ってくれる可能性も残っていた。深夜二時過ぎ、車掌がエリザベスを起こして電報を渡した。そこには午前四時までに支度を整え、ヴィルヌーヴに着いたら、パリ行の列車に乗り換えるようにと書いてあった。パリでは臨時列車がチャーターされており、エリザベスを二百三十キロ先のル・アーブルへ送り届ける段取りがつけられている。フランス西部鉄道は三時間以内にパリにたどり着けるだろうと予測していたが、これは一般的な列車の倍近い速さだった。フレンチ・ラインがラ・シャンパーニュ号の出港を一時間でも遅らせてくれれば、間に合う可能性は十分にある。エリザベスは起き上がると、ほかの乗客を起こさないよう静かに着替えた。それから「たいへん親切にしてくださった」相客たちに置き手紙をしたため、暗い車両の中で自分の座席を探した。四時になるとヴェールをかぶり手袋をはめて、列車がヴィルヌーヴ＝サン＝ジョルジュに着くのを待った。

駅は閑散としていた。エリザベスがホームに降り立つと、若いフランス人男性が近づいてきて、トマス・クック＆サン社の代理人ですといった。彼はパリからきたのだった。エリザベスに悪い報せを伝えるために。

トマス・クック旅行代理店が営業をはじめたのは一八四一年のことだ。トマスはイギリスに生まれ、当時は印刷屋を経営したり、禁酒を呼びかける小冊子を出版したりしていた。あるとき彼は、レスターシャー州のレスターから同じ州内のラフバラーへの鉄道旅行を主催しようと思いいたる。労働者階級の人々にとって旅の楽しみが、有害な酒に代わる健全な娯楽になるだろうと考えたのだ。この企画は好評を博し、やがて参加者の数は数百に上った。クックはこの結果に自信をつけ、まもなく旅行事業に専念するようになる。はじめはイギリス国内の旅を、ついでヨーロッパ大陸の旅を提供した。そして一八七〇年代のはじめ、世界一周旅行を提供するようになった。彼が死ぬ一八九二年には、会社は世界最大手の旅行代理店に成長し、「帝国の券売係」という大仰な異名をとるにいたった。そもそもこの名を冠するようになったのは、一八八四年の途方もないできごとがきっかけだ。この年トマス・クックは、イギリス人とエジプト人からなる一万八千の軍隊をナイル川の上流へ輸送した。ハルトゥームで包囲攻撃を受けていたチャールズ・ゴードン将軍に援軍を送るためだ。兵士ひとりにつき二十一ポンドという契約が結ばれた。もちろん、これはきわめて例外的な仕事だ。通常トマス・クック＆サン社（トマスの息子ジョンが一八七一年に共同経営者になると社名はこう変わった）は、団体と個人の客のためにツアーを組んでいた。このツアーは非常に有名になり、やがて「広く細部にわたって見物する旅」を意味する〝クックの《Cook's》ツアー《tour》〟という新しい言葉ができたほどだった。クック＆サンは世界中の都市に支社を置き、旅行者に様々なサービスを提供した。蒸気船や機関車の切符の購入（切符は特製の革か布のケースに入れられ、ケースの表面には〝クックズ・ツーリスト・チケット〟という文字が浮き彫りにされていた）。ホテルの予約、傷害保険、外貨やトラベラーズ・チェック、旅先からの入金依頼状の手配。ガイドブックや時刻表の販売。観光にあたっての助言などだ。同社は一八七四年に最初のパリ支店を開き、一八八九年八月にはさらに広い店舗へ移転した。パリ支店の店長はジョルジュ・ルモアーヌという名で、四人の従業員がいた。おそらく、エリザベス・ビズランドをヴィルヌーヴ＝サン＝ジョルジュの駅で出迎えた男性は（クック社の代理人は名前を名乗らなかったのだ）そのうちのひとりだろう。

ラ・シャンパーニュ号は、と代理人はエリザベスに告げた。あなたを待たずに出発しました。待ってもらうようできるかぎりの手は尽くしたのですが、フランス政府から許可が下りませんでした。ラ・シャンパーニュ号は、郵便船として予定を厳守しなければならないのです。たいへん残念に思います。彼は報告を終えると、エリザベスに幸運を祈り、さよならをいって去っていった。

エリザベスが代理人の言葉を疑うはずがなかった。なんといってもトマス・クック＆サン社は、世界一有名な、信頼に足る旅行代理店なのだ。ジョン・ブリズベン・ウォーカーは、西回りの世界一周旅行をただちに段取りする必要に迫られると、クック＆サン社へいった。それに先んじてワールドのデスクも同社へ赴き、ネリー・ブライの東回り航路の旅について相談していた。ところが、クック社の代理人の報告はひとつ残らず誤りだった。実際には、蒸気船はエリザベスを待っていたのだ。

エリザベスがインド郵便列車に乗ってイタリアを進んでいたころ、ジョン・ブリズベン・ウォーカーは必死になってフレンチ・ラインに電報を送り、ラ・シャンパーニュの出発を遅らせてほしいという要請を繰り返していた。しばらく交渉を続けたあと、最終的にフレンチ・ラインは二千ドルで出港を遅らせることに同意した。だが、フランス政府も同船を郵便船として使用していたため、出港を遅らせるには郵政省の許可を得る必要があった。そこでウォーカーはパリのアメリカ公使館に電報を打った。使節のだれかから郵政大臣に口を利いてもらおうと考えたのだ。この外交はみごとに成功し、その朝ラ・シャンパーニュ号は、ル・アーブルの港で三時間以上もミス・ビズランドを待っていた。やがて潮が引きはじめ、港口部の砂州をこえておく必要が出てくると、船は出港し、さらに三十分沖合に停泊していた。エリザベス・ビズランドが生きていることを願って。

一方、パリではジョン・ブリズベン・ウォーカーが、アメリカ公使館の人間を数人招待し、エリザベスと共にル・アーブル行の臨時列車に乗ってもらうよう取り計らっていた。この臨時列車は西部鉄道から三百ドルで借り受けたものだ。その会合には朝食をはじめとする様々なもてなしが含まれていた。コスモポリタンのベテランデスクによれば、ウォーカーは「自分自身の世界の独裁者」であり、「自分の命令は必ず実現させた」という。その彼がどれだけ驚き、そして嘆いたかは容易に想像できる。パリで待っていた出迎えの者からこう知らされたのだから。「ミス・ビズランドはパリにはいらっしゃいませんでした。ラ・シャンパーニュ号は午前十時までル・アーブルで待っていましたが、彼女を乗せずにすでに出発しています。ミス・ビズランドはロンドンへ向かったようです。

エリザベスがニューヨークへもどったあと、様々な人々が今回の旅をめぐってうわさし、非難し、損害を被った者たちは訴訟を起こそうとした。エリザベスはただこう記すにとどめている。「誤報の原因について納得のいく説明は与えられなかった」

## 一八九〇年一月十八日－十九日
## フランス、ヴィルヌーヴ＝サン＝ジョルジュからアイルランド、クイーンズタウン

朝の四時半、エリザベス・ビズランドはインド郵便列車にもどった。すでに着替えも済ませている上に、混乱して気持ちが落ち着かず、とても眠る気にはなれなかった。身を投げ出すように座席にすわると、日が昇るのを待った。この太陽がもう一度沈むときには、とエリザベスはつぶやいた。ロンドンに着いているわ。ロンドンからサウサンプトンまでは列車で五時間しかかからない。サウサンプトンに着けば、その翌日に出港する高速蒸気船エムス号に乗ることができる。エムス号は、一月二十七日にニューヨークに到着する予定だ。世界一周旅行は七十四日以内に終了する計算になる。窓の外の空は、ゆっくりと黒から灰色に変わりはじめていた。かやぶき屋根の家の煙突から、薄い煙がうずを描きながら空に上っていく。ミレーのカンバスから抜け出してきたような農夫たちが、とぼとぼと小道を歩いているのがみえた。頑丈なブーツをはき、質素な服を着て、薪の束や、かごに入ったジャガイモやカブを運んでいる。おかしなことに、牛乳の缶をいっぱいに積んだ荷車を引いているのは一頭の大型犬だ。荷車の横を、帽子をかぶってスカートをたくし上げた女が歩いている。女は指先に息を吹きかけて温めていた。

郵便列車は朝十時にカレーに着いた。ドーヴァー行のフェリーはちょうど出港したところで、次の便は午後一時だ。この間にエリザベスには朝食をとった。実際、このときに食事ができたのは幸運だった。あとで判明したことだが、それから四十八時間はなにひとつ口にできなかったの

だ。午後のフェリーにのって出発すると、イギリス海峡は荒れて灰色に濁っていた。激しい風が吹き、時々、雨がぱらぱらと降ってくる。乗客の数人は雨を無視して長椅子に寝そべったり、長いコートの襟を立ててポケットに手を突っこみ、ゆれる甲板の上を大またで歩いたりしていた。しばらくすると雲間から太陽が顔を出し、海を緑がかった灰色に照らした――そのとき、立ちこめる霧の中にドーヴァーの崖が現れた。一瞬、エリザベスは身動きができなくなった。思いもよらない崖の白さに目がくらんだのだ。白亜の崖は海面から屹立《きつりつ》していた。絶えず揺れ、動き続ける海を見下ろしながら、崖は凝然《ぎょうぜん》とそびえている。国定史跡のように雄大で厳めしい。エリザベスは旅をはじめて以来、このときほど胸を打たれたことはなかった。ドーヴァーの崖をみるだけでも、とエリザベスはつぶやいた。世界一周の旅をする価値はあるわ。一カ月前エリザベスは、かつてイギリス人が領有権を主張した大陸を出発した。その大陸の人間は、東に住む者も西に住む者もイギリスの言葉を話し、イギリスの法と習慣を守っている。旅をしているあいだもずっと、同じ言葉、同じ法、同じ人々に出会ってきた。そしてとうとう、その小さな島国を自分の目でみたのだ。王の臣民を世界中に飛び立たせてきた国を。「わたしは誇らしさで胸がいっぱいになった。自分もまた、アングロサクソン人なのだ」

エリザベスはフェリーからドーヴァーに降り立ち、とうとう「母なる大地」を踏んだ。すぐに、大急ぎで列車に走る。一等客車に飛び乗り、気づけば薄い青で統一された婦人用のコンパートメントの座席に収まっていた。列車は波止場近くの駅を出発し、白亜の山々のふもとを走り抜けると、まもなくイギリスの田園風景へと入っていった。ケント州。大昔からサクソン人が住んでいる地域だ。シェイクスピアの芝居には「イギリス国内でもっとも洗練された地」（『ヘンリー四世』第二部四幕七場）

というセリフも出てくる。ケント州の風景をみていると、エリザベスはアメリカ南部を思い出した。生垣で仕切られた手入れの行き届いた農場、高いオークの木々が影を落とす教会の墓地、代々受け継がれてきた屋敷、赤レンガ造りの家が建ち並ぶ村、その村を囲む緑の丘。すべてがこぢんまりと整い、頑丈そうにみえた。それは、すでに何度も本で親しんできた風景だった。エリザベスは見知らぬ土地を見物するのではなく、まるで思い出すように、窓の外を流れる景色をみていた。どちらを向いても、歴史や詩や物語から抜け出してきた人々がみえるような気がした。野原を歩き、生垣からのぞき、窓という窓からこちらをみている。凍てつく冬の空気に、鎧が立てる金属音や、馬の蹄の音、よくきたと呼びかける声が響いているかのようだった。

午後遅くにはもう、空は真っ暗になった。遠くのほうでは、青みがかった光がぼんやりと低い雲を照らしている。雲の下に、ガス燈をいくつも灯した大きな町があるのだろう。列車はどこまでも続く家並みのそばを走っていく。そしてふいに、ロンドンの中心街が視界に飛びこんできた。夜空を背景にそびえる大きな半球形の建物――セント・ポール寺院だ――、どっしりした国会議事堂、槍のような形の優美な窓がついた塔や尖塔。街の明かりが、テムズ川の暗い水面に光の帯を何本も作っている。機関車はその直後、車輪を大きくきしらせ、煙をひと吐きして、チャリング・クロス駅に停まった。

エリザベスは列車を降りて荷物を運んでもらうポーターをみつけ、相客たちと駅へ入っていった。広々とした構内はニューヨークのグランド・セントラル駅をはるかにしのいでいた。あたりは土曜日の夜を過ごしに街に出てきた人々であふれている。ポーターたちが荷物をうず高く積みあげた荷台を押しながら、「通ります！」と声を上げている。どちらを向いても、トイレ、軽食堂、手荷物室、待合室などが目に入ってきた。エリザベスはようやく切符売り場をみつけた。つぎの移動手段を確保しなくてはならない。はじめの計画では、ひと晩ロンドンで過ごし、翌朝列車に乗ってサウサンプトンへいき、北ドイツ・ロイド汽船会社のエムス号に乗ろうと考えていた。ところがチャリング・クロス駅に着いてみると衝撃的な事実がわかった。エムス号は予定されていた航海を急に取りやめ、来週にならないと運航しないという。これにはエリザベスも「すっかり落胆した」すでにアメリカ大陸を横断し、太平洋を横断し、アジアとヨーロッパ全域を横断して、旅はいよいよ最後の行程にさしかかっていた。触れられそうなほどゴールが近づいたいま、失敗するなど考えただけで耐えられなかった。ニューヨークは海のすぐむこう、水平線の先にあるのだ。そこへ連れていってくれる船をどうしても探さなくてはならない。

最後の手段は、ウェールズ北西の沿岸にあるホーリーヘッドへいき、そこからアイリッシュ海をわたってキュナード汽船会社の蒸気船に乗るというものだ。船は日曜日に、アイルランド南沿岸にあるクイーンズタウンから出港する。だが、ここでも悪い報せをきかされた。本来ならクイーンズタウンから出るキュナード汽船会社の蒸気船はエトルリア号のはずだった。エトルリア号はスマートな造りの新しい船で、一八八八年一月にブルーリボン賞を獲得していた。クイーンズタウンとニューヨーク間を六日と五時間で渡ってみせたのだ。ところが、キュナード社はその航路におけるエトルリア号の航行をやめ、はるかに遅いボスニア号という船を走らせるようになっていた。この船の航行速度はせいぜい十三ノットで、キュナード社の船の中ではおそらく一番遅い船だ。だが、エリザベスにはほかに選択肢がなかった。

チャリング・クロス駅には電報局があったが、コスモポリタンに電報を送って指示をあおぐ時間はなかった。ホーリーヘッド行の列車は一時間半後にユーストン駅を発つ。ロンドンがはじめてのエリザベスには、ユーストンがどこにあるのかわからなかった。チャリング・クロス駅にはおびただしい数のプラットホームがあり、そこから発車する列車はまるでイングランド中の町へ向かっているかのようだった。プラットホームの文字を読むと、たしかに地名だとわかるものもある。だが、疲れたエリザベスの頭には、ほとんど意味を成していないように思える言葉も多くあった――ストルード、ドーキング、ダートフォード、ウーキー。まわりでは千もの声が響き、それらがひとつになって、駅舎にとどろき渡るようなコーラスになっている。薄暗い駅は、騒々しさ、物と物がぶつかりあう音、混乱に満ち、人々がエリザベスに教える情報や道順はそれぞれまったくちがっていた。運よく、インド郵便列車の相客だった男性が、エリザベスが困っているのをみて助けを申し出てくれた。エリザベスは、女性のひとり旅について書いたエッセイの中でこう述べている。「男性から親切にされたら遠慮せず喜んで受ける女性、彼の親切は義務などではなくあくまでも親切なのだと感謝できる女性は、相客となったすべての男性を忠実な従者に変えることができます」男性は、エリザベスが近くのグランド・ホテルでふたりの相客――サー・ウィリアム・ルイスとその娘――と一緒に食事ができるよう手はずを整えた。そのあいだ、自分はエリザベスの旅の準備をしにいった。

グランド・ホテルの食堂は壁が大理石造りで、金めっきされたシャンデリアには、ガスではなく電気の明かりが灯っていた。厚いカーペットが敷いてあり、もしナイフやフォークを落としてしまったとしても音がしない。贅沢なフランス料理が出されたが、エリザベスは食欲がわかなかった。くたくたに疲れているうえに、旅のゆくえが心配でたまらなかったのだ。ワインを少し飲んだだけで、あとはうわの空でパンをちぎっていた。パリ新聞協会の記者が近づいてきて、エリザベスに話しかけた。彼はのちに書いた記事でこう伝えている。「エリザベス・ビズランドは途方にくれていた。サウサンプトンからニューヨークまで乗る予定だった高速蒸気船のエムス号が運航を中止したのだ。この船に乗っていればまちがいなく旅は成功するはずだったという。利用できる唯一の船はクイーンズタウン発のボスニア号だ。この蒸気船は航行速度が非常に遅いため、ミス・ビズランドは、ニューヨークへの到着が大幅に延びるのではないかと心配している」夕食が終わるころ例の親切な男性が食堂へ迎えにきて、エリザベスをユーストン駅へ連れていった。ホーリーヘッド行の列車は八時二十分発だった。男性はひざかけとクッション、おなかが空いたときのためのスパイスケーキ、本と新聞をひと山持ってきてくれていた。客車に入ると足温器に十分な湯が入っていることをたしかめ、それから車掌に、この女性にはよくよく親切にしてくれたまえと念を押した。「男性の心には豊かな騎士道精神と優しさが備わっています」エリザベスは旅についてのエッセイで述べている。「疑り深い女性はそのことにまったく気づきません。女性のほうから働きかけないからです。騎士道精神はすべての男性の中にあり、機会さえあれば惜しみなく発揮されるでしょう。忍耐も、献身も、同情も」

エリザベスはビロードを張った座席に落ち着くと、ヴェールと手袋を外して旅のはじまりに備えた。これから六時間は列車でひとりきりだ。いまなら、これまでに起こったことすべてをしっかり考え直すことができる。不運につぐ不運が、エリザベスをここまで連れてきたのだ。まず、プロイセン号のスクリューが香港港で壊れた。ついでラ・シャンパーニュ号がエリザベスの到着を待ってくれなかった。そして、エムス号が運航を中止した。さらに、高速船のエトルリア号はボスニア号にかわっていた。すでに、ニューヨークに予定通り到着する可能性はほとんどない。そのとき客車の明かりがぱっと点いた。ふと、窓に映った自分の姿に目をやる。窓の中のエリザベスは幽霊のように宙に浮き、青ざめ、打ちひしがれた顔をしていた。望めばロンドンにひと晩泊まり、レディ・ブルームのもてなしを受けることもできただろう。セイロン島の滞在中、あっというまに仲良くなった女性だ。彼女の家を訪ねれば、絹のシーツの大きく暖かなベッドで眠ることができただろう。だがエリザベスには、自分は絹のベッドの上でさえ安眠できないことがわかっていた。これまでは、ネリー・ブライとの競争にあまり熱心になれなかった。そもそも、はじめはまったく乗り気でなかったのだ。だが、いまはちがう。エリザベスは地中海から昇る太陽をみた。あぶったウナギの味を知った。カレーを、オレンジカスタードのようなマンゴーを食べた。朝日に照らされる富士山を、月明かりの下のアデン・タンクをみた。ニューヨークでは、みんなが自分の帰りをいまかいまかと待っている。彼らのためにも全力を尽くしたい。ボスニア号は船足が遅いが、それに乗りさえすればまだ勝負に勝つ可能性はある。あきらめるつもりはない。

エリザベスはホーリーヘッドへむかう途中で眠りに落ちたが、その眠りはすぐにさえぎられた。おそろしい悪夢に悲鳴をあげ、自分の声で目が覚めたのだ。列車は激しい嵐の中を走っていた。風がうなり、雨が窓に叩きつける。様々な形の家の影が空を背景にみえた。黒い影がさらに黒い夜の闇の中に浮かびあがっている。列車は古い歴史を持ついくつもの町——ラグビー、スタッフォード、チェスター——を走り過ぎていった。エリザベスが子供時代に想像を巡らせていた町ばかりだ。中世の大聖堂や城、図書館を一度みてみたいと思っていた。だがいまは、それらの町々のすぐそばを、姿をみることもできないまま通り過ぎていかなくてはならない。真夜中、列車はホーリーヘッド駅に到着した。明かりに照らされた時計塔の文字盤が、窓越しにぼんやりとにじんでみえる。気温はぐっと下がり、雨にはみぞれが混じっていた。エリザベスは持ち物をまとめると桟橋を渡った。頬を氷のように冷たい雨が打つ。港に泊まった一隻の外輪汽船が、波に揺られて大きく上下し、ひもにつながれた野生動物のようにもやい綱を引っぱっていた。

天候に恵まれた昼間も、アイリッシュ海横断には四時間かかる。それは非常に苦しい航海だった。当時のガイドブックにはこう記されている。北アイルランドの旅行者は「ホーリーヘッドとキングズタウンの間で経験する四時間の恐怖体験にとりつかれてしまう」、と。三十七年前、グレース・グリーンウッドという女性記者が、ヨーロッパ周遊の際にホーリーヘッドからキングズタウンへ渡った。そのときのことをこんなふうに書いている。「航海の間中、こう考えていた。もう一度アイリッシュ海を渡るくらいなら、冥界の川を渡って地獄の岸辺へいく」と。二カ月ほど前、イギリスの蒸気船フローレンス号が、アイリッシュ海で嵐に見舞われて沈没し、乗員のうち九人が死亡した。もちろん乗客たちは、こうした話はしないほうが賢明だと考えて、だまって毛布にくるまって身を寄せあっていた。時々とりわけ激しい波が船を大きく揺らすと、乗客のひとりが甲板に駆けあがり、手すりから身を乗り出してもどした。乗客たちの体の下で、蒸気機関が鼓動のように規則的な音を立てている。陸地がみえるころには空が白みはじめていた。キングズタウンの波止場に降り立つと、乗客たちはすぐに、クイーンズタウン行の列車へと急いだ。

エリザベスはみじめで暗い気分だった。服も三日近く替えていない。疲れ果てて、車窓を流れる美しい景色をみても、元気になれなかった。みわたすかぎり、薄い霧が亡霊のように流れ、一月だというのに田園には豊かな緑があふれていた。今日は日曜日だったのね、とエリザベスは気づいた。農夫たちが、ぬかるんだ道を教会へ向かっているのがみえたのだ。アイルランド人特有の幅の広い赤ら顔は、アメリカにいたころから見慣れていた。エリザベスはたくましい体の青年たちをみながらぼんやり考えた。あの人たちももしかしたらアメリカへ渡り、ニューヨーク市長やシカゴの市会議員になるのかもしれない。ふくらんだドレスを着ている少女たちの娘は、いつかワシントン社交界の貴婦人になって、とてつもなく高価なドレスを着るようになるかもしれない。列車は規則的に揺れながら走り続けていた。エリザベスは本を読もうとしたが、文字がページの上で散らばるばかりで頭に入ってこなかった。集中できないのは空腹のせいでもあった。昨日の朝カレーで朝食をとって以来、なにも口にしていない。それから二十四時間近くたっていた。スパイスケーキがあるにはあったが、ぱさぱさしたケーキを流しこむものは、フラスクに入ったブランデーしかない。少しかじると喉が詰まり、すぐに脇においた。ホーリーヘッドの船の到着が遅れたため、列車の発車も遅れていた。それぞれの駅には必要最低限の時間しか停まらない。食べ物を買いに出る時間はとてもない。列車はコークの美しい街並みを通り過ぎていった。古い優雅な邸宅や、崩れかけ、蔦におおわれた城がみえる。半時間後の正午、列車はクイーンズタウンの波止場近くの駅に停車した。ありがたいことにボスニア号はまだ到着していなかった。悪天候のためにこの船にも遅れが出ていたのだ。だが、あと数分で入港するということだった。エリザベスは荷物を列車から小型のはしけへ移すと、急いで食べ物を探しに出かけた。波止場からほど近いところに、クイーンズ・ホテルの立派な建物があった。ところが、まる二日続いてきた不運はまだ終わってはいなかった。ホテルの厨房は修理中だったのだ。エリザベスは「必死に頼みこんで」ようやく、冷たく苦い紅茶と、まるで雑巾のように湿って黒ずんだパンを手に入れた。

港にもどるとポーターのひとりが、はしけに乗る準備をしてくださいと急き立てた。蒸気船が出港の合図を出せば、すぐに出発しなければならないからだ。エリザベスはトイレをみつけると、できるかぎり身なりを整え――洗面用具の入っているトランクはすでにフェリーに積みこまれていた――、じめじめした寒い待合室へいってベンチにすわった。

何時間過ぎても、いっこうにはしけの呼び出しはなかった。雨が屋根を打ち、薄い窓ガラスからはすき間風が吹きこんでくる。疲れ切ったエリザベスの目には、壁が揺れているようにみえた。この二日で、イタリアへいき、フランスへいき、イングランドへ、ウェールズへいき、そしていまアイルランドにいる。ジュール・ヴェルヌはかつて、フィリアス・フォッグの世界旅行をこんなふうに書いた――「これは旅ではない。円を描いているだけだ」。その午後ずっと、エリザベスは待合室にすわっていた。のちにこのときのことを「絶望し、どうしていいかわからず、空腹と睡眠不足と疲労で倒れそうになっていた」と思い返している。目を閉じ、元気を奮い起こそうとする。雨と波しぶきに濡れたコートが肩に重かった。体が骨の髄まで冷えていた。アイリッシュ海で過ごした夜の疲れが取れるまでには時間がかかるだろう。だが、これからまた、大西洋を横断しなくてはならないのだ。この二日で、列車に乗り、船に乗り、また列車に乗り、また船に乗り、さらにまた列車に乗った。やめておいたほうがいいとはわかっていたが、どうしてもインド郵便列車の食事を思い出してしまう。温かいスープ、焼きたてのパンとバター、なにより濃く熱いコーヒー。窓からみえる稜線はくすんだ灰色で、低く垂れこめた雲との境界線はほとんどわからない。詩人のシェリーはかつて、今日のような天候の日のことを「灰色の梁のない空間」と表現した。待合室の外からは、物乞いたちの哀願するような声がきこえてきた。新しく到着した旅行者の一群に硬貨をねだっている。こうしたアイルランドの貧困こそが、多くの移民をニューヨークへ送りこんだのだ。物乞いたちはアメリカ西部の駅にも、シンガポールやアデンの港にも、コロンボの寺院の前にもいた。旅のあいだ、貧困はつねにエリザベスのそばにあった。次第に待合室の中が暗くなっていく。とうとう午後六時をまわった。我慢が限界に達し、エリザベスが駅員のひとりに食べ物を要求しようとしたそのとき、ようやく、待ちわびていた呼び出しがかかった。ボスニア号が合図を受け、はしけが出発するときがきたのだ。

はしけは岸を離れたが、たちまち強風に押し戻された。小さな船は、卵の殻でできてでもいるかのように、風にあおられ、海上でくるくる旋回した。蒸気船は数キロ先だ。はるか先の崖の上には灯台が立ち、ひっきりなしに明かりを点滅させては、近づくなと警告しているようにみえた。はしけはたえまなく波の上で横に揺れ、縦に揺れ、エンジンの音は高くなり、また低くなった。二時間半たってようやく、はしけはボスニア号の横で錨を降ろした。蒸気船のどこかから伝声管ごしに指示がきこえてきた。タラップがはしけへ降ろされ、太い綱でしっかり結びつけられる。疲れ切った乗客たちは列をなして船に乗りこんだ。エリザベスは寒さと空腹と疲労でくらくらする頭を抱え、狭くすべりやすいタラップを手探りで上っていった。まもなく雨に濡れた甲板に降り立った――と思う間もなく、いらいらしていた乗客にうしろから押され、エリザベスは船の排水溝に転がり落ちた。そのときにできたみみず腫れは、旅が終わるまで消えなかった。親切な女性の世話係が船室へ案内してくれると、エリザベスはまっすぐベッドに向かって毛布にもぐりこんだ。傷だらけで、なにも考えられず、いまにも泣きそうになっていた。

その夜、ボスニア号は出航した。この数年でみたこともないくらい荒れた北大西洋へ向かって。

# 15. 臨時列車

## 一八八九年一月二十一日　サンフランシスコ湾

太平洋で四日嵐に見舞われたにもかかわらず、オセアニック号はどうにか順調なペースで航海を続け、一月二十一日の早朝、サンフランシスコ湾に入港した。アレン一等航海士の予測より一日遅いが、それでも予定より一日早かった。その朝、国税局の役人が船を視察にきた。彼らが持ってきた朝刊すべてに、ネリー・ブライの到着が近づいたことが報じられていた。だが、もうひとつの大きなニュースは朗報とはほど遠いものだった。大吹雪が大陸を襲い、アメリカ西部のほとんどの線路が通行不能になっていたのだ。週末にかけて、列車が復旧する見込みはほとんどないという。ネリーはのちにこう語っている。「大雪によって線路が完全にふさがれたという記事を読み、わたしはどうしようもなく落ちこみました」

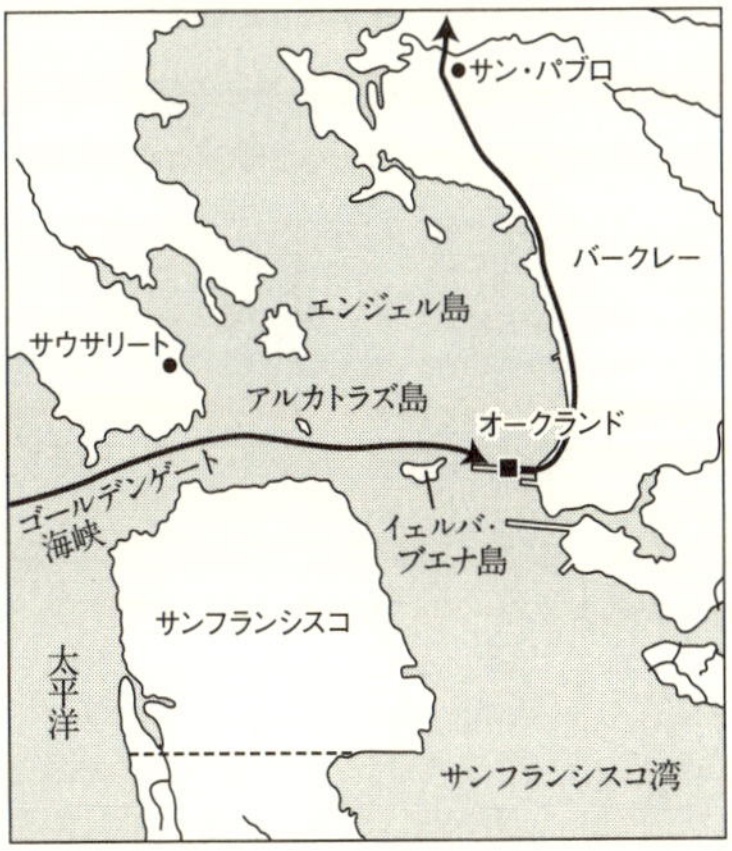


このときの吹雪がもたらした被害の大きさは、合衆国の歴史においてもほかに類をみない。カ

リフォルニア州シエラ・ネバダ山脈では二メートル以上雪が積もり、それまでの記録を更新した。吹き溜まり部分では六メートルにもなった。ネバダ山脈のむこうでは、状況はさらに深刻だった。地元の鉄道員は、峡谷の積雪深は十メートルから二十メートルにまで及んでいると伝えた。牧畜業者たちは、吹雪が過ぎるころにはネバダ州の五分の四の牛やヒツジが死ぬだろうと予測した。ワシントン州でさえ雪によって線路が封鎖されており、十人が命を落とした。オレゴン州東部では四メートル積もり、モンタナ州やコロラド州でも状況はほぼ同じだった。「ニューヨーク・ヘラルド」紙は「白人がはじめてロッキー山脈に踏みこんで以来の大雪」だったと伝えている。

ネリーは三万キロ近い旅程において、一度も乗り換えをミスすることなく、大幅な遅れに見舞われることもなかった。ところが祖国にたどり着いたとたん、深刻な脅威にさらされた。レースの結果に重大な影響を及ぼしかねない。「ワールド」紙は読者に呼びかけた。「レースを予想するみなさんはこんなふうに考えていたかもしれません。ネリー・ブライがサンフランシスコに到着しさえすれば、不測の事態が起こる可能性はすべて排除していい、と。ところがいま、旅における最大の危機が訪れています」もともとの計画では、セントラル・パシフィック鉄道の列車に乗り、ユタ州のオグデンからネブラスカ州のオマハ、そしてイリノイ州のシカゴへ向かうつもりだった。だがいま、その経路は使えない。東行の列車は、最低でも数日、悪くすると一週間は運行しない。唯一残された手段は、南へ回って雪を避けることだけだ。

ワールドはサザン・パシフィック鉄道の代表者、T・H・グッドマンに電報を打ち、南部の線路を走る臨時列車を出して、ネリー・ブライをオークランドからシカゴまで送り届けてくれないかと頼んだ。ある記事によると「ワールド紙は、どれだけ費用がかかってもかまわない、とグッドマンに伝えた」という。グッドマンはただちにサザン・パシフィック鉄道とサンタフェ鉄道の職員を招集し、会議を開いた。そして一月二十日月曜日の正午、サザン・パシフィック鉄道の中でも最速を誇る機関車クイーン号のうしろに、プルマン式車両のサンロレンソ号を接続して、オークランドの防波堤へ到着した。ネリーの乗った船が到着し次第出発することになっていた。カリフォルニア中部から南部のモハーヴェまでは定期列車としてサザン・パシフィック鉄道の線路を走り、その後はアトランティック・アンド・パシフィック鉄道のニューメキシコ州南部の線路を東へ走ってアルバカーキへ向かう。そこでアッチソン・トピカ・アンド・サンタフェ鉄道の線路へ切り替えて北東にあるコロラド州ラ・フンタへ。そこからはほぼ真東へ、カンザスシティ、ついでシカゴへ。サザン・パシフィック鉄道はあちこちの支社へ電報を打って指示を出した。最高の機関車と有能な技師を用意し、さらに緊急時に対応できるよう側線に予備の機関車を用意しておくように。ネリーの乗る列車には特別な許可が与えられ、線路上におけるすべてに優先されることになった。モハーヴェからシカゴまで臨時列車を運行する費用として、サンタフェ鉄道はワールドに、一マイル一ドルの運賃を要求した。これは合計すると二一九〇ドルに上る。アメリカ横断にかかった運賃は、それ以外でかかった旅の費用よりも高くついたのだ。

ネリー・ブライの旅がはじまって以来、ワールドは一貫して、蒸気船や列車を特別にチャーターすることはしないと宣言してきた。その姿勢を守ってこそ、大衆の味方であることを自認できたのだ。旅の目的は、一般の旅行者が「通常の交通手段を使って」、どれだけ速く楽に世界を一周できるのか、その方法をみつけることにあった。だが一般の旅行者同様、ネリーも吹雪にみまわれ、カリフォルニアに数日足止めされることが判明した。ここにおいてワールドは、通常の交通手段のみを使うという当初の目的と、世界一周旅行の記録を更新したい（そしてコスモポリタンを負かしたい）という望みとの板挟みになった。結果はいうまでもなく、列車がチャーターされ、最大速度を出すために大金が支払われた。「やむをえない」とワールドはこの問題について説明した。「セントラル・パシフィック鉄道が雪により封鎖され、予定されていた経路は使えなくなった。遠回りすることによって横断に要する距離は延び、計画変更によって時間が失われた。このふたつを考慮すればルールの変更も当然といえる」ワールドに異論を唱えたのは、小さな地元紙だけだった。ネリーの列車が通らない州の新聞だ。「我々はてっきり」とウェストバージニア州の「レジスター・オブ・ホイーリング」紙は書いている。「ネリー・ブライは一般的な方法で旅をし、一般的な定期便だけを使うとばかり思っていた。これはいったいどういうことだろう？」

積雪で動かなくなった列車のひとつに、ワールドのデスクが乗っていた。ジョン・J・ジェニングズという名の男性だ。ジェニングズがワールドで働きはじめたのは最近で、その前はジョゼフ・ピュリツァーの「セント・ルイス・ポストディスパッチ」紙で編集局長を務めていた。ジェニングズはサンフランシスコへいき、「ネリー・ブライの護衛団」に加わるよう指示されていた。蒸気船が到着したらネリーを出迎え、ニューヨークまで送り届けるのが使命だ。ジェニングズはただちに急行郵便列車に乗って西へ向かった。列車はユタ州へさしかかるまでは順調に進んでいたが、そこで雪が降りはじめた。一月十六日の朝には予定より十時間遅れ、線路はほとんど雪にふさがれていた。やむなく列車はカリフォルニア州のエミグラント峡谷の車庫に入った。シエラ・ネバダ山脈の中を延びる細い山道だ。サンフランシスコからは二六〇キロほど離れている。乗客たちは少なくとも数日、長引けばさらに数日そこに留め置かれることになった。

時間はじれったいほどゆっくりとしか流れなかった。毎日、ジェニングズと相客の数人は線路を歩いてもどり、ロータリー除雪車を探しにいった。線路からシャベルで雪をかき出したり、氷を取り除いたりすることもあった。ほかにはなにもすることがなかった。男性客と、十人いたうちの三人の女性客は、車庫の中で毎日運動をした。ふたりのドミニカ人の修道女はくる日もくる日も同じ席にすわり、楽しげに祈禱書《きとうしょ》を読んでいた。乗客のひとりは紙と鉛筆を使って新聞を作りはじめた。「デイリー・スノウ」と名づけられたその新聞には、車内の最新のニュースが報じられていた。一号につき一部しか作られないその新聞を、乗客たちは熱心に回し読みした。日が経つうちに、状況は深刻さを増していった。列車には二台のプルマン式食堂車が付いていたが、そこに備えられている保存食には限りがあった。車庫の中は湿っていて暗い。冷たい空気の中で、乗客たちはつねに青ざめ震えていた。三日目には半数が病気になった。その中には、唯一の医者である、サンフランシスコの警察医もふくまれていた。医者はある晩、肺にうっ血を起こして寝こんだ。肺うっ血は肺炎を併発する危険がある。医者は持ってきたキニーネ剤を飲み、食堂車に残っていたブランデーを少し飲んだ。少しするとオイルタンクが空になり、日が沈むと車内は完全な暗闇になった。乗客たちにできるのは、寒さと闇の中でただ朝を待つことだけだった。そこは、ドナー湖――当時はトラッキー湖という名だった――から四十キロの地点だった。シエラ・ネバダのこの湖の畔では、かつて、雪に封じ込められた人々が悲劇にあったことがあった（一八四六年、東部からカリフォルニアへ向かった開拓民が冬にここで足止めされた。生存者たちは餓死、凍死した仲間の死体を食べて生き延びた）。

五日目の一月二十日午後五時、ジェニングズはワールドから電報を受け取った。そこにはこう書いてあった。「ネリー・ブライの乗っている蒸気船はカリフォルニア州オークランドにまもなく着く。かならず明朝までに到着しているように。いくら経費がかかってもかまわない」少なくともあと二日は、どんな列車も到着しないはずだった。ここエミグラント峡谷から脱出するにはスキー（西部の山岳地帯では〝スキー〟という言葉はまだ一般的ではなく、〝スノーシューズ〟と呼ばれていた）を使うしかない。列車がやってくる可能性があるのは、二十五キロほど離れたアルタにある駅だ。ジェニングズには山歩きの経験がなかった。セントルイスで育ち、本業は演劇評論家なのだ。だが、シエラ・ネバダに二十五年前から住んでいるJ・W・デュエルという地元の炭坑夫が、二十五ドルで案内役を引き受けてくれた。駅のそばにあるウェスタン・ユニオン通信社で、ジェニングズは鉄道会社の支部長に、コールファックスまでの機関車を出してもらえないかと問い合わせた。すると責任者はすぐに、承知したという返信を寄こした。通信社の技師たちは彼に、夜の山歩きがどれほど大変か警告した。山頂部の積雪は六〜九メートルに達しているうえに、雪崩の危険が常にある。前夜も、電報局の架線作業員がサミットという近くの町から山に入ったが、遭難した可能性が高いという。アルタ近くのタウルズという町では、中国人の作業員が駅から十五メートルほど前で死亡した。四十六歳になるジェニングズは、これまでスキーは一度もしたことがなかった。だが、あきらめようとはしなかった。デュエルによれば、午前二時にはアルタに着くとのことだ。ジェニングズは、案内役のことも自分のことも信頼していた。こうして列車にもどって準備を整えると、ふたりの乗客が、自分たちも一緒にいくと申し出た。こうしてジェニングズと夜の六時十五分、ニューヨークからの電報を受け取ってから一時間十五分後に、ジェニングズと三人の乗客はアルタを目指して出発した。あとに残る客たちは、四人のうしろから声援を送った。

すでにあたりは暗くなっていた。J・W・デュエルがランタンを手に先頭を歩き、ほかの三人は一列になってついていった。全員がコートのボタンをすべて留め、革の手袋をし、耳当て付きの帽子をかぶっていた。片方の肩にはスキーを、もう片方の肩にはストックをかついでいる。靴下を数枚重ねたうえに長いゴム長靴をはき、靴はコートのポケットに入れていた。ロータリー除雪車がすでに、エミグラント峡谷から八キロさきのブルーキャニオンに到る線路の雪かきをすませていた。一行は除雪車が作った道を進んでいった。道は二メートルから五メートルの深さがあり、両側の高い雪の壁は石膏のようになめらかで堅かった。窓のない狭い廊下が果てしなく続いているようにもみえた。もちろん、最大の恐怖は列車が走ってくることだった。一行は線路の上に閉じこめられており、どこにも逃げようがない。山間ではそうした事故が時々起った。だれもが、汽笛の音がきこえてきはしないかと耳を澄ませながら歩いていた。ランタンのオレンジ色の光だけが、雪の壁をぶきみに照らしている。降雪量は予測もつかなかった。雪をかぶっていないのは、唯一山頂部にみえる松の木々だけだ。電柱は一番上まで、無人の二階建ての家は煙突まで、雪に埋もれている。頭上では青みがかった暗い空が広がり、歩くたびに長靴の下で雪が大きな音を立てた。真夜中を少し過ぎたころ、一行はシェイディ・ランに到着した。ブルーキャニオンから三キロほど西の地点だ。道が雪で途切れはじめたので、一行はスキーを使って八キロ先のアルタを目指さなくてはならなくなった。

スキーはトネリコの木でできており、長さは二メートル、幅は十センチだった。先端が上に反っている。スキーの経験があるのはデュエルだけだったので、一行の歩みは非常に遅かった。スキー板の底にはすぐに氷が張り、ジェニングズは百メートル進むたびに立ち止まって、ストックでこすり落とさなければならなかった。二枚のスキー板は常に平行に保っておかなければならない。少しでも乱れると板と板がぶつかり、スキーヤーは雪の吹き溜まりに倒れこむことになる。ジェニングズはその失敗を二十回は犯し、そのたびにコートの袖が雪でいっぱいになり、手袋は氷でおおわれた。一行のひとりがスキーと格闘するのに疲れ、脱いで雪の上を歩こうとした。とたんにひっくりかえって雪の中に深く埋まり、仲間たちに引っぱり出してもらうはめになった。進むにつれて舞い上がる雪が彼らの顔に小さなつららを作り、四人のうちのふたりは、帽子が凍って頭にくっついてしまった。全身の筋肉が痛み、手も足もかじかんで感覚がなくなっていたが、凍てつく寒さの中をさらに数時間進まなくてはならない。このときジェニングズはふと、少なからぬ人々が雪の上に横たわり、眠ってしまう理由がわかったような気がした。きこえるのは、スキーが雪をこするシューッという穏やかな音だけだった。母親が就寝前の子供を静かにさせるときのような音だ。十メートルほど下には、地下を流れる川のように線路が延びているのだろう。

朝の四時過ぎ、一行はとうとうアルタへ到着した。くたくたに疲れ、体は芯まで冷え切っている。デュエルは左手が凍傷にかかっていたが、その他の三人は無事だ。駅には列車が待っていた。これに乗ってジェニングズは、カリフォルニア州サクラメントへ向かった。

「八時間かけて雪山を越したことにより」と、ジェニングズは記している。「セントラル・パシフィック鉄道の列車に乗ることができ、ワールド紙の指示を遂行することができた」

## 一八九〇年一月二十一日―二十四日　オークランドからモハーヴェ砂漠

一月二十一日の朝八時、ミレン・グリフィス号というタグボートがサンフランシスコ湾に停泊しているオセアニック号の横に停まり、数人の立派な身なりの男性が乗船した。彼らはそれぞれ、サンフランシスコ港の徴税官の代理人、税関の調査官、オクシデンタル・アンド・オリエンタル汽船会社の責任者、乗客が天然痘にかかっていないか検査する港の検疫官だった。中にひとり、「サンフランシスコ・イグザミナー」紙の記者、チャールズ・ロウが混じっていた。ロウはワールドから、ネリー・ブライにニューヨークまで付き添うように依頼を受けていた。ジョン・ジェニングズが時間通りに到着できない恐れがあったからだ。

ロウはオセアニック号の談話室で、静かに朝食をとっているネリーをみつけた。彼はベテランの記者だったが、それでも有名人に会った興奮を覚えずにはいられなかった。目の前の若い女性こそ、アメリカ国民の関心を集めてきた本人なのだ。ネリーはほっそりしていて美しく、想像していたよりも小柄だった。大きな灰色の瞳と上を向いた鼻をしている。黒髪は二本の三つ編みにして、うなじのところでまとめている。白い手はそわそわとよく動き、左の親指にはシンプルな金の指輪をはめていた。ニューヨークを発った時と同じ青いブロード地のドレスを着ている。あれから六十八日しかたっていないにもかかわらず、旅慣れているようにみえた。顔は茶色く日に焼けている――ただし、鼻だけは真っ赤になっていた。

ロウは声をかけた。「ミス・ブライ、ワールド紙の記者はシエラ・ネバダ山脈で雪に閉じこめられています。かわりにイグザミナー紙があなたのお世話をすることになりました」

ネリーは顔を上げてほほえんだ。「べつの救助隊がいらしたってわけね」それから身の回りの物をまとめていった。「さあ、救助される準備はできてるわ。荷造りは済んでいるし、あとはアルスターコートをはおればいいだけ」ネリーはてきぱきと事務的に振る舞っていたが、ロウの目に映った彼女は、どことなく恥ずかしそうで自信がなさそうだった。どうやら、〝シャイな女の子〟らしい。ネリーはロウのあとについてタラップを降り、タグボートに乗りこむと(ネリーの歩き方をみて、ロウは「少年のようにすばしこい」と感心した)、振り返って船員たちに手を振った。「みなさんほんとうに親切にしてくださったの！　あら、船長だわ――あそこには船医さん――でも、わたしのサルはどこかしら」ネリーは声を上げた。「わたしのサルはどこ？」

ケージに入ったサルが甲板に降ろされ、ついでネリーの荷物も降ろされた。やがてタグボートは岸に向かって進みはじめたが、数メートルもいかないうちに、蒸気船の上から検疫官が大声で呼びかけてきた。まだネリーの舌の検査がすんでいない、それが終わるまで上陸はできない、というのだ。だがこのころには、なんであれ、だれであれ、この有名な旅行者を引き留めることはできなかった。ネリーがふざけて検疫官に舌を出してみせると、彼は大きな笑みを浮かべてどなり返した。「よろしい！」タグボートの乗客たちはどっと笑い、ネリーは遠ざかっていく蒸気船の人々にさようならと手を振った。

タグボートはサンフランシスコ湾を横切り、オークランドの防波堤へ向かった。そこで彼女が乗る予定の列車が待っている。ネリーは巻き上げ機のそばに立ち、頬に潮風を受けながら景色を楽しんだ。ゴート島、エンジェル島、アルカトラズ島。アルカトラズには灯台がそびえ、弧を描いて並ぶ大砲が朝の光を受けて輝いている。以前なら目新しく感じたかもしれない光景も、世界中を旅してきたいまとなってはごく見慣れたものに思えた。

長い桟橋の端にみえていた大きな黒いかたまりは、近づくにつれて人の群れに変わっていった。タグボートが桟橋に近づいていくと、ネリーには興奮と期待に輝く顔がみえた。タグボートが端に着き、タラップが降ろされる。午前九時少し前、歓声に迎えられて、ネリー・ブライはふたたびアメリカの地を踏んだ。ネリーは手を振り、輝くように白い歯をみせて笑った。これほど幸福な気分になったことはなかった。

桟橋でネリーは、サザン・パシフィック鉄道の支部長、アルヴィン・D・ワイルダーに出迎えられた。ワイルダーはネリーを連れて、待機している列車へ急いだ。乗客課のR・A・ドナルドソンがふたりの前を歩き、ネリーを通すために横柄な態度で人々をかきわけていった。

午前九時二分、盛大な声援に送られて、列車は出発した。機関車に、貨物車と寝台車が接続されている。寝台車部分のサン・ロレンソ号はプルマン式列車の中ではもっとも新しく、食堂車と特別客車、展望車がついていた。木材部分にはマホガニーと鳥目模様のカエデ材が使われ、座席のカバーは紫のビロードだった。ネリーは自分の席に落ち着くと、サルの入ったケージを、格子部分が窓のほうを向くようにして置いた。〝マギンティ〟にアメリカの景色をみせてやりたかったのだ。ワイルダーとドナルドソンのふたりが、ネリーをカリフォルニア州のポート・コスタまで送り届けることになっていた。ウィリアム・A・ビッセルも同行した。アトランティック・アンド・パシフィック鉄道の、貨物及び乗客担当の総責任者だ。列車が動き出すと、ビッセルはネリーに、いつニューヨークに到着したいですかとたずねた。ネリーはまずエリザベス・ビズランドのことをたずね、ライバルの旅が大西洋の嵐のせいで難航しているときかされると、ほっとしたような顔になった。それからビッセルの質問について考えた。計算しながら眉を寄せると、灰色の瞳がより暗い色になる。「土曜日の夜前には着きたいわ」しばらくするとネリーはそう答えたが、内心では、そんなに早く着けるかしらと考えていた。ビッセルはうなずいた。「承知しました」静かにいう。「その時間にお送りいたしましょう」列車には速記者と電信技士も同乗していたので、ネリーはニューヨークのワールドに送るメッセージを口述筆記させた。翌日の新聞に掲載されるはずだ。

思い返してみると、ホーボーケンの埠頭からきこえた別れの言葉ほど、わたしを心細くさせたものはありません。その声に送られて、わたしは旅に出たのです。そしてまた、サンフランシスコで出迎えてくれたみなさんの歓声と拍手ほど、わたしを幸福にしたものはありません。わたしはたいていの時間を海の上で過ごし、そしてたいていの海はとても荒れていました。二万五千キロもの距離を航海してきたいま、わたしはいっぱしの船乗りになったような気分でいます（中略）だって、考えてもみてください！　一度も船酔いにならなかっただけでなく、自信をもってこういえるのですから。ニューヨークを離れてから、ずっと元気いっぱいで旅を続けていた、と。

もちろんネリーは、アウグスタ・ヴィクトリア号に乗っていたあいだ、何度も船酔いになった。十一月にワールドに送った最初の手紙にそう書いてある。だが一月にもなると世界一周の記録更新まであと一歩のところまで迫り、ネリーには自信がついていた。船酔いになったなどという事実は、勇猛果敢な若い女性旅行者というイメージにそぐわない。健康で元気で、ものおじせず、謙虚で愛国心が強い。彼女はまさに、当時世間に広まりつつあった〝ニュー・アメリカン・ガール〟を絵にしたような存在だった。ネリーはそのイメージを守るために、あえてこのようなメッセージを書いたのだ。

十一時十分、列車は昼食のためにラスロップという小さな町で停車した。ここからカリフォルニアの中心部を通って南部へ向かう。列車は予定の発車時刻より四分遅れて出発した。はじめはふしぎに思ったネリーにもすぐに理由がわかった。ふと顔をあげると、デッキから、ワールドの記者ジョン・J・ジェニングズが入ってくるのがみえたのだ。彼はサクラメントからきた列車を降りて、〝ネリー・ブライ護衛団〟に加わるべくクイーン号に乗りこんできた。ジェニングズは列車が南へ向かうあいだ、ほかの面々に、夜中に雪山を越えたという信じられないような話をきかせた。むりもないことだが、冒険の興奮からまだ覚めていないようだった。「ニューヨークにも雪や吹雪はありますが」ジェニングズは驚きをこめていった。「あの街の人々は、雪というものを知らないのも同然です」本人は控えめな人物だったが、ジェニングズはこの一件で有名になった──雪山越えを報じた記事の中で、彼は〝スノーシュー・ジェニングズ〟と称されている。

列車がつぎの駅にとまるのは二時間後だった。それまでの時間をサン・ロレンソ号の人々は、本を読んだり、電柱の数をかぞえて列車の速度を計ったり、展望車からサン・ホアキン渓谷をながめたりして過ごした。このあたりの線路は平坦で太陽光線のようにまっすぐだったので、全速で走っても、乗客たちはゆりかごほどの揺れしか感じなかった。ネリーはただ静かにすわって休んでいた。あとは流れに任せるしかない、とわかっていたのだ。変えられることもなければ、急ぐこともできない。できるのはただ、列車が長い旅路の果てに自分を運んでくれるのを待つだけだ。

一時少し前、列車はカリフォルニア州マーセドに停まった。晴れ着姿のたくさんの人々が駅のまわりに押し寄せている。ネリーは、きっとみんなピクニックにいくのねと考えた。だが驚いたことに、彼らは彼女の到着を待っていたのだ。ネリーが人々の呼びかけに答えて列車うしろのデッキに出ていくと、たちまち大歓声が湧き起こった。のちにネリーは、そのときのことを思い出して、「心臓が止まるかと思いました」と書いている。すぐに町の音楽隊が「青い目のネリー」を演奏しはじめた。ネリーはこれからの数日間、この流行歌を数えきれないくらいきくことになる。それから、町の代表として十五人の女性が列車の中までやってきてネリーに旅の成功を祈り、そのうちのひとりが、果物とナッツ、キャンディーを盛った大きなトレイを手渡した。町の新聞配達少年からの贈り物だということだった。ネリーは、王様からの贈り物よりもうれしいわ、といった。

午後二時二分、列車はカリフォルニア州フレズノに着いた。この駅でもまた、たくさんの人々が待っていた。ここでは男性も女性もサン・ロレンソ号の中までネリーに会いにきた。男たちは旅の予定が遅れたときのことをたずね、いったい何キロ旅をしてきたんですか、とたずねた。女たちはネリーが旅の間中着ていたドレスをしげしげとながめ、有名な手提げ鞄になにが入っているのか知りたがった。フレズノの「イヴニング・イクスポジター」紙からも四人のスタッフがきていて、果物とワイン、そしてフレズノ郡の名産品を詰めた大きなバスケットをネリーに贈った。まもなく発車ベルが鳴ると、人々はゆっくりとデッキから外へ出ていった。ネリーは列車が駅から遠ざかるあいだ後部デッキに出て、うしろに立っている町の人々に帽子を振った。おかえしに男たちは山高帽を振り、女たちはハンカチを振った。だれもが口々に万歳を叫んでいた。

このようにして一日が過ぎ、モハーヴェをめざして列車は南へ走り続けた。どの駅でも人々がネリーを待っており、どの音楽隊も「青い目のネリー」や「ぼくが残してきた女の子」を演奏した。ネリーはやがて、自分は有名人なのだという自覚を持つようになった。これまでは、自分の書いた記事がどれだけ大きな反響を呼ぼうと、ネリー自身が注目を集めることはなかった。はじめは、大勢の知らない人々にみられると落ち着かない気分になったが、一日目が終わるころには気にならなくなった。自分が乗る列車をみられている程度にしか感じなくなったのだ。カリフォルニア州のテハチャピでは、農夫や製材業者の代表たちが駅で待っていたが、ネリーがすでに就寝したことをきくとがっくり肩を落とした。彼らはみな、六十九日前までネリー・ブライの名前さえ知らなかった人々だ。ネリーの人生は——彼女自身、しだいに理解しはじめた——永久に変わったのだった。

## 一八九〇年一月二十二日－二十三日　モハーヴェ砂漠からニューメキシコ

臨時列車は夜の間も走り続けた。モハーヴェに着くと機関車を交換して線路を変え、砂漠に入った。ここから東へ向かう長い旅がはじまる。月のない夜だった。まっすぐな地平線上には時折ユッカが群れて生え、ぼんやりと星明かりに照らされていた。世界は静まり返り、きこえるのは列車のがたがたいう音、そしてコヨーテの遠吠えだけだ。このあたりの駅に車庫はなく、簡素な造りの駅舎が建っているだけだった。砂漠の中心部近くにはバグダッドという名の駅があり、この線路上でもっとも暑いと思われる地点には、シベリアという名の駅があった。夜が明けてまもなく列車は州境をこえ、アリゾナ州の「針《ニードルズ》」という風変わりな名を持つ町に入っていった。

日の出とともに列車は山間に入っていき、十時にはアリゾナ州のウィリアムズに着いた。標高二五〇〇メートルの町だ。ウィリアムズの駅を出ると、思いがけないことに機関手がネリーを機関室に招き入れてくれ、それればかりか五十キロ先のフラッグスタッフまでスロットル・レバーを操作させてくれた。ネリーはまたとない機会にわくわくし、熱心に操作を学びながら、機関手に許されるぎりぎりのところまでレバーを押した。時々は機関手の目を盗んで少しだけレバーを余計に傾け、線路がまっすぐに延びる部分にさしかかると、限界までレバーを押してみた。結局のところ、大西洋を走る船も太平洋を走る船も、蒸気機関車にはとうてい敵わないらしい。ネリーはワールドに記事を書くために自転車の乗り方を覚えたことがあったが、その際、この乗り物のことを「現実にせよ想像上にせよ、これまで発明されたものの中で最高にすてき」と評している。前々からの空を飛びたいという願いを一番近い形で叶えてくれたからだ。だが、自転車も、蒸気機関車の機関室のすばらしさには敵わない。機関室の中にはごう音が響きわたり――すぐそばにいる機関手に話しかけるにも大声で叫ばなければ届かなかった――、窓の外の電柱はいなずまのような速さで過ぎていく。ネリーは、線路のそばに立っていた男性が列車の起こす風に飛ばされないよう帽子を押さえるのをみて、誇らしい気分になった。視界のはるかかなたには、雪を頂いたフラッグスタッフの山並がみえる。列車がカーブを曲がるたびに、山は機関室の右にみえたり左にみえたりした。ネリーは機関室にいるあいだ、その巨大な山影が少しずつ近づいてくるのをみまもった。機関車を運転したことのある女性はめったにいない。そしてネリーは、うまく操縦できたことを誇りに思っていた。翌日彼女は、フィラデルフィア・インクワイアラー紙の取材に答えてこう語っている。「プロの機関手の方に、新米としてはかなり飲み込みのいいほうだといってもらいました」

このあたりは、岩とサボテン、ヤマヨモギに支配された地域だった。砂岩でできた丘《ビュット》は長い時間と風に削られ、どれも奇怪な形をしている。激しく照りつける太陽の下で、山々は茶色く焦げたような色をしていた。まるで火の海が押しよせ、すべてを燃やしつくしたかのようにみえた。ここは人間を拒絶する場所だった。駅でネリー・ブライを出迎えたのは、そのほとんどが、遠い町からはるばるやってきた人々だった。女性は更紗《さらさ》のドレスを着て、男性はローハイド製のカウボーイハットをかぶり、ベルトには拳銃をさしていた。ネリーにはどうしても信じられなかった。こうした「砂漠に近い土地」に住む人々までが自分を知っているのだ。のちにネリーは、ワールドにこう書き送っている。「列車がどんな駅に停まっても、かならずたくさんの人たちが待っていてわたしの名を呼び、後部デッキに出ていくまで絶対に満足しません。そして出ていくと、挨拶をしてくれるのです」

午後四時、列車は州境をこえてニューメキシコに入った。線路の三十キロほど南にはギャラップという町があり、その近くにはナバホ族の居留地がある。列車の近くには馬に乗った先住民たちの一群がみえた。ランドマクナリー社のガイドブックは旅人たちにこう伝えている。「ナバホ族が文明社会に関心を示すのは蒸気機関車をながめるときだけだ。技術革新をどう考えているのかは想像するしかない」ギャラップの東では鉄道員たちが、深い谷底にかかる橋の工事をしていた。工事のあいだ、橋はねじジャッキでのみ持ち上げられ、通常なら橋を下部から支えている桁は撤去されていた。ネリーの臨時列車が近づいてくる音をききつけると、作業員たちは必死に腕を振り、列車が橋に近づく前に止めようとした。だが手遅れだった。作業員たちがなすすべなく見守る前で、時速八十キロの列車はごう音を立てながら脆《もろ》い橋の上にさしかかり、そしてぶじ反対側へ渡った。「まさに危機一髪だった」ワールドは翌日の紙面で報じた。「列車はいまにも落ちそうな橋をいなずまのように駆け抜けたのだ。目撃した保線員たちは、まさに鉄道史に残る奇跡だといっている」

谷間の橋を間一髪で走り抜けたという話は、それだけで十分ドラマチックにきこえる。だがネリー・ブライがのちに語った話は、さらにドラマチックだった。ネリーのいうところによると、橋は落ちそうになったのではなく、実際落ちてしまったのだ。「危ない目には何度もあいました。でも、大陸横断の最中に一番肝を冷やしたのは、渡り終えた直後に橋が崩れたときです」ネリーは旅を終えた二カ月後に、ある記者にそう話している。彼女はこの話を何度も何度もくりかえした。旅行記にはこう書いている。「列車はねじジャッキだけで支えられていた橋をぶじに渡り終えた。と思った瞬間、うしろで橋が崩れ落ちた」気づかなかったのか気にしなかったのかは定かではないが、この話が『八十日間世界一周』の一場面から拝借されていることを指摘した者はひとりもいない。フィリアス・フォッグもまた、ワイオミング州の壊れかけた橋を列車で走り抜けるのだ。「列車が川を渡り終えたか終えないうちに」とジュール・ヴェルヌは書いている。「橋が完全に壊れ、すさまじい音を立ててメディシンボー川の急流に落ちていった」

駅に停まるたびにネリーは後部デッキに出ていき、握手をしたりサインをしたりした。人々は名前を書いてもらおうと、カードを、手帳を、フールスキャップ紙を差し出してくる。中には松の板を持ってくる者さえいた。たいていは、鉛筆か、インクを浸したペンが添えられていた。ネリーは両方を受け取り、かならず全員にサインをした。列車が動きはじめると人々は一緒になって走り、ネリーの手を握ろうと懸命に手をのばしてきた。何日かたつとネリーの腕は痛みはじめた。だが、のちに「痛みは気になりませんでした」と語っている。「みなさんに喜んでもらえるなら些細なことです。もう一度祖国の人たちに会えて、ほんとうにうれしかったんです」東へ向かって走るあいだ、サン・ロレンソ号の中はネリーのファンから贈られた花輪や花束でいっぱいになった。また、国中から旅の成功を祝う電報がひっきりなしに届いた。その大半が、宛先にはただ〝ネリー・ブライ〟か〝ネリー・ブライの臨時列車〟とだけ書いてあるのだった。「アメリカ人として、こう述べたとしても許されるでしょう。あなたの不屈の精神、そして勇気は、典型的なアメリカの若者が備える長所です」ある電報にはそう綴られていた。「どうか最後までやり遂げてください。幸運を祈ります」のちにネリーは、アメリカ大陸横断の記憶を次のように語った。「その旅はまるで入り組んだ迷路のような日々でした。この迷路は、歓迎の挨拶、親切な見送りの言葉、祝電、果物、花、大きな歓声、力いっぱい叫ばれる万歳、せわしない握手でできています。そして花束にあふれた美しい客車は、超特急の機関車に引かれて、花咲く谷間や雪を頂いた山々を走り抜けていくのです。いつまでも、いつまでも、いつまでも！」

ネリーは行く先々で、敵を制圧した英雄も顔負けの盛大な歓迎を受けた。ネリーの世界一周旅行は、個人の勝利というより国家の勝利として受けとめられつつあったのだ。ネリーが帰ってくる数日前、ワールドは今回の旅は「アメリカ人の勇気、アメリカで生まれた女性であること、アメリカ人の忍耐力、すべてに対する賛辞」であると述べた。しかし、ネリーの旅の成功を支えていたのは、ドイツとイギリスの蒸気船、イギリスの給炭地、イギリス国有のフランス人設計による運河、アメリカの市民権を得られないままに大陸横断鉄道を敷設した中国人労働者たちだった。ネリー自身はこんなふうに書いている。「男性にせよ女性にせよ、大陸横断の途上でわたしが受けた喝采ほど盛大な喝采を受けたアメリカ人はいない。そんなふうにいわれます。今回、ひとつの事実が証明されました。アメリカ人は世界一周旅行の新記録を作った最初のアメリカの若い女に敬意を払うのです。わたしもまた、ほかのアメリカ人と共に喜ばしく思いました。新記録を打ち立てた人間がアメリカン・ガールでよかった、と」

## 一八九〇年一月二十三日―二十四日　カンザスからシカゴ

カンザス州を抜ける旅は、ネリーの表現を借りるなら「凱旋行進」だった。ある駅では男性が意気揚々と叫んだ。「出てきてくれたら、おれたちはあんたを知事に選ぶよ！」駅で停車するたびに、大勢の人々が一月の寒さの中で自分をひと目みようと待っているのだ。ネリーには、男性の言葉が単なる冗談にはきこえなかった。トピーカでは千人以上がネリーを出迎えた。われ先にとネリーに押しかけるので、警察が割って入らなければならなかったほどだ。ラーニッドでは数百人の歓声に迎えられた。またドッジ・シティでは、町の人間が残らず出てきたのかと見紛うほどの大群衆が待っており、市長からつぎのような言葉が寄せられた。

気力、進取の気性、尽きることのない活力、そして勇敢さ。ミス・ブライはこれらすべてを備えています。ニューヨーク・ワールド紙の敏腕なる記者であるあなたは、いま、わたしどもの町を通り抜けて世界一周の旅を続けていかれます。あなたは、女性が主導し男性があとに続くという例を、世界は女性の手に負えないほど広くはないという事実を、みずから体現してくれました。地球が回ろうが回るまいが文明は発達します。そして〝人類の進歩〟と〝ネリー・ブライ〟は、達成と勝利を意味する同義語なのです。ドッジ・シティの市民一同は、祝福の行進をし、帽子を投げ上げ、そして旅の成功を祈ります。

カンザス州のハッチンソンでは、リングゴールド楽団がネリー・ブライを称えて特別な一曲を披露しようと以前から準備していた。ところが本人を前にするとすっかり舞い上がって演奏するのを忘れてしまい、ほかの人々に加わってただ万歳を叫んだ。

「ネリー・ブライは大変喜んでいるようです」ジョン・ジェニングズは、カンザス州からワールドの読者に向けて書き送った。「そして、これほど多くの注目を集めたことに少し驚いてもいます」

風にあおられて渦巻く雪の中、列車は小さな町のあいだを走り抜けていった。二時四十八分にハルステッド、二時五十分にニュートン、三時四十二分にフローレンス、四時三十七分にエンポリア。機関車は旅の途中で交換されていた。また町に入るときには、通常運行の列車と衝突しないよう、事前にすべての分岐器を釘で固定していた。カンザス州に入る際に時速八十キロという州の制限速度をこえて走る許可を与えられていたので、列車の速度は何度も時速百キロをこえた。ドッジ・シティから二百十五キロ先のハッチンソンは二時間十四分で進み、あいだにあるエリンウッドの東を抜けるときには、十二キロを六分で進んだこともあった。「サンタフェ鉄道の線路でこれほどのスピードを出した列車がこれまでにあっただろうか」と、「トピーカ・デイリー・

キャピタル」紙は記している。ネリーは列車の速さを心から楽しんでいた。「こんなふうに超特急で旅ができればいいのに」満足そうに記者のひとりにいう。キャピタル紙からきたこの記者はすばやく計算し、こう結論付けた。カンザスを横断する速さをはじめから終わりまで維持すれば、ネリーは二十四日で地球を一周できます。

この記者は、ラーニッドでネリー・ブライの列車に乗り、そのままトピーカに帰り着くまで一緒に旅をした。実際ネリーは、大陸横断の旅の間、ひっきりなしに入れ替わる記者の一団に常に囲まれていた。小さな新聞社からきた者は駅をいくつか過ぎると降りていったが、大きな新聞社からきた記者たちは、もっと長い距離をネリーとともに過ごした。そのひとりひとりが世界一周の旅についてききたがり、そのたびにネリーは同じ話を一から繰り返すのだった。太平洋の船上ではあれほど心配し、あれほど落ちこんでいたネリーだったが、記者たちの輪の中心になったいま、元気を取りもどしたようにみえた。トピーカ・デイリー・キャピタルはこう書いている。「過酷な長旅をしてきたというのに、ミス・ブライは上機嫌で、まったく疲れをみせなかった」「シカゴ・デイリー・ヘラルド」紙の記者は「彼女は思いやりがあり、親しみやすく、朗らかだった」と書き、「ピッツバーグ・プレス」紙の記者は「じつに楽しい人だ」と書いている。記者として働きはじめたごく初期のころから、ネリーは一貫して、ルポルタージュの中心に自分を据えてきた。たとえばブラックウェル島精神病院の暴露記事では、苦労して病院に潜入するまでの記録がかなりの部分を占めている。女性患者は記事の中盤になってようやく登場するのだ。しかし、これはまた別の話だ。列車が東へ突進するあいだ、ネリーは考えずにはいられなかった。男性記者はもちろん、女性記者がこれほど多くの取材を受けるというのは異例のことだ。自分はいま、ニュースを伝える記者ではない。自分自身がニュースなのだ。

ネリー・ブライの列車は、一月二十四日金曜日の午前七時五分にシカゴに到着した。カリフォルニア州オークランドからわずか六十九時間。これはその区間の最速記録だった。ネリーは朝の四時まで起きて、ネブラスカ州からきた若い女性記者——ミス・マフェットという風変わりな名前だった——と話をしていた。この女性は千キロ近くネリーと一緒に旅をしながら、取材を続けてきた。それからワールドへ送る記事を口述筆記させた。速記者が乗り物酔いになっていたため、この仕事はなかなかはかどらなかった。ほんの少し眠っただけで、朝の六時半に、まもなくシカゴに着きますというポーターの声に起こされた。ネリーは服を着替えると「列車に残っていた最後のコーヒーを飲み干し」、コンパートメントの扉を開けた。とたん、目を丸くした。客車にハンサムな男性が大勢詰めかけている。シカゴ記者クラブの記者たちだ。ネリーをエスコートするために、ジョリエットで汽車に乗りこんでいたのだった。ネリーは喜んで記者たちと一緒に腰かけ、質問に答えたり、日焼けした鼻や自分のサルの賢さ、ドレス一着で旅をすることの利点について冗談を飛ばしたりした。列車がポークストリート駅に入るころには、シカゴで一日中遊んでいけたらいいのに、と思うようになっていた。

駅では馬車が一行を待っていた。ネリーは記者団のリーダーと一緒に小さなクーペ型馬車に乗りこんだ。このリーダーを務めていた男性は後になって、ネリー・ブライの魅力にすっかりまいってしまい、思わずさらっていきたくなったと綴っている。ふたりは小さな座席に並んですわり、朝日の中で街が目覚めていく様子を窓越しに見守った。満員の鉄道馬車はがたごと揺れながら進んでいき、新聞売りの少年や靴磨き職人は街角に自分の場所を確保し、落ち着いた色合いのしゃれた服に身を包んだ男女は足早に職場を目指している。通りに並ぶ高い優雅な石造りの建物に囲まれていると、ネリーはこれまで以上にニューヨークを懐かしく思った。明日が終わるころには家に帰って母親に会えるのだ。そう考えるとうれしくなったが、同時に、ほとんど実感が湧いてこなかった。プレスクラブの美しくしつらえた広間に入ると、代表がネリーを迎え、シカゴの記者一同を代表して祝いの言葉を述べた。その場に居合わせた男性は、ひとり残らずネリーの魅力に心を奪われたらしい。ある記者はこう書いている。「ネリー・ブライはドレスを着た男のような女性だろう、というのがおおかたの予想だった。男まさりで冒険好きで、洗練された女性とはほど遠いにきまっている。結局はただの世界旅行家《グローブ・トロッター》に過ぎない。そう考えていたのだ。ところがそんな思いこみは、魅力的な笑顔と音楽のように柔らかな声の前にたちまち消え去った。女性の美点をすべて備えた人だ。ミス・ブライは飾らない。自由で自立し、しなやかだ。アメリカという社会が生み出した典型的な女性――それこそがネリー・ブライなのだ」

「愉快で気取らない歓迎会」が終わると、ネリーはシカゴで一番流行っているキンズリーというレストランへ馬車で案内され、朝食をごちそうになった。建物はムーア様式で統一されているが、すべての窓についている赤白しま模様の日よけが、せっかくの中世風の雰囲気を壊していた。客は、フランス式カフェ、ドイツ式カフェ、男性専用のレストラン、男女共に使えるレストランのどれかを選んで入ることができる。ほかにも様々な大きさの宴会場がいくつかあった。おそらく、ネリーがシカゴの記者たちに会ったのもその宴会場のひとつだろう。記者のひとりが翌日伝えたところによると、ネリーは旅について「ざっくばらん」に「人を惹きつける」口調で話し、「女性ならではの鋭い視点で、ちょっとした出来事について」語ったという。ネリーは旅で出会ったイギリス人たちのことを面白おかしく話し、中には遊び半分でちょっかいを出してきた不届き者もいたんです、といった（「わたしはその男性に短い手紙を突きつけて、こう教えてやりました。今度わたしに色目を使ったら、星条旗を掲げている軍艦をみつけしだい兵士に助けをもとめます。兵士たちは自分の国の女性が侮辱されたと知れば、船に乗りこんできて、あなたを鎖でつないで連行していくでしょう、と」）。自分の白黒格子の派手な《ラウド》コートについては、あんまりうるさい《ラウド》ので、旅をしている間ずっと音がこだましていたんです、と冗談をいった。広州の領事館で一度だけアメリカ国旗をみたときのことも語った。食事が終わると記者たちは、ネリー・ブライを「われわれの仲間として認める」と重々しく宣言した。実際、ネリー・ブライがシカゴ記者クラブの一員になるにはこの方法しかなかった。同クラブにおいて、女性記者は名誉会員としてしか認められない決まりになっていたのだ。

朝食のあと、一行は馬車でシカゴ商品取引所へ向かった。取引所に着くと、ネリーは階上に造られた見物席に案内された。金めっきされたアーチを大理石の柱が支え、壁には大きな板ガラスの窓がはめこまれている。頭上にはヨーロッパの賭博場から運ばれたというモザイクの天井があった。階下の立会場――〝小麦取引場《ウィート・ピット》と呼ばれていた〟――では、おなじみの大混乱が起きていた。ひしめきあった仲買人たちが興奮して手を振り、どなり、押し合い、たがいに相手の注意を引こうとしながらいつ終わるともしれない戦いを続けている。こうした身ぶり手ぶりによって、金がさらなる金を生むらしい。事情のわかっていない者には謎に包まれた錬金術のようだ。「この見物席に立つと」と、一八九一年に出されたガイドブックは伝えている。「階下で働いている人々がはっきりとみえる。だが、彼らがなにをしているのか描写することは不可能であり、一般的な旅行者にとっては、彼らがなにをしているのか理解することも不可能だ」立会場にいたひとりの男性が、手を振り上げなにか伝えようとしながら、たまたま階上に視線をやった。すると、見物席の手すりから顔をのぞかせる黒髪の若い女性が目に飛びこんできた。格子柄のコートを着て、前後にひさしのついた帽子をかぶっている。「ネリー・ブライだ!」男性は大声を上げた。

とたん、すべての動きがぴたりと停まった。仲買人たちが見物席をみようと立会場の中心に集まってくる。あたりが水を打ったように静まり返ったかと思うと、次の瞬間、盛大な歓声が湧き起こった。「シカゴについては様々な意見があるが」とネリーはのちに書いている。「アメリカ国内のどこであれ、シカゴ商品取引所ほどひとりの女性を盛大に歓迎する場所はない」どよめきの中から「スピーチ! スピーチ!」と声がきこえてきたが、ネリーは黙っておじぎをし、帽子を振って、おどけた様子で首を横に振った。彼女が立ち去ろうと背を向けると、仲買人たちは万歳をし、大声で声援を送った。このときの喝采は、中でも多忙を極める日の騒々しささえしのいでいた。

取引所の中は大騒ぎになっていたので、ネリーは通用口を通って表へ出なければならなかった。それから、クラブの記者たちはネリーをユニオン駅まで送っていった。ネリーはここでペンシルヴェニア鉄道の列車に乗り、いよいよ最終目的地へ向かう。ネリー・ブライがきているらしいというわさはすでに街中に広まっていたので、駅の外には彼女をみにきた人だかりができていた。周囲のオフィスからは、世界一周の最速記録を樹立した若い女性をひとめみようと、仲買人やタイピストや店員があとからあとから出てきた。馬車から降りたネリーをわっと取りかこむと、名前を呼びながらよくみようと互いに押し合い、握手をしてくれるまで絶対に引こうとしなかった。

ネリーはようやくのことで駅の中に入った。プラットホームに着くと、記者クラブの面々にしぶしぶ別れを告げ、「日に焼けた見知らぬ女を手厚くもてなしてくれた」ことに感謝を述べた。それから、列車に乗りこんだ。

ニューヨークへ向かうペンシルヴェニア鉄道のアトランティック急行二十号は、朝の十時半に出発した。旅のあいだネリーは、後部にある特等客車を独占できることになっていた。イリオン号という名のこの客車は、ある記者の表現を借りるなら「美しく居心地のよい完璧な客車」だった。壁は艶やかな深い青緑色で、濃いベージュのカーテンがその美しさを際立たせていた。個室はすでにファンからの花束でいっぱいになっていた――実際はもっとたくさんの花が贈られていたが、置いていかなくてはならなかったのだ。片隅には香港で買ってきた赤と金色の寺院の椅子が置かれ、壁には日本の琵琶がかかっている。ネリーによれば、横浜で日本の貴公子から贈られたものだ。列車が発車する直前、サンフランシスコで受け取るはずだった電報がネリーのもとに転送されてきた。そこにはこう書いてあった。「あなたがこの電文を、アメリカに到着した瞬間に受けとらんことを。アメリカの大地に降り立った勇敢なる若き女性へ。ジュール・ヴェルヌ夫妻より心からのお祝いを申し上げます」

「こんな電報をもらえるなんて、最高にうれしいわ」ネリーは声を上げた。

吹雪ははるかうしろに遠ざかり、ニューヨークまではあと一日だ。そしてエリザベス・ビズランドは大西洋で嵐に見舞われているらしい。自分の勝利をじゃまするものはなにひとつないように思えた。ネリーは幸福な気分でイリオン号の応接室にすわり、同乗した記者たちとおしゃべりをはじめた。カンザス州にいたとき、はじめてネリーはエリザベスに対する反感をほのめかした。

ある記者の質問を受け、厳しい調子でこういったのだ。「ミス・ビズランドの計画のことは知らないし、関心もないわ」それから、はっきりといってのけた。「この旅の企画はわたしが思いついたのよ。コスモポリタン誌のデスクは、ワールド紙の企画を利用すればいい宣伝になると考えたのね。でも、人を出し抜こうとしたってうまくいくはずないんだから」いま、ネリーはこの件についてさらに語りはじめた。「シカゴ・トリビューン」紙の記者が長いインタビューを続けるうちに、「ミス・ビズランド」についてはどう思うかとたずねたのだ。

「ミス・ビズランド?」ネリーはくりかえし、記者が描写したところによると「きらりと目を光らせ」た。そして、自分はエリザベス・ビズランドより九時間先にニューヨークを離れたこと、彼女の旅はそのあとで「だれかがいきなり思いついた」こと、自分自身は横浜に着くまでエリザベス・ビズランドという名前さえ知らなかったことを話した。(この件に関しては、ネリーか記者のどちらかが思い違いをしている。ネリーがビズランドの存在をきかされたのは香港だ)。ネリーはそのうち熱のこもった調子で話しはじめた。「ミス・ビズランドはわたしより二日先に横浜に着いて、すでに出発したあとだったわ。あの人、日本でただぼんやり過ごしていたわけじゃないのよ。オクシデンタル・アンド・オリエンタル汽船会社のオセアニック号の高級船員たちを買収して、わたしのサンフランシスコ行を遅らせようとしていたの。少なくとも船長の買収に成功したのはまちがいないはず。べつにミス・ビズランドを責めているわけじゃないの。ただ事実を述べているだけ。たぶん、こういう競争ではよくあることなんでしょう。戦争と同じように、お金と知恵は同じくらい価値があるってことね」

「わたしはその計略を見破ると、すぐにオセアニック号の船員たちのところへいって、はっきりいってやったの。できるだけ急いで太平洋を横断するのがあなたたちの役目でしょう。わたしはその義務を果たしてもらうために、一セントだって余計に払うつもりはありません。ただし義務を怠るようなら、文章の力でもって、あなたたちの悪評を世界中に広めます。あなたたちとあなたたちの上司がそれでも平気なら、どうぞご勝手に、と。ビズランドの賄賂に匹敵するくらいの脅しにはなったはずよ。少なくとも効果はあったわ。船はサンフランシスコに一日遅れて着いたけれど、これは激しい向かい風のせいで、船員たちがなまけていたせいではないもの」

これはエリザベス・ビズランドにとっても、オセアニック号の船員にとっても、びっくりするような——そしていっさい根拠のない——濡れ衣だった。オセアニック号の船員たちは、ネリー自身の記事にもはっきり書かれているように、彼女をできるだけ早くサンフランシスコへ送り届けるために全力を尽くした。別の機会には、ネリーは彼らのことを「船長から見習いに到るまで完璧」だと評しているのだ。さらにもう一点、オセアニック号はサンフランシスコに一日遅れで着いたのではなく、予定より一日早く到着している。船は、一等航海士のウィリアム・アレンの示した日付に一日遅れたに過ぎない。アレンはネリーに、太平洋横断の新記録を立ててみせると約束し、機関室にその約束を刻んだくらいだ。

トリビューンも述べているように、ネリーの話は「〝女の復讐〟だった」のだろう。

一月二十三日のワールドにはネリー・ブライ・レースの最後のクーポンが掲載された。あらかじめ、ネリーがシカゴに着いた時点で応募の受付は中止すると予告していたのだ。同紙はこの日、ネリーの正式な到着時刻を定める方法を決め、旅の終わりはネリーがジャージー・シティで列車から降りた瞬間とする、と発表した（当初、旅の終着点はニューヨークのワールド社のオフィスに定められていたが、これでは旅程をいたずらに伸ばすだけだ。ネリーはニュージャージーのホーボーケンを発ち、ニューヨーク湾を横切って旅をはじめたのだ）。ネリーの両足がホームに着いた瞬間、時間を合わせたストップウォッチを持つ三人の公式タイムキーパーが、五分の一秒までタイムを記録する。タイムキーパーのうちふたりはマンハッタン・アスレチック・クラブから、ひとりはニューヨーク・アスレチック・クラブからくることになっていた。ワールドが読者に請け合ったところによれば、「いずれもあらゆる種類の大会を経験したベテラン」だ。三人のうちふたりのストップウォッチが同じタイムを指し、ひとりが別のタイムを指している場合は、前者のタイムを正式なものとして採用する。全員のタイムが異なっていた場合、公式記録は三つのタイムの平均とする。このルールは「公明かつ公正なアメリカ合衆国アマチュア運動連合のルールにのっとったもの」だった。

ネリーのタイムを正確に当てた応募者がいなかった場合、もっとも近いタイムを予想した人を当選とする。引き分けとなった場合は、応募用紙が先に到着していた人を優先する。応募用紙も同日に届いていた場合は、遠い場所に住んでいる人を先に応募用紙を投函していたとみなす。両者が同じくらい遠くに住んでいた場合、抽選者が先に封筒を手に取ったほうを優先とする。だが、そうした偶然が重なるとはとても考えられなかった。このときまでにワールドは、六十万件の予想を表にまとめていたからだ。

一八九〇年一月二十四日－二十五日　シカゴからピッツバーグ

アトランティック急行はシカゴを発った。駅では何本もの線路が一本の大きな帯を形作っていたが、列車が進むにつれて線路は一本また一本と分岐していった。まるでひとつの本流が支流へと流れこんでいくように、線路もまたやがては一本になり、南のインディアナ州へと続いていった。列車は何キロも続く平野を走っていった。広大な草原には一軒の家も一本の木もない。かつてある記者は、この地を指して「顔はあるがのっぺらぼうだ」と書いている。地面は——当時の言葉を借りるなら——舞踏場のようになめらかだった。だが、そのうち地平線のあたりにうねりがみえ、所々にまばらな木立が現れはじめた。そのそばには農園がいくつかあり、それぞれの周りにはこぶの多い木の柵がめぐらせてあった。さらにいくと、小さな工業町がみえてきた。鋳物工場や皮なめし工場、製粉所、そして頑丈そうな造りの木とレンガの家々が並んでいる。外の世界のニュースとは無縁の町にみえた。だが、列車がインディアナ州のローガンズポートで昼食のために止まると、駅で待っていた数百人の町の人々がネリー・ブライを出迎えた。ひとりの青年が後部デッキに飛び乗り、「ネリー・ブライ、万歳!」と声をはりあげた。人々は笑いながら拍手し、ネリーに声援を送った。まるで、自分たちの仲間でもあるかのように。ネリーが列車からプラットホームに降りると、人々はうしろに下がって道を開けた。ネリーはジョンストン・ホテルの食堂まで歩いていき、そこでペンシルヴェニア鉄道の支社長、チャールズ・ワッツに迎えられた。一緒にきていたホーテンスという名の幼い娘が、恥ずかしそうにネリーに花束をわたした。昼食には様々な料理が出され、サラダの上にはビーツを切り抜いた〝ネリーに幸運を《Success, Nellie》〟という文字が並んでいた。町の人たちは窓の前につめかけ、ネリーが食事をするのを見物した。

たまたま、ブラックウェル島精神病院の副院長のフランク・イングラム医師が、このインディアナ州ローガンズポートの出身だった。ネリーはワールド紙の暴露記事の中で、思いやりをみせてくれた職員はこの若い医師だけだったと書いている。ニューヨークではネリーとイングラム医師が一緒にいるところがしばしばみられたため、ふたりは恋人同士なのだというううわさがたっていた。そこで地元の記者は、この新しいうわさについてたずねた。「イングラム医師と婚約されたという話は本当ですか?」ネリーはこれをきくと驚き、同時に面白がっているようにもみえた。イングラム医師のことは〝よく知っている〟と認めたが、うわさに関しては、まったくのでたらめですと否定した。ところが一週間もたたないうちに、シンシナティとフィラデルフィアのふたつの新聞が、ローガンズポートの「信頼できる筋」からきいたとして、ネリー・ブライとフランク・イングラム医師の婚約を報じた。

列車がニューヨークに近づくにつれ、ネリーを迎える人々はより騒々しく、より感情的になっていくように思えた。オハイオ州コロンバスに着いたときにはすでに夜の八時を過ぎていたが、五百人をこす男女がネリーに挨拶しようと駅で待っていた。コロンバスでは近年まれにみる騒ぎだ。駅長はピッツバーグからきた記者にこう語っている。「クリーヴランド前大統領が八七年にこの駅を通り過ぎ、八八年にはハリソン大統領もこの線路を通過しました。どちらのときも、これほどたくさんの町の人々をみることも、これほど大きな歓声をきくことも二度とないだろう、と思ったものです。しかし、今夜のネリー・ブライの歓迎ぶりは、そのどちらもしのいでいます」人々は何列にもなってホームいっぱいに広がり、後ろは駅構内にまではみ出していた。列車が停車すると、人々はネリーの名を呼び、出てきて顔を見せてくださいと頼んだ。後方に姿を現したネリーのほうへ人が殺到すると、青い制服を着た警察の一隊は、危険を感じて列車の前で壁を作った。町の人々はしぶしぶあきらめ、万歳をくりかえすだけでがまんした。ネリーはほほえみながら帽子を振り、おじぎをした。「シンシナティ・デイリー・コマーシャル」紙はこう伝えている。「ネリー・ブライは二十歳くらいで背は中くらい、黒髪と賢そうな瞳、そして魅力的な笑顔の持ち主だった。群衆の前に姿を現したとたん、彼らをとりこにした」

　列車は機関車の交換のために数分停車しただけで、すぐに東へ向かって出発した。ペンシルヴエニア州ピッツバーグへ着くまでに停車した駅は三つだけだった。ニューアーク、デニソン、そしてステューベンヴィル。ステューベンヴィルでは、二百人が夜の寒さの中でネリーを待っていた。時刻は午前〇時三十四分。いよいよ旅の最後の一日がはじまったのだ。イリオン号の中には待ちわびるような空気が満ちていたが、会話は低い声で続けられていた。遠くのほうでは、溶鉱炉とコークス炉が放つオレンジ色の光が、夜の川を溶岩の流れのようにみせている。「オハイオだわ」あるとき、ネリーは窓の外をみつめていった。「懐かしいピッツバーグまでもうすぐね」まもなく彼女は自分の個室に下がり、数時間休むことにした。この日はとりわけ長くめまぐるしい一日で――シカゴ記者クラブの男性たちと会ったのが、もうはるか昔のことのようだ――そのうえ、昨日の夜からほとんど寝ていない。ネリーは、ピッツバーグに着いたら起こしてほしいと頼んだ。駅で友人や同僚が待っていてくれるはずだった。

　ネリーは寝室に姿を消し、あとには数人の記者、鉄道職員、少し前から旅を共にしてきた招待客が残された。ネリーには、カーテンごしに彼らの話がきこえた。ピッツバーグからきた工場主はこんなことをいった。時々、ミス・ブライの世界一周旅行は「名声を得るための作戦に成功した」だけだとか、「ニューヨークの新聞と雑誌を宣伝した」だけだといわれることがある。だが、決してそれだけではない。実際には「文明世界に計り知れない貢献」をしたのだ。それを証明するには、同じピッツバーグの出身者をひとり引き合いに出しさえすればいい。アンドルー・カーネギーという名のこの男も、少し前に世界一周旅行に出かけた。もちろん、時間と競うためではなく、単に娯楽と気晴らしのための旅行だ。たとえば、カーネギーが香港へいったときに、ベッセマーにあるエドガー・トムソン鉄工所が焼失したという電報を受け取ったとしよう。そして、できるだけ早くピッツバーグにもどらなければならなくなったとしよう。帰国の段取りをつけながら、彼はジュール・ヴェルヌの架空の旅程を一瞬でも参考にするだろうか？　それとも、いまや標準となったネリー・ブライの旅程を参考にするだろうか？　やがて話し声は途絶え、列車の規則的な音だけがきこえるようになった。自動織機が立てる音と同様、工業化を象徴する音だ。だが、どこか音楽的な、スネアドラムの軽やかな音のようでもあった。ネリーは、大陸横断の間中、様々なところで自分を迎えてくれた楽団を思い出した。アメリカの旅はひとつの歓迎パーティーだった。ネリーの想像をはるかにこえたパーティーであり、まちがいなくどんなアメリカ人女性も経験したことのないほど盛大なパーティーだった。

何年か前ネリーは、ディスパッチ紙時代の古い友人エラズマス・ウィルソンにこういったことがある。自分には人生で四つの目標がある。ひとつはニューヨークの新聞社で働くこと、ふたつ目は世界をより良くすること、三つ目は恋をすること、四つ目は億万長者と結婚すること。最初の目標はとっくに達成した。もしかすると、ふたつ目の目標も実現しつつあるのかもしれない。もともと世界は常に変わり続けているが、ネリーがその周りに巻きつけた一本の〝帯〟によって、少しだけ密に結びつけられたのではないか。そして彼女は、永遠に変わらない事実を証明してみせた。勇気と活力と自立心を備えた女性なら、男性と同じように世界の果てまでいき、またもどってくることができるのだ。一日が終わるころには、ようやく母親に会える。母はネリーが小さかった頃、どうすれば人の気を引くことができるか教えるために、いつもピンク色の服を着せた。その母は、夫が死んだあとに大変な苦労をした。それまで、一家には仕事も不動産も立派な家もあったが、コクラン判事の突然の死によっていきなりすべてがなくなった。母が別の男性と再婚すると、事態はさらに悪化した。女性は男性を経済的に頼ってはならない——ピンク・コクランはその教訓を肝に銘じながら、他人の皿を洗い、他人の子供が散らかした物を片づけ、その教訓を頭の中で繰り返しながら、仕事を探してピッツバーグの通りをとぼとぼと歩きまわった。そしていまピンクは、ネリー・ブライとして、花で飾り立てた特別客車に乗ってピッツバーグに帰ろうとしている。

午前三時十分、列車はピッツバーグのユニオン駅に停まった。ネリーは後部デッキに出ると、真夜中に会いにきてくれた人々に涙を浮かべて手を振った。おびただしい数の人が、厚いコートを着て、黒い山高帽をかぶって集まっていた。イリオン号の中では親類や友人がネリーを温かく抱擁し、地元の記者の代表者たちが、以前の同僚である彼女に心からの祝辞を述べた。「ピッツバーグ・プレス」紙の記者が、自分のプレスバッジをネリーに渡してくれた。ネリーは喜んでドレスに付け、ニューヨークに着いたら送り返すわと約束した。そのドレスを着て、ネリーは世界を一周してきた。記者はそっといった——そのドレスは、いまや歴史に残るドレスです。

# 16. ジャージーからふたたびジャージーへ

一八九〇年一月十九日―二十九日　大西洋

「大西洋横断航路の天気は非常に荒れている」と、アメリカ・シグナル・サービスは一八九〇年一月の報告書に書いている。だが、その表現はあまりにも控えめだ。その月に書かれた大洋横断に関する記事はどれも、恐怖小説のように不気味で壮大な内容を伝えていた――入港した船の甲板に張っていた十五センチ以上の厚さの氷、索具からクリスタル製のシャンデリアのように下がっていた大きな氷柱。小さな町ほどの面積がある無数の流氷や、四日続けて吹き荒れたハリケーンのような強風、散弾銃の弾のように甲板に降り注ぐあられ。前触れなく現れた山のように大きな黒い波。波はマストをへし折り、船室に流れこみ、結びつけたり固定されたりしていなかったものを残らず押し流してしまった。波による抵抗を少しでも和らげるために、大型船の中には、へさきに大きなカンバス地の袋を吊り下げるものもあった。中には特別に濃い重油が入っている。重

油は袋に空けた小さな穴から少しずつ漏れ出し、激しく逆巻く波をおおってその力を和らげる。ある蒸気船はこの方法によって、十二時間に及ぶ嵐をぶじに切り抜けた。だがひとりの特派員が語ったところによると、油が作る輪の外では「海はまるで煮え立つ大釜のよう」だったという。

くる日もくる日も、シャフトが割れた船、マストが折れた船、帆が破れた船、船首から船尾に到るまで甲板上のものがすべて押し流された船が港に入ってきた。その多くが、嵐の中でずっとするような体験をしていた。小型帆船ジャネット・クラウン号に乗っていたふたりの船員は、波にさらわれて溺れ死んだ。蒸気船ヨークシャー号では、索具にしがみついていた三人の乗組員が風に飛ばされて海に落ち、そのうちのひとりだけが助かった。キュナード汽船会社の蒸気船カタロニア号は、クイーンズタウンからボストンに向かっていたときにハリケーンに襲われた。ある新聞記事によると、カタロニア号は救命ボートを四艘無くし、舷墻《げんしょう》と甲板上の建物が無惨なまでに壊れ、「舷側に突き出したクレーンは針金のようにねじ曲がった」という。波は煙突を押し流し、七つの炉の火を消した。蒸気パイプが爆発して、眠っていた三人の火夫が死んだ。

キュナード社のべつの蒸気船ガリア号は救命ボートを五艘無くし、客室は床上数十センチまで浸水し（あるロンドンの通信社は、「いきなり水をかぶって起こされた乗客たちは驚きと恐怖を同時に感じただろう」と書いている）、機関室の天窓は割れ、メインマストと帆桁《ほげた》が流され、右舷の手すりが一部押し流され、左舷の手すりは丸ごと無くなった。これほどの損害が、たったひとつの大波によってもたらされたのだ。船長によると、波の高さは三十メートルをこしたという。「船長は三十五年間航海をしてきたが、それほどの波をみたのははじめてだった」ある新聞は書いている。「そして、二度とみたくないと語った」

イギリス船のロック・モイダート号はハンブルクを目指していたが、進路を変更してオランダに入港した。頑丈な船体にひびが入り、割れた花瓶のように水がもれてきたのだ。乗組員のうち三十名が流され、そのうちふたりをのぞいて全員が溺死した。

エリザベス・ビズランドがル・アーブルで乗る予定だったフレンチ・ラインのラ・シャンパーニュ号も、北大西洋を渡っている最中、その年の一月に多くの船を襲った嵐に見舞われた。ほかの船と同様、甲板を波に洗われ、索具は氷におおわれ、舷側も壊された。それでも、凪《なぎ》と嵐が目まぐるしく繰り返される一週間をどうにか乗りこえ、損失も数艘の救命ボートを無くしただけに留めることができた。「ハーパーズ・ウィークリー」誌はこう伝えている。「海に出て八日目、乗客たちは自然の手工品の見本ででもあるかのようにもてあそばれた。それは死ぬまで忘れられそうにない体験だった」グリーンランドの南、ニューファンドランド島の海岸近くで、ラ・シャンパーニュ号は三つの巨大な氷山に遭遇した。あたりには大きな流氷がどこまでも広がっていた。氷山は熱帯地方の海のような青みがかった緑に染まり、もっとも高い部分は海面から六十メートルほども突き出している。表面はまるでスクエアカットのダイヤのようだった。船がゆっくりと流氷の中を進んでいくあいだ、船客たちは、氷の上でゆらめく光と影の模様を驚嘆してみつめていた。やがて氷山は視界の外に消えた。そのあと天候は完全に回復し、ラ・シャンパーニュ号は一月二十七日の午後六時三十二分に、サンディー・フック岬――ニューヨーク海域に突き出した細長い半島――に着いた。予定より二日遅れての到着だ。もしエリザベス・ビズランドが計画通りラ・シャンパーニュ号に乗っていれば、彼女の旅は七十四日と三十二分で完了していたことになる。

だが、エリザベスはキュナード社のボスニア号に乗っていた。この船はまだ大西洋沖にいたが、正確な場所はだれにもわからなかった。一月十九日にクイーンズタウンを出航したボスニア号は、まだ陸地からはみえなかった。

## 一八九〇年一月二十五日　フィラデルフィアからジャージー・シティ

午後一時二十四分、フィラデルフィアのブロード・ストリート駅で待っていた人々は、アトランティック急行二十号がスクールキル川を渡ってくる姿をとらえた。その報せがそこで待つ五千人の人々のあいだに電流のように駆けめぐると、だれもが期待に胸を高鳴らせながら、列車が石の高架橋のそばの線路を走ってくるのをみまもった。列車は十七番通りの信号塔の前で停車すると、すぐに後部車両を切り離し、五メートルほどうしろに後退させた。アトランティック号は鉄屋根のついた車庫の三番線に走りこみ、苦しげにあえぐような音を立てながら白い煙を吐き出して停止した。一方、切り離されたイリオン号は入換車によって特別線路へ運ばれていった。すべての行程が終わるまで、三十二秒しかかからなかった。ネリー・ブライが駅に到着したのは、電気時計が一時二十五分ちょうどを指したときだった。

許可を得た幸運な人々は駅のゲートをこえてホームへいき、イリオン号に殺到すると、岩の周りを流れる川のように車両の周りを取り囲んだ。「フィラデルフィア・インクワイアラー」紙は翌日伝えている。「これまでペンシルヴェニア鉄道会社の列車が暴徒に襲われたことはなかったが、ネリー・ブライを乗せた特別客車は、駅に着いたとたんに興奮した群衆に襲撃された」笑い声や大声がひびき、人々は少しでもネリーに近づこうと押し合った。あたりの空気は熱気に満ち、そしてかすかに危険のにおいもしていた。これほど多くの人間が密集していれば、いつつまらないことが原因で争いが起こってもおかしくない。人だかりの端のほうで、黒いヘルメットをかぶった警察の一団が房つきの警棒を振りまわしながら、シルクハットをかぶった男性のために道を開けようとしていた。男性はようやく列車の前に着くと、飛び乗り、うしろをついてきた女性に手を差しのべた。眼鏡をかけた年配の女性は質素な黒のドレスを着て、肩には黒いベルベットのショールをかけている。男性は、ワールド紙の編集局長、ジュリアス・チェインバーズだ。彼はネリーが旅立つときもホーボーケンの埠頭から見送り、いまもフィラデルフィアまでやってきて、輝かしい旅の最終区間を共にすることになっていた。そして女性は、だれひとり気づいていなかったが、ネリー・ブライの母親だった。

車内は真鍮と革と磨きこまれた木でできていて、あたりは花の香りと大きな話し声に満ちていた。メアリー・ジェーン・コクランは、りっぱな身なりの男たちのそばを通り過ぎながら、ゆっくりと奥へ歩いていった。とうとう、メアリー・ジェーンは娘の姿をみつけた。最後にみたときと同じ青いドレスを着ていたが、日に焼け、鼻はピンク色になっている。一緒にメキシコを旅したときと同じだった。「帰ってきたのね、ネリー」母親はそういうと、娘をその腕に抱きしめた。

「ママ！」ネリーは胸がいっぱいになり、うまく声が出せなかった。「帰ってきたわ！」

ふたりはしばらく抱き合ったままじっとしていた。車内にいる男性たちはこの神聖な光景から少し距離を置いて立ち、静かに見守っていた。だが、列車の外では数千人の群衆がネリーの名を呼んでいる。やがて、ネリーは目に涙を浮かべたまま後部デッキに出ると、ほほえんで手を振り、だまって歓声に耳を傾けた。この騒々しさの中では、ほかにできることはなかったのだ。いつものように、列車のそばにいる人々が手を差しのべてきた。デッキの真下にいるのはハリー・ヘストンという名の男で、ブロード・ストリート駅の食堂のレジ係だった。ハリーはにっこり笑い、心をこめてネリーの手を握った。その様子をみていた記者は、のちに「ふたりは、まるで数年来の友人のようだった」と書いている。ネリー・ブライには、生まれつき有名人としての資質があるようだった。たとえ彼女が相手のことを知らなくとも、だれもがネリーに友人のような親しみを覚えるのだ。

人々がネリーと熱い握手をするのをみているうちに、ジュリアス・チェインバーズは、ネリーが引きずり降ろされてしまうのではないかと心配になった。少したつと、チェインバーズに命じられたワールドの記者が、デッキから身を乗り出すネリーの体をうしろから支えることになった。やがて車内から、歓迎委員会のために道を開けてくれ、と呼びかける声がきこえた。その朝ネリーを迎えるべくニューヨークからやってきたのは、ジュリアス・チェインバーズとメアリー・ジェーン・コクランだけではなかったのだ。ネリーの親友の作家でフェミニストのコーラ・リン・ダニエルズ、数人の記者（なかにはジェイムズ・メトカーフの姿もあった。すみれ色の瞳を持つ「ライフ」誌の記者で、前年にはネリーと街を歩いているところをしばしばみられた）、市民の代表、各界の著名人の姿もみえる。ニューヨーク・ジャイアンツの人気選手、ジョン・モンゴメリー・ウォードもきていた。ウォードはネリーと同様ペンシルヴェニア州で生まれ育ち、最近、オールスターチームを引き連れた世界一周巡業の旅を終えたばかりだった。ウォードは自分もネリーの列車に乗せてもらえないだろうかと頼み、ワールドは喜んでこの頼みをききいれたのだった。ニューヨーク組の一行が乗ってきたプルマン寝台車のベアトリス号は、すでにイリオン号に接続されていた。また、終わりに近づいた旅に備えて、イリオン号には新しい機関車が取りつけられた。ネリーは後部デッキからさようならと手を振り、それから歓迎委員会の面々に挨拶をしに車内にもどった。数分のち、列車はふたたび動きはじめた。ブロード・ストリート駅のレンガ造りの尖塔はしだいに遠ざかり、歓声はしだいに小さくなって、やがて鋼の車輪が鋼の線路を走る音しかきこえなくなった。

連絡駅のジャーマンタウンに着くと、フィラデルフィアから乗ってきた一団は列車を降りた。町の登記官が全員を集め、ネリー・ブライに大きなバラの花束を贈る。「われわれ一同、あなたの勇気と大胆さ、そして忍耐を称えます。この花はわたしの願いを表しています。終わりにさしかかったこの旅と同様に、あなたの人生も輝かしく、美しく、成功に満ちたものでありますように」ネリーが、ご親切は忘れませんとフィラデルフィアの方々にお礼を伝えていただけますかと頼むと、登記官は、ぜひ伝えましょうと約束した。フィラデルフィアの代表者たちがネリーに近づいてきて握手をし、幸運を祈った。ネリーは記者たちにバラを分け与え、冗談をいったり質問に答えたりしながらサインをした。そのうちカーボン紙に書かれたサインは、翌日のフィラデルフィア・インクワイアラーに掲載された。

ジャーマンタウンをあとにすると、列車は丘の尾根をこえてニュージャージー州に入った。葉の落ちた木々の中を抜けてプリンストンにさしかかると、青と緑のスレート屋根のカレッジ・オブ・ニュージャージーが、ジオラマのように車窓のむこうにみえた。それから、列車はニューブランズウィック、ローウェー、トレントンといった郊外の町を過ぎていった。広い通りには立派な屋敷が並んでいる。ネリーが食堂車で昼食をとっていると、それぞれの駅で自分を待つ人々の姿がみえた。彼らにも、列車が自分たちの駅に停まらないことはわかっていた。ただ手を振って挨拶し、ようこそと伝えるためにやってきたのだ。そしてまた、話題の若い世界旅行者の姿をひと目みたかったのだろう。「大統領候補者にでもなった気分」ネリーは、ニューメキシコ州でそう語っていた。花束や楽団に華々しく迎えられると、大陸横断の旅をしているのではなく、地方遊説の旅でもしているような気分になったのだ。だが、ネリーはいま、大統領候補どころか大統領本人にも匹敵するほどたくさんの人々を引き付けている。フィラデルフィアの新聞にはこう書かれている。「気の毒に、ネリーの手はハリソン大統領の手よりも酷使された」ネリーは母親とコーラ・リン・ダニエルズと食堂車のテーブルについていたが、興奮と疲労のせいでほとんど食欲がわかず、シャンパンを少し飲んでサラダをつついただけだった。アメリカの西端に足をつけて以来、ろくに眠っていない。いまや東の端がすぐ目の前に迫っている。三人の会話は脈絡なくあちこちに飛んだ。話したいことは山ほどあり、どこからはじめればいいかわからないほどだった。ネリーは家に帰れることを——それも、定刻より早く——もちろん喜んでいたが、この列車の旅を心から楽しんでいたので、終わりが近づきつつあることが残念でもあった。時刻は午後三時になろうとしている。ネリーはふと不安になった。明日のこの時間、わたしはどこにいるのだろう。明後日はどこにいるのだろう。この二カ月半というもの、考えることといえば少しでも前に進むことだけだった。旅が終わってしまえば、つぎにどんなことが起こるのかはまったくわからない。

　昼食が終わって皿が片づけられると、隣の特別客車から、歓迎委員会のリーダー役のジュリアス・チェインバーズが静かにと呼びかける声がきこえた。ネリーは客車へ入っていき、いっせいに全員の視線を浴びると、恥ずかしそうにほほえんだ。母親とコーラ・リン・ダニエルズは席にすわったが、ネリーはそのまま立っていた。ジュリアス・チェインバーズは、優しげな黒い瞳と、白いものが混じりはじめた濃い口ひげが印象的だった。黒いスーツを着て、当時の流行だったハイカラーにネクタイを締めている。ワールドの編集局長である彼は――ジョゼフ・ピュリツァーによって雇用契約を三年延長されたばかりだった――、大勢の人々の注目を集めると心地よく感じた。彼はまず、またとないこの機会に集まってくれた全員に感謝の言葉を述べた。「時間という砂がこぼれはじめて以来、」チェインバーズはいった。「こちらの女性を紹介することほど光栄な任務についた者はいないでしょう。彼女こそ、世界一周の旅を七十二日で終えた本人なのです」彼はスピーチをこう続けた。もちろん旅そのものにも注目すべきではあるが、なににも増してすばらしいのは、この若い女性が任務をとても真剣に受け、同じ真剣さでもって遂行したことにある。彼女にとって、この旅はどんなときも仕事だったのだ。「いま、こちらの女性はわれわれの元に帰りつき、数万人の人々がその帰還を歓迎しています。彼女は三つの海をこえ、ふたつの大陸を横断してきたのです。紳士淑女のみなさん、こちらにいらっしゃいますのが、変わらぬ朗らかさと情熱と信念の持ち主、ミス・ネリー・ブライです」

だれもが割れんばかりの拍手を送った。しばらくして静かになると、ネリーは口を開いた。「こんなに温かく迎えてくださって、どうお礼を申し上げていいかわかりません。わたしにとって、目指すべき陸地はこの地球上でたったひとつでした。それはアメリカ大陸です」ネリーの話し方には、ペンシルヴェニア丘陵地帯の出身者に特有の訛りがある。客室にいるほとんどの人間がはじめて耳にするイントネーションだった。「これほどたくさんの注目を浴びるとは思ってもいませんでした。ニューヨークに着けば旅は終わり、それでみんなおしまいだと考えていたのです。ところがサンフランシスコに到着してからいまにいたるまで、いつもすばらしい歓迎を受けました。みなさんの熱い関心にお礼を申し上げます」

ネリーが話を終えると、さきほどよりさらに大きな拍手が湧き起こり、万歳の声が上がった。それから、ジュリアス・チェインバーズは、レスター・ホームに交替した。ニューヨーク市長ヒュー・J・グラントの個人秘書だ。ホームは市長から寄せられた祝辞と、心からの温かい歓迎の言葉を読みあげた。そのあと相互生命保険協会の会長がスピーチをし、ネリーに地球をかたどった小さなインクスタンドを贈った。あとにはニューヨーク法医学会の会長、ペンシルヴェニア鉄道の代表者、新聞協会の代表者と続き、最後にジョン・モンゴメリー・ウォードの番になった。背の高いハンサムな男性だ。ウォードは「高潔なアメリカ人女性を体現している」としてネリー・ブライを称えた。

全員のスピーチが済んだころ、ジャージー・シティの郊外がみえてきた。ジョン・ジェニングズがネリーの持ち物をまとめ、家に送り届ける用意をはじめる。ネリーは記者のひとりにそっと話したことがあった。「ジェニングズさんは小柄だし謙虚で口数も少ないけど、あの方がいてくれてほんとうに助かっているの」ネリー・ブライもほかの人々も、到着までわずかとなった時間を物思いにふけって静かに過ごした。目の前には最後の旅路が延びている。なにかが起ころうとしていた。なにかとてつもないことが起ころうとしている。だが、それがなんなのかはわからなかった。今朝フィラデルフィアにいたときは空気が冷たかったが、寒さはしだいにゆるみはじめていた。灰色の雲が低く垂れこめた空は、ウィンスロー・ホーマーの描く海の絵を思わせた。水平線近くに、動く黒い点がいくつもみえる。列車が近づくにつれ、その点は湾の上で旋回するカモメたちの群れだったのだとわかった。ペンシルヴェニア鉄道の駅は水平線のすぐ先、線路がみえなくなったその先にある。

列車の一行は、目でみる前に肌で感じとった。視界を黒く埋めつくすような人だかりができていたのだ。数千、いや一万、おそらく一万五千もの群衆だった。ざわめきが高くなり、また低くなる。セミの鳴き声にもきこえるが、もっと太く響く声だ。列車が長くゆるやかなカーブを曲がって駅に近づいてくると、ざわめきがどよめきに変わった。線路は駅の西の端に続いている。列車がみえるとすぐに、集まってきた人々の整理のために建てられていた木の障壁が撤去された。遠目からは、まるで駅の後ろの海から高潮が押しよせて構内に流れこみ、あらゆるものを黒い水の中に飲みこんでいくようにみえた。人の波は手荷物預かり所に、男性と女性それぞれの待合室に、喫煙室になだれこんでいった。バルコニーには人が何本もの列をなしている。だれひとりとして、これほど大きな人波の中に身を置いた経験はなかった——南北戦争の従軍者だけは別だっただろうが。男は山高帽やダービーハット、シルクハットをかぶり、女はかんかん帽やボンネットをかぶり、子供たちはなにもかぶっていないか、そうでなければキャップをかぶっていた。歩いてきた者もいれば、馬車できた者やフェリーできた者、ネリー・ブライのように列車できた者もいた。彼らの願いは、白黒格子模様のコートをきて、前後にまびさしの付いたギリーキャップをかぶり、革の手提げ鞄を持った女性を自分の目でみることだった。勇敢なアメリカン・ガールにおかえりをいいたかった。彼女は祖国の言葉だけを話し、ほんの少しの着替えを詰めた鞄を持って世界を一周し、イギリス人がフランス人の想像の中で達成した記録を、みごとに打ち破ってみせたのだ。

列車の後部車両がくる予定のホームには、ジャージー・シティのオレステス・クリーヴランド市長が、ネリーにわたそうと大きな花かごを持って立っていた。まわりでひしめき合う人々につぶされないよう、かごを頭の上にかかげている。ネリーは、あらかじめ受け取った電報で、列車が駅に近づいたら階段の上で待機するよう指示されていたので、列車が最後の直線距離で減速しはじめると、いわれたとおり階段の上に立った。列車が止まり、ネリーが階段を降りる。ためらわず、さっと片方の足を、それからもう片方の足をホームに下ろす。ふたつ目の足が地面に付いた瞬間、三人の計時係が同時にストップウォッチを押した。旅は終わった。

時刻は午後三時五十一分四十四秒。ネリー・ブライの旅は、はじまってから、七十二日と六時間十一分と十四秒で完了した。世界一周の史上最速記録だ。

たちまち、あたりは大混乱となった。ニュージャージーのある若者の言葉によれば、「空気を引き裂くような」うるささだったという。詰めかけただれもが声のかぎりに叫んでいた。大歓声は壁に当たって跳ね返り、ひとつの物質のようになってブリキの屋根をがたがた鳴らした。ワールドからきたひとりの男性が、傘の先端にくくりつけたハンカチを振った。すると、構内のウエスタン・ユニオン社のだれかが「いまだ！」と叫んだ。電信機のスイッチが押され、マンハッタン最南端のバッテリー公園に合図が送られた。そこでは、ジョン・ペイン&サン花火会社のヒューバート・ウィッチャーリー隊長が、すでに祝砲の準備を終えていた。合図が送られてすぐに十発の祝砲があたりの空気を揺るがし、そしてバッテリーからほど近いブルックリンのフォート・

グリーン公園でも――マートル街の電柱に信号が送られていた――祝砲が撃たれた。もう一度、さらにもう一度、立て続けに数発の砲声が鳴り響く。大砲の音を合図に、湾に泊まっていた数隻の汽船、タグボート、はしけ、フェリーがいっせいに汽笛を鳴らした。汽笛の甲高い音、そして空気を震わせる祝砲がくり返され、それをきいていると、人々はわくわくするような、それでいてどこか恐ろしいような気分になった。まるで独立記念日の花火のようだ。祝砲が鳴り響き、人々は歓声をあげ、それがいつまでも続く。「勝利の凱旋を果たした将軍でさえ」とひとりの記者は伝えている。「これほど盛大な歓迎は受けなかっただろう」

ネリー・ブライが列車を降りると、クリーヴランド市長が足早に近づいて挨拶し、丁寧に一礼して花かごをわたした。ネリーもうなずいておじぎをし、ほほえんで感謝を伝えた。構内の喧騒《けんそう》がすさまじく、声を出しても意味がなかったのだ。市長が「カブキ役者」のように大げさな身振りでお祝いを述べると、ネリーも同じように大きな身振りでありがとうございますと伝えた。だれかがネリー・ブライから花かごを預かると、市長とうしろにひかえていた市の職員たちが、人々に向かって静かにしてくださいと身ぶりで伝えた。市長が歓迎の挨拶を述べるためだった。オレステス・クリーヴランドは大柄で頭が大きく、悲しげなブルドッグのような目をしていた。彼は背筋を伸ばし、そしてスピーチをはじめた。「アメリカン・ガールが誤解されることは二度とないでしょう」市長はかん高い声でほとんど叫ぶように演説を続けた。「彼女たちは進取の気性に富み、意志が固く、自立し、どこへいこうと自分の足でしっかり歩いていくことができるのです」それからネリー・ブライのほうをまっすぐに向いた。「あなたは、アメリカの自由という名の標識灯を、いっそう明るく輝かせてくれました。この明かりは、世界の国々を文明と進歩というひとつの大きな行進へ導くものです。あなたは世界を走り抜けながら、だれもが解する言語で『進め！《フォワード》』と叫び、それを一八九〇年という時代の合言葉にしたのです。そして、この輝かしくも偉大な国のあらゆる場所から、われわれアメリカ人はそれにこたえました。『進め！　神はあなたと共にある！』」

演説はさらに続き、翌日の新聞には十段落にもおよぶ原稿が掲載される予定だった。だが、市長の話はだれにもきこえず、そもそもきく気がないようだった。とうとうクリーヴランドは話をあきらめ、ネリー・ブライを紹介した。

ネリーの帽子の下からはほつれた髪が可愛らしくのぞき、ほほえむと日焼けした顔に白い歯がひときわ白く輝いた。晴れやかで自信に満ちているようにみえた。「世界はジャージーからジャージーまで続いています」ネリーはいった。「そしていま、わたしはジャージーにもどってきました」

ネリーがいったのはそれだけだったが、それで十分だった。「ネリー・ブライ、万歳！」人々はくり返しくり返し叫んだ。女性はハンカチを振り、男性は杖を振り、バルコニーからは花束が投げられた。それから、フェリー乗り場へ向かう行進がはじまった。警察の一団がネリーとクリーヴランド市長――ネリーの母親とコーラ・リン・ダニエルズは先にいっていた――を護衛のために取り囲み、押しよせてくる人々をかきわけ、どなり、警棒を振りながら進んでいく。ランドー馬車を待たせている百五十メートルほど先にたどり着かなくてはならない。警官に囲まれるとネリーの姿はほとんど隠れてしまい、人々は爪先立ちになって、そばを通るネリーをひと目見ようと伸びあがった。一センチ進むだけでも一苦労だった。進めば進むほど人がさらに押し寄せて、

二、三十メートルもいかないうちに完全に身動きが取れなくなった。するとふたりの屈強な警官がネリーの体を両側から引っぱり上げるようにして、破城槌《バタリング・ラム》のように肩で群衆を押しのけながら、馬車の乗り場まで突き運んでいった。馬車に着くとネリーは座席に助け上げられ、続いてクリーヴランド市長も転がりこむようにして乗りこんだ。御者が手綱を取ると、馬は――大声を上げながら押し寄せてくる人々に怯えたのだろう――桟橋を突進していった。「馬車がフェリーに向かいはじめると、だれもが同じ方向へ殺到した。みていて怖くなるような光景だった」フィラデルフィア・インクワイアラーは伝えている。「男や女や子供たちが倒れ、あとからきた人たちに踏みつけられた」

　馬車はフェリーのタラップをわたり、そのまま中に乗りこんだ。船にはすでに大勢の人々が乗っている。しばらく前から、ネリーの到着をいまかいまかと待っていたのだ。彼らは、ネリーがランドー馬車の中にすわったまま姿を現さないのをみてがっかりした。やがてフェリーが湾をわたりはじめると、だれかが掛け声をかけた。クリーヴランド市長は一八八八年の選挙で再選を目指したとき、選挙運動の一環としてこんな掛け声を使っていた――「四年、四年、あと四年《フォー・フォー・フォー・イヤーズ・モア》！」いま群衆は、声を合わせてネリーに呼びかけはじめた。「開けろ、開けろ、馬車を開けろ《オープン・オープン・オープン・ザ・コーチ》！オープン・オープン・オープン・ザ・コーチ！」掛け声はたちまち上甲板に広がり、だんだん大きく、だんだん激しくなっていった。御者はしかたなく求めに応じ、前の御者台から降りると、ランドー馬車の幌を外した。ワールドの記者はこう伝えている。「御者が馬車の幌《ルーフ》を取ると、船の屋根《ルーフ》が吹き飛びそうな歓声が上がった」対岸のニューヨークに着くまで、ネリーは馬車の中に立ち、周りに詰めかけた人々に手を振り続けた。あたりには、湾に浮かぶあらゆる船からきこえる歓声と口笛が響きわたっていた。

ニューヨークのコートランド通りの桟橋でも大観衆が待っていた。その騒々しさも熱烈な歓迎ぶりも、ジャージー・シティからネリーを見送った一団とまったく同じだった。川沿いを走るウエスト・ストリートはほとんど通り抜けることができず、コートランド通りにいたっては立錐の余地もないほど人が押し寄せていた。馬車はのろのろと四ブロック進み、ブロードウェーに出ると左に折れ、そこからほど近いパーク・ロウのワールド社のオフィスへ向かった。ネリーはフェリーにいたときと同じように馬車の中で立ち、左右の通りに群がった人々に笑顔をみせ、帽子を振り、おじぎをくりかえした。馬車と並んで歩いたり走ったりしはじめる男性や少年がいると、ネリーは手をのばして花をわたした。ネリーはのちに、ちょっとした驚きをもって、ひとりの男性のことに触れている。男性に、あなたの手に触ってもいいですかとたずねられると、ネリーは、馬車に轢かれるといけないからあまり近寄らないほうがいいわと答えた。すると男性は、何度もくり返した。「ネリー、あなたに神の祝福を。じつに親切で思慮深い方だ」

ブロードウェーに並ぶ大きな建物をみると、窓という窓から人々が顔を突き出していた。交通はほとんどまひし、馬車も鉄道馬車も、通りにあふれる人波にさえぎられて進むことができなかった。車掌のどなり声も、ベルの音も、ただ喧騒にまぎれるばかりでいっこうに効果がない。まるで街全体が満場一致で交通ルールを修正し、ブロードウェーを大きな遊歩道に変えてしまったかのようだった。馬車は除雪車のように人々をかきわけていかなくてはならず、新聞社街までの道のりを少しずつ慎重に進んでいった。運悪くパーク・ロウを通り抜けようとした配達トラックは完全に立ち往生し、見物人の一部がその屋根によじ登り、即興の展望台がわりにしてしまった。

ようやくネリー・ブライの馬車は、三十一番地三十二号に建つワールド社のオフィスに到着した。近くのオーク・ストリート警察署の署長は、二十五人の警官を派遣してオフィスの警護に当たらせていた。責任者の巡査部長は馬車から入り口までネリーが通れるように人波をかきわけて道を作り、その両側を二十五人の警官たちが固めた。ネリーはランドー馬車を降りると、居並ぶ人々に向かっていった。「もどってこられてほんとうに嬉しく思っています！」それから最後に帽子をひと振りすると、オフィスの中へ姿を消した。

階上の一番広い編集局では、ネリーのために身内の歓迎会が用意されていた。同僚たちが集まってきてネリーを出迎える。部屋には、花やお祝いの手紙や電報が山のように届いていた。負けを認めたコスモポリタンのジョン・ブリズベン・ウォーカーからは、珍しいバラの花がひとかご贈られていた。

## 一八九〇年一月三十日　ニューヨーク

エリザベスの乗ったボスニア号からニューヨークがみえたのは一月三十日木曜日の朝だった。クイーンズタウンから恐ろしい航海を切り抜けてきたのだ。北大西洋には激しい波が立ち、最初から最後までボスニア号をまるでボールのようにもてあそんだ。くる日もくる日も、エリザベス・ビズランドは、みじめな気分でぐったりと寝台に横になっていた。ひどい船酔で、とても動けなかったのだ。船は緑の山のような波に持ち上げられ、そのてっぺんで一瞬静止すると、波の側面を滑り降りる。船尾が海面から高く突き出す姿は、後ろ足で立ち上がる野生の子馬のようだった。

何日も絶え間なく船に揺られているうちに、関節という関節が脱臼したかのように痛みはじめ、歯までも痛むようになった。寝台は棺のように薄く硬かった。甲板に続くすべての扉が凍結防止のために開け放たれると、身を刺すような冷風が通路に吹きこみ、船室にも入ってきた。嵐の三日目――四日目だったかもしれない――、エリザベスが寝台から起き上がろうと決めた瞬間、船が大きく揺れ、たらいの中にあった水差しが飛び出してきて彼女の胸にまともにぶつかった。水差しは粉々に割れ、エリザベスと寝台のシーツを氷のように冷たい水でびしょ濡れにした。その後エリザベスは、乾いた着替えをしまってあるトランクの鍵が見当たらないことに気づいた。途方に暮れて船室の中で立ちつくすと、冷たい風が船室に吹きこみ、濡れてまとわりつく寝間着を通して肌を刺した。毎晩彼女は、朝になればきっと状況はよくなっているわ、といいきかせて眠った。だが目を覚ますと、前日とまったく同じことがくり返された。風は絶えず吼え、海は絶えず荒れていた。ボスニア号の船長は、ジェイムズ・B・ワットという四十七歳のスコットランド人で、大きな尊敬を集めるベテランだった（評判の高さは、キュナード社の定年を二年過ぎた六十五歳のときに、新たにルシタニア号の船長に任命されたことからもわかる）。だが卓越した航海技術をもってしても、これほどの嵐の中で船を急がせることは不可能だった。一日また一日と過ぎるたびに、ネリー・ブライに追いつく可能性は消えていった。カレンダーと時計に支配された旅が終わりつつあるいま、時間は歩みをゆるめるどころか逆行し、エリザベスを最終目的地から遠ざけようとしていた。

十一日目の朝、海が凪《な》いで空が晴れはじめたとき、水平線上にうっすらともやのようなものがみえた。甲板の前に集まった船客たちは、震える体を毛皮にくるみ、寒さで鼻を赤くしていたが、ようやく現れた陸地をみて大喜びした。船が近づくにつれてもやの色は濃くなり、とうとうコニーアイランドの形になった。まもなく乗客は、みたこともない光景を目にした。エレファント・ホテル――木造の巨大な象だ。十二階建てのこのホテルは、十二メートルの牙を持ち、全体を青いブリキでおおわれている。建てられてまだ数年だが、すでにコニーアイランドの名物になっていた。「まさに建築学上の驚異だ」当時の記者はそう紹介している。「アメリカへやってくるヨーロッパ船の乗客たちは象をみて目を見張り、この国の大きさを知る」前足には――円周は十八メートル――煙草屋とジオラマ館があり、後足のらせん階段を上ると、象の体の中に収まったコンサートホールや美術館、様々な店へいくことができる。ボスニア号がゆっくりと象のそばを通り過ぎていくあいだ、そのガラスの目玉は船をみているかのようだった。エリザベスはのちに「まるで遅れたことを咎《とが》められているような気になりました」と述べている。

船はナロー水道を抜けてアッパー湾へ入った。右手には松明をかかげた自由の女神像がみえ、左手にはスタテン島がみえた。山間からこぢんまりした集落が見え隠れし、海沿いには立派なボートハウスが建ち並んでいる。夫についてアメリカにやってきた若いイギリス人女性が、この風景はイギリスにそっくりだわ、と声を上げた。きっと開拓集落の丸太小屋が並んでいるとでも思っていたのね、とエリザベスは考えた。はるかかなたに、ロワーマンハッタンのスカイラインがみえる。古い建物群の中から新しく建てられた摩天楼のドームや尖塔がのぞいている。山脈から突き出た鋭い山頂のようだ。いまも、摩天楼をみるとエリザベスの胸には畏敬の念が湧いてくる。ニューオーリンズから北へ向かう船上ではじめてニューヨークをみたときも、いまとまったく同じ驚きを抱いたものだった。街並みが視界に入ってくると懐かしさが胸に押し寄せ、それまでの時間を一瞬にして消し去った。エリザベスには街の様子がはっきりとわかるような気がした。通りも、家並も、そこを歩いていく人々も。まるでなにかにちょっと気を取られて、一瞬だけよそみをしていたかのように。

ボスニア号はニューヨーク港に入り、マンハッタンの西側を北へ進んでいった。午後一時半ちょうど、船はクラークソン通りの端にある、キュナード社の四十番埠頭に到着した。こうしてエリザベス・ビズランドの旅は終わった。公式なタイムキーパーが待機していなかったため、エリザベスの到着時刻は、ネリー・ブライのタイムほど正確なものではない。ボスニア号がニューヨーク港の入り口を通過した朝の十時十分から計算すると、旅は七十六日と十六時間十分で完了したことになる。ジョン・ブリズベン・ウォーカーはエリザベスのタイムを七十六日と十六時間四十八分と記録したが、計算の方法については一度も説明しなかった。船が停止した一時半から逆算すると、旅にかかった時間は七十六日と十九時間三十分になる。いずれにせよ、ウォーカーの決定に異論をさしはさむ者はいなかった。エリザベスのタイムはちょっとした補足事項に過ぎなかったからだ。三種類のタイムどれをとっても、エリザベス・ビズランドは史上最速で世界を一周してみせたのだ――ネリー・ブライが四日と半日早く到着していた事実さえのぞけば。

だが、この四日半の時間差がすべてを変えた。エリザベス・ビズランドを待っていたのは数千人ではなく数百人で、ジャージー・シティやコートランド通りの埠頭でネリー・ブライを出迎えた人々にくらべるとはるかに静かだった。エリザベスは相客たちと共に甲板に姿を現した。体にぴったり合った黒い旅行用のスーツを着て、その上には黒い細身のロングコート《ニューマーケット・コート》をはおり、つやのある黒いセーラーハットをかぶっていた。ニューヨークを発ったときにかぶっていた帽子だ。

肩には小さな双眼鏡をかけ、顔はすっかり日焼けしていた。「セントルイス・リパブリック」紙は「ミス・ビズランドは熟練の船乗りのようにみえた」と伝えている。姉のモリーがタラップの先で待っていた。エリザベスが波止場に降り立つと、モリーは妹の腕の中に飛びこみ、わっと泣き出した。「あの人がエリザベスを負かしちゃったわ。でも、あなたはすごくがんばったわよ」ジョン・ブリズベン・ウォーカーと同僚たちも会社から出迎えにきていて、エリザベスの友人たちと共に、彼女に慰めと祝いの言葉をかけた。

数人の記者たちがエリザベスを囲み、旅はどうでしたかとたずねた。エリザベスは、とても楽しい旅で、いく先々の国で親切にしてもらいました、と答えた。ひとつだけ残念なのは、ネリー・ブライのタイムを抜けなかったことです。そこまで話すと、エリザベスは姉に急き立てられるようにして、待たせてあった馬車に乗りこんだ。それからふたりの姉妹は四番街にある小さなアパートへ帰っていった。アパートの中は、友人たちが無事を祝って贈ってくれた花であふれていた。

ジョン・ブリズベン・ウォーカーはその日の夜、エリザベスの旅を検討するため取材にきたワールドの記者にこう語った。「わたしが西回りの世界一周に派遣したあの若い女性は、旅慣れているとはとてもいえなかった。そのためいくつか失敗を犯した」ウォーカーはひとつだけ具体的な例を挙げた。「例えば香港からブリンディジへ向かうときに、蒸気船プロイセン号ではなくべつの船に乗った。この船はプロイセン号より三日早く出港したが、到着するのは四日遅かった。それで、彼女のためにル・アーブルで待たせてあったフランス船のラ・シャンパーニュ号に乗れず、クイーンズタウン発のボスニア号に乗るはめになった」

だがエリザベスは、香港でわざとプロイセン号に乗らなかったわけではない。プロイセン号のスクリューが壊れてしまったために、やむなく、船足の遅いペニンシュラ・アンド・オリエンタルの蒸気船に乗ったのだ。さらに、たとえエリザベスがル・アーブルでラ・シャンパーニュ号に乗っていたとしても、この船は北大西洋で嵐に襲われ到着が大幅に遅れていた。エリザベスがニューヨークに帰ってきた翌日、ラ・シャンパーニュ号の指揮官ボアイエ船長は、記者の取材に答えてこう述べた。もしミス・ビズランドが乗船されていたら、ニューヨークには一月二十六日日曜日の午後に到着されていたでしょう。ボスニア号よりはるかに早いが、それでもネリー・ブライのタイムには数時間およばない。ジョン・ブリズベン・ウォーカーはエリザベスに責任を押し付けたがっていたが、自分が最初に下した、東回りではなく西回りで旅をさせるという決定についても悔やんでいたかもしれない。彼は、西回りで旅をすれば向かい風を避けることができるが、東回りのネリー・ブライは南シナ海で風に悩まされるだろうと考えていたのだ。だがこの決定により、エリザベスは北大西洋を十一月ではなく一月に横断することになった。海上で悪天候に見舞われる可能性は一月のほうがはるかに高い。船が遅れることは予想できたはずだ。

事実、たとえプロイセン号のスクリューが香港で壊れなかったとしても、結果はほとんど変わらなかっただろう。コスモポリタンの当初の旅程では、プロイセン号はエリザベス・ビズランドを一月二十一日にジェノヴァへ連れていくことになっていた。実際に乗ったP&O社のブリタニア号は予定より四日遅れてブリンディジに着いた。早く着いていればカレー行の急行列車に十分に間に合い、カレーからフェリーに乗ってイギリス海峡を渡り、列車に乗ってリヴァプールへいき、ホワイトスター社のエイドリアティック号に乗ることができた。エイドリアティック号は高速船だ。一八七二年に、北大西洋の西回りの航海でブルーリボン賞を受賞したこともある。クイーンズタウンからニューヨークまでを、七日と二十三時間と十七分で渡ってみせた。だがこのときの記録は五月に達成されたものだ。一八九〇年の一月、エイドリアティック号は、この月に北大西洋を航海したほかの蒸気船と同様、悪天候——浮氷原、そして八時間に及ぶハリケーン——に難渋し、ニューヨークの港口に着いたのは出発から十一日後の一月二十六日の午前二時六分だった。もしエリザベスがエイドリアティック号に乗っていれば、旅にかかった時間は七十二日と八時間と六分だった。これでもまだ、ネリー・ブライの記録に二時間近く及ばない。

ハリケーンと流氷に阻まれて、普段なら七日しかかからない航海に十一日かかり、普段なら七十二日で終わったはずの旅に七十六日かかった。エリザベスがどのような経路で大陸を横断していたにしても——悲惨な旅を三日続けてボスニア号に乗ったにもかかわらず——このときのヨーロッパからは、どの船に乗っても予定通りニューヨークに着くことはできず、したがってネリー・ブライに勝つこともできなかった。勝敗を決定づけたのは、ウォーカーが予想した十二月に南シナ海を襲う嵐ではなく、一月に北大西洋を襲う嵐だったのだ。

ネリー・ブライの凱旋はアメリカとヨーロッパ中の新聞で報じられたが、ニューヨークに遅れて到着したエリザベス・ビズランドのことはほとんど話題にならなかった。ニューヨーク内では、「タイムズ」紙が八面に短い記事をのせ、「ヘラルド」紙が十二面にそれよりは長い記事をのせた。だがヘラルドはどうしたわけか、彼女のことを〝ミス・メリー・ビズランド〟と書いていた。「ネリー・ブライより遅れて到着したことで、ミス・ビズランドが達成した価値ある記録はかすんでしまった」エリザベスがもどってまもなく、フィラデルフィア・インクワイアラーは社説に書いている。「汚名をそそぐには、もう一度挑戦するしかない。今回の経験を活かせば、成功したライバルの記録を破ることができるだろう。その価値があるかといえばなんともいえないが、その点に関しては一度目の旅も変わらない」

「ワシントン・クリティック」紙にはこんな一文がある。「ずいぶん前に、ミス・ビズランドとかいう女性がなにかしに出かけなかっただろうか」

ヴァーモント州セント・オールバンズの「デイリー・メッセンジャー」紙は、エリザベスを出迎える人々が非常に少なかったことを指摘したあと、あっさりこう述べている。「勝つのは勝者だ」

# 17. 時の神を打ち負かす

「時の神を打ち負かした！」一月二十六日、日曜版「ワールド」紙の第一面トップの見出しは、植字工たちが探し出した最大の活字でこう宣言していた。その下にも見出し文字が続き、ネリーの旅の物語を簡潔にまとめていた。「ヴェルヌの作り話は色褪せた」「比類なき偉業」新聞発行人記載欄の下には、ワールド紙専属のウォルト・マクドゥーガルによる大きな漫画が描かれていた。ネリーがトレードマークの格子柄のコートにギリーキャップ、手提げ鞄という出で立ちで、さえない顔つきになっている史上の世界一周達成者たちに挨拶している。サー・フランシス・ドレイクやキャプテン・クックなどが並び、その列の最後尾には、夜会の盛装に身をかためた片眼鏡の男、フィリアス・フォッグが立っている。漫画のキャプションは「天をあおいで降参する歴代の偉人たち」だ。

「全ヨーロッパが興奮の渦に巻きこまれた」と当日の同紙は、自社特派員から寄せられた多くの地理学者、科学者、ジャーナリストたちからの讃辞にそえてそう述べた。讃辞を寄せた者たちの中には、スエズ運河の開設者のレセップス伯爵もいた。伯爵はネリーの勇気を称える言葉に加えて、ユーモラスにこう続けていた。「この世界的讃辞のうちいくつかは、わたしのためにあるといってもいいでしょう。わたしの運河があったこそ、今回の旅程は大幅に縮められたのですから」

ロンドンでは、ワールドのトレイシー・グリーブズが王立地理学会の会長を訪ねた。「わたしは、このたびの彼女の旅が科学の道に貢献するだろうとは考えていない」サー・マウントスチュアート・グラント・ダフはこう述べた。「今回のことで明らかになったのは、力ある大新聞をバックにしたとき、エネルギッシュな若い女性になにができるかということだ。わたし個人としては、海外の国々をみながらの旅については、のんびりいくほうがいいと考えている。だが、この先なお、冒険心に富むアメリカ人がミス・ブライの記録と競いたいというのなら急いで旅に出かけられるといい。まったく旅をしないよりはずっといい。ミス・ブライはご自身が際立った若き女性だと示してみせた。良き夫にめぐまれることを願っている」

ネリーがジャージー・シティに到着すると、ワールドのパリ特派員ロバート・H・シェラードは、ただちにアミアンに向けて出発した。朗報をジュール・ヴェルヌに伝えるためだ。「ブラボー！」ヴェルヌは報せをきき終わらないうちに三度叫んだ。そしてうれしそうにいった。「最高だ。すばらしい業績だよ。報道業界が達成したこの偉業は、全世界を魅了するだろう」ヴェルヌはさらにシェラードに語った。彼は毎週のようにネリーの旅行について問い合わせる手紙を受け取っており、アミアンではヴェルヌに会う人間がひとり残らず、あいさつもそこそこに「ところでミス・ブライはどうなりましたか？」と水を向けてくるのだった（実際、パリでもネリーの旅についての関心が高まり、少なくとも十度は『八十日間世界一周』が増刷されていた。くわえて「みなさまのご要望にお応えして」劇場版も十一年ぶりにリバイバル上演されていた。これについては、シナリオを少々変更して、ネリーその人の世界一周レースについてもせりふを加えよう、という話も出ていた。「彼女の評判のおかげです」舞台責任者はいった）。

オノリーヌ・ヴェルヌもまた、顔をほころばせた。「わたしはいつもいっていたんです。ミス・ブライはきっと成功しますとも、って。あの方はいったんこうと決めたら決してくじけない人のようにみえました。わたしは、夫がこれで少しは心休まるだろうという理由からだけでも、本当に嬉しいんです。夫がどんなにこの旅行のために気をもんでいたことか」夫人は続けた。夜になるとしばしば、夫は地球儀を持ち出してきて、ネリーがいると思われる場所を指さしたものです。二階の壁には大きな世界地図が貼ってあって、毎日彼女が進んだ分だけ小さな旗をピンで留めていくんです。「さあ、教えてちょうだい」オノリーヌはシェラードにくだけた調子でいった。「ミス・ブライはひとりでもどってきたの？　旅の途中で良い人はみつからなかったの？　このあいだお会いしたときわたしたちは、このことであの人をからかったわよね」

シェラードはオノリーヌに、ネリーはまだ独身だと答えた。

ジュール・ヴェルヌがいった。「妻がいったように、わたしはこの旅の間中、ミス・ブライのことばかり考えてきたんだ。わたしの思いはたったひとつ。神よ、わたしに自由と若さをいま一度！　そうすればわたしはこの同じ旅に、同じ条件で出かけるにちがいない。脇目もふらず地球を一周、見物なんかしないでね。すぐにでも旅立ち、ミス・ブライにエスコートを申し出るだろう」

「それはどうかしら」オノリーヌはいった。「ミス・ブライの旅の条件は、ひとりでいってエスコートもなし。危ないことも覚悟するって決まりだったんじゃないかしら」こういうとオノリーヌは地下のワインセラーに人をやり、ビンテージのボトルを持ってこさせた。それから三人は、ネリーの成功を祝して乾杯した。

後日、ロバート・シェラードは不満をこぼしていた。自分はくりかえしワールドの本社へ向けて、ネリーを温かく歓迎してくれたヴェルヌに礼状を出してくれと頼んでいたのだが、とうとう葉書一枚出してくれなかった。当時シェラードが受けた説明はこうだった。「あの老作家は、今回の旅行で多大な宣伝効果を得ている。なんの不満もないだろう」

その一月二十六日のワールドの発行部数は二十八万三百四十部。同紙日曜版の最高記録だ。にもかかわらず、ニューヨーク中の新聞販売店で、売り切れになった。市内のホテルでは、新聞の売り子たちが宿泊客たちに、一部あたり十五セントで同紙を売らないかともちかけていた。定価四セントだ。だが売り子たちは、そうしてかき集めた新聞を、どこであれ一部につき二十五セントか五十セントで売った。当時の記者は、その価格でも入手が難しかった、と伝えている。世間の需要に応じて、ワールドの印刷所は夜通し増刷版を刷った。翌日、ニューヨークの市民たちは奇妙な光景を目にすることになった。新聞の売り子たちが、月曜日の朝に、日曜日の新聞があるよと叫んでいたのだ。

一月二十六日に、ワールド本社に一通の手紙が寄せられた。送り手はロワーイーストサイド、エルドリッジ通り百八十八番地のG・S・ハーディング夫妻だ。内容は、彼らに赤ん坊が誕生したことを知らせるものだった。その女の子は前日の午後に生まれたのだ。ちょうど祝砲が放たれていたころだった。夫妻は娘に、ネリー・ブライ・ハーディングと名付けたのだった。「娘がその名にちなんでとても聡明な子《ブライトライト》に育ちますように、と願いをこめました」手紙にはそう記されていた。

ワールドの報じたところによると、「ネリーの旅がはじまったのち、母親となった幾人かの女性が編集局に宛てて、子供にはこの若き世界一周旅行者にちなむ名を付けるつもりだ、と知らせてくれた」という。

一月二十七日、ワールドにはべつの手紙が届いた。送り主はニューヨーク在住のジョン・J・ティミンズで、「わたしは所有する四歳馬に、早駆けを約束してくれるにちがいないネリー・ブライという名を付けました。ネリー・ブライこそ世界を早駆けで走り抜けた女性だからです。わたしはネリーの成功を祈ったときと同じ気持ちで、心からネリーを敬っています」

ウィスコンシン州のバーリントンでは、ウィリアム・W・ストームズが、彼の飼育するコンテスト優勝歴のあるにわとりにネリーの名をつけた。品評会で賞を取ったパグとイングリッシュセッター、トイスパニエルのそれぞれにも同じ名がつけられた。ちなみに、このトイスパニエルの飼い主はフェルディナンド・セン夫人で、ニューヨークにおけるスパニエル飼育の第一人者だ。一八九〇年、ウェストミンスター・ケンネル・クラブの第十四回ドッグショーの日本種スパニエルの部において、第二等レッドリボン賞がこのネリー・ブライに授与されたのだった。

後年、ペンシルヴェニア鉄道会社は、ネリーが自社線のシカゴ－ジャージー・シティ間に乗車したことを記念して、その最速の列車にネリーの名を冠した。その後一九六一年に到るまで、「ネリー・ブライ」号はニューヨークとアトランティックシティを結ぶノンストップ急行として走り続けた。

ブルックリンのアンフィオン劇場では、人気のボードビル団員、ハレンとハートのふたり組が、ミュージカルコメディ「レイター・オン！」で主役を張っていた。いまや彼女たちはこのショーに新作の歌を一曲加えるつもりだと宣伝していた。曲の題名は「グローブ・トロッティング・ネリー・ブライ」だ。弾むようなアレグロのテンポに合わせて最初の歌詞がつぎのように歌われる。

この手の中に　わたしは海底を走ってきた電報を持っている
これは遠い海のむこうからきた電報
ネリー・ブライからきた電報
いまからあなたに語ってあげる
あなたが耳をかたむけてくれるなら
ネリーは記録を塗り替えようと
電光石火で駆けめぐる
世界を七十五日で回るため
ネリーは電報に書いてくる
たくさんの光景、たくさんの国の人々、たくさんの生活

ネリーのヨーロッパにおけるいくつかの想像上の奇行（ブラーニーストーンにキスしたこと、英国皇太子におもしろおかしく話をしたこと、ジュール・ヴェルヌに「リトル・アニー・ルーニー」を歌ってきかせたこと）を並べたのち、歌はこう結ばれていく。

香港に上陸すると、ネリーは夕食の合図のドラを鳴らした。
中国人たちは彼女をみておかしな顔をし
みろよネリーのはしゃぎ《ハッスル》ぶり
だけどネリーは腰当《バッスル》てなんて着けていない
バッスルなんていまじゃどこでもみかけない
横浜に着くとネリーはジャージー島出の農夫に出会い
いっしょにゆっくりお茶をすすった
彼女は日本人におべっか使われ
年老いた国王のひざの上にすわった
もちろん王はネリーと結婚したがった
だけどオセアニック号は出発し
あわれな王は泣くばかり
ネリーは青海原のその上で
ホノルルで配るための
箱一杯のチューインガムを持っている
どうかネリーがガムをいくつか
あなたに持ち帰ってくれますように

「『グローブ・トロッティング・ネリー・ブライ』は、ショーの三幕にならなければ聞けないが」

とワールドは報じている。「待ってみるだけの価値はある。ふたりの息がぴったり合って歌は盛り上がり、大変なヒット曲となったため、アンコールの声は文字通り嵐のようだった」

〝ネリー・ブライ・レース〟の応募締切日が近づくにつれ、クーポンが、いくつかにわかれている専用のオフィス内にあふれるように届きはじめた。ワールド本社はそれまで十四人の表製作者に加えて、ニューヨーク郵便局から六人の応援スタッフを招いた。この局員たちのうちふたりは「消印の神様」といわれていて、消印をちらりとみただけで、それがいつどこで捺されたものなのかが判るのだ。新米にはとうていむりな技だ。この六人を加えてもまだ十分ではなかった。そこで応援スタッフが計十人に増やされたが、なお足りず十四人となり、しまいには合計十九人のスタッフがニューヨーク郵便局から招かれることになった。このクーポン処理係は十一人ずつ三つの班にわけられた。それぞれの班が一日八時間ずつ仕事を分担することにより、集計と仕分けの作業そのものは一日中休みなく続けられる。こうして全部で九十二万七千四百二十二枚のクーポンが表になった。

つぎの日曜日の二月二日、ワールドはようやく最終的な当選者を発表できるところまでこぎつけた。名前はF・W・スティーブンズ。ニューヨーク市二番街一九三番地の住人で、その予測タイムは七十二日六時間十一分十四秒五分の二で、これは実時間プラス五分の二秒だった（つぎに近い結果を出したのはトマス・ホールトン、同じくニューヨーク市三番街一三四五番地の住人で、予測時間は七十二日六時間十一分十三秒五分の二であり、わずか五分の一秒の差で賞を逃すことになった）。結果が発表された日の午後、ワールド紙の記者がフランク・スティーブンズの自宅を訪れ、勝因についてインタビューした。

スティーブンズは毎晩、「ワールド」紙を読んだあとはクーポンを切り抜き、予想を書いて送った。彼の記憶では全部で五十枚ほどは送ったという。最初の頃の予測は、ネリーは五時の列車でシカゴを発つだろうという推測に基づいていた。だがネリーが計画通り金曜日の午前十時半の列車に間に合うようシカゴに到着するだろうと考えると、彼はネリーが計画通りの時間でジャージー・シティに到着するということに基づいて、全体の予測をいくとおりか考えてみたのだった。「時刻表とにらめっこするようなことはしませんでした」

「だいたいそんな感じだったんです」と彼は控えめにいった。

ワールドの記者は、フランク・スティーブンズのことを「にこやかな愛想のいい青年で、感じのいい話し方をする」と紹介している。スティーブンズは、ビル&コールドウェル社の総括責任者だった。同社はキャストアイアン地区のブロードウェー五百五十番地にある、帽子や毛皮製品、それに麦わら製品の製造元だ。スティーブンズはニューヨーク市内に同州北部の街ドーヴァーから六年前に移ってきており、まだ海外にいったことはない。記者はきいてみた。「海外旅行にはご自身でいかれますか。それともだれかにおゆずりになりますか?」

「もし仕事の休みが取れたら自分でいこうと思います。そのときは妻を連れていきますよ。妻の分は自分のポケットから出します」

これを発表した号の社説で、ワールドはこう宣言している。「一八九〇年はわれわれの年だ」同紙の同年一月の総発行部数は優に一千万部をこえていた。一日あたり平均で三十三万三〇五八部であり、これは前年同月の一日あたり平均発行部数を三万五千六百十三部上回るものだった。この多くは、まちがいなくネリーに対する大衆の関心に負ったものだ。とくにその号の一面、発行人記載欄の下にのった告知が人々の興味を引きつけた。その告知にはこうあった。「本日のワールド一部につき、ネリー・ブライの肖像一枚を無料で進呈。引き換えるのをお忘れなく」

驚いたことに、新聞社がその会社で働く記者の写真を世間に配るというのだ。ワールドはほかの記事でこう書いている。「ネリー・ブライに対するみなさんのご関心は非常に高まっています。それにお応えするために、弊社はミス・ブライの写真を差し上げることにしました」この説明は「世界旅行者の評伝、決定版」と銘打たれた同じ号の特集記事「ネリー・ブライ物語」の導入部に記されている。(同紙はこう説明している。「みなさんはこれでネリー・ブライの姿形がわかるでしょう。この特集記事は、ミス・ブライの中身をお伝えするためのものです」)。

「ミス・コクランはブルネットの美人です」ワールドは読者にこう紹介している。(はじめは「とてもきれいな女性です」とあった評価が、ここにきてワンランクアップされていた)。「背は高からず低からず、すらりとした優雅な体つきで、その経歴から想像される年にはまずみえません。新聞人にふさわしい才覚をもって世間とわたりあってきたため、物の考え方や素振りには厳しさも加えられています。また幾多の業績から女性記者としての使命を真摯に考えていますが、見た目は少女のようで、仕草のはしばしに若者らしい陽光のきらめきがあります。愉快で明るい性格が、ふとした瞬間に現れるのです」同紙はさらにつぎのような事柄にも触れている。コクラン製粉所(ワールド紙は、若きピンク・コクランと同じように、Cochranの後にeを付けていた)のあったペンシルヴェニア州の小さな町について。父親の突然の死と一家の財産をめぐる争いについて。ピッツバーグにおけるミス・コクランの報道業界入りについて。ワールドにおける多数の輝かしい業績について（これにはブラックウェル島精神病院の暴露報道もふくまれる）。だがこの「正伝」には、ネリーは二十五歳ではなく二十三歳だと、まちがった情報がくり返し記されている。ペンシルヴェニア内の寄宿学校に丸二年入っていたと明記されているが、実際には半年だ。また、彼女が同校を去ったのは、母親がその費用を捻出できなくなったからではなく、コクランの「心臓の病を恐れたため」としている。一家のかかりつけ医が、これ以上学業を続ければ「お嬢さんの命にかかわるかもしれません」といったというのだ。

ネリーがホーボーケンから出発した日のことを、ほとんどの読者は覚えていないだろう。あのとき、ワールドの記者のひとりがネリーに、鞄の中にはなにか薬が入っているんですかとたずねた。記者が伝えたところによると、ネリーは「変なことをきくのね」といわんばかりの笑みをみせて答えた。「わたしはこれまで病気らしい病気ってしたことがないの。いまさらしようとは思わないわ」

前年の十二月、ウォルト・マクドゥーガルはワールドに、「こうなるかも」と題した漫画を描いた。ネリーが蒸気船から降りてくるところを、群衆が歓迎しようと待ちかまえている。みると人々は手に手に看板をかかげている。「ネリー・ブライ・ミシン」「ネリー・ブライ帽子」「ネリー・ブライ・タイプライター」「ネリー・ブライ・カメラ」などなどだ。それから数カ月後、この予想通りになった。当時、アメリカの諸企業は、有名人のイメージが製品販売に使えることに気づきはじめていた。広告を通じて当の有名人にまつわる特徴——ネリーの場合なら冒険心、活力、勇気、愛国心、そしてなにより成功――が、広告の製品に、ひいてはそれを使う人間に乗り移るかのように考えられたのだ。こうして一八九〇年には、アメリカ中の女性たちがネリー・ブライ帽子、ネリー・ブライ・ドレス、ネリー・ブライ手袋を身に着けた。それらはネリーが旅行中身に着けていたために有名になったものをモデルにしていた。子供たちはネリー・ブライ・ノート――表紙には地球の絵が描かれており、おかしなことにそのまわりを猫がはねまわっている――を、ネリー・ブライ・スクールバッグに入れて学校に持っていった。おそらく、ネリー・ブライ人形と一緒に。家に帰れば帰ったで、ネリー・ブライ・ランプの明かりのもとで、ネリー・ブライ万年筆とネリー・ブライ・ノートを使って書き物をし、そのあとの休憩時間にもネリー・ブライ写真帳（業界誌「アメリカン・ステイショナー」には「この時期もっとも売れ行きの好調だった文房具で、一度増産したいまもさらなる増産を望む声が上がっている」という記事が残っている）をめくったり、〝ネリー・ブライ世界一周刺繍図案〟を使って刺繍をしたりする。W・A・ピアジェ社は箱入りのネリー・ブライ・ボンボンを発表し、ニューヨーク州シラキュースにあるジョージ・L・インガーサン社にいたっては〝ネリー・ブライ馬用飼料〟を出した。

いまネリーは、絵に描かれた聖人のように象徴的な旅の装いに身を包み、おなじみの鞄を手にし、趣向をこらした様々な舞台の中に登場していた。三日月の上にすわり、トンボの背中に立ち、地球と月とのあいだで綱渡りをしている、といった具合だ。それぞれの広告には、ネリーを称える詩が添えられた（「ネリー・ブライが空にいて／月の満ち欠け眺めていたら」という詩は、彼女が月に腰かけている絵に添えられたものだ。「世界中が喝采し／夜毎の月を明るくする」）。ネリーがアメリカ国旗をにぎりしめて精一杯振り、彼方へ去っていくフィリアス・フォッグに別れを告げる、という図もあった。

さよならフォッグ、とネリーがいった
あとはまかせてネリー・ブライに
あとはみていてネリー・ブライを
架空の話をまことの話にしてあげる

ネリー・ブライを起用した広告はあらゆるものに及んでいた。コーヒー、タバコ、色々なスパイス、ベーキングパウダー。モース博士のインド万能薬というものまであり、これは「気鬱、頭痛、便秘にすみやかに効く」とされていた。

おそらく、ネリーの旅に関連してもっとも人気を呼んだ製品は、ボードゲーム「ネリー・ブライと世界一周」だろう。広告には「これまでになくあなたを魅了する陸路も海路も盛りだくさんの冒険」とある。事実、このゲームは爆発的人気を呼んで、製造元のマクローリン・ブラザーズ社は、その年が終わらないうちに第二弾を出すことになった。ニューヨークを根拠地とするマクローリン・ブラザーズ社は、当時アメリカにおけるボードゲームのトップメーカーだった。それはおそらく、同社が率先して導入した着色石版印刷に負っている。これによって低コストで豊富な色彩の絵柄を印刷できるようになったのだ。この技術が「ネリー・ブライと世界一周」にふんだんに使われた。競技者ははっきり色分けされたらせん状の経路をたどっていくのだが、その経路はネリーの旅の一日毎に区切られている。ゲームに興を添えるため、経路を進むたびに出てくるキャプションは実際の出来事とは違うものもあった。たとえば六十四日目には「いかだに乗る」で、六十五日目に「救助される」、という具合だ。このゲームには盤のほかにさいころ代わりのルーレットと各競技者用のコマがついている。ルーレットをまわし、その数だけコマを盤上の区画に進める。彼女の運命は、ルーレットの出す目にかかっていた。たとえば第五日目でコマが止まると氷山にぶつかって、港の位置にまでもどらなければならない。九日目に止まるとジュール・ヴェルヌに出会って歓迎され、もう一回ルーレットを回すことができる。十一日目のブリンディジで山賊に出くわすと二日もどることになり、太平洋上で晴天に恵まれれば二日先に進み、六十三日目に蒸気船に衝突されると十五日分もどる。一番の悪条件は六十九日目のシエラで豪雪にみまわれて、立ち往生してしまうことで（実際は、臨時列車で乗り切れたのだが）、ルーレットを回すのを五回パスしなくてはならない。七十二日目を無事くぐり抜けると、競技者はらせんの中央円内に入り、トランペットが「すべての記録は破られた」を奏でる中、自由の女神のそばをすぎてマンハッタン島に降り立つ。そこにはいくつかの建物がみえるが、はっきりそれとわかるのはワールド本社のビルだけだ。

ネリーとエリザベスのレースが最終段階に入ったころ、コスモポリタン社のジョン・ブリズベン・ウォーカーが主張した。ウォーカーはエリザベスがインド急行列車に乗っていたとき、ル・アーブルで蒸気船ラ・シャンパーニュ号をつかまえるよう指示する三通の電報を打っていたが、これらの電報が届けられなかったという。「ワシントン・ポスト」紙の記事の中で、ウォーカーの友人たち（名前は記されていない）は、エリザベスの敗北を、ラ・シャンパーニュ号乗組員たちの策略だとしている。彼らが電報の配送が遅れたふりをした、というのだ。同紙は「エリザベス・ビズランドが遅れて到着すれば、激しい訴訟合戦がはじまるかもしれない」と述べている。レースが終わり、実際にエリザベスが予定時間より遅れて到着すると、またべつの記事が出た。「公平であるべきレースが不正により汚された。ラ・シャンパーニュ号の所有会社に対して訴訟が起こされるだろう」

二年後、「ジャーナリスト」誌のアラン・フォアマンが批判的にこう書いた。「わたしはあのレース全体に、かなり親しく関わっていた。そのわたしが断言する。証拠をあげてもいいが、例の不正さえなければ、ミス・ビズランドは、ミス・ブライに三日の差をつけて勝っていただろう。あの不正は、ワールド社の社員から紳士の敬称を剝奪しかねない卑怯な手口だ」

アラン・フォアマンはワールドに対して「証拠をあげる」ことはなかった。彼はおそらく、ワールド社がヴィルヌーヴのトマス・クック&サンの代理人を使って、エリザベスに偽の情報を与えたといいたかったのだろう。ジョン・ブリズベン・ウォーカーのほうも、船会社その他に対して、レースに関する訴訟は一度も起こしていない。ウォーカーは、エリザベスは彼女自身の手落ちによってレースに負けたと考えていたのだろう。いずれにせよ彼は、今回のレースによって自社の宣伝に成功し、利益も得ていた。「レビュー・オブ・レビューズ」誌はウォーカーを取りあげた記事で、エリザベスの旅についてこんなふうに書いている。「今回の世界一周旅行は、雑誌の歴史においてきわめて意義ある事件だった。ウォーカー氏は、自社にもたらした利益は計り知れないと述べている」

エリザベス・ビズランドは、謎めいた代理人にまつわるうわさに関してはいっさいコメントしなかった。帰国後は自分の旅について語ることはあまりなかった。唯一コスモポリタンには記事を書いたが、それはつぎのようにはじまる。

一八八九年十一月十三日、新米の占い師が、あなたは今年のクリスマスの日にインド洋にいるだろうと予言していたとしましょう。そんなときでも、あからさまな軽蔑と不信感を顔に浮かべて、苦労の多い占い師を苦しめてはいけません。変わり者の占い師へのおもいやりをこめて、ただコーランの一節――「神は陽気な嘘つきを愛す」を教えるだけに留め、無罪放免にしてあげるべきです。まさにその十二月二十五日、わたしは船の上の人となって航海中で、その海はインド帝国（イギリスの植民地になっていた期間のインド）の岸辺を洗っていました。旅で起こった様々なことを予言されていたとしても、とても信じることはできなかったでしょう。しかし、それも当然です。この気まぐれはわたしの人生に組みこまれていたものではなく、占い師にとってもわたしにとっても、とても予想できるようなものではなかったのですから。

エリザベスはコスモポリタンのためにおこなった七十六日間にわたる事業について、これらの記事のなかではつねに「旅」あるいは「旅行」と表現し、一度も「レース」とはいっていない。

一八九〇年の春、ブルーム夫人――エリザベスがコロンボのホテルで友人となった女性――が、イギリスからエリザベスに手紙を寄こした。じきにロンドンは気持ちのいい季節になります、こちらへきて自分や夫のサー・フレデリック・ブルームと一緒に過ごしませんか、という招待状だった。エリザベスは喜んでこの招待を受け、手際よく仕事の段取りをつけた。エリザベスの不在中もコスモポリタンのコラム「書斎から」は続けるということで話はついた。また「ハーパース・バザー」誌の編集部からは、「一アメリカ女性のロンドン初滞在記」というタイトルでの連載五回の注文があった。五月十四日水曜日の午後、エリザベスは四番街の自宅アパートで壮行のパーティーを開いた。客の中には詩人で雑誌編集者のR・W・ギルダー、退役合衆国陸軍大将フィッツ・ジョン・ポーター、そしてフランシス・フォルサム・クリーヴランド（前大統領夫人で、四年前に史上最年少の二十一歳でファースト・レディになった女性）などがいた。三日後、エリザベスはキュナード社の蒸気船セルビア号（前年一月の大西洋横断の際にさんざんな目にあった船、ボスニア号の姉妹船）に乗った。行先はリヴァプールだ。エリザベスは一年をイギリスで過ごすことになる。それは、アメリカの大衆が彼女に寄せた関心がもっとも高まった期間でもあった。

アメリカ国内を横断する勝利に彩られた鉄道の旅の中で、ネリーは「フィラデルフィア・インクワイアラー」紙の記者から、つぎはいかがされるおつもりですかと尋ねられた。ネリーは即座に答えた。「すぐに仕事にもどるわ。生活のためにはなにかしなくちゃ。だれかと恋におちて結婚するまでは働くつもりよ」

だが、ネリーはすぐには仕事にもどらなかった——すくなくとも、ワールドの仕事には。帰り着いてしばらくは大騒動がつづいた（それはサルのせいでいっそうすさまじい騒ぎになった。このサルはケージから出されるとかならず部屋中を駆け回り、手当たり次第に陶磁器類を割ってしまうのだ）。そのなかで、ネリーは訪問客たちに対応し、ファンたちから贈られてくる花束を受け取り、カメラの前でポーズを取り、映画のプロモーターたちからの様々な提案に対処した。このときネリーは、アメリカ中でもっとも有名な女性だった。さらにワールドのみるところによれば「今日、地球上のだれもが知り、だれもが話題にする若い女性」だった。当然のなりゆきとして、ネリーは講演旅行を引き受けることになった。講演旅行こそ十九世紀のアメリカ人が有名人たちの姿をみ、声をきくことのできる手段だった。演者は様々で、科学者、発明家、哲学者、退役将校、あるいは単に変わったことができる人や感動的な人生を語ることのできる人たちなどだった。ネリーは熟考したのち、J・M・ヒルに自分の講演のマネジメントを依頼することにした。ヒルはアメリカ国内では傑出した舞台関係のプロモーターで、自分の劇場を持ち、演劇をプロデュースし、多数の俳優のマネジメントをおこなっていたからだ。彼は一週間もしないうちに、ネリーのためにニューヨークからカリフォルニアに到る四十の都市をめぐるツアーを企画してくれた。初日は二月九日と決まった。

世界一周旅行についての四部構成の記事(その年の二月の日曜版に掲載された)が出たあと、ネリーの署名記事はワールド上からきれいになくなった。「ミス・ブライは長期休暇中です」ワールドは紙面で報じた。「ミス・ブライの講演旅行は新聞記者としてのものではありません。講演の仕事は個人的なものであり、当社としてはミス・ブライがその講演壇上において成功を収められるよう願っております」

ネリーのツアーは出だしよくニューヨーク市内のユニオン・スクエア劇場ではじまった。ヒルが三日曜日連続の夜の講演を入れてくれたのだ。もちろん、これはヒルにとってはわけのないことだった。劇場のオーナーは彼自身なのだ。ユニオン・スクエア劇場は、ニューヨークでも最高の美しさを誇る建物のひとつとして知られていた。十四番通りから入るエントランスは広々とした柱廊になっており、客はまばゆく照らし出される入口ホールを抜けて、観覧席に入る。ホール内の白く塗られた内壁を、金色の溝彫りが飾っている。天井にはギリシャ神話に材をとったフレスコ画のシリーズが端から端まで続いている。舞台空間のふち取りはえび茶色と金に塗られ、裾にいくに従って厚い布ひだをイメージさせる形になっている。客席は千二百人を収容できるもので、後方へと急な角度でせり上がる三層構造になっている。二月九日夜、観客席は着飾ったニューヨーク市民その他の人々で埋めつくされた。ステージ上には典型的な客間のセットが組まれている。それは昼間のショーで使われているものだった。演目は「郡の品評会」という喜劇で、人気の女形役者ニール・バージェスが年かさの未婚の叔母アビゲイル・プルー役で主役を演じていた。その夜八時半になると、ヒル自身がステージ上に姿を現し、フットライトの間際まで近づいてきて聴衆に短い挨拶をした。彼は見栄えのする中年男で、ひと目でわかる特徴は、頬から鼻にかけての濃い髭だった。数年前「ニューヨーク・タイムズ」紙に「とてもハンサムな牧師」といった感じだと書かれたことがある。

「紳士淑女のみなさま、おこしいただいてまことに嬉しく存じます」ヒルははじめた。「今夜はこの場に、世界一周をただひとりでなしとげたアメリカの若き女性をお連れしました。彼女がこの場にいるのはこれからみなさんに、その旅の全貌をお話しするためです。彼女が大勢の聴衆の前に姿をあらわすのはこれがはじめてです。したがって、まだ、こうした場で話すことに慣れていません。ですから、彼女がなにか失敗したとしても、どうぞご海容ください。しかしわたしは確信しております。みなさんはきっと、彼女に心からの拍手を送ってくださることでしょう。では、ネリー・ブライ嬢をご紹介させていただきます」

　控え室の中央の出入り口からネリー・ブライが現れ、湧き起こる拍手の中を舞台正面前方へと進んだ。舞台の奥行きは十メートル強あったので、ネリーが横切るのには数秒かかった。ネリーは世界一周旅行のときと同じ青いブロード地のドレスを着ており、左の手首には銀のブレスレット、右手には厚みのある黒いベルトでとめる腕時計をはめていた。親指には幸運を呼ぶ金の指輪が光っている。前髪は丸く切り下げ、後ろの髪は編まれていた。フットライトの前までくると一礼した。すぐに拍手がやみ、観客席は静まり返った。

「ミスター・ヒルのおっしゃったとおり」ネリーは語りはじめた。「わたしはこうした場で話すことには慣れていません。みなさまに、わたしの世界一周の旅と、どのようにしてそれを成しげたのかを語りたいという思いだけからこの場にきました」前方の数列の人々には、ネリーの頰が少し紅潮しているのがみえただろう。だがその声はまったく平静で、しっかりしていた。もしネリーが実際には緊張していたにしても、その声の調子からはうかがえなかった。ネリーは続けた。「わたしがこの旅のことを思いついたのは一年前でした。それから駅へいって、めぼしい時刻表を手に入れ、たんねんに調べてみてからワールド社のデスクに軽く話をしてみたのです。その時点で世界一周の旅には八十日もかからないと見当がついていました。でもそれを社に申し出るにはためらいがありました。どう受けとめられるかわからなかったからです。でも最後には思い切って、フィリアス・フォッグの記録を破れる、といったんです」だがデスクは、その企画の面白さを認めたとしても女性を旅に送り出すことには反対だった。必要な数のトランクを持てないというのだ。「それなら、とわたしは答えました。男性を派遣したらどうなんです。わたしも同時に出発して、勝ってみせますから」ここで聴衆が笑った。ネリーは少し驚いた様子だった。だが、そのまま以前にましてしっかりした口調で先を続けた。旅の全貌が語られはじめた。旅行用ドレスがウィリアム・ゴームリーによって、たった一日で仕立てられたこと――「そんなことができるなんて思っていませんでした。でも、あの人はやってくれたんです。いま着ているのがそれです」――から、帰り着いたときに出迎えてくれた多くの人々のことまで。ネリーは九十分間にわたって語り続けた。そのあいだずっと、しきりに体重を右足に傾けたり左足に傾けたりして少しも静止することがなかった。また、時々は右手を、あるいは両手を背中に回し、しばらくすると両手を両脇に垂らしたままにしたりした。雄弁ではあっても公衆の前で話すことに慣れていない者は、こうしたふるまいをしがちだ。ネリーのこのジェスチャーによって、聴衆はいっそう彼女のことが好きになった。ネリーは、ジュール・ヴェルヌとの会見を、インド急行列車での霧深いイタリア縦断旅行を語った。ブリンディジに到着した時のことについてはこう述べた。「この人たちがわたしをみていて、だれかがわたしをアメリカ人だというとみんなで笑ったんです。わたしは頭にきました、それで車掌に頼んでその人たちにいってもらいました。アメリカじゃイタリア人っていえばハンドオルガンをぶら下げた物乞いだけよって。そうすると、みんな黙ってしまいました」

旅の物語の場がさらに東へ移るにつれて、描写される出来事はまるで東方の奇譚から取ってこられてきたような趣をそなえてきた。コロンボのヘビ使いの笛、横浜の踊り子、ポートサイドの到るところにある賭博場、広州の処刑場……。ネリーはシンガポール付近で怠け者のイギリス人に結婚をもちかけられ、仕事に就いたらいかがですかと答えたときのことを話した。これは聴衆の笑いと喝采を呼んだ。「観客が喜ぶ話はすべて」とワールドの記者は書き記している。「星条旗への変わらない忠誠心に基づいたものばかりだった。ミス・ブライは旅を通して愛国心を鮮明にしてみせた」ネリー自身も、だれかの偏った意見を耳にすると即座に応酬しました、と述べている。何人もの記者が好意的な論調で、ネリー・ブライの講演は終始一貫してアメリカのすばらしさを称えていた、と報じた。ネリーはアメリカがほかのどんな国より「はるかに進んでいる」と語ることを好んだ。彼女は自国への愛情を示すこの表現をくりかえし、どのスピーチにおいても、インタビューの応答においても、かならずもちいた。

一時間半のあいだにネリーは、聴衆を世界一周の旅に連れ出し、ふたたびニューヨークに連れもどした。彼女が話し終えると、三度、大喝采が湧き起こった。ヒルはこの夜の収益をきいて満足した。千三百六十二ドル七十五セントだった。

その二月、「ザ・ダラス・モーニング・ニュース」紙がこう報じた。「新聞記者ネリー・ブライが、講演者ネリー・ブライに鞍替えして以来、何紙かの新聞がネリーに対する容赦ない攻撃を開始した」若い女性がひとりで世界をめぐれば称賛されるが、そこから利益を得ようと企てはじめると、話はまったく別になるらしい。また、女性が夜遅くに講演するのをきらう向きもあった。ワイオミング州ララミーの「デイリー・ブーメラン」紙は、読者に向けてこう書いている。「ネリー・ブライが演壇から演壇へと駆けまわっている。もっと慎み深い女性であることを願っていたのだが」「ザ・ノックスビル・ジャーナル」紙も同意見だった。「だれもがネリー・ブライが講演を中止することを求めている。われわれの側にも、選ぶ権利がある」フィラデルフィア・インクワイアラーは、ネリーのJ・M・ヒルとの契約について報じたうえで、「残念だが、彼らの末路はただひとつだろう」と、釘をさした。ネリーの最初の講演がおこなわれたあと、「シカゴ・タイムズ」紙は、不満を述べるのに適した言葉は聖書にしかないと考えたらしい。「第一回講演会の報酬である、千四百ドルというエジプトの肉鍋（「出エジプト記」より。ぜいたくな食べ物のたとえ）は彼女にとって非常に強い誘惑となった。こうして若き魅力的な女性は、世界をかけめぐった時と同様の熱意をもって、アメリカの人々のもとをめぐっているのだ。ネリーがここまであからさまに金を追い求めるのなら、十二分にそれを手にし、わたしたちをうらぎった罪を償うときを待つべきだろう」
「シカゴ・ジャーナル」紙は「ネリーは一大新聞社に雇用され、その大規模な宣伝事業に携わった。彼女はその務めを、いわば地球規模でなしとげた」と述べたあと、つぎのように皮肉っている。「ネリーの名声は日々高まり、いまでは悠々と社会の特権的な地位におさまっている――弱きを助ける救い手ではなく」

　ネリー・ブライはニューヨークから北上してまずロチェスターへ、ついでハートフォード、ボストンへと旅していった。さらにフィラデルフィア、ハリスバーグ、シカゴ、それから西部をめざした。ネリーは世界一周を終えたいま、またすぐにアメリカ国内を巡る旅へ出発したのだった。泊まるホテルはほとんどの場合一流の宿が用意されていたが、それでも自宅の気楽さにはおよばない。ネリーはホテルの部屋に引きこもったまま、世界一周の旅についての本の執筆に没頭することが多くなった。ツアーの途上、ネリーはローカル紙に掲載される自分についての記事を読んでいたらしい。「ほんとにいやになってしまうわ」あるとき記者に語っている。「このところずっと、わたしのことを粗野で下品で目立ちたがりの女だって書きたてる新聞を目にするんだもの。このツアーに出ているのはただ生活のためにやっているだけなのに。わたしだってひとりの女よ。悪口を書かれて、それでみんなにひどいうわさをされたらいやになるに決まってるじゃない」

ネリーは身なりにはつねに気を使い、つつましく素直なアメリカン・ガールにみえるよう注意していた。だがここへきて初めて、そのイメージを保つことが困難になってきたようだ。ネリーはいつでも自分の年を実年齢より若くいっていたが、彼女の年齢を書きたてる新聞が現れはじめた。一度ネリーは、新聞紙上で不満を述べたことがある。あるところで彼女は「三十歳から四十歳のあいだで、どんな女性でもそれより老けたくない年齢」だと書かれたのだ。三月に入ると早くも、ネリーの講演旅行からは新鮮味が失われはじめていた。フィラデルフィアではインクワイアラー紙が、ネリーの講演が「満席からはほど遠い」聴衆しか得られなかったのは、宣伝が下手なせいだと非難した。シカゴではわずか数百人の聴衆しか集まらず、会場内は空席のほうがはるかに多かった。同地のローカル紙「ザ・デイリー・インター・オーシャン」紙はその有様を「聴衆はわずかだったが、目にみえないほどではなかった」と報じた。記者となって以来、ネリーは常に急速に成長し、仕事の中身も次々と変えていた。ある週、フェンシングのやり方を勉強していたかと思うと、次の週にはなんでも治してみせるという神霊療法家の言い分を検証している、といった具合だった。いまでは毎日が、同じ青いドレス（それは「旅装」というよりは「舞台衣装」のようだった）、同じ九十分の講演、場所は変わってもほとんど変わりばえのしない群衆と会場のくり返しだ。ネリーはべつの記者に語っている。「講演をやるのは楽になってきたけど、新聞の仕事のようにわくわくしないの。ツアーが終わったら、また戦列《ヽヽ》にもどるつもりよ」

一八九〇年三月五日の午後、フィラデルフィアの講演へ向けて出発する直前のこと、ネリー・ブライが母親とブロードウェーを歩いていると、みしらぬ男――ネリーによると、粗野な顔つきで野蛮な感じの――が近づいてきて、彼女の名を呼んだ。どこかの私立探偵だとわかったので、ネリーはそのまま歩き続け、男がしきりに呼びかけても相手にしなかった。苛立った男はネリーの肩をつかみ、コートの襟口から紙切れをねじこもうとした。ここまでされたので、ネリーは近くにいた警官に助けを求めた。

「おれは、ネリー・ブライをつかまえるようにいわれてるんだ!」探偵はどなった。

警官に助けられると、ネリーは母親とともに、やってきた路面電車に飛び乗った。恐怖と怒りに震えていた。のちにこの事件を報道した記事によると「男の狙いがなんだったのか、ネリーにはわかっていない。だが、自分を傷つけようとしていたことだけは間違いない、と話している」

結局、この事件についてはなにも明らかにされなかったが、私立探偵がネリーに押しつけようとした紙片が、法廷への召喚状であるのはまず確実だった。当時、係争中の訴訟があり、ネリーも直接の関係者だったのだ。ワールドに所属していた時代、ネリーは暴露記事を書くためにある薬品製造業者の妻に扮したことがあった。この業者は、売薬の規制に関する議案が可決されないよう願っていた。アルバニー市のホテルのひと部屋で、その業者の妻を装ったネリーはエドワード・フェルプスに、どうにか助けてほしいと泣きついた。エドワードはアルバニー市の政界の黒幕といわれている男だった。彼は相応の金さえ出してもらえばニューヨーク州議会の議案くらいにぎりつぶせると請け合い、州議会議員のリストを出して、確実に懐柔できる者の名に印をつけてみせた。そして一八八八年四月一日、ワールドにそのリストの写しが載せられた。印をつけられた議員の中にブルックリン選出のダニエル・W・タルメッジがいたが、タルメッジはこの件には無関係であると強力に抗議したのだ。弁護士が断言するところによると、「タルメッジは自分の命にまして名誉を重んじる紳士」であり、記事が出たあとワールドを名誉毀損で訴えたのだった。名誉毀損の見積額は五万ドルとされた。それから二年近くものあいだ、双方は法廷に、申立書と相手方への反駁書を次々に送り続けることになった。こうして一八九〇年三月、この件に関する裁判がようやく開始されることになったのだ。あきらかに、被告側にとってネリー・ブライの証言は判決を左右する重要なものだった。そこでワールド本社はネリーに手紙を送り、すぐにブルックリンに出てきてくれるよう頼んだ。だがある報告書によると、「ミス・ブライは自分はヒル氏の管理下にある身で、しかも講演旅行の途上にあるため、その要請には応じられないという旨の返事をした。ヒルは困り果てたワールドに頼みこまれ、ネリーを呼んでニューヨークへもどってはどうかと丁重に切り出してみた。だが、ネリーはその種のことに関わるつもりはないとしてあくまで受け入れなかった」

ワールドの弁護士たちは、裁判の延期を願い出た。理由は、最も重要な証人を召喚できない――ネリーはツアーに出ているため、同裁判所の管轄権がおよばない――からだったが、判事はそれ以上の遅延を許さなかった。ここに到って被告側は争いを取り下げ（「沈痛な面持ちで」とある記者は述べている）タルメッジの名誉毀損訴訟はワールドによる被告側の弁論はなく、証人はダニエル・W・タルメッジだけになった。判事は陪審員団に審理を委ねるさい、問題の記事は

「明らかに中傷だ」と示した。そして「わずか五分の一」審議の後、陪審員団は原告側に立って、原告の名誉毀損による損失額を二万ドルと見積もった。それはワールドの女性記者一年分の平均給与額の三十二人ぶんに当たる。かなりの金額だ。

ネリー・ブライ自身は、なぜワールドのための証言を拒んだのかについてはどこにも書いていない。だが、周囲の者たちはちがった。たとえばある新聞の記者はこう述べている。「ネリーの敵たちは情け容赦ないが、彼女はこのところ病気を患っていたのだ。頭が、体の残り全体よりも重くなるという奇病で、おおかたのみるところでは治る見込みはないようだ」

だがネリーは、世界旅行のスポンサーであった新聞社への反感を隠そうとはしなかった。ワールドはわたしがもどったあと、ありがとうのあの字もいってくれていません」ネリーは旅を終えた年に、記者仲間のフランク・G・カーペンターに宛てた手紙の中で不満を述べている。「社はまちがいなく、わたしの旅行中や帰還直後の発行部数の大幅増によって、何千ドルもの利益を得たはずです。それなのに、わたしは社から一セントももらわず、給料も低いままでした。ピュリツァー氏が下さった祝福の電報には、インドからプレゼントを送ったので受けとってくれと書かれていました。しかし、受け取ったのは結局その電報だけで、プレゼントは目にしていません。オフィスのみんなが、メダルがもらえるように動きはじめてくれましたが、メダルならもう、電信通信技術のコンテストで優勝したときの立派なものを持っています」講演旅行――ワールド社は旅の途上にある彼女に裁判の証人になるために戻ってこいと要求した――にしたところで、「会社が少しでも動いてくれたわけではなく、まったくべつの筋から話があったのです」

ジョゼフ・ピュリツァーが社員たちに気前のいいことで知られていることを考えると、とても信じられない話だ。事実、ブラックウェル島の暴露記事のあとでは、「かなりの額の小切手」でその功績に報いている。だがいっぽう、ピュリツァーはきわめて厳格にその待遇に見合う働きを要求する経営者であり、常に紙面が中傷による訴訟を引き起こすことを恐れてもいた。恐れるあまり、ウォルト・マクドゥーガルによると「毎晩、ワールド紙のほとんど全文を読みこんで」訴訟の火種になりそうな記事がないか点検したらしい。一八九〇年の秋に新たなワールドビルがオープンすると、地方部の部屋に、こんな垂れ幕が下がった。「正確！ 簡潔！ そして正確！」(ピュリツァーはこう述べている。「『正確』とは新聞にとって、女性における貞節のようなものだ」)。なにかが原因で、ピュリツァーはこのスター記者に対して吝嗇《りんしょく》になってしまったようだ。その原因とはほぼまちがいなく、タルメッジによる訴訟の一件だろう。ジョゼフ・ピュリツァーはネリーの仕事によって引き起こされた名誉毀損訴訟に怒りを覚え、ボーナスを与えることを拒否したのだ。ネリーは自分がワールドにもたらした利益に報いられないことに反感を抱き、ワールドの側に立って証言することを拒否した。同紙は彼女の証言が得られなかったために二万ドルの賠償を命じられ、ピュリツァーのネリーに対する不満は、この金銭的な損失によって決定的なものになった。ネリー・ブライのほうは、新聞業界のようなところで働き続けることはできないと思うようになっていた。そこはあまりに多くを求め、あまりに少ししか報いてくれない場所だった。ネリーはフランク・カーペンターに書いている。「わたしはワールドから継続勤務への誘いを受けていますが、けちな待遇を前にしてはとても誘いに乗る気にはなれません」

タルメッジ事件の証言を拒否した直後から、ネリーはヒルとのあいだがうまくいかなくなった。

不和の詳細についてはわかっていないが、劇場経営者が大新聞との摩擦を避けたがるのは当然だ。とうとう三月四日に、フィラデルフィア・インクワイアラーが、「講演旅行は取りやめとなった」と報じた。

少なくとも一紙は、新たに生まれつつある〝欲深い女〟というネリーの大衆イメージに合わせようとして、このタルメッジ事件を歪曲して報道している。サンタフェの「ニュー・メキシカン」紙だ。同紙は皮肉交じりの論調で「我らが高名なネリー・ブライは、二万ドルの慰謝料を求めてワールド紙を告訴した。慰謝料を手に入れれば、彼女はさらに有名になるだろう。ネリーは満足するということを知らないらしい」オハイオ州の「シンシナティ・コマーシャル」紙はこう書いている。「ネリー・ブライは、七十二日で世界一周を成功させるより、アメリカでの講演旅行を成功させるほうがはるかに難しいことを知った」「ミシガン・ファーマー」誌の記事も意地の悪い論調だ。「ネリー・ブライは講演者としては成功していない。だがネリーが結婚を望んでいるなら、この経歴を身上書に書くといい。きっと見栄えがするだろう」

その年の七月末、ネリーが書きためた世界一周の旅行記事が一冊の本になり、『ネリー・ブライの七十二日間世界一周』と題されて、ニューヨークのピクトリアル・ウィークリーズ社から出版された。表紙にはネリーの名前はもちろん、写真ものっていた。ギリーキャップをかぶり、格子柄のコートを着た胸像が、読者をまっすぐにみつめている。ネリーが世界一周のスピードを誇っていることは、本の最後の章のタイトルに端的に表れている。それは簡潔に「記録」とされていた。この本はネリーの実際の旅行記録であり、出発した日に提出された旅行計画書とはまったくちがうものだ。出発地点から到着地点までの距離、移動に要した時間と計画時間に対する遅れ（彼女の計算によると実際に移動していた時間は五十六日十二時間四十一分）、移動の平均速度（停止していた時間を含む場合と含まない場合の）、利用したすべての蒸気船と鉄道線路の名称、通過したすべての国や地域と海洋や河川の名称がのせられていた。この本は五十セントで発売され、出版から一カ月とたたないうちに初版一万冊が売り切れた。

当時の大衆向けの本の多くの例にもれず、「ネリー・ブライの七十二日間世界一周」にも、前後に広告のページがついていた。ネリーのドレスをあっというまに縫いあげた仕立て屋ウィリアム・ゴームリーの広告はもちろん、〝ピアーズ石けん〟の広告や、〝ボウビナイン〟（これは生の牛肉から抽出された液状食で「どんな薬よりもすみやかに新鮮で活力に富む血液を作り出す」とうたわれていた。三百四十グラムで四・五キロ分の肉の「エネルギー」を含むという）の広告は場違いにも思えた。〝チェック銀行の小切手〟の広告は、単純にネリーがウォールストリートのチェック銀行に送った手紙の写しをのせていた。

〝チェック銀行のみなさん、そちらからのお問い合わせにお答えいたします。わたしはこのたびの世界一周旅行に貴行の小切手帳をたずさえてまいりました。それはわたしが立ち寄ったすべての港において現金と同様に通用するものであるとわかりました。貴行の小切手が旅行者にとって真に便利なものであることはわたしが保証します。この先も多くの方々を満足させることでしょう。

ニューヨーク州ロチェスターのイーストマン・コダックは新製品コダック・カメラの一面広告を出していた。持ち歩ける大きさで、撮り終わったフィルムは同社に郵送すれば現像してもらえる。「あなたはシャッターを押すだけ。あとはわが社におまかせを」とうたわれている。本文中にのっているネリーの文章は、広告と無関係ではないだろう。

今回の旅でいまだに悔やんでいる唯一の失敗は、慌ただしい出発にまぎれてコダックカメラを持っていくのを忘れたことだ。どの船に乗ったときでも、どの港についたときでも、コダックを手にした人々をみかけ、そしてうらやましく思った。彼らは気に入った物をなんでも写真にすることができ、島々を照らす美しい光、友人や自分の姿を簡単に家に持って帰ることができた。わたしは二年間を費やして世界一周をしているドイツ人に出会ったが、彼は大型と小型を一機ずつ持っていた。彼のコレクションほど興味深い写真はみたことがない。

一八九〇年の秋、ネリー・ブライはノーマン・L・マンローの週刊誌「ニューヨーク・ファミリー・ストーリー・ペーパー」にフィクションを連載する三年間の契約にサインした。マンローは書籍と雑誌の出版でひと財産築いた男だ（前年、ネリーのメキシコでのルポルタージュをまとめて『メキシコでの六カ月』という本を出版していた）。彼の出版物の多くはいわゆる大衆向けのもので、スリラーやロマンス、探偵ものなどであり、当時こうした書物は「ダイム（十セント）・ノベル・フィクション」と呼ばれていた。ニューヨーク・ファミリー・ストーリー・ペーパーは、彼の出版物の中でも特に人気があり、家族向け雑誌の中では世界一の発行部数と宣伝されていた。

ネリーの契約額は最初の一年が一万ドル、残りの二年が一万五千ドルずつだった。驚くような金額だ。ジュリアス・チェインバーズがワールドの雑誌部門の編集局長として得る年俸に匹敵する。ある新聞が伝えるところによると、この契約によってマンローはネリーを「アメリカ一の高給取りの女性」にした。

ノーマン・L・マンローは契約の申し出にあたって、もちろんネリー・ブライのネームバリューに目をつけた。彼女の名は、雑誌の販売部数を大幅に伸ばしてくれるだろう。ネリーが申し出を受けた理由は想像にかたくない。彼女は母親と自分自身の生活費を稼がなくてはならなかった。不幸なことに、兄のチャールズが年のはじめに二十八歳で死去したのだ。したがってネリーは、兄の未亡人となった女性と、彼女のまだ幼いふたりの子供の生活についても責任を感じていたのだろう。ネリーが本の売り上げからどの程度の利益を得たかはわからない。自身の計算によると、講演旅行で得た金はおよそ九千五百ドルだった。十分に大きな金額だが、期待していたよりは少なかったようだ。ネリーが世界一周旅行からもどってきたあと、ふたつの不動産会社が、彼女の名声に便乗するつもりで更地を提供してくれていた。その一カ所はブルックリンに、もうひとつは、その当時新たにテネシー州のアイアン・シティに編入されたところにあった。ふたつの土地を合わせた評価額はおよそ千五百ドルといわれていた。広告主たちがネリーの名前を借用したことでなにがしかの支払いをしたかどうかははっきりわかっていない。このような状況でネリーはワールドを離れてしまい、なんの定収もなかった。したがって、これから三年間は金の心配をしなくてもいいということは、非常に大きな安堵感を与えてくれたはずだ。父の死によって突然収入の当てがなくなったとき、家族がどれだけ困窮したか、ネリーは片時も忘れていなかった。

だが、ひとつ問題があった。彼女はこれまでにたった一度しかフィクションを書いたことがなかったのだ。『セントラル・パークの謎』という長編小説で、一八八九年の秋に出版されていた。その作品はある程度まではリアルに、ニューヨーク風の都市感覚を出せていた――市営死体保管所や紙箱工場の場面には、ネリーの記者としての技量があますところなく発揮されていた――が、全体としてはありきたりのメロドラマで、ヒロインの「茶色のふたつの眼が、静かな暗い水面に反射する日の光のように輝いた」り、ヒーローが「憂いに満ちて考えこんだり」するものだった。散々に酷評され、ほとんど売れなかったのも驚くにはあたらない。出版社のほうははじめ、この本をシリーズものの第一冊目にしようと考えていたらしい（表紙に、「ザ・ネリー・ブライ・シリーズ」と書かれている）が、おおかたの評判をみるかぎりでは、続編の刊行はとても望めなかった。

ネリーは大金と引き換えに連載ミステリー――毎号はらはらするような状況で終わらせ、読者の興味を次号へと引っぱる必要がある――を書かなければならないが、筋書についても登場人物についてもなんの構想も浮かばなかった。それまでの年月、ネリーはワールド専属のイラストレーター、ウォルト・マクドゥーガルとのあいだに、仕事上の緊密な関係を築いてきていた。ふたりはしばしばネリーが書いた長文記事について語り合い、マクドゥーガルはそれに基づいて記事の中のシーンを絵におこしていった（「ネリーはとても明るかったが、浮わついたところはなかった」ある時、マクドゥーガルはそう語っている。「深みがあるというより、温かくて気のいい人だ」）。ノーマン・マンローと契約したあと、ある時ネリーはマクドゥーガルのもとへ助けを求めにいった。ネリーは、はっきりと焦りがにじんだ声で、どう書いたらいいのかさっぱりわからないのとマクドゥーガルに打ち明けた。

「どうってことないさ。とにかく、とんでもなく恐ろしい場面からはじめるんだ。主人公を深い穴の中に落とすっていうのはどうかな。そこには大きなガラガラヘビがうじゃうじゃいるんだ。主人公の身の毛がよだつ様子を書きこんでいったらいい」

ネリーはそれを検討してみてたずねた。「でも、どうして主人公はすぐに噛まれないの？」

「ポケットの中に瓶が入ってるからだよ。割れて臭いが漏れ出すと、ヘビたちはさっと身を引く。だけど、このネタを明かすのは三千か四千語くらい書いたあとにしたほうがいいな」

「おもしろそうね。でも、主人公はどうやって穴から逃げ出すの？」

「簡単、簡単。古い手だよ。恋人が出てくるんだ。で、読者にしてみたら、その恋人というのはネリー、きみなんだ。きみが主人公を引っぱり上げる。でも肝心なのは、それまでどれだけ怖がらせられるかどうかだよ。助ける段になったら、そのへんの物置小屋から梯子を持ち出そうが水をくみ上げるのに使うロープを持ち出そうが、なんなら棒高跳びの棒を持ってきたっていい。だれも気にはしないよ」

「わかったわ。でも、それから？」

「主人公かヒロインのどっちかを、またさっきの穴のような、だけどもっとひどいところに叩きこむ。連載一回ごとに。で、最後にふたりはめでたく結婚。それともヒロインが保険金でも手にするかな。そこでジ・エンドだ」

マクドゥーガルの回想によると、そこでネリーは帰っていった。ふたりがその話をすることは二度となかった。

いうまでもなく、ネリーには得意とする文章スタイルがあった。だが彼女が潜入ルポルタージュの仕事に――職歴のごく初期に、世の中に飛躍させるきっかけを与えてくれたその仕事に――もどることはないだろう。ネリー・ブライはいま、有名になり過ぎていたのだ。

一八九〇年の夏アメリカの新聞が、エリザベス・ビズランドが「上流社交界入り」していると報じた。訪問中のブルーム卿夫妻を通じて、「イギリス最高の上流社会に招き入れられた」のだった。エリザベスはたびたびもよおされるパーティや舞踏会、夕食会（一度などは、ジェームズ・マクニール・ホイッスラーが有名な孔雀を描いた壁がある部屋に招かれた）、そしてボートレースに顔を出し、また社会主義者の集まりに一度、さらに皇太子主催のガーデンパーティにも一度出席していた。エリザベスは何人もの芸術家のアトリエを訪ねたり、各家の客間での茶会に招かれたりした。茶会は重く沈んだ空気の中でおこなわれ、エリザベスの描写によると「恐ろしく陳腐で」きわめて「荘重な」催しであり、「わっと叫んでカップを叩き割りたくなるような」気分になるものだったらしい。滞在先の主人、サー・フレデリック・ブルームが討議に加わる様子をみるために上院を訪れると、エリザベスは二階の見物席に案内された。そこでは女性たちが格子越しに議場をみおろしていた。後日エリザベスは「ハーパース・バザー」誌上で辛らつに述べている。「男性は女性がいたずらでもはじめるとでも思っているのだろうか。だからわたしたちを、サルみたいに二階のかごの中に追いやるのだろうか?」

ブルーム夫妻はまた、エリザベスをロンドンの文学グループにも紹介した。そこで彼女は哲学者にして生物学者のハーバート・スペンサー、人気作家ローダ・ブロートン、それにラドヤード・

キプリングに出会った。キプリングは、ニューヨークの男たちと同様、エリザベスに魅せられたようだった。彼はその夏、彼女に手紙を書き送っている。

「この先たくさんの男たちがあなたの気を惹こうとするでしょう。あなたにとてつもなく惹かれているわたしにとって、それはうるさい限りですが、だれにも望みのないことに変わりはありません。あなたがここにいてくださるだけで、わたしは幸せです」

ロンドンの社交シーズンが終わると、エリザベスは市街をはなれてオックスフォードへ向かい、ホーリーウェル通り二十六番地に部屋を借りた。家は中世以来の狭い通りに面した三階建ての石造りで、ま向かいにはローダ・ブロートンの家があった。客間に入ると天井はオークの化粧板が張られていて、暖炉の脇に置かれた三つのバスケットの中では、いつも二匹のパグと一匹のヨークシャーテリアが眠っていた。毎日四時半になると友人たちがお茶に集まってきた。ブロートンはまた、オックスフォードのブラウニング協会の例会にも会場を提供していてブラウニング本人が顔を出すこともあった。一種の文学サロンで、温かな友情と知性にあふれ、会話は機知に富んでいた。エリザベスはニューオーリンズで過ごした少女時代以来、そうしたものに心ゆくまで浸かることができた。

オックスフォード滞在中、エリザベスはローダ・ブロートンと『やもめの生態』と題した短編小説を合作している。話の内容は、エドワード・ライゴンという名のオックスフォード大学出の同大学事務官をめぐるものだった。彼は最近妻を亡くし、まだ悲しみも癒えていない。だがほどなく彼はホーリーウェル通りの自宅の近所に部屋を借り、新たな隣人に出会うことになる。アメリカ南部からきた、ジョージア・レンという珍しい名の若く美しい女性だ。彼女は「めざましいほどに健康で、好奇心は強いが批評眼も持ち合わせ、野生動物のように自由」だった。もちろん、話が進むにつれてエドワードはジョージアに恋をするのだ。ジョージア・レンは部分的にはエリザベス自身をモデルにしていて、キャラクターのディテールや時折出てくるアメリカ南部方言の変わった言い回しが似ていた。ジョージアは作中でこんな表現を使っている。「自分と同じくらい重いヤマネコを軽々と振り回してるみたいないい気分になるわ」『やもめの生態』への批評ははっきり二分された。「ゴーディーズ・レディズ・ブック」誌は、「同書にはつきない興趣と引きこむような力がある」――一度読み出したらやめられないと評したが、「ロンドン・ジェントル・ウーマン」誌は「退屈極まりない。持ち味を出せていない」とこきおろした。ニューヨークの「インディペンデント」誌では、ふたりの作者に対する評価が異なっていた。「ブロートン女史の不自然かつ平凡な表現が、この作品の価値を貶《おとし》めている。作品の最良の部分はビズランド女史の功績によるものだろう」

エリザベスがまだニューヨークにいた頃、彼女に心奪われた男たちの中に、チャールズ・ウェトモアという三十五歳の弁護士がいた。オハイオで生まれ、ミシガンで育ち、ハーバード・ロースクールを出て、当時ウォール街の法律事務所に勤めはじめたところだった。ウェトモアが『プロミネント・アンド・プログレッシヴ・アメリカンズ（これから有望な人々）』という本に登録されているところをみると、彼がアメリカ最大の都市にやってきた理由もおのずとわかってくる――ビズランドがニューオーリンズを離れたように。「ニューヨークはもっとも激しい競争の場であり、大きな成功を得るための条件が厳しく、それだけに出世のチャンスが得られる可能性ももっとも大きい」と考えたらしい。ウェトモアはもともと大のアウトドア派で、シーワナカー・

コリンティアン・ヨットクラブの熱心なメンバーのひとりだった。うすい口ひげの両端がぴんとはねあがり、メロドラマの二枚目のような美しい黒い瞳をしていた。ウェトモアはオックスフォード滞在中のエリザベス・ビズランドをたずね、アメリカへもどるころには彼女と婚約していた。翌年エリザベスもニューヨークへもどった。そのとき彼女は「イラストレイテッド・アメリカン」誌の女性部門の編集者になっていた。一八九一年十月六日、大勢の友人や親せきたちが集まった教会で、エリザベスはウェトモアと結婚した。その年「ハーパー&ブラザーズ」社から『飛ぶがごとく、世界一周』が出版された。エリザベスがコスモポリタンに掲載した世界旅行の記事をまとめた本だ。エリザベスのはじめての単著で、この先多くの作品が続くことになる。

一八九〇年の八月、ネリー・ブライは辛らつな調子の手紙を「ピッツバーグ・ディスパッチ」紙のエラズマス・ウィルソンに宛てて送った。「親愛なるQ・O」と彼女は書きはじめている。

（中略）ふたたび運にめぐまれてきたので、わたしのことなんて忘れているお友達を捜索中なのです。このあいだはあなたに新聞を一紙お送りしました。中に、わたしがマンロー氏と結んだすばらしい契約についての記事がのっています。記者として働くこともできたのですが、わたしは、もう記者の仕事なんか二度としないと心に誓いました。かわりに今、連続物語を書いています。家から一歩も出ないで『夜のニューヨーク』という物語に没頭しているところです。ごぞんじのように、イギリスの偉大な作家たちも、最初はこんなふうに経歴をはじめています。わたしも同じ道を辿《たど》りたいと思っているのです。例の女性の『ブースズ・ベイビー』という本は五十万部以上を売り上げ、ヨーロッパやアメリカ中の街でお芝居にもなっていますが、もとはわたしがやっているような読み物雑誌に書いていた方です。バーネット女史にしても本格的なヒット作を出すまではレッジャー紙に書いていました。ですから、わたしもおおいに勇気づけられているところです（中略）どうしてもっと手紙をくださらないんですか？　わたしの本についてどう思われましたか？　あの本は一万部以上売れました。

ネリー自身がのちの若い女性記者たちに勇気と希望をもたらしたように、当時の彼女も、自分に先行する作家たちから力を得ようとしていた。だが、読み物という書き仕事はネリーにとって常に大変な負担になっていた。ニューヨーク・ファミリー・ストーリー・ペーパーから出された本は、現在一冊も残っていない。また、マンローの新聞にのった単独の物語がひとつだけ、当時の文学新聞の書評に取り上げられた。それだけが、現在公に残されているネリーの作品に関する記録だ。

同年の秋、ネリーはニューヨークを完全に引きはらった。十一月に、母親とふたりでニューヨークから四十キロ北にあるホワイト・プレーンズの農家に移ったのだ。メアリー・ジェーン・コクランは、五年契約でその家を借りた。それはおそらく、嵐のようにかけめぐる不愉快なうわさから娘を守り、またいっぽうでは、彼女に執筆のための時間と静けさを与えるためだったのだろう（もっとも実際のところ、ふたりの家が静かになることはほとんどなかった。ネリーはある手紙で書いている。「ここには一番利口なオウム、一番すてきなサル、一番賢いスカイテリア」がいるが、「どの二匹もほかの二匹とうまが合うわけでも友好的でもないので、いつも長期戦中の休戦状態で、いつわたしの動物園を破壊してもおかしくないのです」）。ある秋の日、ネリーはなんらかの事故にあい（詳細なことはだれにも明かしていない）、長期にわたってベッドに寝こんでいなくてはならなくなった。歩くときには松葉杖が必要になった。ベッドの中でも力をふりしぼって書こうとしたが、やってみるとすぐに疲れ、長くは続けられなかった。ネリーはしだいに憂鬱になっていった。以前の手書き文字は勢いがよく、かわいらしい飾りもたっぷりほどこされていたが、いまの文字は固くぎこちなく、どの行も渋滞を起こしていた。年が明けるとすぐに、ネリーはエラズマス・ウィルソンにまた手紙を書いた。ピッツバーグ記者クラブの新年パーティでウィルソンが表彰されることになったのだ。だがネリーは招かれていなかった。彼女はウィルソンにぶちまけた。「わたしを仲間外れにするなんて、なんてしみったれな人たちなの。でも、そういうつもりならもういいわ」同じ手紙の後のほうではこんなふうにも書いている。「Q・O、わたしは嬉しいの。あなたはいつだってちゃんと希望を持っているもの。希望さえあれば、人生がほんとうにみじめになってしまうことはありません。もうこんなことを考えはじめて一年になります。でも変ね。どうして自分が憂鬱なのか、あるいはどうして憂鬱になっていなくてはならないのか、まるっきりわからないのです」

もう一年になります——と、ネリーはウィルソンに書いている——最後に希望に満ちていた時から。ネリーはこの手紙を一八九一年の一月二十六日に書いている。勝利の行進を終えてジャージー・シティで列車を降りたときから一年と一日が経過していた。一年前にはニューヨークの小さな自宅アパートの中にすわっていた。まわりには支援者から届いた花があふれ、疲れ切ってはいたが幸福で、頭の中で鳴りひびく群衆の歓呼のせいで眠れずにいた。

それからの一年のあいだに、ネリー・ブライは金銭的な問題で新聞社を辞め、名誉毀損訴訟にまきこまれ、マネージャーとぶつかって講演旅行を中止され、新聞の上役たちの蔑視に耐え、ニューヨークを離れ、ベッドに寝つく身となり、収入の点では大変有利な雑誌との契約を果たそうともがいていた。一種の売文業に甘んじることになってしまったが、彼女にその才能はなく、記者の仕事ほどのときめきはもたらしてくれない。ネリーが住む一軒家の農家には訪ねてくる人もなく、かつて栄光を勝ち取った街からは遠く離れていた。ジェイムズ・メトカーフ（彼は公然と彼女をばかにしたことがあった）とフランク・イングラムとのロマンスはそれぞれに真剣なものではあったが、すでに終わり、新しいものははじまっていなかった。ネリーは二十七歳になっていたが、まだ独身だった。常々大金持ちの男性と恋に落ちて結婚するのだと公言していたが、いま、その可能性は遠のいており、さらに遠ざかっていくかに思えた。『ネリー・ブライの七十二日間世界一周』はとても良く売れていた。だが、それは彼女が書いた最後の本になったのだ。

この頃、ネリーはほとんどの時間をぼんやりと疲れ気味に過ごしていた。心労は募るいっぽうだった。ベッドの中にいることが多く、体重が増えていった。医者は「血が悪いのだ」といった。一八九一年の三月、ネリーはエラズマス・ウィルソンに手紙を送って、自分が「とんでもない憂鬱に取りつかれて、このままでは死んでしまうかもしれません。わたしがこの四週間というもの、一行も書けていないとお伝えすれば、それがどんなにひどいものだかおわかりでしょう」と伝えた。

あの曇りがちの十一月の朝、ホーボーケンを出発した時とはどれほどかけ離れた気持ちになっていただろう。あの時は、いうまでもなく恐れていた。だが、自信もあり、いつもそうであったようにあふれるような希望があった。そして実際に世界をひと巡りしてみせた。かつてだれも成し遂げたことがなかったほど速く。ネリーはエリザベス・ビズランドとの競争に打ち勝った。だが、いま省みると、どちらが勝者であるのかはあまり明らかではないようだ。

# エピローグ

一八九〇年、ネリー・ブライとエリザベス・ビズランドが家に帰った直後、アメリカ国勢調査局の局長が、アメリカのフロンティアは公式に消滅したと宣言した。このときすでに、鉄道線路が東海岸から西海岸まで延び、インディアン戦争はほぼ終結しつつあった（サウス・ダコタ州でウーンデッド・ニーの虐殺が起こったのは、この年の十二月だった。これがアメリカ政府とスー族のあいだに起こった最後の武力衝突だ）。一八八九年から西部六つの準州が州として連邦に加入し、本土における準州はユタ、オクラホマ、ニューメキシコ、アリゾナのみになった。いま、新たな愛国心と国家の威信にかけて、アメリカは国外へ目を向けはじめた。

南北戦争から数十年のうちに、アメリカ合衆国は農業国から工業国へと変化してきた。三十年余りのあいだに小麦の生産量は二百五十六パーセントまで増加し、鋼製の線路は五百二十三パーセントに、石炭の生産量はじつに八百パーセントまで増加した。一八九〇年には、合衆国は世界でもトップのエネルギー消費国になっていた。同年、連邦議会は、最初の国有軍艦を三隻建造することを承認した。一八九〇年五月、アメリカ海軍の大佐であり士官学校の教官でもあったアルフレッド・セイヤー・マハンは、一見すると、専門的な本だが非常に大きな影響を与えた『海上権力史論――一六六〇－一七八三』という本を出版した。マハンは、はっきりと帝国主義を標榜《ひょうぼう》し、近代国家は領土拡大によって富と権力を追求するべきで、そのためには海軍の強化が必要だと考えていた。そして、海軍には海外の拠点と給炭地が必要だった。当然、拠点となる植民地は安い原料の供給地になるとともに、祖国から輸出する生産品の市場にもなる。「アトランティック・マンスリー」誌の書評には、ワシントンの若き官吏、セオドア・ローズベルトのこんな言葉が残っている。「マハン大佐の主張は的を射ている。合衆国の海軍史においては近年まれにみる名著である」

強力な海軍、海外の基地と給炭地、原料を供給する植民地、海外市場。これらはいうまでもなく、大英帝国によって示された手本だった。そのイギリスは、前代未聞の規模と力を誇る一大帝国を築きつつある。ネリー・ブライとエリザベス・ビズランドは、世界一周の途上において、東の香港から西のイギリスまで大英帝国を横断した。その間イギリスの船に乗り、イギリスの給炭地に寄り、イギリスのホテルで眠り、イギリスの電報局から電報を送り、馬車に乗って丘に建つイギリスの邸宅を通り過ぎながら、現地の人間たちの粗末な家々を見下ろした。エリザベス・ビズランドは（ある手紙では自分のことを「熱烈な親米派ではない」としているが）、イギリスの威光、伝統、そして文化に心から敬服し、イギリスは自分の「母なる大地」だと述べた。ネリー・ブライはイギリス人を嫌ったが、それでも帝国の権力、そして帝国が彼らに与える自尊心については羨《うらや》ましく思っていた。ふたりの考えは、インディアナ州上院議員のアルバート・ベヴァリッジの言葉でまとめることができる。ベヴァリッジは、アメリカがスペインに宣戦布告する二日前、こう発言した。「世界貿易はかならず実現されなければならない。われわれは必ず目標を達成するだろう。母なるイギリスがすでに手本を示してくれている」

一八九〇年代には、多くのアメリカ人がヨーロッパ旅行をするようになっていたが、帝国主義的な旅の仕方をする者も少なくなかった。彼らはまるで、自分の国を持ち歩こうとでもしているかのようだった。リヴァプールではワシントンホテルに泊まり、フィレンツェではオテル・ド・ニューヨークに、パリではオテル・エタジュニやオテル・ド・ロンクル・トムに泊まった。あらゆる国のコンシェルジュが、ウェイターが、御者が英語を学び、アメリカ人旅行者と会話ができるように備えていた。アメリカ人がかたくなに自国語で通そうとするからだ。ヨーロッパ中のホテルにアメリカ式の浴槽やエレベーターが採用され、レストランにはアメリカ人の好きなクリーム・ソーダのようなメニューが登場した——それでもアメリカ人は、ハムのフライはないのか、ポーク・ビーンズはないのかとしょっちゅう文句をいった。アメリカ人作家ヘンリー・ジェイムズは、彼らを「下品で、かつ下品で、そして下品」だと蔑んでいる。アメリカ人旅行者はひと目でわかった。山のような荷物を抱え、へたなフランス語を話し、ペールエールを注文するのが彼らだ。アメリカの歴史家ヘンリー・アダムズは、典型的なアメリカ人旅行者をこう非難している。「退屈で、受動的で、頼りなく、救いようがないほど身勝手」で、「ヨーロッパ中の駅で、相手かまわずご丁寧に、ニューヨークの波止場に降り立った時がきっと人生で最高に幸せな日になるだろう、と話してきかせる」(ネリー・ブライはカンザス州のある記者にこう語っていた。「アメリカ人が海外へいってもみるべきものはありません。この国には、なにもかも最良のものがそろっていますから。足りないものはなにひとつないんです。よその国へいっても、ひったくりにあって、口に合わない食べ物をがまんして、アメリカ人のほうがずっと上手に作れるものを見物するだけでしょう」)。メリー・カドワラダー・ジョーンズは、『女性のためのヨーロッパ旅行』という本をこんな書き出しではじめている。「旅に出るなら、先入観は自分の国においていき、それぞれの国が持つ個性と長所を認め、見慣れないからといって文句をつけてはいけません。それができないなら、家にいたほうがずっとましです」

「その観点からいえば」ジョーンズは辛らつなひと言をつけ加えている。「アメリカ人は旅行者としては最悪です」

一八九二年、エリザベス・ビズランドとチャールズ・ウェトモアはニューヨークを離れ、ロング・アイランドのオイスターベイに建てた屋敷に引越した。ふたりはこの屋敷をリンゴ園《アップルガース》の中庭と呼んでいた。というのも、屋敷の片側には古いリンゴの果樹園が、もう片側にはさらに古いナシの果樹園が広がっていたからだ。屋敷はまわりの果樹に合わせて設計されていた。「この家は、湾曲したり傾いたりしながら、貴重な宝のような木々を守っています」エリザベスは、アップルガースについて書いた記事の中でそう記している。「こちらではテラスが、あちらでは窓が不格好に飛び出していますし、（中略）土地の勾配によって部屋の高さを変えたため、ある部屋が一段高くなっているかと思うと、別の部屋は一段低くなっています。果樹の根を切ったり枝を落としたりしたくなかったのです」ふたりは、エリザベスがいう「頻繁に起こる樹の殺人罪」を犯したくなかったのだ。アップルガースはテューダー様式の建物だった。レンガで木骨造り《ハーフ・ティンバー》、漆喰が塗られ、破風と煙突がいくつも並び、鉛で菱形に区切られた窓があり、石灰岩の外壁にいくつか出入口があった。部屋のほとんどの天井にオークの梁《はり》がわたされ、壁にはオークの化粧板が張られていた。応接室の石の暖炉はエリザベス一世が所有していたものを真似たものだった（エリザベスはこの英女王に「女は付き従うべきだという価値観にまっこうから反対した」女性として以前から憧れていた)。食堂の飾り天井はノール・ハウス(十五世紀にカンタベリー大主教が建てたイギリスのカントリー・ハウス)のエリザベス女王の寝室と同じもので、室内の調度品はパリのクリュニー美術館やロンドンのヴィクトリア&アルバート博物館の収蔵品をまねて作らせたものだった。

エリザベス・ビズランドとチャールズ・ウェトモアには子供ができなかった。ふたりはエリザベスの妹のメラニーと共に一九〇九年までアップルガースで暮らし、その後ワシントンDCへ移った。ウェトモアはそこで――弁護士をやめて、ノース・アメリカン・カンパニーという公益事業会社の社長になっていた――様々な公益事業会社の理事会の一員になった。アップルガースで過ごした数年は、エリザベスにとって非常に充実していた。そのあいだに彼女は『ラフカディオ・ハーンの生涯と手紙』と題した二巻本を編集し、ニューオーリンズ時代からのこの古い友人をしのんで、細やかな表現に満ちた長い文章を寄せた。エリザベスはまた、自伝風の小説『知識を灯として』を上梓して高く評価され、ほかにもエッセイ集を二冊出した。エッセイの中では、文学がもたらす喜びを称え、男性優位の風潮を手厳しく批判している(「世界最古の帝国は男性という帝国だ――この帝国の歴史は王室の歴史よりも長い。これに比べれば日本の帝たちは粗野な近代化の中で生まれた成り上がり者にすぎず、西欧の由緒正しい貴族が誇る一族の伝統も、この帝国が誇る壮大な歴史の前ではばかばかしく思えてくる」)。一九一〇年に出版された『木馬のある風景』は本についてのエッセイ集だ。取り上げられている本は様々で、園芸本から当時出版された詩集、児童書まであった。一番最初にのっているのは「新しいヒロインのモラル」というタイトルで、「男性――最近まで文学の世界から女性を締め出していた――の女性に対する矛盾した態度」について論じている。エリザベスによれば、長いあいだ、男性作家の書く本に出てくる女は二種類に大別されてきた。「野心のない女神か欲張りな子供だ（中略）二極化された美と悪のあいだに押しこまれているのは、バラ色の頬をした若い女、ほほえむ若い女、感じのいい若い女たちだ。いずれもウサギ程度のモラルと蝶ほどの知性しか備えていない」

「ニューヨーク・タイムズ」紙には『木馬のある風景』の書評が掲載された。「エリザベス・ビズランドのエッセイは非常に知的で魅力的に書かれているため（中略）すべてのページに引用したくなる個所がある。ビズランドはこの本の中で、有益で斬新、かつ明確な主張をしている。われわれは人生を、芸術を、世界を楽しむべきであり、世界は結局のところそう悪くない場所なのだ、と」だが、エリザベス自身の人生はこの直後に暗転し、次のエッセイ集が出版されたのは十七年後だった。

一九一〇年ごろ、チャールズ・ウェトモアはある病に襲われた。エリザベスは、エッセイの中でも手紙の中でも、夫の病気について詳細には語っていない。だがこの病は神経を侵すもので「体だけでなく心をも残酷に蝕んでいった」と記している。また、ウェトモアの病気には明確な治療法がなかった。ふいに将来に不安を感じた彼は仕事を休み、エリザベスと共に一年間の旅行に出かけた。ふたりは一九一一年四月から一九一二年の四月まで旅を続け、日本、中国、シンガポール、セイロン、インドをめぐりながら、エリザベスがネリー・ブライとのレースで訪れた様々な場所を再訪した。旅の大半は日本での滞在に費やされた。そこがふたりのお気に入りの国だったのだ。朝は早く起きて散歩を楽しんだ。丘のあいだをのんびり歩いては、真紅やレモン色、白い花をつけた大木の木陰で足を休める。夜は魚やタケノコ、漬け物、赤い漆塗りの椀に盛られた炊いた米を食べながら、紫色の山の端に沈んでいく夕陽や、夕闇の中でぼんやりと輝く町の明かりを眺めた。やがて、きゃしゃな造りの木の寺院――長い年月のうちに、銀のような艶が生まれている――から、鐘の音がひとつきこえてくる。鐘の音は震えながら、いつまでも響き続けた。エリザベスが記したところによると、日本の風景は次のようなものだった。「波打つ緑のビロードのような山が広がり、あいだには一面に稲の茂った谷がある。この谷はエメラルド色の湖のように輝いているのだ。ビロードの上には、風に流れる雲が影を落としていく。影の色は青からアメジスト色に到るまで無数に変化する。こうした風景がどこまでも続いていくが、ひとつとして同じものはない」ある朝、横浜にいたふたりは、木立の中で大きな岩の上に立っていた。「わたしたちは海からの湿った潮風を吸いこんでいた。風には、サクラの花のアーモンドのような香りもまざっていた。昇りつつある朝日に照らされ、すでに前夜の霧は晴れている。青くたなびく靄のはるか上に、輝く銀色の円錐形がそびえている――白い炎を思わせる神秘的な山だ」エリザベスは、ふたたび富士山をみたのだ。最初にみたのは二十二年前の十二月の朝だった。

エリザベスは、日本人に体現されるような日本を探し求めていた。この国の人々は「明るく、洗練され、はかなげだ。斬新で、奇抜な想像力に富み、控えめな優美さをそなえ、花のように静か」だった。だがそうした日本は、みつけるのが少しずつ難しくなっていた。新しい列車ができたことで、国内のどこへいっても観光客があふれ、通りには彼らのための近代的なホテルや喫茶店が建ち並んでいた。「観光客が楽しんでいるようならいいのです。でも彼らは汗をかきながらあちこち歩き、結局はただ疲れているだけのようでした。思わずこういいたくなりました。本当に楽しめる人たちのために、美しい場所をそのままにしておいて、と」エリザベスは東京から二ューヨークにいる弟のプレスリーに宛てた手紙でそう書き、こう付け加えた。「西洋人の独りよがりな〝進歩〟に破壊されていないのは、中国と日本だけだと思います」

翌年、チャールズ・ウェトモアの病状は深刻になり、五十九歳で仕事をやめなければならなくなった。一九一三年にふたりはイギリスへ移り、サリー州のウェスト・バイフリートの村に家を買った。ロンドンの南西部だ。仕事のプレッシャーから遠く離れ、静かなイギリスの田園の中に身を置けば、体が休まって病気もよくなるだろうと考えてのことだった。だが、それからまもない一九一四年八月四日、イギリスがドイツに宣戦布告して第一次世界大戦が始まると、あっというまに、おびただしい数の若い兵士たちが本土にもどってきた。いずれも負傷し、中には視力を失った者もいた。一年あまりにわたってエリザベスは地元の病院でボランティアを続けた。そして、はじめから終わりまで戦争を憎み、悩まされつづけた。負傷兵の世話をしていたときのことをこんなふうに綴っている。「とりわけ毒ガスの被害にあった兵士たちの姿をみると、戦争への耐えがたいほどの憎悪が湧き起こった。その憎しみは昼も夜も決してわたしから離れなかった」

イギリスではとても休めないとわかると、夫妻はふたたびワシントンにもどった。エリザベスの顔は変わらず若々しかった。透けるように白い肌はなめらかで、目は若いころと同じように澄んでいた。だが、ウェーブした長い髪は以前のような栗色ではなく、ほとんど灰色に変わっていた。「戦争がはじまって以来、心が大きな石に押しつぶされているようでした。悲惨な世界の恐怖と苦しみが、絶えず心にのしかかっていたのです」エリザベスは、詩人で編集者のチャールズ・ハトスンに宛てた手紙にそう書いている。エリザベスのニューオーリンズ時代からの友人だ。

一九一七年四月にアメリカが参戦すると、エリザベスは海難救助協会での仕事に専念した。いくつかの州でアルミ箔やコルク、紙、古着、革、ガラスを集めて回り、それを売ってお金に換え、赤十字に寄付するのだ。翌年彼女は貧血症だと診断された。「七年にわたるストレスと過労、長期にわたる看病」が祟ったのだ。医者は休養をすすめたが、エリザベスはきく耳を持たなかった。彼女は、「わたしは戦時中の仕事や家事を忘れたくなかったし、朝まで寝ているというのはいやだった。だれもが自分の国のために働いているときに、邪魔な怠け者にはなりたくなかった」と綴っている。休むどころかエリザベスはますます懸命に働きはじめた。イギリスにいた時と同じように、病気やけがで苦しんでいる人々の世話をはじめたのだ。今度の病院は、ワシントン・ウォルターリード病院という名だった。

エリザベスが面倒をみるべき病人は家にもいた。だが、彼女の懸命な看護にもかかわらず、夫の病状は悪くなるいっぽうだった。とうとう一九一八年のクリスマス・イヴに、チャールズ・ウエトモアは近くの療養所に入った。医者たちは、回復を妨げる恐れがあると考え、エリザベスが夫を見舞うのを快く思わなかった。それでも、エリザベスは療養所のそばにいるように心がけていた。「夫がわたしを必要としたら、すぐにいってあげたかった」からだ。それからの数カ月は、不安の中でただ待ち続ける日々だった。「深い水の中を歩いているような気分」だったと、ハトスンに送った手紙には書かれている。

夫は療養所に入らなくてはならなくなりました。わたしはこの十年、愛をつくし、科学的な方法に訴え、あらゆる方法で夫の病気と闘ってきました。いま、なすすべなく立ちつくしています。こうした悲しみや苦しみを味わっても、人々は大声で騒ぐことはありません。もしこれが大義ゆえの献身だとしたら、優雅に耐えることもできたでしょう。まるでいわれなく無慈悲な殴打を受けたような気分です――この悲しみは、なにも生み出しはしません。だれもがこう考えるでしょう。なぜ全知全能の神は、悲しみの黒い滴をわたしのカップに落としたのか、と。

エリザベスは悲しみに暮れながら、庭仕事に慰めを求めるようになった。前年の秋にはラッパズイセンとキズイセン、クロッカスの球根を植えていた。春に訪れるだろう平和な時間を、こうした花々が祝ってくれるはずだと期待していたのだ。春になっても平和は訪れなかったが、少なくとも花は咲いた。家の近くには、野生の花の寄せ植えを作った。毎日早い時間から起き出すと、かごとすきを持って土仕事をする。朝早くから忙しく体を動かしていれば、夜にはぐっすり眠れるとわかっていたからだ。そして庭仕事をしているあいだだけは、自分の悲しみも、悲惨な世界で生きる人々の悲しみも、忘れることができた。夜になるとかならず読書をした。真夜中になるとしぶしぶ電気を消し、つぎの章まで進めなかったことを残念に思いながら眠りについた。これまでも読書は常に新しい世界への扉を開いてくれたが、いまはそれだけではなかった。苦痛を和らげる痛み止めであり、答のない無数の問いを麻痺させる麻薬だった。彼女はこの頃の自分を、ぜんまいの切れた時計のようだった、と表現している。「激しく振れば少しのあいだは動きはじめるが、そのうちまた止まり、使いものにならなくなる」

一九一九年六月一日、チャールズ・ウェトモアは療養所で亡くなった。エリザベスは前年のクリスマス・イヴから、一度も夫の顔をみていなかった。夫の死を機に、エリザベスは重い鬱状態に陥った。「一日また一日と、世界が色あせ、夢のようになっていく気がしています。わたしはその世界で、決められたことをただ機械的にこなしていきます」エリザベスはチャールズ・ハトスン宛の手紙に――黒い縁取りのある便箋に――そう書いている。「ただひとつの慰めは、夫がわたしに助けを求め、わたしは夫が苦しいあいだはずっとそばで助け、慰めることができたという事実です。でも、夫はもうわたしを必要としていません――二度と必要とすることはありません。あらゆる意味と目的がわたしの人生から消えてしまいました」

静まり返った家の中で、エリザベスはただすわっていた。するべきことはなにもない。日々あたりまえのように果たしてきた義務が、いきなりなくなったのだ。チャールズはエリザベスにとって夫であり、病気になってからは子供でもあった。彼が死んでしまうと、まるで家族が丸ごと消えてしまったような喪失感に襲われた。唯一の慰めは、死によって、夫が十年間の苦しみからようやく解放されたという事実だった。エリザベスは記している。「夫は忍耐と勇気をもって苦しみに耐えました。その姿をみると、千倍も愛おしくいじらしく思えたものです」

夫の死から数カ月、エリザベスはなんの計画も立てなかった。なにをしても意味がないように思え、なにに対しても関心がわかなかったのだ。エリザベスとチャールズは三十年近く連れ添い、長い年月のうちに育まれた愛情が、ふたりをしっかり縫い合わせていた。ひとりが消えると、もうひとりはぼろぼろに破れたまま、あとに残された。友人たちはできる限りの手を尽くしてエリザベスを慰めた。これでよかったんだよ、と彼らはいった。それに、いつかまた再会できる日がくるんだ。エリザベスは、天国で再会できるなどという話はとても信じる気になれなかった。だが、友人たちはそういうしかなく、またそういうことで彼女を慰めようとしていた。エリザベスはそのことに感謝した。状況はなにひとつ変わっていなかったが、それでも彼女は、気品と勇敢さをもって悲しみを乗りこえようとした。友人たちは、外の世界に出る第一歩として慈善活動を勧めた。しばらくするとエリザベスは、長年続けていたウーマンズ・イヴニング・クリニックの代表としての仕事を再開した。個人の寄付によって運営されているこの病院は、ワシントン初の、昼間働いている女性のための病院だった。一九二〇年に同病院はグッド・ヘルス・ホームを設立し、エリザベスはその実現のために多額の寄付を集めた。ある手紙ではこんなふうに述べている。「病に苦しむ女性たちのために、わたしは懸命に働き続けました。働いていれば現実の感覚がもどってくるだろうと考えたのです。しかし、ほかのあらゆることと同じように、その女性たちの苦しみも、影のように現実味がありませんでした」それでもエリザベスは努力を続けた。働く女性を支援することは、つねにひとつの目標だったからだ。事実、一八八四年にはニューオーリンズ婦人協会を設立している。

一九二二年、六十歳を過ぎたエリザベスはワシントンの屋敷を閉め、ひとりで日本と中国を訪れる七カ月の旅に出た。じきに長旅の疲れには耐えられなくなるだろう。そうなる前に、自分が愛した国をもう一度みておきたかったのだ。エリザベスはどこまでも続く山道をひとりで歩き、古い寺を訪れ、詩人や画家、修道院長や音楽家といった友人を訪ねた。ワシントンにもどるころには、アジアでの長逗留のおかげで元気を取りもどしていた。だが、こうもらしてもいる。「ふたたび西洋の暮らしをはじめなくてはならないと考えると、退屈でたまりませんでした。ずっと前にアジアをみて以来、常に西洋より東洋に惹かれ続けていたからです」

素朴で静かな生活を望むようになっていたので、エリザベスは一九二四年にワシントンの屋敷を売り、十ヘクタールほどの森の中に建つ屋敷に移った。ヴァージニア州シャーロッツヴィルの近くだ。グリーンウェイ・ライズと呼ばれるこの地所は長いあいだだれも住んでいなかったが、エリザベスは自分でも意外なほどの情熱をもって屋敷の大々的な修復を監督した。完成した住まいは大きな四角い建物で、屋根には青いタイル張りの屋根と灰色の化粧漆喰の壁を持ち、その壁にはエリザベス自身が植えたバラが蔓をはわせていた。裏には日本のあずまやを設置し、リンゴの木を植えた散歩道を作った。夫とオイスター・ベイに建てた屋敷をしのぶためだった。グリーンウェイ・ライズはヴァージニア大学の近くにあった。トマス・ジェファソン（ジェファソンもエリザベス一世と同様彼女のヒーローだった）の設立した大学だ。エリザベスは遅れてやってきた大学生活を楽しみ、講義に出席したり、時々は学生たちを相手に話をしたりした。ニューオーリンズの「タイムズ・デモクラット」紙は――二十歳のときに書いたクリスマスの詩が掲載された新聞だ――後年のエリザベスの姿をこう描写している。「気品を備えた白髪の婦人で、貴族が着るようなビロードとレースの黒い古風な服を着ていた」

ヴァージニアに移ってからは、ふたたび熱心に執筆活動をはじめた。一九二七年、最後のエッセイ集『男性とその他の問題についての真実』を出版した。この本には、田舎での暮らしや日本での旅、男女の関係について書かれていた。（表題のエッセイではこんなふうに述べている。「これまで、人類の歴史は真実だと考えられてきた。だが、これは男性の目からみた――あるいはみようとした――事実や状況の記録だ。（中略）女性が人類についてどう考えているのかは外にもらしてはいけない秘密として厳しく守られてきた」）。だが、本の大部分を占めていたのは、美しく年を重ねることについてのエッセイだった。「夕陽に向かって」というタイトルのエッセイでは、こう述べている。「老いは周囲の人々にとって不愉快なものではなく、老いるために必要なのは豊かなユーモアくらいだ」だが老いそのものは、とエリザベスは指摘する。「決して愉快なものではない」

なによりもまず、朽ちていく家の中にこもって暮らさなければならない。家の傷みに気づくたびに、家主は無力感に苦しむ。梁は下がり、扉は立てつけが悪くなり、窓は埃でくもり、外観は長年雨風にさらされて縞が入り、汚れて灰色になる。修復は不可能なのだと気づいたとき、家主は愕然とする……それから自分を励まし、時間が残していった爪痕を勇敢に受け入れ、静かに、家が苔におおわれていくのを見守るのだ。

エリザベスは年を重ねるにつれ、両親のキリスト教的な厳格さに反感を覚えるようになっていた。そしていま、歴史書や哲学書を読むようになると、キリスト教以前のストア派の価値観に共感するようになった。「わたしには理解できない。どうして褒美や罰を与えないと人間は罪を犯すと考えるのか。わたしは褒美も罰も関係なく、ただそうしたほうがはるかにいいから、という理由だけで自分の行動を決めてきた。悪い行いはいつも愚かで退屈にみえた。世界にはもっと楽しいことがいくらでもあったので、禁じられた行為に手を出そうとはみじんも考えなかった。良い行いのほうがはるかに魅力的にみえた」エリザベスはいつも自然の中に喜びを見出していた。秋になるとよく朝の散歩に出かけ、家のまわりの丘を歩きながら、ブルーリッジ山脈のふもとに広がる穏やかな田園風景をながめた。野原にはアキノキリンソウやアイアンウィード、ヒヨドリバナ、シオンが色とりどりの縞模様を作っていた。真紅の蔦《つた》をみると、エリザベスは、カエサルを刺したキャスカの短剣から流れる血を思った。「大地は熟れた果実のように豊かだった」エリザベスはその年の秋のことをそう書いている。「夢におおわれて横たわり、優しく卵を抱き、その上では金や紫や白の花が華やかに咲き乱れていた」空気はかいだこともない繊細な香りに満ち、まるで「夏の魂が香気をふりまきながら通りすぎていくかのよう」だった。朝になると、あたりには煙のような霧が立ちこめた。冷たい霜が降りるとトウモロコシの穂は固く凍り、そのうち引き抜かれてそばの家畜小屋に運ばれていった。ある夜はオレンジ色の大きな秋の満月《ハンターズ・ムーン》が昇り、それをみると南北戦争のときに家族と共にルイジアナ州から逃げたときのことを思い出した。時にはニューオーリンズのことも考えた。エリザベスが若々しい夢を抱いて訪れた、みすぼらしく古い街だ。だが長い年月がたったいま、あの街は彼女の記憶の中で金色の光とバラの香りに満ちていた。一年は終わりに近づきつつあり、日が暮れるのがだんだん早くなった。「日々風という名の盗賊にさらわれて／木々の書物の頁は残りわずかになった」エリザベスがこのトマス・フッドの詩を読んだのはずっとむかしだが、いつでも心の中にあった。それはひとりで過ごす冬が近づいてきたいまも変わらない。「冬は」最後に出したエッセイ集の中でエリザベスは書いている。「老いのように、柔らかい輪郭の魅力的な幻を奪い去り、あわれな骸骨の血管や関節をさらけ出す。この骸骨もかつては美しい肉と優美な葉飾りをまとっていたのだ」ヴァージニア州の冬空は冷ややかな青で、不気味で疲れたような木々は霜のもろさを調べるかのようにそっと大枝を持ち上げていた。年が明けてすぐ、彼女を知る人間はだれもが驚いた。エリザベス・ビズランドが肺炎にかかって倒れ、一九二九年の一月六日に亡くなったのだ。六十七歳だった。葬式はニューヨークで執り行われ、ブロンクスのウッドローン墓地の夫のとなりに埋葬された。墓碑銘にはロバート・ブラウニングがギリシャの詩人に仮託して書いた詩が引用された――「ゼウスの住まう地になんじが眠らんことを／最後の静けさの中で」ニューヨーク・タイムズにのったエリザベス・ビズランドの死亡記事は五項目ほどだった。記されていたのは葬儀の日時、ルイジアナ州フェアファックスの大農園の出身だということ、チャールズ・ウェトモアとの結婚、ニューオーリンズ「タイムズ・デモクラット」紙と「コスモポリタン」誌で記者をつとめたこと、そして出版された本のタイトルだった。世界一周旅行については触れられていなかった。

エミリー・ディキンソンは晩年、名声が人にもたらす危険について教訓的な詩を書いている。「名声は蜂のようなもの」とはじまるこの詩は、つぎのように続く。

名声には歌がある――
名声には針がある――
ああ、そして羽もある

一八九〇年代のはじめ、ネリー・ブライはそのすべてを――名声の歌、名声の針、そして名声の羽を――身をもって経験した。ネリーはニューヨーク・ファミリー・ストーリー・ペーパーとの契約が不履行に終わると人々の前から姿を消し、それから一年以上どの媒体にも現れなかった。その不在は世間を騒がせ、一八九二年の八月には、「ジャーナリスト」誌のアラン・フォアマンが読者にこう問いかけた。「ネリー・ブライはどこにいるのでしょう？　歌のことではなく、あの若い女性のことです」その二カ月後、彼はまた質問をくり返している。「ネリー・ブライはなにをしているのでしょう？」

七十二日世界一周の成功によってネリーはいまも人々の注目を集めていた。そのせいで国中の新聞社が女性記者を雇い、実地体験をもとにした記事を書かせた。真剣な企画もあれば遊び半分のものもあった。いずれもネリーが「ワールド」紙に書いていた記事をまねたものだ。この種の記者には〝スタント・ガール〟という名前までつけられていた。スタント・ガールたちは通りで物乞いをし、違法の妊娠中絶を暴き、アヘン窟を訪れた。一八九〇年には「サンフランシスコ・イグザミナー」紙のアニー・ローリーが——彼女の記者としての初仕事は、エリザベス・ビズランドのインタビューだった——、市立病院で女性患者たちが受けた虐待について調査した。医者の友人に頼んで瞳孔を開くためにベラドンナのエキスを点眼してもらうと、通りに出て気絶した振りをした。ローリーは死体運搬用の台車にのせられて市立病院に運びこまれ、嘔吐剤として湯で溶いたカラシを飲まされ、すぐに台車から降ろされた。ネリー・ブライの精神病院の暴露記事は、いまだに多くの人々に大きな影響を与えていた。ワールドのメグ・メリリーズもローリーと同様、シティ・ホール・パークで救急車に乗ってチェインバーズ・ストリート病院に潜入した。不運な患者たちがどのようにあつかわれているか確かめるためだった。ワールドが伝えたところによると、メリリーズはそこで「虐待、放置、口汚くののしる職員、不潔な病室」を目撃したという。べつの件ではダイビングスーツを着て潜水用ヘルメットをかぶり、スタテン島近くの海で十五メートル下の海底までもぐっていった。メリリーズはその晩アメリカ財務省の金庫の中で十億ドルもの価値がある金と銀に囲まれて過ごし、老朽化した金庫の中では金が安全に保管されていないことを突き止めた。サーカスで、ライオンに芸をさせる調教師の助手を務めたこともあった。一度など百万ボルトの電流を体に通してみせたこともあった。当時は、それほどの電流を体に流した者はひとりもいなかった。身の毛のよだつような体験をしたこともあった——防弾チョッキ（当時の表現を借りるなら「話題の防弾用の布」）を着て、四十五口径のウィンチェスターライフルの銃弾を胸に受けたのだ。実際には〝メグ・メリリーズ〟という女性は存在しなかった。ワールドは大勢のスタント・ガールを雇い、その全員が同じ筆名を使って記事を書いていたのだ。経営陣は、よくわかっていた。個性のないスタント・ガールを集めただけでは、ネリー・ブライのような評判はとうてい得られない。ただ彼女たちを使えば、ネリー・ブライのように高い給料と地位を要求されることもなかった。

このころワールドはパーク・ロウの新しい社屋に移っていたが、ジョゼフ・ピュリツァーは会社から遠く離れたヨーロッパで旅を続けていた。旅の目的は療養、そして専門医の診断を受けることだった。旅のあいだは会社の経営状態を毎日監視することはできなかった。そこで彼はジョージ・W・ターナーとジョン・コクリルに命じ、——いつもふたりひと組で任務にあたらせた——自分がいないあいだの経営を任せた。すでにターナーとコクリルの関係は険悪になっていたので、ピュリツァーはもうひとりの男をふたりの仲裁役に任命した。ウィリアム・L・デイヴィス大佐という男で職業は鉱山技師だった。新聞社で働いた経験はなかったが、ピュリツァーの義理の弟という利点があった。ピュリツァーは、この新しい体制をもったいぶって「摂政政治」と呼んだが、当然ながらこの方法はうまくいかなかった。社員たちが対立して経営は行き詰まり、発行部数は十六パーセントも落ちこんだ。ピュリツァーはもともとデスクに不信感を抱いていた（「記者はいつも希望を運んできてくれる」一度そう語ったことがあった。「そしてデスクはいつも失望を運んでくる」）ため、ターナーを首にし、コクリルを以前働いていた「セント・ルイス・ポストディスパッチ」紙の担当にもどした。それからの二年間、ワールドの編集局の人間はめまぐるしく入れ替わった。一八九三年の九月、ピュリツァーはローカル記事のデスクだったメリル・ゴダードを日曜版のデスクに配属した。ゴダードはダートマス大学卒の意欲的な二十七歳の青年だった。名を成したのはグラント大統領の葬儀を取材したときだ。彼は黒いスーツを着て葬儀屋の助手を装うと、葬列の一番前の馬車に乗りこみ、嘆き悲しむ未亡人のとなりにすわったのだ。ゴダードには売れる新聞を作るのに必要な鋭い勘がそなわっていた（翌年には「イエロー・キッド」の連載をはじめている。はじめてカラーで印刷された日曜版漫画だ）。彼が日曜版のデスクに着任して最初にした仕事は、ネリーに職場復帰を申し出ることだった。そのころネリーには、母親が受けているわずかな手当をのぞけば定期的な収入がなかったので、喜んで申し出に応じた。

ネリーの復帰最初の記事は、刑務所にいる無政府主義者エマ・ゴールドマンの取材だった。ゴールドマンは暴動を煽動したという疑惑を捏造《ねつぞう》され、裁判を待っているところだった。その後ネリーはタマニー・ホールの政治家や、若き億万長者のジョン・ジェイコブ・アスターや、「社会改革主義者」のチャールズ・パーカスト牧師といった人々に取材をした。刑務所を再訪し、労働運動指導者のユージーン・V・デブズにインタビューしたこともあった。彼もゴールドマンと同様、政治活動をおこなった罪に問われて服役していた。

数カ月後、ネリーの仕事は有名人の取材記事と娯楽記事――割合としてはこちらのほうが多かった——が、奇妙な具合に混ざりあっていた。あるときはニューヨーク州のホワイト・プレーンズにあるリハビリセンターへ出かけ、塩化金を注射される〝キーリー療法〟——アルコール依存症やモルヒネ依存症に効くといわれていた——を受けた。ニュージャージーの幽霊屋敷へいったこともある。二丁のピストルで武装してひと晩過ごしたが、結局幽霊は現れなかった。ニューヨークの賭博場に潜入したこともあったが、プレイヤーのひとりに気づかれたため、取材は打ち切らなければならなかった。ネリーはまた、アパーマンハッタンのブルーミングデール精神病院へいき、裕福な入院患者たちと一日過ごした。記事はありきたりな内容で、冒険と怒りに満ちたブラックウェル島の記事にくらべると、明らかに精彩を欠いた。記事が持つ重みのちがいは、ブルーミングデールのひとりの患者がネリーがブラックウェルに潜入した記者だと気づいて喜んだというエピソードからもよくわかる。このころのネリーの記事はほとんどが、以前ワールドで書いていたものの焼き直しだった。大胆さの点では、ライバルの〝メグ・メリリーズ〟にはっきりと劣っていた。

このときネリーはまだ二十七歳だったが、記者の仕事を長年続けてきたようにみえた。「ジャーナリスト」誌のある記事にはこう書かれている。ネリー・ブライはワールドを「他社からの条件のいい申し出があったため」に辞めたが、ふたたび「もどってきた。彼女の書く記事は大きく修正され、本人は表舞台にも出してもらえず、不快な仕事を押しつけられている」

一八九四年七月、ネリーはシカゴへ赴き、プルマンが作った企業のモデル・タウンで起こった鉄道員のストライキを取材した。賃金の引き下げと家賃の値上げに抗議するためのストだ。ネリーはこう書いている。「当初は彼らの要求に賛成できなかったが、プルマンで半日過ごすころには町で一番厳しいストライカーになっていた」ネリーは彼らと共に行進し、ぜひにと頼まれてスピーチをした。だがこの出来事も——労働者たちの歓声も——ネリーを元気づけることにはならなかったようだ。「あなたにお会いできたらいいのですが！」ネリーはニューヨークへもどると、エラズマス・ウィルソンに手紙を書いた。「こんなに長い時間がたったのに、わたしはほとんどなにも成しとげていません。以前はあれほど多くの希望にあふれていたのですが」

だが、まもなくネリーの人生には劇的な変化が訪れる。ネリーはシカゴへ向かう列車の中でロバート・シーモンという男性に出会い、その週のうちに駆け落ちしたのだ。これをきくと、ネリーを知る人々は非常に驚いた。急な話だったせいもあるが、シーモンの年のせいでもあった——彼は七十歳で、ネリーより四十も上だった。ロバート・シーモンはブルックリンにある鉄工会社の社長で、その財産は五百万ドルに上るといわれていた。財産目当ての結婚だときめつける意地の悪い者もいたが、少なくとも、シーモンがネリーに経済的な保証を与えたことはまちがいない。不満と疲れを感じることが増えつつあった記者の仕事をやめるきっかけにもなった。そしておそらく、シーモンは、ネリーが小さなころに亡くした父親の役割を果たしてもくれたのだろう。ネリーの古い友人ウォルト・マクドゥーガルによると、このころのネリーは「心から慕っていた」男性——ジェイムズ・ステットソン・メトカーフのことかもしれない——が別の女性と結婚したことで動揺していたという。いずれにしてもネリーは億万長者と結婚し、これによって、若いころに立てた目標の四つ目を達成した。三つ目の目標——恋をすること——については、はっきりとはわからない。ネリーの結婚には、はじめから波乱の兆しがいくつもみえていた。シーモンは何度も私立探偵を雇っては妻を尾行させ、少なくとも一度はジェイムズ・メトカーフのことを調べさせた。

それでも、ネリーは裕福な暮らしを気に入ったようだ。シーモンの住まいは四階建てのブラウンストーンの豪邸で、五番街に近い西三十七番通りに建っていた。ネリーはこの屋敷の大部分を改装し、大勢の使用人を監督した。ぜいたくな服に身を包み、富豪たちと友人になった。その中には、合衆国で一番裕福な女性として知られるヘティ・グリーンや、ジェイ・グールドの兄弟エドウィン・グールドもいた。ネリーとシーモンは四年間のヨーロッパ旅行へ出かけ、パリ、ロンドン、ローマ、ウィーンを回った。一八九九年に帰国して以降、ネリーはしだいに鉄工会社の経営に関わるようになる。会社はブルックリンのブッシュウィックに広がる広大な工場群の中心にあった。ロバート・シーモンが一九〇四年に八十歳で死ぬと、ネリーは会社の支配権を握った。

この会社は板金から牛乳缶、石炭入れ、石炭ショベル、洗濯桶、バケツ、アイスクリームの冷凍庫、ごみバケツ、オイル缶さらにはキッチンの流しまで、あらゆる鉄製品を製造していた。一九〇五年には、会社の年間売り上げは百万ドルをこえた。ネリーは——彼女自身が好んでこういっていたのだが——「大工場をみずから取り仕切る世界でただひとりの女性」だった。かつて記者としての成功をもたらした意欲と忍耐力、創造力をもって、ネリーは鉄工会社の経営に取り組んだ。工場で十二時間通して働きながら、より効率のいい作業工程を編み出し、最新の機械を導入した。ふたを開けてみると、ネリーには工業デザインの才能があった。一時期、彼女の名を冠した特許品は二十五個もあり、その中にはアメリカで最初に生まれた鋼鉄製の樽もふくまれている。

だが、ネリーは会社の経理にはまったく関心がなく（「財務関係の話は恐ろしく退屈だった」と、のちに認めている)、夫の会計士に帳簿付けを一任するという重大なミスを犯していた。数人の従業員がネリーの無知につけこみ、彼女の名義で数十万ドルに上る会社の金を使いこんでいたのだ。政治献金に一万五千ドル使われたこともあれば、ヨットの購入に二万五千ドル使われたこともあった。とうとう、ネリーは破産を宣告しなければならなくなった。複数の債権者から債務不履行で訴えられ、それからの数年は、金とエネルギーを消耗する訴訟と対抗訴訟に費やされることになった。一九一四年、裁判官はネリーに帳簿の開示を求めたが、彼女はこの命令を拒否した。ネリーはいった。「帳簿の開示を求めるのは、わたしから権利を剝奪するための情報を得るためだとしか思えません」その結果、ネリーは司法妨害と弁護士費用の未払いにより追訴されたが、彼女はどの罪状も認めなかった。ネリーは自社株をいったん母親に譲渡し、それをウィーンの裕福な友人オスカー・ボンディ(債権者の請求がいく心配がなかった)に譲渡するよう頼んだ。四日後、ネリーは国外へ逃亡した。

一九一四年八月一日、ネリーはニューヨークからオーストリアへ向かうため、ホワイト・スター社のオセアニック号に乗った。二十四年前にネリーが太平洋を横断したときに乗った船の後を継ぐものだ。ヨーロッパは大戦争が勃発する直前だった。三日前にはオーストリア=ハンガリー帝国がセルビアに宣戦布告をしたばかりだ。海を渡ると、ネリーはウィーンのボンディのもとへ身を寄せ、中央ヨーロッパを旅しながらウィリアム・ランドルフ・ハースト傘下の「イヴニング・ジャーナル」紙に記事を送った。だが戦争が続くうちに記者の仕事はやめ、オーストリアの寡婦《かふ》や孤児のための慈善活動に専念するようになった。オーストリア=ハンガリー帝国の人々に同情したのは、長きにわたるイギリスへの敵愾心《てきがいしん》も大きな理由としてあった。イヴニング・ジャーナルに寄せた記事のひとつには、「イギリス人をみると嫌悪感でぞっとします」と書いている。帰国してからは、あるアメリカ人の役人にこう話している。「わたしがオーストリアへいったのはイギリスが大嫌いだからよ。あの国に敵対することならなんでもしたかったの」

ネリーは五年間海外に亡命し、戦争が終わるとアメリカへ帰って裁判を受けた。人々が覚えているほっそりしたブルネットの乙女の姿は消え、ネリーはいま、白髪頭の堂々とした女性になっていた。目の下には半月型のくまができ、そのせいでいつも寝不足にみえる。トレードマークの前髪はなくなり、いまではうしろにまとめて上品なシニョンに結っていた。「ブルックリン・デイリー・イーグル」紙の記者は、ネリーの帰国をこう伝えている。「絹と毛皮のしゃれた服を着て、疲れ知らずの旅行者だったころと変わらず活気に満ちていた。ネリー・ブライはいまも強烈な個性で人々を魅了している」

ニューヨークに着くと、ネリーは連邦保安官のもとへ出向き、千ドルをはらって保釈された。彼女がヨーロッパにいたあいだに、母親は――兄のアルバートにたきつけられ――鉄工会社の自分の株式を取りもどそうとネリーを訴え、自分はだまされてオスカー・ボンディに株式を譲渡したのだと主張していた（のちにネリーが勝訴することになるが、この時点ですでに会社は事実上倒産していた）。帰国後まもなく、裁判所はネリーに対するすべての告訴を取り下げた。ネリーはほとんど無一文になっていたので、ふたたび新聞記者として働きはじめようとした。かつて自分が称賛の的となったこのニューヨークで。だが、ネリーのいない間に、報道業界は劇的に変化していた。現役で働いている女性記者も、ネリーのことをほとんど覚えていなかった。記者たちは、事実に基づく客観的な記事を書くことを旨とし、熱い訴えや潜入取材にはなんの関心もなかった。そのような記事は時代遅れで、恥ずかしいものでさえあった。ワールド時代の古い友人アーサー・ブリズベンは、このころイヴニング・ジャーナルのデスクになっていた。このブリズベンがネリーに、週に百ドルで定期的なコラムを書かないかと持ちかけた。その原稿料は、三十年前にニューヨーク・ファミリー・ストーリー・ペーパーのノーマン・L・マンローが提示した額の半分以下だった。

母と弟のいるブルックリンの家に帰ることはできなかったので、ネリーはマカルピン・ホテルに小さなふた間続きの部屋を借りた。当時、世界最大の大きさを誇っていたホテルだ。ブロードウェーの三十四番通りに位置し、世界一周旅行に出かけたころ、母親と住んでいたアパートから一ブロックも離れていなかった。思いがけずネリーはイヴニング・ジャーナルで活躍し、ふたたび、社会的弱者や恵まれない人々を助けることにやりがいを見出していった。時々は、担当する欄で結婚や仕事についてのアドバイスをしたり、いくつかの運動を推進するための訴えを書いたりもした(彼女はアメリカ人船員の雇用促進と死刑制度廃止をめざして運動を続けていた)。だが、イヴニング・ジャーナルに寄せる記事は主に慈善活動に関わるもので、しばしば助けが必要な人々のことを書き、彼らに手を差しのべるよう読者に訴えた。ある記事ではメイジーという名の十一歳の少女を取り上げた。彼女は小児まひにかかっており、歩くこともままならなかった。メイジーの父は死に、彼女は幼いきょうだいと共に祖父母と暮らしていた。一家の家計は母親ひとりが支えていた。母親は工場で働いて週に十二ドルを稼ぎ、さらにそのあとオフィスの清掃をすることで二ドルを稼いでいた。「十四ドルで六人が暮らしていかなくてはならないのです」ネリーはこの記事を読んだ方は祖父母に仕事を紹介してください、あるいは、追い詰められた若い母親にもっと賃金の高い仕事を紹介してくださいと訴えた。「我慢強くてかわいいメイジーを、体の不自由なこの子を無視できますか？　大勢の善良な人々がわたしの願いをきいてくださるでしょう。どうかクリスマス前に援助の手を差しのべてください。わたしは、この恵まれない家族のためにたくさんの寄付が寄せられるはずだと信じています。まずは服の寄付をお願いします。小柄な働き者の母、メイジー、九歳の弟と四歳の子、それから体の大きな祖母、百八十センチの祖父のために。彼のコートのサイズは四十です」

ネリーのイヴニング・ジャーナルにのせた一連の記事のおかげで、貧しい人々にクリスマスプレゼントが届いた。肺病をわずらっていた少年はスーツを二着とコートを三着受け取り、七人の子供と無職の夫を抱える女性はお金と食べ物と服を受け取った。毎週毎週、ネリーの泊まるマカルピン・ホテルには寄付が届き、そこからまた、貧しい人、病気の人、苦しんでいる人、途方に暮れている人の元へ届けられた。ネリーは自分の助手として未婚の女性を数人雇った。彼女たちはネリー宛の手紙を開けて整理し、ファイルし、返事を書き、インタビューの段取りを整えた。そのうちのひとりは五人の子供と寡婦の母を養っていた。彼女は送られてきた一通の手紙に心を動かされ、数年前から故郷に帰っていないという若者のために鉄道の切符を買い、友人たちに頼んで新しい服をひとそろいと予備の十二ドルを用意した。ネリーは担当するコラム欄を使って、十一番通りと二番街の角に建つ聖マルコ病院への寄付金を募ったこともあった。この病院は個人の寄付によって運営され、無償で患者を治療していた。ネリーは、治療が必要だがお金がないと相談されるたびに、この聖マルコ病院を教えた。彼女はここを「心ある病院」と呼んでいた。

ネリーは、イヴニング・ジャーナルのコラム欄を使って、捨て子の里親を募ることも少なくなかった。ホテルにいるときも、ひとりでいる子供をみつけると、里親がみつかるまでホテルで面倒をみた（「毎月子供のために借金をしています」と記事に書いたこともある）。若く貧しい母親たちが自分の子供を育てられなくなるとネリーのもとに連れてくる。するとネリーは記事を書いて、幼いフェイスやグロリアやラルフやヨランダを褒《ほ》め称え、かれらはみな「美しく、賢く、偉大な人物に育つために、たったひとつのチャンス」を必要としていると訴えるのだった。子供の里親に立候補する読者は、動機と資格を説明する手紙を書いてネリーに送ることになっていた。「世の中には、子供を迎えて幸せな家庭を作りたいと考えている人々が大勢います」ネリーは書いている。「わたしはその幸せを世界に広め、同時に、神様の祝福を受けた子供たちに居心地のいい家と愛情、献身とチャンスを与えたいのです」

このころネリーはマカルピン・ホテルの宿泊客からも不要な服を集めて回り、必要な人々に寄付した。じきにホテルの経営者たちは眉をひそめるようになった。みすぼらしい身なりの一団が大理石造りのロビーに集まり、ビロードを張った椅子にすわるようになったのだ。みなネリー・ブライに会いにきた者たちだ。ネリーの友人たちは、あまり気前が良いとつけこまれるかもしれない、と折に触れて注意した。すると、ネリーはきまってこういった。「まずは救済を。疑うのはその後で」だが、この寛大さにもたったひとつ例外があった――ネリーの周囲の人々は、彼女がイギリス出身の人間に会うとどれだけ冷淡になるかよく知っていた。秘書たちは、わずかでもイギリス訛《なまり》のある女性が訪ねてくると、部屋に通すようなへまは犯さなかった。

この頃のネリーは、いつも大きな帽子とヴェールをかぶり、ワールドで働いていたときと同じ神秘的な雰囲気をまとっていた。イヴニング・ジャーナルには自分の仕事部屋があったが、記事を書くときはホテルの部屋で秘書に口述筆記させた。電話を嫌い、めったに使わなかったが、自分の記事が社説面の一番上にのらなかったときだけは別だった。ネリーは腹立たしげにこぶしを握って口を真一文字に結び、会社に電話をかけると、アーサー・ブリズベンから下の人間まで全員を呼び出して叱りつけるのだった。

「真実の幸福と唯一の忘却は、まわりの人たちを幸福にすることによってのみ得られます」ネリーは、イヴニング・ジャーナルのコラムにそう書いている。若い頃の情熱と満足感を取りもどしたかのようにみえた。昔と同じように、ふたたび自分の力で不正を正し、助けを求める人々に手を差しのべることができるようになったのだ。だがこの頃には、後年に経験した苦労がネリーの体をむしばみはじめていた。体重が増え、いつでも疲れやすく体調が悪かった。それでも仕事は続けていた――絶えず馬車に乗って各地を飛びまわり、ほとんど眠らず、まともな食事もせず、どんな天気でも外に出かけていった。そしてかたくなに薬を飲もうとしなかった。飲めば自分の弱さを認めることになる、とでもいうかのように。一九二二年一月、ネリーは肺炎にかかって聖マルコ病院へ運ばれた。かつて、彼女が自身のコラムで褒め称えたあの病院だ。医者はきっと治りますと請け合ったが、二週間目に容態が急変した。一月二十七日の朝、ネリー・ブライは病室で息を引き取った。五十七歳の若さだった。

ネリー・ブライもウッドローン墓地に埋葬された。彼女の墓からおよそ五百メートルのところに、エリザベス・ビズランドの墓がある。このふたりの女性にはふしぎなほど多くの共通点があったのだ。裕福な男性と結婚し、子供はできず、第一次世界大戦中にヨーロッパで人々の救済に従事した――ふたりとものちに寡婦となり、肺炎がもとで亡くなり、最後まで執筆を続けていた。

だが、競走馬や品評会で優勝した犬や急行列車にその名をつけられたのはネリー・ブライだけで、その絵がついたボードゲームが作られ、世界一周レースを称える歌が作られたのも、ネリー・ブライだけだった。ふたりのうちネリーだけが、長く人々の記憶に残るだろう——世界一周の新記録を打ち立てた女性として。

一九三六年、ブルックリン出身のドロシー・キルガレンというイヴニング・ジャーナルの若い記者が、ふたりの男性記者を相手に世界一周レースに出発した。男性記者のほうは「ニューヨーク・タイムズ」紙のレオ・キーランと、「ワールド・テレグラム」紙のH・R・エキンズだ。旅がはじまるとき、キルガレンは記事にこんな言葉を記している。「ネリー・ブライ、わたしを見守っていてください。きっと驚くでしょうけど——それでも、見守っていてください」キルガレンは大西洋を蒸気船ではなく飛行船——ヒンデンブルク号——で渡り、太平洋を空路で横断した世界初の女性になった。だがドロシー・キルガレンはネリー・ブライとはちがって、二着でアメリカに帰った。

一九四六年、世界一周旅行を描いた「ネリー・ブライ」というミュージカルが、ブロードウェーのアデルフィ劇場で上演された。批評家たちは酷評し（「ジャーナル・アメリカン」紙には、旅程は七十五日だったが、アデルフィ劇場でみたこの芝居は「七十五日より長く感じた」と伝えている）、ミュージカルはたった十六回上演されただけで打ち切られた。台本は実際の旅と似ても似つかないものだった——場面はアラビアのハーレムやモスクワの公共広場、パリ万国博覧会でくり広げられ、ネリー・ブライはなぜか、あるキャバレーで、カンカンダンサーたちとストリップショーをはじめるのだ。そして、ネリーが競うライバル記者は「ヘラルド」紙の男性だったことが判明する――この人物はもちろん、ワールドの勇敢な若い記者に密かに恋をしていた。エリザベス・ビズランドは――本人が知れば喜んだことだろう――一度も出てこなかった。

ネリー・ブライは旅が終わって三十二年間生きたが、その人生は若いころの七十二日間に絶えず影響されていた――最後まで、ネリー・ブライという名には人々の喝采《かっさい》がこだましていたかのようだった。ネリーが最後に書いたイヴニング・ジャーナルのコラムは「ネリー・ブライと運命のいたずら」という見出しで、架空のふたりの若い女性についての話が書かれていた。似たような生い立ちのふたりは、その後まったくちがう人生を歩むことになる。「わたしたちは、闘えば運命に勝つことができるのでしょうか？」ネリーはそう問いかけている――これが活字になった最後の言葉だ――「それともただ、定められた道を流されているにすぎないのでしょうか？　もがくことも抗うこともできないまま」

## 謝辞

私の住むブルックリンでは、年長者でも、ネリー・ブライにちなんで名付けられた遊園地（ベルト・パークウェイからすぐのバス海岸にある）のことは知っていても、彼女のことはほとんど知らない。ネリーを――短期間にせよ――アメリカ一有名にした世界旅行の話にいたっては、きいたこともないと思う。かくいう私も、たまたま彼女の旅に言及された文章を読んではじめて、ネリー・ブライという存在を知った。エリザベス・ビズランドについては、ネリーと同じ一八八九年十一月に世界一周の旅に出たという事実以外はなにひとつ知らなかった。私は四年前に、このふたりの若き旅人たちについて本を書こうと決めた。この本の執筆は魅力的で楽しい旅だった。旅を終える手助けをしてくれた多くの方々に心から感謝を述べたい。

まず、代理人《エージェント》のヘンリー・ダナウに感謝を。ヘンリーは妻をのぞけば、ネリーとエリザベスの競争について本を書くというアイデアを話した最初の相手だ。ヘンリーははじめからこの本の成功を信じ、また熱心にサポートしてくれた。校了間際でもう後がないというときに本書のタイトルを考えてくれたのも彼だ。これまでと同じく非凡な著作権代理人であり、思慮と分別を兼ね備《ガンツァー・》えた人物《メンシュ》だった。

スザンナ・ポーターに編集を担当してもらえたのは大変幸運だった。スザンナは原稿を丁寧に読みこみ、幾度となく、本書を改善するすばらしい案を与えてくれた。彼女の知性、賢さ、いつも変わらない冷静さの恩恵にあずかれたことは光栄だ。またバランタイン・ブックスのプリヤンカ・クリシュナンは柔軟さとユーモアをもって、技術的な問題を処理してくれた。エミリー・ディハフは緻密で正確な編集作業をしてくれる、作家にとっては貴重な存在だ。また、優秀で活気に満ちた制作チームと仕事ができたことにも感謝したい。まず、編集のローレン・ノヴェック。そして、ブックデザインの監修をしてくれたバーバラ・バックマン。美しいカバーを作ってくれたリズ・シャピロ。わかりやすい地図を書いてくれたデイヴィッド・リンドロス。有能なメンバーのおかげで、本書の制作は喜びに満ちたものになった。心からお礼をいいたい。

本書の執筆にあたって多くの図書館と記録保管所で調べ物をしたが、とくにニューヨーク歴史協会、ニューヨーク公共図書館、コロンビア大学のバトラー図書館、アメリカ議会図書館にはお世話になった。ここに挙げた以外の図書館でも、多くの司書の方々に貴重なご助言をいただいた。なかでも数人の司書の方には特別の謝意を述べたい。アーリーン・バルカンスキーは、議会図書館に所蔵されているネリーとエリザベスに関する膨大な量の記事をコピーして送ってくれた。ペンシルヴェニアにあるマンスフィールド大学のフランシス・S・ガリソンは、ピッツバーグ時代にネリー・ブライが書いた記事のコピーを送ってくれた。チューレーン大学ハワード・ティルトン記念図書館のショーン・ベンジャミンは、ニューオーリンズの昔の新聞社街の写真や歴史的情報を提供してくれ、エリザベス・ビズランドが死ぬまでの二十年間に書いた手紙について説明してくれた。

『トマス・クック——人気旅行代理店の百五十年』の著者ピアズ・ブレンドン、そしてトマス・

クック・カンパニーの文書保管係のポール・スミスは、トマス・クック&サン社についての歴史的情報を提供してくれた。おふたりのご助力についても感謝を述べたい。同代理店に関する情報に誤りがあった場合、いうまでもなく、それはすべて私の責任だ。

エリザベス・ビズランドのご親族にはビズランド家に関して詳しい方々が何人かおられ、私のような、著名な先祖について可能な限り知りたいという他人にまで、寛大に情報を提供してくださった。つぎの方々には格別の謝意を述べたい。小論文「ナチェズのビズランド一族」の著者トマス・A・H・スカーバラ。そして、ベティー・シールズ・マクギー。彼女は驚くほど詳細に調べられた私家版の家族史『ジョン・ビズランドとスザンナ・ラッカーの子孫の記録』を送ってくださった。なかでもエリザベス・ビズランドの甥のご令孫にあたるセアラ・バーソロミューにはお世話になった。たくさんの質問に対してつねに快く答えてくださり、様々な資料を提供してくださった。新聞の切り抜き、家族写真、フェアファックスの屋敷とアップルガースの見取り図、そしてこれまで非公開だった、エリザベスが後年に旅したときの貴重な手紙などだ。彼女の助力なしでは、本書の内容は乏しいものになっていただろう。

レニー・ベナード、ジェニファー・ウェイス、デボラ・シューパック、そしてジョン・デンプシーは執筆の途中でなんども原稿を読み、有益な感想と励ましをくれた。彼らのような誠実で親切な友人がいることを誇りに思うと同時に、十分な恩返しができる日がくることを願う。

最後に、愛をこめて本書を家族に贈りたい。エズラとヴィヴィアン（私は子供たちと共に「ネリー・ブライと世界一周」ゲームをして何時間も遊び、また、最後の調査にはふたりをつれていった。ブロンクスのウッドローン墓地を訪れたのだ。ふたりはネリーとエリザベスそれぞれの墓に、うやうやしく花をそなえた——ネリーにはバラを、エリザベスにはラッパズイセンを）。それから、妻のキャシー・シュワーナー。キャシーは私が執筆をはじめた当初から献身的に支えてくれ、また鋭い読者であり、忍耐強い聞き手でもあった。むかしから、妻はあらゆる意味において最高の旅の仲間だ。

# 訳者あとがき

インターネットを介して二十四時間三百六十五日、世界とつながっていられる現代においてさえ、「世界一周」という言葉にはふしぎな魅力がある。交通機関と通信技術がどれだけ発達しようとも、人々にとって四万キロという円周は、様々なものを象徴する記号のようなものなのかもしれない。

ネットも飛行機もない百年以上前、その茫洋として摑みどころのない世界に、たったひとりで挑んだ女性がいた。「ワールド」紙で記者をしていた二十五歳のネリー・ブライと、「コスモポリタン」誌で書評を担当していた二十七歳のエリザベス・ビズランドだ。一八八九年十一月、ワールド紙は、減少しつつあった発行部数を増やすために大胆な企画を実行することに決めた。ジュール・ヴェルヌの『八十日間世界一周』を実際におこなうという企画だ。目標は主人公のフィリアス・フォッグの記録を破ること。企画の発案者であるネリー・ブライが東回りで出発すると、コスモポリタン社は、ネリーと競わせるためにエリザベスを西回りで出発させた。ネリーはファニーフェイスで鼻っ柱の強い行動派だが、いっぽうのエリザベスは南部の名家生まれの美貌のお嬢さまだった。本書を読んでいただければ、ふたりのユーモラスなほど対照的な容姿と性格についてはわかっていただけるだろう。だが、それより注目すべきは共通点のほうだ。本書にはこんな文章が出てくる。
このような不平等に異議を唱えた女性記者、社会の常識に立ち向かった女性記者、前途に立ちふさがるいくつもの障壁を乗りこえた女性記者。彼女たちは一種のパイオニアだった。踏み入ることを禁じられた大地で、自分たちの領土を新しく獲得したのだ。

ネリーとエリザベスは、あらゆる意味でパイオニアだった。女性ひとりではじめて単独世界旅行を成しとげたというだけではない。社会的に男女で著しい差があった十九世紀末アメリカの報道業界において、ふたりはペンと機知のみを頼りにし、〝文章を書きたい〟という夢を文字通りゼロから摑みとった。彼女たちの生き方と言葉は、社会の影に隠れていた女性たちにどれだけの勇気を与えたことだろう。勇気を得たのは女性だけではなかった。ふたりの〝アメリカン・ガール〟は新しい自由を体現する存在として、産業革命真っ只中にあったヴィクトリア朝イギリスにコンプレックスを抱いていたアメリカ人、アメリカに移住してきたアイルランド移民たちに、軽やかな自信を与えてくれたのだ。〝世界一周旅行〟は、その華やかさと派手さを理由に採用された一新聞社の企画ではあったが、結果的には、環境も立場も様々な人々に個人的な意味と高揚とをもたらしたことになる。

また、それはもしかすると、旅というものが本来、旅人それぞれに個人的な意味と高揚を与えるせいかもしれない。スチームパンクを地でいくようなこの本には、現代の旅とはまったく異なる旅が描かれている。ドレスを着て特大のトランクをポーターに運んでもらいながら蒸気機関車と蒸気船を乗り継いだ時代と、ジーンズのポケットに携帯電話を突っこみ、飛行機でひと晩眠っているうちに太平洋を横断できる時代とでは、いきおい旅に対する考え方はちがってくる。それでも、ネリー・ブライとエリザベス・ビズランドの振る舞いや感情には、どうしても共感してしまう。出発直前のどうしようもない不安、その不安を見送りの者たちに悟られまいとむりに作る笑顔、ぼんやり過ごすことを許される移動時間の心地良さ、長旅にともなうトラブルと苛立ち、ひとりぼっちで待合室にいるときの心細さ。

ネリーとエリザベスが物心ついたころの一八六九年、アメリカ大陸横断鉄道が完成し、半年後にはスエズ運河が開通した。記者になってある程度経験を積んだ二十年後の一八八九年、蒸気船オセアニック号はサンフランシスコ－横浜間で最速記録を打ち立て、旅にはスピードというものが新しい価値として加えられるようになった。こうしてみると、ふたりの世界一周レースにはどこか、本人たちの意志とはまた別の大きな力が働いているようだ。ネリーとエリザベスの世界一周旅行は、たしかに大勢のアメリカ人に見送られ、そして迎えられた旅だった。だが、重要なのはそのあいだの旅程ではないだろうか。ふたりはときおり、当時の新聞に描かれていたような〝パイオニア〟でも〝アメリカン・ガール〟でもない、ごくふつうの若者の顔をのぞかせる。そんなとき現代のわたしたちは、国の発展を一心に追い求めていた当時の人々とはまたちがった視点で、ふたりの旅をみることができるのかもしれない。

本書の翻訳にあたっては、多くの資料を参考にした。しかしこの内容である。最後まで調べのつかなかった固有名詞や引用もある。また、著者の明らかなミスや思い違いもできるだけ訂正しておいたが、不安な部分も多少ある。さらに訳者の訳し間違いも多々あるかもしれない。どうか、これらの点はご寛恕いただき、お気づきの方はぜひ、編集部にご連絡いただきたい。
最後になりましたが、原文と訳文を丹念に読みこんで細かいご指摘をくださった編集の八木志朗さん、訳文に適切なアドバイスをくださり、またすばらしい解説を書いてくださった石橋正孝さんに心から感謝を申し上げます。

二〇一三年九月二十五日

訳者

# 解説　十九世紀という時代の立体写真《ステレオグラム》

石橋正孝

十九世紀は、移動手段と通信手段の飛躍的な発展に伴ってグローバル化が始まり、旅の経験が劇的に変容した時代であった。人とモノの移動がグローバル化するとは、それまで地域ごとに孤立していた市場が世界規模に統合されていく事態を、そして、単位と時間が統一されて世界が均質化していく状況を意味している。具体的には、メートル法が各国で採用され、鉄道の時刻表をスムーズに運営する必要から標準時が統一されていく流れがこの変化に対応していた。鉄道と蒸気船という大量輸送手段によって大衆化された旅行は、その経験が「質」的なものから「量」的なものへ、「個人」的なものから「集団」的なものへと変わっていく。今や移動は、誰にとっても等しく流れる「時間」の経験にすぎなくなった。こうして観光の時代が幕を開け、冒険の時代が緩やかな終焉を迎えつつあった一八六九年、アメリカ横断鉄道とスエズ運河が相次いで開通すると、欧米の新聞各紙は早速、「世界一周」という距離が「八十日間」という時間に換算されるようになったと書き立てた。その三年後に発表されたジュール・ヴェルヌの『八十日間世界一周』は、共に実在のアメリカ人であるフォッグとトレインの世界一周を念頭に、グローバル化の最大の推進者たるイギリス人を主人公に迎えて書かれた小説であった。

ここで本書も踏襲している幾つかの「誤解」を解いておく必要がある。「八十日間世界一周」というアイデアの出元はフランスの雑誌や新聞ではなく、アメリカのそれだった。つまり、スエズ運河ではなく、目前に迫った大陸横断鉄道開通をきっかけに生まれた、すぐれてアメリカ的なアイデアだったのである。その証拠に、フランスで最も早く活字になった八十日間世界一周の旅程表（「旅・歴史・考古学の新年鑑」一八六九年八月号）は（本書で言及されているルイ・フィギエの『科学と産業年鑑』のそれと同様に）西回りだった。移民の国アメリカにとって船はヨーロッパから大西洋を渡ってやって来るものであり、その動きを延長してフロンティアを目指す「西進」を体現していたのが大陸横断鉄道だった。このアイデアがヨーロッパに伝播した時、当然、力点はスエズ運河開通に移される。ヴェルヌはこれをインド横断鉄道開通（一八七〇年三月）にずらし、旅程を（おそらくは雑誌「世界一周」一八六九年一一月一二日号の付録に基づいて）東回りに逆転させ、主人公を時間厳守のイギリス人にすることで、アイデアのアメリカ起源をものの見事に忘れさせた。トマス・クックによる史上初の世界一周ツアーが小説の新聞連載とほぼ同時に進行した偶然も、この忘却をある程度後押ししたかもしれない（このツアーの広告が最初に出たのは一八七二年五月、ヴェルヌとエドゥアール・カドルが小説の元となった戯曲版――小説刊行後にヴェルヌとデヌリーが共作した戯曲版とは別の作品――の執筆を開始したのは同年三月以前のことであり、クックがヴェルヌのヒントになったとする通説は――幼いヴェルヌが密航を企てて失敗し、母親に言ったとされる「もう夢の中でしか旅をしないよ」という台詞や、反動的とすら言える頑迷な保守派であったヴェルヌを「徹底した反体制主義者」と見做すことが単なる伝説にすぎないように——事実に反している）。

ヴェルヌが生み出した架空の人物であるフィリアス・フォッグの「記録」を破る（それも若い女性によって！）——本書のテーマとなった、アメリカの新聞社「ワールド」のこの企画は、先述の忘却を完成させると同時に、元々のアイデアをアメリカに奪回したのであった。発案者である「ワールド」紙の記者ネリー・ブライ嬢は、一八八九年末から翌年初めにかけて、フォッグと同じく東回りで七二日間世界一周を成し遂げた。本書の成功は、この「勝者」だけではなく、「敗者」——ネリーに対抗して別の雑誌社がほぼ時を同じくして西に向けて送り出したエリザベス・ビズランド嬢——の冒険を同等に描くという選択がなされた時点で、約束されていたと言ってよい。実際、著者が強調するように、片や北部出身の行動的ジャーナリスト（ボーイッシュな可愛らしさと鼻っぱしの強さが魅力のネリー）、片や南部出身の文学愛好家（正統派美人のエリザベス）というこの二人の女性ほど、その出自および感性（そして外見）が対照的な組み合わせも想像しがたい。ところが、まさにこの違いゆえに、却って二人の共通点が当時の社会と共に浮き彫りになる。彼女たちはいずれも、極度の男社会であったジャーナリズムの世界に飛び込んで自立を果たした先駆者であり、新聞への投稿をきっかけにまず地方で活躍し、なんのつてもなしに単身ニューヨークに乗り込んでいき、世界一周企画に巻き込まれた後、大金持ちと結婚して死別、後半生を慈善事業に捧げた点でパラレルをなしている。同様に、問題の企画においても、二枚の微妙に異なる画像を並べて立体視を惹き起こすステレオグラムさながら、逆方向から同時並行的に地球を一周するこの二人の眼に映った十九世紀末の世界は、そのずれを通して立体的に浮かび上がってくるのだ。

こうしてわれわれ読者の眼前に浮かび上がるのは、第一に、当時のアメリカ合衆国の姿である。ネリーの雇い主ピュリツァーが本書では興行師バーナムと比較されているが、いかがわしさをふんだんに含んだアメリカの粗野なエネルギーの沸騰は、ニューヨークの賑わい、とりわけジャーナリズムの目覚ましい発達に表れていた。「八十日間世界一周」のアイデアが内包するアメリカ性のうち、ヴェルヌが作中で強調しているのがそのメディア的側面に他ならず、彼にとってメディアとはアメリカそのものだった（『月を回って』の最後で帰還した宇宙飛行士たちがアメリカ全土を鉄道で回って歓迎される光景は、やはり特別列車でアメリカを横断するネリーを迎えた大衆の熱狂を思わせる）。ネリーとエリザベスの旅は、このアメリカのメディアならではの販売促進キャンペーンであったのみならず、いくら電信が発達していたとはいえ、フォッグもネリーもひとたび出発してしまえば、事実上音信不通になり、あとは、前者のように賭けの対象になるか、後者のように正確な所要時間を当てる懸賞クイズ（「ネリー・ブライ・レース」）の口実になるか、いずれにせよ、メディアの演出する「イヴェント」の中にしか存在できないという意味でも、高度にメディア的な企画だったのである。

続いて読者の目を奪うのは、旅慣れない女性の視点だからこそ鮮明になるこの時代の旅の実態だ。鉄道が標準時の普及に果たした役割（鉄道標準時をアメリカの主要鉄道会社が定めた一八八三年の翌年に、ワシントン国際子午線会議が開かれ、グリニッジ子午線が本初子午線に統一されるのであり、したがって、フィリアス・フォッグの時代にはまだ「日付変更線」は概念として存在せず、東回りによる有名な「オチ」が可能となった）、その「西進」が先住民およびその文化を容赦なく破壊したこと、アメリカとヨーロッパの客車の相違、様々なタイプの蒸気船とその運行海域および季節によって変化するリスクとメリットはもちろん、豪華客船の内部に隔離された劣悪な三等客室や、船会社のスピード競争の陰で犠牲となった火夫の悲惨な労働条件といった、過酷な階級社会の様相、さらには、戦時下に陸上と海上の大量輸送手段が実現した、兵員と兵器の迅速な移動に至るまで、微視的・巨視的な視点から、世界規模に達した移動とその影響がつぶさに語られていく。

そして最後に、移動の過程で目にする風景が異国情緒と国際色に富んでいればいるほど、イギリスの世界支配が強烈に意識される。二人の女性の反応はここでも対照的である。ネリーは反英的愛国主義をむき出しにし、エリザベスは親英感情を隠そうとしない。前者はイギリスに尊大なライヴァルを、後者は模範を見ているわけで、この二つの相補的な見方が融合して結ぶ像、それがアメリカ帝国主義である。事実として、二人の競争が終わるのを待っていたかのようなタイミングでフロンティアの消滅が宣言され、アメリカの対外進出が開始されるだろう。「八十日間世界一周」に潜在していたアメリカ性はここに至って全面的に開花し、アイデアはアメリカに奪還されるのだ。そのことを示すかのように、ネリー・ブライを称えてブルックリンのアンフィオン劇場で歌われた曲の歌詞は、彼女の旅程を西回りに変更している――アメリカにとって世界一周はあくまでこの向きなのだと言わんばかりに。ネリーとエリザベスが地理的距離を越えたように、時間的距離を越えてタイムトラヴェルをしてきたわれわれ読者は、当時と現在の違いから浮かび上がる両者の共通点を最後に目にしてしばし暗澹たる思いを抱くことになる。とは言え、それはまた、十九世紀をここまで躍如として甦らせた二人の立役者――フォッグを打ち負かしたかに見えて結局は歴史の忘却に沈んだネリー、その彼女に敗れたエリザベス――が、文学作品の主人公としてフォッグと同列に並び立つ輝かしい瞬間でもあるのだ。

（立教大学観光学部助教）

x

(上) Library of Congress Prints and Photographs Division, reproduction number LC-USZ62-103021

(下) Library of Congress Prints and Photographs Division, reproduction number LC-DIG-matpc-22025

xi

(上) Library of Congress Prints and Photographs Division, reproduction number LC-USZ62-137734

(下) Library of Congress Prints and Photographs Division, reproduction number LC-D426-847

xii

Milstein Division of United States History, Local History & Genealogy, The New York Public Library, Astor, Lenox and Tilden Foundations

xiii

(上) The New-York Historical Society

(下) Library of Congress Prints and Photographs Division, reproduction number LC-USZ61-2126

xiv

Author's collection

xv

Library of Congress Prints and Photographs Division, reproduction number LC-DIG-ppmsca-02918

xvi

(上) ©Bettmann/CORBIS

(下) Courtesy of Sara Bartholomew

## 口絵写真クレジット

i

Library of Congress Prints and Photographs Division, reproduction number LC-USZ62-59924

ii

Library of Congress Prints and Photographs Division, reproduction number LC-USZ62-75620

iii

(上) Library of Congress Prints and Photographs Division, reproduction number LC-D4-12492

(下) Library of Congress Prints and Photographs Division, reproduction number LC-USZ62-136891

iv

(上) Library of Congress, General Collections

(下) Library of Congress Prints and Photographs Division, reproduction number LC-DIG-ppmsca-3237

v

Library of Congress Prints and Photographs Division, reproduction number LC-D4-5738

vi

(上段右) Library of Congress Prints and Photographs Division, reproduction number LC-USZ62-41668

(上段左) General Research Division, The New York Public Library, Astor, Lenox and Tilden Foundations

(下) Library of Congress Prints and Photographs Division, reproduction number LC-USZ61-2204

vii

Library of Congress Prints and Photographs Division, reproduction number LC-D4-22337

viii

(上) Picture Collection, The New York Public Library, Astor, Lenox and Tilden Foundations

(下) Print Collection, Miriam and Ira D. Wallach Division of Arts, Prints and Photographs, The New York Public Library, Astor, Lenox and Tilden Foundations

ix

(上) Library of Congress Prints and Photographs Division, reproduction number LC-USZ62-53135

(下) Library of Congress Prints and Photographs Division, reproduction number LC-USZ62-98424

p.538 まずは救済を;investigate afterwards": Ravitch, 50.
p.538 わずかでもイギリス訛のある女性:同掲書, 55.
p.538 大きな帽子とヴェールをかぶり: Ross (1936), 59.
p.539 アーサー・ブリズベンから下の人間に到るまで: Ravitch, 55.
p.539 二週間目に容態が急変した:同掲書, 56.
p.539 ウッドローン墓地に埋葬された:ネリーの墓は墓地の中でもとくに密集した区画に作られ、墓石はなかった。1978年になってようやく、ニューヨーク記者クラブが出資して墓石を立てた。
p.540 ネリー・ブライ、わたしを見守っていてください: Kilgallen, 32.
p.540 二着でアメリカに帰った:レースの勝者は、「ワールド・テレグラム」紙のH・R・エキンだった。「ニューヨーク・タイムズ」紙のレオ・キーランは3着だった。
p.540「ネリー・ブライ」というミュージカル: *New York Theatre Critics' Reviews* 7, no. 26 (1946), 481–84.

p.522 長い年月のうちに育まれた愛情が：同上。
p.523 グッド・ヘルス・ホーム：*Evening Star* (Washington, D.C.), July 14, 1920.
p.523 病に苦しむ女性たちのために：Letter to Charles Hutson, December 27, 1919, Elizabeth Bisland Wetmore papers.
p.524 グリーンウェイ・ライズ：現在、跡地には私立学校が建っている。
p.524 気品を備えた白髪の婦人："Woman Writer's Death Is Sudden," *Times-Democrat*, January 8, 1929.
p.524 これまで、人類の歴史は：Bisland (1927), 1.
p.525 老いは周囲の人々にとって不愉快なものではなく：同掲書, 17.
p.525 なによりもまず：同掲書, 18–19.
p.525 キリスト教以前のストア派の価値観：Letter to Charles Hutson, November 8, 1926, Elizabeth Bisland Wetmore papers.
p.525 わたしには理解できない：同掲書, November 16, 1922.
p.526 大地は熟れた果実のように豊かだった：Bisland (1927), 235.
p.526 夏の魂が：同上。
p.526 老いのように、柔らかい輪郭の魅力的な幻想を奪い去り：同掲書, 238.
p.526 肺炎にかかって倒れ："Woman Writer's Death Is Sudden," *Times-Democrat*, January 8, 1929.
p.527 ニューヨーク・タイムズにのったエリザベス・ビズランドの死亡記事："Mrs. E. B. Wetmore, Author, Dies in South," *New York Times*, January 9, 1929.
p.528 ネリー・ブライはどこにいるのでしょう？"：Kroeger, 188.
p.528 "スタント・ガール"：Lutes, 2, 13 の考察を参照。
p.528 医者の友人に頼んで瞳孔を開くためにベラドンナのエキスを点眼：同掲書, 33.
p.529 ウィリアム・L・デイヴィス大佐：Seitz, 170.
p.530 発行部数は十六パーセントも落ちこんだ：Morris (2010), 290.
p.530「記者はいつも希望を運んできてくれる」：同掲書, 33.
p.530 コクリルを以前働いていた「セント・ルイス・ポストディスパッチ」紙の担当にもどした：コクリルはこの降格を容れず、辞職した。
p.530 葬儀屋の助手を装うと：Brian, 198.
p.531「他社からの条件のいい申し出があったため」：Kroeger, 226.
p.532「あなたにお会いできたらいいのですが！」：Kroeger, 241.
p.532 経済的な保証を与えた：同掲書, 264 の考察を参照。
p.532「心から慕っていた」：McDougall, 189.
p.533 ヘティ・グリーン：*Story of Nellie Bly*, 38.
p.533「大工場をみずから取り仕切る世界でただひとりの女性」：Kroeger, 309.
p.533 彼女の名を冠した特許品は二十五個もあり：同掲書, 305.
p.533「財務関係の話は恐ろしく退屈だった」同掲書, 329.
p.534 政治献金に一万五千ドル使われた：*Story of Nellie Bly*, 51.
p.534 帳簿の開示を求めるのは：同掲書, 55.
p.535「イギリス人をみると嫌悪感でぞっとします」：Kroeger, 422, 438.
p.535 絹と毛皮のしゃれた服を着て：*Story of Nellie Bly*, 57.
p.535 ネリーのことをほとんど覚えていなかった：Ross (1965), 215.
p.536 週に百ドル：Kroeger, 452.

collection of Sara Bartholomew.
p.513 世界貿易は：Bartlett, 2.
p.514 ワシントンホテル：Dulles, 103.
p.514 ハムのフライはないのか、ポーク・ビーンズはないのか：Plesur, 110.
p.514「下品で、かつ下品で、そして下品」：Dulles, 106.
p.514「退屈で、受動的で、頼りなく、救いようがないほど身勝手」：同掲書, 112.
p.514 アメリカ人が海外へいってもみるべきものはありません："Nellie Bly," *Topeka Daily Capital*, January 24, 1890.
p.515 旅に出るなら、先入観は自分の国においていき：Jones, 1.
p.515 この家は、湾曲したり傾いたりしながら：Elizabeth Bisland, "The Building of Applegarth," *Country Life in America* 18, no. 6 (October 1910), 657.
p.515 アップルガースはテューダー様式の建物だった：同上；Robert B. Mackay et al., *Long Island Country Houses and Their Architects, 1860–1940* (New York：W. W. Norton, 1997), 374–375.
p.516「女は付き従うべきだという価値観にまっこうから反対した」Bisland (1906), 192.
p.516 エリザベスの妹のメラニーと共に：*Twelfth Census of the United States, 1900*, Washington, D.C.：National Archives and Records Administration, roll T623_1079, 5B. ビズランドは誤って "Elizabeth Whetmore" と書かれている。
p.516 世界最古の帝国は男性という帝国だ：Bisland (1906), 189.
p.517 女神、あるいは欲張りな子供だ：Bisland (1910), 5.
p.517 エリザベス・ビズランドのエッセイは非常に知的で魅力的に書かれている："A Side-Saddled Hobby-Horse," *New York Times*, June 11, 1910.
p.517「体だけでなく心をも残酷に蝕んでいった」：Letter to Charles Hutson, July 1, 1919, Elizabeth Bisland Wetmore papers, Manuscripts Collection 574, Louisiana Research Collection, Howard-Tilton Memorial Library, Tulane University.
p.517 真紅やレモン色、白い花をつけた大木：Bisland (1927), 87–88 の記述を参照。
p.518 波打つ緑のビロードのような山が広がり：Letter of August 3, 1911, private collection of Sara Bartholomew.
p.518 わたしたちは海からの湿った潮風を吸いこんでいた：Bisland (1927), 88.
p.518 明るく、洗練され：同上。
p.518 観光客が楽しんでいるようならいいのです：Letter of April 27, 1911, private collection of Sara Bartholomew.
p.519 ウェスト・バイフリートの村："News from the Classes," *Harvard Graduates' Magazine* 28 (September 1919), 135.
p.519 とりわけ毒ガスの被害にあった兵士たちの姿をみると：Letter to Charles Hutson, October 8, 1918, Elizabeth Bisland Wetmore papers.
p.519 戦争がはじまって以来：同上。
p.520 七年にわたるストレスと過労：同掲書, July 11, 1918.
p.520 夫がわたしを必要としたら：同掲書, January 29, 1919.
p.520 夫は療養所に入らなくてはならなくなりました：同掲書, January 19, 1919.
p.521 激しく振れば少しのあいだは動きはじめる：同掲書, March 11, 1919.
p.522 一日また一日と：December 27, 1919.
p.522 夫は忍耐と勇気をもって：同掲書, July 1, 1919.

p.501 講演旅行で得た金はおよそ九千五百ドル:Letter to Frank G. Carpenter, August 12, 1890. 同じ手紙の中に、譲り受ける予定のふたつの土地の評価額についても記されていた。

p.502「ネリーはとても明るかったが、浮わついたところはなかった」:McDougall, 187.

p.503 どうってことないさ:同掲書, 188–89.

p.504「上流社交界入り」している:"Women Money Makers," *Morning Oregonian*, September 7, 1890.

p.504 皇太子主催のガーデンパーティ:同上。

p.504「恐ろしく陳腐で」:Elizabeth Bisland, "An American Woman's First Season in London (III)," *Harper's Bazaar*, September 6, 1890, 686.

p.504 男性は女性がいたずらでもはじめるとでも思っているのだろうか:Elizabeth Bisland, "An American Woman's First Season in London (I)," *Harper's Bazaar*, July 19, 1890, 23.

p.505 この先たくさんの男たちがあなたの気を惹こうとするでしょう:Letter from Rudyard Kipling, January 1890, Syracuse University Special Collections Research Center.

p.505 ローダ・ブロートンの家:Wood (1993), 52.

p.506 アメリカ最大の都市:"Charles Whitman Wetmore," *Prominent and Progressive Americans: An Encyclopædia of Contemporaneous Biography*, vol. 2, (New York: New York Tribune, 1904), 226.

p.507 ヨットクラブの熱心なメンバー:"Miss Elizabeth Bisland Married," *New York Times*, October 7, 1891.

p.507 うすい口ひげの両端:the photograph of Wetmore in *Prominent and Progressive Americans*, 224.

p.507「イラストレイテッド・アメリカン」誌の女性部門の編集者:"People in General," *Washington Post*, August 21, 1891.

p.507「親愛なるQ・O」:Letter to Erasmus Wilson, August 22, 1890, William R. Oliver Special Collections Room, Carnegie Library of Pittsburgh.

p.508 それだけが、現在公に残されているネリーの作品に関する記録だ:"Periodical Palaver," *The Newsdealer* 1 (March–December 1890), 11.

p.508 五年契約で:Kroeger, 191.

p.508 一番利口なオウム:George Swetnam, "Forgotten Friendship," *Pittsburgh Press Sunday Magazine*, January 15, 1967, unpaged.

p.509 歩くときには松葉杖が必要になった:Kroeger, 188.

p.509 手書き文字は勢いがよく、かわいらしい飾りもたっぷりほどこされていた:Swetnam "Forgotten Friendship" を参照。

p.509 わたしを仲間外れにするなんて:同上。

p.510 とんでもない憂鬱に:同上。

## エピローグ

p.512 小麦の生産量:Calhoun, 262.

p.512 世界でもトップのエネルギー消費国:Zimmerman, 25.

p.512 最初の国有軍艦を三隻:Calhoun, 263.

p.513 海外の拠点:Herrick, 50.

p.513 マハン大佐の主張は:Zimmerman, 100.

p.513「熱烈な親米派ではない」:Letter written aboard the SS *Macedonia*, March 3, 1912, private

p.495 ミス・ブライは自分はヒル氏の管理下にある身で："Gossip of New York," *Philadelphia Inquirer*, May 4, 1890.

p.495「沈痛な面持ちで」とある記者は述べている："Tallmadge Gets $20,000," *Brooklyn Daily Eagle*, March 17, 1890.

p.496 女性記者一年分の平均給与額の三十二人ぶんに当たる：1892年に出た「ミネアポリス・トリビューン」紙の記事によると、ニューヨークで働く女性新聞記者の中には週に80ドル稼ぐ者もいたが、平均的な週給は12ドルだった。Kroeger, 195.

p.496 ネリー・ブライ自身は：ネリーは1890年11月の再審で証言台に立った。最終的にタルメッジは、最初に下された判決のとおり、6,500ドルの賠償金を得た。"In the Tallmadge Libel Suit," *Brooklyn Daily Eagle*, November 12, 1890；"Tallmadge's Verdict Affirmed," *Brooklyn Daily Eagle*, January 26, 1892.

p.496 ネリーの敵たちは情け容赦ないが："Gossip of New York," *Philadelphia Inquirer*, May 4, 1890.

p.496 ワールドはわたしがもどったあと：Letter to Frank G. Carpenter, August 12, 1890, Sophia Smith Collection, Smith College. カーペンター——有名な記者にして写真家、地理学の教科書の作者——は、政界における女性、軍における女性、女性と仕事、結婚、参政権をテーマに、著名な女性たちに調査をおこなっていた人物だ。

p.497 毎晩、ワールド紙のほとんど全文を読みこんで：Brian, 109.

p.497「正確！ 簡潔！ そして正確！」：Kroeger, 187.

p.497「『正確』とは新聞にとって、女性における貞節のようなものだ」：Barrett, 11.

p.497 なにかが原因で、ピュリツァーはこのスター記者に対して吝嗇になってしまった：ブルック・クルーガーは、自身が書いたネリーの伝記の中で似たような論を述べている。だが彼女は、ピュリツァーの怒りの原因は「矛盾する診断と処方箋を紙面に掲載された7人の医者による名誉毀損訴訟」にあったと考えている。ネリーが偏頭痛の治療のために訪れた医者たちだ。この論は、ネリーを直接知っていた人物が1931年にある大学院生に宛てた手紙の中で提示された。クルーガーは「証拠となる資料はみつけることができなかった」と述べている。同上。

p.498「講演旅行は取りやめとなった」："Gossip of New York," *Philadelphia Inquirer*, May 4, 1890.

p.498 我らが高名な：*New Mexican* (Santa Fe), March 24, 1890.

p.498 アメリカでの講演旅行を：*Cincinnati Commercial*, April 20, 1890.

p.498 ネリー・ブライは講演者として：*Michigan Farmer*, May 24, 1890.

p.498 その年の七月末：最初の広告は1890年7月31日の「ライフ」誌にのり、一本目の書評は同年8月9日の「クリティック」紙に掲載された。

p.500 いまだに悔やんでいる旅の唯一の失敗は：Bly (1890), 166.

p.500 探偵もの：1883年、マンローは探偵小説の雑誌 *Old Cap. Collier Library* を創刊した。J. Randolph Cox, *The Dime Novel Companion: A Source Book* (Westport, Connecticut: Greenwood Press, 2000), 180.

p.500 家族向け雑誌の中では世界一の発行部数：Kroeger, 190.

p.501 雑誌部門の編集局長として得る年俸に：1889年、チェインバーズはワールドとの3年間の契約にサインした。週給250ドルで、契約期間内の給料を合計するとおよそ39,000ドルになる。Swanberg, 187. 対して、ネリーの週給を合計すると4万ドルになる。

p.501「アメリカ一の高給取りの女性」："Women Money Makers," *Morning Oregonian*, September 7, 1890.

p.501 兄のチャールズが年のはじめに：Kroeger, 186.

November 14, 1889.
p.481 ネリー・ブライ・ノート：*American Stationer* 28 (December 18, 1890), 1415.
p.481 この時期もっとも売れ行きの好調：*American Stationer* 28 (October 30, 1890), 994.
p.482「このゲームは爆発的人気を呼んで」：Wong, 320.
p.482 マクローリン・ブラザーズ社は：Hofer, 15–17;Wong, 320. マクローリン・ブラザーズ社は、1920年までアメリカにおけるボードゲームのトップメーカーだったが、同年にマサチューセッツ州スプリングフィールドのゲーム会社ミルトン・ブラッドリーに買収された。
p.483 ワールド本社のビル：ワールド紙は、"ネリー・ブライと世界一周"の製造にあたり、マクローリン・ブラザーズ社と取り引きをしたにちがいない。このボードゲームのカラー版が、1890年1月26日のワールド紙の第二面の全面に掲載されている。同紙はこの号でネリーの帰還を祝った。
p.483 ラ・シャンパーニュ号乗組員たちの策略："Cause of Miss Bisland's Delay," *Washington Post*, January 24, 1890.
p.484 公平であるべきレースが不正により汚された：*New Mexican* (Santa Fe), January 28, 1890, 2.
p.484 わたしはあのレース全体に："A Successful Magazine," *The Journalist* 15, no. 7 (April 30, 1892), 3.
p.484 今回の世界一周旅行は："*The Cosmopolitan Magazine*—Its Methods and Its Editors," *Review of Reviews* 5 (1892), 608.
p.485 一八八九年十一月十三日：Bisland (1891), 1.
p.486 すぐに仕事にもどるわ："What Nellie Said," *Philadelphia Inquirer*, January 26, 1890.
p.487 講演旅行こそ："The Winner," *The World*, February 2, 1890.
p.487 アメリカ国内では傑出した舞台関係のプロモーター："Chat from the Theatres," *New York Times*, November 6, 1885.
p.488 ニューヨークでも最高の美しさを誇る：John W. Frick, *New York's First Theatrical Center: The Rialto at Union Square* (Ann Arbor, Michigan: UMI Research Press, 1985), 34.
p.488「ハンサムな牧師」："Gossip of the Theatres," *New York Times*, January 18, 1885.
p.488 紳士淑女のみなさま："Nellie Bly Lectures," *The World*, February 10, 1890.
p.489「ミスター・ヒルのおっしゃったとおり」：同掲書。ブライの講演についての記述は次の文献にも見られる。"Nellie Bly: The Young Lady Relates Her Experience in Going Around the World," *Boston Morning Journal, March* 3, 1890; "Around the World," *Philadelphia Inquirer*, March 7, 1890; "Nelly Bly's Story," *Daily Inter Ocean* (Chicago), March 24, 1890.
p.491 この夜の収益："Nellie Bly Succeeding," *The World*, February 16, 1890.
p.491 新聞記者ネリー・ブライが：*Dallas Morning News*, February 20, 1890.
p.491 ネリー・ブライが演壇から演壇へ：*Daily Boomerang* (Laramie, Wyoming), February 7, 1890.
p.491 だれもがネリー・ブライが講演を中止することを求めている：*Knoxville Journal*, February 12, 1890.
p.492 残念だが："The Chat of New York," *Philadelphia Inquirer*, February 2, 1890.
p.492 ネリーは一大新聞社に雇用され："The Story of Two Young Women," *Chicago Journal*, February 15, 1890.
p.492 ほとんどの場合一流の宿が用意されていた：たとえばフィラデルフィアでは9番通りとチェスナット通りの角に位置するコンチネンタル・ホテルに宿泊した。当時のガイドブックには「合衆国の中ではトップクラスのホテル」と紹介されている。
p.493「ほんとにいやになってしまうわ」："Around the World," *Philadelphia Inquirer*, March 7, 1890.
p.494 粗野な顔つきで野蛮な感じの："Around the World," *Philadelphia Inquirer*, March 7, 1890.

p.464 まるで遅れたことを咎められているような気になりました：Bisland (1891), 204.
p.464 街並みが視界に入ってくると懐かしさが胸に押し寄せ：同上。
p.465 ジョン・ブリズベン・ウォーカーはエリザベスのタイムを七十六日と十六時間四十八分として：“Bright Bessie Bisland,” *St. Louis Republic*, January 31, 1890.
p.465 エリザベス・ビズランドを待っていたのは数千人ではなく数百人：“Over Four Days Late,” *Chicago Herald*, January 31, 1890.
p.465 つやのある黒いセーラーハット：“Bright Bessie Bisland,” *St. Louis Republic*, January 31, 1890；“Over Four Days Late,” *Chicago Herald*, January 31, 1890.
p.466 熟練の船乗りのようにみえた：“Bright Bessie Bisland,” *St. Louis Republic*, January 31, 1890.
p.466 姉のモリーがタラップの先で待っていた：この記述は筆者の推測である。当時エリザベスと住んでいたのはモリーだが、妹のマギーが迎えにきていた可能性もある。マギーは当時18歳で、のちにニューヨークに出てきてエリザベスたちと一緒に暮らしはじめた。セントルイス・リパブリック紙には「ミス・レベッカ・ビズランド」が待っていたと伝えているが、エリザベスにそのような名前の姉妹はいない。同上。
p.466 あの人がエリザベスを負かしちゃったわ：同上。
p.466 わたしが西回りの世界一周に派遣したあの若い女性：“Very Close Guessing,” *The World*, January 31, 1890.
p.468 七日と二十三時間と十七分：Fox, 243.
p.468 八時間に及ぶハリケーン：“‘La Champagne’ among Icebergs,” *Harper's Weekly* (February 8, 1890), 107.
p.468 “ミス・メリー・ビズランド”：“Miss Bisland Completes Her Long Trip,” *New York Herald*, January 31, 1890.
p.469 ずいぶん前に、ミス・ビズランドとかいう女性が：*Washington Critic*, February 1, 1890.
p.469「勝つのは勝者だ」：St. Albans (Vermont) *Daily Messenger*, February 1, 1890.

## 17. 時の神を打ち負かす

p.471「ブラボー！」：“Verne's ‘Bravo,’ ” *The World*, January 26, 1890.
p.471 これについては、シナリオを少々変更して：“Nellie Bly's Fame,” *The World*, January 9, 1890.
p.473 あの老作家は：Sherard, 316. シェラードは回顧録 *Twenty Years in Paris* の中で、1905年、死の数週間前にヴェルヌの自宅を訪れたときのことを記している。ふたりで思い出を語り合ううち、ヴェルヌは「ワールド紙の依頼を引き受けたというのに、その後一度もお礼をいわれていないのはおかしなことだと語っていた」という。
p.474 第二等レッドリボン賞がこのネリー・ブライに授与された：“New York Dog Show,” *Forest and Stream* 34, no. 4 (February 13, 1890), 70.
p.475「グローブ・トロッティング・ネリー・ブライ」：“A Song of Nellie Bly,” *The World*, January 12, 1890；“They Sang of Nellie Bly,” *The World*, January 14, 1890.
p.478 キャストアイアン地区：現在のソーホー。
p.479 ネリー・ブライに対するみなさんのご関心：“The Story of Nellie Bly,” *The World*, February 2, 1890.
p.480 わたしはこれまで病気らしい病気ってしたことがないの：“Around the World,” *The World*,

p.446 その月に書かれた大洋横断に関する記事はどれも："Awful Atlantic Gales," *New York Sun*, January 22, 1890；"A Frightful Voyage," *The World*, January 22, 1890；"On the Stormy Atlantic," *New York Times*, January 24, 1890；"Lashed by an Angry Sea," *The World*, January 25, 1890；"Shipwreck and Death," *The World*, January 27, 1890；"Buffeted by Wind and Waves," *The World*, January 28, 1890；"Tossed in Ocean Gales," *New York Times*, January 28, 1890.

p.447「海はまるで煮え立つ大釜のよう」："Ocean's Fierce Fury," *The World*, January 23, 1890.

p.447「舷側に突き出したクレーンは針金のようにねじ曲がった」："A Frightful Voyage," *The World*, January 22, 1890.

p.447「いきなり水をかぶって起こされた乗客たちは驚きと恐怖を同時に感じたただろう」："Flooded the Gallia's Cabin," *The World*, January 23, 1890.

p.448 海に出て八日目："'La Champagne' among Icebergs," *Harper's Weekly* (February 8, 1890), 107.

p.449 フィラデルフィアのブロード・ストリート駅：フィラデルフィアからジャージー・シティまでのブライの旅については以下を参照。"Her Reception in This City," *Philadelphia Inquirer*, January 26, 1890；"On the Homestretch," *The World*, January 26, 1890；"At the Finish," *The World*, January 26, 1890.

p.450「ママ！」："On the Homestretch," *The World*, January 26, 1890.

p.451「ふたりは、まるで数年来の友人のようだった」："Her Reception in This City," *Philadelphia Inquirer*, January 26, 1890.

p.452 翌日のフィラデルフィア・インクワイアラー紙に："What Nellie Said," *Philadelphia Inquirer*, January 26, 1890 を参照。

p.453「大統領候補者にでもなった気分」："Nellie Bly Talks," *The World*, January 23, 1890.

p.453 気の毒に、ネリーの手は："Her Reception in This City," *Philadelphia Inquirer*, January 26, 1890.

p.454「時間という砂がこぼれはじめて以来、」：スピーチの原稿は、"On the Homestretch," *The World*, January 26, 1890 より。

p.456 数千、いや一万、おそらく一万五千もの：15,000という予測は、"Nellie Bly Beats Time," *Chicago Herald*, January 26, 1890 より。

p.457 ヒューバート・ウィッチャーリー隊長："Announcing the Finish," *The World*, January 26, 1890.

p.458「勝利の凱旋を果たした将軍でさえ」："Nellie Bly Beats Time," *Chicago Herald*, January 26, 1890.

p.459「世界はジャージーからジャージーまで続いています」："On the Homestretch," *The World*, January 26, 1890.

p.459 一センチ進むだけでも一苦労だった："At the Finish," *The World*, January 26, 1890.

p.461 ニューヨークのコードランド通りの桟橋でも：同上。

p.461 ネリー、あなたに神の祝福を："Likes Globe-Trotting," *The World*, January 27, 1890.

p.462 珍しいバラの花がひとかご贈られていた："Editor Walker's Compliment," *The World*, January 26, 1890.

p.462 ボスニア号をまるでボールのようにもてあそんだ：Bisland (1891), 201.

p.463 四十七歳のスコットランド人：Mitch Peeke et al., *The Lusitania Story* (Annapolis, Maryland: Naval Institute Press, 2002), 33.

p.464 コニー・アイランドの形になった：Bisland (1891), 204.

p.464 エレファント・ホテル：Michael Immerso, *Coney Island: The People's Playground* (New Brunswick, New Jersey: Rutgers University Press, 2002), 38, 57. 残念ながら、この像は1896年の火災で焼失した。

れている。同じ記事に、ネリーは「インド」でイギリス人たちに会ったという記述があるが、もちろん彼女はインドを訪れていない。“Two Days to Spare,” *Chicago Tribune*, January 25, 1890.

p.435 われわれの仲間として認める:“ ’Round the World,” *Chicago Tribune*, January 27, 1890.

p.435 ヨーロッパの賭博場:“The Wheat Pit,” *Flaming Sword* 5, no. 1 ( January 7, 1893), 61 の記述を参照。

p.435 階下の立会場:Lears, 55.

p.436「ネリー・ブライだ!」:“Beating Her Time,” *Milwaukee Sentinel*, January 25, 1890;Bly (1890), 178.

p.436「シカゴについては様々な意見があるが」:Bly (1890), 178.

p.436 ネリーは通用口を通って:“Luxurious Traveling,” *Pittsburg Press*, January 25, 1890.

p.437「日に焼けた見知らぬ女を手厚くもてなしてくれた」:Bly (1890), 178.

p.437「美しく居心地のよい完璧な客車」:“Luxurious Traveling,” *Pittsburg Press*, January 25, 1890.

p.437 横浜で日本の貴公子から贈られた:“Snowshoe Jennings,” *Pittsburg Press*, January 25, 1890.

p.437 あなたがこの電文を:“Beating Her Time,” *Milwaukee Sentinel*, January 25, 1890.

p.438 ミス・ビズランドの計画のことは知らないし:“Nellie Bly,” *Topeka Daily Capital*, January 24, 1890.

p.438「ミス・ビズランド?」:“Two Days to Spare,” *Chicago Tribune*, January 25, 1890.

p.439「船長から見習いに到るまで完璧」:“ ‘From Jersey Back to Jersey,’ ” *The World*, January 25, 1890.

p.439 ネリーがシカゴに着いた時点で応募の受付は中止する:ワールドは「送り主の住所とワールド紙のオフィスの距離が大きい場合は考慮します」としている。

p.439 同紙はこの日、ネリーの正式な到着時刻を定める方法を決め:“Guess Early and Often,” *The World*, January 23, 1890.

p.440 六十万件の予想を表にまとめていた:同上。

p.441「顔はあるがのっぺらぼうだ」:Cook, 97 を参照。

p.441「ネリー・ブライ、万歳!」:“Home Again,” *The World*, January 25, 1890.

p.442 フランク・イングラム医師:Kroeger, 169.

p.442 クリーヴランド前大統領が八七年にこの駅を通り過ぎ:“Luxurious Traveling,” *Pittsburg Press*, January 25, 1890.

p.443 ネリー・ブライは二十歳くらい:“Nellie Bly in Chicago,” *Cincinnati Commercial*, January 25, 1890.

p.443 遠くのほうでは、溶鉱炉とコークス炉が放つオレンジ色の光が:“On the Youghiogheny,” *Methodist Magazine* 32, no. 1, ( July 1890), 18.

p.443「オハイオだわ」:“Snowshoe Jennings,” *Pittsburg Press*, January 25, 1890.

p.443「名声を得るための作戦に成功した」:“Luxurious Traveling,” *Pittsburg Press*, January 25, 1890.

p.445 そのドレスは、いまや歴史に残るドレスです:同上。

## 16. ジャージーからふたたびジャージーへ

p.446「大西洋横断航路の天気は」:United States Signal Service, *Monthly Weather Review* 18 ( January 1890), 7.

p.421 ネリーを通すために横柄な態度で人々をかきわけていった：“Nellie Bly,” *San Francisco Daily Bulletin*, January 21, 1890.

p.422「土曜日の夜前には着きたいわ」：Ravitch, 38.

p.423「ニューヨークにも雪や吹雪はありますが」：“Nellie Bly's Fast Run,” *Chicago Herald*, January 22, 1890.

p.423 太陽光線のようにまっすぐだった：Bly (1890), 174.

p.424「心臓が止まるかと思いました」：同上。

p.425 自分が乗る列車をみられている程度にしか感じなくなった：“Likes Globe-Trotting,” *The World*, January 27, 1890.

p.426 思いがけないことに機関手がネリーを機関室に招き入れてくれ：“Nellie Comes A-Rushing,” *Philadelphia Inquirer*, January 24, 1890 ; “The Nell for Bisland,” *Pittsburg Press*, January 24, 1890.

p.426「現実にせよ想像上にせよ、これまで発明されたものの中で最高にすてき」：“Nellie Bly on a Bicycle,” *The World*, June 23, 1889.

p.427「プロの機関手の方に、新米としてはかなり飲み込みのいいほうだといってもらいました」：“Nellie Comes A-Rushing,” *Philadelphia Inquirer*, January 24, 1890.

p.427「砂漠に近い土地」：“Nellie Bly Talks,” *The World*, January 23, 1890.

p.427 ナバホ族が文明社会に関心を示すのは：Steele, 109.

p.428「まさに危機一髪だった」：“Flying Home,” *The World*, January 23, 1890.

p.428 危ない目には何度もあいました：“Around the World,” *Philadelphia Inquirer*, March 7, 1890.

p.428 列車はねじジャッキだけで支えられていた橋をぶじに渡り終えた：Bly (1890), 176.

p.428「列車が川を渡り終えたか終えないうちに」：Verne, 158.

p.428 人々は名前を書いてもらおうと、：“Two Days to Spare,” *Chicago Tribune*, January 25, 1890.

p.429「痛みは気になりませんでした」：Bly (1890), 176.

p.429 その旅はまるで入り組んだ迷路のような日々でした：同掲書, 173.

p.429 ネリーの世界一周旅行は、個人の勝利というより：Edwards, 54 を参照。

p.430 男性にせよ女性にせよ、：Bly (1890), 173.

p.430「凱旋行進」：“A Day More,” *The World*, January 24, 1890.

p.430 トピーカでは千人以上が：“Nellie Bly,” *Topeka Daily Capital*, January 24, 1890. ネリーは自身の本で、群衆の数は「一万をこえた」と記している。Bly (1890), 176.

p.430 気力、進取の気性、尽きることのない活力：“Nellie Bly,” *Topeka Daily Capital*, January 24, 1890.

p.433 列車に残っていた最後のコーヒー：Bly (1890), 177.

p.434 ネリー・ブライはドレスを着た男のような女性だろう”：“Two Days to Spare,” *Chicago Tribune*, January 25, 1890.

p.434「愉快で気取らない歓迎会」：Bly (1890), 177.

p.434 建物はムーア様式で統一され：Emmett Dedmon, *Fabulous Chicago* (New York : Atheneum, 1981), 116.

p.434 ネリーは旅について「ざっくばらん」に「人を惹きつける」口調で話し：“Two Days to Spare,” *Chicago Tribune*, January 25, 1890.

p.435 わたしはその男性に短い手紙を突きつけて：“ 'Round the World,” *Chicago Tribune*, January 27, 1890.

p.435 広州の領事館で一度だけアメリカ国旗をみたとき：記事には誤ってセイロンの領事館と記載さ

January 31, 1890, 3.

p.407 ホーリーヘッドとキングズタウンの間で経験する：John Murray, *Handbook for Travellers in Ireland* (London：John Murray, 1864), 53.

p.407 航海の間中、こう考えていた：Grace Greenwood, "Haps and Mishaps of a Tour in Europe in 1853," *Bentley's Miscellany* 35 (1854), 380.グレース・グリーンウッドはペンネームで、本名はセアラ・ジェーン・クラーク。

p.408 あの人たちももしかしたらアメリカへ渡り：Bisland (1891), 199.

p.408「必死に頼みこんで」：同掲書, 200.

p.409 絶望し、どうしていいかわからず：同上。

p.410 エリザベスは船の排水溝に転がり落ちた：同掲書, 201；"Miss Bisland's Trip," *Daily Picayune*, February 9, 1890, 12.

## 15. 臨時列車

p.411 大雪によって線路が完全にふさがれたという記事を読み：Bly (1890), 172.

p.411 このときの吹雪がもたらした被害の大きさは："The Great Snow Blockade," *New York Sun*, January 22, 1890；"The Big Snow Blockade," *New York Sun*, January 23, 1890；"Behind a Wall of Crystal Drifts," *New York Herald*, January 21, 1890.

p.412 白人がはじめてロッキー山脈に踏みこんで以来の大雪："Behind a Wall of Crystal Drifts," *New York Herald*, January 21, 1890.

p.412 T. H. グッドマンに："To Break Fogg's Record," *Trenton Times*, January 22, 1890.

p.412「ワールド紙は、どれだけ費用がかかってもかまわない、とグッドマンに伝えた」："Nellie Bly," *San Francisco Daily Bulletin*, January 21, 1890.

p.413 特別な許可："Nellie Bly's Fast Ride," *Chicago Herald*, January 24, 1890.

p.413 一マイル一ドルの運賃：" 'Round the World," *Chicago Tribune*, January 27, 1890.

p.414「やむをえない」："On Time!" *The World*, January 22, 1890.

p.414「我々はてっきり」：*Wheeling* (WV) *Register*, January 22, 1890, 2.

p.414 ジョン・J・ジェニングズという名の男性だ："Raising the Blockade," *The World*, January 22, 1890；"The Great Snow Blockade," *The World*, February 2, 1890.

p.416 少なくともあと二日は：乗客たちが救出されたのは、車庫に閉じこめられて10日後の1月26日だった。

p.417 スキーはトネリコの木でできており："On Snowshoes," *Daily Alta California*, January 22, 1890. ジェニングズ自身は、自分のスキーは松でできていたと記している。

p.418「八時間かけて雪山を越したことにより」："Raising the Blockade," *The World*, January 22, 1890.

p.419 ロウはオセアニック号の談話室で："Nellie Bly Hastens On," *San Francisco Examiner*, January 22, 1890 を参照。

p.420 "シャイな女の子"：同上。

p.420 みなさんほんとうに親切にしてくださったの！：同上。

p.420 ネリーがふざけて検疫官に舌を出してみせると：同上：Bly (1890), 172.

p.421 これほど幸福な気分になったことはなかった："Two Days to Spare," *Chicago Tribune*, January 25, 1890.

p.397 切符は特製の革か布のケースに入れられ：Withey, 160.

p.397 同社は一八七四年に最初のパリ支店を開き：クック旅行代理店パリ支社に関する情報は、2011年にトマス・クック・カンパニーの文書保管係ポール・スミス氏からEメールで送ってもらったものである。

p.398 ラ・シャンパーニュ号は、と代理人はエリザベスに告げた：Bisland (1891), 189；"Miss Bisland's Trip," *Daily Picayune*, February 9, 1890, 12.

p.398 ジョン・ブリズベン・ウォーカーは必死になってフレンチ・ラインに電報を送り："Miss Bisland's Disappointment," *New York Times*, January 19, 1890.

p.398 二千ドルで出港を遅らせることに：同上。

p.399 三時間以上も：以下を参照。Bisland (1891), 190；"The Story of a Tour," *The World*, January 26, 1890；"Miss Bisland Arrives," *Philadelphia Inquirer*, January 31, 1890, 2.

p.399 臨時列車は西部鉄道から三百ドルで借り受けたもの："Miss Bisland's Disappointment," *New York Times*, January 19, 1890.

p.399「自分自身の世界の独裁者」：Towne, 42.

p.399「自分の命令は必ず実現させた」：同掲書, 28.

p.399 パリで待っていた出迎えの者からこう知らされた："Miss Bisland's Disappointment," *New York Times*, January 19, 1890.

p.399「誤報の原因について納得のいく説明は与えられなかった」：Bisland (1891), 190.

p.401 エリザベスは旅をはじめて以来："Miss Bisland's Trip," *Daily Picayune*, February 9, 1890, 12.

p.401 二カ月前エリザベスは：Bisland (1891), 192 を参照。

p.401 わたしは誇らしさで胸がいっぱいになった：同掲書, 193.

p.401「母なる大地」：同掲書, 194.

p.401 すべてがこぢんまりと整い、頑丈そうにみえた：同掲書, 195.

p.401 どちらを向いても、：同上。

p.401 鎧が立てる金属音：同上。

p.403 エムス号は予定されていた航海を急に取りやめ：同掲書, 196；"Miss Bisland's Disappointment," *New York Times*, January 19, 1890；"Over Four Days Late," *Chicago Herald*, January 31, 1890, 3.

p.403「すっかり落胆した」："Over Four Days Late," *Chicago Herald*, January 31, 1890, 3.

p.403 六日と五時間：Chadwick, 77.

p.403 ボスニア号という船を走らせるように：Bisland (1891), 197；"Miss Bisland's Hard Luck," *Cincinnati Commercial*, January 19, 1890, 1.

p.403 キュナード社の船の中ではおそらく一番遅い船："Miss Bisland's Disappointment," *New York Times*, January 19, 1890；"The Story of a Tour," *The World*, January 26, 1890.

p.404 男性から親切にされたら遠慮せず喜んで受ける女性：Bisland (1894), 383.

p.404 男性は、エリザベスが近くのグランド・ホテルで：Bisland (1891), 197.

p.404 厚いカーペットが敷いてあり：Eduardo A. Gibbon, *Nocturnal London* (London：S. E. Stanesby, 1890), 56.

p.405 エリザベス・ビズランドは途方にくれて："All Around the World," *New York Times*, January 19, 1890.

p.405 ホーリーヘッド行の列車は八時二十分発：同上。

p.405 男性の心には豊かな騎士道精神と優しさが：Bisland (1894), 382.

p.406 ニューヨークに予定通り到着する可能性はほとんど："Over Four Days Late," *Chicago Herald*,

in Chadwick et al., 109.
p.384 一日に五十八トンの石炭を消費し：Oldham, 50.
p.384「ぎょっとするような量だ」："The Ocean 'Record,' " *New York Times*, May 21, 1889.
p.384 燃料を増やせば：William Rideing, "The Crew of a Transatlantic Liner," *The Cosmopolitan* 12, no. 6 (April 1892), 682.
p.386「不潔でみすぼらしい」："Nellie Bly," *Topeka Daily Capital*, January 24, 1890.
p.386 日本人はこの世で一番清潔な人種だが：Bly (1890), 157.
p.386 錆び止めの油を塗ったはしご：Fox, 321.
p.387 七十五度：George Henry Rohé, *A Text-book of Hygiene* (Baltimore：Thomas & Evans, 1884), 206.
p.387 シャベルで炉の扉を叩いて：Fox, 321–22 の記述を参照。
p.387 一日二トンの石炭を：同掲書, 214.
p.388 どんどんくべろ！"："Flesh and Blood Cannot Stand It," *The Engineer* 19, no. 1 ( January 4, 1890), 101.
p.388 残酷な提案かもしれないが：同上。
p.388 この航海中："A Look at the Majestic," *New York Times*, April 12, 1890. Fox, 322 も参照。
p.388 彼らはダンガリーの作業ズボンと：Fox, 322.
p.388 火夫はみな屈強そうな男ばかりだった：同上。
p.389 火夫たちは四方から火攻めにされ：Hobart Amory Hare, *New and Altered Forms of Disease, Due to the Advance of Civilization in the Last Half Century* (Philadelphia：P. Blakiston, Son & Co., 1886), 13.
p.389 拷問の洞窟："Roasting a Stoker," *The Lancet* 1, no. 1 ( January 1860), 78.
p.389 呼吸困難を起こすようになり：W. Gilman Thompson, *The Occupational Diseases* (New York：D. Appleton, 1914), 417.
p.390 一時的に精神が錯乱する者も：Hoyt, 119;Wall, 235.
p.391 なんにせよ、今は：Bisland (1891), 182.
p.391 当列車ご利用のお客さまは：Wall, 235.
p.392 A・D・ウィルソン：記事には"A・D・ターナー"として出てくるが A・D・ウィルソンの誤り。ワールド紙にはジョージ・ターナーという名の営業部長がいる。"A Close Finish Likely," *St. Louis Republic*, January 17, 1890.
p.393 たしかに危機的な状況でしたが：Bisland (1891), 184.
p.393 トランクと、ずたずたにされてほとんど残っていない楽しい気分：同掲書, 185.
p.395 そこにいる全員に：同掲書, 186.
p.395 ラ・シャンパーニュ号：エリザベスの本の中では、誤って"トランザトランティーク号"だと記されている。正しくは、蒸気船の名はラ・シャンパーニュ号、汽船会社の名はカンパニー・ジェネラール・トランザトランティークである。
p.396 フランス西部鉄道は三時間以内にパリにたどり着けるだろう："Miss Bisland's Disappointment," *New York Times*, January 19, 1890.
p.396「たいへん親切にしてくださった」：Bisland (1891), 189.
p.396 ヴェールをかぶり手袋をはめて："Miss Bisland's Trip," *Daily Picayune*, February 9, 1890, 12.
p.397 有害な酒：Brendon (1991), 5 の考察を参照。
p.397 兵士ひとりにつき二十一ポンド：同掲書, 191.

大西洋から太平洋に移された。
p.370 想像とまったくちがう方でした:Bly (1890), 132.
p.370「なつかしい黒人の歌」:同掲書, 154.

## 14. 不思議な旅行代理人

p.372 P&O社の「記念的な」蒸気船:Howarth, 111.
p.372 煙突が二本とマストが四本:Divine, 148.
p.373 香港やシンガポール:同掲書, 167.
p.373 永久に崩れないサンゴ礁を作るサンゴチュウさながらの勤勉さ:"Thomas Stevens in Aden," *The World*, 1889.
p.374 長く黒い柵:Walter B. Harris, *A Journey Through the Yemen* (Edinburgh:William Blackwood and Sons, 1893), 123.
p.374 死んだ土地の亡骸と骨:Bisland (1891), 167.
p.375 スエズ、ボンベイ、ダーバンへ:A. E. B., "Aden," *Electrical Journal* 6 (March 26, 1881), 228.
p.375 表面をおおう石灰は雪のように白かった:Bisland (1891), 168.
p.376 まもなく、アデン・タンクがみえてきた:同掲書, 169–72.
p.376 いびつな石の口をむなしく開けている:同掲書, 169.
p.376 日が落ちても視界が霧でかすむことはない:同上。
p.376 それからまもなく、あたりは夜の闇に包まれた:同掲書, 170.
p.377 真珠のように白く輝いている:同掲書, 172.
p.378 存在をめぐる謎:同掲書, 171.
p.379「五感のすべてが働くようになって」:同掲書, 174.
p.379 昼と夜はまったくべつの意味を持ちはじめ:同上。
p.379 本当の人生を生きてみたほうがいい:同掲書, 175.
p.380 ネリー・ブライのため:Bly (1890), 168. ネリーがワールドに書いた記事の中では、この詩は「勝利かさもなくば死を/ネリー・ブライのために」となっており、日付は記されていない。"Her Last Chapter," *The World*, February 23, 1890.
p.380 十一月の記録よりさらに百八十キロ先を:"From Jersey Back to Jersey," *The World*, January 25, 1890.
p.380「台風のウィリアム」:"Capt. W. M. Smith Is Dead in Hoboken," *New York Times*, December 10, 1932.
p.381 もし失敗したら:Bly (1890), 168.
p.382 思いがけない災難に満ちた人生を理解してきた:Fox, 213 を参照。
p.382 左を向いてくしゃみをすると不幸になる:Hoyt, 132.
p.382 牧師に乗られたが最後、あとは最後まで向かい風:Fox, 213.
p.383 結局、ネリーのサルは助かった:Bly (1890), 170.
p.383「快適な七日のほうが不愉快な六日より望ましい」:Fox, 343.
p.384 以前は存在しなかった競争にさらされ:A. E. Seaton, "Speed in Ocean Steamers," *Scribner's Magazine* 10, no. 1 ( July 1891), 3.
p.384 十一万七千人が漕ぐ古代のガレー船:William H. Rideing, "The Building of an Ocean Greyhound,"

p.355 暗くなると中国人の船室は鉄の門で封鎖し:“China and the Chinese—Canton,” *Cook's* Excursionist (January 1892), 14.

p.355 静かな甲板にすわって:Bly (1890), 138.

p.356 王侯貴族や政治家たち:Jackson (1899), 29.

p.356 アメリカ人が広州に開いているミッション・スクール:“Her Last Chapter,” *The World*, February 23, 1890.

p.357 わたしは努めてまっすぐすわり:Bly (1890), 143.

p.358 長寿小路:Gray, 17.

p.358 外国人たちは香港やニューヨークにいるかのように:Rounsevelle Wildman, *China's Open Door : A Sketch of Chinese Life and History* (Boston : Lothrop, 1900), 238.

p.358 居住者は島全体を完璧に管理し:John MacGowan, *Pictures of Southern China* (London : Religious Tract Society, 1897), 496.

p.359 あれは世界でもっとも美しい旗です:Bly (1890), 141.

p.359 人がふたり行き会うと、:“Medical Impressions of the Far East,” *Boston Medical and Surgical Journal* 148, no. 17 (April 23, 1903), 457.

p.359 馬の姿はない:Ballou, 93.

p.360 ヨーロッパの女性だって腰を締めつけるでしょう:“China and the Chinese—Canton,” *Cook's Excursionist* (January 1892), 14.

p.361「あれは血です」:Bly (1890), 144.

p.361 一キロ先まで死のにおいがした:Gray, 473.

p.361 “リン・チ”と呼ばれる処刑:Walter Beverley Crane, “The Hip Shing Tong of Chinatown and Chinese Secret Societies,” *Broadway Magazine* 13, no. 12 (March 1905), 15 ; Charles Denby, *China and Her People* (Boston : L. C. Page, 1905), I : 88.

p.361「斬りおとされた首をみますか?」:Bly (1890), 144.

p.363 同社の極東への航路拡大には:Harcourt, 6.

p.363 米という世界最良の食糧を産し:Fay, 53.

p.363 ランカシャー地方の新しい機械製綿布:同上。

p.363 中国のアヘン常用者は四百万にのぼる:Beeching, 66.

p.363 あまりにも卑劣な戦争だ:Brian Inglis, *The Opium War* (London : Hodder and Stoughton, 1976), 扉ページ。

p.363 七十四門艦が三隻:Beeching, 112.

p.364 仕事にあぶれた茶の運搬人:同掲書, 99.

p.364 イギリスは大砲で脅して中国人を麻薬漬けにした:Fogg, 30. 250 (“all male”) : Bly (1890), 148.

p.366「胸にぽっかりと穴が空いたような気分」:同掲書, 150.

p.366「香港ですてきなクリスマスを過ごすだろう」:“Nellie's Christmas,” *The World*, December 25, 1889.

p.368 ふたつの空のあいだに浮かんでいるような:Bly (1890), 136.

p.368 “新たな冒険の成功を祈って”:“Two Days to Spare,” *Chicago Tribune*, January 25, 1890.

p.368 チューインガムが売られている:同上。

p.369「みましたけど」:Bly (1890), 153.

p.369 オセアニック号の船員たちに厳命してほしい:Oldham, 34.

p.369 ホワイト・スター社からオセアニック号をチャーターした:同時にオセアニック号の航路は北

オセアニック号（ビズランドもこの船に乗って太平洋を横断した）のパーサーのフールマンがエリザベスの名を知っていて、香港滞在中にネリーに教えたのだろう。いずれにせよネリーは、サンフランシスコに到着したときにはエリザベスの名を知っていた。"Nellie Bly," *San Francisco Daily Bulletin*, January 21, 1890.

p.339 三日前にここを発ちましたから：ネリーの記事には、ハーモンからエリザベス・ビズランドが3日前に香港を発ったときかされた、という記述がある。だが実際には5日前の12月18日に出発している。

## 13. 死の寺院

p.344「骨身にしみるような冷気」：Bisland used this phrase in "Miss Bisland's Trip：Her Story of Circling the World," *Daily Picayune*, February 9, 1890, 12.

p.345「かわいそうな小さなけものに十分に謝ってから」：Bisland (1891), 119.

p.346 花嫁や、社交界にデビューした少女：同掲書, 123.

p.346 征服者の母、または妻であること：同掲書, 145.

p.346「イギリス産牛肉のように元気のよさそうな頬」：同掲書, 123.

p.346「その男性にはまったく覇気がありませんでした」：同掲書, 124.

p.347 大きな獣がこっそりと動き回っているような音だ：同書, pp.125–26 にこの場面が描かれている。

p.347 トラが一日にひとり中国人を食い殺しているらしい：Charles Burton Buckley, *An Anecdotal History of Old Times in Singapore* (Singapore：Fraser & Neave, 1902), II：565；Hugh Craig, ed., *The Animal Kingdom*, vol. 1 (New York：Johnson & Bailey, 1897), 190. "carry off on average one person a day." Bisland (1891), 125.

p.348 当時のニューヨークにはネズミを穴に入れて：Sante, 107.

p.349 東洋にいた二十年のあいだに：Bisland (1891), 127.

p.350 マサ、マサ、マサ！："With Opium to Hong-Kong," *Every Saturday* 2, no. 27 ( July 7, 1866), 11.

p.351 受刑者に食べ物を与えれば：Charles Mayer, "Long Chances in the Animal Dealer's Game," *Asia 21* (February 1921), 157.

p.351「冷静かつ支配的」：Bisland (1891), 131.

p.352 絶望のあまり無表情になっていた：同掲書, 132.

p.352 若々しい風貌の四十歳のカナダ人で："Capt. W. M. Smith Is Dead in Hoboken," *New York Times*, December 10, 1932.

p.353 彼らの国にいるあいだに：Bly (1890), 137.

p.353 香港から近い広州：同掲書, 140–51.

p.353 ゴーギン船長：ネリーは"グローガン船長"と呼んでいるが、正しい名前は S・W・ゴーギン。*The Chronicle and Directory for China, Corea, Japan, the Philippines*… (Hong Kong, 1892), 446, 535.

p.353 わたしも、自分のあごや鼻の形：Bly (1890), 138.

p.354 香港・広東・アンド・マカオ汽船会社の船は：Jackson (1899), 26.

p.355 数年前、中国人の海賊の一団が：1882年に出版された本には、この事件は「少し前に」起こったと書かれている。John Miller Strachan, *From East to West* (London：Wells Gardner, Darton & Co., 1882), 42.

p.324 グラスゴーで小間物屋を営んでいた：Scarborough, 27；McGehee, 1.
p.324 わたしは誇らしさで胸がいっぱいになった：Bisland (1891), 193.
p.324 米国聖公会の信徒：以下の書籍のビズランドの項目を参照。*Who Was Who in America*, vol. 1 (1897–1942) (Chicago：Marquis, 1968), 1325.
p.324 レディ・ブルーム：レディ・ブルーム（メアリー・アン・バーカー）は1890年の社交シーズンにエリザベスを自宅に招いている。エリザベスはこの時の体験を、「ハーパーズ・バザー」誌に、「一アメリカ人女性のロンドン体験記」というシリーズ記事として書いた。Verdery, 5771.
p.325 顔を出すウミガメ：Ballou, 126.
p.326 岩や生い茂る緑に抱かれるようにして：J. Thomson, The Straits of Malacca, Indo-China and China (London：Marston, Low & Searle, 1875), 3.
p.326 絵にはなる風景でしたけど、とくに感動はしませんでした：Bly (1890), 103.
p.327 たちまち大騒ぎがはじまった。：同掲書, 106.
p.328 わたしたち乗客はみんなで騒動を見守っていましたが：同上。
p.329 郵便規約によって：同掲書, 108.
p.330 丘は主にラテライト：Reith, 35.
p.330 六ヘクタールほどの芝地：Reith, 47.
p.330 できたばかりのラッフルズ博物館：ネリー自身は「とても興味深い博物館」としか記していないが、立地と知名度を考え合わせると、ラッフルズ博物館であった可能性が高い。
p.331 葬列が近づいてきているんです：Bly (1890), 111.
p.332 セントラル・パークの動物園に寄付すればいい："Likes Globe-Trotting," *The World*, January 27, 1890.
p.332 最終的に三ドルで譲ってもらえることになった："Two Days to Spare," *Chicago Tribune*, January 25, 1890.
p.332「人間のように強そうに」：同上。
p.333 様々な記事が、ネリーの肩にすわるサルの様子を伝えている：たとえばつぎのような記述がある。「ネリーは報道陣に気づくと、家を出る前にサルを抱き上げて肩にのせた。いまでは立ち止まるたびに取材を受ける有名人なのだ」Ross (1965), 199.
p.333「あのサルは小さいくせに獰猛なの」："Beating Her Time," *Milwaukee Sentinel*, January 25, 1890.
p.333 ソラリスと呼んだり、タージ・マハルと呼んだり："The Arrival and Start," *The World*, January 22, 1890；"Nellie Bly," *San Francisco Daily Bulletin*, January 21, 1890；"Two Days to Spare," *Chicago Tribune*, January 25, 1890.
p.333 ある記者がつけてくれたマギンティという名："Beating Her Time," *Milwaukee Sentinel*, January 25, 1890.
p.333 このサルはシンガポールの王侯から贈られたものなんです："*Snowshoe Jennings*", *Pittsburg Press*, January 25, 1890.
p.334「わたしをとても気遣ってくれる」：Bly (1890), 116.
p.335「人生は生きるに値すると思いますか？」：同掲書, 116–17.
p.338 ほつれたおさげを半分だけ剃った頭に巻きつけた：Bly (1890), 125.
p.338 日本行きの一番早い船はいつ出ますか？：同掲書,126–29.
p.339「ええ、もうひとりの女性ですよ」：ネリーがどの時点でエリザベス・ビズランドの名を知ったのかははっきりしていない。ハーモンの事務所で名前をきいたという記録は残っていない。おそらく、

p.307 夢に乗ってふわふわと漂っていくことができる：同掲書, 87.
p.308「残忍で冷酷」：*Bly, Mystery of Central Park*, 56.
p.309 なにか気分を落ちこませるようなことがあるのでは？：“Nellie Bly's Doctors,” *The World*, October 27, 1889.
p.309 コロンボからニューヨークへ電報を送るには：Willis, 頁番号無し.
p.310 シンハラ族のきらびやかな寺院は：“Nellie Sails To-Day,” *The World*, December 13, 1889.
p.310 みるべきものはほとんどない：Bly (1890), 96.
p.311 コーヒー農園は銹病菌によって壊滅的な被害を：Willis, 40.
p.311 非常にすなおで従順な労働者だ：同掲書, 54.
p.311 男も女も、もちろん子供も：同上。
p.311 タミル族の連中にとっては：Caine, 295.
p.312 しかし、世界一美しいという称賛にはとうてい値しない：Bly (1890), 98.
p.313「いつ出発するんでしょう？」：同掲書, 100.
p.314 もう一度香しい青い海に出られて：同掲書, 102.

## 12. ライバルのリード

p.316 熱帯の気怠く心地よい眠り：Bisland (1891), 111.
p.316 知的好奇心を：Bisland (1894), 371.
p.317「わたしはくたくたに疲れ、幸福な気分で眠りにつく」：Bisland (1891), 111.
p.317 熱帯の習慣を受けいれず：Bisland (1894), 381.
p.317 ボストンからきた小柄で可愛らしい老婦人：Bisland (1891), 111.
p.318「すべてが好ましく、すべてに胸を躍らせました」：同上。
p.319「この上なく好ましかった」：同掲書, 112.
p.319 船にまつわるこんなうわさがあります：Elizabeth Bisland, “An American Woman's First Season in London (I),” *Harper's Bazaar*, July 19, 1890, 567.
p.320 あんなに立派な男性たちはみたことがありません：“Miss Bisland's Trip: Her Story of Circling the World,” *Daily Picayune*, February 9, 1890, 12.
p.320 イギリスはなぜ東洋を征服できたのか：Bisland (1891), 118.
p.321 国民の多くが：Adams, 5–6.
p.321 英国が合衆国に：同掲書, 16.
p.321 少し前までイギリス人旅行家や作家は：同掲書, 17.
p.322 アメリカ合衆国がどのような危機に直面しようとも：同掲書, 11.
p.322「文明の種」：Lears, 107.
p.322 いずれ自国が着手するであろう帝国主義的拡張の手本：“The very word *England* connoted imperial mastery, which American expansionists found attractive.” Painter, 142.
p.322 イギリス人とアメリカ人はあまりにも似ており：Andrew Carnegie, “Do Americans Hate England? No!” *Review of Reviews* 2, no. 7 (July 1890), 34.
p.323「熱狂する大群衆」：“Britain's Honored Queen,” *New York Times*, June 22, 1887.
p.324 記念デモ：“They See No Cause for Joy,” *New York Times*, June 21, 1887.
p.324 ロバート・コクランとキャサリン・リシャー・コクラン：Kroeger, 529.

p.286 聖戦士と称えられたゴードン将軍が:Wilson (2002), 493.

p.286 イギリスに度重なる勝利をもたらしたのは、高潔さではない:Max Boot, *War Made New: Technology, Warfare, and the Course of History, 1500 to Today* (New York:Gotham Books, 2006), 153.

p.286 電報がわれわれにもたらした利益は計り知れない:Edward Vibart, *The Sepoy Mutiny as Seen by a Subaltern* (London:Smith, Elder & Co., 1898), 248.

p.287「電報がインドを救ったのだ」:同掲書, 252.

p.287 電報はイギリスから六千五百キロ離れたボンベイへも:Standage, 102.

p.287「新しく危険な手品」:同掲書, 156.

p.287「電報は時間をこの世の外へ葬り去った」:同掲書, 102.

p.287「情報伝達において空間と時間を消した」:同掲書, 90.

p.288「結果的に」:"Two Days Are Gained:How Miss Bisland May Beat the Around the World Record," *San Francisco Examiner*, November 21, 1889.

p.288 コスモポリタン誌は念のため:同上。

p.288 プロイセン号が過去の最速記録を更新したあかつきには:"Miss Bisland's Trip:Her Story of Circling the World," *Daily Picayune*, February 9, 1890, 12.

p.289 スクリューが故障すると、一軸スクリュー汽船はなすすべがない:Henry Fry, *The History of North Atlantic Steam Navigation* (London:Sampson Low, Marston and Company, 1896), 50.

p.289 テムズ号に乗ってセイロン島までいくようにと:Bisland (1891), 108.

## 11. ネリー・ブライ・レースのはじまり

p.292 ネリー・ブライ・レース:詳細についてはワールドのつぎの記事を参照のこと。"Make Your Guess!" December 1, 1889;"The Guessing Match," December 3, 1889;"Nellie Bly's Guessers," December 5, 1889;"Guess and Guess Again!" December 6, 1889; "Many Thousand Guessers," December 8, 1889.

p.295 商用郵便物は一日四度配達された:"The United States Postal Service:An American History, 1775–2006." United States Postal Service, http://about.usps.com/publications/pub100.pdf, 21.

p.295 十万通以上のクーポンが:"The Guessing Match," *The World*, December 3, 1889.

p.300 ネリー・ブライの世界一周旅行は、ワシントンでも:"Nellie Bly's Time," *The World*, December 11, 1889.

p.300「合衆国中のマスコミが、世界一周旅行に注目していた」:*The Journalist*, November 30, 1889, 2.

p.301 ロングショア・ウィンド:Willis, 15.

p.302 宝石の島:Ferguson, 120.

p.302「ツイードに似た生地で作られている」:Willis, 246.

p.303 ヘビはヨーロッパ人を嚙まないのだ:Wilson (1989), 239.

p.303 唇に吸血鬼のような染みを:Bisland (1891), 156 を参照。

p.304 鋼玉製の砥石で形を整えられ:Willis, 6.

p.305 "給仕!""ウェイター!""ギャルソン!":Bly (1890), 85.

p.306「動悸を速める」:同掲書, 86.

p.306 人間に車を引かせて町を観光するなど:同掲書, 95.

たって増加を続けた発行部数の記録を紙面上で公開した。
p.263 当時の十倍、十五万三千二百十三部に達した：Juergens, 50.
p.263 内部の天井にはフレスコ画が描かれ、壁には革が張られ：Burrows and Wallace, 1051.
p.263「とんでもないことがはじまったようですね」：Seitz, 173.
p.263 同年九月とくらべて五万一千部減少していた：ワールドが1889年9月8日に記録した一週間の発行部数は2,312,370部で、11月10日に記録した部数は2,261,270部だった。
p.264 最終的には二百万ドルに上る：Landau and Condit, 197.
p.265 夜こそ活動するのに適した時間帯：Bly (1890), 14.
p.266 ほかの乗客はほとんどイギリス人："Under Summer Skies," *The World*, December 29, 1889.
p.267 では、アメリカにどれくらいいらしたことがあるんです？：同上；"Round the World," *Chicago Tribune*, January 27, 1890.
p.269 ホーボーケンを発って以来一万一千キロ：ネリーは、目的地から目的地の距離を表にしたものを本の付録にしている。
p.270 七百人の陸兵：R. J. Gavin, *Aden under British Rule, 1839–1967* (London：C. Hurst, 1975), 1.
p.270「少年たちは、サメは黒人を襲わないのだとうそぶいていた」：Bly (1890), 79. 182 "As I traveled on"：同掲書, 75.
p.272 たしかにわたしは生粋のアメリカ人で：同掲書, 80.

## 10. 中国のイギリス人街

p.274 十一月二十一日にサンフランシスコから：ジョン・ブリズベン・ウォーカーは、ウィルソンに取材を受けた時点ではまだ、オクシデンタル&オリエンタル汽船会社の職員を買収して、オセアニック号の出港を早めさせるという計画には着手していなかった。
p.275 ふたを開けてみると：ここでもウィルソンは誤りを犯している。エリザベスがルアーブルから大西洋横断の蒸気船に乗ろうとしたのは、1月18日であって21日ではない。
p.276 幽霊のように白いフランスのフリゲート艦：Duncan, 181.
p.276 ライオンの毛皮のよう：Bisland (1891), 86.
p.277 東洋の乗り物には：同掲書, 119.
p.278 コスモポリタンに到着を伝える電報を打つため："Miss Bisland Leads," *San Jose Mercury News*, December 18, 1889, 2.
p.279「静かでゆったりした穏やかさ《リポーズ》」：Bisland (1891), 96.
p.280 そこに十六万人の人々が住んでいた：Caine, 236.
p.280 絶えず動きまわり、ざわめき：Bisland (1891), 107.
p.281 友人たちが飽きてきたので：同掲書, 100.
p.282 桟橋、病院、埠頭、：Verne, 96.
p.283「あの人、皇帝なの？」：Bisland (1891), 92.
p.283 驚くほど背の高い：H. W. Warren, "Canton on the Pearl River," *The Chautauquan* 8 (October 1887–July 1888), 547.
p.284 まさにこのとき、わたしはイギリスという国の強大さをはっきりと感じた：Bisland (1891), 92.
p.285 敵は重傷を負い：Donald Featherstone, *Tel El-Kebir 1882: Wolseley's Conquest of Egypt* (London：Osprey, 1993), 34.

p.251「いやに早く日が暮れたんだね」: Seitz, 177.
p.252「そよ風を探せ」: 同掲書, 24.
p.252 十分に納得のいく診断を下すことはできなかった: ピュリツァーの伝記作者のひとりW・A・スウォンバーグは、ピュリツァーが躁鬱病とトゥレット症候群を患っていたと書いている。Swanberg, 131.
p.252 どんなに権威ある医師でも: 中には S・ウィアー・ミッチェル博士もふくまれている。作家のシャーロット・パーキンス・ギルマンは、彼の“安静療法”に想を得て、『黄色い壁紙』を書いた。
p.252「ピュリツァーの顔をみると吐気がする」: Swanberg, 162.
p.253「出自を否定したうらぎり者」: 同上。
p.253「ジューゼフ・ピュリツァー」: Brian, 88.
p.254 一階建ての別棟: Swanberg, 360; Seitz, 14; Milton, 19 を参照。
p.254「書斎は神秘的なほど静か」: Seitz, 14.
p.254 ピュリツァーは鉄の意志を持っている: Brendon (1983), 90.
p.254 記事の構成、見出し、論説などが優れている者には褒美を: Swanberg, 130.
p.254 金の袋の現代版: 同掲書, 162.
p.254 名誉毀損の訴えを受けて破産するのではないかという恐怖: McDougall, 103; Swanberg, 130.
p.255 ピュリツァーはオフィス内にスパイを雇い: Brendon (1983), 92.
p.255 結果的に、猜疑、嫉妬、憎悪、職場内の対立の激化などのため: McDougall, 107.
p.255 まったくおかしなコンプレックスでした: Craven, 125.
p.256 一日一トンの石炭が必要だった: Morris (2010), 257.
p.256 デヴィット・ホイットニーの邸宅: Craven, 281–84 を参照。
p.257 これみよがしの舞踏会は: Logan, 193.
p.257 マンハッタンのオフィスに通った: Painter, xxvii.
p.257 政府は反乱分子をぶどう弾で一掃するべきだ: Mott (1962), 423.
p.257「女性特有の底意地の悪さ」: Milton, 17.
p.257 上位十二パーセントの家計: Painter, xx.
p.258 諸君も知るとおりワールド紙には変化が生じた: Swanberg, 81.
p.258「ブロードウェーの華やかさとはまったく正反対」: M. F. Sweetser, *The Middle States: A Handbook for Travellers* (Boston: J. R. Osgood and Company, 1874), 18.
p.258 教会がひとつも建てられたことのない通り: Sante, 12.
p.258 五人のうち四人は移民: Emery and Emery, 259.
p.258「簡単に書け、とにかく簡単に!」: Burrows and Wallace, 1151.
p.258 どんなときのどんな記事のどんな言葉でも、目的はひとつ: Juergens, 58.
p.260 デパートのショーウィンドウと同じ働きをする: 元ワールドのデスクで、のちに「ニューヨーク・ジャーナル」紙のデスクを務めたアーサー・ブリズベンは、つぎのように述べている。「見出しは場所を取る。大きな店のショーウィンドウも、同様に場所を取る。だがアメリカのように忙しない国では、人々の興味を引くことがなにより大事なのだ」同掲書, 48.
p.262「アメリカ博物館」: バーナム博物館は1865年に火事で焼失し、跡地には「ニューヨーク・ヘラルド」紙の新社屋が建てられた。
p.262 世界中から集めた奇妙なものや驚くべきもので満たし: そのうちのいくつかは、もちろんバーナム本人によって作り出された。
p.263 日曜版の発行部数は一万五千七百七十部だった: ワールドは1885年5月10日に、2年間にわ

に駐在した。彼は一度もジンリキシャに乗らなかったという。

p.233 外国に開かれる港として公式に指定:Hammer, 11.

p.234 シャンボール風魚料理:George Moerlein, *A Trip Around the World* (Cincinnati:M. & R. Burgheim, 1886), 25.

p.234「こまめで注意深く、動きの素早いおちびさんたちだ」:同上。

p.236 日本人をアジアでもっとも勇敢で自由な民族とした:Bisland (1891), 71.

p.237 明日はみんなで列車に乗り東京へ向かうことに:当時の習慣に従って、エリザベスもTokyoではなくTokioと綴っていた。

p.237 日本人の家屋と習慣:Henry T. Finck, *Lotos-time in Japan* (New York:Charles Scribner's Sons, 1895), 16.

p.238 どの店にも隅に磁器の花びんが置かれ:Caine, 158.

p.238 店番たちはみな頭を下げておじぎをし:同掲書, 156–58.

p.238『暁の衣』:Bisland (1891), 74. このガウンはのちにつぎのように紹介された。『天空の喜び』――ミス・ビズランドが日本から持ち帰った世界一美しい布」*Macon Telegraph*, August 28, 1890, 2.

p.239「ガウンあれ」:"Miss Bisland's Trip:Her Story of Circling the World," New Orleans *Daily Picayune*, February 9, 1890, 12.

p.240 アメリカは蒸気トラクターと大きな新聞会社のある平凡な国:Bisland (1891), 55.

p.241 中華会館と太平洋横断航路諸船舶との取り決めによって:"Dead Chinamen as Freight," *Medical Record* 48 (October 26, 1895), 612.

## 9. バクシーシュ

p.244 一八三七年から営業を開始:Peninsular and Oriental, 13.

p.244 ヴィクトリア、ブリタニア、オセアナ、そしてアルカディアだ:この3隻の船は「式典《ジュービリ》・クラス」として知られていた。

p.245「思った以上にしょげかえっていた」:"From Jersey Back to Jersey," *The World*, January 26, 1890.

p.247 それぞれのブロックは:Marlowe, 169.

p.247 一時間当たり二百トンの石炭:Chadwick et al., 266.

p.247 まちがっているかもしれないが、こんなふうに思ったのだ:Bly (1890), 61.

p.248「最初のグループの乗客たちは、杖をとても乱暴にふるった」:同掲書, 62.

p.249 これはミセス・メイブリック!:1889年4月、イギリスに住んでいたフローレンス・メイブリックというアメリカ人の上流階級の婦人が、夫をヒ素で毒殺したとして訴えられた。メイブリック裁判は、当時のイギリスで大きな話題となった。メイブリックは殺人で有罪となり死刑を宣告されたが、14年間服役したあと釈放されている。

p.249 鞍の上で上下に揺られながら:Bly (1890), 63.

p.249 灰色に薄汚れた街:Wall, 208.

p.250 これらのホテルは不毛の地に:T. G. Appleton, *Syrian Sunshine* (Boston:Roberts Brothers, 1877), 6.

p.250 わたしたちの中にはゲームのことを少しでも知っている者さえいなかった:Bly (1890), 63.

p.250 暮れゆく日に照らされる男たちの姿:同掲書, 65. Richard Harding Davis, The Rulers of the Mediterranean (New York:Harper and Brothers, 1893), 92–95.

p.214 泡立つ緑色の水：Bisland (1891), 40.
p.215 音のない水の中を：同掲書, 45.
p.215 深夜の観光：この場面は同掲書, 33–39.
p.216 内部を完璧に取り壊し、自分たちに都合のいい様式に：同掲書, 35.
p.216 エリザベスはホテルにもどり：“Miss Bisland's Trip,” *Daily Picayune*, February 9, 1890, 12.
p.216「中国人居住区は、どこか邪悪で恐ろしい印象でした」：Bisland (1891), 33.
p.216 三人にひとりは中国人：Gyory, 7.
p.217 中国人鉱夫は：Ambrose, 150 を参照。ここでの議論は特に Ambrose, 150–62 による。
p.217 当時サンフランシスコで出版された：Benoni Lanctot, *Chinese and English Phrase Book, with the Chinese Pronunciation Indicated in English, Specially Adapted for the Use of Merchants, Travelers and Families* (San Francisco：A. Roman, 1867). Ambrose, 151.
p.218「万里の長城を築いたのは連中だろう？」：Ambrose, 150.
p.218 中身はカキ、イカ：同掲書, 161–62.
p.218 白人は一種の水恐怖症にかかっていて：同掲書, 162.
p.218 良識ある技術者なら：同掲書, 156.
p.219 南北両軍がアンティータムの戦いで使用した火薬の量に匹敵した：同掲書, 158.
p.219 選挙は接戦となると：Gyory, 15.
p.220 中国人移民の特徴をこう述べている：同掲書, 3–5.
p.220 われわれはドアノブから手を離さずにおこう：同掲書, 254.
p.221 出会う人すべてが素敵です：Wm. S. Walsh, “In the Library,” *The Cosmopolitan*, January 1890.
p.223 全国民が：“Society Topics of the Week,” *New York Times*, November 24, 1889, 11.
p.224 四番街のアパートで姉と暮らしている：*Town Topics*, December 5, 1889, 7.
p.225 あんたの会社の　ゆうかんなる記者が：“Around the Whirled in 60 Seconds,” *Town Topics*, November 21, 1889, 14.
p.226 青さというものがどこまでも深まり：Bisland (1891), 44.
p.227 プロムナードからサロン（主船室部）へ：William Rideing, “The Crew of a Transatlantic Liner,” *The Cosmopolitan* 12, no. 6 (April 1892), 682.
p.227 なにしろ連中ときたら：Ballou, 24.
p.227 息をするのも身動きをするのもためらっている：Bisland (1891), 49.
p.228 海図に記される航跡：「正午に発表される船の位置は——夕食のつぎに——1日のメインイベントだった。乗客の多くが船の航行距離をめぐって賭けをしていた」Lieutenant J. D. Jerrold Kelley, “The Ship's Company,” in Chadwick et al., 179.
p.228「船とはすなわちひとつの世界だ」：Knox, 67.
p.228 わたしたちのこの限られた世界が：Bisland (1891), 47.
p.229 目新しくもない海がらみのジョーク：Hoyt, 111.
p.229 変装がうまくいくほど：Campbell, 178.
p.229「日本です！」：Bisland (1891), 51.
p.230 海辺近くまで迫る山々の緑も：Curtis, 65.
p.232 奇妙な歌をうたいながら運んでいた：同掲書, 69.
p.232 人力車の車夫は決して息切れしない：Bisland (1891), 61.
p.233 車夫が五年をこえて仕事を続けることは：John D. Ford, *An American Cruiser in the East* (New York：A. S. Barnes, 1905), 60. ジョン・ドナルドソン・フォードはアメリカ海軍の准将で、長く極東

24, 1889; "Nellie Bly's Trip," *The World*, December 8, 1889; "The Visit to Verne," *The World*, February 9, 1890.

p.193「ほら、あそこですよ」:"Nellie Bly's Story," *The World*, February 9, 1890.

p.194「若い女性記者」:Sherard, 315.

p.195 ヴェルヌを描いた数枚の油絵:Butcher, 270.

p.196「刑事のように鼻がきいた」:同掲書, 239.

p.196 ニューヨーク、ロンドン、:Bly (1890), 37.

p.196「わたしには」とネリーは答えた:いっぽうトレイシー・グリーブズは、ネリーがつぎのようにいったと記憶している。「インドを探検した方たちは、みなさん結婚してもどってこられます。わたしはそんなことをしたくないんです」"Nellie Meets Verne," *The World*, November 24, 1889.

p.197 妻は急に泣き出すことが増えた:Butcher, 270.

p.197 あの人は問題を山積みにする:同掲書, 173.

p.197「取り返しのつかない大きな過ち」:同掲書, 270.

p.198 ムッシュ・ヴェルヌ、ご迷惑でなければ:Bly (1890), 37.

p.198『地軸変更計画』:イギリスでは *The Purchase of the North Pole* というタイトルで出版されている。

p.199 一度書き上げたあとで:"Nellie Meets Verne," *The World*, November 24, 1889.

p.200「あなたが七十九日で旅を終えたら」:Bly (1890), 40.

p.201「グッド・バック」:"The Visit to Verne," *The World*, February 9, 1890. トレイシー・グリーブズの記事には、ヴェルヌは「グッド・ダック」といったと記されている。

p.201 この時ばかりはいたずら心を抑えることができました:同上。

p.201「完璧なまでの慎み深さでわたしと妻を魅了」し:"Nellie Bly's Admirer," *The World*, December 26, 1889.

p.201 あれほど聡明な女性に神も残酷なことをしたものだ:Butcher, 211.

p.202 はては日本の注目を:日本を訪れたとき、ネリーは東京からきた記者に取材を受けた。ネリーの本には、「わたしがジュール・ヴェルヌと会ったという話は日本語に翻訳されて紙面に掲載された」と書かれている。Bly (1890), 160.

p.205 ネリーは口を開けば:"Nellie Bly's Trip," *The World*, December 8, 1889.

p.206 カレーからブリンディジへいくだけで:同上。

p.206 汚れたタオルが山のように積まれた洗面台で:この描写は、S・W・ウォールによって残されている。彼はネリーが旅をした直後に、ジョージ・フランシス・トレインと共にインド郵便列車を利用した。Wall, 237.

p.206 コーヒーとパンだけで:同上。

p.209「ただし、お急ぎください」:Bly (1890), 50.

p.210「走れますか?」:同上。

## 8. 我アルカディアに在りき

p.213 航海する宮殿があるとするなら:Johnson, 54.

p.214 四百二十四人の苦力:"The *Oceanic* Sails for China," *San Francisco Chronicle*, November 22, 1889, 5.

## 7. 世界地図

p.179 どうやら家出娘だと思われたらしい："Nellie Bly's Story," *The World*, February 2, 1890, 10.
p.179「ネリーがイギリス観光でみたものを描写したとしても」："Nellie Bly's Trip," *The World*, December 8, 1889, 1.
p.180「ロンドンはニューヨークと比べてどうです？」：Bly (1890), 27.
p.180 外国にいるあいだは：Rittenhouse, 154.
p.181 ヴァンダイクひげ：*Sigma Chi Quarterly* 24 (1904–1905), 250–51 を参照。
p.181 やがてマコーミックは：これはあくまでもネリー・ブライが語った話だ。トレイシー・グリーブズの書いた記事にはつぎのように記されている。「ネリーは僕に話がきこえないよう、マコーミック氏を部屋のすみに呼んだ」。"Nellie Bly's Trip," *The World*, December 8, 1889, 3.
p.181 この質問になると：Bly (1890), 27.
p.182 一度、若い女性が：同掲書, 28.
p.182 まずはトラファルガー広場近くにあるワールドの支局へ："Nellie Meets Verne," *The World*, November 24, 1889, 1. ネリーの本の中では、ワールドのオフィスに寄ったあとにロバート・マコーミックを訪ねたと記されている。Bly (1890), 27.
p.183 それから何年も：ネリーのパスポートには生年月日が1867年5月5日と記されているが、実際の生年はその3年前だ。Kroeger, 145.
p.183 最近はずっと書いている：Lynch, 54.
p.183 古い波止場の石の堤防に何時間もすわり：Waltz, 13.
p.184 これからは夢の中だけでしか冒険しないよ：Evans, 21.
p.184 いい作家にはなれるかもしれない：Costello, 44.
p.186 金を払って借りた商船：1956年に公開された映画は原作を勝手に改変し、フォッグとパスパルトゥーが気球で大西洋を渡ることになっている。原作にこうした場面はない。ヴェルヌは作中で、気球で大西洋を渡るのは「非常に危険で、そもそも不可能だ」と断言している。
p.187 世界一周旅行の新聞広告に目を留めた：パンフレットをみたという説もある。
p.188「アメリカ一の変わり者」：Thomas W. Herringshaw, *The Biographical Review of Prominent Men and Women of the Day* (Chicago：W. H. Ives, 1888), 178.
p.188 赤と青のインクを一行ずつ交互に使って：McDougall, 173.
p.188 われこそはフランスの解放者："George Francis Train," *The Bookman* 19 (March–August 1904), 8.
p.189 フォッグという名を思いついたときには：Costello, 120.
p.189 十万部以上を売り上げ：同掲書, 118.
p.190 わたしと君の仲だ、正直にいってくれ：同掲書, 124.
p.190 芝居の興行収入のうち：Butcher's discussion in Verne, 207.
p.190 ヴェルヌの富を確実なものに：Costello, 123.
p.191 朝食は七時ちょうどに：Waltz, 142.
p.191 ニューヨーク本社の編集局長：ジュリアス・チェインバーズによると、ジュール・ヴェルヌに会うという企画を考えたのは発行人のジョージ・W・ターナーだった。「提案したのはターナー氏だが、詳細な旅程を考える仕事はわたしの役目になった。わたしはミス・ブライがヴェルヌ氏とアミアンで会えるように手はずを整えた」Chambers, 315.
p.191「いい宣伝になる」：Sherard, 315.
p.192 世界一高名な作家に会う直前：Bly (1890), 33–40；"Nellie Meets Verne," *The World*, November

p.164 オマハの鉄道員たち：同掲書, 223.

p.164 バイソンの生息していた四百キロほどの平原：E. D. Cope, "The Life of the Plains," *The Friend* 45, no. 29 (1872), 1.

p.164 鉄道は国内最初の一大産業だった：Tony Judt, "The Glory of the Rails," *New York Review of Books*, December 23, 2010, 60.

p.164 アメリカ国内で生産される全鉄鋼の四分の三：Chandler, 22.

p.164 ペンシルヴェニア鉄道はペンシルヴェニア州より多くの雇用を生み出し：Ward, 129.

p.164 近年、鉄道王たちは：Peter d'A. Jones, ed., *The Robber Barons Revisited* (Boston：D. C. Heath, 1968), 29.

p.165「最後通牒」を通達し：Ward, 153.

p.165 帝国ではいろんな問題が起こるものと承知しています：Robert Sobel, *The Entrepreneurs* (New York：Weybright and Talley, 1974), 113.

p.165 今日の世界とナポレオンの世界はちがう：Ambrose, 25.

p.165 人々は駅馬車や運河を渡る船に乗って：Ward, 108.

p.165 時間と分によって表されるようになった：同掲書, 111.

p.165 ニューヨークがフィラデルフィアに近づいたわけではない：同掲書, 112.

p.165「地方平均時」：Trachtenberg, 59.

p.166 二十七の異なるタイムゾーン：Boardman, 64.

p.166 ボルチモア・オハイオ鉄道会社は：Cashman, 27.

p.166 上りと下りの列車が：Ward, 107.

p.166 子午線で標準時を：Cashman, 27.

p.166 大統領も議会も法廷も関わっていない：Trachtenberg, 60.

p.166 人々は鉄道標準時にしたがって結婚し：Cashman, 27.

p.167「名づけようのない漠然とした不安」：Bisland (1891), 23.

p.168 サンフランシスコでは野の花のように過ごしたい："Miss Bisland's Story," *San Francisco Examiner*, November 20, 1889, 1.

p.168 時速百五十キロ：Bisland (1891), 23.

p.169 白い細かな砂ぼこりは窓のすきまから：Fogg, 21. 109
"peace and composure"：Bisland (1891), 19.

p.171 四日と十五時間十五分：このあとにニューヨークを出発した郵便列車はさらに短い時間で大陸を横断した――4日と12時間と45分だ。

p.171 パレスホテル：James R. Smith, *San Francisco's Lost Landmarks* (Sanger, California：Word Dancer Press, 2005), 215–19.

p.173 エグザミナーの第一面に："Miss Bisland's Story," *San Francisco Examiner*, November 20, 1889, 1.

p.175 これからオセアニック号に乗って："Phineas [sic] Fogg's Rivals," *San Francisco Examiner*, November 21, 1889.

p.175 北ドイツ・ロイド汽船会社：北ドイツ・ロイド汽船会社はその船を Preussen と呼んだ。

p.175「この使節団は」：Bisland (1891), 29.

p.176 おいくつなんですか？："Phineas [sic] Fogg's Rivals," *San Francisco Examiner*, November 21, 1889.

p.176「無料の見世物にされたような気分」：Bisland (1891), 29.

p.176 どの新聞の見出しにも名前をのせられないように：同掲書, 4.

で眠れば、肺に十分な酸素が送りこまれ、ぐっすり眠ることができます。朝には気力を取りもどし、爽やかな気分で目覚めることができるでしょう。そしてまた、試練と喜びに満ちた新しい一日をはじめられるのです」同掲書, 376.

p.147 伝染性の世界一周病：*New York Tribune*, November 15, 1889.

p.148 昨日会社に呼び出され：“Broke the Record!” *New York Herald*, November 17, 1889.

p.148 皮肉まじりの社説：“Why Not the Moon?” *New York Tribune*, November 17, 1889.

p.149 ネリー・ブライとエリザベス・ビズランドは：“The Two Globe Trotters,” *The Journalist*, November 23, 1889, 8.

p.149 二十四時間に六百五十キロ進む速度で七十五日間旅を続ける：“Success to Nellie Bly,” *The World*, November 17, 1889.

p.150 三分の一でやり遂げようとしている：正確には半分の時間でなし遂げたことになる。

p.151 聡明で愛らしい特派員に：Dorothy Maddox, “Nellie Bly's Trip,” *Philadelphia Inquirer*, November 18, 1889, 5.

p.153 予定では：Bisland (1891), 8.

p.154 電報局がまだ開いていた：Louis Schick, *Chicago and Its Environs*：*A Handbook for the Traveler* (Chicago：L. Schick, 1891), 47.

p.154「憐れみをこめてさよならを告げ」：Bisland (1891), 8.

p.154 軽食堂があった：Zeisloft, 484.

p.155 オマハ行の列車：August Mencken, *The Railroad Passenger Car* (Baltimore：Johns Hopkins University Press, 1957), 164–65.

p.155「わけがわからず呆然としている」：Bisland (1891), 9.

p.155 とほうもなく壮麗な世界：同掲書, 10.

p.156 その時刻は大勢の人であふれていた：Lucius Beebe, *The Overland Limited* (Berkeley, California：Howell-North Books, 1963), 15.

p.156「運がよかった」：Bisland (1891), 12.

p.156 次の急行郵便列車：同掲書を参照。12–20；White (1910), 123–32；“From Ocean to Ocean,” *New York Tribune*, November 20, 1889；“An Ocean-to-Ocean Race,” *The World*, November 20, 1889；“The Fast Mail,” *San Francisco Bulletin*, November 20, 1889；“Through on Time,” *Daily Inter Ocean* (Chicago), November 20, 1889.

p.157 いくつかの都市からやってきた記者：その中にはたまたま、フレデリック・デュネカというワールドの記者も混じっていた。.

p.159 ビル・ダウニング：エリザベスの本には「フォリー——だったと思う——という名の機関手」として出てくる。Bisland (1891), 15.

p.161 固い赤色粘土と砂岩：*Great Trans-Continental Tourist's Guide* (New York：Geo. A. Crofutt, 1870), 90.

p.162 何カ月も幌馬車に乗って：Edwards, 40.

p.162「現代におけるもっとも重要な出来事」：Ambrose, 357.

p.163 鉄の馬は自分の餌も飲み水も自分で運ぶ：J. Scott Russell, “The Service of Steam,” *Good Words for 1876*, edited by Donald Macleod (London：Daldy, Isbister & Co., 1876), 619.

p.163 線路の長さは七万五千キロ余り：Alfred D. Chandler, Jr., ed., *The Railroads*：*The Nation's First Big Business* (New York：Harcourt, Brace & World, 1965), 13.

p.163 鉄道の敷設は決定済みだ：Ambrose, 225.

p.131 横になりなさい、立っていなさい：同掲書, 203.

p.131「飲んで数分間は、耐えがたく気分が悪くなる」：Hoyt, 95.

p.131「日中の服用と長期にわたる継続的な服用は控えること」：Lockwood, 298.

p.131「複雑なルネサンス式」："The Augusta Victoria," *Marine Engineer*, May 1, 1890, 57.

p.131 二等船室の食堂のボーイたち：William H. Rideing, "The Building of an Ocean Greyhound," in Chadwick et al., 138.

p.132「また戻っていらっしゃらないといけませんよ」："Nellie Bly at Sea," *The World*, December 8, 1889.

p.134 空気のにおいがちがっていた：Fox, 202.

p.134 古い手すりは一カ月前のハリケーンで飛ばされてしまった："A Smashing Wave," *New York Times*, October 13, 1889, 3.

p.135 裾におもりや硬貨を縫いこむ者もいた：Coleman (1976), 33.

p.135「この船はきっと沈むと思うの」：Bly (1890), 20.

p.136 当時の外洋蒸気船の常として：John H. Gould, "Ocean Passenger Travel," in Chadwick et al., 137.

p.137 ものものしい鉄の扉：Anderson, 44.

p.137 だれかが吐いた流し：Fox, 333.

p.137 嘔吐用のバケツはなく：同上。

p.138 想像するに難くない：同掲書, 143.

p.138 ひとつの娯楽となった：Lockwood, 304.

p.138 硬貨やキャンディを投げてやり：Fox, 334.

p.139 ナッツやレーズンを投げつけていました：Lockwood, 304.

p.139 世界一美しい景色に思えた：Bly (1890), 22.

p.140 アウグスタ・ヴィクトリア号は：アウグスタ・ヴィクトリア号がサウサンプトンに到着した際の様子は、つぎの文献に詳細な記述がある。"Nellie Bly's Trip," *The World*, December 8, 1889; "Nellie Bly's Story," *The World*, February 2, 1890.

p.142 ジュール・ヴェルヌご夫妻：Bly (1890), 24.

p.142 サウサンプトンの郵便局長：Greaves's account in "Nellie Bly's Trip," *The World*, December 8, 1889.

p.143「鞄の鍵は？」："Nellie Bly's Story," *The World*, February 2, 1890.

## 6. 鉄道標準時を生きる

p.145 ルイス・カムフォート・ティファニーその人によってデザインされ：White (1978), 241.

p.146 熱した砂の中でセンダンを軽く焦がす：同掲書, 438.

p.146 ビリヤード台やボウリング：同掲書, 241.

p.146 メイドたちの仕事は："Ladies' Maids on the Pennsylvania Limited," *New York Times*, November 14, 1889, 5.

p.147「むなしく格闘」：Bisland (1894), 375.

p.147 やっとのことで服を脱ぐと：列車にのって旅をしているあいだ、エリザベスはかならず服を脱いでベッドに入った。のちに、ほかの女性旅行者たちにこんなアドバイスをしている。「服を脱い

p.114 いまこの瞬間にあなたの世界一周旅行ははじまった：Bly (1890), 16.

p.115 大叔父のトマス・ケネディの話：Ross (1936), 48.

p.117「アイデアがあるか？」：これと続く引用は、Bly (1890), 8による。

p.119 読者から手紙が届いたこともあった：the *World* article "Around the World," November 14, 1889, 1.

p.119 ワールドのワシントン特派員：おそらくフランク・G・カーペンターのことだろう。

p.120 旅の分野での記録更新：Jules C. Ladenheim, *The Jarrett-Palmer Express of 1876: Coast to Coast in Eighty-three Hours* (Westminster, Maryland: Heritage Books, 2008).

p.120 通常かかるとされていた時間の半分以下：Ladenheim, 11.

p.122 ネリーは母親と一緒にブロードウェーの劇場へ出かけ："Nellie Bly's Story," *The World*, February 2, 1890.

p.122 翌朝の十時少し過ぎ：ネリーの記事には多くの矛盾がみられるが、これもそのうちのひとつだ。初期に書かれた世界一周旅行の記事 ("Around the World," November 1, 1889) では、ゴームリーに「10時前には着いた」と記している。だが1890年2月2日の記事では「11時過ぎに出発した」としている。

p.122「夕方までにドレスを一着作ってほしいんです」：Bly (1890), 9.

p.123 百五十着のドレスを注文したことがあった：Morris (1996), 153.

p.123 最後の仕上げをすることになった：ネリーもゴームリーもドレスの値段については触れていないが、おそらく高額ではなかったはずだ。ネリーはゴームリーの顧客ほど裕福ではなかった。無料だった可能性もおおいに考えられる。両者ともまちがいなく、ネリーの旅が店を大々的に宣伝することになると気づいていた。旅に出れば、彼女が毎日着ているドレスはどこで作られたものなのか、何度となく話題に上るはずだった。

p.124 トマス・クック&サン社：これに関しては不可解な点が残る。1889年11月14日付のワールドにはつぎのような記事がのっている。「ここニューヨークでは、旅人の味方――クック旅行代理店――へいきさえすれば、完璧な旅程が手に入ります」 ネリーがこの打ち合わせに同席したという記述はない。いっぽうネリーの本には、ワールドの職員と共に旅の計画を立てにいったと書かれている。だが、このとき一行がいったのはクックの店ではなく、「蒸気船会社の事務所」だった (Bly (1890), 12)。ここでネリーが指しているのは、おそらく、はじめに世界一周旅行について企画を立てた蒸気船会社だろう。

p.125 氷山に衝突した蒸気船の数はここ八年で：Lieutenant J. D. Jerrold Kelley, "The Ship's Company," in Chadwick et al., 203.

p.128 アメリカの金貨と紙幣で二千五百ドル：2010年の相場ではおよそ6万ドルにあたる。

p.128 ピストルも持っていくといいと勧められた：Bly (1890), 11.

p.129 なんの問題もなく船を進ませる：*Across the Atlantic* (New York: Hamburg-American Line, 1900), 65.

p.129 国旗や会社の小さな社旗：ハンブルク・アメリカン汽船会社の旗は白と青で4つに塗り分けられ、中央に黒い錨と黄色の盾が配されている。

p.129 ドイツの造船所で造られた中では最大の船：N. R. P. Bonsor, *North Atlantic Seaway: An Illustrated History of the Passenger Services Linking the Old World with the New* (Newton Abbott, United Kingdom: David & Charles, 1975), I: 356.

p.129 一等船室には三百六十四人、二等船室には百十六人："The Augusta Victoria," *Marine Engineer*, May 1, 1890, 57.

p.130 わたしは不思議：Fox, 204.

Bawn, "Feminine Bachelors," *Philadelphia Inquirer*, December 1, 1889, 9.
p.100「あの人は悪魔のように美しい」: Tinker, 317.
p.101「精神的にも肉体的にも大きく成長した」: Cott, 234.
p.101「エリザベスは魔女だよ――どこへいっても人々を惹きつけてしまう」: 同上。
p.101「精神的な面では、アメリカの女性はアメリカの男性に興味がありません」: Bisland (1906), 125.
p.102 格子が四本横に付いた門を飛び越えてみせ: Sedgwick, 113.
p.102「国語、哲学、科学、現代語、古典語」: McDonald, 57.
p.102 優勝した者には三千ドル: *Dictionary of American Biography*, vol. X (New York: Charles Scribner's Sons, 1936), 347. 賞は25キロを1時間強で走ったデュリエ兄弟の車に与えられた。
p.103「各国から高邁な思想とたしかな政治的手腕をそなえた」: Schneirov, 106.
p.103「女性が世界一周するのにかかる時間は？」: "Woman Against Woman" *Daily Picayune*, November 20, 1889, 6.
p.104（「わたくしどもは、おやすいご用ですとお答えしました」）: "Round the World," *Cook's Excursionist and Tourist Advertiser*, January 1890, 10.
p.106「部下になるにはニューヨーク一手強い男」: Sedgwick, 113.
p.106 最近書いた特別記事が、雑誌が大事にしている一部読者たちを動揺させた: Elizabeth Bisland, "Cooperative Housekeeping in Tenements," *The Cosmopolitan*, November 1889, 35–42.
p.107 教養と洗練の象徴のような女性: *New Haven Register*, January 31, 1890, 3.
p.108 ひとつ記事を書けば年間三千ドルが支払われる: "Miss Bisland and Miss Bly," *Idaho Statesman*, June 6, 1890.
p.108「ウォーカーは実り多い議論をした」: Bisland (1891), 5.
p.108「熱のこもった話し合い」: 同上。
p.108 五十人の友人が訪ねてくることになっていた: "Miss Bisland's Story," *San Francisco Examiner*, November 20, 1889, 1.
p.108 あくせく働くわけではない: 同上。
p.109 光沢のある黒いセーラーハット: この帽子は当時最新のスタイルだったようだ。ワールドのデスクはつぎように書いている。「ミス・ビズランドの黒く輝くセーラー・ハットに、ニューヨーク中の若い女性たちが夢中になってしまいました。ビズランドはどこで手に入れたのでしょう？　職人の名前がわかれば、弊社がみなさんにご紹介しましょう」
p.110 収賄と価格操作によって: Klein, 39–48.
p.110 金はひとつにまとめておけ: Homberger, 17.
p.110 屋内のスペースではアメリカ一の広さを誇る: Burrows and Wallace, 944.

## 5.「フィリアス・フォッグの記録をやぶってみせる」

p.113 ペニー硬貨のような茶色:「自由の女神像は20年以上濃い茶色を保っていたが、アメリカが第一次世界大戦に参戦するころに、現在のような緑色に変わりはじめた」Jean Ashton et al., *When Did the Statue of Liberty Turn Green?* (New York: Columbia University Press, 2010), 90.
p.113 エジプト総督のイスマーイール・パシャによって: Michael B. Oren, *Power, Faith, and Fantasy: America in the Middle East, 1776 to the Present* (New York: W. W. Norton, 2007), 269.
p.113 一八七七年から一八八四年: Ellis, 389.

p.94「経済的、社会的、道徳的に支持されて」: Lindig, 49.
p.94 平等に賃金が払われるように:同上。
p.95 十二人の女性が地元のYMCAを訪れた:同上; Miller, 341.
p.95 ニューオーリンズ婦人協会:クラブの名前が正式に定められたのは翌年になってからだった。Lindig, 51.
p.95 ルイジアナ州の婦人団体: Miller, 341.
p.96 攻撃的なまでの信仰心:エリザベスはのちに書いた「生半可な聖職者」というエッセイの中でつぎのように述べている。「わたしがなににもまして嫌いなのは、一般的な聖職者の話し方だ。本物の信仰心を持っている人間なら、宗教上の問題は人の心の奥深くに潜むものであり、控えめに話されるべきものであり、愛や敬意や愛国心をもってあつかうべきものだと考えるはずだ」Bisland (1906), 153.

## 4.「女性が世界一周するのにかかる時間は?」

p.97 財布には五十ドルあった。: Tutwiler, 631.
p.97 マディソン街:エリザベスは当時のニューヨークの住所録には登録されていない。最初の住所は、ラフカディオ・ハーンの残した記録に記載がある。ハーンは1887年にマディソン大通り136番地にエリザベスを訪ねたという。だがこのときすでに、エリザベスは4番街に越したあとだった。McWilliams, 198.
p.97 自分もニューヨーク市民らしくなれる: Tutwiler, 628.
p.97 アパートメントと呼ばれるヨーロッパ式の建物: *The Strangers Mercantile Guide*, 97. ちなみにニューヨークでは、長いあいだ、アパートメントとテナメントがはっきり区別されていた。アパートメントはテナメントと異なり、それぞれの部屋にバスルームが付いている。
p.97 賃貸アパートは一軒しかなかった: Nevius, 150.
p.97 十四階建てという高いものもあった: Landau and Condit, 112.
p.97 建物はどんどん高くすればいい:同掲書, 135.
p.98 大柄で頑固な:ラフカディオ・ハーンによる描写。Bisland (1907), I: 408.
p.98 "ヒューバート・ホーム・クラブ": Landau and Condit, 135. クラブの建物は、マディソン街と30番通りの北東の角に残っている。
p.98 バケツ一杯の石炭が: Tutwiler, 629.
p.98 お嬢さん: Verdery, 5770.
p.99 黒人の葬式についての短い記事: Tutwiler, 633.
p.99 エリザベスは四つの新聞に記事を書いている: Stevenson, 190. *Library of Southern Literature*のエリザベス・ビズランドの項目にはつぎのような記述がある。この時期エリザベスは、平均して月に5万ワード書き、1年に5千ドル稼いでいた。当時のフリーの記者としては異例の仕事量だ。Verdery, 5770.
p.100 三十一番通りと三十二番通りのあいだに位置する:当時の住所は4番街475番地だった。ビズランド姉妹の情報は1890年まで住所録に記載されていない。*Trow's New York City: Directory, Vol. CIV, for the Year Ending May 1, 1891* (New York: Trow City Directory Company, 1890), 111.
p.100 メトロポリタンの新聞業界一の美人: *Journalist*, December 8, 1888, 3.
p.100 ニューヨークで物を書いている女性の中で、エリザベスほどの魅力的な者はいない: Molly

p.87「籠の中」: 詩の全文は Tinker, 179–80.

p.87「作者本人に大きな興味が湧いて」: 同掲書, 176.

p.87 ペイジ・M・ベイカー: 手紙を書いたのがペイジ・M・ベイカーだというのは私の推測にすぎない。どの資料も書き手については明らかにしていない。だがキャサリン・ヴァーダリーの著作をはじめとするいくつかの文献に、手紙を書いたのは同紙のデスクだという記述がみられる。文脈から判断するに、デスクとはデスク補ではなく編集局長を指しているようだ。ベイカーが現場主義のデスクで大の文学好きでもあったことを考えると、エリザベスの一件に関わっていたということも十分に考えられる。もうひとつの可能性は、文芸面の編集局長だったラフカディオ・ハーンが手紙を書いたという説だ。しかし、ハーンとエリザベスはのちに友人となり文通するようになるが、彼がエリザベスに手紙を書いたという話は一度も出てきていない。

p.87 イギリスに住んだ経験を持つ年配の男性: Verdery, 5769.

p.87 ほとんど修正も必要ない: タイムズ・デモクラットの中で、ラフカディオ・ハーンは記している。「われわれはのちに、エリザベス・ビズランドの詩は修正や改変をされずに作られているのだと知りました」Tinker, 177.

p.88「楽々と言葉をつむぐ貴婦人たち」: Brady, (1999), 7.

p.88 一八八二年の冬: Bisland (1907), I: 77. 1882年の冬、エリザベスは21歳だった。ハーンは記憶違いから「初めて会ったとき、エリザベスは16歳くらいだった」(Stevenson, 125) と書き、この誤りをそれ以降の伝記作者たちがさらに広めることになった。たとえばエドワード・ラロック・ティンカーはエリザベスを「背の高い、黒い瞳をした美しい18歳の少女」と描写し (Tinker, 175)、ジョナサン・コットはエリザベスは当時17歳だったと記している (Cott, 151)。

p.88 狭い漆喰の部屋: Bisland (1903), 224.

p.88 下宿屋の部屋が空くと: Coleman (1885), 64.

p.89 みじめな田舎娘: Bisland (1903), 225.

p.90 キャンプ通りへいくと: 当時の正確な住所はキャンプ通り58番地だ。*New Orleans City Directory*, 1882 (New Orleans: L. Soards), 819. なお、現在の住所はナチェズ通りとグレヴィア通りのあいだのキャンプ通り300番地になる。

p.90 ドイツ人旅行者が: Campanella, 117.

p.90 カナル通りを渡ってキャンプ通りへいくと: "A Stroll Up Newspaper Row," in 同掲書, 151.

p.91 別物のようだった: New Orleans in Jackson (1969), 16, 26.

p.91 エリザベスは初代会員のひとり: King, 57.

p.91 同期には「リパブリック賛歌」の作詞家ジュリア・ウォード・ハウがいた: ハウは1884年開催のニューオーリンズ万博において女性部門の責任者を務めるために滞在していた。

p.91 サロンから招待状が届くことはなく: Brady (1992), 155.

p.91 知性と機知をそなえた男女が集まる場所: 同上。

p.92「人を惹きつける小さな陽だまり」: Brady (1999), 7.

p.93 ラフカディオと友人でい続けるためには: Bisland (1907), 79.

p.93 "ダイヤのように頑固": 同上。

p.93「内気な少女」: Bisland (1907), II: 475.

p.94 母は十八で結婚し: マーガレット・ブランソン・ビズランドは1839年9月30日に生まれ、1858年6月24日に結婚した。McGehee, 16.

p.94 一八八四年、彼女は二十三歳の時にタイムズ・デモクラットに告知をのせ: September 9, 1884, edition of the *Times-Democrat*.

p.81 六つの農園を持ち、四百人近い奴隷を抱えていた：同掲書, 24.
p.81 医学の勉強は途中でやめていた：Verdery, 5767.
p.81 一八五八年、十一万二千ドルで：U.S. Army Corps of Engineers, New Orleans District, *Historical and Archeological Investigations of Fort Bisland and Lower Bayou Teche, St. Mary Parish, Louisiana*, Cultural Resources Series Report Number COELMN/PD90/12, June 1991, 51.
p.81 大粒ひきわり：Verdery, 5768.
p.82 そのとき話したことははっきり覚えています：Bisland (1903), 159.
p.82 当時南部に住んでいた親たちの例にもれず：エリザベスは、「文学の中の子供」というエッセイにおいて、1860年代南部の田舎の風習は「18世紀イギリスのそれと酷似している」と記している。Bisland (1910), 73.
p.83「イギリスの詩人」と題されたシリーズ：同掲書, 90.
p.83 十分大きくなっていましたから：Bisland (1906), 251.
p.84 一八七三年：マウント・リポウズへ移住した時期は文献によって異なっている。キャサリン・ヴァーダリーは1873年（Verdery, 5768）、エルモ・ハウエルはその2年後の1875年（Howell, 139）、エリザベス・シールズ・マクギーは1879年（McGehee, 18）とそれぞれ記している。だがエリザベスの妹は1874年に生まれ、統計局によると彼女の生地はミシシッピに登録されている。この情報から考えるかぎりでは、ビズランド一家がマウント・リポウズへ越したのは1874年以前のことだ。Bureau of the Census, *Twelfth Census of the United States, 1900*. Washington, D.C.：National Archives and Records Administration, 1900, roll T623_1079, p.5B.
p.84 父親は生家を相続した：Verdery, 5768；Howell, 139. エリザベス・シールズ・マクギーによれば、ビズランドはマウント・リポウズを姉のレオノーラ・グードから「買い取った」ということだが、詳細な値段については触れられていない。いずれにせよ、高額ではなかったはずだ。McGehee, 18.
p.84 アーローン・バーの使った机：Howell, 139.
p.84 クレイが大統領に当選するまでおもての車道は作らないと誓っていた：Moore, 24；Howell, 139.
p.84 振り子時計を階段の上から夫めがけて落とした：McGehee, 17.
p.84 この夫婦は少なくとも一度別居している：同上。
p.85 ニューオーリンズで創刊されたばかり：「タイムズ・デモクラット」紙は、1881年に「ニューオーリンズ・タイムズ」紙と「ニューオーリンズ・デモクラット」紙を併合して創刊された。
p.85 庭のすみや厩の干し草置場に引きこもって詩を書いた：『知識を灯として』の中の描写にもとづく推測。：Bisland (1903), 13.
p.85 秘密の戸棚に作品をしまっておいた：Verdery, 5767.
p.85 二十歳になるとエリザベスは：キャサリン・ヴァーダリーは、*Library of Southern Literature*の中のエリザベス・ビズランドについての記述の中で、エリザベスは16歳のときにクリスマスの詩をタイムズ・デモクラットに寄稿したと記している（同掲書, 5768）。だがニューオーリンズ・タイムズ・デモクラットが創刊したのは1881年であり、このときエリザベスは20歳だった。
p.85 B・L・R・デーンという筆名：この名を選んだ理由についてははっきりしていない。
p.85 荒れ狂う風は　苦痛のうめき声：Tinker, 176.
p.86「きわめて優れて」いて：同上。
p.86 エリザベスはポーの詩に心酔していた：のちにエリザベスは、ポーの詩は「胸を震わせ」、「決して大きくはないがよく響く音色を持った、ビロードのような音楽」だと述べている。Bisland (1910), 131.

*CIII, for the Year Ending May 1, 1890* (New York : Trow City Directory Company, 1889), 111.

p.75 菓子店の上にあった : *Wilson's Business Directory of New York City, 1889* によると、店は A. Davot と C. Stoerckel のものだった。

p.75 漆喰細工だけでも二十五万ドル以上 : Homberger, 260.

p.75 上流階級の人間でいっぱいだ : *New York Illustrated*, 20.

p.75 雑誌社にとってはニューヨーク最高の立地 : *The Journalist*, November 30, 1889, 2. たとえば、ジョン・ブリズベン・ウォーカーが郊外からやってきた広告主を感心させてやろうと思い立てば、近くのデルモニコ・レストランへ連れていきさえすればよかった。ニューヨーク一の格式と値段を誇るレストランで、マホガニーで調度された広い食堂でフランス料理が供される。磨きこまれた床は寄木細工で、フレスコ画が描かれた天井からは銀のシャンデリアが下がっていた。

p.76 オフィス用品の工場主から "A Successful Magazine," *The Journalist*, April 30, 1892, 2–3.

p.77 エリザベス・ビズランドの才能は、エリザベス本人よりも気づいていた : *The Journalist*, December 8, 1888, 3.

p.77 白い泡になった : この回想は、ほかの子供時代の記憶と同様、1903年に出版された自伝的な小説『知識を灯として』に記されている。

p.78 赤ん坊のプレスリー : のちにこの赤ん坊はトマス・パーシヴァル・ビズランドと名付けられ、古い名字のプレスリーは1868年に生まれた弟のほうに与えられた。トマス・シールズ・ビズランドが1864年10月11日に妻に宛てた手紙に、プレスリー・ビズランドが1944年2月20日にメモを加えている。筆者はこの手紙をエリザベス・シールズ・マクギーによってみることができた。プレスリー・ビズランドはのちに、詩人のローレンス・ファーリンゲッティの養父になっている。

p.78 トマス・プレスリー : トマス・ビズランドは妻に宛てた手紙(同上)の中でこう記している。「彼のことはプレスリーと呼んでほしい。僕はトマスという名が大嫌いなんだ」

p.78 エリザベス・カー : カーは義兄デイヴィッド・カーの名字である。

p.79 柱の並ぶポーチ : Verdery, 5767.

p.79 南軍将軍のリチャード・テイラー : 父親のザッカリーは第12代大統領。

p.79 軍の作戦基地として使われていた : Scarborough, 42. Taylor, 120–34.

p.79 エリザベスはこの時の光景を一生忘れなかった : Bisland (1903), 29.

p.79 南部は北部よりおもしろそうね : 同上。

p.80 母親はふたりの娘を連れて軍の救急車に乗り : Verdery, 5768.

p.80 安全なブルックリンの自分の実家 : Elizabeth Shields McGehee, "A Record of the Descendants of John Bisland and Susannah Rucker, with Emphasis on the Family of Their Son William Bisland," unpublished document, February 1993, 16–17. マーガレットの父のジョン・ブラウンソンは、ニューヨークの裕福な弁護士だった。家はブルックリン・ハイツにある。

p.80 補給部隊の軍曹として : Hall, 153. トマス・シールズ・ビズランドは、北軍が長期の包囲攻撃のすえにヴィックスバーグを占領した際に捕虜となった。のちに捕虜交換によって解放され、戦争が終わるまで連隊に所属した。Scarborough, 43.

p.80 屋敷の中には一応の秩序がもどった : Bisland (1903), 30.

p.80 アタカパ郡 : マーガレット・ブラウンソンの祖父母はアタカパ郡 (Attakapas、あるいは Attackapas) に住んでいた。McGehee, 16.

p.80 おかしいわ : Bisland (1903), 145.

p.81 レスター准男爵 : Verdery, 5767.

p.81 スペイン人知事から与えられたもの : Scarborough, 27.

p.55 前略——:Smith (1983), 50.
p.55 紙のかさかさいう音さえ:Milton, 19.
p.56 エルクス慈善保護会:McDougall, 207.
p.56 スレイバックのスキャンダル:King (1965), 100–109.
p.56 いたって冷静に殺した”:McDougall, 104.
p.56 最高の男:Smith (1983), 50.
p.57 まちがいなくアメリカ一のデスク:*The Journalist*, May 8, 1886, 3.
p.57 内部告発の手紙が送られていた:Brian, 124.
p.57 ブラックウェル島:1921年にブラックウェル島はウェルフェア島と改名され、1973年にはローズベルト島と改名された。現在はこの名で知られている。
p.58 精神病院に潜入できるか?:"Among the Mad," 20.
p.58 一八八七年九月二十三日:"Among the Mad" and Bly (1887).
p.60 本名はネリー・モレノだが:この名は、偽名の偽名の偽名ということになる。
p.67 何年も続いていた悪癖が:「ワールド」紙に記事が出てまもなく出版された『マッドハウスでの十日間』の最後の行で、ネリーはこんなふうに記している。「この仕事をしてよかったと思えたのは——わたしの記事が世に出たことで、予算委員会が精神病患者のために、史上最高額の百万ドルを計上したことです」。これ以前におこなわれた同年の予算審議会においては、市の公共慈善および矯正局に対して124万ドルの追加資金の要請があり、結果的に85万ドルが計上され、そのうちブラックウェル島精神病院に割り当てられたのはたった5万ドルだった。Kroeger, 97.
p.67 たいへん聡明:同掲書, 95.
p.69 若くて魅力的な女性があなたの職場にやってきて:*Puck*, November 7, 1888, 166.
p.69 西七十四番通り:*Trow's New York City Directory, Vol. CII, for the Year Ending May 1, 1889* (New York:Trow City Directory Company, 1888), 346. この情報は「コクラン・メアリー・ジェーン、マイケル・コクランの未亡人」という項目に記載されている。
p.69 西三十五番通り:Trow's New York City Directory, Vol. CIII, for the Year Ending May 1, 1890 (New York:Trow City Directory Company, 1889), 347.
p.70 ドレスは女性の手にかかれば武器になります:Kroeger, 283.
p.70 ワールド紙の野心的で注目すべき記者:*The Epoch*, March 22, 1889, 113.
p.70 風刺的な雑誌「ライフ」:ライフは1932年まで週刊だったが、同年から1936まで月刊になり、その後ヘンリー・ルースが同社を買い取って新しい週刊誌を創刊した。;Flautz, 14.
p.72 きみが舗道で転んだとき:Rittenhouse, 219.
p.72 水圧で上がったり下がったりする:Morris (1996), 182.
p.72 英国庭園でピクニックを:Hahn, 71.
p.72 デスクにこういわれた:Hahn, 66.

## 3.ひみつの食器棚

p.74 警官になって以来うまいステーキなんかにお目にかかれなかった:Caldwell, 154.
p.74 パチョリで香りづけがされ:Sloat, 25–26.
p.75 東三十二番通り:アパートは4番街の475番地、31番通りと32番通りのあいだに位置する。この情報は妹の「M・L・ビズランド」の項目に記載されている。;*Trow's New York City Directory, Vol.*

p.44 年間十億通以上の手紙：*Sun's Guide*, 202；Zeisloft, 430.
p.44 馬車、荷馬車、運搬車、その他様々な乗り物が：*New York Illustrated*, 9.
p.44 これほど無理のある生活を続けていれば、いずれひどい目にあう：Still, 208.
p.46 全部で六十二階分上がり：Landau and Condit, 110.
p.46 エチケットをめぐってこんな議論が交わされた：結果的に、帽子を取る必要はないという結論に至ったようだ。エレベーターは、部屋というより、列車と同じ公共の交通機関の一種だと考えられた。
p.47 社会の代表としてつねに高みを目指して：Seitz, 171.
p.47 ニューヨーク・サン社につばを吐ける：Burrows and Wallace, 1051.
p.47 花のついた帽子をかぶって：Ross (1965), 205.
p.47 西九十六番通り：Kroeger, 79.
p.48 一方的な新聞にはおあつらえ向き：Golding, 3.
p.48 影響力はネリーが願ったほど大きくはなかった：事実、エドワード・ダルザーに関する記述は、この一件をのぞくとどの文献にもみあたらない。
p.48 ディスパッチにフリーランスで記事を書いた：Kroeger, 81.
p.49「わたしはゴッサムに住む新聞の神様たちに意見をききたかった」：同上。
p.49 三階へいくと、そこがローカルニュースの編集局：Churchill, 12–13.
p.50 できることなら、記者をめざす若者、あるいは記者になってやってもいいと思っている若者には：Dana, 32.
p.50 自分の新聞を正しい英語の手本集にしようとしていた：Churchill, 15.
p.50 部屋はせまく、職責を示す記章がいくつも散らばっていた：O'Brien, 161–64 に、デイナのオフィスについての記述がある。
p.51 ひとり残された哀れなデスク"：Dana, 95.
p.51 能力があるなら：引用はすべて *Pittsburg Dispatch*, August 21, 1887, 9 による。
p.53 われわれはすでに必要以上の女性記者を雇っている："Among the Mad," *Godey's Lady's Book*, January 1889, 20.
p.53 ミス・ネリー・ブライは（中略）ピッツバーグからこの街：Kroeger, 84.
p.53 財布がすられていることに：すられたというのはネリーの主張だ。真偽のほどは不明だが、のちに出たいくつかの記事には、ネリーは単に財布を紛失したのだと書かれている。Ross (1936), 49.
p.53 家主から十セント借りると：この家主は非常に寛大な人物だったらしい。ネリーはすでに家賃を20ドル滞納していた。"Among the Mad," 20.
p.54 交渉にはとても時間がかかりました：同上。
p.54 百人もの植字工：「ワールド」紙の製作工程については *The History of the World*, 11–18 より。
p.55 編集局長の前に立っていた：このエピソードは"Among the Mad"（20）においてネリー自身が語り、1890年2月のワールドの記事の中で改めて語られた。のちに出された記事には、より詳しい状況が伝えられている。ミニョン・リッテンハウスによると、ネリーは3時間待たされたあと、ローカル編集局のデスクによってジョゼフ・ピュリツァーの仕事部屋へ連れていかれた。ピュリツァーの部屋にはコクリルもいたという (Rittenhouse, 55)。イシュベル・ロスの記述は少し異なっている。3時間待たされたという点は同じだが、ネリーは最初にコクリルに会い、それから彼によってピュリツァーのもとへ連れていかれた。ピュリツァーがネリーに25ドル与えたという情報もこの記事に記載されている (Ross〔1936〕, 50)。エミリー・ハンも、コクリルがネリーをピュリツァーに引き合わせたと記している (Hahn, 43)。
p.55 灰が雪のように積もっていた：Jordan, 20.

p.33 女性だって！：“Young Women in Journalism,” *Review of Reviews* 6, no. 34 (November 1892), 452.

p.33 新聞業界に入った女性はまだみたことがないが：Edward Bok, “Is the Newspaper Office the Place for a Girl?” *Ladies' Home Journal* 18, no. 3 (February 1901), 18.

p.34 若い女性ってのは：同上。

p.34 新聞社は実践こそが主な仕事：*The Epoch* 5, no. 126 ( July 5, 1889), 347.

p.35 副大統領は仰天して：Ross (1936), 323.

p.35 女たちは鋤や鍬で耕し、刈り取り：Marzolf, 15.

p.36 女性記者は、その締まりのない文章によってのみ利用価値がある：Bennett, 15.

p.37 おおげさでヒステリック：同掲書, 20.

p.37 彼女たちは流麗な文体と頼りない思考力とで：Julia Ward Howe, “Of Journalism and Woman's Part in It,” *The Epoch* 5, no. 126 ( July 5, 1889), 350.

p.37 思考力も表現力もゼリーのように心もとない：Nelly McKay Hutchinson, “Woman and Journalism,” *The Galaxy* 14, no. 4 (April 1872), 503.

p.37 女性記者クラブができたのは一八八九年になってからだ：Ross (1936), 46. クラブはジェーン・カニングハム・クローリー（〝ジェニー・ジューン〟）によって設立された。クローリーは1891年に、ネリーがクラブに加入する際の保証人になっている。

p.37 どんな職業であれ：Edward Bok, “Is the Newspaper Office the Place for a Girl?” *Ladies' Home Journal* 18, no. 3 (February 1901), 18.

p.37「感謝の言葉」で支払いの代わりにされた：Agnes Hooper Gottlieb, “Grit Your Teeth, Then Learn to Swear: Women in Journalistic Careers, 1850–1926,” *American Journalism* 18, no. 1 (Winter 2001), 63.

p.37 およそ二年間無償で働いたのち：同上。

p.38 ごくまともな女性でも：Flora McDonald, “The Newspaper Woman,” *The Journalist*, January 26, 1889, 13.

p.38 手を差し伸べてもらえる居場所：Kroeger, 55.

p.39「焦っていて、女性記者みんなに割り当てられている仕事はする気になれ なかった」：Bly (1889), 5.

p.39 ネリーはふたりの間借り人の話に耳を傾けていた：Ravitch, 15.

p.39 ほかの四人の子供たちは就職したか結婚をしていた：兄のアルバートとチャールズは就職し、結婚もしていた。妹のキャサリン・メイは16歳で結婚し、翌年には出産している。弟のハリーがこの当時なにをしていたかははっきりしていない。

p.42 自由なアメリカン・ガール：Bly (1889), 113.

p.42 週給十五ドル：Ross (1936), 49.

p.42 人生の目標が四つある：Ross (1965), 205.

p.43 ニューヨークへいきます：*Pittsburg Commercial Gazette*, January 25, 1890, 7.

## 2. ゴッサムに住む新聞の神たち

p.44 およそ百五十万の人間が：1890年に合衆国がおこなった調査ではニューヨークの人口は1,513,501人だが、市が独自におこなった調査によると1,710,715人となっている。Kobbé, 12.

p.44 アメリカ合衆国全体の十五分の一の人口：*Sun's Guide*, 1.

p.44 国内の商取引の半分：Kobbé, 15.

p.20 美しく危険なヒョウ：同上。
p.20 男性にとって魅力的な時期が過ぎると：Bisland (1906), 125.
p.20 十八時間ぶっ続けで仕事をすることができた：Stevenson, 190.
p.21 ルソーの『告白』：『告白』を読もうと思ったきっかけは、ジョージ・エリオットが、これまで読んだ中でもっとも面白い本だと述べていたからだ。Bisland (1906), 7.
p.21 不愉快なうわさを耳にすると、きっぱり否定しました：Bisland (1891), 4.
p.21 野蛮で嘘つきで、あることないことわめきたて：Bisland (1910), 140.
p.21 オルークのサロンによく出入りしていた：Sante, 117.

## 1. 自由なアメリカン・ガール

p.24 大都会ばかりが人々の心を、アメリカの歴史の隙間を埋めるわけではない：Henry, ページ番号無し
p.25 子供の活発な頭は疲れ知らず：*The World*, February 2, 1890, 5.
p.25「たしかに目立ったけど、やかましい子だったからだよ。内省的な秀才という感じじゃなかった」：Haughton, 95.
p.26 コクラン判事がふいに病に倒れ、回復することなく息を引き取った：Kroeger, 9–12.
p.27「これほど黒い土地は今までもみたことがない」：Graham, 31.
p.27 三十キロ平米ほどの土地にひしめく五百近い工場：同掲書, 7.
p.27 その中には厨房の手伝いもあったらしい。：ネリー自身が、1890年1月25日「ピッツバーグ・コマーシャル・ガゼット」紙一面に掲載された「いかにしてネリー・ブライは見出されたか」の中で述べている。
p.27 子守や家政婦、家庭教師もしたかもしれない：Kroeger, 33.
p.27 連絡係やゴム工場の監督などの職に：同掲書, 30.
p.27 十種類もの日刊紙を読むことができた：Writers Program of the Works Projects Administration in the Commonwealth of Pennsylvania, *Pennsylvania: A Guide to the Keystone State*, University of Pennsylvania, 1940, 142.
p.28「ピッツバーグ《Pittsburg》・ディスパッチ」紙：当時、同紙はピッツバーグ《Pittsburgh》の最後のhを付けずに綴っていた。以下に詳しい記述がある。Kroeger, xix.
p.28 自分の領分をわきまえず：同掲書, 35.
p.28 まだ髪を結う習慣がなかったので：Ravitch, 13.
p.30 ありあまるほどの世間的な幸福に恵まれた人間に：Kroeger, 41.
p.30「しゃれていてキャッチーな」：同掲書, 43.
p.30 午後も遅い時間で：Ravitch, 12.
p.31 一万二千三百八人：Beasley and Gibbons, 10.
p.32 男は女性の装いを描写するのに細かく観察しなければならない："Women Journalists," *Pittsburg Dispatch*, August 21, 1887, 9.
p.32 わたしは、世の中の職業に貴賤はないと思っている：J. L. H., "A Woman's Experience of Newspaper Work," *Harper's Weekly*, January 25, 1890, 74.
p.33 いつまでも続く午後のお茶のようなもの：Flora McDonald, "The Newspaper Woman," *The Journalist*, January 26, 1889, 13.

# 原註

本書はノンフィクションである。対話および引用符のついた記述は、すべて回顧録や手紙、新聞から引用した。本書に出てくる出来事は事実であり、登場人物の考えもすべて本人による。執筆にあたっては、新聞と雑誌の記事、ガイドブック、旅行者たちの手記や手紙、歴史書、伝記を参照した。旅の描写部分は、その多くをネリー・ブライとエリザベス・ビズランドの残した文章、特に世界一周競争について書かれた『*Around the World in Seventy−Two Days*』(1890年)と、『*A Flying Trip Around the World*』(1891年)をもとにしている。直接引用した文章に関してはすべてこの註に記している。それ以外の部分については、ネリーとエリザベスそれぞれに特徴的な意見や観点を保持しながら、旅行者たちの記述を適宜変更して用いた。前者は鋭く辛らつな意見を、後者は知識の深さを伺わせる抒情的な意見を持っている。両者の"超特急旅行"に関する著書はどちらもおもしろく、一読の価値がある。

## プロローグ

p. 9　この頃はまだ、オランダ領時代のなごりで北の川《ノース・リバー》と呼ばれていた:オランダ人入植者はデラウェア川を南の川《サウス・リバー》、ハドソン川を北の川《ノース・リバー》と呼んでいた。King (1892), 68.

p. 9　アウグスタ・ヴィクトリア号:アウグスタ《Augusta》・ヴィクトリア号は本来ドイツの皇后アウグステ《Augsuste》・ヴィクトリアにちなんで名づけられたが、綴りが誤っていた。奇妙なことに、正しい綴りに修正されたのは数年後のことだった。Bowen, 198.

p.11　だだっ広い窓付き霊柩車のよう:Fox, 95.

p.11　おしゃれな雰囲気を添えてくれる:Kroeger, 25.

p.14「心配しないでね」:Bly (1890), 14. ネリー・ブライの『*Around the World in Seventy−Two Days*』から引用する際は、Indialog Publications社の2003年版を用いた。

p.14　ネリーと母の住むアパートは、西三十五番通り、ブロードウェーの近くに:*Trow's New York City Directory, Vol. CIII, for the Year Ending May 1, 1890* (New York:Trow City Directory Company, 1889), 347. この情報は、ネリーの母メアリー・ジェーン・コクランの項目に記載されている。

p.14　五セントを払って:*Sun*, 328.

p.15　片道分の切符は三セントだった:Kobbé, 32.

p.15　文尾を独特に上げる特徴がある:McDougall, 186.

p.20　二十歳のときに:ラフカディオ・ハーンはエリザベスが16歳でニューオーリンズへ移ってきたと思い違いをしており、いくつかの文献にもそのように記載されている。だが実際には、スーザン・ミラー・ウィリアムズが記しているとおり、ハーンがエリザベスに出会ったのはニューオーリンズの「タイムズ・デモクラット」紙で記者をしているときであり、同紙で働きはじめた1881年に、エリザベスはすでに20歳になっていた。Williams, 685.

p.20　四番街にあるこのアパートに:*Trow's New York City Direcztory, Vol. CIV, for the Year Ending May 1, 1891* (New York:Trow City Directory Company, 1890), 111.

p.20　エリザベスを「女神」と呼び:Williams, 686.

2007. 296–324.

Wood, Marilyn. *Rhoda Broughton (1840–1920): Profile of a Novelist.* Stamford, United Kingdom: Paul Watkins, 1993.

Wood, Stanley. *Over the Range to the Golden Gate.* 1894. Chicago: R. R. Donnelley and Sons, 1908.

Zeisloft, E. Idell, ed. *The New Metropolis: Memorable Events of Three Centuries, from the Island of Mana-hat-ta to Greater New York at the Close of the Nineteenth Century.* New York: D. Appleton, 1899.

Zimmerman, Warren. *First Great Triumph: How Five Americans Made Their Country a World Power.* New York: Farrar, Straus and Giroux, 2002.

Taylor, Richard. *Destruction and Reconstruction: Personal Experiences of the Late War.* New York: D. Appleton, 1879.

Tebbel, John. *The Compact History of the American Newspaper.* New and rev. ed. New York: Hawthorn Books, 1969.

Tinker, Edward Larocque. *Lafcadio Hearn's American Days.* New York: Dodd, Mead, 1924.

Towne, Charles Hanson. *Adventures in Editing.* New York: D. Appleton, 1926.

Trachtenberg, Alan. *The Incorporation of America: Culture and Society in the Gilded Age.* New York: Hill and Wang, 1982.

Turner, Hy B. *When Giants Ruled: The Story of Park Row, New York's Great Newspaper Street.* New York: Fordham University Press, 1999.

Tutwiler, Julia R. "The Southern Woman in New York." *The Bookman* 18, no. 6 (February 1904). 624–34.

*The Union Pacific Railroad: A Trip Across the North American Continent from Omaha to Ogden.* New York: T. Nelson and Sons, 1871.

Verdery, Katherine. "Elizabeth Bisland Wetmore." *Library of Southern Literature.* Vol. 13. New Orleans: Martin and Hoyt, 1913. 5767–72.

Verne, Jules. *Around the World in Eighty Days.* 1873. Translated by William Butcher. New York: Oxford University Press, 1999.

Walker, John Brisben. *The Church and Poverty.* Washington, D.C.: 1891.

Wall, S. W. *Round the World with Train—A Typhoon: Being the Confessions of a Private Secretary Concerning a Tour of the World in Sixty-Seven Days.* Boston: Round the World Publishing Company, 1891.

Waltz, George H. *Jules Verne: The Biography of an Imagination.* New York: Henry Holt, 1943.

Ward, James A. *Railroads and the Character of America, 1820–1887.* Knoxville: University of Tennessee Press, 1986.

White, James E. *A Life Span and Reminiscences of Railway Mail Service.* Philadelphia: Deemer and Jaisohn, 1910.

White, John H., Jr. *The American Railroad Passenger Car.* Baltimore: Johns Hopkins University Press, 1978.

Williams, Susan Millar. "*L'Enfant terrible:* Elizabeth Bisland and the South." *Southern Review* 22, no. 4 (October 1986). 680–96.

Willis, J. C. *Ceylon: A Handbook for the Resident and the Traveller.* Colombo, 1907.

Wilson, A. N. *The Victorians.* London: Hutchinson, 2002.

Wilson, Derek. *The Circumnavigators.* London: Constable, 1989.

Wingate, Charles F., ed. *Views and Interviews on Journalism.* 1875. New York: Arno, 1970.

Withey, Lynne. *Grand Tours and Cook's Tours: A History of Leisure Travel, 1750 to 1915.* New York: William Morrow, 1997.

Women's Rest Tour Association. *A Summer in England: A Hand-Book for the Use of American Women.* Boston: Alfred Mudge and Son, 1892.

Wong, Edlie L. "Around the World and Across the Board: Nellie Bly and the Geography of Games." In *American Literary Geographies: Spatial Practice and Cultural Production 1500–1900,* edited by Martin Brückner and Hsuan L. Hsu. Newark: University of Delaware Press,

———. *Ladies of the Press: The Story of Women in Journalism by an Insider.* New York: Harper and Brothers, 1936.

Sante, Luc. *Low Life: Lures and Snares of Old New York.* New York: Vintage, 1992.

Scarborough, Thomas A. H. "The Bislands of Natchez: Sugar, Secession, and Strategies for Survival." *Journal of Mississippi History* 58, no. 1 (Spring 1996). 23–62.

Schickel, Richard. *Intimate Strangers: The Culture of Celebrity.* Garden City, New York: Doubleday, 1985.

Schlereth, Thomas J. *Victorian America: Transformations in Everyday Life, 1876–1915.* New York: HarperCollins, 1991.

Schneirov, Matthew. *The Dream of a New Social Order: Popular Magazines in America 1893–1914.* New York: Columbia University Press, 1994.

Schriber, Mary Suzanne. *Writing Home: American Women Abroad, 1830–1920.* Charlottesville: University Press of Virginia, 1997.

Schulten, Susan. *The Geographical Imagination in America, 1880–1950.* Chicago: University of Chicago Press, 2001.

Sedgwick, Ellery. *The Happy Profession.* Boston: Little, Brown, 1946.

Seitz, Don C. *Joseph Pulitzer: His Life and Letters.* New York: Simon and Schuster, 1924.

Sherard, Robert Harborough. *Twenty Years in Paris: Being Some Recollections of a Literary Life.* London: Hutchinson, 1905.

Sloat, Warren. *A Battle for the Soul of New York: Tammany Hall, Police Corruption, Vice, and Reverend Charles Parkhurst's Crusade Against Them, 1892–1895.* New York: Cooper Square Press, 2002.

Smith, Eugene W. *Trans-Atlantic Passenger Ships Past and Present.* Boston: George H. Dean, 1947.

Smith, Jo Anne. "John A. Cockerill." *American Newspaper Journalists, 1873–1900,* edited by Perry J. Ashley. *Dictionary of Literary Biography,* vol. 23. Detroit: Gale Research Company, 1983. 47–56.

Standage, Tom. *The Victorian Internet: The Remarkable Story of the Telegraph and the Nineteenth Century's On-line Pioneers.* New York: Walker and Company, 1998.

Steele, James W. *Rand, McNally & Co.'s New Guide to the Pacific Coast: Santa Fé Route.* Chicago: Rand, McNally, 1893.

Stevenson, Elizabeth. *The Grass Lark: A Study of Lafcadio Hearn.* New Brunswick, New Jersey: Transaction, 1999.

Stilgoe, John R. *Train Time: Railroads and the Imminent Reshaping of the United States Landscape.* Charlottesville: University of Virginia Press, 2007.

Still, Bayrd. *Mirror for Gotham: New York as Seen by Contemporaries from Dutch Days to the Present.* New York: New York University Press, 1956.

*The Story of Nellie Bly.* New York: American Flange and Manufacturing Co., 1951.

*The Strangers Mercantile Guide to the City of New York.* New York: Willis McDonald, 1890.

*The Sun's Guide to New York.* Jersey City: Jersey City Printing Company, 1892.

Swanberg, W. A. *Pulitzer.* New York: Charles Scribner's Sons, 1967.

Tate, E. Mowbray. *TransPacific Steam: The Story of Steam Navigation from the Pacific Coast of North America to the Far East and Antipodes, 1867–1941.* New York: Cornwall Books, 1986.

Morris, Lloyd. *Incredible New York: High Life and Low Life from 1850 to 1950.* 1951. Syracuse, New York: Syracuse University Press, 1996.

Mott, Frank Luther. *American Journalism: A History, 1690–1960.* Third Edition. New York: Macmillan, 1962.

———. *A History of American Magazines.* 5 vols. Cambridge, Massachusetts: Harvard University Press, 1957.

Nevin, Adelaide Mellier. *The Social Mirror: A Character Sketch of Pittsburg and Vicinity During the First Century of the County's Existence.* Pittsburgh: T. W. Nevin, 1888.

Nevius, Michelle, and James Nevius. *Inside the Apple: A Streetwise History of New York City.* New York: Free Press, 2009.

*New York Illustrated.* New York: D. Appleton, 1882.

O'Brien, Frank M. *The Story of the Sun.* New York: D. Appleton, 1928.

*Official Guide and Album of the Cunard Steamship Company.* Rev. ed. London: Sutton Sharpe and Company, 1878.

Oldham, Wilton J. *The Ismay Line: The White Star Line, and the Ismay Family Story.* Liverpool: Journal of Commerce, 1961.

Oppel, Frank, ed. *Gaslight New York Revisited.* Secaucus, New Jersey: Castle, 1989.

Pacific Mail Steam Ship Company. *Instructions to Captains.* New York: Slote and Janes, 1874.

Painter, Nell Irvin. *Standing at Armageddon: The United States, 1877–1919.* New York: W. W. Norton, 1987.

Parsons, Timothy. *The British Imperial Century, 1815–1914: A World History Perspective.* Lanham, Maryland: Rowman and Littlefield, 1999.

Peeke, Mitch, et al. *The Lusitania Story.* Annapolis, Maryland: Naval Institute Press, 2002.

Peninsular and Oriental Steam Navigation Company. *The P. & O. Pocket Book.* Second issue. London: Head Office, 1900.

Plesur, Milton. *America's Outward Thrust: Approaches to Foreign Affairs, 1865–1890.* DeKalb: Northern Illinois University Press, 1971.

Ravitch, Irene. *Nellie Bly: A Biographical Sketch.* Master's thesis, School of Journalism, Columbia University, 1931.

Reith, G. M. *Handbook to Singapore, with Map, and a Plan of the Botanical Gardens.* Singapore: Singapore and Straits Printing Office, 1892.

Richter, Amy G. *Home on the Rails: Women, the Railroad, and the Rise of Public Domesticity.* Chapel Hill: University of North Carolina Press, 2005.

Riis, Jacob A. *How the Other Half Lives: Studies Among the Poor.* London: Sampson Low, Marston, Searle, and Rivington, 1891.

Rittenhouse, Mignon. *The Amazing Nellie Bly.* New York: E. P. Dutton, 1956.

Robbins, Sara E. *Jefferson County, Colorado: The Colorful Past of a Great Community.* Lakewood, Colorado: Jefferson County Bank, 1962.

Roggenkamp, Karen. *Narrating the News: New Journalism and Literary Genre in Late Nineteenth-Century American Newspapers and Fiction.* Kent, Ohio: Kent State University Press, 2005.

Ross, Ishbel. *Charmers and Cranks: Twelve Famous American Women Who Defied the Conventions.* New York: Harper and Row, 1965.

Kinross, Lord. *Between Two Seas: The Creation of the Suez Canal.* New York: William Morrow, 1969.

Klein, Aaron E. *New York Central.* Greenwich, Connecticut: Bison Books, 1985.

Knox, Thomas W. *How to Travel: Hints, Advice, and Suggestions to Travelers by Land and Sea All Over the Globe.* Revised Edition. New York: G. P. Putnam's Sons, 1888.

Kobbé, Gustav. *New York and Its Environs.* New York: Harper and Brothers, 1891.

Kroeger, Brooke. *Nellie Bly: Daredevil, Reporter, Feminist.* New York: Times Books, 1994.

Landau, Sarah Bradford, and Carl W. Condit. *Rise of the New York Skyscraper, 1865–1913.* New Haven: Yale University Press, 1996.

Lears, Jackson. *Rebirth of a Nation: The Making of Modern America, 1877–1920.* New York: HarperCollins, 2009.

Lindig, Carmen. *The Path from the Parlor: Louisiana Women, 1877–1920.* Lafayette: University of Southwestern Louisiana Press, 1986.

Lockwood, Allison. *Passionate Pilgrims: The American Traveler in Great Britain, 1800–1914.* New York: Cornwall Books, 1981.

Logan, Andy. *The Man Who Robbed the Robber Barons.* 1965. Pleasantville, New York: Akadine Press, 2001.

Lutes, Jean Marie. *Front-Page Girls: Women Journalists in American Culture and Fiction, 1880–1930.* Ithaca, New York: Cornell University Press, 2006.

Lynch, Lawrence. *Jules Verne.* New York: Twayne, 1992.

Mackay, Robert B., Anthony K. Baker, and Carol A. Traynor, eds. *Long Island Country Houses and Their Architects, 1860–1940.* New York: W. W. Norton, 1997.

Marks, Jason. *Around the World in 72 Days: The Race Between Pulitzer's Nellie Bly and Cosmopolitan's Elizabeth Bisland.* New York: Gemittarius Press, 1993.

Marlowe, John. *The Making of the Suez Canal.* London: Cresset Press, 1964.

Marzolf, Marion. *Up from the Footnote: A History of Women Journalists.* New York: Hastings House, 1977.

McAllister, Ward. *Society as I Have Found It.* New York: Cassell Publishing Company, 1890.

McDonald, Susan Waugh. "From Kipling to Kitsch: Two Popular Editors of the Gilded Age." *Journal of Popular Culture* 15, no. 2 (Fall 1981). 50–61.

McDougall, Walt. *This Is the Life!* New York: Alfred A. Knopf, 1926.

McKerns, Joseph P., ed. *Biographical Dictionary of American Journalism.* Westport, Connecticut: Greenwood Press, 1989.

McPherson, L. G. *The Hand-book of the Pennsylvania Lines.* Chicago: Poole Bros., 1888.

Miller, Olive Thorne. "The Woman's Club of New Orleans." *The Epoch* 4, no. 97 (December 14, 1888). 341–42.

Milton, Joyce. *The Yellow Kids: Foreign Correspondents in the Heyday of Yellow Journalism.* New York: Harper and Row, 1989.

Mitton, G. E. *The Peninsular and Oriental.* London: Adam and Charles Black, 1913.

Moreno, Barry. *The Statue of Liberty Encyclopedia.* New York: Simon and Schuster, 2000.

Morris, James McGrath. *Pulitzer: A Life in Politics, Print, and Power.* New York: HarperCollins, 2010.

Haughton, Ida Cochran. *Chronicles of the Cochrans: Being a Series of Historical Events and Narratives in Which the Members of This Family Have Played a Prominent Part.* Vol. 2. Columbus, Ohio : F. J. Heer, 1925.

Henry, T. J. *1816–1916: History of Apollo, Pennsylvania.* Apollo, Pennsylvania : NewsRecord Publishing Company, 1916.

Herrick, Walter R., Jr. *The American Naval Revolution.* Baton Rouge : Louisiana State University Press, 1966.

*The History of the World.* New York : The World, 1886.

Hobsbawm, E. J. *The Age of Empire 1875–1914.* London : Weidenfeld and Nicolson, 1987.

Hofer, Margaret K. *The Games We Played: The Golden Age of Board and Table Games.* New York : Princeton Architectural Press, 2003.

Hofstadter, Richard. *Social Darwinism in American Thought.* 1944. Boston : Beacon Press, 1992.

Homberger, Eric. *Mrs. Astor's New York: Money and Social Power in a Gilded Age.* New Haven : Yale University Press, 2002.

Howarth, David. *The Story of P & O: The Peninsular and Oriental Steam Navigation Company.* London : Weidenfeld and Nicolson, 1986.

Howell, Elmo. *Mississippi Home-Places: Notes on Literature and History.* Memphis : Elmo Howell, 1988.

Hoyt, John Colgate. *Old Ocean's Ferry: The Log of the Modern Mariner, the Trans- Atlantic Traveler, and Quaint Facts of Neptune's Realm.* New York : Bonnell, Silver and Company, 1900.

Hungerford, Edward. *Men and Iron: The History of New York Central.* New York : Thomas Y. Crowell, 1938.

Jackson, Joy J. *New Orleans in the Gilded Age: Politics and Urban Progress, 1880–1896.* Baton Rouge : Louisiana State University Press, 1969.

Jackson, S. C. F. *A Jaunt in Japan.* Calcutta : Thacker, Spink, and Co., 1899.

James, Lawrence. *The Rise and Fall of the British Empire.* London : Little, Brown, 1994.

Johnson, Howard. *The Cunard Story.* London : Whittet Books, 1987.

Jones, Mary Cadwalader. *European Travel for Women: Notes and Suggestions.* New York : Macmillan, 1900.

Jonnes, Jill. *Eiffel's Tower: And the World's Fair Where Buffalo Bill Beguiled Paris, the Artists Quarreled, and Thomas Edison Became a Count.* New York : Viking, 2009.

Jordan, Elizabeth. *Three Rousing Cheers.* New York : D. Appleton–Century, 1938.

Juergens, George. *Joseph Pulitzer and the New York World.* Princeton : Princeton University Press, 1966.

Kern, Stephen. *The Culture of Time and Space 1880–1918.* Cambridge, Massachusetts : Harvard University Press, 1983.

Kilgallen, Dorothy. *Girl Around the World.* Philadelphia : David McKay, 1936.

King, Grace. *Memories of a Southern Woman of Letters.* New York : Macmillan, 1932.

King, Homer W. *Pulitzer's Prize Editor: A Biography of John A. Cockerill, 1845–1896.* Durham, North Carolina : Duke University Press, 1965.

King, Moses. *King's Handbook of New York City: An Outline History and Description of the American Metropolis.* Boston : Moses King, 1892.

Craven, Wayne. *Gilded Mansions: Grand Architecture and High Society.* New York: W. W. Norton, 2009.

Curtis, Benjamin Robbins. *Dottings Round the Circle.* Boston: J. R. Osgood, 1876.

Dabney, Thomas Ewing. *One Hundred Great Years: The Story of the Times-Picayune from Its Founding to 1940.* 1944. New York: Greenwood Press, 1968.

Dana, Charles A. *The Art of Newspaper Making: Three Lectures.* New York: D. Appleton, 1900.

Divine, David. *These Splendid Ships: The Story of the Peninsular and Oriental Line.* London: F. Muller, 1960.

Dulles, Foster Rhea. *Americans Abroad: Two Centuries of European Travel.* Ann Arbor: University of Michigan Press, 1964.

Duncan, Sara Jeannette. *A Social Departure: How Orthodocia and I Went Round the World by Ourselves.* New York: D. Appleton, 1890.

Eaton, John P., and Charles A. Haas. *Falling Star: Misadventures of White Star Line Ships.* Wellingborough, United Kingdom: Patrick Stephens, 1989.

Edwards, Rebecca. *New Spirits: Americans in the Gilded Age, 1865–1905.* New York: Oxford University Press, 2006.

Ellis, Edward Robb. *The Epic of New York City.* New York: Coward-McCann, 1966.

Emery, Edwin, and Michael Emery. *The Press and America: An Interpretive History of the Mass Media.* 5th ed. Englewood Cliffs, New Jersey: Prentice-Hall, 1984.

Evans, I. O. *Jules Verne and His Work.* London: Arco, 1965.

Fay, Peter Ward. *The Opium War, 1840–1842.* Chapel Hill: University of North Carolina Press, 1997.

Federal Writers' Project of the Works Progress Administration. *Mississippi: The WPA Guide to the Magnolia State.* 1938. Jackson: University Press of Mississippi, 1988.

Ferguson, John. *Ceylon in 1893.* London: John Haddon, 1893.

Flautz, John. *Life: The Gentle Satirist.* Bowling Green, Ohio: Bowling Green University Popular Press, 1972.

Fogg, William Perry. *Round the World: Letters from Japan, China, India, and Egypt.* Cleveland, 1872.

Fox, Stephen. *Transatlantic: Samuel Cunard, Isambard Brunel, and the Great Atlantic Steamships.* New York: HarperCollins, 2003.

Golding, Louis Thorn. *Memories of Old Park Row, 1887–1897.* Brookline, Massachusetts, 1946.

Graham, Laurie. *Singing the City: The Bonds of Home in an Industrial Landscape.* Pittsburgh: University of Pittsburgh Press, 1998.

Gray, John Henry. *Walks in the City of Canton.* Hong Kong: De Souza, 1875.

Gyory, Andrew. *Closing the Gate: Race, Politics, and the Chinese Exclusion Act.* Chapel Hill: University of North Carolina Press, 1998.

Hahn, Emily. *Around the World with Nellie Bly.* Boston: Houghton Mifflin, 1959.

Hall, Winchester. *The Story of the 26th Louisiana Infantry, in the Service of the Confederate States.* [n.p., 1890?]

Hammer, Joshua. *Yokohama Burning: The Deadly 1923 Earthquake and Fire That Helped Forge the Path to World War II.* New York: Free Press, 2006.

Harcourt, Freda. *Flagships of Imperialism: The P & O Company and the Politics of Empire from Its Origins to 1867.* Manchester, United Kingdom: Manchester University Press, 2006.

———. *Six Months in Mexico.* New York: John W. Lovell, 1889.

———. *Ten Days in a Mad-House.* New York: Munro, 1887.

Boardman, Fon W., Jr. *America and the Gilded Age, 1876–1900.* New York: Henry Z. Walck, 1972.

Bowen, Frank C. *A Century of Atlantic Travel, 1830–1930.* Boston: Little, Brown, 1930.

Boylan, James. "Morrill Goddard." *American Newspaper Journalists, 1901–1925,* edited by Perry J. Ashley. *Dictionary of Literary Biography,* vol. 25. Detroit: Gale Research Company, 1983. 90–92.

Brady, Patricia. "Around the World in 76 Days: Louisiana's Intrepid Bessie Bisland." *Historic New Orleans Collection Quarterly,* Winter 1999, 7.

———. "Literary Ladies of New Orleans in the Gilded Age." *Louisiana History* 33, no. 2 (Spring 1992). 147–56.

Brendon, Piers. *The Life and Death of the Press Barons.* New York: Atheneum, 1983.

———. *Thomas Cook: 150 Years of Popular Tourism.* London: Seckel and Warburg, 1991.

Brian, Denis. *Pulitzer: A Life.* New York: John Wiley and Sons, 2001.

Broughton, Rhoda, with Elizabeth Bisland. *A Widower Indeed.* New York: D. Appleton, 1891.

Brown, Georgina. *The Shining Mountains.* Leadville, Colorado: Brown, 1976.

Burrows, Edwin G., and Mike Wallace. *Gotham: A History of New York City to 1898.* New York: Oxford University Press, 1999.

Burt, Elizabeth, ed. *Women's Press Organizations, 1881–1999.* Westport, Connecticut: Greenwood Press, 2000.

Butcher, William. *Jules Verne: The Definitive Biography.* New York: Thunder's Mouth Press, 2006.

Caine, W. S. *A Trip Round the World in 1887–8.* London: George Routledge and Sons, 1888.

Calhoun, Charles W., ed. *The Gilded Age: Essays on the Origins of Modern America.* Wilmington, Delaware: Scholarly Resources, 1996.

Campanella, Richard. *Time and Place in New Orleans: Past Geographies in the Present Day.* Gretna, Louisiana: Pelican Publications, 2002.

Campbell, Gertrude Elizabeth, Lady. *Etiquette of Good Society.* London: Cassell and Company, 1893.

Carnegie, Andrew. *Notes of a Trip Round the World.* New York: Carnegie, 1879.

Cartlidge, Oscar. *Fifty Years of Coal Mining.* Charleston, West Virginia: Rose City Press, 1936.

Cashman, Sean Dennis. *America in the Gilded Age: From the Death of Lincoln to the Rise of Theodore Roosevelt.* New York: New York University Press, 1993.

Chadwick, F. E., et al. *Ocean Steamships: A Popular Account of Their Construction, Development, Management and Appliances.* New York: Charles Scribner's Sons, 1891.

Chambers, Julius. *News Hunting on Three Continents.* New York: Mitchell Kennerly, 1921.

Churchill, Allen. *Park Row.* New York: Rinehart, 1958.

Coleman, Terry. *The Liners: A History of the North Atlantic Crossing.* London: Allen Lane, 1976.

Coleman, William Head. *Historical Sketch Book and Guide to New Orleans and Environs.* New York: W. H. Coleman, 1885.

Costello, Peter. *Jules Verne: Inventor of Science Fiction.* London: Hodder and Stoughton, 1978.

Cott, Jonathan. *Wandering Ghost: The Odyssey of Lafcadio Hearn.* New York: Alfred A. Knopf, 1991.

# 参考文献


Adams, George Burton. *Why Americans Dislike England.* Philadelphia : Henry Altemus, 1896.

Allotte de la Fuÿe, Marguerite. *Jules Verne.* Translated by Erik de Mauny. London : Staples, 1954.

Ambrose, Stephen E. *Nothing Like It in the World: The Men Who Built the Transcontinental Railroad, 1863–1869.* New York : Simon and Schuster, 2000.

Anderson, Roy. *White Star.* Prescot, United Kingdom : T. Stephenson and Sons, 1964.

*Armstrong County, Pennsylvania: Her People Past and Present.* 2 vols. Chicago : J. H. Beers, 1914.

Aurand, Harold W. *Coalcracker Culture: Work and Values in Pennsylvania Anthracite, 1835–1935.* Selinsgrove, Pennsylvania : Susquehanna University Press, 2003.

Ballou, Maturin M. *Due West; or, Round the World in Ten Months.* Boston : Houghton, Mifflin, 1885.

Barrett, James Wyman. *Joseph Pulitzer and His World.* New York : Vanguard Press, 1941.

Bartlett, C. J., ed. *Britain Pre-eminent: Studies of British World Influence in the Nineteenth Century.* London : Macmillan, 1969.

Beasley, Maurine H. and Sheila J. Gibbons. *Taking Their Place: A Documentary History of Women and Journalism.* Washington : American University Press, 1993.

Beeching, Jack. *The Chinese Opium Wars.* London : Hutchinson, 1973.

Beer, Thomas. *The Mauve Decade: American Life at the End of the Nineteenth Century.* Garden City, New York : Garden City Publishing, 1926.

Bell, Duncan. *The Idea of Greater Britain: Empire and the Future of World Order, 1860–1900.* Princeton : Princeton University Press, 2007.

Bennett, Arnold. *Journalism for Women: A Practical Guide.* London : John Lane, 1898.

Bisland, Elizabeth. "The Art of Travel." In *The Woman's Book: Dealing Practically with the Modern Conditions of Home-Life, Self-Support, Education, Opportunities, and Every-Day Problems.* Vol. 1. New York : Charles Scribner's Sons, 1894. 371–400.

———. *At the Sign of the Hobby Horse.* Boston : Houghton Mifflin, 1910.

———. *A Candle of Understanding.* New York : Harper and Brothers, 1903.

———. *A Flying Trip Around the World.* New York : Harper and Brothers, 1891.

———, editor. *The Life and Letters of Lafcadio Hearn.* 2 vols. Boston : Houghton Mifflin, 1907.

———. *The Secret Life: Being the Book of a Heretic.* New York : John Lane, 1906.

———. *The Truth About Men and Other Matters.* New York : Avondale Press, 1927.

Blake, David Haven. *Walt Whitman and the Culture of American Celebrity.* New Haven : Yale University Press, 2006.

Bleyer, Willard Grosvenor. *Main Currents in the History of American Journalism.* Boston : Houghton Mifflin, 1927.

Bly, Nellie. *The Mystery of Central Park.* New York : G. W. Dillingham, 1889.

———. *Nellie Bly's Book: Around the World in Seventy-two Days.* New York : Pictorial Weeklies, 1890.

【装丁】柳川貴代

【著者略歴】

マシュー・グッドマン　Matthew Goodman

ノンフィクション作家として「THE AMERICAN SCHOLAR」や「Harvard Review」などにエッセイや短編を発表。これまでの著作に『*The Sun and the Moon: The Remarkable True Account of Hoaxers, Showmen, Dueling Journalists, and Lunar Man-Bats in Nineteenth-Century New York*』『*Jewish Food: The World at Table* 』がある。タフツ大学、エマーソン大学などで創作文芸や文学を教えるほか、各地でブックトークを行い、ラジオ番組にも出演。現在、ニューヨーク・ブルックリン在住。

【訳者略歴】

金原瑞人(かねはら・みずひと)

1954年岡山市生まれ。翻訳家・法政大学教授。訳書に『豚の死なない日』(白水社)『青空のむこう』(求龍堂)『ブラッカムの爆撃機』『さよならを待つふたりのために』(ともに岩波書店)などがある。カート・ヴォネガット作品は『国のない男』(NHK出版)のほか、彼の評伝『人生なんて、そんなものさ』(柏書房)も手がける。近年は『雨月物語』(岩崎書店)『仮名手本忠臣蔵』(偕成社)など日本の古典の翻案も行っている。『翻訳家じゃなくてカレー屋になるはずだった』(ポプラ文庫)などエッセイも多数。

井上里(いのうえ・さと)

宮崎県生まれ。早稲田大学第一文学部卒業。訳書に『それでも、読書をやめない理由』(柏書房)「シークレット・キングダム」シリーズ(理論社)「ユリシーズ・ムーア」シリーズ(学研教育出版、共訳)「冒険島」シリーズ(メディアファクトリー、共訳)『悪魔の右手』(講談社、共訳)などがある。


**ヴェルヌの『八《はち》十《じゅう》日《にち》間《かん》世《せ》界《かい》一《いっ》周《しゅう》』に挑《いど》む**

**4万《まん》5千《せん》キロを競《きそ》ったふたりの女《じょ》性《せい》記《き》者《しゃ》**

2013年11月10日　第1刷発行

著　者　マシュー・グッドマン

訳　者　金原瑞人　井上里

発行者　富澤凡子

発行所　柏書房株式会社

東京都文京区本郷2-15-13(〒113-0033)

電話(03)3830-1891(営業)

(03)3830-1894(編集)

DTP　有限会社共同工芸社

印刷・製本　共同印刷株式会社





ISBN978-4-7601-4298-9